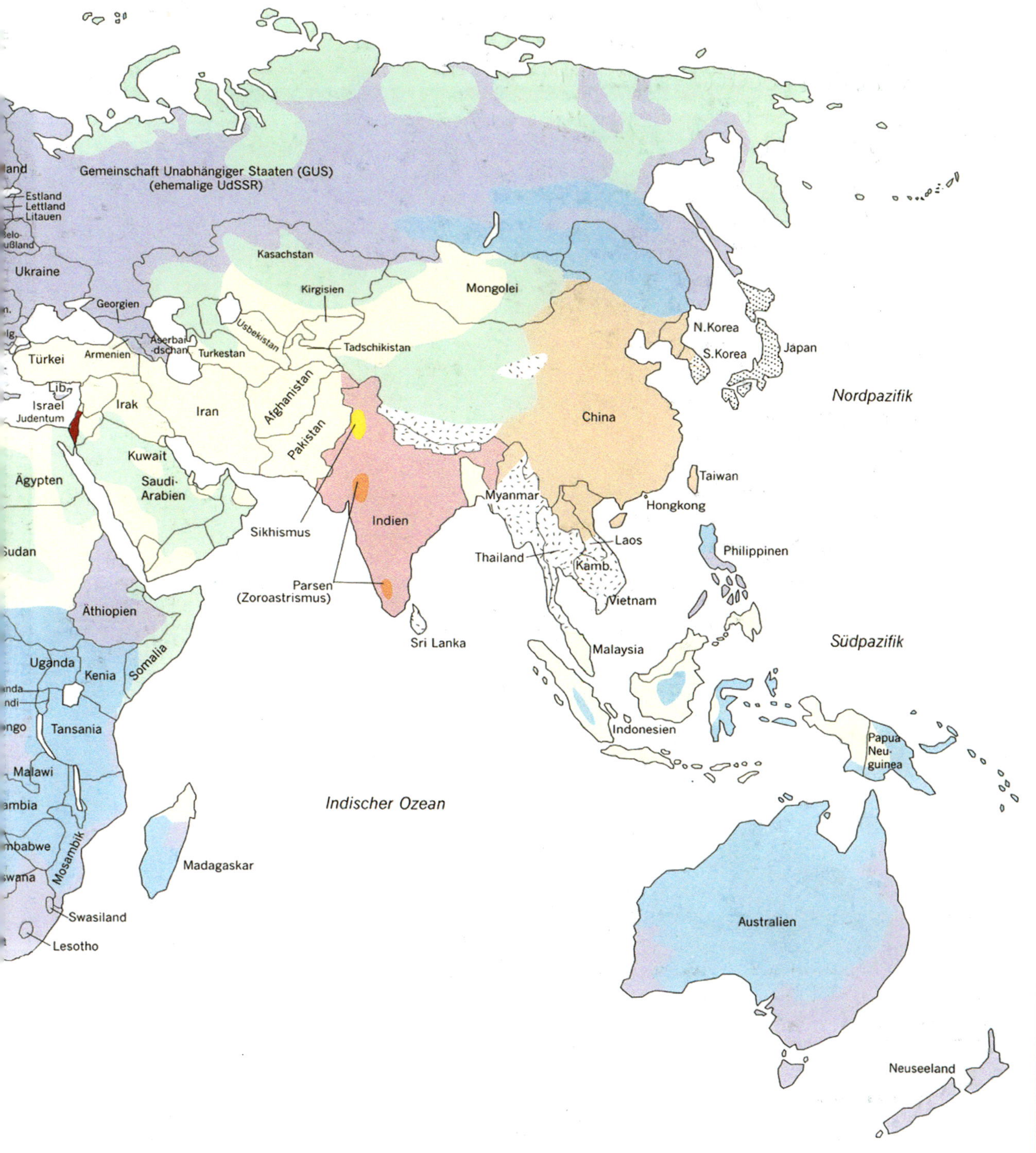
Gemeinschaft Unabhängiger Staaten (GUS)
(ehemalige UdSSR)
Estland
Lettland
Litauen
Ukraine
Kasachstan
Georgien
Kirgisien
Mongolei
Usbekistan
Aserbaidschan
Armenien
Türkei
Turkestan
Tadschikistan
N.Korea
S.Korea
Japan
Israel
Judentum
Irak
Iran
Afghanistan
Pakistan
China
Nordpazifik
Kuwait
Ägypten
Saudi-Arabien
Taiwan
Myanmar
Hongkong
Indien
Sikhismus
Laos
Philippinen
Thailand
Kamb.
Parsen
(Zoroastrismus)
Vietnam
Äthiopien
Sri Lanka
Südpazifik
Uganda
Kenia
Somalia
Malaysia
Tansania
Indonesien
Papua Neuguinea
Malawi
Indischer Ozean
Mosambik
Madagaskar
Swasiland
Lesotho
Australien
Neuseeland

Religionsbuch
Oberstufe

Herausgegeben von Ulrike Baumann
und
Friedrich Schweitzer

Erarbeitet von Ulrike Baumann
Bernhard Böttge
Harmjan Dam
Udo Marenbach
Hans Jürgen Rundnagel
und
Friedrich Schweitzer

Cornelsen

Religionsbuch Oberstufe

Herausgegeben von
Ulrike Baumann und Friedrich Schweitzer

Erarbeitet von
Ulrike Baumann, Bonn-Bad Godesberg
Bernhard Böttge, Schmalkalden
Harmjan Dam, Kronberg
Udo Marenbach, Hameln
Hans Jürgen Rundnagel, Wuppertal
Friedrich Schweitzer, Tübingen

Redaktion: Joachim Siebert, Hannover
Gestaltung und technische Umsetzung: Jesse Konzept & Text (Elke Rößler), Hannover
Umschlaggestaltung: Martin Mosch, Berlin

www.cornelsen.de

1. Auflage, 7. Druck 2009/06

Alle Drucke dieser Auflage sind inhaltlich unverändert
und können im Unterricht nebeneinander verwendet werden.

Druck: CS-Druck CornelsenStürtz, Berlin

ISBN 978-3-464-64715-8

Inhalt gedruckt auf säurefreiem Papier aus nachhaltiger Forstwirtschaft.

Religion – Vertrauen in das Unverfügbare *(Bernhard Böttge, Friedrich Schweitzer)*

Wir und die Wirklichkeit *(Udo Marenbach)*

Die Bibel verstehen *(Bernhard Böttge)*

Gott als Geheimnis *(Ulrike Baumann)*

Wer ist Jesus Christus für mich? *(Hans Jürgen Rundnagel)*

Der Mensch als Frage *(Ulrike Baumann, Harmjan Dam)*

Welche Zukunft hat die Kirche? *(Harmjan Dam)*

Werte und Normen für Mensch, Gesellschaft und globale Welt

(Friedrich Schweitzer)

Anhang

Religion – Vertrauen in das Unverfügbare

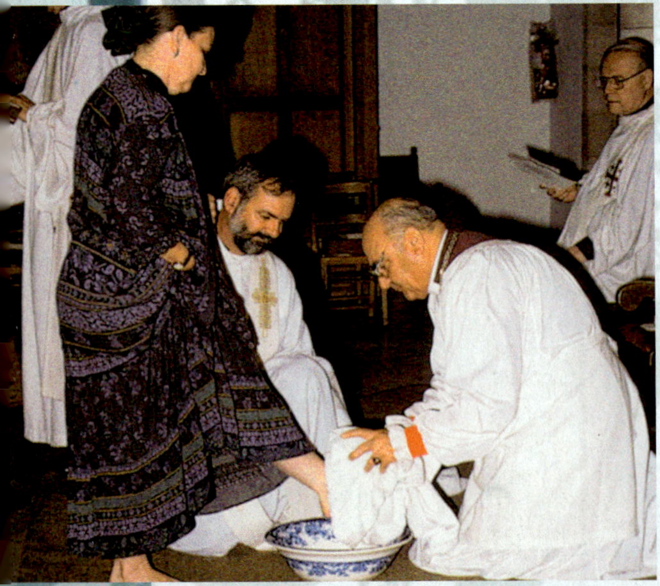

1 Ordnen Sie die Bilder einer Religion zu.

2 Welche religiöse Handlung, welche religiöse Ausdrucksform können Sie auf den Bildern erkennen?

3 Suchen Sie nach Gemeinsamkeiten und/oder Gegensätzen in den vielfältigen religiösen Ausdrucksweisen.

4 Welche der gezeigten religiösen Handlungen finden Sie faszinierend, welche lösen bei Ihnen Abwehr oder Skepsis aus?

Was ist, wie entsteht, worin äußert sich Religion?

Seit den Anfängen der Menschheitsgeschichte gibt es Religion. Funde aus frühester Zeit belegen religiöse Rituale, Jenseitsglaube, vielleicht auch die Vorstellung einer höchsten Gottheit.

Warum gibt es, woher kommt *Religion?* Liegt ihr Grund in der Seele des Menschen, in seinem Erleben der Wirklichkeit – oder geht *Religion* auf eine Kraft „von außen" zurück?

Kritiker sagen, Religion sei ein veraltetes Verständnis der Wirklichkeit, das durch die Entwicklung der modernen Wissenschaften überholt sei und aussterben werde. Warum ist das bis heute nicht geschehen? Warum entstehen vielmehr auch heute neue Religionen und religiöse Gemeinschaften?

Der polnische Philosoph Leszek Kolakowski (* 1927) hat dazu einmal ironisch formuliert: „Der Mensch ist unheilbar religiös." Gehört Religion untrennbar zum Menschsein, selbst wenn ein Mensch sich gar nicht zu einer bestimmten Religion bekennt?

In der Geschichte sind viele Religionen, viele religiöse Ausdrucksformen entstanden. Was ist „wahr"? Gibt es „richtige", „falsche" Wege oder führen alle religiösen Wege zu einer Wahrheit?

M1 „Es gibt Götter …": Grund-Erfahrungen und Ur-Sprünge von Religion

Ein berühmter Religionsforscher des vorigen Jahrhunderts, Karl Kerenyi (1897–1973), unternahm um 1930 eine Forschungsreise nach Griechenland, um archäologische Spuren der antiken griechischen Religion zu untersuchen. An einem heißen Sommertag war er mit seiner Forschergruppe zu Fuß unterwegs in der Nähe des Heiligtums von Delphi.

Als sein Blick über die lichterfüllten Hügel der Umgebung streifte, er die Wärme und einen sanften Windhauch spürte, soll er plötzlich ausgerufen haben: „Ich bin gewiss: Es gibt Götter!" Was hatte den als nüchtern und rational geltenden Wissenschaftler zu einer solchen Äußerung hingerissen?

Bestimmte Momente in unserem Leben können Menschen so wahrnehmen, als gebe es darin eine über das „Normale", „Alltägliche" hinausgehende Botschaft.

Wir spüren dabei ein „Zusammenklingen" von Eindrücken, die wir aufnehmen, mit einem inneren Empfinden. Dieses Zusammenklingen hat bei Kerenyi, wie es scheint, zu einem spontanen Verständnis der griechischen Religion geführt: Ihre Vorstellung der Gottheiten sah er wirken in dieser Landschaft, diesem Klima, in der Schönheit der Natur.

Jeder Ort, jede Situation hat gleichsam eine eigene Sprache und kann solche Erfahrungen des „Zusammenklangs" auslösen. In der römischen Religion wurde dafür der Begriff „genius loci" geprägt. Dabei wird auch spürbar, dass wir ein kleiner Teil eines umfassenden Ganzen sind. Wir bewegen uns stets in einer Wirklichkeit, die größer ist als wir selbst. Solche Erfahrungen beschreibt man in der Religionswissenschaft als „Transzendenz-Erfahrungen" (von lat. transcendere = überschreiten).

Wir können dies vielleicht an dem Erleben einer besonders beeindruckenden Landschaft nachvollziehen, an bewegenden menschlichen Begegnungen, an Worten, die uns beeindruckt haben: Mitten im Alltag erleben wir etwas, das „mehr" ist als das Erwartete oder von uns selbst „Gemachte".

1 *Erörtern Sie in Kleingruppen, was Menschen „religiös macht", welche Erfahrungen zu religiösen Vorstellungen führen könnten.*

2 *Stellen Sie zusammen, welche Erfahrungen im Text mit „Transzendenz" in Verbindung gebracht werden.*

Bilder und Worte …

M2

Das schönste und tiefste Gefühl, das wir erleben können, ist die Erfahrung des Mystischen. Es ist die Säerin aller echten Wissenschaft. Der Mensch, der dieses Gefühl nicht kennt, der nicht mehr staunen und in Ehrfurcht gebannt vor etwas stehen kann, ist so gut wie tot. Zu wissen, dass das, was wir nicht ergründen können, wirklich existiert, drückt sich als höchste Weisheit und strahlendste Schönheit aus, die unsre dumpfen Sinne nur in ihrer primitivsten Form wahrnehmen können – dieses Wissen, dieses Spüren ist der Kern wahrer Religiosität … Ein Mensch ist Teil des Ganzen … er erfährt sich selbst, seine Gedanken und seine Gefühle als etwas, das vom Rest abgetrennt ist – eine Art optischer Illusion seines Bewusstseins … Unsere Aufgabe muss sein, uns aus diesem Gefängnis zu befreien, indem wir unser Mitleid auf alle lebenden Kreaturen ausdehnen und die ganze Natur in ihrer Schönheit umarmen.

Albert Einstein

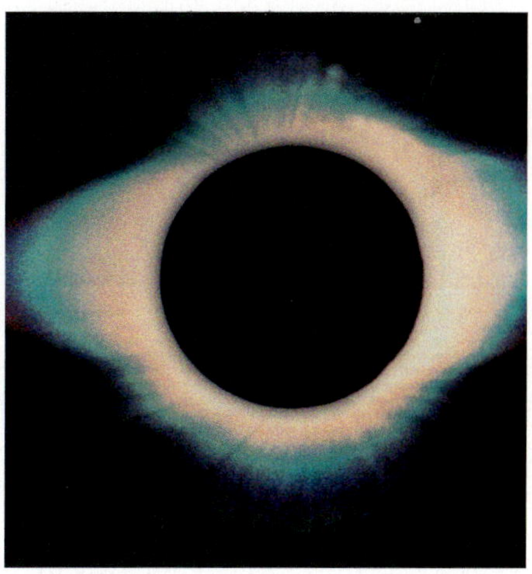

Herr, du bist unsere Zuflucht für und für.
Ehe denn die Berge wurden und die Erde
und die Welt geschaffen wurden,/bist du,
Gott, von Ewigkeit zu Ewigkeit.

Ps 90,1f.

Wer sein Leben erhalten will, der wird's verlieren.

Mk 8,35

… ich bin gewiss, dass weder Tod noch Leben, weder Engel noch Mächte noch Gewalten, weder Gegenwärtiges, noch Zukünftiges, weder Hohes noch Tiefes noch eine andere Kreatur uns trennen kann von der Liebe Gottes, die in Christus Jesus ist, unserem Herrn.

Röm 8,38f.

Wir wissen alles/wir beherrschen alles

Wovor sollten wir Angst haben?

Wir erbauen turmhohe Theorien/
Mauern von Geschwätz

Doch ist es gerade Angst/
Die uns geschwätzig macht

Die Angst/zu lieben und die noch größere:
geliebt zu werden

Plötzlich steht man allein in der Wüste/
entdeckt/dass man nackt ist/ohne
Namen/ohne Wissen/ohne Herrschaft

S. Tamaro/B. B.

1 *In welchem Bild, in welchem Text könnten Sie eine „Transzendenz-Erfahrung" nachempfinden?*

2 *Beschreiben Sie, worin der Unterschied zwischen religiösen Erfahrungen besteht, die durch die verschiedenen „Medien" (Natur, Mensch, Wort) ausgelöst werden können.*

3 *Prüfen Sie, ob sich Bezüge zwischen einzelnen Texten und Bildern herstellen lassen.*

Religion – Grundelement der „Menschwerdung"?

In der paläontologischen* Forschung nimmt man aufgrund von Skelettfunden an, dass erste menschenähnliche Lebewesen in Südafrika lebten. Weitere älteste Funde gibt es u. a. im heutigen Äthiopien und Asien. Man schätzt das Alter der ersten Funde auf zwei bis drei Millionen Jahre.

Eine lange Zeit verging, bis sich aus Vorstufen der heutige Mensch, der „homo sapiens sapiens" entwickelte, den man in den Zeitraum vor rund 500 000 Jahren datiert. Erst aus dieser Zeit stammen erste Werkzeuge und Gefäße. Sicherlich begann damit auch eine Fortentwicklung der geistigen Auseinandersetzung mit der Welt, deren erste Spuren in die Zeit von ca. 35 000 v. Chr. zu datieren sind – so auch die ältesten Höhlenmalereien z. B. in Südfrankreich, die bereits andeuten, in welcher Weise sich die Menschen mit Lebenssituationen auseinander setzten: Szenen der Jagd, Fruchtbarkeitsdarstellungen, Tierbilder.

Höhlenzeichnungen in Lascaux und Chauvet

M3

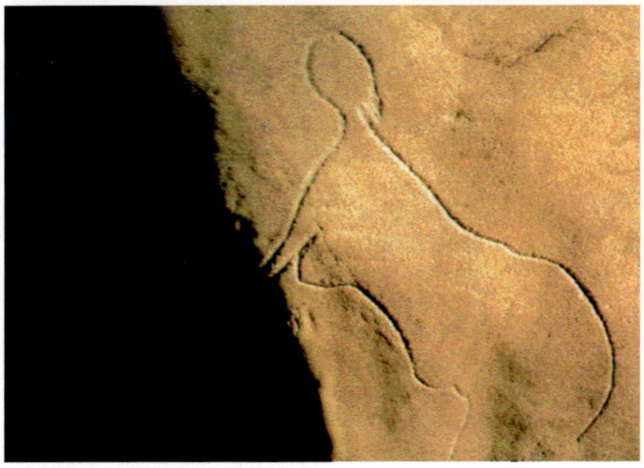

1 *Beschreiben Sie, was Sie in den Zeichnungen wahrnehmen.*

Was diese Zeichnungen für die Menschen damals bedeuteten, kann man nur vermuten – auch im Blick darauf, ob es sich dabei um Ausdrucksformen handelt, die bereits als „religiös" zu kennzeichnen wären. Im Zusammenhang mit anderen z. T. noch älteren Funden lassen sich jedoch Erfahrungsbereiche beschreiben, die deutlich zumindest auf einen religiösen Hintergrund hinweisen.

M4 Erfahrungsbereiche, aus denen erste religiöse Zeugnisse stammen

I Leben – Fruchtbarkeit
Frauenstatuetten/Wandzeichnungen von Frauen (Südfrankreich)/die Frau als Quelle des Lebens einer Menschengruppe/Kaurimuscheln als Amulette (Symbol für die „Pforte", aus der das Kind in die Welt kommt)

II Überleben – Nahrungsbeschaffung
Bildmotive (Höhlen) mit Jagdzauber, Jagdriten, aber auch zur Pflanzenwelt/pietätvolle Deponierung von Bärenschädeln in Höhlengräbern (vermutlich als Opfer gedacht, das weiteres Jagdglück ermöglichen sollte)

III Sterben – Tod – Jenseits
Bestattungsbräuche als älteste nachweisbare Zeugnisse von Religion: Beerdigung, Grabbeigaben (z. B. Nahrung, Werkzeuge, Schmuck, roter Ocker – vermutlich als Symbol für das Blut als Lebenskraft)/Vorstellung eines Weiterlebens im Jenseits/Kult der Ahnen und Toten

IV Naturerleben – Erde und Gestirne
Eindrucksvolle Naturerscheinungen lösen religiöse „Reaktionen" aus: Berge, Bäume, Quellen (hier gibt es Bezüge zu II)/Die Sonne wird früh als „Lebensspenderin" erkannt, ebenso der geheimnisvolle Zusammenhang der Mondphasen mit der weiblichen Periode. Planeten und Sternbilder werden wohl erst in einer späteren Kulturstufe wichtig, aber Sonne und Mond werden bereits früh als Grundlagen für die Zeiteinteilung (und später für die Aufstellung eines genauen Kalenders) genutzt.

1 *In diesen vier Bereichen ergeben sich Grunderfahrungen, die mit der Entwicklung religiöser Vorstellungen zusammenhängen.*
Überlegen Sie, wie man das Phänomen „Religion" und seine Entwicklung auf diesem Hintergrund beschreiben/definieren könnte.

2 *Inwiefern stellen diese Bereiche zugleich auch „Transzendenz-Erfahrungen" dar?*

Naturvölkerreligionen, Schamanismus: Faszination urtümlicher Religiosität

Für die vermutlich an die „Ur-Religionen" anschließenden Phase der Primär-, Natur- oder auch Stammesreligionen lassen sich sicherere Kenntnisse gewinnen. Denn diese Vorstellungen haben sich – jedenfalls nach verbreiteter Auffassung – in manchen heutigen Gruppen und Stämmen noch erhalten, etwa den Tuvas in Zentralasien, den Aborigines in Australien, z. T. auch bei den Indianern Nord- und Südamerikas. Diese Primärreligionen stoßen heute auf großes Interesse.

Vor allem fasziniert ihre „spirituelle" Dimension, die die uns vertraute Trennung von „Geist" und „Materie" aufzuheben scheint und die Grenze zwischen Tod und Leben fließend werden lässt. Das folgende Gedicht des senegalesischen Politikers und Dichters Léopold Sédar Senghor (1906–2001) vermittelt einen Eindruck davon.

M5

Die Toten sind nicht fortgegangen

Léopold Sédar Senghor

Die Toten sind nicht
fortgegangen;
sie sind hier in
schwelenden Schatten.
Die Toten sind nicht
unter der Erde;
sie sind in raschelnden
Bäumen,
sie sind im ächzenden
Holz,
sie sind im strömenden
Wasser,
sie sind im ruhenden
Wasser,
sie sind in den Hütten,
sie sind in der Menge
der Leute,
die Toten sind nicht
tot.

Die Toten sind nicht
fortgegangen;
sie sind in der Brust
einer Frau,
sie sind in dem
jammernden Kind
und in den lodernden
Flammen.
Die Toten sind nicht
unter der Erde;
Sie sind im
verlöschenden Feuer,
sie sind in weinenden
Gräsern,
sie sind in wimmernden
Felsen,
sie sind im Wald, sie
sind im Haus,
die Toten sind nicht
tot.

(1968)

1 *Welche Sicht von Tod und Leben, „Diesseits“ und „Jenseits“, „Natur“ und „Mensch“ entfaltet Sédar Senghor in diesem Gedicht?*

Eine besondere „Organisation“ oder Struktur gibt es in diesen Religionen nicht. Aber es gibt Menschen, die als Repräsentanten von spirituellen Kräften gelten. Vor allem die sog. Schamanen werden als Mittelsmänner zwischen der physischen und geistigen Welt angesehen. Sie entwickeln besondere Fähigkeiten, die u. a. auch Heilkräfte umfassen. Der indianische Medizinmann John Lame Deer (* Anfang d. 20. Jh.) vom Stamm der Sioux hat dem österreichischen Schriftsteller Richard Erdoes sein Leben erzählt und dabei viel über die weisen und heiligen Männer enthüllt, die bei den Sioux-Indianern „wićaśa wakan“ heißen:

M6

„Wer die Augen schließt, sieht viele Dinge klarer“

John Lame Deer/Richard Erdoes

Der *wićaśa wakan* will für sich sein. Er will abseits von der Menge und dem täglichen Kleinkram sein. Er will meditieren, will sich gegen einen Baum oder einen Felsen lehnen, will die Bewegungen der Erde unter sich spüren. Auf diese Weise kann er Dinge herausfinden und Fragen beantworten. Indem er seine Augen schließt, sieht er viele Dinge klarer. Was du mit geschlossenen Augen siehst, das zählt.

Der *wićaśa wakan* liebt die Ruhe, in sie hüllt er sich ein wie in seine Decke – eine laute Stille mit einer Donnerstimme, die ihm vieles erzählt. Ein solcher Mann bevorzugt einen Platz, wo außer dem Summen der Insekten nichts zu hören ist. Er sitzt und blickt nach Westen und bittet um Hilfe. Er spricht zu den Pflanzen, und sie antworten ihm. Er lauscht den Stimmen der *wama káskan* – den Stimmen all derer, die sich auf der Erde bewegen, den Tieren. Er ist eins mit ihnen. Von allen Lebewesen fließt ständig etwas in ihn hinein, und etwas fließt aus ihm zu ihnen.

(1979)

Das Christentum und die religiöse Kultur im Römischen Reich

Das Römische Reich, in dem sich der christliche Glaube bereits wenige Jahre nach Jesu Tod auszubreiten begann, war eine religiöse Mischkultur aus lokalen (naturreligiösen) Kulten und den unterschiedlichen Ausprägungen der antiken Hochreligionen der Griechen, Römer, Kelten und Germanen.

Das Christentum beschränkte sich nicht auf ein bestimmtes Volk, sondern versuchte, auch Angehörige anderer Religionen für den eigenen Glauben zu gewinnen. Dadurch ergab sich von selbst eine intensive Auseinandersetzung mit anderen Vorstellungen.

In einem längeren Prozess hat der christliche Glaube immer mehr Fuß gefasst und so Religion, Gesellschaft und Kultur in Europa entscheidend verändert. Die christliche Mission hat die vorchristlichen Elemente nicht immer beseitigt, sondern auch aufgenommen und umgeformt. Nicht selten kommen bei archäologischen Untersuchungen im Umfeld christlicher Kirchen Reste von vorchristlichen Kultstätten zum Vorschein. Manchmal sind diese Spuren so deutlich sichtbar wie an der Kirche San Lorenzo in Miranda in Rom. Diese Kirche wurde im 11. Jahrhundert in einen römischen Tempel aus dem Jahre 141 n. Chr. „hineingebaut" und erst im frühbarocken Stil 1614 vollendet:

M7 San Lorenzo in Miranda (Rom)

1 Überlegen Sie, welche Gründe zu diesem „Überbauen" vorchristlicher Stätten geführt haben könnten.

2 Deuten Sie das Bauwerk als „Sinnbild" für die Praxis der christlichen Mission.

Auch wenn sich in den antiken Religionen differenzierte Vorstellungen von Gottheiten und deren Wirken entwickelt haben, blieben naturreligiöse Anschauungen weitgehend erhalten – zumindest spiegeln sie sich in der Vorstellung von der „Heiligkeit" bestimmter Orte und Naturdinge wider. Die Wirkung dieser Vorstellungen wurde dadurch erhöht, dass man an solchen Orten auf beeindruckende vorchristliche Bauwerke stieß, die bis heute Menschen in einer besonderen Weise ansprechen.

An zwei Zeugnissen zeigt sich beispielhaft, welche Faszination von der damaligen religiösen Kultur nach wie vor ausgeht. Die berühmte, noch vorkeltische Anlage von Stonehenge in Südengland (verschiedene Bauphasen um 2500–1500 v. Chr.) ist Teil der sog. Megalith-Kultur und ein gewaltiges Monument vorchristlicher Religiosität. Was dort geschah, welchem Zweck dieses Bauwerk diente, ist bis heute umstritten. Am wahrscheinlichsten ist, dass es sich um ein zentrales Heiligtum handelte, in dem die Menschen vor allem die Gestirne beobachtet und daraus Grundlagen für den (religiösen wie weltlichen) Kalender erarbeitet haben.

Eindeutig ist die religiöse Anziehungskraft der Anlage. Tausende, die sonst an Computern und komplizierten technischen Anlagen in Fabrik und Büro arbeiten, zieht es alljährlich zur Sonnenwende dorthin – auch Menschen, die sich als Christen verstehen.

Nicht anders ist es bei den gallo-römischen Tempeln in der Eifel. Sie stammen aus einer Zeit, in der die Römer, Germanen und Reste einer keltischen Bevölkerung friedlich miteinander ihre lokalen Kulte verrichteten. Die Tempel waren wohl Muttergottheiten gewidmet, die in dieser Gegend verehrt wurden. Kränze, Blumengebinde und andere Gaben deuten darauf hin, dass dieser Kult heute (noch oder wieder) lebt. Nicht selten kommt es dort zu religiösen Zeremonien auf dem „heiligen Hain", vor allem in Vollmondnächten. Auch wenn wissenschaftliche Messungen und Untersuchungen keinerlei Besonderheiten an diesen Orten feststellen konnten, sprechen viele von „Kraftorten", die besondere Gefühle und Erfahrungen auslösten.

Viele Menschen sehen in der Wirkung solcher Orte eine ursprüngliche Religiosität, die von der christlichen Mission zerstört worden sei und wieder entdeckt werden müsse. Sie bewerten den – aus christlicher Sicht negativen – Begriff des „Heidentums" neu (mit „Heiden" sind in den Übersetzungen der Bibel alle nichtisraelitischen Völker bezeichnet). Diese Bewegung nennt man in der Religionswissenschaft auch „Neo-Paganismus*" (Neuheidentum). Sie drückt sich heute auch in der Wiederbelebung „heidnischer" Feste aus.

Bleibende Wirkung vorchristlicher Kultstätten

M8

Stonehenge (Südengland), um 2000 v. Chr.

Gallo-römischer Tempel (Nettersheim/Eifel) um 200 n. Chr.

„Sonnenwendfeiern" und „-wanderungen", „Maifeuer" usw. werden immer beliebter; ebenso „Halloween" als Fest der „Geister" und des „Gruselns". Daneben gibt es Strömungen, die alte „heidnische" Vorstellungen (vom heiligen Hain, von Quellwasser, Fruchtbarkeitsriten, Gestirnsglaube) als tiefe Weisheit unserer Vorfahren verstehen und in das heutige (religiöse) Leben integrieren.

M9 „Neuheidnische" Feste und Bräuche

1 Welche Motive/Gründe sehen Sie dafür, dass „heidnische" Religions-Elemente heute neu faszinieren?

2 Kann jemand heute an solchen Festen teilnehmen und sich dennoch als Christ verstehen?

„Christentum" und „Heidentum"

Bedeutet es einen „Rückfall", wenn heute z. B. die keltische Religion, Schamanismus und viele andere „heidnische" Vorstellungen wieder aufleben? Was unterscheidet solche Religionen von Judentum, Christentum, Islam? Gibt es Verbindendes? Der rumänische Religionswissenschaftler Mircea Eliade (1907–1986) schreibt zu diesen Fragen:

M10 Das Heilige manifestiert sich

Mircea Eliade

Der Mensch erhält Kenntnis vom Heiligen, weil dieses sich *manifestiert,* weil es sich als etwas vom Profanen völlig Verschiedenes erweist. Diese Manifestation des Heiligen wollen wir hier mit dem Wort *Hierophanie* (aus: griechisch *hieros* = heilig und *phainomai* = sich zeigen) bezeichnen. Dieser Ausdruck ist brauchbar, weil er nichts anderes ausdrückt als das, was seine etymologische Zusammensetzung enthält, nämlich: *dass etwas Heiliges sich uns zeigt.* Man könnte sagen, dass die Geschichte der Religionen – von den primitivsten bis zu den hoch entwickelten – sich aus einer großen Anzahl von Hierophanien, d. h. Manifestationen heiliger Realitäten, zusammensetzt. Von der elementarsten Hierophanie (etwa der Manifestation des Heiligen in irgendeinem Gegenstand, einem Stein oder einem Baum) bis zur höchsten Hierophanie (für einen Christen die Inkarnation Gottes in JESUS CHRISTUS) reicht eine ununterbrochene Kontinuität. Wir stehen immer demselben geheimnisvollen Vorgang gegenüber: Das ‚ganz Andere', eine Realität, die nicht von unserer Welt ist, manifestiert sich in Gegenständen, die integrierende Bestandteile unserer ‚natürlichen', ‚profanen' Welt sind.

Der moderne Abendländer empfindet ein gewisses Unbehagen gegenüber manchen Manifestationsweisen des Heiligen; es fällt ihm schwer zu begreifen, dass für gewisse menschliche Wesen das Heilige sich in Steinen oder in Bäumen manifestieren kann. Wir werden jedoch bald sehen, dass es sich nicht um eine Anbetung *des Steines als solchen* oder um einen

Kult *des Baumes als solchen* handelt. Der heilige Stein, der heilige Baum werden nicht als Stein oder als Baum verehrt – sie werden verehrt, weil sie *Hierophanien* sind, weil sie etwas zeigen, was nicht mehr Stein oder Baum ist, sondern *das Heilige*, das ‚ganz Andere‘.

Man kann nie genug hervorheben, dass jede Hierophanie – auch die elementarste – ein Paradoxon darstellt. Indem er das Heilige offenbart, wird der Gegenstand zu etwas ‚ganz Anderem‘ und bleibt doch weiterhin er selbst, denn er hat weiterhin teil an seiner kosmischen Umwelt. Ein *heiliger* Stein bleibt nichtsdestoweniger ein Stein; scheinbar (genauer: von einem profanen Gesichtspunkt aus) unterscheidet ihn nichts von allen anderen Steinen. Für diejenigen aber, denen sich ein Stein als heilig offenbart, wird seine unmittelbare Realität in eine übernatürliche Realität verwandelt. Mit anderen Worten: Für die Menschen, welche ein religiöses Erlebnis haben, kann die ganze Natur sich als kosmische Sakralität offenbaren. Der Kosmos in seiner Ganzheit wird dann zur Hierophanie.

(1957)

1 *Wie erklärt Eliade die „Heiligkeit“ bestimmter Erfahrungen oder Dinge/Orte?*

2 *Welche Verbindungslinien sieht er zu einer Weltreligion wie dem Christentum?*

Ganz anders geht der Theologe Ton Veerkamp (* 1933) vom biblischen Hintergrund her mit diesen Fragen um. In seinem Buch „Die Vernichtung des Baal“ (dabei geht es um den Konflikt der israelitischen Religion mit den Kulten der Umgebung) schreibt er:

„Gottnichtse“ M 11

Ton Veerkamp

Für die Schrift sind die Götzen nichts als eine bunte Vielfalt von Masken, hinter denen nie ein wirkliches Gesicht ist: „Nicht ist Geistbraus darin, Tand sind sie, ein Gaukelgemächt“, sagt Jeremia (10,15). Mit dem Wort „Gottnichtse“ übersetzt Buber manchmal das Wort élilim (hebr.: Götter, „Götzen“). Gerade diese Nichtigkeit aber macht sie so ungeheuerlich effektiv, denn die Leere kann jede Hoffnung und jede Angst aufnehmen, sie ist wahrhaft allumfassend. Die Masken, die Bilder, die heiligen Hallen und Orte sind nie einfach Projektionen* solcher Hoffnungen und Ängste, sondern sie temperieren das Nichts, damit eine solche Projektion überhaupt möglich wird. Die Masken sind gütig, erhaben, dämonisch; sie sind Raum, sie sind Tierwesen oder Bäume: Immer ist hinter ihnen die Unendlichkeit des Nichts. Der Blick des verängstigten oder hoffenden Menschen heftet sich an die Maske, er erwartet Rettung und Erfüllung von ihr, weil er von nichts anderem mehr Rettung oder Erfüllung erwartet. Genau das bewirkt die Religion. Sie ist letztendlich politische Resignation. Die Hoffnungslosigkeit der Zustände, durch die die Menschen buchstäblich vernichtet werden, lässt sie von nichts auf dieser Welt noch Rettung erwarten. Das bringen sie zum Ausdruck, wenn sie sich vor diesen Masken niederwerfen und sagen: „Rette mich, du bist mein Schutzgott“; der Schutzgott ist das „Nichts an Heil“, die heillose Welt. Das ist absurd …

(1983)

1 *Veerkamp spricht von „politischer Resignation“ (Z. 23), die hinter der „heidnischen“ Religiosität stehe. Könnte man die heutige Zuwendung zu vorchristlichen religiösen Vorstellungen mit „Resignation“ erklären – vielleicht nicht nur gegenüber der Politik, sondern auch gegenüber dem praktizierten Christentum?*

2 *Vergleichen Sie die Aussagen Veerkamps mit denen von Eliade (➤ M 10). Erklärt Veerkamp das „Nichts“ bei Eliade zum Heiligen – oder hat Veerkamp kein Verständnis für das, was Menschen als „heilig“ erfahren?*

3 *Bilden Sie Gruppen, in denen Sie in einer „Pro- und Kontra-Diskussion“ die Positionen von Eliade und Veerkamp gegenüberstellen.*

Schon Paulus setzte sich mit diesen Fragen auseinander und kam – in dem Brief an die Römer – zu einem überraschenden Ergebnis:

M12 Wege zur Erkenntnis Gottes

Röm 1,18–23

18 Denn Gottes Zorn wird vom Himmel her offenbart über alles gottlose Wesen und alle Ungerechtigkeit der Menschen, die die Wahrheit durch Ungerechtigkeit niederhalten.

19 Denn was man von Gott erkennen kann, ist unter ihnen offenbar; denn Gott hat es ihnen offenbart.

20 Denn Gottes unsichtbares Wesen, das ist seine ewige Kraft und Gottheit, wird seit der Schöpfung der Welt ersehen aus seinen Werken, wenn man sie wahrnimmt, sodass sie keine Entschuldigung haben.

21 Denn obwohl sie von Gott wussten, haben sie ihn nicht als Gott gepriesen noch ihm gedankt, sondern sind dem Nichtigen verfallen in ihren Gedanken, und ihr unverständiges Herz ist verfinstert.

22 Da sie sich für Weise hielten, sind sie zum Narren geworden

23 und haben die Herrlichkeit des unvergänglichen Gottes vertauscht mit einem Bild gleich dem eines vergänglichen Menschen und der Vögel und der vierfüßigen kriechenden Tiere.

1 *Welchen Vorwurf macht Paulus der heidnischen Religiosität?*

2 *Welche Funktion im Blick auf die Erkenntnis Gottes weist Paulus allen Dingen der Schöpfung zu? Wie „trifft“ sich das mit dem „heidnischen“ Verständnis, worin unterscheidet es sich?*

3 *Gibt es auf der Grundlage der Position von Paulus eine Möglichkeit, die Positionen von Eliade und Veerkamp zu versöhnen?*

In der Bibel werden die Dinge der Natur als von dem einzigen Gott geschaffen dargestellt und damit „entgöttert“. Aber – die Erscheinungen der Natur sind als „Zeichen“ beschrieben, die auf die Größe Gottes als Schöpfer hinweisen (Gen 1,14; Ps 8 u. a.).

Nach Paulus (Röm 1 und 2) führt die Betrachtung dieser „Zeichen“ Gottes in der Natur ebenso zur Erkenntnis Gottes wie der Blick in die Heilige Schrift.

Eugen Drewermann (* 1946) ist ein von der katholischen Kirche mit Lehrverbot belegter Theologe. Er fasst das Neue des biblischen Glaubens gegenüber den Natur- und vorchristlichen Hochreligionen so zusammen:

M13 Das Neue des biblischen Glaubens

Eugen Drewermann

Der Grundgedanke der alten Hochkulturen lag darin, dass Mensch und Natur miteinander verbunden sind, indem sie die Naturmächte selber anschauten als personifizierte Kräfte. Die Götter der Griechen sind geboren aus vermenschlichten Naturkräften, und bei den Ägyptern sind sie nicht sehr verschieden von dieser Vorstellungsweise. Demgegenüber hat die Bibel eine wirkliche Kulturschwelle überschritten und etwas radikal Neues in die Welt gebracht. Gott sollte nicht identisch sein mit den Kräften der Natur, sondern ganz und gar im Hintergrund der Natur stehen. […]

Der Mensch steht plötzlich auf der Weltenbühne in einer so bislang nie gekannten Verantwortung. […]

Und gleichzeitig, so fremd der Mensch der Natur wird, wird Gott unterschieden von jeglicher Natur. Es gibt jetzt nicht mehr viele Götter, sondern in einem langen theologischen Lernprozess, allerdings auch auf dem Boden der Bibel beinahe über 1500 Jahre, um genau zu sein: Bis ins sechste, fünfte vorchristliche Jahrhundert hinein formt sich schließlich die Vorstellung, dass es überhaupt nur einen einzigen Gott gibt als eine einzige machtvolle Person, die der oft ohnmächtigen Person jedes einzelnen Menschen gegenübersteht. Und das Gespräch zwischen diesen beiden, der Dialog zwischen Gott und Mensch, ist der Inhalt, der Hintergrund und die Themenstellung dieser ganzen Frömmigkeit. […]

Alle religiösen Fragen dienen nicht der Erklärung der Welt draußen, sondern der Sinnfindung des Menschen inmitten seines Lebens. Erst wenn sich ein bestimmtes Vertrauen bildet, dass man leben kann und darf und dass es Gründe der Dankbarkeit dafür gibt, beginnt auch die Welt ringsum immer objektiver in dieses Gefühl einbezogen zu werden. Und dann wird aus dem Gott, der am Anfang der Bibel ein bestimmtes Volk beruft und der, ein Stück ausgedehnt davon, die menschliche Geschichte in seine Hände nimmt, der Gott, der auch *die Bühne* der menschlichen Geschichte als *Schöpfer* in die Hände nimmt. Mit anderen Worten, der Schöpfungsglaube ist nicht das erste, sondern er ist das letzte Credo der biblischen Erfahrung und Religionsgeschichte. Und mir scheint, dass auch wir existentiell immer wieder denselben Weg gehen müssen, wie ihn die Bibel gegangen ist, denn sonst sind Enttäuschungen aufgrund von Fehlantworten kaum revidierbar.

(2001)

Schlüsselwissen

Religion und Menschheitsgeschichte

Den Begriff „Religion" definiert die „Brockhaus Enzyklopädie" 1972 so:

Religion: (lat. >Gottesfurcht<, >Glaubensaussage<; sprachliche Ableitung unsicher), das Ergriffensein durch und das Denken über das Heilige, das meist zu einem bestimmten Bekenntnis führt. Die alten Ableitungen, von latein. *relegere* >gewissenhaft beobachten< (Cicero) und *religari* >(an Gott) gebunden sein< (Laktanz), sind also sachlich, wenn auch nicht philologisch begründet. Der Doppelsinn des Ausdrucks zeigt sich sprachlich darin, dass das Wort Religion in der Bedeutung >Ergriffensein< nur in der Einzahl, als Summe von Glaubensaussagen dagegen in der Einzahl und in der Mehrzahl gebraucht werden kann; in der Einzahl meint es dann eine einzelne Religion unter vielen.

Brockhaus Enzyklopädie (1972)

Im Blick auf die Entwicklung der Menschheit ergibt sich, dass praktisch keine menschliche Kultur, in welcher historischen Phase auch immer, ohne Religion war und ist, sodass **RELIGION** als eine menschliche Grundkonstante erscheint. Die **paläontologische* Religionsforschung** versucht, anhand der Funde aus der Frühzeit der Menschheitsgeschichte (z. B. in Grabbeigaben) erste religiöse Elemente zu erschließen; die allgemeine **Religionswissenschaft** erforscht die historischen und gegenwärtigen Religionen im Zusammenhang mit gesellschaftlich-kulturellen Entwicklungen und Entstehungsbedingungen; die **Religionspsychologie** untersucht die menschlichen Erfahrungen, die sich in bestimmten religiösen Anschauungen und Ausdrucksformen manifestieren. Ein Zweig der heutigen **neurologischen Forschung** versucht herauszufinden, welche Prozesse sich im Gehirn eines Menschen bei einer religiösen Handlung (etwa einem Gebet, einer Meditation) vollziehen (vgl. auch S. 32 f.).

Bei diesen verschiedenartigen Untersuchungsansätzen stößt man auf eine Fülle unterschiedlicher, teils gegensätzlicher, vielfach aber auch ähnlicher oder vergleichbarer Elemente in den Religionen von den Anfängen bis zur Gegenwart.

Geschichtlich betrachtet, lassen sich – stark vereinfacht – drei Phasen der Religionsentwicklung unterscheiden, die sich allerdings gegenseitig überschneiden:

1. Naturreligionen. In den frühen Gesellschaften waren es vor allem die Grunderfahrungen von Leben und Sterben, Naturerscheinungen, Fruchtbarkeit, die die religiöse Vorstellungswelt prägten. Hinter diesen Erscheinungen sahen die Menschen „übersinnliche Kräfte“ und „Geister“, mit denen man durch bestimmte Riten umzugehen hatte.

2. Hochreligionen. In den beginnenden Stadtkulturen und Staaten nahm die Betroffenheit durch elementare Lebensbedürfnisse und Naturereignisse ab; der Blick richtete sich nun vor allem auf das menschliche Miteinander, auf die soziale Gerechtigkeit und ethische Perspektiven. Diese Phase brachte eine (meist) religiös begründete Gesetzgebung hervor, wie etwa die Zehn Gebote in der Bibel (Beispiele: die antiken Hochreligionen Israels, der Ägypter, Griechen).

3. Weltreligionen. Vor allem auf dem Hintergrund dieser Religionen trat immer mehr das Individuum hervor, das für sich selbst die Frage nach religiöser Erfahrung und Heil stellte. Diese Phase wendete sich dem unmittelbaren Umgang mit dem zu, was man Gott, Heil, „Erleuchtung“ u. a. nannte – oft losgelöst von staatlichen, ethnischen Zusammenhängen und religiösen Organisationen. Dabei kommt es wiederum zu neuen Untergliederungen und Gruppierungen, die eine gemeinsame religiöse Tradition neu oder anders verstehen (z. B. die unterschiedlichen Konfessionen und Kirchen im christlichen Bereich, die Parallelen in fast allen vergleichbaren Weltreligionen finden). Als Weltreligionen gelten Judentum, Hinduismus, Buddhismus, Christentum und Islam.

Dabei überschneiden sich geschichtliche Phasen der Entwicklung ebenso, wie es durch Begegnung unterschiedlicher Religionen, die sich gerade in der Gegenwart verstärkt hat, zu Abgrenzungen, Neu- und Umbildungen von Religionen kommt. Die heutige Religionswissenschaft versucht, die unterschiedlichen religiösen Aussagen und Phänomene genau zu beschreiben und ihre Unterschiede und Ähnlichkeiten differenziert herauszuarbeiten. Dabei geht sie mit Wertungen und Beurteilungen sehr zurückhaltend um; dennoch besteht kaum Zweifel, dass sich „Religion“ in den heutigen Weltreligionen am differenziertesten und umfassendsten ausgebildet hat.

Die Vielfalt der Religionen hat – von „außen“ betrachtet – immer wieder zur Frage nach ihrer Wahrheit geführt. In den Theologien, die vor allem in den drei „westlichen“ Buch- und Offenbarungsreligionen Judentum, Christentum und Islam entwickelt wurden, tritt z. T. der Anspruch hervor, nur in dem eigenen Glauben die volle Wahrheit und Heilswirksamkeit zu sehen. Religionswissenschaftler vor allem aus dem christlichen Bereich entwickelten demgegenüber die Vorstellung von der Gleich-Wertigkeit aller Religionen, vor allem der heutigen Weltreligionen im Bezug auf die Wahrheitsfrage (Religionspluralismus).

Zur Wirklichkeit der meisten Religionen gehört, dass sie öffentlich ausgeübt und „bekannt“ werden. Die „Allgemeine Erklärung der Menschenrechte“ der UNO von 1948 definiert die Glaubens- und Gewissensfreiheit sowie das Recht auf die öffentliche Ausübung der Religion als grundlegendes Menschenrecht.

Weltreligionen: gleiches Ziel – unterschiedliche Wege?

Eine Touristenfamilie bemüht sich, einen heiligen Ort „richtig“ zu betreten

M14

1 *Prüfen Sie, welche Weltreligionen dargestellt sind und ob die Familie zum Betreten der unterschiedlichen „heiligen Orte“ richtig gekleidet ist.*

2 *Wie lässt sich erklären, dass so unterschiedliche „Kleider-Ordnungen“ entstehen konnten, wo doch das Ziel, den heiligen Raum in würdiger Weise zu betreten, identisch ist?*

3 *Woher kommen und warum gibt es Vorschriften, wie der Mensch ein Gotteshaus zu betreten hat?*

Erfahrungen mit dem „Ganz-Anderen“

In der religionsgeschichtlichen Entwicklung liegt die Tendenz, „anthropomorphe“ oder an Naturgegenständen orientierte Gottesvorstellungen hinter sich zu lassen, aber zugleich zu beschreiben, was Gott von den Menschen „fordert“, was zum Heil der Menschen dient. Einerseits ist Gott unerkennbar, jenseits von allem Sichtbaren (der „Ganz Andere“), andererseits begegnet er Menschen und teilt ihnen sein Wort, seinen Willen mit (das „Nicht-Andere“).

Judentum, Buddhismus, Christentum und Islam ist gemeinsam, dass durch eine besondere Erfahrung, „Offenbarung" oder „Erleuchtung" Menschen zu einem „Ganz Anderen" in Verbindung treten, das oft als das „Eigentliche", „Wahre" angesehen wird. Diese Erfahrung verändert meist auch konkrete Lebensumstände. Man weiß sich berufen, einen göttlichen Auftrag auszuführen, einen neuen Weg zu gehen oder Einsichten in die „eigentliche" Wahrheit weiterzugeben. Hintergrund solcher Erfahrungen ist eine Differenz zum Bestehenden, aus der eine Kraft zur Veränderung und Erneuerung erwächst, die auch ethische Perspektiven einschließt. Solche Erfahrungen gelten besonders für die Personen, die als „Stifter" einer „neuen" Religion stehen. Judentum, Buddhismus, Christentum und Islam nennt man daher auch „Stifterreligionen*".

M15 Die Berufung des Mose

Ex 3,1–15

1 Mose aber hütete die Schafe Jitros, seines
Schwiegervaters, des Priesters in Midian, und
trieb die Schafe über die Steppe hinaus und kam
an den Berg Gottes, den Horeb.
2 Und der Engel des HERRN erschien ihm in
einer feurigen Flamme aus dem Dornbusch.
Und er sah, dass der Busch im Feuer brannte
und doch nicht verzehrt wurde.
3 Da sprach er: Ich will hingehen und die wundersame Erscheinung besehen, warum der
Busch nicht verbrennt.
4 Als aber der HERR sah, dass er hinging, um zu
sehen, rief Gott ihn aus dem Busch und sprach:
Mose, Mose! Er antwortete: Hier bin ich.
5 Gott sprach: Tritt nicht herzu, zieh deine
Schuhe von deinen Füßen; denn der Ort, darauf
du stehst, ist heiliges Land!
6 Und er sprach weiter: Ich bin der Gott deines
Vaters, der Gott Abrahams, der Gott Isaaks
und der Gott Jakobs. Und Mose verhüllte sein
Angesicht; denn er fürchtete sich, Gott anzuschauen.
7 Und der HERR sprach: Ich habe das Elend
meines Volks in Ägypten gesehen und ihr
Geschrei über ihre Bedränger gehört; ich habe
ihre Leiden erkannt.
8 Und ich bin herniedergefahren, dass ich sie
errette aus der Ägypter Hand und sie herausführe aus diesem Lande in ein gutes und weites
Land, in ein Land, darin Milch und Honig fließt,
in das Gebiet der Kanaaniter, Hetiter, Amoriter,
Perisiter, Hiwiter und Jebusiter.
9 Weil denn nun das Geschrei der Israeliten vor
mich gekommen ist und ich dazu ihre Not gesehen habe, wie die Ägypter sie bedrängen,
10 so geh nun hin, ich will dich zum Pharao
senden, damit du mein Volk, die Israeliten, aus
Ägypten führst.
11 Mose sprach zu Gott: Wer bin ich, dass ich
zum Pharao gehe und führe die Israeliten aus
Ägypten?
12 Er sprach: Ich will mit dir sein. Und das soll dir
das Zeichen sein, dass ich dich gesandt habe:
Wenn du mein Volk aus Ägypten geführt hast,
werdet ihr Gott opfern auf diesem Berge.
13 Mose sprach zu Gott: Siehe, wenn ich zu den
Israeliten komme und spreche zu ihnen: Der
Gott eurer Väter hat mich zu euch gesandt! und
sie mir sagen werden: Wie ist sein Name?, was
soll ich ihnen sagen?
14 Gott sprach zu Mose: **Ich werde sein, der ich
sein werde.** Und sprach: So sollst du zu den
Israeliten sagen: „Ich werde sein", der hat mich
zu euch gesandt.
15 Und Gott sprach weiter zu Mose: So sollst du
zu den Israeliten sagen: Der HERR, der Gott
eurer Väter, der Gott Abrahams, der Gott Isaaks,
der Gott Jakobs, hat mich zu euch gesandt. Das
ist mein Name auf ewig, mit dem man mich
anrufen soll von Geschlecht zu Geschlecht.

M16

Die Berufung des Paulus

Apg 9

1 Saulus[1] aber schnaubte noch mit Drohen und Morden gegen die Jünger des Herrn und ging zum Hohenpriester
2 und bat ihn um Briefe nach Damaskus an die Synagogen, damit er Anhänger des neuen Weges, Männer und Frauen, wenn er sie dort fände, gefesselt nach Jerusalem führe.
3 Als er aber auf dem Wege war und in die Nähe von Damaskus kam, umleuchtete ihn plötzlich ein Licht vom Himmel;
4 und er fiel auf die Erde und hörte eine Stimme, die sprach zu ihm: Saul, Saul, was verfolgst du mich?
5 Er aber sprach: Herr, wer bist du? Der sprach: Ich bin Jesus, den du verfolgst.
6 Steh auf und geh in die Stadt; da wird man dir sagen, was du tun sollst.
7 Die Männer aber, die seine Gefährten waren, standen sprachlos da; denn sie hörten zwar die Stimme, aber sahen niemanden.
8 Paulus aber richtete sich auf von der Erde; und als er seine Augen aufschlug, sah er nichts. Sie nahmen ihn aber bei der Hand und führten ihn nach Damaskus;
9 und er konnte drei Tage nicht sehen und aß nicht und trank nicht.
10 Es war aber ein Jünger in Damaskus mit Namen Hananias; dem erschien der Herr und sprach: Hananias! Und er sprach: Hier bin ich, Herr.
11 Der Herr sprach zu ihm: Steh auf und geh in die Straße, die die Gerade heißt, und frage in dem Haus des Judas nach einem Mann mit Namen Saulus von Tarsus. Denn siehe, er betet
12 und hat in einer Erscheinung einen Mann gesehen mit Namen Hananias, der zu ihm hereinkam und die Hand auf ihn legte, damit er wieder sehend werde.
13 Hananias aber antwortete: Herr, ich habe von vielen gehört über diesen Mann, wie viel Böses er deinen Heiligen in Jerusalem angetan hat;
14 und hier hat er Vollmacht von den Hohenpriestern, alle gefangen zu nehmen, die deinen Namen anrufen.
15 Doch der Herr sprach zu ihm: Geh nur hin; denn dieser ist mein auserwähltes Werkzeug, dass er meinen Namen trage vor Heiden und vor Könige und vor das Volk Israel.
16 Ich will ihm zeigen, wie viel er leiden muss um meines Namens willen.
17 Und Hananias ging hin und kam in das Haus und legte die Hände auf ihn und sprach: Lieber Bruder Saul, der Herr hat mich gesandt, Jesus, der dir auf dem Wege hierher erschienen ist, dass du wieder sehend und mit dem heiligen Geist erfüllt werdest.
18 Und sogleich fiel es von seinen Augen wie Schuppen, und er wurde wieder sehend; und er stand auf, ließ sich taufen
19 und nahm Speise zu sich und stärkte sich. Saulus blieb aber einige Tage bei den Jüngern in Damaskus.
20 Und alsbald predigte er in den Synagogen von Jesus, dass dieser Gottes Sohn sei.
21 Alle aber, die es hörten, entsetzten sich und sprachen: Ist das nicht der, der in Jerusalem alle vernichten wollte, die diesen Namen anrufen, und ist er nicht deshalb hierher gekommen, dass er sie gefesselt zu den Hohenpriestern führe?
22 Saulus aber gewann immer mehr an Kraft und trieb die Juden in die Enge, die in Damaskus wohnten, und bewies, dass Jesus der Christus ist.

[1] Der Apostel Paulus wird in der Apostelgeschichte bis Kap. 13 nach seinem jüdischen Namen „Saul/Saulus“ genannt, später auch „Paulus“ (vgl. Apg 13,9). Davon leitet sich das Sprichwort „Vom Saulus zum Paulus“ ab.

1 *Arbeiten Sie aus M 15 und 16 gemeinsame und unterschiedliche Merkmale des Berufungsgeschehens heraus. Achten Sie dabei besonders auf die Art, wie Mose und Paulus das „Ganz Andere“ erfahren und welche Auswirkungen diese Erfahrung jeweils hat.*

Nach allgemeiner Überzeugung sind die Suren 96,1–5 und 97,1–5 auf die Berufung des Mohammed bezogen, die er in der Einsamkeit des Berges Hira erfuhr. Sure 98 könnte erste Inhalte der Berufung/Offenbarung wiedergeben.

M17 Die Berufung Mohammeds

Sure 96,1–5; 97,1–5; 98,1–4

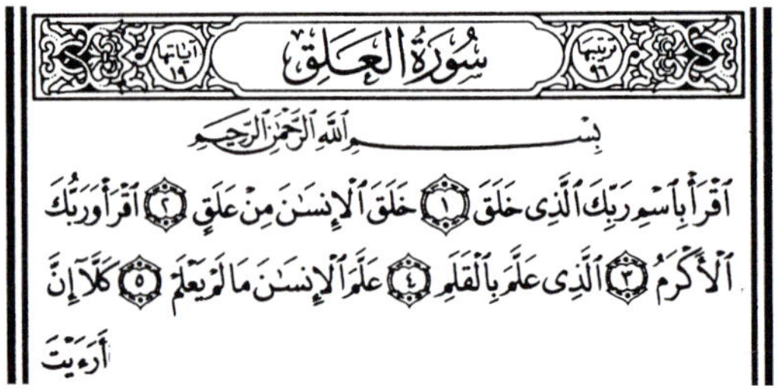
سورة العلق
بسم الله الرحمن الرحيم
اقرأ باسم ربك الذي خلق ﴿١﴾ خلق الإنسان من علق ﴿٢﴾ اقرأ وربك
الأكرم ﴿٣﴾ الذي علم بالقلم ﴿٤﴾ علم الإنسان ما لم يعلم ﴿٥﴾ كلا إن
أرءيت

Sure 96, 1–5

96-DAS SICH ANKLAMMERNDE (al-'Alaq)**
Geoffenbart zu Mekka
Im Namen Allahs, des Erbarmers, des Barmherzigen!

1. Lies! Im Namen deines Herrn, Der erschuf –
2. Erschuf den Menschen aus einem sich Anklammernden.***
3. Lies! Denn dein Herr ist gütig,
4. Der durch die (Schreib-)Feder gelehrt hat –
5. Den Menschen gelehrt hat, was er nicht wusste.

** Die Verse 1–5 sind die erste koranische Offenbarung. Mohammed empfing sie vom Engel Gabriel im Jahre 620 in der Höhle Hira oberhalb von Mekka.

*** Mit „dem sich Anklammernden" wird der Befruchtungsvorgang, das Einnisten des männlichen Samens im weiblichen Ei umschrieben.

سورة القدر
بسم الله الرحمن الرحيم
إنا أنزلناه في ليلة القدر ﴿١﴾ وما أدراك ما ليلة القدر ﴿٢﴾
ليلة القدر خير من ألف شهر ﴿٣﴾ تنزل الملائكة والروح
فيها بإذن ربهم من كل أمر ﴿٤﴾ سلام هي حتى مطلع الفجر ﴿٥﴾
سورة البينة
بسم الله الرحمن الرحيم
لم يكن الذين كفروا من أهل الكتاب والمشركين منفكين
حتى تأتيهم البينة ﴿١﴾ رسول من الله يتلوا صحفا مطهرة ﴿٢﴾
فيها كتب قيمة ﴿٣﴾ وما تفرق الذين أوتوا الكتاب إلا من
بعد ما جاءتهم البينة ﴿٤﴾ وما أمروا إلا ليعبدوا الله مخلصين
له الدين حنفاء ويقيموا الصلوة ويؤتوا الزكوة وذلك دين
القيمة ﴿٥﴾ إن الذين كفروا من أهل الكتاب والمشركين
في نار جهنم خالدين فيها أولئك هم شر البرية ﴿٦﴾ إن
الذين آمنوا وعملوا الصالحات أولئك هم خير البرية ﴿٧﴾

97, 1–5; 98, 1–4

97-DAS SCHICKSAL (al-Qadr)
Geoffenbart zu Mekka
Im Namen Allahs, des Erbarmers, des Barmherzigen!

1. Wir haben ihn wahrlich in der Nacht des Schicksals herabgesandt.
2. Und was lässt dich wissen, was die Nacht des Schicksals ist?
3. Die Nacht des Schicksals ist besser als tausend Monate.
4. In ihr kommen die Engel und der Geist mit ihres Herrn Erlaubnis herab, mit jeglichem Auftrag.
5. Frieden ist sie bis zum Anbruch der Morgenröte.

98-DER DEUTLICHE BEWEIS (al-Bayyina)
Geoffenbart zu Mekka
Im Namen Allahs, des Erbarmers, des Barmherzigen!

1. Die Ungläubigen unter den Leuten der Schrift und die Götzenanbeter werden (ihren Unglauben) nicht preisgeben, bis der deutliche Beweis zu ihnen kommt:
2. Ein Gesandter von Allah, der aus unverfälschten Blättern vorträgt.
3. Darin sind klare Vorschriften von unveränderlicher Wahrheit.
4. Doch die, denen die Schrift gegeben wurde, spalteten sich erst dann, als der deutliche Beweis schon zu ihnen gekommen war.

(um 610 n. Chr.)

1 *Vergleichen Sie diese Texte mit M 15 und 16. Welche Ähnlichkeiten stellen Sie fest? Welche Unterschiede/Gegensätze werden deutlich?*

2 *Sure 98 setzt sich deutlich von zwei gegnerischen Gruppen ab. Wer ist damit gemeint, und mit welchem „Beweis" werden sie konfrontiert?*

Nach vielen vergeblichen Versuchen, die Wahrheit zu finden, so wird erzählt, kommt Siddharta Gautama (um 560–um 480 v. Chr.) in Uruvela, am Fluss Netajara, zur Ruhe und versinkt in Kontemplation, in deren Verlauf ihm die Grundwahrheit der Ursachen und der Überwindung des Leidens zuteil wird. Aufgrund der dort gewonnenen Erleuchtung – nun als „Buddha" – formuliert er die „Predigt von Benares", die den Inhalt dieser Erkenntnisse wiedergibt.

Die Erleuchtung des Siddharta Gautama

M18

Dies, ihr Mönche, ist die edle Wahrheit vom Leiden: Geburt ist *Leiden,* Alter ist Leiden, Krankheit ist Leiden, Sterben ist Leiden; mit Unlieben vereint ist Leiden. Von Lieben getrennt sein ist Leiden. Nicht erlangen, was man begehrt, ist Leiden. Kurz, das Verbundensein an die fünf Objekte des Ergreifens (skandhas) ist Leiden. Dies, ihr Mönche, ist die edle Wahrheit von der *Entstehung des Leidens:* Es ist der die Wiedergeburt erzeugende Durst, begleitet von Wohlgefallen und Begier, der hier und dort seine Freunde findet: nämlich der Durst nach Lust, der Durst nach Werden und Dasein, der Durst nach Vergänglichkeit. Dies, ihr Mönche, ist die edle Wahrheit von der *Aufhebung des Leidens:* Die Aufhebung dieses Durstes durch restlose Vernichtung des Begehrens, ihn fahren lassen, sich seiner entäußern, sich von ihm lösen, ihm keine Stätte gewähren. Dies, ihr Mönche, ist die edle Wahrheit von dem *Weg, der hinführt zur Aufhebung des Leidens:* Es ist dies der edle „achtfache Pfad", der da heißt: rechtes Glauben, rechtes Denken, rechtes Sprechen, rechtes Tun, rechtes Leben, rechtes Streben, rechte Konzentration, rechtes Sichversenken.

(um 520 v. Chr.)

1 *Beziehen Sie M 18 auf die vorausgehenden Texte aus Bibel und Koran (➤ M 15–17). Worin liegt der Hauptunterschied?*

2 *Lassen sich trotz der Andersheit des Textes gemeinsame Aspekte im Bezug auf die „Erfahrung des Ganz-Anderen" und die Konsequenzen erkennen, die daraus folgen?*

Was ist das „Heil des Menschen“, und wie ist es zu erreichen?

Auch wenn sich unterschiedliche religiöse Aussagen, aber auch allgemeine Lebensfragen, von Religion zu Religion anders darstellen, oft mit denselben Begriffen nicht dasselbe gemeint ist und zugleich innerhalb ein und derselben Religion z. T. sehr unterschiedliche Vorstellungen bestehen, lässt sich auf dem Wege des Vergleichs wenigstens ein begrenztes Verständnis erreichen.

Diesen Versuch hat bereits 1970 der Publizist Gerhard Szcesny (1918–2002) unternommen, der Vertretern des Judentums, des Hinduismus, des Buddhismus, des katholischen und protestantischen Christentums gleich formulierte Fragen mit der Bitte vorlegte, sie in einem kurzen Statement zu beantworten. Auf diesem Wege ist eine eindrucksvolle Zusammenstellung unterschiedlicher religiöser Positionen zu jeweils gleichen Fragestellungen entstanden, auch wenn man bei den „Antworten“ natürlich beachten muss, dass immer nur eine Stimme aus der jeweiligen Religion zu Wort kommt. Eine zentrale Frage der Weltreligionen ist, worin das „Heil“ des Menschen bestehe und auf welchem Wege es zu gewinnen sei. Dazu stellte Szcesny den Sachverständigen der Religionen folgende Fragen:

M19 Die Frage nach dem Heil des Menschen

Gerhard Szcesny

Worin besteht das „Heil“ des Menschen? In der möglichst vollkommenen Ausbildung und Ausschöpfung seiner Anlagen und der bestmöglichen Erfüllung der individuellen und gesellschaftlichen Aufgaben, die ihm seine Zeit stellt, oder in der Konzentration auf jene Talente und Tugenden, die ihn mit der „anderen Wirklichkeit“ in Berührung bringen und auf sie vorbereiten? Ist es vor allem wichtig, dass der Mensch sich unablässig darum bemüht, die Heilswahrheiten seiner Religion zu erkennen, oder ist es wichtiger, dass er sich in seinem Leben den ethischen Erfordernissen seiner Religion entsprechend verhält?

(1971)

1 *Bilden Sie Kleingruppen und versuchen Sie in einem ersten Schritt, die Frage nach dem Heil des Menschen selbst, aus Ihrer eigenen Überzeugung heraus, zu beantworten.*

2 *Versuchen Sie in einem zweiten Schritt sich vorzustellen, Sie müssten als Christ, Buddhist, Hindu usw. diese Frage beantworten (arbeitsverschiedene Gruppen). Formulieren Sie dazu einen kurzen Gruppentext, der zusammen mit den anderen Grundlage für ein Plenumsgespräch sein kann.*

3 *Lesen Sie dann die nachfolgenden Ausschnitte aus den Antworten der jeweiligen Sachverständigen, am besten in arbeitsverschiedenen Gruppen, und beziehen Sie die daraus zu gewinnenden Einsichten in Ihr Gespräch ein.*

M20 Die Frage nach dem Heil des Menschen – Antworten der Religionen

Judentum – Kurt Wilhelm (* 1900)

Wenn der Mensch einst zur Rechenschaft gezogen wird, so lehrt ein babylonischer Meister des Talmuds*, werden folgende Fragen an ihn gerichtet: Hast du Redlichkeit geübt in Handel und Wandel? Hast du bestimmte Zeiten dem Studium der Tora gewidmet? Hast du das Gebot erfüllt: Seid fruchtbar und mehret euch? Hast du auf das Heil gehofft? – Das Heil besteht in mehr als im „Heil“, es geht um mehr als um die persönliche Seligkeit, die der Glaube an einen Mittler gewährt, weil ohne diesen Glauben der Mensch heillos preisgegeben sei. Hier stehen wir an einer fundamentalen jüdisch-christlichen Wegscheide: Christus ist der Mittler des Heils, Mose und die Propheten Israels sind die Mittler der religiösen Wahrheit, für deren Studium Zeit festzusetzen ebenso heilsam ist wie die Begründung einer Familie und Redlichkeit in Handel und Wandel, wie die Hoffnung auf das „Heil“, die Vervollkommnung der Welt in der messianischen Zeit. [...]

Hast du auf das Heil gehofft? Der Versöhnungstag der Zukunft, das Reich des Messias, ist ein Reich von dieser Welt. Sein Heil heilt Israel, das nicht mehr von den Mächten dieser Welt geknechtet sein wird, und es heilt die Menschheit, die sich zum einen Gott bekennen wird. Das Gottesreich des jüdischen Universalismus ist die Vollendung des eigenen Weges als Weltreligion.

Katholizismus – Johann Baptist Metz (* 1928)

Die christliche Heilslehre ist keine innerweltliche Zukunftsutopie; sie weiß und bekennt, dass der Mensch in allem berechtigten Fortschritt, in aller Entfaltung seiner eigenen Möglichkeiten noch einmal bei sich selbst als dem endlichen, leid- und schuldbetroffenen sterblichen Dasein ankommt. Darum hat die christliche Heilslehre von vornherein einen wesenhaft *personalen,* den Menschen in seiner individuellen Geschichte betreffenden Zug: Sie lehrt und bekennt die Ankunft einer unendlichen und vergebenden Liebe als die eigentliche Heilszukunft des Menschen. Für den Christen ist Heil ursprünglich zuvorkommendes Heil, geschenktes, frei begegnendes Heil, *Heil als Huld.* Heil ist, christlich gesehen, die unwiderrufliche Nähe und Herrschaft der je größeren unbegreiflichen Liebe Gottes, wie sie uns im Antlitz Jesu Christi aufgeschienen ist (vgl. Tit 3,4) [...].

Für den Christen ist das Heil nicht Erlösung *von* seinem geschichtlichen mitmenschlichen Dasein, sondern gerade Erlösung und Vollendung dieses geschichtlichen mitmenschlichen Daseins selbst. Ja, der Christ bekennt ein Heil, das sich *in* diesem Dasein jeweils schon präsentisch anbahnt, er glaubt die Geschichte selbst als Heilsgeschichte und die zwischenmenschliche Begegnung und Verantwortung als Richtmaß für Heil oder Unheil: „Wir wissen, dass wir vom Tode zum Leben übergegangen sind, da wir die Brüder lieben" (1. Joh 3,14; vgl. 4,20f.; Matth 25,40.45). Der Bruder wird hier zum „Sakrament*" und zum „Mittler" des Heils, und deswegen geht nach christlichem Verständnis jeder echte Heilsakt auf die Konkretheit Gottes im Bruder zu. [...]

Protestantismus – Ernst Wolf (* 1902)

Es gibt einen weit verbreiteten christlichen Heilsegoismus, der sich das als jenseitig verstandene *Heil* mehr oder minder methodisch zu besorgen sucht, wobei dieses Heil selbst durch religiöse Wunschbilder im Einzelnen näher bestimmt wird. Das ist die christliche Erfüllung eines Glückseligkeitsverlangens, welches nach Augustin allen Menschen innewohnt und ihr sittlich-religiöses Streben motiviert: Religiöser Eudämonismus*. Derselbe Augustin hat aber auch mit dem bekannten Satz vom Herzen, das unruhig sei, bis es in Gott Ruhe finde, das Heil in Anlehnung an die evangelische Botschaft auf dem Grund jenes idealistischen Eudämonismus als den ewigen Frieden des Reiches Gottes umschrieben, als „die ganz einträchtige Gemeinschaft, die Gott genießt und sich gegenseitig in ihm". In dieser „Seligkeitsformel" Augustins wirken sich zwei für das Evangelium als der Heilsbotschaft wesentliche Erkenntnisse aus: einmal, dass das Heil Befreiung bedeutet von der die Existenz des Menschen als Menschen erfahrungsgemäß charakterisierenden Sorge hinter allem Tun und jeglichem Be-sorgen, die Befreiung von den Zwängen einer Bindung durch selbstsüchtige Interessen; und sodann, dass das Heil für den Menschen bei Gott bereitliege, ihm verheißen, angeboten, zugesprochen werde. Mit Luther: „Es ist das Heil uns kommen her von Gnad und lauter Güte." [...]

Christlich gesprochen, geht es hier um das Widerfahrnis der Sündenvergebung, womit nicht das „Vergeben" sittlicher Verfehlungen von Fall zu Fall gemeint ist, sondern die von Gott geschenkte Überwindung der Selbsttrennung von Gott und damit auch von dem Mitmenschen und von der Einigkeit mit sich selbst, das neue Leben auf dem Grund von rückhaltlosem Vertrauen, von Glauben, ein Leben, das eine „selbstlose" Zuwendung zu den Aufgaben des innerweltlichen Daseins fordert und zugleich ermöglicht; ein Leben aus der Kraft des Reiches Gottes, welches die Alternative zwischen Bemühung um Erkenntnis der „Heilswahrheiten" und der Erfüllung ethischer Forderungen hinter sich lässt.

Islam – Muhammad Asad (* 1900)
[…] erkennt man, dass im Rahmen der islamischen Lehre der Begriff „Heil" nur *eine* Bedeutung haben kann: nämlich ein Verschmelzen von Geist und Körper, Denken und Handeln, Neigung und tatsächlichem Verhalten zu einer harmonischen Einheit des Seins im Zeichen dessen, das man als „Rechtlichkeit" bezeichnet – des Menschen Rechtlichkeit Gott und sich selbst gegenüber (ausgedrückt in dem Bestreben, sich völlig dem offenbarten Willen Gottes hinzugeben und die eigenen eingeborenen, positiven Eigenschaften zu voller Entfaltung zu bringen), sowie auch Rechtlichkeit den Mitmenschen gegenüber (geäußert in dem ständigen Bestreben, ihre moralische Entwicklung zu fördern, ihre Rechte zu wahren und ihren gesellschaftlichen Zustand zu verbessern). Wer diesen Erfordernissen entspricht, erreicht – im islamischen Sinne – das Heil. Der Islam misst nämlich dem bloßen Glauben – und sei es auch der rechte Glaube – keinen wesentlichen Wert bei, falls er nicht auch zu entsprechend rechtmäßigem *Tun* führt und von ihm begleitet ist. Und daraus folgt es nun, dass der innerste Zweck des koranischen Glaubensaufrufs darin besteht, es dem Menschen zu ermöglichen, sowohl körperlich wie auch geistig und gefühlsmäßig „rechtlich" zu leben, und zwar nicht nur als Einzelperson, sondern auch als ein Mitglied der menschlichen Gesellschaft. Mit anderen Worten: Die Erkenntnis der religiösen Wahrheiten ist nicht ein Selbstzweck, sondern vielmehr ein Weg zum Erreichen des ethisch Guten in diesem Leben und folglich auch im Leben nach dem Tode.

Hinduismus – B. H. Bon (* 1901)
Unsterblichkeit, sei es als persönliche Unsterblichkeit oder als unpersönliche Unsterblichkeit in dem Absoluten, kann nicht erlangt werden; sie ist da. Das Ideal einer rationalen Weltordnung, ein Königtum Gottes auf Erden, all solch hochklingendes Gerede erscheint wie eine Fantasiedichtung, ähnlich wie ein goldener Berg oder ein Berg aus Juwelen. Erlösung, entweder als liebende Hingabe an die höchste Person oder als ein Sich-selbst-Aufgeben im Absoluten, lässt sich durch die „via negativa" erlangen, den negativen Weg, um der Diesseitigkeit zu entfliehen, und die vollständige Hinwendung zum geistigen Reich. Erlösung besteht in der unmittelbaren Erfassung Brahmans, der absoluten Person, die weitere Wiedergeburten ausschließt. Man gelangt dazu durch ständige Kontemplation* der Natur Brahmans, des absoluten Wesens, wie es in den Veden niedergelegt ist. Läuterung des Herzens ist notwendig, um ständige Kontemplation des höchsten Wesens zu ermöglichen. Das Vollbringen guter Taten ohne Nebengedanken und ohne Wunsch nach Lohn läutert das Gemüt. Die vorzüglichsten guten Taten sind Gottesverehrung, Werke der Menschenliebe und Kasteiungen. Ferner ist die Erlösung des Menschen in vier wesentlichen Worten niedergelegt: *nirdvanda,* d. h. Freiheit von Gegensätzen, *nitya-satvastho,* d. h. ständige Lauterkeit, *nir-yoga-kshema,* d. h. Freiheit von Sorge um das Auskommen, und *âtmavân,* d. h. immer um die wahre Natur des Selbst wissen. Indem man sich bemüht, das eigene Leben mit den ethischen Forderungen seiner Religion in Einklang zu bringen, begreift man allmählich die erlösenden Wahrheiten der eigenen Religion. Tatsächlich kann man Religion und Ethik nicht in getrennten Fächern halten, ohne Beziehung zueinander. Alle Bemühungen sollten sich auf rechte Erkenntnis richten, auf rechtes Fühlen und rechtes Handeln, ohne Verlangen nach dem Lohn des Handelns. Bloßes Streben, die Erlösungswahrheiten seiner Religion zu erkennen, hilft dem Menschen nicht viel. […]

Buddhismus – Anagarika Govinda (* 1898)
Das Heil des Menschen besteht nach der Lehre des Buddha in seinem Erwachen zur Wirklichkeit – zur Ganzheit – durch Überwindung von Gier, Hass und Verblendung. Die Verblendung besteht in dem Wahn einer separaten Ichheit, die im Kampf um ihre Selbsterhaltung alles hasst, was ihr entgegensteht, und die begehrt, was ihr Genuss bereitet oder ihren selbstischen Zwecken dient. Nur Einsicht in die potenzielle Universalität unseres Wesens und die Gesetze alles Lebendigen kann uns von diesem Wahn und seinen Leid bringenden Konsequenzen be-

freien. Diese Einsicht kann auf dem dreifachen Wege der Welterfahrung, der Weltüberwindung und der Weltverwandlung gewonnen werden. Der Weg der Welterfahrung gipfelt in der Erkenntnis des Leidens und seiner Ursachen, der Weg der Weltüberwindung gipfelt in der Aufhebung der Leidensursachen durch Selbstentäußerung, der Weg der Weltverwandlung gipfelt in der Verwirklichung der Ganzheit, in der die Dualität von Welt und Ich aufgehoben ist. Es handelt sich hier nicht um drei verschiedene, voneinander getrennte Wege, sondern um drei Phasen oder Aspekte desselben Weges, die sowohl als ein Nacheinander als auch als ein Miteinander aufgefasst werden können. [...]

Der vom Buddha aufgezeigte Weg umfasst also den ganzen Menschen. In der vollkommenen Ausbildung und Ausschöpfung seiner Geistesanlagen entwickelt er sein Erkenntnisvermögen. In der Erfüllung seiner individuellen und gesellschaftlichen Pflichten entwickelt er seine ethischen Qualitäten, und durch Konzentration aufs Innere entwickelt er jene Kräfte und Eigenschaften, die ihn mit der „anderen Wirklichkeit" in Berührung bringen.

[...] Dem Buddhisten genügt es nicht, den ethischen Forderungen seiner Religion nachzukommen, sofern er nicht ihre Berechtigung erkannt hat, sofern seine eigene Überzeugung nicht dahinter steht. Die Erkenntnis der Heilswahrheiten ist der erste Schritt auf dem religiösen Wege, Ethik ist die natürliche Folge.

(1971)

1 *Bilden Sie sieben Gruppen, von denen sich jede mit je einem der Texte M 19 und 20 beschäftigt. Arbeiten Sie dann das „Bild vom Heil" heraus, das Sie aus Ihrem Text entnehmen können, und setzen Sie die wichtigsten Aspekte in eine Grafik auf Folie um.*

2 *Diese Folie legen Sie Ihrem Gruppenbericht ans Plenum zugrunde. Lassen Sie dabei zunächst das Plenum Ihre Grafik interpretieren, bevor Sie selbst verdeutlichen, was für Sie dabei inhaltlich von Bedeutung war.*

3 *Achten Sie schließlich in einer Gesamtbetrachtung auf Gemeinsamkeiten und Unterschiede, die in den sechs Texten der Religionen deutlich werden. Vergleichen Sie auch die ethischen Aspekte, die hervortreten.*

Religion im Spiegel der Wissenschaften

Die Hirnforschung gehört heute zu den weithin stark beachteten Wissenschaften, von denen viele sich große Erkenntnisfortschritte versprechen. Diese Forschungsrichtung wendet sich zunehmend allgemeinen Themen zu, darunter auch Religion. Ein SPIEGEL-Artikel „Hotline zum Himmel", der großes Aufsehen erregte, dient hier als Einstieg in diese Fragen.

M21 „Hotline zum Himmel": Religion als Hirngespinst?

Warum beten Menschen Götter an? Bisher grübelten die Kulturforscher über diese Frage nach. Nun bekommen sie Unterstützung von Hirnforschern, die im Geflecht der grauen Zellen den Ursprung der Religion finden wollen. Schon steht eine bestimmte Hirnregion als Sitz Gottes unter Verdacht.

Ein paar Elektroden, einen Monitor, ein Strommessgerät: Mehr benötigte Vilayanur Ramachandran nicht, um Gott auf die Schliche zu kommen. Den Weg, wie ihm einer seiner Patienten, dessen Namen er mit Paul angibt.

Paul war 32 Jahre alt, als er erstmals in Ramachandrans Labor an der University of California in San Diego auftauchte, und er hatte sein Leben Gott verschrieben. [...] Bald dämmerte dem Neurologen, warum ihm Pauls Verhalten so vertraut vorkam: Selbstbewusst war dieser befremdliche Patient, arrogant und überheblich, für Humor fehlte ihm jeder Sinn, sein Interesse galt fast ausschließlich der Religion – genau so wird in den Neurologie-Lehrbüchern eine „Schläfenlappenpersönlichkeit" beschrieben.

Tatsächlich stellte Ramachandran fest, dass Pauls Hirn genau hinter der Schläfe regelmäßig von elektrischen Stürmen heimgesucht wurde – Anfällen, die der Patient jedoch als Momente großer Erleuchtung erlebte [...]. Zwei Ursachen von Pauls Verzückung schienen Ramachandran denkbar: Entweder die Anfälle erzeugten einen allgemeinen Erregungszustand, den Paul als so überwältigend empfand, dass er ihn mystisch deutete. Oder aber die epileptischen Anfälle flackerten auf in einer Art „Gott-Modul", einem eigens für das Wahrnehmen des Übersinnlichen verdrahteten Nervenschaltkreis.

Um zu testen, welche dieser Erklärungen richtig sei, begann Ramachandran seine Strommessungen: Er zeigte seinem Patienten Bilder, die bei den meisten Menschen emotionale Reaktionen auslösen. [...] Erst als der Arzt ihm Bilder des Gekreuzigten und andere religiöse Symbole zeigte, schlug das Messgerät plötzlich heftig aus. Zeigte sich hier die Wirkung jenes Gott-Moduls, das Ramachandran in dem Schläfenlappen vermutet? „Haben wir jetzt eine Hotline zum Himmel?", grübelte er. [...]

Noch allerdings steht die neu ausgerufene Disziplin der „Neurotheologie" am Anfang. Zurückgreifen können die Forscher nur auf wenige Experimente, die nachweisen, dass sich im menschlichen Körper etwas verändert, wenn er betet oder meditiert: Die Atmungsrate sinkt erheblich, der Sauerstoffverbrauch geht um 20 bis 30 Prozent zurück. [...] Auch im Gehirn sind Veränderungen nachweisbar: Etwa 50 Sekunden, nachdem eine Meditation begonnen hat, erscheinen so genannte Alpha-Wellen im Elektroenzephalogramm – was sonst bei geöffneten Augen sehr ungewöhnlich ist. In einigen Fällen lassen sich sogar, trotz offener Augen, Theta-Wellen messen, normalerweise ein Indiz dafür, dass der Proband schläft und Traumbilder ihn umgaukeln.

Das allerdings beweist nicht mehr, als dass sich der tranceartige Zustand des Meditierenden auch in der Aktivität der Nerven niederschlägt. Doch was bedeutet das? Was genau ist es, das den Geist glauben lässt, er entschwebe in andere Sphären?

Einer, der diesen Fragen nachgeht, ist der Radiologe Andrew Newberg an der University of Pennsylvania. Er forderte Buddhisten zum Meditieren auf. Ehe jedoch ihr Geist mit dem Kosmos verschmolz, zogen sie noch rasch an einer Strippe. Damit öffneten sie ein Ventil, durch das eine schwach radioaktive Substanz in ihre Venen tröpfeln konnte. Mit Hilfe einer Technik namens SPECT (Single photon emission computed tomography) konnte Newberg dann messen, an welchen Stellen im Hirn die Nervenzellen so aktiv arbeiteten, dass sich dieser Stoff anreichert.

Tatsächlich erkannte der Forscher schon bald ein charakteristisches Muster auf dem Tomogramm – und mehr noch: Es glich in verblüffender Weise jenem, das sich unter ähnlichen Umständen bei betenden Franziskaner-Nonnen gezeigt hatte

(2002)

1 *Stellen Sie fest, welche Erkenntnisse über Religion die Hirnforschung dieser Darstellung zufolge bietet.*

Heute erscheint es als fast selbstverständlich, dass Religion von verschiedenen Wissenschaften untersucht wird. Dabei handelt es sich aber um eine typisch neuzeitliche Erscheinung, deren Wurzeln in der Aufklärung des 18. Jahrhunderts zu finden sind. Deshalb lohnt es sich, zunächst noch einmal zu klären, was es bedeutet, wenn Religion in wissenschaftlicher Perspektive untersucht werden soll.

In der neuzeitlichen Wissenschaft wird Religion vor allem vom Menschen her betrachtet. Auch die neuzeitliche Theologie will vielfach nicht einfach Gott erforschen, sondern fragt nach den Erfahrungen, die Menschen mit Gott machen und von denen sie etwa in der Bibel berichten.

Für die neuzeitliche Theologie und darüber hinaus auch das moderne Religionsverständnis war der Beitrag Friedrich Schleiermachers (1768–1834) besonders bedeutsam. 1799 veröffentlichte er seine Reden „Über die Religion", die an die „Gebildeten unter ihren Verächtern" adressiert waren. Darin versucht er auch eine Neubestimmung von Religion, um klar zu machen, dass Religion keineswegs mit den von den „Gebildeten" als überholt abgelehnten Dogmen der Kirche gleichzusetzen sei. Religion stehe auch nicht in Widerspruch zu wissenschaftlicher Erkenntnis (im Folgenden als „Metaphysik" bezeichnet) oder zu einer modernen Ethik („Moral"). Sie sei vielmehr ein eigener Bereich des Menschseins.

Religion – vom Menschen her betrachtet

M22

Friedrich Schleiermacher

Ihr mögt die Religion nicht, davon sind wir schon neulich ausgegangen; aber indem Ihr einen ehrlichen Krieg gegen sie führt, der doch nicht ganz ohne Anstrengungen ist, wollt Ihr doch nicht gegen einen Schatten gefochten haben, wie dieser, mit dem wir uns herumgeschlagen haben; sie muss doch etwas Eigenes sein, was in der Menschen Herz hat kommen können, etwas Denkbares, wovon sich ein Begriff aufstellen lässt, über den man reden und streiten kann, und ich finde es sehr unrecht, wenn Ihr selbst aus so disparaten Dingen etwas Unhaltbares zusammennähet, das Religion nennt und dann so viel unnütze Umstände damit macht.

[...] Sie begehrt nicht, das Universum seiner Natur nach zu bestimmen und zu erklären wie die Metaphysik, sie begehrt nicht, aus Kraft der Freiheit und der göttlichen Willkür des Menschen es fortzubilden und fertig zu machen wie die Moral. Ihr Wesen ist weder Denken noch Handeln, sondern Anschauung und Gefühl Anschauen will sie das Universum, in seinen eigenen Darstellungen und Handlungen will sie es andächtig belauschen, von seinen unmittelbaren Einflüssen will sie sich in kindlicher Passivität ergreifen und erfüllen lassen [...].

Praxis ist Kunst, Spekulation ist Wissenschaft, Religion ist Sinn und Geschmack fürs Unendliche. [...]

Anschauung ist und bleibt immer etwas Einzelnes, Abgesondertes, die unmittelbare Wahrnehmung, weiter nichts; sie zu verbinden und in ein Ganzes zusammenzustellen, ist schon wieder nicht das Geschäft des Sinnes, sondern des abstrakten Denkens. So die Religion; bei den unmittelbaren Erfahrungen vom Dasein und Handeln des Universums, bei den einzelnen Anschauungen und Gefühlen bleibt sie stehen [...].

(1799)

1 *Wenden Sie Schleiermachers Religionsverständnis auf verschiedene Beispiele aus der Gegenwart an.*

2 *Ziehen Sie Verbindungslinien zu den „Transzendenz-Erfahrungen" und Wirkungen der Bilder auf S. 11/12 dieses Kapitels.*

In seiner weithin bekannt gewordenen Schrift „Das Wesen des Christentums" versteht der Philosoph Ludwig Feuerbach (1804–1872) Religion als eine menschliche Wunschvorstellung und Illusion. Alle religiösen Inhalte, einschließlich Gott selbst (➤ vgl. dazu auch S. 142f.), seien das Resultat von Projektionen*, denen keine Realität zukomme. Real sei lediglich der Mensch selbst – das Wesen der Theologie sei deshalb letztlich die Anthropologie.

M23 Religion als Projektion und Illusion

Ludwig Feuerbach

[...] dass der wahre Sinn der Theologie die Anthropologie ist, dass zwischen den Prädikaten des göttlichen und menschlichen Wesens, folglich [...] auch zwischen dem göttlichen und menschlichen Subjekt oder Wesen kein Unterschied ist, dass sie identisch sind; [...] dass der Unterschied, der zwischen den theologischen und anthropologischen Prädikaten gemacht wird oder vielmehr gemacht werden soll, sich in nichts, in Unsinn auflöst [...]. Wenn meine Schrift nur den zweiten Teil enthielte, so hätte man allerdings vollkommen Recht, derselben eine nur negative Tendenz vorzuwerfen – den Satz: Die Religion ist nichts, ist Unsinn, als den wesentlichen Inhalt derselben zu bezeichnen. Allein ich sage keineswegs – wie leicht hätte ich es mir dann machen können –: Gott ist nichts, die Trinität ist nichts, das Wort Gottes ist nichts usw.; ich zeige nur, dass sie nicht das sind, was sie in der Illusion der Theologie sind. [...] Der Vorwurf, dass nach meiner Schrift die Religion Unsinn, nichts, pure Illusion sei, hätte nur dann Grund, wenn ihr zufolge auch das, worauf ich die Religion zurückführe, was ich als ihren wahren Gegenstand und Inhalt nachweise, der Mensch, die Anthropologie, Unsinn, nichts, pure Illusion wäre [...]. Indem ich die Theologie zur Anthropologie erniedrige, erhebe ich vielmehr die Anthropologie zur Theologie [...]. Die Religion ist der Traum des menschlichen Geistes [...]. Ich tue daher der Religion [...] nichts weiter an, als dass ich ihr die Augen öffne.

[...]

Aber der Mensch vergegenständlicht in der Religion sein eignes geheimes Wesen. Es muss also nachgewiesen werden, dass auch dieser Gegensatz, dieser Zwiespalt, mit welchem die Religion anhebt, *ein Zwiespalt des Menschen mit seinem eignen Wesen* ist [...].

Der Mensch will in der Religion sich in Gott befriedigen. Aber wie könnte er in ihm Trost und Frieden finden, wenn er ein wesentlich andres Wesen wäre? Wie kann ich den Frieden eines Wesens teilen, wenn ich nicht seines Wesens bin? Wenn sein Wesen ein andres, so ist auch sein Friede ein *wesentlich andrer,* kein Frieden *für mich* [...].

Das Wunder ist ein wesentlicher Gegenstand des Christentums, wesentlicher Glaubensinhalt. Aber was ist das Wunder? Ein *realisierter supranaturalistischer Wunsch* — sonst nichts. [...]

Die Macht des Wunders ist daher nichts andres als die Macht der Einbildungskraft. [...]

Die Religion ist das Verhalten des Menschen zu seinem eignen Wesen – darin liegt ihre Wahrheit –, aber zu seinem Wesen nicht als dem seinigen, sondern als einem andern, aparten, von ihm unterschiedenen, ja entgegengesetzten Wesen — darin liegt die Unwahrheit, darin die Schranke, darin das böse Wesen der Religion, darin die unheilschwangere Quelle des religiösen Fanatismus, darin das oberste, metaphysische Prinzip der blutigen Menschenopfer, kurz, darin die prima materia [erste Materie] aller Gräuel, aller Schauder erregenden Szenen in dem Trauerspiel der Religionsgeschichte [...].

Wir haben bewiesen, dass der *Inhalt* und *Gegenstand* der Religion ein durchaus menschlicher ist, und zwar *menschlicher* in dem doppelten Sinne dieses Wortes, in welchem es ebenso wohl etwas Positives als Negatives bedeutet, dass die Religion nicht nur die Mächte des menschlichen Wesens, sondern selbst auch die Schwachheiten, die subjektivsten Wünsche des menschlichen Herzens, wie z. B. in den Wundern, unbedingt bejaht – bewiesen, dass auch die *göttliche Weisheit menschliche Weisheit, dass das Geheimnis der Theologie die Anthropologie,* des absoluten Geistes der so genannte endliche subjektive Geist ist. Aber die Religion hat nicht das Bewusstsein von der Menschlichkeit ihres Inhalts; sie setzt sich vielmehr dem Menschlichen entgegen, oder wenigstens sie *gesteht nicht ein,* dass ihr Inhalt menschlicher ist.

[...]

Es handelt sich also im Verhältnis der selbstbewussten Vernunft zur Religion nur um die Vernichtung einer *Illusion* – einer Illusion aber, die keineswegs indifferent ist, sondern vielmehr *grundverderblich* auf die Menschheit wirkt, den Menschen, wie um die Kraft des wirklichen Lebens, so um den Wahrheits- und Tugendsinn bringt; denn selbst die Liebe, an sich die innerste, wahrste Gesinnung, wird durch die Religiosität zu einer nur *scheinbaren, illusorischen,* indem die religiöse Liebe den Menschen nur um Gottes willen, also nur scheinbar den Menschen, in Wahrheit nur Gott liebt.

(1841)

1 *Karl Marx hat später Feuerbachs Religionskritik aufgenommen und „vom Kopf auf die Füße gestellt", indem er die religiösen Wunschvorstellungen auf die materiellen Lebensumstände des Menschen zurückführte. Stellen Sie dar, was dies für das Verständnis von Religion bedeutet.*

Die religionskritische Sicht Feuerbachs fand im 19. und frühen 20. Jahrhundert breiten Widerhall – im Bereich der Gesellschaftstheorie vor allem bei Karl Marx (1833–1886), der Religion als „Opium des Volkes" (➤ s. S. 143) verstand. In dieser Sicht wird Religion erklärbar, nämlich als Folge menschlicher Wünsche, die ihrerseits auf ein Leben in Mangel und Armut zurückgehen. Religion ist demnach „nichts anderes als" der verklärte Ausdruck gesellschaftlicher Lebensumstände. In der Soziologie hat dem vor allem Max Weber (1864–1920) dadurch widersprochen, dass er zu zeigen versuchte, wie Religion ihrerseits die Gesellschaft beeinflussen kann und tatsächlich auch beeinflusst hat.

Für die Religionswissenschaft, aber auch weit über diese hinaus, wurde der von Rudolf Otto (1869–1937) in seinem 1917 veröffentlichten Buch „Das Heilige" unternommene Versuch maßgeblich, Religion vom „Irrationalen" her zu sehen. Die allem rationalen Denken vorausliegende Erfahrung in der Begegnung mit dem Heiligen deutete er als die Wurzel der Religion im rational Nicht-Fassbaren. Religion könne deshalb auch nicht aus anderem abgeleitet werden, sondern sei eine eigene und insofern ursprüngliche Erfahrung des Menschen.

Religion als das nicht ableitbare Heilige (nach Rudolf Otto) M24

Rudolf Otto sucht nach dem, was man als „Innerstes" der Religion ansprechen und was man seines Erachtens nur erfühlen kann. Um zum Ausdruck zu bringen, dass es sich dabei um etwas ganz Unverwechselbares, allein der Religion Eigenes handelt, bildet er dafür ein neues

Wort: das „Numinose“, abgeleitet von „numen“, dem lateinischen Begriff für göttliches Wesen, Gottheit usw. Wichtig ist ihm die numinose Gemütsstimmung in der Begegnung mit dem Heiligen. Er spricht von feiernder Andacht und von Ergriffenheit, von Dankbarkeit und Vertrauen, Liebe, Zuversicht und Ergebenheit. All dies könne das Numinose nur umschreiben, nicht aber wirklich erfassen.

Das Numinose selbst könne, weil es zutiefst irrational sei, in Begriffen nicht erklärt werden. Angebbar werde es allein durch die besondere Gefühlsreaktion, die es bei den Menschen in deren Erleben auslöst: „Es ist so, dass es ein menschliches Gemüt mit der und der Gefühlsbestimmtheit ergreift und bewegt.“ Daraus folgt für Otto: „Diese ‚die und die‘ Gefühlsbestimmtheit müssen wir versuchen anzudeuten, indem wir sie wieder durch Entsprechungen und Entgegensetzungen verwandter Gefühle und durch symbolisierende Ausdrücke zugleich anklingen zu lassen versuchen.“

Diese Sicht des Heiligen wird nicht nur auf den einzelnen Menschen angewendet, sondern auch auf die Religionsgeschichte. Die ergreifende, Ehrfurcht gebietende Begegnung mit dem Heiligen erkläre das eigentliche Entstehen von Religion in der Geschichte der Menschheit. Von dem „Gefühle eines ‚Unheimlichen‘, das fremd und neu in den Gemütern der Urmenschheit auftauchte“, sei „alle religionsgeschichtliche Entwicklung ausgegangen. Mit seinem Durchbruch begann eine neue Epoche des Menschentumes. In ihm wurzeln ‚Dämonen‘ wie ‚Götter‘ und was sonst „die ‚Fantasie‘ an Verdinglichungen dieses Gefühles hervorbrachte“.

Otto spricht hier auch von einem „aus anderem nicht ableitbaren Grundfaktor und Grundtrieb“. Nur unter Voraussetzung eines solchen Faktors oder Triebes lasse sich die Entwicklung von Religion überhaupt plausibel erklären.

Kennzeichnend für Ottos Religionsverständnis ist die doppelte Beschreibung des Heiligen und Geheimnisvollen (lateinisch: mysterium) als zutiefst Furcht einflößend (lateinisch: tremendum) und als ebenso anziehend und faszinierend (lateinisch: fascinosum). „So grauenvoll-furchtbar das Dämonisch-Göttliche dem Gemüte erscheinen kann, so lockend-reizvoll wird es ihm. Und die Kreatur, die vor ihm erzittert in demütigstem Verzagen, hat immer zugleich den Antrieb, sich zu ihm hinzuwenden, ja es irgendwie sich anzueignen. Das Mysterium ist nicht bloß das Wunderbare, es ist auch das Wundervolle.“ Zusammenfassend kann man Religion oder das Heilige bei Otto mit der viel zitierten Wendung als das *mysterium tremendum et fascinosum* ansprechen: das Geheimnis, das Furcht und Zittern auslöst und das den Menschen doch nicht aus seinem Bann der Faszination entlässt.

1 *Suchen Sie in Ihrer Stadt Beispiele für das „Heilige“.*

2 *Vergleichen Sie die Darstellung Rudolf Ottos mit den Inhalten von M 1 und M 10–12 dieses Kapitels.*

In der Psychologie hat besonders der Begründer der Psychoanalyse*, Sigmund Freud (1856–1939), eine vor allem religionskritische Sicht im Anschluss an Feuerbach vertreten (➤ s. dazu S. 145 und 235f.). Religion sei ein Ausdruck verdrängter Wünsche, und durch den Zusammenhang mit der Verdrängung gleiche sie einer neurotischen Erkrankung. Spätere Psychoanalytiker wie Erik H. Erikson (1902–1994) halten an dem von Freud behaupteten Zusammenhang zwischen Religion und menschlichen Wünschen oder Sehnsüchten fest, nehmen dies aber nicht mehr als krankhaft wahr, sondern als Ausdruck der menschlichen Entwicklung oder Lebensgeschichte. In seiner Untersuchung zur Lebensgeschichte Martin Luthers beschreibt Erikson Religion als Ausdruck dreier Sehnsüchte im Leben:

Religion als Ausdruck menschlicher Sehnsüchte

M25

Erik H. Erikson

Eine dieser Sehnsüchte ist das einfache, inbrünstige Verlangen, mit wohltuenden Substanzen versorgt zu werden – eins zu sein mit einem mütterlichen Urgrund. Dieses Ziel wird durch das gütig und bejahend zugeneigte Gesicht der Barmherzigkeit symbolisiert, die dem Gläubigen die Gewissheit gibt, dass alle, die an ihre Brust zurückkehren, bedingungslos angenommen werden …

Ziel seiner zweiten Sehnsucht ist die väterliche Stimme des lenkenden Gewissens, die dem einfachen Paradies der Kindheit ein Ende setzt und tatkräftiges Handeln gutheißt und bestätigt. Aber sie weist ihn auch auf die Unabwendbarkeit schuldhafter Verstrickung hin und droht mit dem Wetterleuchten des Zorns. Den drohenden Ton dieser Stimme – wenn notwendig, durch teilweise Unterwerfung und mancherlei Selbstbeschneidung – zu wandeln, ist das zweite drängende Verlangen, das religiösem Bemühen zugrunde liegt. Die Gottheit muss um jeden Preis dazu gebracht werden, kundzutun, dass sie in ihrer Gnade Schuld und Strafe um der Erlösung willen selbst geplant habe.

Schließlich zeigt der Spiegel das reine Selbst, den ungeborenen Kern der Schöpfung, in dem Gott „ein lauter Nichts" ist … Die östliche Mystik kennzeichnet Gott vielfach auf diese Weise. Dieses reine Selbst ist das Selbst, das nicht mehr an dem Konflikt zwischen Recht und Unrecht krankt, das keiner Fürsorge und keines Wegweisers zu Vernunft und Wirklichkeit mehr bedarf.

(1975)

1 *Welche drei „Sehnsüchte" und zugleich Ausdrucksformen der Religion beschreibt Erikson?*

Der Theologe Gerhard Ebeling (1912–2001) versteht den christlichen Glauben als eine bestimmte Gestalt von Religion. Insofern weise er viele Gemeinsamkeiten mit anderen Religionen und Glaubensweisen auf. Zugleich besitze das Evangelium eine religionskritische Kraft, was dem christlichen Glauben eine besondere Ausrichtung verleiht.

Religion als Lebensbedingung des Glaubens – Glaube als Religionskritik

M26

Gerhard Ebeling

Das Christentum ist eine Religion. Die Religion ist zwar nicht die einzige Weise, wie der Mensch den Lebensproblemen begegnet, jedoch die originäre, umfassendste und geschichtsmächtigste. Darum muss sich die Aufmerksamkeit zunächst dem Phänomen Religion zuwenden, um sodann die Stellung des Christentums inmitten der anderen Religionen zu bestimmen. Dabei ist abschließend zu klären, ob Glaube und Religion beliebig auswechselbare Begriffe sind. […]

Ob die Frage nach der Entstehung von Religion je beantwortbar sein wird, erscheint zweifelhaft. Wenn nicht alles trügt, treibt der genetische Erklärungsversuch in die Nachbarschaft der Frage nach der Entstehung des Menschen überhaupt. Das Religiöse scheint mit dem Menschlichen gleichursprünglich zu sein. Die ältesten Zeugnisse genuin menschlichen Verhaltens in frühesten Spuren kultureller Art sind bereits mit religiösem Einschlag versehen. […]

Dies wird durch die Tatsache bestätigt, dass die Ethnologie bei allen Völkern und in allen Kulturen auf religiöse Lebensformen stößt, und zwar bei den Primitivvölkern der verschiedenen Kontinente unabhängig voneinander.

[…]

Auch das Christentum ist die geschichtlich geformte Verehrung einer Manifestation des Geheimnisses der Wirklichkeit […], obwohl im Vergleich mit den vielen anderen Religionen eine Gestalt für sich […]. Man mag sich dies an

Urelementen des Religiösen verdeutlichen: an der Gottesvorstellung oder am Gebet. Obwohl an ihnen aufs stärkste eine Gemeinsamkeit mit anderen Religionen greifbar wird, tritt doch eben darin zugleich auch die Verschiedenheit zutage. Um es formelhaft zu sagen: Gott ist der Vater Jesu Christi, und das Gebet zu ihm wird im Namen Jesu Christi gesprochen. [...]

Der Glaube ist das Kriterium der Religion. Die Unterscheidung zwischen Glaube und Religion [...] wäre völlig missverstanden, wenn man dabei den Glauben mit dem Ganzen christlicher Religion identifizierte und somit das Christentum als etwas anderes als Religion auszugeben versuchte, wenn man also das Christentum durch das Insistieren auf einem absoluten Offenbarungsanspruch allen Problemen der Religionsvergleichung und Religionskritik entziehen wollte. Gemeint ist vielmehr die im Christentum selbst aufweisbare und für es charakteristische [...] Unterscheidung zwischen der Religion als vielgestaltigem Gebilde und dem Evangelium, das von einer enormen religionskritischen Kraft ist, so jedoch, dass dadurch die Religion zu ihrer Wahrheit gebracht werden soll. [...]

Religion ist jedoch die Lebensbedingung des Glaubens. Für die Existenz des heutigen Christentums zwischen Religion und Religionslosigkeit ist die Tatsache von schwerwiegender Bedeutung, dass das Evangelium ohne Religion nicht verkündbar ist. [...] Das Evangelium kann gar nicht anders laut werden als in einer Spannung zur Religion. Das Evangelium hat jedoch in der christlichen Religion seine Spuren hinterlassen und hier den Weg der Befreiung wie zum rechten Gebrauch der Welt so auch zum rechten Gebrauch von Religion gewiesen. Deshalb ist zwar nicht das Christentum ohne weiteres als die wahre Religion zu bezeichnen. Wohl aber kann man sagen: Die im Sinne des Evangeliums in Brauch genommene christliche Religion ist die zur Wahrheit gebrachte Religion.

(1979)

1 *Fassen Sie zusammen, wie Ebeling das Verhältnis von „Religion" und „Christentum/christlicher Glaube" beschreibt, und stellen Sie Bezüge zum Text von Erikson (M 25) und zu der Position von Otto (M 24) her. Welche Unterschiede und welche Gemeinsamkeiten stellen Sie fest?*

Religion in der pluralen Gesellschaft – Aspekte zu Gegenwart und Zukunft

Eine Muslimin und eine christliche Nonne: Was sie sich wohl zu sagen hätten? Oder haben sie sich nichts zu sagen?

Stellen Sie sich vor: Beide Frauen sind ausgebildete Lehrerinnen und möchten an einer staatlichen Schule unterrichten.

So unterschiedlich die Formen und Inhalte sein können, in denen sich „Religion" ausdrückt, es gehört zu fast allen Religionen, dass sie (auch) in der Öffentlichkeit ausgeübt und in der Regel auch – mehr oder weniger – öffentlich „bekannt" werden, d. h. der einzelne Gläubige bekennt sich zu seinem Glauben. Dies kann so bedeutsam sein, dass man sogar Nachteile, ja Unterdrückung (etwa in totalitären Staaten) um dieses Glaubens und Bekenntnisses willen in Kauf nimmt, also den „leichteren" Weg etwa einer „heimlichen" Religionsausübung als mit dem Glauben letztlich unvereinbar ansieht.

Religionen – ein Hindernis auf dem Weg zum Frieden?

M27

1 *Sollten sie in dieser Kleidung in den Unterricht gehen?*

2 *Wie beurteilen Sie die Bedeutung der unterschiedlichen Kleidung in Beziehung zum Glaubensinhalt?*

3 *Welche Funktion kann die Kleidung in der Öffentlichkeit gewinnen?*

4 *Wie kommt es dazu, dass Menschen an ihrem religiösen Bekenntnis auch gegen Widerstand festhalten?*

5 *Überlegen Sie diese Frage für sich selbst: Könnten Sie für sich eine Überzeugung formulieren, für die Sie Nachteile in Kauf nehmen müssten (z. B. Zugangsverbote zu bestimmten Bildungsgängen oder Berufswegen, Probleme, die es z. B. in der ehemaligen DDR gegeben hat und die in dem „Kopftuch-Streit" der muslimischen Lehramtskandidatin Fereshta Ludin anklingen)?*

6 *Wie stehen Sie dazu, auch durch besondere Kleidung den Glauben öffentlich zu bekennen?*

7 *Formulieren Sie, was aus Ihrer Sicht Ziel eines Religions-Dialoges z. B. zwischen Christentum und Islam sein müsste.*

Der Streit um die Wahrheit, um die „richtige", heilsame Interpretation der religiösen Überlieferungen und ihre Aneignung im persönlichen Glauben ist so alt wie die Religionen selbst. Er wird sowohl in einer Religionsgemeinschaft wie auch durch die Begegnung mit anderen, „fremden" Religionen ausgetragen.

Dabei gab es Phasen friedlicher Auseinandersetzungen um die Wahrheit – auch zwischen Juden und Muslimen! –, aber ebenso gewaltsamen Streit mit Krieg und Vernichtung des Andersgläubigen, so wie es heute u. a. im islamisch-fundamentalistischen Terror begegnet.

Selten allerdings waren und sind es religiöse Fragen allein, die solche Auseinandersetzungen auslösen; sie sind vielmehr verbunden mit gesellschaftlichen und ökonomischen Ungleichheiten und Ergebnis oft langer politisch-sozialer Fehlentwicklungen, deren Konfliktpotenzial sich dann entlädt.

Gerade heute gibt es viele Konflikte, in Europa und weltweit, in denen Religion eine Rolle spielt und anscheinend zu Fanatismus und Gewalt beiträgt. Würde die Welt friedlicher, wenn es keine Religionen mehr gäbe?

M28 Traum vom Ende der Religionen

Mein Traum ist, dass irgendwann in der Zukunft die Religionen als vergangenes und überholtes Relikt im Geschichtsunterricht behandelt werden und die Schüler sich fragen, wozu ihre Vorfahren dies brauchten und warum deswegen Menschen andere Menschen töteten.

Vera Binnig, Sulz

Stern-Titel, Nr. 40/2001

1 *Nehmen Sie Stellung zu diesem „Traum vom Ende der Religionen".*

2 *Diskutieren Sie die Frage, ob es wünschenswert wäre, wenn dieser Traum in Erfüllung ginge?*

Welt-Konflikte und ihre religiösen Hintergründe

Beschaffen Sie sich Informationen zu Konflikten in der Welt, in denen auch Religionen eine Rolle spielen.

Als Beispiele dafür kämen u. a. in Frage:

- der Konflikt zwischen Katholiken und Protestanten in Nordirland;
- der Konflikt Israelis – Palästinenser im Nahen Osten;
- der Konflikt zwischen westlicher Kultur und islamischer Kultur;
- der Konflikt christlicher Gruppen mit bestimmten Politikfeldern (Schwangerschaftsabbruch, Gleichstellung von ehelichen und nicht-ehelichen Lebensgemeinschaften, Homosexualität, usw.).

Die Bearbeitung dieser Konflikte kann eine Reihe unterschiedlicher Fächer miteinander verbinden:

Geschichte Erarbeitung der geschichtlichen Genese des heutigen Konflikts/Problems mit geschichtlichen Analogien

Religion Erarbeitung des religiösen Hintergrunds des Konflikts in drei unterschiedlichen Perspektiven:
- in den „Grundtexten“ der heiligen Schriften;
- in besonders profilierten Stationen der Geschichte der jeweils beteiligten Religion;
- in heutigen Stellungnahmen (z. B. Denkschriften der evangelischen, Enzykliken der katholischen Kirche oder andere Verlautbarungen).

Sozialkunde/Politik Erarbeitung der gesetzlichen/politischen Regelungen, die in diesem Konfliktfall von Bedeutung sind oder das Problem lösen sollen

Ethik Erarbeitung der Aspekte des Konflikts, die in den Bereich ethisch-philosophischer Grundfragen des Menschenbildes reichen

Medienkunde Überprüfung der Präsenz des jeweiligen Konflikts und der Art der Darstellung in den Medien (über einen längeren, vorher genau abzugrenzenden Zeitraum), Vergleich der Qualität, Tendenzen, Nachhaltigkeit der Informationen zum Problem

Stellen Sie die Beiträge der unterschiedlichen Fächer dann vor und diskutieren Sie sie; wählen Sie in diesen Diskussionen besonders eindrucksvolle Beiträge aus, die für eine spezielle Präsentation (Ausstellung in der Schule, Podiumsdiskussion, Power-Point u. a.) noch einmal bearbeitet werden können – hier wären die Teilnehmer aus dem Bereich Medienkunde besonders gefragt. Das Ganze könnten Sie als fächerverbindenden Unterricht, aber – nach entsprechenden Vorarbeiten – auch als Projektwoche organisieren. Wo es möglich ist, sollten Sie Betroffene, „Zeitzeugen“, mit in die Arbeit einbeziehen.

Stellen Sie ans Ende der Arbeit ein „Kommuniqué“, in dem Sie Lösungsvorschläge für den jeweiligen Konflikt zusammenfassen.

Wahrheitsanspruch und Friedensfähigkeit der Religionen

In der christlichen Theologie gibt es eine Strömung, die als „Theologie der Religionen“ bezeichnet wird. Ziel ist es, die unterschiedlichen Religionen auf ihre Wahrheitsansprüche zu untersuchen, zu vergleichen und die hinter ihnen liegenden Erfahrungen zu thematisieren.

Diese u. a. von dem englischen Theologen John Hick (* 1922) entwickelte Sichtweise unterscheidet drei „Grundmodelle“, wie die Religionen mit dem Wahrheits- und Absolutheitsanspruch umgehen:

M29 Wahrheitsanspruch der Religionen (nach John Hick)

Modell 1: Exklusivismus:
Nur (m)eine Religion hat die Wahrheit, alle anderen sind Täuschung und Fehlformen, müssen abgewehrt oder bekämpft werden.

Modell 2: Inklusivismus:
(M)eine Religion hat die volle Wahrheit, aber diese „volle“ ist in wertvollen Aussagen anderer Religionen teilweise mit enthalten, auch wenn diese insgesamt nicht das Niveau der einen wahren Religion erreichen.

Modell 3: Pluralismus:
(M)eine Religion hat Anteil an der Wahrheit wie andere Religionen auch; vor allem die heutigen Weltreligionen sind weitgehend gleichwertig.

1 *Welchem Modell würden Sie zustimmen?*

2 *Bedenken Sie Konsequenzen dieser Modelle im Blick auf Wahrheitsfrage und gegenseitige Toleranz.*

Der Eisenacher Theologe Wolfgang Pfüller (* 1951) beschreibt, worum es bei dem Modell des Pluralismus geht:

M30 Pluralismus der Religionen

Wolfgang Pfüller

Als *Pluralismus* kann man eine Position bezeichnen, die die Vielzahl der Religionen grundsätzlich als gleichermaßen wahr sowie als gleichwertige Heilswege betrachtet. Allein, sowohl das Wort „kann“ wie das Wort „grundsätzlich“ signalisieren Klärungsbedarf. [...]

So unterstreicht besonders John Hick [* 1922] den altbekannten theologischen Grundsatz, wonach die göttliche Wirklichkeit immer größer ist als unser Begreifen („deus semper maior“). Daraus aber zieht er die Konsequenzen im Blick auf die Beurteilungen der religiösen Traditionen. Sie haben demnach alle als immer unzulängliche Interpretationen der transzendenten göttlichen Wirklichkeit zu gelten. Wenn wir von ihr sprechen, wenn wir zu ihr – etwa im Gebet – in Beziehung treten, so geschieht dies in den uns möglichen Denk- und Erfahrungsweisen. Die religiösen Traditionen nun sind kulturell variable Denk- und Erfahrungsweisen der transzendenten, göttlichen Wirklichkeit. Insofern sind sie gleichermaßen wahr und heilswirksam. Freilich hält Hick keineswegs alle religiösen Traditionen für gleichwertig; er weiß wohl um fragwürdige religiöse Traditionen und Bewegungen bis hin zu Perversionen, etwa des Nazismus. Um dies bewerten zu können, bedarf es abgesicherter Kriterien. Hicks Kriterium, das er der Gemeinsamkeit der großen religiösen Traditionen entnimmt, ist die Heilswirksamkeit der religiösen Traditionen. Die Frage lautet also: Ermöglichen und befördern die religiösen Traditionen den Heilsprozess der Transformation des menschlichen Daseins von der Selbstzentriertheit zur Zentriertheit in der göttlichen Wirklichkeit? Ethisch gewendet: Ermöglichen und befördern die religiösen Traditionen Liebe und Güte im Blick auf Mensch und Gesellschaft? Da man nun zumindest die großen religiösen Traditionen des Hinduismus und Buddhismus, des Judentums, Christentums und des Islams für gleichermaßen heilswirksam halten muss, sind sie als gleichwertig einzuschätzen. Eine Rangabstufung zwischen ihnen, die ja nicht einfach behauptet werden kann, sondern nachgewiesen werden muss, ist jedenfalls mittels des angegebenen Kriteriums nicht auszumachen. Hick verglich diese neue, pluralistische Sicht der religiösen Traditionen mit der kopernikanischen Wende: Im Zentrum des Koordinatensystems der Beurteilung der religiösen Traditionen steht nicht mehr das Christentum, sondern die göttliche Wirklichkeit.

(2002)

Viele Menschen gehen davon aus, dass die Zukunft der Religion durch eine friedliche Begegnung der Religionen bestimmt sein sollte. Darin sehen sie zugleich einen Beitrag zum Weltfrieden und eine Grundlage für ein Zusammenleben in wechselseitiger Achtung. Aber wie soll die Begegnung der Religionen aussehen?

Der Heidelberger Religions- und Missionswissenschaftler Theo Sundermeier (* 1935) hat verschiedene Modelle untersucht und dabei ein Grundkonzept entwickelt, das sich auf den Begegnungsaspekt konzentriert:

Wie weit trägt der Religionsdialog?

M31

Theo Sundermeier

Wir können drei Grundhaltungen im Kulturkontakt und -austausch unterscheiden. Auch wenn sie sich bei uns erst im Beginn der Neuzeit, seit der Entdeckung Lateinamerikas besonders ausgeprägt finden, sie sind im Umgang der Völker miteinander längst angelegt und tief in der Ethik der primären Religionen verankert.

1. Das Alteritätsmodell. Die fremden Völker und ihre Kulturen werden als das „Draußen" angesehen, als das Fremde, als das Feindliche, mit dem man herzlich wenig zu tun haben will. Man schaut auf sie herab. Durch die Distinktion wird das Selbstwertgefühl gestärkt. Die Griechen nannten die anderen Völker und Kulturen „barbarisch" und prägten damit den bis heute im Abendland gültigen Ausdruck für das Fremde, von dem man sich abgrenzen will. Die Andersheit ruft Abwehr hervor. [...] Das gilt auch für die Religionen. In den Stammesgesellschaften ist Kulturkontakt zugleich Religionskontakt. Der hat jedoch kein besonderes Gewicht, da die Religion nur in der jeweiligen Ethnie Gültigkeit besitzt. Bei Eroberungen werden die anderen Völker nicht gezwungen, sich der Religion der Eroberer anzuschließen, es sei denn, sie werden in den Stamm sozial integriert. [...] Anders sieht es aus, wenn missionarische Weltreligionen sich begegnen oder eine Weltreligion eine Stammesreligion okkupiert. Hier ist Distinktion wichtigstes Kennzeichen des Auftretens. Die Angehörigen anderer, fremder Religionen werden abgestempelt, sie gelten als „Heiden". Heide ist man nicht, Heide wird man durch die anderen. Das alte Israel ist für diese Haltung ein klassisches Beispiel. Die Unsichtbarkeit des eigenen Gottes wird propagiert, das Gottesbild der anderen wird zerstört oder – so in späterer Zeit – lächerlich gemacht (vgl. Ps 115,4–7; Jes 44,12–17). Das Christentum als eine Stifterreligion* hat dieses Erbe vom Judentum als seiner Mutterreligion übernommen. Die Polemik des Paulus gegen die fremden Religionen in den Korintherbriefen hat hier ihren Ursprung. Sich auf die andere Religion einzulassen, sie objektiv wahrzunehmen oder gar sich um ein Verstehen zu bemühen, ist in dieser Haltung nicht angelegt.

2. Das Gleichheitsmodell. Stämme und Völker könnten nicht miteinander auskommen und auf irgendeine Weise ein friedliches Zusammenleben gestalten, wenn es nicht statt der Fremdheit, Andersheit und Feindschaft auch das Bewusstsein von Gleichheit oder Zusammengehörigkeit gäbe. In jenen Kleingesellschaften, die ihre Stammesmitglieder allein als „Menschen" bezeichnen und damit alle anderen von dieser Benennung ausschließen, kann jedoch Gemeinsamkeit mit anderen Völkern über den Mythos vom gleichen Ursprung gewonnen werden, wobei die Ursprungserzählungen die Differenzen und Spaltungen ebenso begründen wie mögliche Bündnisse und Koalitionen. Die Religionen bilden dabei kein Hindernis für Kommunikation und Austausch, da sie nicht in einem Konkurrenzverhältnis zueinander stehen. Im Gegenteil, ein wechselseitiger Austausch kann stattfinden, eine Art religiöser Akkulturationsprozess, der vor allem unter extremen ökonomischen Bedingungen (Dürre und Hungersnot) notwendig ist oder durch Stammesüberlagerungen bewirkt wird, wenn Ackerbauvölker von nomadischen Viehzüchtern beherrscht werden und diese sich dem Ackerbau zuwenden. Symbiotische Synkretismen […] entstehen, die keinerlei Unruhe verursachen. Wechselseitige rituelle Partizipation ist möglich. Die verschiedenen Gottheiten werden miteinander verglichen, als identisch erklärt, was wiederum bei den Händlern einen Warenaustausch erleichtert und politische Bündnisse ermöglicht, die nur im Namen eines Gottes geschlossen werden können. Der Göttervergleich der Antike hat hier seinen Ursprung. Im Hellenismus führte das zu einer offenen Toleranz, oftmals gepaart mit echtem philosophischem Interesse an den anderen Religionen, die allerdings dann ganz im Rahmen des eigenen Systems interpretiert wurden. […]

Das frühe Israel der Königszeit kann als weiteres Paradigma genannt werden: Der Prozess der Inkulturation und Übernahme ritueller Begehungen aus der vorgegebenen, Ackerbau treibenden Kultur und Religion geschieht langsam und wie von selbst. Sobald jedoch die eigene religiöse Identität, wie in der späten Königszeit, bedroht ist, wird die das Zusammenleben ermöglichende Gleichheitsvorstellung der Religionen in Frage gestellt und unter prophetischem Einfluss die Alterität und Unvereinbarkeit herausgekehrt. […]

3. Das Komplementaritätsmodell. Das Gleichheitsmodell ist die Brücke zur dritten Begegnungsweise, die ich das Komplementaritäts- oder auch „Händlermodell" nenne. […] Hier ist die Faszination treibendes Motiv für das Interesse am Fremden. Die andere Kultur und Religion stellt das zur Verfügung, was der eigenen fehlt. Man braucht die Ergänzung. Die Händler sind in allen Kulturen diejenigen, die den Austausch zwischen den Völkern bewerkstelligen. Sie genießen Gastrecht, aber müssen in einem Ghetto leben und dürfen sich nicht mit der einheimischen Bevölkerung mischen. Sie wecken das Verlangen nach dem, was fehlt, und befriedigen es. Die Begegnung soll bereichern, Defizite ausfüllen.

Das gilt auch für die Religion. Die andere Religion fasziniert. Sie hat etwas, was man in der eigenen vermisst. So wählt man aus und übernimmt das Besondere und Attraktive. Damit wird die andere Religion zugleich neutralisiert, denn indem man sich das Beste der anderen Religion aneignet, immunisiert man sich gegenüber ihrem Ganzheitsanspruch. Man bietet ihr nur ein begrenztes Gastrecht. So wird ein schiedlich-friedliches Zusammenleben ohne Konkurrenzgefahr möglich, ohne dass man sich ernsthaft um ein Verstehen bemühen muss. Für dieses Vorgehen ist der Islam das beste Beispiel: Er bietet den ihm verwandten „Buchreligionen" ein gesondertes Existenzrecht in den eigenen Mauern, macht aber den wechselseitigen Austausch unmöglich.

Keines der drei Begegnungsmodelle führt zu einem echten Verstehen der anderen Religion. Das Gleichheitsmodell fördert zwar das Interesse an der anderen Religion, doch nur insofern, als es die Neugier zur Wissenserweiterung befriedigt. Man hat ein eigenes System, und in dieses hinein werden die anderen Religionen interpretiert. Sie bilden keine echte Herausforderung, da sie gleichwertig sind. Man weiß letztlich schon im voraus, was des „Pudels Kern" ist. Der Übergang zum Komplementaritätsmodell ist fließend, denn es geht um eine selektive Übernahme in der Begegnung der Religionen. Man kann sich nicht wirklich in Frage gestellt fühlen, da man Offenheit signalisiert und am wirklich Fremden allemal nicht interessiert ist. [...]

Ist es nun die Mischung aus diesen zwei Begegnungsmodellen, dem Alteritäts- und Gleichheitsmodell, die zu einem positiven Verstehensergebnis führt, oder kann auch die Verbindung des Komplementaritäts- mit dem Gleichheitsmodell in gleicher Weise Verstehen ermöglichen? Ohne die Antwort detailliert zu begründen, kann nach meinen Kenntnissen als vorläufige Hypothese folgende Regel aufgestellt werden: Die Mischung aus Alteritäts- und Gleichheitsmodell ist eher im Protestantismus zu Hause, während im katholischen Bereich aus dogmatischen Gründen die Mischung aus Komplementaritäts- und Gleichheitsmodell zur Annäherung an die fremde Religion führt.

(1999)

1 *Worin liegen die Unterschiede in der Gesamtperspektive von M 30 und M 31?*

2 *Gibt es zwischen den jeweils beschriebenen drei Modellen Gemeinsamkeiten?*

Bei einer Veranstaltung am 11. April 2002, die deutlich auf den 11. September 2001 bezogen war, sprach der damalige Bundespräsident Johannes Rau (* 1931) über die Erwartungen an die Zukunft der Religionen:

Multiple Identitäten in modernen Gesellschaften

M32

Johannes Rau

Die Kulturen der Welt kommen sich näher und müssen versuchen, miteinander zu leben und miteinander zu reden. Das nennt man nun schon seit geraumer Zeit Dialog der Kulturen.

Nun: Kulturen können streng genommen keine Dialoge führen. Das können nur Menschen. Je besser diese Menschen in der Lage sind, nicht nur über ihre eigene Kultur Auskunft zu geben, sondern sich auch in andere hineinzudenken, umso besser sind sie in der Lage, einen solchen Dialog zu führen. [...]

Dialog der Kulturen – was kann man darunter eigentlich verstehen?

Zunächst: Einen wirklichen Dialog kann man nur führen, wenn die beteiligten Partner sich gegenseitig wirklich ernst nehmen. Er kann nur beginnen, wenn das Bewusstsein und das Gefühl gleichen Wertes und gleicher Würde vorhanden ist. Der Starke führt mit dem Schwachen in der Regel keinen Dialog, sondern versucht ihn zu verdrängen oder ihm seine Weltsicht aufzudrängen. Der Schwache wiederum führt mit dem Starken keinen Dialog, sondern igelt sich ein und versucht alles festzuhalten, was er irgendwie festhalten kann. Das sind psychologische und soziologische Gesetze, die kein Appell an guten Willen außer Kraft setzen kann.

Das bedeutet auch, ich sage es einmal holzschnittartig: Arm und Reich führen keinen Dialog der Kulturen, sondern müssen um konkreten politischen und wirtschaftlichen Ausgleich ringen. Ein Dialog der Kulturen setzt Gerechtigkeit oder gerechte Verhältnisse voraus, zumindest den Willen und die Fähigkeit, sie anzustreben.

Ein zweiter Gedanke: Wer sich auf einen Dialog einlässt – und das gilt nicht nur für den Dialog der Kulturen –, der hat bereits eine fundamentale Grundentscheidung getroffen, darüber muss man sich klar sein. Er hat allein durch die Tatsache, einen Dialog zu führen, anerkannt, dass er allein nicht im Vollbesitz der ganzen Wahrheit ist. Wer im Besitz der ganzen Wahrheit ist, der betreibt Mission – und führt keinen Dialog, wenn das Wort noch sinnvoll sein soll. [...] Wer in einen Dialog eintritt, der lässt sich darauf ein, dass der andere vielleicht Recht haben könnte.

Anders gesagt: Mit Fundamentalisten kann man keinen Dialog führen. Der Eintritt in den Dialog ist bereits das Ende des Fundamentalismus.

Ein Drittes: Dialog setzt friedliche Absichten und Motive voraus. Wer sich auf einen Dialog einlässt, der signalisiert damit, wenn er es ernst meint, dass er den anderen nicht bei der nächsten Gelegenheit umbringen will. Ein Dialog der Kulturen setzt also im Grunde Frieden voraus, zumindest friedliche Absichten und Friedensfähigkeit. Er ist kein Ersatz für Friedensverhandlungen, für Friedensschlüsse oder für befriedende politische Kompromisse.

Das bedeutet meiner Ansicht nach dann auch, dass der Dialog der Kulturen nicht in erster Linie eine Sache der Politik und der Diplomatie ist. Sie können ihn vielleicht initiieren, sie werden auch von ihm profitieren. Wir dürfen aber aus lauter gutem Willen nicht die Sphären vermischen – auch deswegen nicht, damit „Dialog der Kulturen" nicht zu einem bloßen Etikett wird, das eine interessengeleitete Außenpolitik fromm bemäntelt oder kaschiert. In einem Dialog schließlich muss jeder wissen, wer er selber ist, für wen er spricht, in wessen Namen, mit welcher Geschichte. Er muss wissen, wer er selber ist – und wie ihn die anderen sehen. [...]

Ich nenne einmal ein Beispiel. Wir reden etwa vom Dialog „Westen – Islam". Das ist eine Initiative von Staatsoberhäuptern, die mein Vorgänger begonnen hat und die ich fortgesetzt habe. Jeder weiß aber, dass das eigentlich eine schiefe oder zumindest eine ungenaue Bezeichnung der Partner ist.

Wer ist „der Westen"? Ist damit das „Christentum" gemeint? Aber dann wäre es ein Religionsdialog, und davon sollten Staatsoberhäupter vielleicht besser lassen.

Ist gemeint: „Abendland plus Amerika"? Aber das ist ja dann eine so pluralistische Entität, dass wohl niemand für sie repräsentativ wäre. Oder meint „Westen" Aufklärung, Rationalität, vernunftgeleiteter Diskurs? Aber will man das anderen Kulturen absprechen? Und gab und gibt es nicht auch im „Westen" Irrationalität, Barbarei, Genozid?

Ich will jetzt gar nicht auch noch auflösen, was auf der anderen Seite alles unter „Islam" verstanden werden kann, da ist auch viel Raum für Interpretation.

Tatsache ist also, dass der Versuch, dass das Projekt oder gar der Imperativ eines Dialogs der Kulturen nicht selbstverständlich ist, sondern auch scheinbar Selbstverständliches in Frage stellt.

Zunächst einmal ist jeder Teilnehmer selber in Frage gestellt. Er muss vor sich selber und für sich Auskunft darüber geben, wer er selber ist. Seine Identität steht zur Debatte. Wir merken dabei, wie Ernst Meister einmal formuliert hat, „wie sehr wir Gemischte sind".

Kofi Annan, der Generalsekretär der Vereinten Nationen, hat eine Arbeit in Auftrag gegeben, die vor wenigen Monaten unter dem Titel „Brücken in die Zukunft" als Buch erschienen ist. In seiner Einleitung hebt der Generalsekretär hervor, dass die Menschen immer mehr verstünden, dass sie durch viele Kulturen und Einflüsse geformt sind und dass ein Kombinieren von Vertrautem und Fremdem eine Quelle wichtiger Erfahrungen und Einsichten sein könne.

Und dann wörtlich: „Die Menschen können und sollen auf ihren Glauben und ihr kulturelles Erbe stolz sein. Aber wir können in Ehren halten, was wir sind, ohne zu hassen, was wir nicht sind."

Auf den Glauben und das kulturelle Erbe stolz sein? In Ehren halten, was wir sind?

Bei vielen Deutschen, zumal den älteren, ruft das immer noch zwiespältige Gefühle hervor. Kann man im Angesicht unserer Geschichte, ich sage einmal kurz: „nach Auschwitz", auf ein deutsches kulturelles Erbe stolz sein? Auf seine Identität als Deutsche oder Deutscher stolz sein? Andererseits: Wir verlangen von den Migranten die Bereitschaft zur Integration, und wir haben den Migranten Integrationsleistungen, Integrationsmöglichkeiten versprochen. Können wir diese Leistungen überhaupt erbringen, wenn wir unserer Identität nicht sicher sind? Wenn wir nicht definieren können, worauf sich die Migranten einlassen sollen? [...]

Wenn wir uns darauf einigen können, dass „Identität" und „Identifikation" bedeuten, auch die Identität der „anderen" wahrzunehmen und zu akzeptieren, dann kommen wir in der Diskussion nicht ohne den Begriff der „Toleranz" aus. Toleranz in unserer modernen Gesellschaft, in einer globalen Gemeinschaft, in der Menschen mit ganz unterschiedlicher ethnischer, kultureller, religiöser und politischer Herkunft aufeinander treffen und miteinander leben müssen und wollen – Toleranz kann in einer solchen Gesellschaft nicht nur „Ignorieren" und nicht nur „Duldung" heißen oder einfach mit „Gewährenlassen" übersetzt werden. Was mir gleichgültig ist, was mich nichts angeht, was mein Dasein nicht tangiert, verlangt von mir keine Toleranz. Toleranz ist dort gefordert, wo es um etwas Fremdes geht, das mein Denken und mein Gefühl berührt, wo die eigenen Traditionen und Orientierungen auf fremde Tradition und Orientierung treffen. Toleranz bezeichnet also wohl etwas Aktives.

Toleranz setzt Kenntnis und Verstehen voraus, aber auch – und hier schließt sich der Kreis – das Bewusstsein von der eigenen Identität.

Toleranz kann nicht ein für allemal errungen werden, sie stößt immer wieder an Grenzen, wird immer wieder vor neue Fragen und neue Aufgaben gestellt: Wie viel Fremdes können wir in unser persönliches und unser gesellschaftliches Leben aufnehmen, ohne unsere eigene Identität zu gefährden? Wie viel Anpassung können wir von den zu uns kommenden Fremden verlangen, ohne dass sie ihre Identität verlieren? Das sind Fragen, die sich täglich neu stellen und die täglich beantwortet werden müssen.

Toleranz ist Anerkennung auf der Basis unterschiedlicher Identitäten – es kann sie aber wohl nicht geben ohne ein gewisses Maß von Gemeinsamkeiten. Sie kann ihre Konflikt lösende, ihre Frieden stiftende Wirkung nur dann entfalten, wenn alle Beteiligten sich auf bestimmte Grundwerte verständigen können.

(2002)

1 *Welche wichtigen Erfordernisse für ein gegenseitiges Verstehen sieht Johannes Rau?*

2 *Welche Grenzen gegenüber bestimmten religiösen Strömungen zieht er?*

3 *Welche in die Zukunft gerichteten Aspekte sind in den Darlegungen des ehemaligen Bundespräsidenten, der sich ja als protestantischer Christ bekennt, enthalten?*

Analyse der Präsentation der Religionen in den Medien

Die Art und Weise, wie Religionen präsentiert werden, ist in allen Medien ähnlich (Bücher, Zeitungen, Zeitschriften usw.).

Im Folgenden steht die Analyse von Präsentationsformen im Fernsehen im Zentrum, wobei Sie die vorgeschlagenen Arbeitsschritte leicht auf andere Medien übertragen können. Für die Beobachtung und Analyse können Sie die unten genannten Aspekte am besten in ein Erhebungsblatt mit Spalten umschreiben.

Zum Beispiel: Berichterstattung über Religionen in Fernsehnachrichten

- Analysen sollten Sie über einen bestimmten Zeitraum (eine Woche, ein Monat) hinweg durchführen (Ergebnisse täglich schriftlich festhalten!). Aufschlussreich ist auch ein Vergleich zwischen den Nachrichtensendungen verschiedener Kanäle (z. B. öffentliche und private).
- Wie oft kommen Religionen vor? Wie viel Zeit (absolut und prozentual) wird auf sie verwendet?
- Welche Personen werden gezeigt (Aussehen und persönliche Eindrücke notieren, z. B. Sympathie, Fremdheit, Angst)? Wer wird nicht gezeigt?
- Über welche Inhalte berichtet der jeweilige Sender (religiöse oder politische Aussagen usw.)?
- Welche Kameraeinstellungen und -perspektiven herrschen vor (Totale, Porträts usw.)?
- Wie lang sind die einzelnen Sequenzen?
- Welcher Bildhintergrund wird jeweils gewählt?
- Wie ist der akustische Hintergrund (Geräusche, Stimmen, falls Musik: welche Art)?
- Welche Farben herrschen vor und wie wirken sie (z. B. auf Landkarten: Welche Farbe symbolisiert welche Religion)?
- Werden Religionen als einheitliche Größen dargestellt, oder spielt auch die Vielfalt innerhalb religiöser Gemeinschaften eine Rolle?

Die genannten Analyse-Aspekte können Sie zusammenfassen und u. a. anhand folgender Fragen auswerten:

- Welches Gesamtbild von Religion oder Religionen entsteht durch die jeweilige Berichterstattung?
- Gibt es Unterschiede zwischen den Kanälen?
- Gibt es Unterschiede in der Darstellung verschiedener Religionen (Islam, Judentum, Christentum usw.)?
- Wie lassen sich die beobachteten Unterschiede ggf. erklären?

Projektideen: Religionsgemeinschaften in unserem Umfeld

Recherche

- Suchen Sie im Telefonbuch, in Zeitungsartikeln oder -anzeigen oder im Internet nach Religionsgemeinschaften in Ihrer Nähe

- Verteilen Sie die Recherche-Arbeit auf Kleingruppen und sammeln Sie Adressen, Telefonnummern und alles weitere Informationsmaterial, das Sie finden.

Gespräche – Dokumentationen

- Vereinbaren Sie Gesprächstermine mit Verantwortlichen und besuchen Sie exemplarische religiöse Veranstaltungen.

- Protokollieren und dokumentieren Sie Ihre Erfahrungen für die spätere Analyse im Unterricht.

- Laden Sie Vertreter verschiedener Religionsgemeinschaften zu einem „Religionsgespräch" ein unter einem gemeinsamen Thema als Angebot an alle Schülerinnen und Schüler Ihrer Schule.

Medienhinweise

- Einen umfassenden Überblick über die heute wirksamen Religionen der Welt gibt **Mary Pat Fisher: Religionen heute** (Köln: Könemann 1999). Die Texte sind informativ und gut lesbar, der Ansatz des Buches geht – ähnlich wie dieses Kapitel – von religiösen Grundphänomen und den Naturreligionen aus und stellt auf diesem Hintergrund alle bedeutsamen Religionen dar.
- Noch umfassender, weil auch (nicht mehr wirksame) antike Religionen dargestellt werden, ist **Knaurs großer Religionsführer** von **Gerhard J. Bellinger** (München: Droemer/Knaur 1992). Das Buch ist gut lesbar und lexikalisch/alphabetisch aufgebaut und strukturiert, so dass es sich als Nachschlagewerk eignet.
- Einen lebendigen, kürzeren Überblick über Weltreligionen gibt die **DuMont-Reihe „Schnellkurs"**, z. B. über Buddhismus, Judentum u. a. (Köln: DuMont 1999ff.). Die Reihe ist geeignet zur begleitenden Lektüre zu diesem Kapitel.
- Aktuelle Fragestellungen nimmt auf: **Renz, Andreas/Leimgruber, Stephan: Christen und Muslime. Was sie verbindet, was sie unterscheidet.** München: Kösel 2004.

Alle angegebenen Bücher eignen sich gut als Grundlage für Referate, zur exemplarischen Weiterarbeit. Mit G. J. Bellinger wäre es zudem möglich, über das Internet beschaffte Informationen, die nicht immer einen soliden Standard haben, zu überprüfen.

Wir und die Wirklichkeit

1 *Was sehen Sie?*

2 *Deuten Sie das Bild.*

Das Bild wurde Jugendlichen, aber auch Erwachsenen außerhalb der Schule vorgelegt. Eine Auswahl von Deutungen:

- *Ein abstraktes Gemälde.* Zentrum ist ein gebrochener Kreis, um den unterschiedliche Linien und Kontraste plastische Strukturen erzeugen. Eine Schwarzweiß-Studie.
- *Apokalypse.* Es macht einen apokalyptischen Eindruck. Eine Welt im Untergang, zerbrochen, erstarrt um ein dunkles Zentrum herum.
- *Gebirgslandschaft.* Eine aus einem Flugzeug heraus fotografierte Gebirgslandschaft: Felsen, Schnee, Gebirgszüge, Täler.
- *Vogel.* Großaufnahme der Augenpartie eines Greifvogels.

Wie kommt es, dass nur ein Teil der Betrachter die richtige Lösung (ein Stück Birkenrinde) gefunden hat?

Diskutieren Sie:

- Es liegt am Bild.
- Es liegt an den Betrachtern.
- Es liegt an den Umständen, unter denen Betrachter und Bild aufeinandertreffen.
- Es liegt an anderen Gründen, nämlich …

1 *Stellen Sie Merkmale von Wahrnehmung und Deutung zusammen.*

2 *Vergleichen Sie Ihre Überlegungen mit den Positionen auf den folgenden Seiten.*

Subjekt und Objekt

Sinnlich erfassen – denkend gestalten

John Locke

Wie entstehen Erkenntnisse, auf die wir uns verlassen: Durch die uns umgebende Wirklichkeit, die wir nur richtig erfassen müssen? Oder durch uns Menschen, indem wir die Außenwelt mit unseren geistigen Möglichkeiten schaffen, bearbeiten, handhabbar machen? Hierzu folgen die Antworten der Philosophen John Locke, Immanuel Kant und Bertrand Russell und des Naturwissenschaftlers Ernst von Glasersfeld.

In seinem Werk „An Essay Concerning Human Understanding“ von 1690 beschreibt John Locke (1632–1704), wie sich der menschliche Geist entwickele. Er geht davon aus, dass der Mensch bei seiner Geburt eine „tabula rasa“, eine unbeschriebene Tafel, sei. Die angeborene Denkfähigkeit brauche, um in Aktion treten zu können, nun Material: die Ideen (ideas). Die Ideen haben bei Locke – so referiert der Philosophiedozent John Colman (* 1942) – folgende Bedeutung:

M1 Erkenntnis durch Erfassen – John Locke

John Colman

Ideen sind zunächst Perzeptionen oder Erfahrungsinhalte. Wenn diese im Gedächtnis Aufnahme gefunden haben – was lediglich bedeutet, dass der Verstand eine Idee vom gleichen Typus wieder aufleben lassen kann –, können sie als Zeichen für Dinge verwendet werden, so dass der Verstand in der Lage ist, ohne deren Anwesenheit an diese Dinge zu denken. In diesem Stadium können Worte als Zeichen für diese Ideenzeichen verwendet werden, so dass sich Sprache hier als Träger für die Übermittlung von Gedanken von einer Person zur anderen entwickelt. Später bildet der Verstand abstrakte Ideen, denen er allgemeine Namen verleiht. Ontologisch sind abstrakte Ideen, wie alle anderen Ideen, bestimmte, vom Verstand abhängige Gegenstände. Doch unterscheiden sie sich von den nicht-abstrakten Ideen, die zunächst als Zeichen gebildet wurden, darin, dass sie nicht darauf beschränkt sind, ein bestimmtes Ding, das zufällig für die ins Gedächtnis aufgenommene Perzeption verantwortlich war, vorzustellen. […] Eine abstrakte Idee ist ein Zeichen für eine unbestimmte Anzahl von Einzeldingen, die nur durch die Bedingung begrenzt ist, dass jedes Einzelding die Merkmale aufweisen muss, die der Verstand für die Herausbildung der abstrakten Idee ausgewählt hat. Der Verstand verwendet jedoch abstrakte Ideen nicht nur beim Klassifizieren von Einzeldingen. Er betrachtet auch diese Ideen selbst und sucht nach Verknüpfungen zwischen ihnen. […]

Schließlich muss eine weitere Bedeutung des Ausdrucks „idea“ hervorgehoben werden. Locke verwendet den Ausdruck in Kontexten, in denen wir normalerweise von Eigenschaften von materiellen Gegenständen sprechen würden […].

„Whatsoever the Mind perceives in itself, or is the immediate object of Perception, Thought, or Understanding, that I call *Idea;* and the Power to produce any *Idea* in our mind, I call Quality of the Subject wherein that power is. Thus a snowball having the power to produce the *Ideas* of *White, Cold,* and *Round,* the Powers to produce those *Ideas* in us, as they are in the Snowball, I call *Qualities;* and as they are Sensations or Perceptions, in our Understandings, I call them *Ideas* […].“

(1997)

1 *Stellen Sie anhand einer Skizze dar, wie nach Locke Erkenntnis entsteht. Verwenden Sie dabei S = Subjekt für den Menschen und O = Objekt für Dinge, Außenwelt.*

Grafisierung von Texten

Zweck:
Grafische Umsetzung eines verbal mitgeteilten Sachverhalts oder Problems.
- Dazu gehören eine starke Vereinfachung, eine Konzentration auf das Wesentliche, die Vermittlung von Übersicht, die Erhöhung von „Merkbarkeit".
- Veranschaulichung – etwa bei einem Referat
- Grundlage für Erörterung und Vergleich (in diesem Kapitel: Unterschiedliche Bewertung des Subjekt-Objekt-Verhältnisses).

Anwendungsbereiche:
- Darstellung bestimmter Personenkonstellationen (Beziehungen, Abhängigkeiten)
- Darstellung von Positionen (z. B. in philosophischen Texte)
- Darstellung von Sachzusammenhängen (Folgen, Voraussetzungen eines Problems, Verknüpfung von Bedingungen)
- Darstellungen von Entwicklungen (z. B. Flussdiagramme).

Mittel:
Anordnung von Personen, Positionen, Problemen (gegenüber, oben – unten, näher – ferner, in Blöcken, isoliert)
- Richtungspfeil (Wer wirkt auf wen ein? Was folgt jeweils?)
- Doppelpfeil (Darstellung von gegenseitigen Abhängigkeiten, Reaktionen)
- Kreis/Ellipse (Integration oder Ausschluss verschiedener Aspekte/Personen)
- Kreis als Zentrum, auf das verschiedene Bestrebungen (Pfeile) zulaufen
- Kreise, sich überschneidend (Schnittmengen, Gemeinsamkeiten zweier Bereiche, Gruppen)
- Dreieck, häufig mit Doppelpfeilen (drei Aspekte einer Sache, Abhängigkeit zwischen drei Werten, Interessen, Dreiecksbeziehung, zwei Personen mit Bezug auf eine Sache)
- senkrechte Striche als Kennzeichnung von Unterbrechungen (von Kommunikation, Beziehungen, Vorgängen)
- Linien gestrichelt bis durchgängig fett – je nach Intensität der Zusammenhänge. Einsatz unterschiedlicher Farben möglich
- Die Linien können mit einem Stichwort beschriftet werden, das etwa die Art einer Beziehung bezeichnet.

Grundsatz:
Grafisierung einfach halten, mit wenigen grafischen Symbolen arbeiten.

Beispiel: Den Heiligen sehen (S. 64 ff., M11, M12)

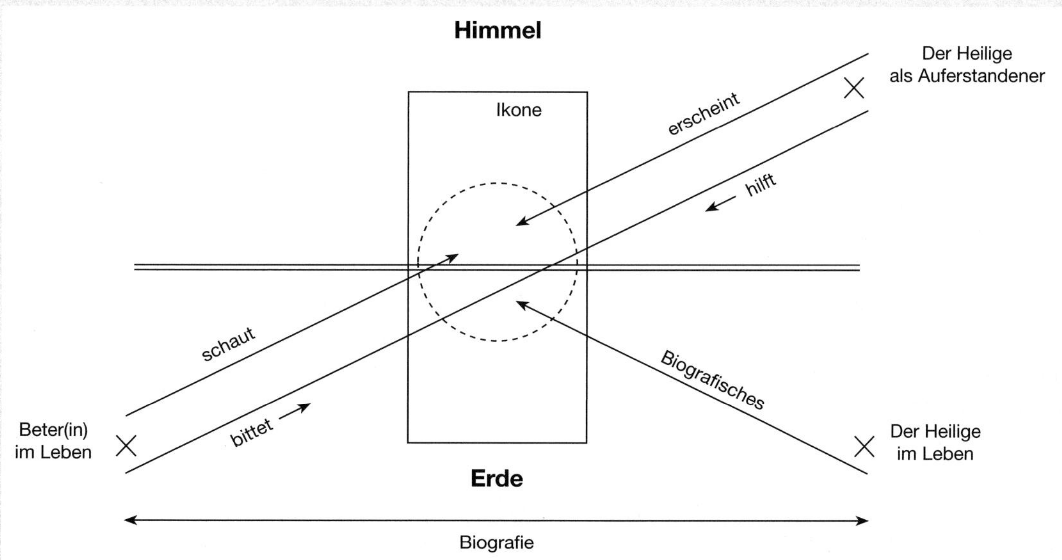

Wie steht es mit der Zuverlässigkeit beim
- **Hörsinn?**
- **Tastsinn?** ***(Der Mensch tastet mit dem ganzen Körper. Unterschiedliche Rezeptoren reagieren auf Wärme, Kälte, starke, schwache Berührungen, auf Schädigungen von Zellen [Schmerz].)***
- **Gleichgewichtssinn?**
- **Geruchssinn?**
- **Geschmackssinn?**

M2 Verlässliches Sehen?

1 *Wir sehen den rechten dicken Balken „hinten" und halten ihn für länger als den linken „vorderen". Messen Sie nach.*

2 *Untersuchen Sie dazu unterschiedliche Situationen (Sie kommen aus eisiger Kälte/sommerlicher Hitze in einen Hausflur, Wahrnehmung von Geräuschen bei großer Müdigkeit, Stehen nach mehreren schnellen Drehungen um die eigene Achse, Weinprobe nach Verzehr von Süßigkeiten ...).*

Über eine besondere Täuschung berichtet der österreichisch-amerikanische Philosoph und Psychotherapeut Paul Watzlawick (* 1921) in seinem Buch „Wie wirklich ist die Wirklichkeit?":

M3 Die zerkratzten Windschutzscheiben

Paul Watzlawick

Gegen Ende der fünfziger Jahre brach in der Stadt Seattle eine merkwürdige Epidemie aus: Immer mehr Autobesitzer mussten feststellen, dass ihre Windschutzscheiben von kleinen pocken- oder kraterähnlichen Kratzern übersät waren. Das Phänomen nahm so rasch überhand, dass Präsident Eisenhower auf Wunsch Rosollinis, des Gouverneurs des Staates Washington, eine Gruppe von Sachverständigen des Bundeseichamtes zur Aufklärung des Rätsels nach Seattle entsandte. Laut Jackson, der den Verlauf der Untersuchung später zusammenfasste, fand diese Kommission sehr bald, dass unter den Einwohnern der Stadt zwei Theorien über die Windschutzscheiben im Umlauf waren. Auf Grund der einen, der so genannten „Fallout"-Theorie, hatten kürzlich abgehaltene russische Atomtests die Atmosphäre verseucht, und der dadurch erzeugte radioaktive Niederschlag hatte sich in Seattles feuchtem Klima in einen glasätzenden Tau verwandelt. Die „Asphalttheoretiker" dagegen waren überzeugt, dass die langen Strecken frisch asphaltierter Autobahnen, die Gouverneur Rosollinis ehrgeiziges Straßenbauprogramm hervorgebracht hatte, wiederum unter dem Einfluss der sehr feuchten Atmosphäre Seattles, Säuretröpfchen gegen die bisher unversehrten Windschutzscheiben spritzten.

Statt diese beiden Theorien zu untersuchen, konzentrierten sich die Männer des Eichamtes auf einen viel greifbareren Sachverhalt und fanden, dass in ganz Seattle keinerlei Zunahme an zerkratzten Autoscheiben festzustellen war.

In Wahrheit war es vielmehr zu einem Massenphänomen gekommen: Als sich die Berichte über pockennarbige Windschutzscheiben häuften, untersuchten immer mehr Autofahrer ihre Wagen. Die meisten taten dies, indem sie sich von außen über die Scheiben beugten und sie auf kürzeste Entfernung prüften, statt wie bisher von innen und unter dem normalen Winkel durch die Scheiben *durch*zusehen. In diesem ungewöhnlichen Blickwinkel hoben sich die Kratzer klar ab, die normalerweise und auf jeden Fall bei einem im Gebrauch stehenden Wagen vorhanden sind. Was sich also in Seattle ergeben hatte, war keine Epidemie beschädigter, sondern *angestarrter* Windschutzscheiben. Diese einfache Erklärung aber war so ernüchternd, dass die ganze Episode den typischen Verlauf vieler Aufsehen erregender Berichte nahm, die die Massenmedien zuerst als Sensation auftischen, deren unsensationelle Erklärung aber totgeschwiegen wird, was zur Verewigung eines Zustands der Desinformation führt.

(1976)

1 *Beschreiben Sie den Beitrag der Sinne für die Wahrheitsfindung.*

Immanuel Kant

In der Vorrede zur zweiten Auflage seiner „Kritik der reinen Vernunft" (1787) bezeichnet der Philosoph Immanuel Kant (1724–1804) seinen neuen erkenntnistheoretischen Ansatz als Kopernikanische Wende.

Eine wichtige Einschränkung macht Kant für die Erkenntnis der Dinge: Wir können nur deren Erscheinungen, nicht aber sie selbst erkennen. Die Zusammenhänge zwischen den Dingen können wir richtig und zuverlässig für alle Zeit, für jeden Menschen erfassen, weil wir ein Erkenntnisvermögen haben, das über Kategorien und Gesetzmäßigkeiten verfügt, die wir auf alles von außen Erfahrene anwenden können. Diese Kategorien – etwa der Gedanke der Kausalität – seien in uns bereits vor Einsetzen aller Erfahrung (a priori) vorhanden. Die uns begegnenden Erscheinungen werden also durch derartige Verfahren, die allen Menschen zur Verfügung stehen, geordnet, gegliedert, beurteilt, gestaltet: „Der Verstand schöpft seine Gesetze (a priori) nicht aus der Natur, sondern schreibt sie dieser vor."

M4 Erkenntnis als Schaffen

Immanuel Kant

Bisher nahm man an, alle unsere Erkenntnis müsse sich nach den Gegenständen richten; aber alle Versuche, über sie a priori etwas durch Begriffe auszumachen, wodurch unsere Erkenntnis erweitert würde, gingen unter dieser Voraussetzung zu nichte. Man versuche es daher einmal, ob wir nicht in den Aufgaben der Metaphysik damit besser fortkommen, dass wir annehmen, die Gegenstände müssen sich nach unserem Erkenntnis richten, welches so schon besser mit der verlangten Möglichkeit einer Erkenntnis derselben a priori zusammenstimmt, die über Gegenstände, ehe sie uns gegeben werden, etwas festsetzen soll. Es ist hiemit eben so, als mit den ersten Gedanken des Kopernikus bewandt, der, nachdem es mit der Erklärung der Himmelsbewegungen nicht gut fort wollte, wenn er annahm, das ganze Sternheer drehe sich um den Zuschauer, versuchte, ob es nicht besser gelingen möchte, wenn er den Zuschauer sich drehen, und dagegen die Sterne in Ruhe ließ. In der Metaphysik kann man nun, was die Anschauung der Gegenstände betrifft, es auf ähnliche Weise versuchen. Wenn die Anschauung sich nach der Beschaffenheit der Gegenstände richten müsste, so sehe ich nicht ein, wie man a priori von ihr etwas wissen könne; richtet sich aber der Gegenstand (als Objekt der Sinne) nach der Beschaffenheit unseres Anschauungsvermögens, so kann ich mir diese Möglichkeit ganz wohl vorstellen.

(1787)

1 *Stellen Sie in einer Skizze dar, wie nach Kant Erkenntnis abläuft.*

2 *Stellen Sie mit Bezug auf Locke die große Wende der Erkenntnistheorie bei Kant dar.*

3 *Welcher Auffassung stehen Sie näher? Begründen Sie Ihren Standpunkt.*

Der englische Philosoph Bertrand Russell (1872–1970) sah in den Naturwissenschaften – und hier vor allem in der Physik – das einzige leistungsfähige Mittel der Erkenntnis. Exakte wissenschaftliche Forschung richte sich auf das Wirkliche, und das seien nicht etwa die unzugänglichen Dinge selbst, sondern die mit ihnen im Zusammenhang stehenden Sinnesdaten (sense-data). Letztere stünden in logischen Zusammenhängen zueinander (z. B. Kausalitäten, Ähnlichkeiten, Gemeinsamkeiten, Korrelationen) und ließen so Schlüsse zu, die das naturwissenschaftlich bestimmte Weltbild bestätigten:

Bertrand Russell

M5 Erfassen von Sinnesdaten

Bertrand Russell

Gibt es auf dieser Welt eine Erkenntnis, die so unumstößlich gewiss ist, dass kein vernünftiger Mensch daran zweifeln kann?

[…]

Ich glaube, dass, wenn irgendein anderer normaler Mensch in mein Zimmer kommt, er dieselben Stühle, Tische, Bücher und Papiere sehen wird, die ich auch sehe, und dass der Tisch, den ich sehe, derselbe ist wie der Tisch, dessen Druck gegen meinen aufgestützten Arm ich spüre.

Es lohnt sich kaum, dies alles ausdrücklich zu sagen, außer wenn ich es mit jemandem zu tun habe, der zweifelt, ob ich überhaupt etwas weiß. Und doch kann man es vernünftigerweise bezweifeln […].

Wir haben alle die Gewohnheit, Urteile über die „wirkliche" Gestalt von Dingen abzugeben, und wir tun das so gedankenlos, dass wir uns einbilden, wir sähen tatsächlich die wirklichen Gestalten. Aber wenn wir versuchen, etwas zu zeichnen, müssen wir alle lernen, dass ein bestimmter Gegenstand von jedem Blickpunkt aus eine andere Gestalt hat. Wenn unser Tisch „in Wirklichkeit" rechtwinklig ist, wird es von fast allen Blickpunkten aus so erscheinen, als ob seine Platte zwei spitze und zwei stumpfe Winkel hätte. Wenn gegenüberliegende Seiten parallel sind, werden sie anscheinend in einem Punkt in der dem Betrachter entgegengesetzten Richtung zusammenlaufen; wenn sie gleich lang sind, wird es so aussehen, als ob die nähere Seite länger wäre. All diese Dinge bemerkt man normalerweise nicht, wenn man einen Tisch betrachtet, weil die Erfahrung uns gelehrt hat, die „wirkliche" Gestalt aus der erscheinenden zu konstruieren, und die „wirkliche" Gestalt ist die, die uns in der Praxis interessiert.

Diese „wirkliche" Gestalt ist jedoch nicht das, was wir sehen; sie ist etwas, das von uns aus dem Gesehenen erschlossen worden ist. Und was wir sehen, verändert dauernd seine Gestalt, während wir uns durch den Raum bewegen, sodass uns unsere Sinne auch in diesem Falle offenbar nicht die Wahrheit über den Tisch selbst, sondern nur über seine Erscheinung sagen.

Ähnliche Schwierigkeiten ergeben sich für den Tastsinn. Zwar haben wir immer eine Empfindung von der Härte des Tisches, und wir fühlen, wie er unserem Druck widersteht. Aber was wir im Einzelnen für eine Empfindung haben, hängt davon ab, wie stark wir auf den Tisch drücken, und mit welchem Teil unseres Körpers wir das tun; daher können wir nicht annehmen, dass die verschiedenen Empfindungen, die durch verschieden starken Druck in verschiedenen Teilen unseres Körpers hervorgerufen werden, uns *unmittelbar* eine bestimmte Eigenschaft des Tisches enthüllen; sie sind höchstens *Zeichen* einer Eigenschaft, die vielleicht all diese Empfindungen *verursacht,* aber nicht selbst in einer von ihnen erscheint.

[...] Es ist daher einleuchtend, dass der „wirkliche" Tisch – wenn es ihn gibt – nicht der ist, den wir durch unseren Gesichts- oder Tastsinn oder durch das Gehör unmittelbar wahrnehmen. Der wirkliche Tisch – wenn es einen gibt – ist uns überhaupt nicht *unmittelbar* bekannt, sondern muss etwas sein, das aus dem uns unmittelbar Bekannten erschlossen worden ist. Wir müssen uns infolgedessen hier gleich zwei schwierige Fragen stellen: 1. Gibt es überhaupt einen wirklichen Tisch? 2. Wenn ja, was für eine Art Gegenstand kann das sein?

Wir werden diese Fragen leichter diskutieren können, wenn wir einige Ausdrücke einführen, deren Bedeutung klar und fest umrissen ist. Als „Sinnesdaten" wollen wir die Dinge bezeichnen, die uns unmittelbar in der Wahrnehmung gegeben sind: z. B. Farben, Geräusche, Gerüche, Härten, Rauheiten usf. Als „Empfindung" wollen wir das *Erlebnis* bezeichnen, das wir haben, wenn wir diese Dinge unmittelbar wahrnehmen. So haben wir immer, wenn wir eine Farbe sehen, eine Empfindung dieser bestimmten Farbe, aber die Farbe *selbst* ist ein Sinnesdatum und keine Empfindung. Die Farbe ist das, was wir unmittelbar wahrnehmen, und das unmittelbare Wahrnehmen selbst ist die Empfindung.

So viel ist klar: Wenn wir etwas über den Tisch wissen, muss dies vermittels der Sinnesdaten – braune Farbe, rechteckige Gestalt, Glätte usw. –, die wir im Zusammenhang mit dem Tisch haben, zustande kommen; aber aus den angeführten Gründen können wir nicht sagen, der Tisch wäre *dasselbe* wie die Sinnesdaten, oder auch nur, dass die Sinnesdaten unmittelbar Eigenschaften des Tisches wären. Damit stellt sich die Frage nach der Beziehung der Sinnesdaten zum wirklichen Tisch – immer vorausgesetzt, dass es ihn gibt.

[...]

Tatsächlich scheinen sich fast alle Philosophen einig zu sein, dass es einen wirklichen Tisch gibt: Fast alle stimmen darin überein, dass, wie sehr unsere Sinnesdaten – Farbe, Gestalt, Glätte usw. – auch von uns selber abhängig sind, ihr Vorkommen dennoch ein Zeichen für etwas unabhängig von uns Existierendes ist, etwas, das von unseren Sinnesdaten vielleicht ganz und gar verschieden ist und dennoch als ihre Ursache betrachtet werden muss, wenn wir die den Erscheinungen entsprechende Beziehung zum wirklichen Tisch haben.

[...] Bevor wir fortfahren, wollen wir jedoch kurz zusammenfassen, was wir bisher entdeckt haben. Es hat sich herausgestellt, dass – wenn wir einen Gegenstand nehmen, den man normalerweise durch Sinneswahrnehmung zu kennen glaubt – die Sinne uns nicht unmittelbar die Wahrheit über den Gegenstand, wie er unabhängig von uns existiert, erkennen lassen, sondern nur die Wahrheit über gewisse Sinnesdaten, die – soweit wir das ausmachen können – von den Beziehungen zwischen uns und dem Gegenstand abhängig sind. Was wir unmittelbar sehen und fühlen, ist daher bloße „Erscheinung", und wir glauben, dass diese Erscheinung als Zeichen auf eine hinter ihr liegende Wirklichkeit verweist. Aber wenn die Wirklichkeit nicht das ist, was erscheint, gibt es dann Mittel, mit deren Hilfe man erkennen kann, ob es überhaupt „Wirklichkeit" gibt? Und wenn ja, besitzen wir auch Mittel, um herauszufinden, wie sie beschaffen ist?

(1912)

1 *Stellen Sie in einer Skizze Tisch und Betrachter gegenüber. Tragen Sie in die Zeichnung die Begriffe „Sinnesdaten" und „Empfindung" ein.*

2 *Stellen Sie mit Hilfe eines Pfeils dar, wie die Vorstellung vom Tisch beim Betrachter zustande kommt.*

3 *Diskutieren Sie Ihre Zeichnungen und versuchen Sie, Unterschiede in den Darstellungen mit Hilfe des Textes zu klären.*

Ernst von Glasersfeld

Der österreichische Diplomatensohn Ernst von Glasersfeld (* 1917) wuchs mehrsprachig auf und erfuhr so, dass der Zugang zur Welt in jeder Sprache anders ist. Diese Erfahrung vertiefte er forschend an einem Institut für Kybernetik in Mailand, bevor er ab 1969 an der University of Georgia über Wahrnehmung beim Sehvorgang arbeitete und herausfand, dass sich die menschliche Aufmerksamkeit innerhalb des jeweiligen Sehfeldes beliebig hin und her bewegt. In der Folgezeit entwickelte er seine Konstruktivismustheorie, die auf zwei Thesen basiert:

- **Das denkende Subjekt nimmt Wissen nicht passiv auf, sondern baut es aktiv auf.**
- **Die Funktion der Kognition [Wahrnehmung] ist die Passung. Sie dient der Organisation der Erfahrungswelt und nicht der Entdeckung einer „objektiven" Realität.**

M6 Passung schaffen

Ernst von Glasersfeld

Trotz Kants These, dass der Verstand seine Gesetze nicht aus der Natur schöpft, sondern sie ihr vorschreibt, fühlen sich die meisten Wissenschaftler auch heute noch als „Entdecker", die Geheimnisse der Natur lüften und den menschlichen Wissensbereich langsam aber sicher erweitern; und unzählige Philosophen widmen sich der Aufgabe, diesem mühsam errungenen Wissen die unumstößliche Sicherheit zuzuschreiben, die alle Welt von der „echten" Wahrheit erwartet. Nach wie vor herrscht da die Auffassung, dass Wissen nur dann Wissen ist, wenn es die Welt erkennt, wie sie ist.

[...] Der radikale Unterschied [des Konstruktivismus] liegt in dem Verhältnis zwischen Wissen und Wirklichkeit. Während die traditionelle Auffassung in der Erkenntnislehre sowie in der kognitiven Psychologie dieses Verhältnis stets als eine mehr oder weniger bildhafte (ikonische) Übereinstimmung oder Korrespondenz betrachtet, sieht der radikale Konstruktivismus es als Anpassung im funktionalen Sinn.

In der englischen Alltagssprache kann man diesen begrifflichen Gegensatz in gewissen Zusammenhängen ziemlich klar zum Ausdruck bringen, indem man die Wörter *match* und *fit* gegeneinander ausspielt. Wenn man diese Wörter mit „stimmen“ und „passen“ ins Deutsche übersetzt, kann man den begrifflichen Gegensatz ebenfalls in manchen Situationen aufzeigen. Sagen wir zum Beispiel von einer Abbildung, dass sie „stimmt“, so bedeutet das, dass sie das Abgebildete *wiedergibt* und mit ihm in irgendeiner Weise *gleichförmig* ist. In welchen Eigenschaften Gleichförmigkeit verlangt wird, mag von Fall zu Fall wechseln. Oft spielt da die Größe keine Rolle oder das Gewicht, die Farbe oder die Lage in Raum und Zeit; doch in diesen Fällen besteht man dann auf der getreuen Wiedergabe von Proportionen, Ordnung oder charakteristischer Struktur. Im technischen Jargon heißt das „Homomorphie“; und in der herkömmlichen Erkenntnislehre finden wir stets die ausdrückliche oder stillschweigende Voraussetzung, dass das Resultat der Erkenntnis, nämlich unser Wissen, ein Wissen von der wirklichen Welt ist und, soweit es wahr ist, diese prinzipiell unabhängige, selbstständige Welt zumindest in einer Weise homomorph wiedergibt.

Sagen wir andererseits von etwas, dass es „passt“, so bedeutet das nicht mehr und nicht weniger, als dass es den Dienst leistet, den wir uns von ihm erhofften. Ein Schlüssel „passt“, wenn er das Schloss aufsperrt. Das Passen beschreibt die Fähigkeit des Schlüssels, nicht aber das Schloss. Von den Berufseinbrechern wissen wir nur zu gut, dass es eine Menge Schlüssel gibt, die anders geformt sind als unsere, aber unsere Türen nichtsdestoweniger aufsperren. Das mag eine recht grobe Metapher sein, doch um den Hauptpunkt, um den es hier geht, ein wenig greifbarer zu machen, passt sie nicht schlecht. Vom Gesichtspunkt des radikalen Konstruktivismus aus stehen wir alle – Wissenschaftler, Philosophen, Laien, Schulkinder, Tiere, ja Lebewesen aller Art – unserer Umwelt gegenüber wie ein Einbrecher dem Schloss, das er aufsperren muss, um Beute zu machen.

Wenn das Wort „passen“ so verstanden wird, dann entspricht es dem englischen „fit“ in der Darwinschen und neodarwinistischen Evolutionstheorie. Darwin selbst hat unglücklicherweise den Ausdruck „survival of the fittest“ verwendet. Damit hat er der unsinnigen Vorstellung die Bahn bereitet, man könne auf Grund seiner Theorie den Begriff der fitness steigern und unter Organismen, die in ihre Umwelt passen, „passendere“ finden, und unter diesen sogar noch „den Passendsten“. Doch in einer Theorie, in der Überleben das einzige Kriterium der Auswahl der Arten ist, gibt es nur zwei Möglichkeiten: Entweder passt eine Art in ihre Umwelt, oder sie passt nicht; d. h. sie überlebt, oder sie stirbt aus. Nur ein außenstehender Beobachter, der ausdrücklich andere, zusätzliche Kriterien einführt als das bloße Überleben – etwa Ökonomie, Einfachheit oder Eleganz der Überlebensweise –, könnte auf Grund dieser zusätzlichen Wertungsskala von „besserem“ oder „schlechterem“ Überleben sprechen; aber in dem theoretischen Modell, dessen Funktion ja ausdrücklich nur auf der Überlebensfähigkeit der Arten beruht, lassen zusätzliche Urteile sich grundsätzlich nicht begründen.

In dieser einen Hinsicht auf den Begriff der *fitness* fällt das Grundprinzip der radikal-konstruktivistischen Erkenntnistheorie mit jenem der Evolutionstheorie zusammen: Wie die Umwelt den Lebewesen (organischen Strukturen) Schranken setzt und Varianten vernichtet, die den so umgrenzten Raum der Lebensmöglichkeiten überschreiten, so bildet die Erlebenswelt, sei es im Alltag oder im Laboratorium, den Prüfstein für unsere Ideen (kognitive Strukturen). Das gilt für die ersten Regelmäßigkeiten, die der Säugling in seiner noch kaum differenzierten Erfahrung etabliert, es gilt für die Regeln, mit deren Hilfe Erwachsene das tägliche Leben zu meistern trachten, und es gilt für die Hypothesen, Theorien und die so genannten „Naturgesetze“, die der Wissenschaftler formuliert in seinem Bemühen, der weitest möglichen Erfahrungswelt dauerhafte Stabilität und Ordnung abzugewinnen. Regelmäßigkeiten, Faustregeln und Theorien erweisen sich im Licht weiterer Erfahrung als verlässlich oder nicht (es sei denn, wir führen den Begriff der Wahrscheinlichkeit ein – doch sobald wir das tun, geben wir die Bedingung, dass Wissen sicher sein muss, ja ausdrücklich auf). In der Evolutionstheorie, wie in der Geschichte des Wissens, hat man von

Anpassung (adaptation) gesprochen und damit ein kolossales Missverständnis heraufbeschworen. Wenn wir die evolutionäre Denkweise ernst nehmen, können es niemals die Organismen oder unsere Ideen sein, die sich der Wirklichkeit anpassen, sondern es ist die Wirklichkeit, die durch ihre Beschränkung des Möglichen schlechthin ausmerzt, was nicht lebensfähig ist. Die „natürliche Auslese" in der Phylogenese [stammesgeschichtliche Entwicklung der Lebewesen] wie in der Wissensgeschichte, liest nicht im positiven Sinn das Widerstandsfähigste, Tüchtigste, Beste oder Wahrste aus, sondern funktioniert negativ, indem sie all das, was der Prüfung nicht standhält, eben untergehen lässt. Der Vergleich ist freilich überspannt. In der Naturgeschichte ist Unzulänglichkeit ausnahmslos tödlich; Philosophen hingegen sterben sehr selten an der Unzulänglichkeit ihrer Ideen. In der Geistesgeschichte soll es ja auch nicht um Überleben gehen, sondern um „Wahrheit". Wenn wir das im Auge behalten, liefert die Evolutionstheorie eine wertvolle Analogie: Das Verhältnis zwischen lebensfähigen organischen Strukturen und Umwelt ist in der Tat das gleiche wie das Verhältnis zwischen brauchbaren kognitiven Strukturen und der Erlebenswelt des denkenden Subjekts. Beide Gebilde „passen": die einen, weil der natürliche Zufall der Mutationen ihnen die Form verliehen hat, die sie nun haben, die anderen, weil menschliche Absicht sie im Hinblick auf jene Ziele geformt hat, die sie nun tatsächlich erreichen. Diese Ziele sind Erklärung, Vorhersage und Kontrolle oder Steuerung von bestimmten Erlebnissen.

(1985)

1 *Stellen Sie das Verhältnis von Wissen und Wirklichkeit in einer Skizze dar.*

2 *Was hat diese konstruktivistische Position mit Kant (M4) gemeinsam?*

Der Konstruktivist Paul Watzlawick (➤ siehe M 3) veranschaulicht von Glasersfelds Auffassung von unserer Erschließung der Wirklichkeit mit einem Bild:

M7 Passender Kurs

Paul Watzlawick

Ein Kapitän, der in dunkler, stürmischer Nacht eine Meeresenge durchsteuern muss, deren Beschaffenheit er nicht kennt, für die keine Seekarte besteht und die keine Leuchtfeuer oder andere Navigationshilfen besitzt, wird entweder scheitern oder jenseits der Meeresenge wohlbehalten das sichere, offene Meer wiedergewinnen. Rennt er auf die Klippen auf und verliert Schiff und Leben, so beweist sein Scheitern, dass der von ihm gewählte Kurs nicht der richtige Kurs durch die Enge war. Er hat sozusagen erfahren, wie die Durchfahrt *nicht* ist. Kommt er dagegen heil durch die Enge, so beweist dies nur, dass sein Kurs im buchstäblichen Sinne nirgends anstieß. Darüber hinaus aber lehrt ihn sein Erfolg nichts über die wahre Beschaffenheit der Meeresenge; nichts darüber, wie sicher oder wie nahe an der Katastrophe er in jedem Augenblicke war: Er passierte die Enge wie ein Blinder. Sein Kurs *passte* in die ihm unbekannten Gegebenheiten; er *stimmte* deswegen aber nicht, wenn mit *stimmen* das gemeint ist, was von Glasersfeld darunter versteht: dass der gesteuerte Kurs der wirklichen Natur der Enge entspricht. Man kann sich leicht vorstellen, dass die wahre Beschaffenheit der Meeresenge vielleicht wesentlich kürzere, sicherere Durchfahrten ermöglicht.

(1985)

1 *Nutzen Sie dieses Bild, um den Unterschied zu Kants Auffassung zu schärfen.*

2 *Wo ergeben sich die wichtigsten Unterschiede zu Locke (M1) und Russell (M5)?*

Inneres Sehen

In Antoine de Saint Exupérys (1900–1944) Buch „Der kleine Prinz" sagt der Fuchs zum kleinen Prinzen: „Hier ist mein Geheimnis. Es ist ganz einfach: Man sieht nur mit dem Herzen gut. Das Wesentliche ist für die Augen unsichtbar."

Dies ist vordergründig kein „Geheimnis", weil die verborgene Wahrheit und der trügerische Schein Thema vieler mündlicher und schriftlicher, vor allem literarischer Zeugnisse sind. Ein „Geheimnis" ist es aber deshalb, weil dieses Sehen, Erfassen, das nicht mit den Sinnen geschieht, vor allem durch Erfahrung für den einzelnen Menschen glaubhaft wird und schwer als Faktum mitgeteilt und vermittelt werden kann.

Liebende etwa sehen einander so, wie niemand sonst sie zu sehen vermag. Dass die unmittelbare Umgebung das nicht fassen kann oder will, ertragen sie. Und das Angebot von Medizin, Biologie, Psychologie, Verhaltensforschung und Kulturgeschichte, Gründe dafür anzuführen, warum sie den Geliebten/die Geliebte so sehen, interessiert sie nicht, weil diese Erklärungen ihr Gefühl nicht zu beschreiben und zu erfassen vermögen.

Glaubt man den vielen mündlichen und schriftlichen Zeugnissen menschlicher Erfahrung, machen die zweckgebundene Erfassung und Konstruktion, um die es in den erkenntnistheoretischen Texten geht, nur einen Teil unseres Suchens, Sehens, Auffassens aus. Das „andere Sehen", von dem der Dichter den Fuchs sprechen lässt, hat damit nichts gemein, steht sogar häufig im Widerspruch dazu. Wenn es beschrieben wird, dann nicht in systematisierenden Ausführungen wie in der Erkenntnistheorie, sondern eher in Geschichten, in Mythen, Poesie, in darstellender Kunst, in Visionen, Träumen und Botschaften der Religionen. Diese Art des Sehens erfasst eine andere, aber nicht geringere Realität, die unsere vordergründige Wirklichkeit widerlegen oder entkräften kann, indem sie unser Leben verändert.

Die folgenden, recht unterschiedlichen Texte sollen beispielhaft für den Zusammenhang zwischen Arten des inneren Sehens und dem Leben stehen.

Liebe und Sehen

Ein Vater-Sohn-Gespräch

M8

Vater: Natürlich ist es deine Sache. Trotzdem verstehe ich nicht so ganz, worauf du eigentlich wartest. Also, wenn du Augen im Kopf hast … Sie ist eine sehr attraktive Frau!

Sohn: *Ich weiß, aber ich liebe sie nicht.*

Vater: Warum nicht?

Sohn: *… ?*

Vater: Ich weiß, es ist nicht das Wichtigste, aber wichtig genug in heutiger Zeit: Ihr würdet euch beruflich fantastisch ergänzen. Du als Anwalt für Wirtschaftsrecht, sie als Steuerberaterin: Ihr passt genau in unsere Kanzlei, und jeder wird euch um diesen Start beneiden.

Sohn: *Ich weiß, aber ich liebe sie nicht.*

Vater: Ich brauche wohl nicht zu erwähnen, dass sie aus einem guten Stall kommt und Klasse hat. Ich kenne ihre Eltern ja schon aus Studienzeiten. Eine bessere Verbindung kann ich mir nicht vorstellen.

Sohn: *Ich weiß, aber ich liebe sie nicht.*

Vater: Als deine Mutter und ich heirateten, waren das auch nicht die großen Gefühle. Aber wir haben gemeinsam etwas aufgebaut und gut zusammengefunden. Und du bist ja schließlich auch nicht durch Zauberei entstanden. Eure Voraussetzungen sind da noch erheblich besser. Glaub einem alten Mann, bei euch könnte nun wirklich nichts schief gehen.

Sohn: *Ich weiß, aber ich liebe sie nicht.*

Vater: Muss ich mir dieses unreife Gerede anhören? Natürlich würdest du sie lieben. Komm in die Wirklichkeit! Das soziale und kulturelle Umfeld stimmt, die wirtschaftlichen Bedingungen sind optimal, und – keine Angst! – die Hormone werden sich bei dir auch noch bemerkbar machen, lass nur den Frühling kommen. Oder wolltest du mir vielleicht etwas sagen, was ich nicht weiß oder nicht richtig sehe?

Sohn: *Ja. Ich liebe sie nicht.*

1 *Erklären Sie das Missverständnis.*

2 *Wer hat Recht: der Vater, der Sohn, beide?*

3 *Welche der unterschiedlichen Sichtweisen kann/können „Wirklichkeit" für sich beanspruchen? Begründen Sie Ihre Auffassung und erläutern Sie den von Ihnen verwendeten Wirklichkeitsbegriff.*

Verblendung und Sehen

Eine der wohl bekanntesten Mythen der Antike handelt von dem thebanischen König Oidipus: Er wird als kleines Kind ausgesetzt, weil ein Orakelspruch prophezeit hat, dass er seinen Vater, den König von Theben, töten werde. Ein Hirte findet ihn und übergibt ihn dem König von Korinth und dessen Gemahlin, die ihn als eigenes Kind aufziehen. Die unheilvolle Prophezeiung erfüllt sich, als der herangewachsene junge Mann in Delphi von dem Orakelspruch erfährt und beschließt, seine vermeintlichen Eltern in Korinth zu meiden. Auf seiner Wanderung begegnet er seinem wirklichen, ihm unbekannten Vater und erschlägt ihn im Streit um die Freigabe des Weges. Danach gelangt er nach Theben und befreit die Stadt von der Sphinx, einem furchtbaren Mensch-Tier-Wesen, indem er ein Rätsel löst, das ihm das Ungeheuer stellt:

„Es gibt auf der Erde ein zweifüßiges Wesen und ein vierfüßiges mit selbem Namen und auch ein dreifüßiges, denn allein von allem, was sich auf der Erde oder durch die Luft oder im Meer bewegt, wechselt es die Gestalt. Aber wenn es sich auf den meisten Füßen bewegt, dann ist seine Schnelligkeit am geringsten." Oidipus antwortet: „Es ist der Mensch, der von seiner Mutter Schoß sich zunächst vierfüßig bewegt und sich im Alter auf einen Stock als dritten Fuß stützt." Die Sphinx tötet sich darauf voller Wut über die richtige Lösung selbst. Oidipus erhält als Lohn für seinen rettenden Scharfsinn die durch seine Schuld verwitwete Königin von Theben – seine Mutter – zur Frau und wird so König von Theben.

In seinem Drama „König Oidipus" entwickelt der altgriechische Dramendichter Sophokles (ca. 496–406 v. Chr.), wie der König selbst schrittweise die Wahrheit seiner furchtbaren Vergangenheit, den Mord am Vater und den Inzest mit der Mutter, aufdeckt. Anlass dazu ist eine schwere Seuche, die Theben heimsucht. Rettung sei nur möglich – so das von des Königs Schwager Kreon befragte apollinische Orakel – wenn der Mörder des letzten Königs von Theben gefunden und bestraft werde.

Oidipus verhört den blinden Seher Teiresias, der als „Fürst der Seher" gilt. Doch der will zunächst sein Wissen nicht preisgeben. Oidipus wird über diese Weigerung immer zorniger, er droht dem alten Mann und beleidigt ihn, bis der sein Wissen offenbart:

König Oidipus und der blinde Seher

Sophokles

M9

Teiresias: Der Mörder, sag ich, den du suchst, bist du!
Oidipus: Das sagst du nicht zum zweiten Mal so ruhig!
T.: Du ahnst nicht, sag ich dir, dass mit den Nächsten
Du gräulichen Verkehr hast, blinder Tor.
O.: Glaubst du, du kannst so ewig weiterschmähen?
T.: Solange noch die Wahrheit ist in Kraft.
O.: Sie ist's, doch nicht in dir; du kennst sie nicht.
Du bist auf Ohr und Hirn und Auge blind.
T.: Du Ärmster, höhnst an mir, was bald
An dir die ganze Welt wird höhnen müssen.
O.: Du lebst in lauter Nacht; wie kannst du mich,
Wie andre, die die Sonne schauen, kränken?
T.: Dir ist ja nicht verhängt, von mir zu fallen.
Apoll ist stark genug. Sein ist das Werk.
O.: Hat Kreon das, hast du es ausgeheckt?
T.: Kreon heißt nicht dein Leid; du selbst, du – dir!
O.: [...] Um dieses Zepter, das mir Thebens Bürger
Freiwillig übertrugen, unerbeten,
Stellt Kreon, mein alter Freund, der Treue,
Mir heimlich nach und sucht mich zu entthronen;
Setzt diesen Gaukler, Ränkeschmied mir an,
Den Bettelpfaffen, der auf's Gold nur schaut,
Jedoch in seiner Seherkunst ganz blind ist.
[...]
T.: Du schmähtest mich, den Blinden, doch ich sag dir:
Mit sehenden Augen siehst du nicht, in was
Für Gräuel du steckst, noch wo, bei wem du hausest.
Weißt du denn, wessen Sohn du bist? Unwissend
Bist du der Feind der deinen hier wie drunten.
Einst jagt aus diesem Lande dich hinweg
Des Vaters und der Mutter Doppelfluch.
Dein jetzt so helles Auge deckt bald Nacht.
[...]
O.: Hätt ich geahnt, dass du ein Narr geworden,
Ich hätte dich zu rufen mich gehütet.
T.: So bin ich denn ein Narr in deinen Augen,
Bei deinen Eltern galt ich als ein Weiser.
O.: Bei meinen Eltern? Bleib! Wer waren sie?
T.: Noch dieser Tag gibt dir Geburt und Grab.
O.: Du sprichst in allzu rätselhaften Rätseln!
T.: Und bist du nicht der Held, der Rätsel löst?
O.: Verhöhn mich nur! Das ist doch meine Größe.
T.: Die Kunst ist's grade, die dich niederstürzt.

Nachdem die Wahrheit offenbar geworden ist, bringt sich Oidipus' Mutter/Gemahlin um. Ein Diener berichtet, wie Oidipus das Furchtbare entdeckt:

Da sehen wir die Königin erhängt,
An einem Stricke hängend überm Bett.
Bei diesem Anblick schreit der König auf,
Des Seiles Schlinge löst er ab, sodass
Der Leichnam nieder auf die Erde sinkt.
Und nun – entsetzlich war es anzuschaun –
Die goldnen Spangen, die der Königin
Das Kleid zusammenhielten, reißt er ab,
Holt aus und stößt sie sich in beide Augen
Und ruft: „Sie sollen nichts von dem mehr sehn,
Was ich erlitt und was ich Böses tat.
Nacht decke, was ich niemals sehen durfte,
Und ungesehen bleib, was gern ich sah."

(vor 425 v. Chr.)

1 *Klären Sie die Bedeutungen von Sehen, Blindheit und Erkennen in diesem Text.*

Glaube und Sehen

Die Jünger Johannes und Petrus haben das leere Grab Jesu gesehen, und Maria von Magdala ist der Auferstandene am Grab erschienen. Sie sucht die Jünger auf, die sich in Jerusalem aus Angst vor Verhaftung versteckt halten, und sagt ihnen: Ich habe den Herrn gesehen. Danach – am selben Tag noch – geschieht Folgendes:

M10 Der ungläubige Thomas

Joh 20,19–29

19 [...] als die Jünger versammelt und die Türen verschlossen waren aus Furcht vor den Juden, kam Jesus und trat mitten unter sie und spricht zu ihnen: Friede sei mit euch!
20 Und als er das gesagt hatte, zeigte er ihnen die Hände und seine Seite. Da wurden die Jünger froh, dass sie den Herrn sahen.
21 Da sprach Jesus abermals zu ihnen: Friede sei mit euch! Wie mich der Vater gesandt hat, so sende ich euch.
22 Und als er das gesagt hatte, blies er sie an und spricht zu ihnen: Nehmt hin den heiligen Geist!
23 Welchen ihr die Sünden erlasst, denen sind sie erlassen; und welchen ihr sie behaltet, denen sind sie behalten.
24 Thomas aber, der Zwilling genannt wird, einer der Zwölf, war nicht bei ihnen, als Jesus kam.
25 Da sagten die anderen Jünger zu ihm: Wir haben den Herrn gesehen. Er aber sprach zu ihnen: Wenn ich nicht in seinen Händen die Nägelmale sehe und meinen Finger in die Nägelmale lege und meine Hand in die Seite lege, kann ich's nicht glauben.
26 Und nach acht Tagen waren seine Jünger abermals drinnen versammelt, und Thomas war bei ihnen. Kommt Jesus, als die Türen verschlossen waren, und tritt mitten unter sie und spricht: Friede sei mit euch!
27 Danach spricht er zu Thomas: Reiche deinen Finger her und sieh meine Hände, und reiche deine Hand her und lege sie in meine Seite, und sei nicht ungläubig, sondern gläubig!
28 Thomas antwortete und sprach zu ihm: Mein Herr und mein Gott!
29 Spricht Jesus zu ihm: Weil du mich gesehen hast, Thomas, darum glaubst du. Selig sind, die nicht sehen und doch glauben!

(um 100 n. Chr.)

1 *Stellen Sie die Aussagen Jesu zusammen, die mit sinnlicher Wahrnehmung nicht bestätigt werden können.*

2 *Worin sehen Sie die wichtigsten Unterschiede zwischen sinnlicher Wahrnehmung und Glauben?*

Den Heiligen sehen

Christus und die Heiligen begegnen orthodoxen Christen (➤ vgl. S. 282f.) in den Ikonen (griech. eikon = Bild), die das Innere von Kirchen, aber auch von Wohnhäusern bestimmen. Um die Ikonen hat es immer wieder theologischen Streit gegeben: Deren Gegner verwiesen auf das göttliche Bilderverbot (Ex 20,4) und auf den göttlichen Charakter Jesu Christi. Der „Bildertheologe" Johannes von Damaskus (ca. 670–750) argumentierte für die Ikone, dass in Jesus Christus Gott Mensch geworden sei. Außerdem habe Gott selbst die Anfertigung von Bildern geboten (Ex 25,18–20) und sich der Materie bedient, um Überirdisches darzustellen. Deshalb werde er die Christus- und Heiligenikonen verehren.

787 präzisierte ein Konzil in Nicäa die Verehrung: „[...] die dem Abbild gewährte Ehre geht auf das Urbild (griech. prototypon) über, und wer das Bild (etwa durch Küssen der Ikone) verehrt, verehrt die auf ihm dargestellte Hypostase" [Wesenheit, Person].

Die Brückenfunktion zwischen Irdischem und Himmlischem drückt sich durch Stilisierung aus. Die Abkehr von realistischer Darstellung verweist auf das Nichtirdische: Verzicht auf Schatten und Perspektive, starke Betonung der Augenpartie, großer Heiligenschein (Nimbus, Aureole). Das Gold repräsentiert den Ewigkeitsbezug, die Farbe Rot bei Christus königliche Herrschaft, das Zinnoberrot bei den Heiligen ihr Blutzeugnis für ihren Glauben (Martyrium). Den Heiligen sind häufig Attribute beigegeben, die auch in der westlichen Ikonographie* eine wichtige Rolle spielen: der Hirtenstab des „guten Hirten“ (Ps 23; Joh 10,1–18), das Lamm als Zeichen der Anwesenheit Jesu Christi (Joh 1,29).

In dem folgenden Interview gibt die Ikonenmalerin Konstantina Stephanaki in ihrem Atelier der Orthodoxen Akademie Kreta Hinweise zum Malen einer Ikone:

Die Sicht der Ikone im orthodoxen Glauben

M11

Interviewer: Udo Marenbach

■ *Wie sind Sie Ikonenmalerin geworden?*

Ich komme aus einer griechischen Familie, die in Frankfurt lebte. Drei Monate vor dem Abitur kam mir der Gedanke, Ikonenmalerin zu werden. Nach dem Abitur ging ich nach Kreta und zur Ausbildung in das Frauenkloster Chrysopiji. Die ersten neun Monate ging ich einmal pro Woche dorthin, dann genehmigte die Äbtissin meinen täglichen Besuch, so dass ich im Laufe von fast drei Jahren die verschiedenen Arbeitsgänge der Herstellung einer Ikone von den Nonnen erlernte: Die Bleistiftzeichnungen, das Mischen der Farben, die Behandlung des Holzes, das Vergolden, den Farbauftrag. Es gibt dabei viele Regeln zu beachten, damit die Ikone ihren Vorbildern entspricht.

■ *Welche Einstellung haben Sie zu Ihrer Arbeit und Ihrem Werk?*

Ikonenmaler verstehen sich nicht als Künstler, sondern sie dienen: Ich glaube an den Heiligen und an die Ikone. Die Ikone ist das Mittel, die Verbindung zwischen dem Heiligen und den Menschen. Ich bete die Ikone während des Malens an, ich mache ein Kreuz vor dem Malen. Wenn es nur um eine historische Technik ginge, hätte die Ikonenmalerei für mich keinen Sinn. Ich kenne die Geschichte des Heiligen, den ich male, lese darüber. Meine eigenen Gefühle gehen in die Malerei ein; wenn ich traurig bin, sieht man es später dem Bild an. Unbeteiligt kann man nicht arbeiten. Einmal habe ich als Auftrag fünfmal die gleiche Ikone gemalt. Das mache ich nie wieder, das geht nicht!

■ *Für wen malen Sie Ikonen? Welche Einstellung sollten Christen zu „ihrer Ikone“ gewinnen?*

Ich male für jeden, der eine Ikone haben möchte. Ich habe private Aufträge erfüllt, arbeite aber vor allem an der Ikonostase* der Kirche in Platanos. Ich möchte, dass der Christ den Heiligen anspricht und dass die Ikone ihm zuspricht, so dass er sich an den Heiligen wendet.

■ *Haben Sie in Ihrer Wohnung eine Ikone? Was stellt sie dar? Wann wenden Sie sich ihr zu?*

Ich habe mehrere Ikonen: Die Mutter Gottes mit dem Kind. Der Heilige Konstantin hat einen Ehrenplatz, ich heiße ja Konstantina – und der Namenstag ist bei uns wichtiger als der Geburtstag. Bei Krankheiten beten wir z. B. vor der Ikone des Heiligen Therapon und bitten ihn um Heilung.

■ *Glauben Sie, dass die in der Ikone abgebildete Person anwesend ist?*

Wir glauben, dass der Heilige hilft, er ist anwesend und hört uns. Jesus Christus ist anwesend hier und im Himmel. Wir sind mit diesem Glauben aufgewachsen. Man braucht aber nicht unbedingt eine Ikone, um zu beten. Beten hat mit den Gedanken und dem Geist zu tun. Die Heiligen helfen aber, geben uns innere Kraft, Freude.

■ *Die Ikone wird auch als Fenster zum Himmel bezeichnet. Stimmen Sie dem zu?*

In der Ikone verbinden sich der Heilige als Mensch mit einem bestimmten gelebten Leben und als der Auferstandene in seinem Schicksal nach dem Tod. Als Auferstandenen zeigt ihn die Ikone. Er ist Beispiel und Vorbild. Wir behalten unseren Glauben das ganze Leben über, dazu hilft der Heilige. Wir werden nicht von unserem Glauben gejagt.

Nach dem glaubensstarken Märtyrer Mamas sind viele Kirchen und Orte in Griechenland und auf Zypern benannt. Eine spätere Legende besagt, dass der Eremit Mamas von Soldaten vor Gericht gebracht werden sollte, weil er eine drückende Steuerschuld nicht begleichen konnte. Auf dem Weg dorthin begegnet ihnen ein Löwe, der ein Lamm verschlingen will. Mamas rettet das Lamm, indem er den Löwen durch sein Wort bändigt, und reitet auf dem gezähmten Raubtier zum Gericht. Voller Furcht erlässt ihm der Richter die Steuer.

M12 Der Heilige Mamas

gemalt von Konstantina Stephanaki

1 *Betrachten Sie die abgebildete Ikone. Vergleichen Sie Ihre Wahrnehmung mit der Sicht der orthodoxen Christin Konstantina Stephanaki.*

2 *Beurteilen Sie, ob eine gleiche Wahrnehmung bei Ihnen und der Ikonenmalerin möglich ist.*

Sichtbares und Unsichtbares Sehen

Die Sehnsucht nach einer Schau, die über unsere irdischen Begrenzungen hinausreicht, findet sich in den Visionen von Sehern und Heiligen wieder, in Bildern, Musik und Kunst. Die Hoffnung in diesen Zeugnissen geht von der Vorläufigkeit und Gebrochenheit unseres Lebens und Erlebens aus und richtet sich auf Erfüllung und Vollendung.

Paulus drückt das in einem seiner Briefe so aus: „Wir sehen jetzt durch einen Spiegel ein dunkles Bild; dann aber von Angesicht zu Angesicht. Jetzt erkenne ich stückweise; dann aber werde ich erkennen, wie ich erkannt bin.“ (1. Kor 13, 12)

Bilderteppich oder 1. Korinther 13,12

M13

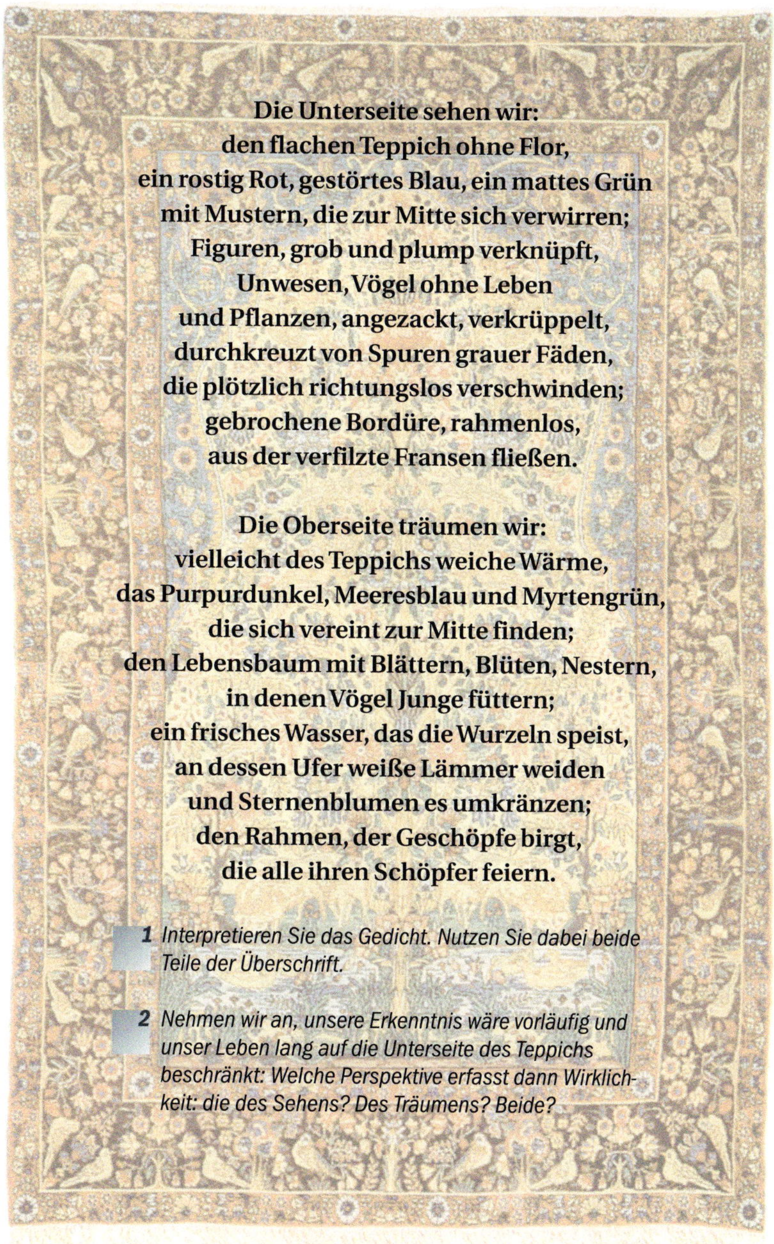

Die Unterseite sehen wir:
den flachen Teppich ohne Flor,
ein rostig Rot, gestörtes Blau, ein mattes Grün
mit Mustern, die zur Mitte sich verwirren;
Figuren, grob und plump verknüpft,
Unwesen, Vögel ohne Leben
und Pflanzen, angezackt, verkrüppelt,
durchkreuzt von Spuren grauer Fäden,
die plötzlich richtungslos verschwinden;
gebrochene Bordüre, rahmenlos,
aus der verfilzte Fransen fließen.

Die Oberseite träumen wir:
vielleicht des Teppichs weiche Wärme,
das Purpurdunkel, Meeresblau und Myrtengrün,
die sich vereint zur Mitte finden;
den Lebensbaum mit Blättern, Blüten, Nestern,
in denen Vögel Junge füttern;
ein frisches Wasser, das die Wurzeln speist,
an dessen Ufer weiße Lämmer weiden
und Sternenblumen es umkränzen;
den Rahmen, der Geschöpfe birgt,
die alle ihren Schöpfer feiern.

1 *Interpretieren Sie das Gedicht. Nutzen Sie dabei beide Teile der Überschrift.*

2 *Nehmen wir an, unsere Erkenntnis wäre vorläufig und unser Leben lang auf die Unterseite des Teppichs beschränkt: Welche Perspektive erfasst dann Wirklichkeit: die des Sehens? Des Träumens? Beide?*

Wissenschaftlich denken – wissenschaftlich arbeiten

Anhand von Aufsätzen zur Physik, zur Wirtschaftswissenschaft, zur Literaturwissenschaft, zur Theologie stellt das folgende Teilkapitel grundlegende Fragen zu ihrem methodischen Vorgehen und deren Anspruch auf Verlässlichkeit und Reichweite. Wie weit können die Wissenschaften „Gewissheit" und „Wahrheit" über ihren Forschungsgegenstand vermitteln? Wie verhalten sich Subjekt und Objekt zueinander? Welche Rolle nimmt der forschende, betrachtende, lesende Mensch ein?

Theorien in den Naturwissenschaften

Im Zusammenhang mit der Frage „Was ist Zeit?" referiert der Physiker Stephen Hawking (* 1942) – der darin dem Philosophen Karl Popper (1902–1994) folgt –, wie naturwissenschaftliche Beobachtungen in einer Theorie zusammengefasst werden können:

M14 Merkmale einer wissenschaftlichen Theorie

Stephen Hawking

Ich bin der Meinung, jede vernünftige wissenschaftliche Theorie, ob sie sich nun mit der Zeit oder einem anderen Konzept beschäftigt, sollte sich auf die für den Praktiker zweckmäßigste Wissenschaftsphilosophie gründen: den positivistischen Ansatz, den Karl Popper und andere entwickelt haben. Nach dieser Auffassung ist eine wissenschaftliche Theorie ein mathematisches Modell, das unsere Beobachtungen beschreibt und kodifiziert. Eine gute Theorie beschreibt ein großes Spektrum von Phänomenen auf der Grundlage einiger einfacher Postulate und macht eindeutige Vorhersagen, die sich überprüfen lassen. Wenn die Vorhersagen mit der Beobachtung übereinstimmen, dann hat die Theorie diesen Test bestanden, doch lässt sich nie vollständig beweisen, dass sie richtig ist. Stimmen die Beobachtungen hingegen nicht mit den Vorhersagen überein, müssen wir die Theorie aufgeben oder verändern. […] Wenn man, wie ich, den positivistischen Standpunkt bezieht, kann man die Frage, was die Zeit tatsächlich ist, nicht beantworten. Man kann lediglich beschreiben, was sich als sehr gutes mathematisches Modell der Zeit erwiesen hat, und sagen, welche Vorhersagen es macht.

(2001)

In erweiterter Form lässt sich naturwissenschaftliche Theoriebildung folgendermaßen veranschaulichen:

Der Ablauf: Zufallsbeobachtung/Vorwissen – Hypothese – Experiment – Ergebnis – Bestätigung und Erweiterung der Ausgangshypothese

- *Vorwissen/Vorerfahrungen* sind die Voraussetzung dafür, dass man eine naturwissenschaftliche Frage, ein Problem, einen Scheinwiderspruch zwischen Abläufen, Erscheinungen überhaupt erkennt.
- *Beobachtungen/Experimente* werden in Protokollaussagen festgehalten in Form von Messungen, Abbildungen, Beschreibungen, z. B. zu Sternenkonstellationen, zu Fossilienfunden – etwa „Brückentieren".

- *Hypothese:* (griech: Unterstellung): Annahme, Vermutung, mit der die Protokollaussagen (etwa zum Stand von Planeten) erklärt werden sollen (z.B. durch die Annahme elliptischer Bahnen von Planeten um einen Zentralkörper im Ellipsenbrennpunkt).
- Aus der Hypothese werden *Prognosen* abgeleitet, die durch weitere Experimente und Beobachtungen erhärtet oder widerlegt werden.
- Die Hypothese wird in eine *Theorie* integriert, die sich auf weitere Hypothesen, Gesetze, auch historische Ereignisse (➤ s. u. M15) bezieht.

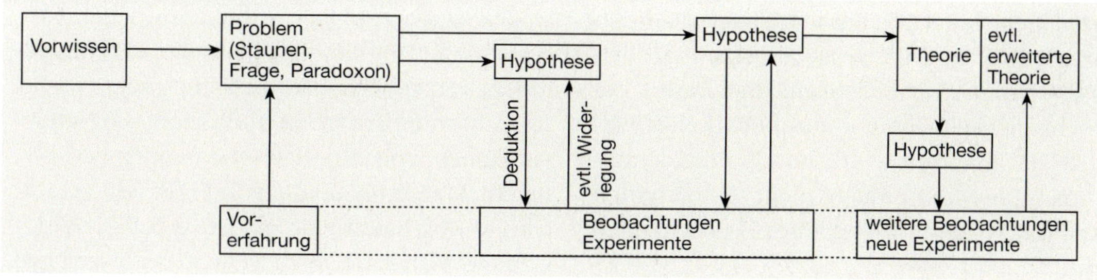

Wichtig:
Gesetze und Theorien sind grundsätzlich nicht endgültig, sondern werden bereits durch *eine* abweichende oder gar gegensätzliche Beobachtung/Protokollaussage falsifiziert, sodass sie dann neu formuliert oder gar zurückgenommen werden müssen. Andererseits verifiziert auch die größte Anzahl von bestätigenden Beobachtungen/Protokollaussagen Gesetze und Theorien nicht endgültig. Forschungsziel können also Falsifizierungen sein, die eine erneute Anstrengung zur Formulierung eines Gesetzes oder einer Theorie erzwingen (so Karl Popper).

Unschärfen in den Natur- und den Sozialwissenschaften

Neben den nomologischen [von Gesetzen abhängigen] Abläufen in der Natur, wie sie mit Hilfe der oben erwähnten Verfahren erschlossen und dargestellt werden, spielen aber auch einmalige (historische) Ereignisse eine Rolle. Eine Herleitung der Entwicklung von Leben, vor allem auch des Menschen, allein durch die Gesetze der Evolution (➤ vgl. M27) ist nicht möglich, wie der Biologe Ulrich Kattmann (* 1941) darstellt:

Geschichte und Gesetze

M15

Ulrich Kattmann

Die Frage nach den Ursachen der Evolution ist nur zum Teil nomologisch, zum anderen Teil historisch. Wäre die Frage nur nomologisch, dann ließe sich der Verlauf der Evolution mit allgemeinen Prinzipien oder Gesetzen vollständig erklären und (wenigstens in engen Grenzen) vorhersagen. Der konkrete Verlauf wird jedoch durch nicht vorhersagbare geschichtliche Ereignisse mit verursacht, wie das Zusammentreffen von Organismen […], die klimatischen und geologischen Ereignisse einschließlich der Dezimierung durch erdgeschichtliche Katastrophen. Eine Abfolge von erdgeschichtlichen „Glücksfällen“, vom Überleben der Chordatiere beim Massensterben in der Wende vom Kambrium zum Devon bis zu dem der Säugetiere beim Übergang von der Kreide zum Tertiär, bestimmte z.B. mit, dass der Mensch in der Evolution entstehen konnte. […]

(1998)

M16 Unanschaulichkeit und Unbestimmtheit

Werner Braunbek (1901–1977)

Es hat sich […] gezeigt, einfach auf Grund der Erfahrung, auf Grund angestellter Experimente, dass es nicht möglich ist, das gesamte Naturgeschehen, insbesondere das Geschehen innerhalb der Atome, der Atomkerne, der Elementarteilchen, mit Hilfe anschaulicher Theorien darzustellen, und deswegen musste man den Anspruch auf Anschaulichkeit fallen lassen. Die Anschaulichkeit ist ein anthropologisches Element, das man in die Erkenntnis hineingetragen hat. Die Natur braucht nicht so beschaffen zu sein, dass ihre Gesetze für uns anschaulich sind.

Wohl gibt es innerhalb der Theorien Bilder; man macht sich auch heute noch *anschauliche Bilder* auf Grund einer Theorie. Aber diese Bilder stellen dann niemals die gesamte Wirklichkeit des betreffenden Gebietes dar, sondern immer nur eine Ansicht der Wirklichkeit […].

Ein bekanntes Beispiel dafür ist die *Dualität „Welle – Korpuskel"* in der modernen Physik. Eine Strahlung verhält sich auf Grund experimenteller Ergebnisse häufig so, als ob sie ein Wellenvorgang wäre. Auf Grund anderer Experimente verhält sie sich so, als ob sie ein Strom rasch dahinfliegender kleiner Teilchen wäre. Lange Zeit hat man geglaubt, es gibt eben zwei Sorten von Strahlungen, etwa das Licht und verwandte Strahlungen, das sind Wellenerscheinungen, und andererseits die Kathodenstrahlen oder Alphastrahlen oder Betastrahlen, das sind Korpuskularstrahlen, Teilchenströme. Dann jedoch hat sich gezeigt, dass sich an allen Wellenstrahlungen auch Experimente anstellen lassen, die den Teilchencharakter dieser scheinbaren Wellenstrahlungen betonen, und umgekehrt an allen Korpuskularstrahlungen Experimente, die den Wellencharakter dieser Strahlungen zeigen. Es ist gelungen, diese *beiden*, einander widersprechenden anschaulichen Bilder in *einen* mathematischen Formalismus einzubauen, allerdings in unanschaulicher Form. Man hat jetzt einen unanschaulichen Formalismus, aus dem man in gewisser Richtung ein Wellenbild ableiten kann, in anderer Richtung ein Partikelbild. Beide Bilder sind aber nicht die Wirklichkeit, sondern nur Aspekte der Wirklichkeit, von *einer* Seite betrachtet. Der Widerspruch zwischen den Bildern ist kein innerer Widerspruch der Theorie. […]

Die Quantenphysik, die diesen neuen Gesichtspunkt in die physikalische Erkenntnis hineingetragen hat, hat noch eine andere wichtige Änderung in unserer Auffassung von Naturvorgängen, von physikalischen Vorgängen gebracht. Man kann nämlich die Frage stellen […]: Gibt es überhaupt eine objektive äußere Wirklichkeit? Man kann, auch wenn man diese Frage bejaht, die weitere Frage stellen: Ist denn diese Wirklichkeit unbeeinflusst davon, dass wir sie beobachten? Oder stören wir nicht vielmehr dadurch, dass wir Vorgänge beobachten, diese Vorgänge selbst? […] Diese Frage ist schon in der klassischen Physik gestellt und auch beantwortet worden: Wir stören tatsächlich jeden Vorgang, wenn wir ihn beobachten. Denn für jede Beobachtung, ob sie durch ein Sinnesorgan erfolgt, durch das Auge oder durch das Ohr oder irgendein anderes Sinnesorgan, oder aber durch ein Messinstrument – für jede Beobachtung, für jede Messung bedarf es einer Energieübertragung, einer wenn auch noch so kleinen Energieübertragung von dem Vorgang auf das Sinnesorgan oder auf ein Messinstrument. Diese Energie wird dem Vorgang entzogen, und der Vorgang wird dadurch abgeändert. Wenn wir also an einem Vorgang etwas messen oder auch nur beobachten, dann läuft der Vorgang anders ab, als er abgelaufen wäre, wenn nichts an ihm gemessen worden wäre, und wir bekommen durch die Messung nicht eigentlich den wahren, unbeeinflussten Vorgang.

Das ist eine grundsätzliche Erkenntnis, die schon sehr früh in der Physik bekannt war. So sonderbar es klingt – es klingt geradezu absurd, aber es stimmt –: Wenn Sie auf der Straße ein vorbeifahrendes Auto ansehen, dann ändern Sie den Weg dieses Autos. Das geht so vor sich: Das Licht, dieser kleine Anteil Licht von dem Auto, der in Ihre Pupille fällt, wird dort absorbiert und für den Sehvorgang verbraucht. Davon kommt nichts wieder heraus, deswegen ist die Pupille schwarz. Wäre nicht Ihre Pupille an dieser Stelle, sondern etwa ein Blatt eines Baumes oder eine Hauswand oder irgendetwas anderes, dann würde ein Teil dieses Lichtes wieder reflektiert werden. Von diesem Teil würde wieder ein sehr kleiner Teil das Auto treffen, würde dort einen minimalen Strahlungsdruck ausüben – jeder Lichtstrahl übt einen Strahlungsdruck aus –, und dieser Strahlungsdruck würde den Weg des Autos ändern. Natürlich sind derartige Einflüsse bei groben Vorgängen unterhalb jeder Messbarkeit.

Wenn Sie aber jetzt nicht ein Auto ansehen, sondern mit Hilfe eines Riesenmikroskopes, das man sich etwa konstruiert denken könnte, ein Elektron, das sich in einem Atom bewegt, dann liegen die Dinge anders. Dann ist nämlich das Licht, das Sie zur Feststellung des Elektrons brauchen, durch seinen Rückstoß, Strahlungsdruck oder Rückstoß, wie man sagen will, so stark in der Wirkung, dass es die Bahn des Elektrons, wenn wir davon einmal reden wollen, grundlegend ändert.

Nun hat man in der klassischen Physik geglaubt, dass dieser Einfluss der Beobachtung auf die Vorgänge zwar vorhanden ist, aber durch geschickte Messungen beliebig verkleinert werden kann. Man hat auch in der klassischen Physik subtile Messungen angestellt, um den Vorgang möglichst wenig zu stören. Man hat, um dem Vorgang möglichst wenig Energie zu entziehen, Messinstrumente benutzt, die möglichst wenig Energie brauchen. Erst die Quantenphysik hat aber aufgedeckt, dass man mit diesem zunehmenden Herunterdrücken der Energieübertragung nicht beliebig weit gehen kann. Die Quantenphysik hat aufgedeckt, dass es für eine Energieübertragung immer eine untere Grenze gibt. Wenn wir etwa mit Licht etwas beobachten, dann ist die kleinste Energieübertragung durch *ein* Lichtquant dieser Lichtsorte bestimmt; halbe Lichtquanten gibt es nicht. Es gibt also für die Energieübertragung und damit für die Störung des Vorgangs eine untere Grenze. Und damit wird eine *Unbestimmtheit* in die Naturgesetze getragen, die umso deutlicher sichtbar wird, je feiner die Vorgänge sind.

Den Weg eines massiven Körpers, eines Autos etwa, kann man mit jeder wünschbaren Genauigkeit beobachten, ohne dass er durch die Beobachtung merklich gestört wird. Die Bahn eines Elektrons aber kann man nicht mit jeder gewünschten Genauigkeit beobachten, weil das Elektron notwendig durch die Beobachtung gestört wird, und zwar um einen relativ beträchtlichen und nicht korrigierbaren Wert. Diese Unsicherheit, die in die Naturerkenntnis hineingetragen worden ist und die etwa in den berühmten Heisenbergschen Unbestimmtheitsrelationen* ihren Ausdruck findet, ist eine der wesentlichen Erkenntnisse der modernen Physik.

[...]

Es ist daher sehr viel richtiger, den Standpunkt einzunehmen, dass die Grenzen, die durch die heute schon recht genau erforschten Quantengesetze gezogen sind und die scheinbar eine beliebig gute Erkenntnis der Natur verhindern, dass diese Grenzen mit zur Wirklichkeit gehören, da sie ja selber Naturgesetze darstellen. Dass wir also die Wirklichkeit samt diesen Grenzen betrachten müssen, dass wir nicht sagen können, es gibt dahinter eine streng definierte Wirklichkeit, der wir uns nur eben nicht genügend nähern können, dass wir vielmehr sagen müssen: Die Wirklichkeit trägt in sich diese Unbestimmtheit.

(1966)

1 *Beschreiben Sie, worin die Grenzen*
a) der exakten Bestimmung physikalischer Wirklichkeit,
b) der Vorstellbarkeit physikalischer Vorgänge
begründet sind.

Dass trotz vieler wissenschaftlicher Anstrengungen und großer verwertbarer Datenmengen sich Voraussagen zur Konjunkturentwicklung, zu politischen Trends, zu Verkaufserfolgen von Produkten als fehlerhaft oder gar falsch erweisen, liegt sicherlich zum einen an der Fülle der Faktoren, die jeweils Einfluss nehmen und sich unvorhersehbar ändern können. Eine wichtige Ursache dafür liegt jedoch auch in den Forschenden selbst: in ihren Interessen, Zielvorstellungen und in dem Einfluss, den ihre veröffentlichten Ergebnisse haben können.

M 17 Mertons Trick: Die Wahrfalschaussage

Boris Holzer (1970)*

Der Soziologe Robert K. Merton hat einst durch den Begriff der „sich selbst erfüllenden Prophetie“ unterstrichen, dass hier jede Prognose, sobald sie bekannt wird, den Lauf der Dinge beeinflusst. Wenn die Meinungsforscher den Wahlsieger voraussagen, kann das nicht zuletzt deshalb zutreffen, weil die Menschen eben lieber Sieger als Verlierer wählen.

[…]

Donald MacKenzie, Soziologe an der Universität von Edinburgh, sprach jüngst auf der Tagung „Social Studies of Finance“ in Konstanz über einen besonders interessanten Fall: die so genannte Black-Scholes-Formel.

Die amerikanischen Finanzwissenschaftler Fischer Black und Myron S. Scholes studierten in den sechziger Jahren ein lange ungelöstes Problem der Finanztheorie: Was ist der marktgerechte Preis für eine Option, also für das Recht, ein Wertpapier zu einem zuvor festgelegten Preis und zu einem bestimmten Termin in der Zukunft zu kaufen oder zu verkaufen? Erst nach zehn Jahren gelang es Black und Scholes, eine solche Lösung zu finden; beinahe gleichzeitig fand ein junger Mathematiker, Robert C. Merton, der Sohn des Erfinders der „self-fulfilling prophecy“, eine alternative Herleitung der von da an fundamentalen Gleichung der modernen Finanzökonomie, der Black-Scholes-Formel (BSF). Bald nach der Veröffentlichung im Jahr 1973 aber setzte sie sich durch und brachte Merton und Scholes – Black war 1995 gestorben – den Wirtschaftsnobelpreis ein.

Soweit die Geschichte einer normalen wissenschaftlichen Entdeckung. Doch es fehlt ein Detail: Zum Zeitpunkt ihrer Veröffentlichung war die BS-Formel zwar revolutionär – aber sie stimmte nicht. Als sie die Ergebnisse ihrer Formel mit tatsächlichen Marktdaten verglichen, stellten Black und Scholes schnell fest, dass diese deutlich von den vorhergesagten Werten abwichen. Erstaunlicherweise verschwanden diese Differenzen zwischen erwarteten und tatsächlichen Werte jedoch im Laufe der Jahre – nachdem die Formel bekannt geworden war und zunehmend von Marktteilnehmern zur Preisermittlung benutzt wurde.

Eine erste Erklärung dafür ist, dass Black für Optionshändler in Chicago einen kostenpflichtigen Informationsdienst eingerichtet hatte, der für die gehandelten Optionen die Resultate der Black-Scholes-Formel handlich zusammenfasste. Damit sollten die Händler in die Lage versetzt werden, „Fehlbewertungen“ gewinnbringend zu nutzen. Ein weiterer Grund für den zunehmenden Realitätsgehalt war, dass die in der Formel postulierten Bedingungen erst relativ spät geschaffen wurden. Black und Scholes gingen unter anderem davon aus, dass der Aktienhandel ununterbrochen und ohne Transaktionskosten erfolgt. Diese Annahmen waren zunächst ganz unrealistisch. Erst im Zuge der Liberalisierung und Technisierung der Finanzmärkte näherte sich die Realität dem Modell an. Der springende Punkt ist, dass es ohne die Black-Scholes-Formel dazu gar nicht oder nur viel langsamer gekommen wäre. Denn erst die mathematische Begründung holte das Geschäft mit den Derivaten aus dem Dunstkreis irrationaler Spekulation in den Kern moderner Finanzökonomie. Davon ließen sich unter anderem auch die Regulierungsbehörden beeindrucken, die nun Hindernisse des Handels mit Derivaten aus dem Wege räumten. Indem sie diesen Prozess beschleunigte, glückte der BS-Formel etwas, wovon Theorien nur träumen können: sich die Welt, fast, nach dem eigenen Bilde zu erschaffen. Dass in den neunziger Jahren ein riesiger Investment-Fonds zusammenbrach, den Myron Scholes unter Nutzung seiner Formel gegründet hatte, vervollständigt diesen Traum nur um den Albtraum.

(2003)

1 *Erörtern Sie die Angemessenheit der Bezeichnung „Wahrfalschaussage" in der Überschrift.*

2 *Nennen Sie Beispiele für gesellschaftliche oder politische Prognosen und deren Einfluss auf die gesellschaftliche Wirklichkeit. Wo stellen Prognosen ihre eigene Wahrheit her?*

Der Leser und seine Texte

Die Kritik am Religions- und am Deutschunterricht zielt zuweilen auf die unterschiedlichen Interpretationen („Was ist denn nun richtig?"), die ungeachtet der Anwendung gelernter Analysemethoden entstehen. Diese Kritik übersieht, dass hier kein Mangel, sondern eine notwendige Bedingung wirksam wird – oder anders: dass einheitliche Interpretationen dem Verhältnis von Leser, Text und Autor nicht gerecht würden:

Wie wir Texte verstehen

M18

Zentral für alle Geisteswissenschaften ist die Frage nach der Erschließung, Interpretation und Nutzung von Texten. Unterschiedliche inhaltliche und methodische Schwerpunkte lassen sich dabei den drei Punkten eines hermeneutischen Kreises* zuordnen:

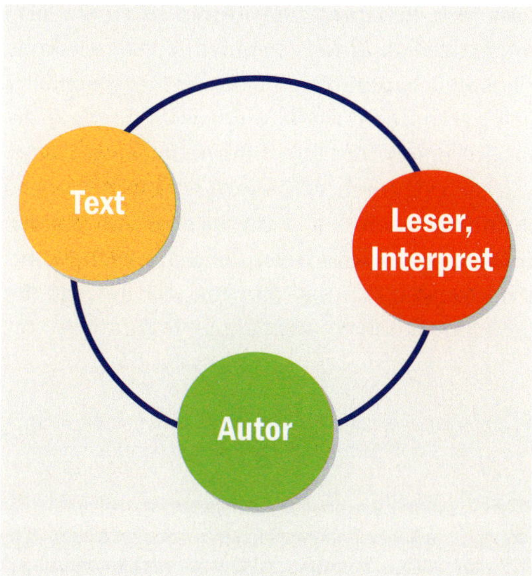

Zunächst der *Text* für sich: Man muss nicht den Autor kennen, um die Eigenart eines literarischen Textes zu erfassen. Z.B. kann ich das Verhältnis von Traum und Wirklichkeit, von Schein und Sein, die „umgekehrte" Verwendung von Indikativ und Konjunktiv in Kafkas „Auf der Galerie" erschließen, ohne etwas über Kafka zu wissen. Die Beschränkung auf den Text lässt den Interpreten genau, sensibel und analytisch lesen; er stellt vielfältige Bezüge innerhalb des Textes her. Der genaue Blick wird nicht durch – möglicherweise sachfremde – Vorurteile verstellt. Man bezeichnet diese Interpretation, die allein den Text selbst im Auge hat, als *werkimmanentes Verfahren.* Dessen Methoden (z.B. Untersuchung innerer und äußerer Entwicklung, Unterscheidung von Zeit- und Realitätsebenen, Erfassung der Erzählperspektive, Deutung von Stilmerkmalen) sind weiterhin unverzichtbar, allerdings greifen sie zu kurz, weil sie Entstehung und Rezeption der Texte vernachlässigen.

Für die Textentstehung ist die *Biografie des Autors* von Bedeutung: Welche Lebenserfahrungen bestimmen sein Werk? Viele Werke Goethes – z. B. das Gedicht „Auf dem See", der Roman „Die Leiden des jungen Werthers" – haben Bezüge zu bestimmten Lebenskrisen des Dichters. Von daher leistet das *biografische Verfahren* Beiträge zur Entschlüsselung poetischer Bilder und Anspielungen.

Das *psychoanalytische* Verfahren* legt für Interpretationsansätze – mit Bezug auf Leben und Lebensbedingungen des Autors – bestimmte psychologische Erklärungsmodelle zugrunde, etwa Merkmale einer Vater-Sohn-Beziehung (Kafka: Die Verwandlung) oder Bedingungen von Macht und Unterwerfung, ihre erotische Komponente (Heinrich Mann: Der Untertan; Klaus Mann: Mephisto).

Das *geistesgeschichtliche Verfahren* leistet oder erkennt Verknüpfungen zwischen unterschiedlichen Werken, die sich an bestimmte Ideen oder geistige Strömungen binden (gedankliche Gemeinsamkeiten z. B. zwischen Kants „Grundlegung zur Metaphysik der Sitten", Lessings „Nathan der Weise" und Campes erzieherischer Jugendliteratur; bei Kafkas Parabel „Vor dem Gesetz" etwa sollte die Bedeutung der Thora für den jüdischen Autor bekannt sein).

Das *literatursoziologische Verfahren* schließlich fragt nach dem Standort des Autors in der Gesellschaft, nach seinen Reaktionen auf politische Zustände, nach gesellschaftlichen Bedingungen seines Erfolges (z. B. Bestsellerfrage). Untersucht wird, inwieweit der Autor Bedürfnisse potentieller Käufer bedient, sich an Trends anhängt (z. B. die Ratgeberliteratur der Aufklärung, die Nach-Werther-Romane, die biografische Enthüllungsliteratur in der Gegenwart).

Alle hier genannten Verfahren helfen, mögliche verdeckte oder ausdrückliche *Intentionen des Autors* zu erkennen (Unterhaltung, Aufklärung, Information, Belehrung, Veredelung, Bekehrung, ideologische Überwältigung, Überzeugung, Formung, Täuschung, ...)

Für den *Leser* und Interpreten gilt Vergleichbares wie für den Autor, wenn er seine Arbeit, die *Rezeption* von Texten, leistet: Beim Lesen nutzt auch er – bewusst oder unbewusst – seine politischen und gesellschaftlichen Überzeugungen, seine Lebenserfahrungen, seine psychischen Einstellungen und Bedürfnisse. Das beginnt mit der Auswahl eines Buches und endet mit der Empfehlung oder dem Verriss. Lesen – das ist im günstigen Fall mehr als Kino im Kopf: Der Leser identifiziert sich mit einer Figur, leidet mit, füllt Leerstellen mit Handlungsteilen, nimmt den Text eben nicht nur zur Kenntnis, sondern schafft ihn neu, indem die eigenen Bilder, Klänge, Gerüche mit einfließen. Er begibt sich in den Text hinein, wird vielleicht sogar eine seiner Figuren, unterwirft ihn – für eine Interpretation nicht ungefährlich – eigenen Vorstellungen, Vorurteilen und Wünschen, behält sich vor, nach dem Textschluss eine eigene Fortsetzung zu schaffen, lässt sich von seinen Vorstellungen in die Welt seines Buches tragen und verändert zugleich eben diese Welt durch sein Hinzukommen.

Wenn der *Leser* einen Text liest und dann *interpretiert*, kann er natürlich die Fesselung an das dort vermittelte Geschehen zu lösen versuchen, indem er sich über *seine Bedingungen bei der Rezeption* Klarheit verschafft: Welche Erfahrungen? Welche Position, Normen? Welche Zeit, gesellschaftlichen Bedingungen? Welche eigenen Bedürfnisse soll das Lesen erfüllen? Die Rezeptionsbedingungen zur Zeit des Autors kann man dann mit den o. g. Interpretationsansätzen erkunden und unterscheiden: Welche Bedeutung hatte der Text in seiner Ursprungssituation – damals? Damit kann der Interpret den Beitrag vermindern, den er selbst in den Text des Autors trägt, aber nichts daran ändern, dass sich Interpretation immer in einem *hermeneutischen Zirkel* – in einem Verstehenskreis – abspielt: Nur durch eine bestimmte geschichtlich gebundene, sichtende, auswählende, wertende Person wird eine Interpretation geleistet. Die sich dadurch verändernde Textbedeutung bestimmt auch das Deutungsergebnis, das inhaltlich in gewisser Weise die gedanklichen und emotionalen Voraussetzungen in sich trägt, die der Leser schon vor der Lektüre hatte.

1 *Zeigen Sie, inwiefern alle drei Punkte – Autor, Leser, Text – vom hermeneutischen Zirkel betroffen sind.*

2 *Schreiben Sie einen Tagebucheintrag zu einem persönlichen Erlebnis und stellen Sie ihn einem Mitschüler/einer Mitschülerin zur Interpretation zur Verfügung.*
Welche Ansätze (s. o.) kommen bei der Interpretation vor? Fühlen Sie sich als Autor verstanden? Warum oder warum nicht?

Der Leser in der Geschichte

Mit dem Zitat eines Romananfangs von Achille Campanile (1900–1977) verdeutlicht Umberto Eco (* 1932) in seiner Abhandlung „lector in fabula“ (der Leser in der Geschichte) die besondere Rolle des Lesers auf humoristische und verblüffende Weise:

Der Irrtum des Lesers

M 19

Achille Campanile

Wer sich an jenem grauen Morgen des 16. Dezember 19... auf eigene Gefahr und sein persönliches Risiko hin in jenes Zimmer begeben hätte, in dem sich die Anfangsszene unserer Geschichte sogleich abspielen wird, wäre überaus überrascht gewesen, hier einen jungen Mann mit zerrauftem Haar und fahlem Antlitz zu finden, der mit nervösen Schritten auf und ab ging. Niemand hätte in diesem jungen Mann Doktor Falcuccio erkannt, nicht nur und insbesondere, weil er keinerlei Ähnlichkeit mit Doktor Falcuccio besaß. Nebenbei muss allerdings festgestellt werden, dass die Überraschung eines jeden, der sich so verstohlen in besagtes Zimmer eingeschlichen hätte, ganz und gar unberechtigt gewesen wäre. Jener Mann war in seiner eigenen Wohnung und hatte demnach das Recht, dort umherzuspazieren, wie und wohin es ihm gefiel.

(1927)

Hand mit spiegelnder Kugel

M 20

M. C. Escher (1898–1972)

(1935)

1 *Wo ist der Zeichner dieser Lithographie?*

2 *Beschreiben Sie, wie sich der Leser zu dem Campanile-Text verhält.*

3 *Inwieweit ergeben sich Parallelen zur Lithographie von Escher?*

M21 Der Bibelleser

Für den Bibelleser gilt alles, was allgemein für das Textverständnis und den „lector in fabula" zuvor (➤ M 18–M20) gesagt worden ist: Auch er kann den Text „immanent" erschließen, indem er sich nur auf den ihm vorliegenden Wortlaut beschränkt – viele Menschen gehen so ihr ganzes Leben mit der Bibel um. Auch er kann sich der Forschungsarbeit und -ergebnisse (hier: der Theologie) bedienen, um Aufschluss über die Verfasser der Texte, ihre geschichtliche und biografische Situation und ihre besonderen Absichten zu gewinnen; auch er kann erfahren, welche geistigen Strömungen Eingang in die Texte gefunden haben, was übernommen, nachgeahmt und verändert ist. (➤ vgl. dazu Kapitel zur Bibel, S. 92ff.)

Schließlich verändert auch er den Text beim Lesen; auch für ihn gilt der hermeneutische Zirkel, denn auch er trägt seine Voraussetzungen in die Bibellektüre hinein, zuweilen durchaus in der Absicht, bestimmte eigene Lebensanschauungen, Urteile, auch Vor-Urteile, bestätigt zu bekommen.

Der Unterschied biblischer Literatur zu anderen literarischen Texten liegt vor allem darin, dass sie geschrieben und überliefert ist, um die Bindung des Menschen an Gott zu erhalten, zu festigen, wiederherzustellen oder neu zu knüpfen. Dabei geht es nicht um die Ansprache partieller menschlicher Bedürfnisse – etwa um Unterhaltung, Fantasiereisen, emotionale Reize – sondern um den ganzen Menschen, den leiblichen, seelischen, arbeitenden, liebenden, vergebenden, schuldhaften – als Gottes und des Mitmenschen Gegenüber.

Deshalb rechnen die Bibeltexte ausdrücklich damit, dass ihr Leser sich selbst, seine Lebensgeschichte, seine Hoffnungen, Ängste, Schuld und Dankbarkeit, mit in die Texte einbringt. Der Leser als Teil der Geschichte ist nicht etwas Unvermeidliches, das es bei ernsthafter Beschäftigung mit dem Text zu minimieren gilt, sondern er ist ausdrücklich als denkender, fühlender, getrösteter Veränderer des biblischen Textes gewollt, indem er eine Verbindung mit deren Botschaft eingeht, die ihn selbst verändert. Schon die Autoren der Bibeltexte stehen in dieser Tradition, haben ihre Erfahrungen mit Gott gestaltet, in Geschichten gespiegelt, aus ihrem Leben und aus Gottes Ansprache gespeist. Der gegenwärtige Leser kann Teil dieser Tradition werden.

Er kann sich allerdings auch darauf beschränken, die Bibel als kultur-, geistes- und religionsgeschichtlich bedeutsames Dokument zu betrachten. Als Geisteswissenschaftler, Bibelphilologe, Historiker, Archäologe unterwirft er dieses Objekt unterschiedlichen Methoden der Analyse und kommt dabei zu Aufschlüssen, die unzweifelhaft das Verständnis biblischer Texte erhellen können. Das verpflichtet ihn zugleich aber auch, die „Reichweite" seiner methodischen Anstrengungen zu bedenken, die allein dadurch begrenzt ist, dass er bei der Erforschung des Textes immer schon ein Teil dieses Prozesses ist – mit eigenen Erfahrungen, Interessen, Zielen. Seine Vorstellung, „objektiv", gewissermaßen als übergeordnete Instanz seinen Forschungsgegenstand beherrschen zu können, erweist sich als illusorisch. Da geht es ihm nicht anders als seinen Forscherkollegen in der Literaturwissenschaft, den Gesellschaftswissenschaften (➤ vgl. S. 72ff.), aber auch den Naturwissenschaften (➤ vgl. S. 68f.).

Wichtig ist diese Einsicht, weil sie ihn vor Grenzüberschreitungen bewahrt – etwa wenn er entfaltete Glaubensinhalte, die Verbindung von Leben und biblischer Botschaft mit seinen als „objektiv" verstandenen Forschungsmethoden erfassen und „widerlegen" will.

1 *Wenden Sie diese Überlegungen auf den folgenden Text von Gerd Lüdemann an.*

Theologie und Glaube

Der Theologe Gerd Lüdemann (* 1946), der mit Textuntersuchungen und historischen Rekonstruktionen gegen den Glauben an die Auferstehung zu Felde zieht („Das Grab ist nicht leer, sondern voll gewesen"), äußert sich zum Verhältnis von Wissenschaft und Glaube in der theologischen Arbeit:

Die Leistung historischer Kritik

M22

Gerd Lüdemann

Grundsätzlich gesagt: Die historische Kritik, die den wissenschaftlichen Standards verpflichtet ist, rechnet nicht mit einem Eingreifen Gottes in der Historie. Den in diesem Zusammenhang oft zu hörenden Einwand, jede Kritik habe ihre Voraussetzung, und so auch die historische Kritik des Urchristentums diejenige, dass sie eben mit einem Einwirken Gottes rechne, – diesen Einwand halte ich schlichtweg für empörend.

[...]

Auch wird gefordert, der Exeget des Neuen Testaments müsse gläubig sein. Eine solche Forderung schließt jedoch die Augen vor dem wirklichen historischen Geschehen. Dem Theologiehistoriker, der beständig ein dogmatisches Gewicht in der Waagschale mit sich führt, mit dem er sein historisches Objekt wägt, mangelt es am eigentlichen geschichtlichen Verständnis, das vor allem erforschen, entdecken, aufspüren und verstehen will und sich erst in zweiter Linie mit der Bewertung des Gegenstandes befasst. Alles Werten und Beurteilen nach einem bestimmten dogmatischen Maßstab gleicht einem nachträglichen Herumdoktern, dem nicht mehr Sinn beizumessen ist als dem Versuch eines Arztes, der heutzutage die alten Griechen und Römer von den Krankheiten, an denen sie gestorben sind, kurieren will. Ein solches Unternehmen kann nur als Abgrund von Langeweile bezeichnet werden. Echter Erforschung des Urchristentums kommt es vor allem darauf an, ihrem Gegenstand gerecht zu werden (und das gilt für jede echte Geschichtsforschung).

Die Wissenschaft und auch die Theologie als Wissenschaft lebt zwar in und von ihren Methoden, aber das will nicht heißen, dass diese Methoden ihr automatisch einen höheren Rang bescheren. Denn nur die kritischen Methoden sind gut, insbesondere diejenigen, durch die die Wissenschaft zur Selbstkritik geleitet wird. Nichts stumpft die kritische Schärfe historischer Arbeiten so sehr ab wie die Vorliebe gewisser Theologen, die Lösung der Probleme des gegebenen Objektes außerhalb derselben, in seiner historischen Umgebung oder gar in einem Eingriff Gottes zu suchen und sie von dort abzuleiten oder zu erklären. Das heißt dann aber auch: Entheiligt, entweiht und gereinigt von allen kirchlichen Sonderbestimmungen, in reiner Weltlichkeit soll die Welt des ältesten Christentums verfolgt werden.

[...]

Damit ist noch nichts über die Wahrheit oder Unwahrheit, über die Wirklichkeit oder Unwirklichkeit des zu beschreibenden Objektes gesagt. Eine so verstandene Kritik gründet sich nicht auf der Voraussetzung, dass es sich bei dem religiösen Leben der Menschen um einen Irrtum handele; wohl aber geht sie davon aus, dass es möglichst vorurteilsfrei erforscht werden müsse.

Das gilt auch für die Erforschung der urchristlichen Behauptung, nach Tod und Begräbnis sei Jesus auferstanden.

(1995)

1 *Beschreiben Sie das von Lüdemann geforderte Verhältnis des Theologen zum biblischen Text. Vergleichen Sie dazu auch den Lüdemann-Text S. 213*

2 *Welches Verständnis von Wahrheit bestimmt Lüdemanns Auffassungen? Welche Bedeutung misst er dem Glauben für die Arbeit des Theologen zu?*

Max Frisch: Homo faber – Wir und die Wirklichkeit

Moderne Literatur bedient sich nicht nur mythologischer Motive aus der griechischen Antike und der Bibel, sondern ganzer gedanklicher Zusammenhänge daraus, um dem literarischen Werk Tiefe, Hintergründigkeit, Vielschichtigkeit zu verschaffen. Das gilt für Franz Kafka, Thomas Mann, Bertolt Brecht, Joseph Roth (➤ S. 162) ebenso wie für Günter Grass, Elias Canetti, Max Frisch, Friedrich Dürrenmatt, Patrick Süskind (➤ S. 259).

Nun ist es keineswegs so, dass Bibel und griechische Mythologie nur als Steinbrüche für interessant gestaltete Neubauten herhalten müssen, sondern die alten Texte ihrerseits leuchten in der Spiegelung mit den neuen Verarbeitungen in überraschender Weise auf. Von daher profitieren die Fächer Religion und Deutsch erheblich voneinander.

Um den Hintergrund des Kapitels „Wir und die Wirklichkeit" besser zu verstehen, erarbeiten wir uns Max Frischs Roman „Homo faber" (Frankfurt/M.: Suhrkamp TB [1]1977):

1. Erstes Lesen des Romans. Dabei notieren Sie die Personen und verdeutlichen die Personenkonstellation mit beschrifteten Beziehungspfeilen (➤ vgl. S. 53). Im Anschluss formulieren Sie eine kurze Inhaltsangabe.

Achtung: Die Inhaltsangabe geht nach einem einleitenden themenbezeichnenden Satz chronologisch vor, folgt also nicht dem Gang der Erzählung mit seinen Rückblenden und Vorausweisungen: Der Ingenieur Walter Faber ist der Typ des technischen Menschen (lat. homo *faber; Walter:* ahd. waltan: walten, herrschen), der die Welt mit Hilfe eines technologisch-mathematischen Weltverständnisses beschreibt, dies für die ganze Wirklichkeit hält und blind für eine andere Wirklichkeit ist, die für ihn furchtbare Schuldverstrickungen bereit hält. Faber schreibt das Geschehen in einem tagebuchartigen Bericht kurz vor seiner Operation an einem unheilbaren Magenkrebs: Als Assistent an der Technischen Hochschule Zürich liebt er in den dreißiger Jahren die Münchner Kunststudentin Hanna. Angesichts ihrer lebensgefährlichen Situation – sie ist Halbjüdin – will er sie heiraten. Als sie ihm mitteilt, sie sei schwanger, reagiert er verletzend kühl. Sie einigen sich auf eine Abtreibung, er verlässt Hanna. Zwanzig Jahre später erfährt der Ingenieur Faber, dass Hanna als Archivarin in Athen lebt und eine Tochter hat. Auf einer Schiffsreise nach Europa begegnet er einer Studentin namens Sabeth, verliebt sich in sie, reist mit ihr durch Italien nach Griechenland, schläft mit ihr, will sie heiraten, obwohl er inzwischen erfahren hat, dass sie Hannas Tochter ist. Dass sie auch sein Kind sein kann, widerlegt er sich mit Zeitberechnungen und hält daran fest, dass Hannas Mann Joachim, den sie kurz nach Fabers Weggang geheiratet hat, Sabeths Vater sein müsse. Sabeth kommt durch einen Sturz nach einem Schlangenbiss um, sie stirbt in einem Athener Krankenhaus. In ihren letzten Lebenstagen kommen Hanna und Faber in der Sorge um Sabeth zusammen. Faber erfährt, dass Hanna das Kind damals nicht hat abtreiben lassen und er ihr Vater ist. Er lebt die kurze Spanne bis zur Operation in der Erkenntnis seiner Schuld: Er hat Sabeths, Hannas und sein eigenes Leben zerstört.

2. Bearbeitendes Lesen. Notieren Sie vor diesem Arbeitsgang einige Motive/Begriffe auf Extrablatt, die Ihnen beim *ersten* Lesen

- durch ihre mehrfache Wiederholung aufgefallen sind, ein bestimmtes, Ihnen wichtig erscheinendes Thema komplettieren, veranschaulichen, deuten (z. B. „Technik gegen Kreatürlichkeit"),
- einer bestimmten Person (z. B. Faber) „passend" zugeordnet sind.

2.1 Beim Lesen markieren Sie die Textstellen und vermerken unter dem Begriff die Seitenangaben (z. B. *„Rasur":* S. 10, 27, 70f., 172).

2.2 Eine Übersicht über den Gang der Erzählung schaffen Sie durch untereinander gesetzte Stichwörter mit Seitenzahlen, z. B. Fabers Abflug (S. 7), Zwischenlandung, Anfall (S. 11f.), Notlandung Wüste (S. 20), Herbert + Joachim (S. 23), Hanna, Joachims Frau (S. 28) …

3. Interpretation. Verfolgen Sie bestimmte Motive, um eine Person charakterisieren zu können oder eine Personenkonstellation zu verstehen: Gemeinsamkeiten/Gegensätze hinsichtlich der äußeren oder inneren (psychischen) Situation? Veränderung, Entwicklung? Kontraste – bei Zuordnung zu unterschiedlichen Personen? Wem lassen sich bestimmte Motive zuordnen? Z.B. Ödipusanspielungen (Inzest, Blindheit, Erkennen) – Sehen der Erinnye (S. 111) – Schlange (S. 157f.) (Sündenfall, Erschrecken Sabeths vor der Nacktheit, Tod) – Religion und Kunst (S. 42–44); Wahrscheinlichkeitsrechnung – Zeitlosigkeit – Technik – Fotografieren – „objektives" Sehen.

Wahrnehmen durch Sehen und Filmen ist ein zentrales Motiv des Romans:

Sehen als homo faber:

- Angesichts einer mondbeschienenen Wüstenlandschaft mit gezackten Felsen, urweltlichen Tieren gleich, sagt Faber: *„Ich habe mich schon oft gefragt, was die Leute eigentlich meinen, wenn sie von Erlebnis reden. Ich bin Techniker und gewohnt, die Dinge zu sehen, wie sie sind. Ich sehe alles, wovon sie reden, sehr genau; ich bin ja nicht blind. […] Wozu weibisch werden? […] Warum soll ich erleben, was gar nicht ist?"* S. 24f.
- Auf Naturbilder, Begegnungen mit Menschen, Abschied, mythische Bilder reagiert Faber mit Fotografieren und Filmen – als Möglichkeit der Dokumentation und Konservierung, der beliebigen Repetition des Gesehenen, der Objektivierung und Entfernung des Einmaligen, der Versachlichung, der Vermeidung direkter Begegnung durch Zwischenschaltung eines Gerätes. Nachdem Faber seinen Freund Joachim erhängt in einer Baracke auffindet, schließt er seinen Bericht ab: *„Wir fotografierten und bestatteten ihn"* S. 55, vgl. auch S. 23, 27, 42, 59, 68, 72, 73, 85.

Sehen als Liebender

- Faber und Sabeth wandern durch die Nacht nach Akrokorinth und finden miteinander wetteifernd Vergleiche für alles, was sie hörend, riechend, sehend wahrnehmen: *„Stille über schwarzen Hängen, die nach Pfefferminz duften, Stille mit Herzklopfen und Durst, nichts als Wind in trockenen Gräsern: Wie wenn man Seide reißt! Findet Sabeth, ich muß mich besinnen, und oft fällt mir überhaupt nichts ein, dann ist das ein Punkt für Sabeth, laut Spielregel. […] Gegen fünf Uhr das erste Dämmerlicht: Wie Porzellan! […] – und dann die ersten Strahlen aus dem Meer: Wie eine Garbe, wie Speere, wie Sprünge in einem Glas, wie eine Monstranz, wie Fotos von Elektronen-Beschießungen. […] Ich werde nie vergessen, wie sie auf diesem Felsen sitzt, ihre Augen geschlossen, wie sie schweigt und sich von der Sonne bescheinen lässt. Sie sei glücklich, sagt sie, und ich werde nie vergessen […]."* S. 152f.
- Als Faber bei der ersten Bekanntschaft auf dem Schiff Sabeth filmt, wird sie zornig. Nachdem er sich in sie verliebt hat, unterlässt er es, die Ankunft in Le Havre zu filmen: *„Ich hatte filmen wollen, ich winkte noch immer, ohne sie im Gedränge zu sehen."* S. 95f.

Sehen nach Sabeths Tod

- Beim Anblick der toten Sabeth geht Hanna auf Walter Faber los: *„Sie schreit und schlägt mich ins Gesicht, bis sie nicht mehr kann, die ganze Zeit hatte ich nur meine Hand vor den Augen."* S. 160
- Nach einem beruflichen Aufenthalt in Düsseldorf fährt Faber nach Zürich: *„… ich sitze im Speisewagen, trinke Steinhäger und blicke zum Fenster hinaus, ich weine nicht, ich möchte bloß nicht mehr da sein, nirgends sein. Wozu auch zum Fenster hinausblicken? Ich habe nichts mehr zu sehen. Ihre zwei Hände, die es nirgends mehr gibt, ihre Bewegung, wenn sie das Haar in den Nacken wirft oder sich kämmt, ihre Zähne, ihre Lippen, ihre Augen, die es nirgends mehr gibt, ihre Stirn: wo soll ich sie suchen? Ich möchte bloß, ich wäre nie gewesen. Wozu eigentlich nach Zürich? Wozu nach Athen? Ich sitze im Speisewagen und denke: Warum nicht diese zwei Gabeln nehmen, sie aufrichten in meinen Fäusten und mein Gesicht fallen lassen, um die Augen loszuwerden?"* S. 192
- Faber notiert: *„… ich filme nichts mehr. Wozu! Hanna hat recht: nachher muß man es sich als*

Film ansehen, wenn es nicht mehr da ist, und es vergeht ja doch alles – Abschied." S. 182

4. Fortsetzung der Interpretation. Ergebnisbündelung; dann Erklärung, Auswertung, Bewertung (➤ S. 73 „Wie wir Texte verstehen"). Hier: Fabers Wahrnehmung und Beherrschung der Außenwelt und der ihn umgebenden Menschen.

Fabers Irrtum, Hybris und Schuld, die auch in einer bestimmten Wissenschaftsauffassung begründet ist: Als Techniker sieht er die Dinge distanziert und sachlich, „wie sie sind", bedient sich dabei um der Genauigkeit willen technischer Hilfsmittel, auch zur Dokumentation und Reproduktion, meint so, alle Fragen irrtumsfrei klären zu können. Die Mathematik (Wahrscheinlichkeitsrechnung) hilft ihm, begründete Einschätzungen vorzunehmen. (➤ siehe dagegen M 6). Fabers „*Scharfsinn,* seine Berechnungen" ermöglichen – ähnlich wie bei Oidipus – den Inzest (➤ vgl. M 9). Im Gegensatz zu Hanna lehnt er das „Innere Sehen" (➤ vgl. S. 61ff.) ab, lernt es aber ansatzweise in der Liebe. Er erkennt zu spät die Untauglichkeit seiner „wissenschaftlichen" Sichtweise, wenn es um existenzielle Fragen von Liebe, Leben und Tod geht. Er will sich – wie Oidipus – die Augen ausstechen, die ihm nur eine vordergründige Sicht der Dinge vermittelt haben. Der Leser versteht eher und gründlicher als er und sieht – ähnlich dem Zuschauer einer antiken Tragödie – die nahende Katastrophe – vor allem, wenn er die vielen wiederkehrenden Motive von Entfremdung, Hybris, Schuld versteht. Das ist ihm allerdings nur möglich, wenn ihm die verwendeten mythischen Bilder und deren Deutung menschlicher Existenz vertraut sind.

Evolution oder Schöpfung?

Begegnung

M23

M. C. Escher (1898–1972)

(1944)

Die Schöpfung des Menschen

M24

Bartolo di Fredi (um 1330 – um 1409)

(1356)

Wer hat Recht, wenn es um die Entstehung der Natur und besonders des Menschen geht:
- **Die Theologen?**
- **Die Evolutionsbiologen?**
- **Beide?**
- **Kann man an Gott als Schöpfer glauben und die Evolutionstheorie für plausibel halten?**

Die folgenden Texte sollen einen begründeten Standpunkt ermöglichen.

M25 Ursachen der Evolution nach Darwin

Ulrich Kattmann (1941)*

Theorie der Abänderung durch natürliche Selektion

Erfasst Ursachen der Evolution: Faktoren, Regeln, Gesetze (Dynamik)

1. Lebewesen haben die Tendenz, sich in geometrischer Rate zu vermehren.

2. Mittelfristig bleibt die Anzahl der Lebewesen in einer Population annähernd konstant.

3. Die Ressourcen in einem Lebensraum sind begrenzt.

4. Die Individuen in einer Population unterscheiden sich in erblichen Eigenschaften.

5. Der Fortpflanzungserfolg der Individuen entscheidet sich in der Konkurrenz um die Ressourcen („Kampf ums Dasein“).

6. Individuen, die mehr vorteilhafte Eigenschaften haben, produzieren durchschnittlich mehr Nachkommen.

7. Die natürliche Selektion reichert vorteilhafte Varianten in der Population an, so dass die Arten unbegrenzt abgeändert werden.

8. Unterschiedliche Umweltbedingungen bewirken die Divergenz der Charaktere, so dass neue Arten entstehen, die unterschiedlichen Stellen des Naturhaushaltes angepasst sind.

9. Evolution ist in der Vergangenheit nach denselben Gesetzmäßigkeiten abgelaufen, die wir noch heute als wirksam erkennen können.

[...] Aus der Selektionstheorie leitet sich logisch die Annahme der Evolution ab: Wenn Arten unbegrenzt variieren, dann kann ihre Abänderung durch Konkurrenz und Selektion ebenfalls unbegrenzt erfolgen. Kleine Abänderungen können so über lange Zeit durch immer wiederholte Auslese in der Summe zu völliger Umkonstruktion führen.

[...] Der Einwand gegen die Evolutionsbiologie lautet nun, als historische Wissenschaft könne diese gar keine Vorhersagen machen [...]. Ihre Hypothesen seien empirisch nicht überprüfbar und somit keine naturwissenschaftlichen Aussagen. Da diese Kritik von prominenter Seite, nämlich vom Erkenntnistheoretiker Karl Popper, vorgetragen wurde, hat man sie weithin übernommen, obgleich sie Popper später widerrufen hat. Das Problem empirischer Überprüfung löst sich nämlich auf, wenn Prognosen nicht nur auf die Zukunft, sondern auf unbekannte Ereignisse in der Vergangenheit angewendet werden. Derartige Retrodikte sind mit empirisch überprüfbaren Vorhersagen logisch gleichwertig und daher als rückwärtsgerichtete Prognosen anzusehen. Im Übrigen sind innerhalb der Evolutionsbiologie auch (vorwärtsgerichtete) Prognosen nicht ungewöhnlich.

(1998)

1 *Überprüfen Sie, inwieweit Ernst von Glasersfelds Ausführungen zur Evolutionstheorie (M 6) und Kattmanns Darstellung von Evolution übereinstimmen.*

Kreationismus

Gegen die Evolutionslehre wandten und wenden sich die Kreationisten (amerikan.: special creationism, special creation science). Es geht ihnen darum, eine „Schöpfungswissenschaft“ zu vertreten, die auf den Schöpfungsgeschichten der Bibel fußt und deren wörtlich verstandenen Aussagen nicht widerspricht. Damit soll der Bibel eine universale Geltung aller Aussagen in allen Bereichen, auf allen Ebenen erhalten werden (➤ vgl. auch S. 118f.).

Der holländische Biologe Willem J. Ouweneel (* 1944), ein Vertreter des Kreationismus, formuliert sein Anliegen so:

Bibel und Leben

M26

Willem J. Ouweneel

Die Bibel – und ich sage Ihnen, Millionen von Christen glauben das heute – sei nur ein religiöses, ein erbauliches Buch für den Gottesdienst, aber nicht für das tägliche Leben, in dem wir uns mit Wissenschaft und Kunst, Natur und Geschichte beschäftigen. [...] Deshalb könnten Geologen und Biologen ihre Lehren und Modelle aufstellen, ohne die diesbezüglichen Aussagen der Bibel in Betracht ziehen zu müssen.

Es gibt heute kaum eine größere Gefahr im Christentum.

[...]

Ich möchte eine Weltanschauung haben, in welcher ich die ganze Welt nach Grundsätzen erklären kann – soweit mein Verstand reicht –, wie Gott sie geoffenbart hat und ich sie ausprobiert habe.

(1977)

Mit graduellen Unterschieden einzelner Vertreter nehmen die Kreationisten an:
- Alle heute existierenden und als Fossilien nachgewiesenen Lebewesen wurden als Grundtypen vor einigen tausend Jahren fertig geschaffen – noch im goldenen Zeitalter des Paradieses. (Entstehung mit der Erde vor 10 000–15 000 Jahren, andere Vertreter nehmen bis 100 000–110 000 Jahre an.)
- Menschen und Affen haben keine gemeinsamen Vorfahren. Der Mensch ist als solcher mit allen anderen Lebewesen zusammen geschaffen worden.
- Die Sintflut hat die ganze Erde bedeckt.
- Die Grundtypen der Lebewesen haben in der Arche überlebt. (Nicht alle Kreationisten gehen allerdings auf die Arche ein.)

Wie der Biologe Ulrich Kattmann referiert, unterstützen die Kreationisten die Richtigkeit ihrer Annahmen mit eigenen Forschungen: Z. B. fand man bei Ausgrabungen im Paluxy River (Texas) in einer geologischen Schicht neben Dinosaurierfährten Spuren, die ein kreationistischer Wissenschaftler als menschliche identifizierte. Deren Übergröße (50 cm) und die Schrittlänge (über 2 m) wird mit der riesenhaften Gestalt von Menschen vor der Sintflut (Gen 6,4) erklärt.

Kreationistische Vorwürfe gegenüber der Evolutionstheorie:
- Die Aussagen zur Evolution seien lediglich eine Theorie.
- Es gebe abweichende Vorstellungen von Vertretern der Evolutionstheorie. Damit sei die gesamte Theorie widerlegt.
- Fossilien als Beweisstücke für die Evolution seien Fälschungen, so auch die Fossilie vom Archaeopteryx, einem „Brückentier“ innerhalb der Evolution.

1 *Welche Schwierigkeiten ergeben sich, akzeptiert man die Grundannahmen der Kreationisten?*

Evolution *und* Schöpfung

In unterschiedlichen Punkten sehen der englische Evolutionsforscher Simon C. Morris (* 1951), der amerikanische Theologe John B. Cobb (* 1925), der Psychiater Hoimar v. Ditfurth (1921–1989) und der Theologe Jürgen Moltmann (* 1926) naturwissenschaftliche Erkenntnis und theologische Weltsicht als sich gegenseitig bereichernde Verbündete. Die Überlegungen zum Text „Wer ist Herr Ernstsohn?" (M31) zielen noch einmal auf die Frage nach widersprüchlich erscheinenden Aussagen, wie sie auch bei der Gegenüberstellung von Schöpfungsgeschichten und Evolutionstheorie augenfällig sind.

Simon Conway Morris ist Professor für evolutionäre Paläologie an der Universität Cambridge. In einem ZEIT-Interview erläutert er die Thesen seines Buches „Life's Solution – Inevitable Humans in a Lonely Universe":

M27 Evolution – Absicht einer höheren Macht

Simon C. Morris

DIE ZEIT: Professor Morris, darf man Sie als Darwinist bezeichnen?

SIMON CONWAY MORRIS: Gern. Der Darwinismus hat zwar kein gutes Image, aber was die evolutionären Mechanismen betrifft, verstehe ich mich eindeutig in dieser Tradition. Selektion der am besten angepassten Organismen und Adaption an veränderte Umweltbedingungen – andere Mechanismen kann ich mir nicht vorstellen. Allerdings kann der Darwinismus die Resultate der Evolution nicht ausreichend erklären.

DIE ZEIT: Das müssen Sie näher erläutern.

MORRIS: Stellen Sie sich vor, Sie sitzen im Theater und beobachten das Beleuchtungssystem: Sie können die Reihenfolge, mit der die Scheinwerfer ein- und ausgeschaltet werden, genau analysieren. Aber das bringt Sie einem Verständnis des Dramas, das auf der Bühne gespielt wird, nicht näher. So ähnlich geht es uns in der Evolutionsbiologie. [...]

DIE ZEIT: [...] Sie behaupten, die Evolution und der Mensch seien keine Zufallsprodukte.

MORRIS: Das ist die zentrale Aussage in „Life's Solution". Um nur ein Argument dafür zu nennen: Viele der Gene, die in unserem Gehirn aktiv sind, lassen sich bereits in Hefe nachweisen, obwohl diese kein Gehirn hat. Und zahlreiche wichtige Proteinfamilien sind ziemlich sicher schon in sehr früher Zeit entstanden. Und zwar mehrmals unabhängig voneinander. Die warteten gleichsam nur auf ihren Einsatz.

DIE ZEIT: Glauben Sie, da läuft eine Art Programm ab?

MORRIS: Es gibt zahlreiche Hinweise darauf: So ist etwa gut dokumentiert, dass die Gliederfüßer und die Fische das Land mindestens dreimal unabhängig voneinander erobert haben. Ich gehe also davon aus: Früher oder später wird ein Tier im Wasser Beine ausbilden. Und sobald es das getan hat, wird es beinahe zwangsläufig an Land krabbeln.

DIE ZEIT: Wann fiel der Startschuss für die Entwicklung zu höherer Intelligenz? Mit dem Auftauchen des ersten Affen oder bereits mit dem ersten Wurm?

MORRIS: Meiner Ansicht nach war der Mensch bereits mit dem Urknall angelegt. Während der ersten Millisekunde dieser Welt. Unsere Entstehung ist alles andere als ein Zufall.

DIE ZEIT: Moment. Was ist mit dem Meteoriteneinschlag vor 65 Millionen Jahren? Die Dinosaurier starben daraufhin aus und machten den damals erst rattengroßen Säugetiervorfahren Platz.

MORRIS: Nehmen wir an, der Meteorit hätte die Erde verfehlt, die Dinosaurier hätten weitergelebt. Doch was passierte rund 20 Millionen Jahre später? Eine Eiszeit bricht aus, die Erde kühlt sich ab. Mit Kälte kommen Dinosaurier nicht gut klar. Aber die warmblütigen und geschickteren Säugetiere überleben. Die ganze Entwicklung findet einfach etwas später statt, das Resultat ist dasselbe.

Die Zeit: Eine gewagte These.

Morris: Finden Sie? Es ist doch frappierend, dass sich mit dem Neandertaler noch eine weitere Urmenschen-Gruppe neben dem Homo sapiens unabhängig entwickelt hat. Früher oder später wird die Evolution überall zwangsläufig bei einer intelligenten Spezies ankommen. [...]

Die Zeit: Wir sind ein Resultat der Evolution, aber gleichzeitig völlig frei von diesem Erbe?

Morris: Zugegeben, es mag beispielsweise eine genetische Basis für Egoismus geben. Aber ich denke, in der menschlichen Gesellschaft ist das alles viel komplizierter. Es würde ja etwa auch keinem einfallen, seine Kinder nach darwinistischen Gesetzen zu erziehen: sie ausschließlich selbst entdecken zu lassen, was für sie wichtig ist. Wir geben unser Wissen vielmehr systematisch an künftige Generationen weiter. [...] Sobald eine Gesellschaft Sprache entwickelt hat, kann sie sich in völlig neuem Stil entwickeln. Selbstverständlich tragen wir biologisches Erbe in uns. Aber wir haben längst eine neue Welt geschaffen mit Malerei, Philosophie, Literatur ...

Die Zeit: Für einen Naturwissenschaftler hören Sie sich ziemlich schöngeistig an.

Morris: Das Leben ist ein Wunder. Und man sollte das Staunen darüber nicht verlernen. Je genauer ich verstehen lerne, wie sich die einzelnen Moleküle im Laufe der Jahrmillionen zu diesen hochkomplexen Organismen zusammenfanden, desto beeindruckter bin ich. Und ich werde immer sicherer: Der klassische Darwinismus kann das allein nicht erklären.

Die Zeit: Warum nicht?

Morris: Es gab bereits drei ehrgeizige Experimente, in denen Forscher die Evolution nachspielen wollten. Sie verwendeten dafür spezielle Computerprogramme, die Jahrmillionen dauernde Prozesse auf der Basis von Selektion und Adaption im Zeitraffer simulieren. Ergebnis: lauter spektakuläre Fehlschläge! Es entstand keine Komplexität. Man bekommt allein mit Selektion und Adaption offensichtlich nichts wirklich Interessantes zustande: Die „artifizielle Evolution" war ein totaler Flop.

Die Zeit: Was schließen Sie daraus?

Morris: Vielleicht haben wir bisher nicht die richtige Frage gestellt. Irgendetwas Entscheidendes scheint zu fehlen. Verändern wir einmal den Standpunkt und gehen davon aus, dass unser Universum beabsichtigt war. Nicht einfach ein Unfall oder eine zufällige Laune der Natur. Dann ist die Entwicklung von Intelligenz doch etwas sehr Naheliegendes. Denn eine höhere Macht wäre mit Sicherheit an einer Welt mit einer intelligenten Spezies interessiert, die über sich selbst reflektieren kann. [...]

Die Zeit: Halten Sie unsere Welt also für sehr intelligent entworfen?

Morris: Da muss ich etwas klarstellen: Den Begriff *intelligent design* würde ich nie verwenden. Er ist von den Kreationisten besetzt – diesen Pseudowissenschaftlern, die die Bibel wörtlich auslegen und davon ausgehen, dass Gott Pflanzen, Tiere und den Menschen in sieben Tagen erschaffen hat. Von solchen Leuten will und muss ich mich ganz klar abgrenzen – als Wissenschaftler und als gläubiger Christ.

(2004)

1 *Markieren Sie Morris' Position, indem Sie sein Verhältnis zu den Kreationisten (M 26) und dem „klassischen Darwinismus" (M 25) beschreiben und erklären.*

2 *Können Sie sich vorstellen, dass Morris für die Darstellung seiner Auffassung den Begriff „Schöpfung" („creation") verwendet? Begründen Sie Ihre Annahme.*

M28 Gottes Schöpfung – jetzt

John B. Cobb

Gegenüber den einzelnen Dingen ist Liebe, Sorge und Anteilnahme die Einstellung, die wir brauchen. Aber gegenüber dem Prozess, der ihnen das Leben gibt und das Leben bereichert, ist eine andere Einstellung angemessen. Für diesen Prozess können wir uns selbst engagieren. Man braucht dieses Engagement nicht zögernd, vorläufig oder versuchsweise einzugehen. Es kann und sollte den Einzelnen total betreffen. Wenn das der Prozess ist, den wir als „Natur“ oder „Leben“ bezeichnen, dann könnten und sollten wir „Leben“ oder „Natur“ als heilig ansehen. Es wird aber besser sein, von einem kreativen Prozess oder von Gott zu sprechen.

Wenn wir uns in diesem Sinne für Gott *engagieren,* dann heißt das: Wir suchen nach besten Kräften das Leben in seiner Vielfalt und Intensität, in seiner Bewusstheit und Liebe zu befördern. Diese Einstellung würde uns auch dazu ermutigen, uns auf eine reflektive Untersuchung und eine selektive Abschätzung der Zweck-Mittel-Relation einzulassen. Ferner würde sie uns zu Sensibilität, Emotionalität und zur Gemeinschaft fähig machen. Als eine kritische Norm könnte sie uns dabei helfen, die zahlreichen Forderungen nach Loyalität und Dienst zu prüfen. Sie würde unser Verantwortungsgefühl für eine gesunde Balance zwischen menschlichem und nichtmenschlichem Leben verstärken und uns die Sensibilität für die ökologischen Konsequenzen unserer Taten erhalten. Schließlich würde sie die Ausdehnung der Liebe auf die nichtmenschliche Welt bekräftigen und sogar voraussetzen. Das wäre – alles in allem – ein Meilenstein zu einem neuen Christentum.

[...] Wenn wir von der Schöpfung reden, dann beziehen wir uns nicht auf einen Akt Gottes vor vielen Milliarden Jahren. Wir meinen damit auch nicht die ein für alle Mal verordneten und als unveränderlich vorausgesetzten Naturgesetze. Dieser Standpunkt war im Zeitalter Newtons sinnvoll, aber nicht in dem unseren. Er wäre nur dann von Bedeutung, wenn wir annehmen könnten, dass Gott von außen in die Schöpfung eingreift, um den Menschen vor den Konsequenzen seiner Taten zu bewahren. Wer das glaubt, der schaltet die menschliche Verantwortung aus und rennt gegen ganze Zeitalter menschlicher Erfahrung und geistiger Emanzipation an.

Die kreative Tat Gottes, die uns betrifft und unmittelbar angeht, ist die Schöpfung, die jetzt in unserer Umgebung und in uns selbst stattfindet. In jedem Augenblick konfrontiert Gott die Totalität der Vergangenheit mit neuen Möglichkeiten. Wie die Welt reagiert – ob sie diese Möglichkeiten annimmt oder verwirft –, das determiniert Gott nicht. Seine Schöpfertätigkeit vollzieht sich durch Überzeugung und freie Entscheidung seiner Geschöpfe. Gottesglaube heißt darum, dass wir auf sein schöpferisches Werk unter und in uns vertrauen, dass wir uns in dieses Werk integrieren.

Glauben an Gott heißt weiter, dass wir darauf achten, wie der kreative Prozess in allen Kreaturen wirksam ist. Und schließlich, dass wir dafür sensibel werden, wie er in uns wirkt. Kurzum: Wir müssen uns durch diesen kreativen Prozess zu ganz neuen Risiken herausfordern lassen.

Glaube an Gott ist insofern nicht nur Teil einer universalen Vision, in der Naturwissenschaft und Technologie Diener des Lebens und nicht Beherrscher der Natur werden. Der Glaube an Gott gibt auch die Grundlage dafür ab, wie wir mit der gegenwärtigen Krise fertig werden können. Sonst könnte sie die letzte Krise des Menschen sein.

(1972)

1 *Stellen Sie dar, worin sich die Vorstellung von Schöpfung als Prozess gegenüber der Annahme eines einmaligen Schöpfungsaktes unterscheidet.*

2 *Welche Anteile haben Gott und Mensch bestenfalls an diesem Schöpfungsprozess?*

3 *Wo sehen Sie in dem Text Aspekte zur Bewältigung der „gegenwärtigen Krise“?*

Evolution als Augenblick der Schöpfung

M29

Hoimar von Ditfurth

Ich halte es für sinnvoll, ernstlich darüber nachzudenken, ob es sich bei dem Prozess, der sich unseren unvollkommenen Gehirnen als der so quälend langwierig sich hinziehende Prozess der kosmischen und biologischen Entwicklung präsentiert, in Wahrheit nicht um den Augenblick der Schöpfung handeln könne.

[...]

Frühere Epochen haben die Geheimnisse von Schöpfung, Jenseits und der eigenen, vergänglichen Existenz wie selbstverständlich mit der Sprache und in den Bildern zu erfassen versucht, die ihnen vertraut waren als die Ausdrucksformen ihrer Zeit und ihres Weltverständnisses. Steht uns das gleiche Recht etwa nicht zu? Müssen wir nicht von ihm Gebrauch machen, wenn wir nicht in eine Rolle geraten wollen, in der wir uns mehr und mehr nur noch darauf beschränkt sähen, Interpretationen und Sinndeutungen früherer Generationen, die uns immer ferner rücken, in der Art ehrfürchtiger Museumswächter zu bewahren und auch dann noch weiterzugeben, wenn wir sie schließlich gar nicht mehr verstehen?

Darum glaube ich, dass die Evolution identisch ist mit dem Augenblick der Schöpfung. Dass kosmische und biologische Evolution die Projektionen des Schöpfungsereignisses in unseren Gehirnen sind. Dass die Entwicklungsgeschichte der unbelebten und der belebten Natur die Form ist, in der wir „von innen" die Schöpfung miterleben, die „von außen", aus transzendentaler Perspektive, in Wahrheit also, der Akt eines Augenblicks ist.

[...]

Wenn wir davon ausgehen, dass Evolution mit dem Schöpfungsakt identisch ist, ergeben sich ferner neue Ansätze zu einer Erweiterung des Verständnisses menschlicher Existenz. Wenn Evolution nichts anderes ist als der uns fassbare Anblick einer sich vollziehenden Schöpfung, dann können wir zu der Einsicht kommen, dass uns offenbar die Ehre einer aktiven Beteiligung am Vollzug dieser Schöpfung zuteil wird. Denn seit unser Geschlecht zum Bewusstsein erwachte, sind wir in zunehmendem Maße für den Ablauf der Dinge in dem uns zugänglichen Teil der Welt ursächlich mitverantwortlich.

Daraus aber lassen sich nun bestimmte ethische Grundsätze für menschliches Verhalten ableiten, die alle bisherigen sittlichen Gebote einschließen, sie in einigen wichtigen Punkten aber sogar noch ergänzen (Merkmale einer Hypothese, die jeden Naturwissenschaftler, die aber auch einen Theologen erfreuen könnten). Wenn menschliches Handeln weltliche Abläufe zu beeinflussen vermag, die als Abläufe im Rahmen einer sich vollendenden Schöpfung anzusehen sind, dann ist dieses Handeln von vornherein einem unbefragbaren Wertmaßstab unterworfen: Es muss sich in jedem Augenblick an der Frage messen lassen, ob es dem der Vollendung der Welt zustrebenden Ablauf der Dinge im Wege steht oder zu ihm beiträgt.

(1981)

1 *Stellen Sie dar, wie von Ditfurth das Verhältnis von Schöpfungsvorstellung und Evolutionstheorie bestimmt.*

2 *Erschließen Sie die Rolle, die dem Menschen innerhalb der dargestellten Entwicklung zufällt.*

Gott in der Schöpfung

M30

Jürgen Moltmann

Schöpfung im Geist ist ein theologisches Konzept, das der heute gesuchten und benötigten ökologischen Schöpfungslehre am besten entspricht. Mit diesem Konzept lösen wir die theologische Schöpfungslehre aus dem Zeitalter der Subjektivität und der *mechanistischen Weltbeherrschung* heraus und führen sie auf jenen Weg, auf dem die Zukunft einer *ökologischen Welt-*

gemeinschaft zu suchen ist. Das Zeitalter der Subjektivität und der mechanistischen Weltbeherrschung ist durch die fortschreitende Naturzerstörung durch die Industrienationen und die fortschreitende Selbstbedrohung der Menschheit durch die nukleare Hochrüstung an seine definitiven Grenzen gekommen. An diesen Grenzen gibt es nur noch eine realistische Alternative zur universalen Vernichtung: die gewaltfreie, friedliche, solidarische, ökologische Weltgemeinschaft.

Dieser epochale Übergang stellt die theologischen Traditionen des Christentums nicht nur vor Probleme der Anpassung, sondern in noch stärkerem Maße vor die Notwendigkeit, ihre eigene, ursprüngliche Wahrheit wieder zu finden, die in jenem Zeitalter der Weltbeherrschung durch Unterwerfung der Natur und die Akkumulation militärischer Vernichtungspotentiale, das jetzt zu Ende geht, verzerrt oder unterdrückt wurde. Wir verzichten darum bewusst auf die um die eigene Identität ängstlich bemühte *Abgrenzung* der theologischen Schöpfungslehre von den Naturwissenschaften und ihren naturwissenschaftlichen Theorien. Wir suchen die *Gemeinschaft* von naturwissenschaftlichen und theologischen Erkenntnissen. Erst in der erkannten Gefahr der universalen, ökologischen und nuklearen Katastrophen und in der gemeinsamen Suche nach einer *überlebensfähigen Welt* wird dann auch der eigene Beitrag der christlichen Traditionen und der Hoffnung des christlichen Glaubens einzubringen sein.

Gottes Immanenz in der Welt

Eine ökologische Schöpfungslehre impliziert ein *neues Denken über Gott.* Nicht mehr die *Unterscheidung* von Gott und Welt steht in ihrem Zentrum, sondern die Erkenntnis der Präsenz Gottes *in* der Welt und der Präsenz der Welt in Gott.

In einer von pantheistisch* denkenden, matriarchalischen Naturreligionen geprägten Umwelt hatte der *Jahweglaube,* wie er im Alten Testament bezeugt wird, mühsam und beharrlich die *Differenz* von Gott und Welt gelehrt: Gott ist nicht weltlich und die Welt ist nicht göttlich aufzufassen. Gott manifestiert sich nicht in den Kräften und Rhythmen der Natur, sondern er offenbart sich in der menschlichen Geschichte, die durch seinen Bund und seine Verheißung bestimmt ist. Darum dürfen die Kräfte der Fruchtbarkeit nicht als göttliche Kräfte verehrt werden. Die Fruchtbarkeitskulte in Kanaan wurden als „Götzendienst" verworfen, und die Umwandlung Jahwes in einen „Baal", eine göttliche Naturkraft, wurde als die schwerste Form der Blasphemie verfolgt. Das Fundament für die permanente Unterscheidung von Gott und Welt war der Schöpfungsglaube, denn mit ihm wurde Gott der Welt gegenübergestellt. Gott steht in der *Transzendenz,* und die Welt wird als „das Werk seiner Hände" zur *Immanenz* gemacht: Die Natur wird entgöttert, die Politik wird profanisiert, die Geschichte wird defatalisiert. Die Welt wird zur passiven Materie gemacht.

Diese Unterscheidung von Gott und Welt wurde auch von der theologischen Apologetik der Neuzeit verwendet, um die biblischen Traditionen an die *Säkularisierungsprozesse* der europäischen *Neuzeit* anzupassen. Die rücksichtslose Eroberung und Ausbeutung der Natur, von der die europäische Neuzeit fasziniert war, fand ihre passende religiöse Legitimation in jener alten Unterscheidung von Gott und Welt. Damit wurde freilich die kritische Wahrheit jener alttestamentlichen Unterscheidung verfälscht. Ohne sie preiszugeben, muss eine ökologische Schöpfungslehre heute die *Weltimmanenz* Gottes wahrnehmen und lehren. Sie weicht damit nicht von den biblischen Traditionen ab, sondern kommt vielmehr auf ihre ursprüngliche Wahrheit zurück: Gott *der Schöpfer* von Himmel und Erde ist in jedem seiner Geschöpfe und in ihrer Schöpfungsgemeinschaft durch seinen kosmischen Geist präsent.

[...]

Gott ist nicht nur der Schöpfer der Welt, sondern auch der *Geist des Universums.* Durch die Kräfte und Möglichkeiten des Geistes wohnt der Schöpfer seinen Geschöpfen ein, belebt sie, erhält sie im Dasein und führt sie in die Zukunft seines Reiches. Die *Geschichte der Schöpfung* ist in dieser Hinsicht die Wirkungsgeschichte des göttlichen Geistes. Es ist darum schon im Blick auf die ursprünglichen biblischen Traditionen einseitig, die Schöpfung nur als Werk der „Hände Gottes“ anzusehen und als sein „Werk“ von ihm selbst nur zu unterscheiden. Schöpfung ist auch die differenzierte Gegenwart Gottes des Geistes, die Präsenz des Einen *in* den Vielen.

[...]

Ist der Schöpfer kraft des Geistes in seiner Schöpfung selbst präsent, dann ist seine Beziehung zur Schöpfung eher als ein vielfältiges *Netz* einseitiger, wechselseitiger und mehrseitiger Beziehungen anzusehen. In diesem Beziehungsnetz benennen „Schaffen“, „Bewahren“, „Erhalten“ und „Vollenden“ zwar die großen *einseitigen* Beziehungen, aber „Einwohnen“, „Mitleiden“, „Teilnehmen“, „Begleiten“, „Erdulden“, „Erfreuen“ und „Verherrlichen“ sind *wechselseitige* Beziehungen, die eine kosmische Lebensgemeinschaft zwischen Gott dem Geist und allen seinen Geschöpfen bezeichnen.

(1985)

1 Vollziehen Sie Moltmanns Gedankengang anhand der kursiv geschriebenen Stichwörter nach.

2 Stellen Sie in einer Skizze dar, wie Moltmann das Verhältnis Gottes zur Welt sieht. (➤ S. 53)

3 Vergleichen Sie Moltmanns Umgang mit den Schöpfungsgeschichten mit der kreationistischen Auffassung. (➤ M26)

Wer ist Herr Ernstsohn?

M31

1. Herr Ernstsohn hat starkes Übergewicht, zu hohen Blutdruck, eine ungesunde Lebensweise. Er ist infarktgefährdet.
2. Er ist ein prima Kumpel. Was wären „Alle Neune“ ohne ihn? Er leiert alles an und hält den Verein in Schwung.
3. Er ist ein Mitarbeiter mit bestenfalls durchschnittlichen Fähigkeiten. Man würde sich mehr Eigeninitiative und Fantasie wünschen. Immerhin erfüllt er seine Aufgaben zuverlässig.
4. Mein Papi ist der größte, der klügste und stärkste Papi auf der ganzen weiten Welt. Und was dem alles für tolle Sachen einfallen!
5. Herr Ernstsohn ist ein Stinkstiefel. Er sucht Streit. Man kann ganz sicher sein: Wenn wir friedlich auf der Terrasse sitzen und ein Bier trinken wollen, fängt er an, mit seinem Motorrasenmäher Krach zu machen.
6. Wenn mein Mann längere Zeit auf einem Lehrgang ist, bin ich nur ein halber Mensch. Er versteht mich auch ohne Worte. Und auch wenn wir einmal Krach miteinander haben, hören wir nie auf, miteinander zu reden.
7. Der Schufa liegen keine negativen Auskünfte über Herrn Ernstsohn vor.
8. Herr Ernstsohn? Der kauft neben allem, was er braucht, grundsätzlich eine Salzgurke und eine Schachtel Zigaretten ohne Filter. Und geht nie, ohne eine Bemerkung über das Wetter oder einen Witz zu machen. Das ist ein prima Kunde.
9. Herr Ernstsohn hat ein Jahresbruttoeinkommen von unter 40 000 Euro und gehört somit nicht zur Zielgruppe der Premiumwerbung.
10. Herr Ernstsohn sagt über sich selber: „Kein Mensch versteht mich. Wenn die wüssten ...“

1 Untersuchen Sie den Text auf Widersprüche hin und begründen Sie Ihr Urteil.

2 Versuchen Sie zu verallgemeinern: Über wen erfahren wir etwas in den Aussagen?

3 Inwieweit lassen sich Ihre Überlegungen zu M 31 für die Frage der Überschrift dieses Teilkapitels (S. 81) nutzen?

Projektidee zum Thema „Wahrnehmen“: Flatland (Flächenland) – Schreiben eines Hörspiels

Der englische Altphilologe und Lehrer Edwin A. Abbot schrieb 1882 sein Buch „Flatland – A Romance of Many Dimensions“:

Ein Bewohner von „Flächenland“, der die Gestalt eines Quadrats hat, erzählt von seiner völlig planen zweidimensionalen Welt, auf der sich Linien, Dreiecke, Quadrate, Kreise bewegen, sich auseinander setzen, Familien gründen, Kinder bekommen, sich als Bürger verhalten, gesellschaftliche Positionen einnehmen, z. B. als Priester (das sind Kreise). Die Priester stehen deshalb in allen Bereichen verwaltend an der Spitze, weil man den Kreis als die Vervollkommnung eines Vielecks mit einer sehr großen Anzahl kleinster Seiten ansieht; die regelmäßige und vollkommene Gestalt macht den Wert eines jeden aus, und z. B. ein „Gleichschenkel“ (Figur mit geringem Rang) mit ungleichen Seiten muss im Falle eines Vergehens mit dem Tode rechnen. Die unterschiedlichen Figuren werden durch Hören spezifischer Stimmmerkmale und Betasten identifiziert, da das Auge ja nur unterschiedlich lange Linien wahrnehmen kann.

Der Ich-Erzähler – als Quadrat ein Gelehrter oder vornehmer Herr – beschreibt, wie er im Zuge mathematischer Belehrung seinem Enkel, einem kleinen Sechseck, durch ein Quadrat die Zweierpotenz verdeutlicht, aber dessen Verlangen nach geometrischer Umsetzung der Dreierpotenz als unsinnig zurückweist – bis eine Kugel aus „Raumland“ als Besucher unbemerkt, weil von oben, in sein Haus eindringt und ihn von der dritten Dimension zu überzeugen versucht. Der Ich-Erzähler ist verwirrt, weil ihm die Kugel – von oben kommend und die Ebene schneidend – nacheinander als unsichtbar, als Punkt, als kleiner, dann als größerer und wieder kleinerer Kreis erscheint – je nachdem, wie sie aus der Perspektive der Ebene erscheint, aus der das Quadrat sie nur erfassen kann.

Überzeugt wird er von einer dritten Dimension dadurch, dass die Kugel ihn mit nach Raumland nimmt. Begeistert von dieser Erfahrung will der Ich-Erzähler nun eine weitere Welt – mit vier Dimensionen – kennen lernen. Erbost bestreitet die Kugel die Möglichkeit einer derartigen Welt – „Schon der bloße Gedanke ist völlig unfassbar.“ – und schleudert schließlich das Quadrat zornig in die zweidimensionale Begrenzung seines Flächenlandes zurück.

1 *Schreiben Sie gemeinsam ein Hörspiel zu dem Geschehen, wie es sich nach der Rückkunft des Quadrats in Flächenland entwickeln könnte (Anregungen dazu in Platons „Höhlengleichnis“). Zur Einführung könnte man einen erzählenden Rahmen vorschalten, der die Informationen der Inhaltsangabe oben nutzt.*

2 *Unterlegen Sie ausgewählte Passagen mit von Ihnen komponierter oder ausgesuchter Musik.*

3 *Gestalten Sie – auch als Werbung für Ihr Hörspiel – das Aufeinandertreffen von „dimensions“ durch selbst gefertigte Bilder und Collagen.*

Hinweis:
Weitere Details zu den Verhältnissen in Flächenland können Sie natürlich auch der Erzählung selbst entnehmen: Abbott, Edwin A.: Flächenland. Hrsg. u. übers. v. Peter Buck. Bad Salzdetfurth: Franzbecker 1990.

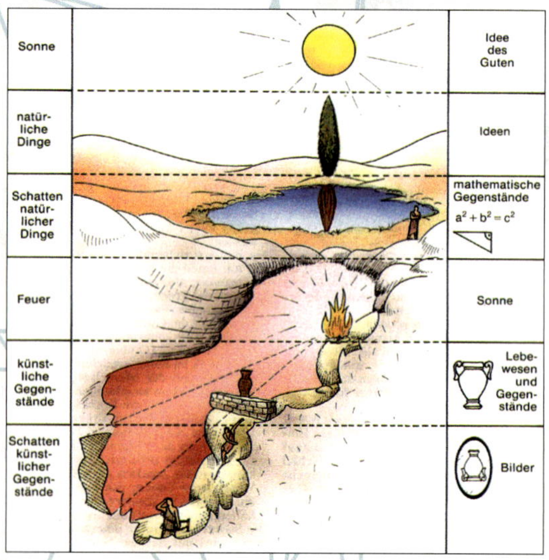

Platons „Höhlengleichnis“

Medienhinweise

- **Watzlawick, Paul: Wie wirklich ist die Wirklichkeit?** München: Piper 2002.
(Setzt keine philosophischen oder psychologischen Kenntnisse voraus; zeigt auf unterhaltsame Weise, dass es nicht eine, sondern ganz verschiedene Wirklichkeiten gibt, die durch Kommunikation entstehen; kann auch in Auswahl einzelner interessierender Beispiele gelesen werden.)
- **Bundeszentrale für politische Bildung (Hrsg): Vorurteile – Stereotype – Feindbilder.** Informationen zur politischen Bildung, 271/2001.
(An den Schulen vorhanden; zusätzliche Exemplare kostenlos über: Franzis' print&media, Postfach 150740, 80045 München)
(Stellt verständlich Regeln und Bedingungen unserer Wahrnehmung anderer Menschen, Gruppen und Völker dar [S. 5–9] und welche Wirklichkeiten dadurch entstehen; untersucht die Begründungen von Vorurteilen gegenüber Türken, anderen „Rassen“, Polen, Juden, Sinti und Roma, Behinderten)
- **Bochenski, J. M.: Wege zum philosophischen Denken.** Freiburg: Herder 1989.
(Setzt keine philosophischen Kenntnisse voraus; entfaltet anschaulich und verständlich philosophisch zentrale Themen mit unterschiedlichen Lösungsmöglichkeiten; hilfreich für das vorliegende Kapitel in diesem Schulbuch – auch für eine Auseinandersetzung damit – ist z. B. das Kapitel „Die Wahrheit“ [S. 46–57])
- **Gaarder, Jostein: Sofies Welt.** Roman über die Geschichte der Philosophie. Übers. v. Gabriele Haefs. München: dtv 1999.
(Für jeden, der unterhaltsam durch unterschiedliche philosophische Gedanken – auch zum „Höhlengleichnis“ – geführt werden will. Die äußere rätselhafte Handlung des Romans hält den/die Leser/in auch an der Leine, wenn er/sie einmal einige Absätze philosophischer Vermittlung überschlägt.)
- **Staguhn, Gerhard: Das Lachen Gottes. Der Mensch und sein Kosmos.** München: Hanser 1990.
(Der Wissenschaftsjournalist Staguhn bereitet naturwissenschaftliche Fragen nach Welt und Kosmos und die entstehenden Probleme des Erkennens verständlich auf und verknüpft sie mit Antworten prominenter Physiker auf die Frage nach Gott und Religion.)

Die Bibel verstehen

Die Bibel

- Wort für Wort von Gott diktiert?
- Wichtiger als die Zeitung von morgen?
- Ein 2000 Jahre altes Buch, in dem vieles nicht stimmt. Muss man sich heute damit überhaupt noch beschäftigen?
- Ein Lebens-Buch, das nicht veralten kann?
- Wer hat die Bibel vollständig gelesen, so dass er sich ein Urteil erlauben könnte?

Was wird die Bibel für dieses Mädchen sein? Locker und entspannt, mittendrin, liest es in der Bibel, ganz selbstverständlich? Oder – vielleicht aus Protest?

1 *Welche Reaktionen erwarten Sie, wenn Sie auf dem Schulhof die Bibel lesen würden?*

Die Bibel – das bekannte, fremde Buch

Die Bibel – Teil unseres Alltags

M1 Die Bibel in der Werbung

Werbeplakate

In der Werbung zeigt sich heute oft, was aktuell, „in" ist – oder sein soll. Nicht selten werden biblische Sätze oder zumindest religiöse Themen der Bibel verwendet.

Auch die Film- und Musical-Industrie verarbeitet biblische Themen und erreicht Besucherrekorde – von Andrew Lloyd Webbers „JESUS CHRIST SUPERSTAR" aus den siebziger Jahren bis hin zu „Die Passion" von Mel Gibson 2003.

In die Alltagssprache sind viele Worte der Bibel eingegangen, oft ohne dass es uns bewusst ist. Eine Auswahl davon bietet M 2:

Worte der Bibel in der Alltagssprache

M2

Altes Testament

- Wie Sand am Meer (Gen 41, Jes 10 u. a.)
- Zeichen und Wunder (Ex 7 u. a.)
- Dorn im Auge (Num 33)
- Der Mensch lebt nicht vom Brot allein (Deut 8, Mt 4)
- Im Dunkeln tappen (Deut 28)
- Vom Scheitel bis zur Sohle (Deut 28 u. a.)
- Wie seinen Augapfel hüten (Deut 32, Ps 17)
- Mit Füßen treten (Jos 10)
- Sein Herz ausschütten (1. Sam 1 u. a.)
- In Sack und Asche (Esth u. a.)
- Mir geht ein Licht auf (Hi 25 u. a.)
- Auf Herz und Nieren prüfen (Ps 7 u. a.)
- Recht muss Recht bleiben (Ps 94)
- Zweischneidiges Schwert (Spr 5)
- Hochmut kommt vor dem Fall (Spr 16)
- Alles hat seine Zeit (Pr Sal 3)
- Stein des Anstoßes (Jes 8 u. a.)

Neues Testament

- Niemand kann zwei Herren dienen (Mt 6)
- Perlen vor die Säue werfen (Mt 7)
- Suchet, so werdet ihr finden (Mt 7 u. a.)
- Zeichen der Zeit (Mt 16)
- Nun hat die liebe Seele Ruh (Lk 12)
- Mit seinem Pfunde wuchern (Lk 18)
- Ein Herz und eine Seele (Apg 4)
- Buch mit sieben Siegeln (Offb 20)
- Geben ist seliger als Nehmen (Apg 20)

1 *Überlegen Sie, was Menschen an biblischen Inhalten fasziniert, so dass sie zu erfolgreichen Film- und Pop-Stoffen werden.*

2 *Was bewegt Werbepsychologen, biblische Sätze und religiöse Inhalte für die Produktwerbung zu verwenden?*

3 *Welche Worte, die ihren Ursprung in der Bibel haben, waren Ihnen bekannt?*

4 *Greifen Sie einige Worte heraus und interpretieren Sie, was damit gemeint ist oder sein könnte.*

5 *Schauen Sie nach, wo diese Worte in der Bibel stehen und welchen Sinnzusammenhang es dort für sie gibt. Stimmt der ursprüngliche Sinn mit dem heutigen Gebrauch überein?*

Die Bibel – das Gegenteil von Alltag: alte Sprachen, ferne Zeiten

Wenn wir über „die Bibel" reden – oder urteilen –, ist uns oft nicht bewusst, dass sie aus einer Fülle von einzelnen „Büchern" und Texten besteht, die aus einem Zeitraum von rund 1000 Jahren stammen und in fremden Sprachen verfasst sind, die nicht leicht zu verstehen sind.

In M 3 entspricht der lateinische Text aus dem Johannes-Evangelium (8,1–11) der Übersetzung, die der Kirchenvater Hieronymus um 400 n. Chr. aus dem griechischen Text des NT erarbeitet hat. Der englische Text geht auf die Übersetzung zurück, die im 17. Jahrhundert als maßgeblich für die anglikanische Kirche zugrunde gelegt wurde. Der französische Text entstammt einer aktuellen Übersetzung aus dem Jahre 1985.

M3 Jesus, die Gelehrten und eine Frau

Joh 8, 1–11

53 Et reversi sunt unusquisque in do-
VIII. mum suam; *Jesus autem per-
2 rexit in montem Oliveti. *Et diluculo
iterum venit in templum, et omnis po-
pulus venit ad eum, et sedens docebat
3 eos. *Adducunt autem scribae et Pha-
risaei mulierem in adulterio deprehen-
4 sam, et statuerunt eam in medio *et
dixerunt ei: Magister, haec mulier modo
5 deprehensa est in adulterio. *In lege
autem Moyses mandavit nobis hujusmodi
6 lapidare; tu ergo quid dicis? *Hoc
autem dicebant tentantes eum, ut possent
accusare eum. Jesus autem inclinans
se deorsum, digito scribebat in terra.
7 *Cum ergo perseverarent interrogantes
eum, erexit se et dixit eis: Qui sine
peccato est vestrum, primus in illam
8 lapidem mittat. *Et iterum se inclinans
9 scribebat in terra. *Audientes autem
unus post unum exibant, incipientes a
senioribus, et remansit solus Jesus et
10 mulier in medio stans. *Erigens autem
se Jesus dixit ei: Mulier, ubi sunt qui
te accusabant? nemo te condemnavit?
11 *Quae dixit: Nemo, Domine. Dixit au-
tem Jesus: Nec ego te condemnabo!
vade et jam amplius noli peccare.

53 And every man went unto his own
house. 1 Jesus went unto the mount of
Olives. 2 And early in the morning he
came again into the temple, and all
the people came unto him; and he sat
down, and taught them. 3 And the scribes
and Pharisees brought unto him a woman
taken in adultery; and when they had set
her in the midst, 4 They say unto him,
Master, this woman was taken in adultery,
in the very act. 5 [a]Now Moses in the law [a] Lev. 20, 10. Dt. 22, 22.
commanded us, that such should be ANNO DOMINI 32.
stoned: but what sayest thou? 6 This they
said, tempting him, that they might have
to accuse him. But Jesus stooped down,
and with *his* finger wrote on the ground,
as though he heard them not. 7 So when
they continued asking him, he lifted up
himself, and said unto them, [b]He that is [b] Dt. 17, 7. R. 2, 1.
without sin among you, let him first cast
a stone at her. 8 And again he stooped
down, and wrote on the ground. 9 And
they which heard *it,* [c]being convicted by [c] R. 2, 22.
their own conscience, went out one by
one, beginning at the eldest, *even* unto
the last: and Jesus was left alone, and
the woman standing in the midst. 10 When
Jesus had lifted up himself, and saw none
but the woman, he said unto her, Wo-
man, where are those thine accusers? hath
no man condemned thee? 11 She said, No
man, Lord. And Jesus said unto her,
[d]Neither do I condemn thee: go, and [e]sin [d] L. 9, 56. 12, 14. ch. 3, 17.
no more. [e] ch. 5, 14.

8 Jésus se rendit à la montagne des
Oliviers.
2 Mais, dès le matin, il alla de nou-
veau dans le temple, et tout le peuple
vint à lui. S'étant assis, il les ensei-
gnait.

3 Alors les scribes et les pharisiens
amenèrent une femme surprise en
adultère;
4 et, la plaçant au milieu du peuple,
ils dirent à Jésus: Maître, cette femme
a été surprise en flagrant délit d'adul-
tère.
5 Moïse, dans la loi, nous a ordonné
de lapider de telles femmes: toi donc,
que dis-tu?
6 Ils disaient cela pour l'éprouver,
afin de pouvoir l'accuser. Mais Jésus,
s'étant baissé, écrivait avec le doigt
sur la terre.
7 Comme ils continuaient à l'inter-
roger, il se releva et leur dit: Que
celui de vous qui est sans péché jette
le premier la pierre contre elle.
8 Et s'étant de nouveau baissé, il écri-
vait sur la terre.
9 Quand ils entendirent cela, accusés
par leur conscience, ils se retirèrent
un à un, depuis les plus âgés jusqu'aux
derniers; et Jésus resta seul avec la
femme qui était là au milieu.
10 Alors s'étant relevé, et ne voyant
plus que la femme, Jésus lui dit:
Femme, où sont ceux qui t'accusaient?
Personne ne t'a-t-il condamnée?
11 Elle répondit: Non, Seigneur. Et
Jésus lui dit: Je ne te condamne pas
non plus; va, et ne pèche plus.

1 *Bilden Sie Gruppen und übersetzen Sie jeweils einen der Bibeltexte.*

2 *Vergleichen Sie Ihre Übersetzungen und diskutieren Sie die Probleme des Übersetzens an diesem Beispiel.*

Wie Originalhandschriften aussehen, zeigen die folgenden Abbildungen: links aus dem AT, die so genannte Jesaja-Rolle (ca. 150 v. Chr.); rechts aus dem NT Teile aus den Petrus-Briefen (ca. 3./4. Jahrhundert n. Chr.).

Ausgangstexte und Übersetzungen in drei Stufen …

M4

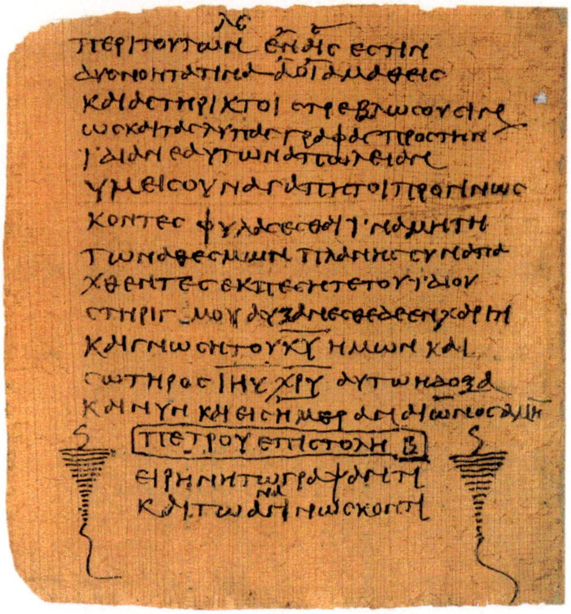

Ausgangstext: auf Papyrus und Pergament, von Hand geschrieben …

Die handschriftlich überlieferten Texte sind gründlich erforscht und werden heute in den jeweiligen Sprachen in wissenschaftlichen Ausgaben herausgegeben.

GENESIS בראשית

1 1 בְּרֵאשִׁית בָּרָא אֱלֹהִים אֵת הַשָּׁמַיִם וְאֵת הָאָרֶץ׃ 2 וְהָאָרֶץ
הָיְתָה תֹהוּ וָבֹהוּ וְחֹשֶׁךְ עַל־פְּנֵי תְהוֹם וְרוּחַ אֱלֹהִים מְרַחֶפֶת עַל־פְּנֵי
3 הַמָּיִם׃ 3 וַיֹּאמֶר אֱלֹהִים יְהִי אוֹר וַיְהִי־אוֹר׃ 4 וַיַּרְא אֱלֹהִים אֶת־
5 הָאוֹר כִּי־טוֹב וַיַּבְדֵּל אֱלֹהִים בֵּין הָאוֹר וּבֵין הַחֹשֶׁךְ׃ 5 וַיִּקְרָא
אֱלֹהִים ׀ לָאוֹר יוֹם וְלַחֹשֶׁךְ קָרָא לָיְלָה וַיְהִי־עֶרֶב וַיְהִי־בֹקֶר יוֹם
6 אֶחָד׃ פ 6 וַיֹּאמֶר אֱלֹהִים יְהִי רָקִיעַ בְּתוֹךְ הַמָּיִם וִיהִי מַבְדִּיל
7 בֵּין מַיִם לָמָיִם׃ 7 וַיַּעַשׂ אֱלֹהִים אֶת־הָרָקִיעַ וַיַּבְדֵּל בֵּין הַמַּיִם אֲשֶׁר
8 מִתַּחַת לָרָקִיעַ וּבֵין הַמַּיִם אֲשֶׁר מֵעַל לָרָקִיעַ וַיְהִי־כֵן׃ 8 וַיִּקְרָא
אֱלֹהִים לָרָקִיעַ שָׁמָיִם וַיְהִי־עֶרֶב וַיְהִי־בֹקֶר יוֹם שֵׁנִי׃ פ
9 וַיֹּאמֶר אֱלֹהִים יִקָּווּ הַמַּיִם מִתַּחַת הַשָּׁמַיִם אֶל־מָקוֹם אֶחָד וְתֵרָאֶה
10 הַיַּבָּשָׁה וַיְהִי־כֵן׃ 10 וַיִּקְרָא אֱלֹהִים ׀ לַיַּבָּשָׁה אֶרֶץ וּלְמִקְוֵה הַמַּיִם
11 קָרָא יַמִּים וַיַּרְא אֱלֹהִים כִּי־טוֹב׃ 11 וַיֹּאמֶר אֱלֹהִים תַּדְשֵׁא הָאָרֶץ
דֶּשֶׁא עֵשֶׂב מַזְרִיעַ זֶרַע עֵץ פְּרִי עֹשֶׂה פְּרִי לְמִינוֹ אֲשֶׁר זַרְעוֹ־בוֹ
12 עַל־הָאָרֶץ וַיְהִי־כֵן׃ 12 וַתּוֹצֵא הָאָרֶץ דֶּשֶׁא עֵשֶׂב מַזְרִיעַ זֶרַע לְמִינֵהוּ
13 וְעֵץ עֹשֶׂה־פְּרִי אֲשֶׁר זַרְעוֹ־בוֹ לְמִינֵהוּ וַיַּרְא אֱלֹהִים כִּי־טוֹב׃ 13 וַיְהִי־
14 עֶרֶב וַיְהִי־בֹקֶר יוֹם שְׁלִישִׁי׃ פ 14 וַיֹּאמֶר אֱלֹהִים יְהִי מְאֹרֹת
בִּרְקִיעַ הַשָּׁמַיִם לְהַבְדִּיל בֵּין הַיּוֹם וּבֵין הַלָּיְלָה וְהָיוּ לְאֹתֹת וּלְמוֹעֲדִים
15 וּלְיָמִים וְשָׁנִים׃ 15 וְהָיוּ לִמְאוֹרֹת בִּרְקִיעַ הַשָּׁמַיִם לְהָאִיר עַל־הָאָרֶץ
16 וַיְהִי־כֵן׃ 16 וַיַּעַשׂ אֱלֹהִים אֶת־שְׁנֵי הַמְּאֹרֹת הַגְּדֹלִים אֶת־הַמָּאוֹר

Cp 1 [1]Mm 1. [2]Mm 2. [3]Mm 3. [4]Mm 3139. [5]Mp sub loco. [6]Mm 4. [7]Jer 4,23, cf Mp sub loco. [8]Hi 38,19. [9]2 Ch 24,20. [10]Mm 5. [11]Mm 6. [12]Mm 3105. [13]וחד לחשך Hi 28,3. [14]Mm 200. [15]Mm 7. [16]Mm 1431. [17]Mm 2773. [18]Mm 3700. [19]Mm 736. [20]וחד Ps 66,6. [21]Mm 722. [22]Mm 2645. [23]Qoh 6,3.

Cp 1,1 [a] Orig Βρησιθ vel Βαρησηθ (-σεθ), Samar *bārāšit* ‖ 6 [a] huc tr 7[a–a] cf 𝔊 et 9.11.15.20.24.30 ‖ 7 [a–a] cf 6[a]; ins וירא אלהים כי־טוב cf 4.10.12.18.21.31 et 8 (𝔊) ‖ 9 [a] 𝔊 *συναγωγήν* = מִקְוֶה cf 10 מקוה המים ‖ [b] 𝔊 + *καὶ συνήχθη τὸ ὕδωρ τὸ ὑποκάτω τοῦ οὐρανοῦ εἰς τὰς συναγωγὰς αὐτῶν καὶ ὤφθη ἡ ξηρά* = וַיִּקָּווּ הַמַּיִם מִתַּחַת הַשָּׁמַיִם אֶל־מִקְוֵיהֶם וַתֵּרָא הַיַּבָּשָׁה ‖ 11 [a–a] 𝔊𝔙 cj עשב c דשא ‖ [b] l c pc Mss 𝔐𝔊𝔖𝔗 ועץ cf 12 ‖ [c] prb dl cf 12.

⸀ΚΑΤΑ ΙΩΑΝΝΗΝ⸃

1 III 1 Ἐν ἀρχῇ ἦν ὁ λόγος, καὶ ὁ λόγος ἦν πρὸς τὸν θεόν, — 1J 1,1s; 2,13 Gn 1,1 · Ap 19,13 · 17,5 | Prv 8,22s
καὶ θεὸς ἦν ὁ λόγος. 2 οὗτος ἦν ἐν ἀρχῇ πρὸς τὸν θεόν.
3 πάντα δι' αὐτοῦ ἐγένετο, καὶ χωρὶς αὐτοῦ ἐγένετο ⸀οὐδὲ — Sap 9,1 Ps 33,6 1K 8,6 Kol 1,16s H 1,2 Ap 3,14 | 5,26 1J 1,2 · 8,12! | 3,19; 12,35 Is 9,1
ἕν⸃:. ὃ γέγονεν:¹ 4 ἐν αὐτῷ ζωὴ ⸂ἦν, καὶ ἡ ζωὴ ἦν τὸ φῶς
⸋τῶν ἀνθρώπων⸌· 5 καὶ τὸ φῶς ἐν τῇ σκοτίᾳ φαίνει, καὶ
ἡ σκοτία αὐτὸ οὐ κατέλαβεν.
2 III 6 Ἐγένετο ἄνθρωπος, ἀπεσταλμένος παρὰ ⸂θεοῦ, ⸆ — Mc 1,4p
ὄνομα αὐτῷ Ἰωάννης· 7 οὗτος ἦλθεν εἰς μαρτυρίαν ἵνα — 5,33
μαρτυρήσῃ περὶ τοῦ φωτός, ἵνα πάντες πιστεύσωσιν δι' — Act 19,4
αὐτοῦ. 8 οὐκ ἦν ἐκεῖνος τὸ φῶς, ἀλλ' ἵνα μαρτυρήσῃ περὶ — 20; 5,35
τοῦ φωτός.
3 III 9 Ἦν τὸ φῶς τὸ ἀληθινόν, ὃ φωτίζει πάντα ἄνθρω- — 8,12! Mt 4,16 1J 2,8 · 3,19; 11,27! 3-5; 14,17 1K 2,8 1J 3,1
πον, ἐρχόμενον εἰς τὸν κόσμον. 10 ἐν τῷ κόσμῳ ἦν, καὶ
ὁ κόσμος δι' αὐτοῦ ἐγένετο, καὶ ὁ κόσμος αὐτὸν οὐκ ἔγνω.
4 X 11 εἰς τὰ ἴδια ἦλθεν, καὶ οἱ ἴδιοι αὐτὸν οὐ παρέλαβον. — 5,43
12 ὅσοι δὲ ἔλαβον αὐτόν, ἔδωκεν αὐτοῖς ἐξουσίαν τέκνα — G 3,26 E 1,5 1J 3,1 ·
θεοῦ γενέσθαι, τοῖς πιστεύουσιν εἰς τὸ ὄνομα αὐτοῦ, — 20,31 1J 5,13!
13 ⸀οἳ οὐκ⸃ ἐξ αἱμάτων οὐδὲ ἐκ θελήματος σαρκὸς ⸋οὐδὲ — 3,5s 1P 1,23
ἐκ θελήματος ἀνδρὸς⸌ ἀλλ' ἐκ θεοῦ ⸂ἐγεννήθησαν. — 1J 4,7! Jc 1,18
5 III 14 Καὶ ὁ λόγος σὰρξ ἐγένετο καὶ ἐσκήνωσεν ἐν ἡμῖν, — 1T 3,16 Kol 1,22! · PsSal 7,6 Ez 37,27 Ap 21,3 · 2P 1,16s
καὶ ἐθεασάμεθα τὴν δόξαν αὐτοῦ, δόξαν ὡς μονογενοῦς
6 I παρὰ πατρός, πλήρης χάριτος καὶ ἀληθείας. 15 Ἰωάννης — 1J 1,1 · 2,11! L 9,32 · 3,16! · 17!
μαρτυρεῖ περὶ αὐτοῦ καὶ κέκραγεν λέγων· ⸀οὗτος ἦν ὃν
εἶπον·⸃ ὁ ὀπίσω μου ἐρχόμενος ⸆ ἔμπροσθέν μου γέγονεν, — 27.30 Mt 3,11!

Inscriptio: ⸀ευαγγελιον κ. Ι. 𝔓66.75 (A) C D L Ws Θ Ψ *f* 1 33 𝔐 vgww ¦ αγιον ευ. κ. Ι. (28) *al* ¦ *txt* (א B)

¶ 1,3 ⸀ουδεν 𝔓66 א* D *f* 1 *pc*; Clex Thd | :† – *et* :¹. אc (Θ) Ψ 050c *f* 1.13 33 𝔐 syp.h bo ¦ *txt* 𝔓75c C D L Ws 050*. *l* 2211 *pc* b vgs syc sa; Ptollr Theoph Irlat Tert Cl Clex Thd Or (*sine interp. vl incert.* 𝔓66.75* א* A B Δ *al*) • 4 ⸂εστιν א D it vgmss sa?; Ptollr Irlat Clpt Ormss ¦ – Ws | ⸋ B* • 6 ⸂κυριου D* | ⸆ην א* D* Ws syc; Irlat • 13 ⸀ουκ *et* ⸂εγεννηθ- D* ¦ qui non *et* natus est b; (Tert) ¦ *txt* 𝔓66vid א B2 C Dc L Ws Ψ *f* 1.13 33 𝔐 syp.h (*sed* εγενηθ- 𝔓75 A B* Δ Θ *pc*) | ⸋ B* • 15 ⸀ουτ. ην ο ειπων· א1 B* C*; Or ¦ ουτ. ην א* | ⸆ος א* Ws c

Heutige wissenschaftliche Ausgabe: Gen 1 und Joh 1

Der Anfang der Genesis und des Johannes-Evangeliums nach der Übersetzung Martin Luthers (Fassung von 1984):

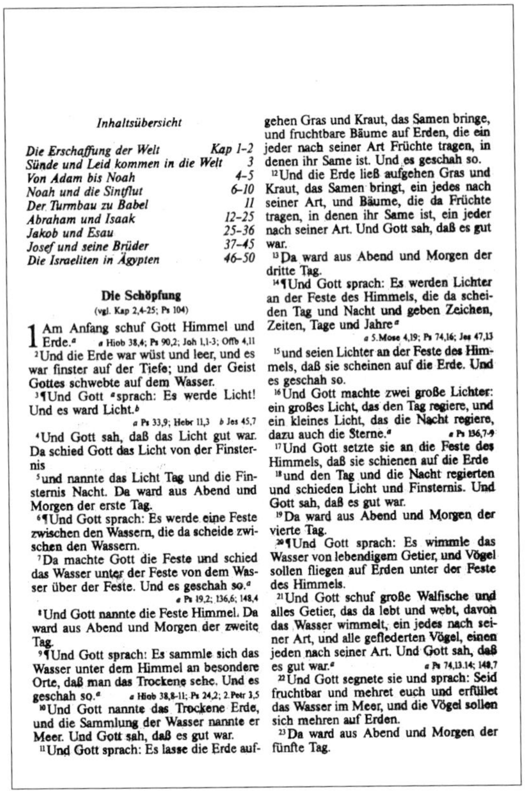

Inhaltsübersicht

Die Schöpfung
(vgl. Kap 2,4-25; Ps 104)

1 Am Anfang schuf Gott Himmel und
Erde.[a] a Hiob 38,4; Ps 90,2; Joh 1,1-3; Offb 4,11
2 Und die Erde war wüst und leer, und es
war finster auf der Tiefe; und der Geist
Gottes schwebte auf dem Wasser.
3 ¶Und Gott [a]sprach: Es werde Licht!
Und es ward Licht.[b]
a Ps 33,9; Hebr 11,3 b Jes 45,7
4 Und Gott sah, daß das Licht gut war.
Da schied Gott das Licht von der Finster-
nis
5 und nannte das Licht Tag und die Fin-
sternis Nacht. Da ward aus Abend und
Morgen der erste Tag.
6 ¶Und Gott sprach: Es werde eine Feste
zwischen den Wassern, die da scheide zwi-
schen den Wassern.
7 Da machte Gott die Feste und schied
das Wasser unter der Feste von dem Was-
ser über der Feste. Und es geschah so.[a]
a Ps 19,2; 136,6; 148,4
8 Und Gott nannte die Feste Himmel. Da
ward aus Abend und Morgen der zweite
Tag.
9 ¶Und Gott sprach: Es sammle sich das
Wasser unter dem Himmel an besondere
Orte, daß man das Trockene sehe. Und es
geschah so.[a] a Hiob 38,8-11; Ps 24,2; 2.Petr 3,5
10 Und Gott nannte das Trockene Erde,
und die Sammlung der Wasser nannte er
Meer. Und Gott sah, daß es gut war.
11 Und Gott sprach: Es lasse die Erde auf-
gehen Gras und Kraut, das Samen bringe,
und fruchtbare Bäume auf Erden, die ein
jeder nach seiner Art Früchte tragen, in
denen ihr Same ist. Und es geschah so.
12 Und die Erde ließ aufgehen Gras und
Kraut, das Samen bringt, ein jedes nach
seiner Art, und Bäume, die da Früchte
tragen, in denen ihr Same ist, ein jeder
nach seiner Art. Und Gott sah, daß es gut
war.
13 Da ward aus Abend und Morgen der
dritte Tag.
14 ¶Und Gott sprach: Es werden Lichter
an der Feste des Himmels, die da schei-
den Tag und Nacht und geben Zeichen,
Zeiten, Tage und Jahre[a]
a 5.Mose 4,19; Ps 74,16; Jes 47,13
15 und seien Lichter an der Feste des Him-
mels, daß sie scheinen auf die Erde. Und
es geschah so.
16 Und Gott machte zwei große Lichter:
ein großes Licht, das den Tag regiere, und
ein kleines Licht, das die Nacht regiere,
dazu auch die Sterne.[a] a Ps 136,7-9
17 Und Gott setzte sie an die Feste des
Himmels, daß sie schienen auf die Erde
18 und den Tag und die Nacht regierten
und schieden Licht und Finsternis. Und
Gott sah, daß es gut war.
19 Da ward aus Abend und Morgen der
vierte Tag.
20 ¶Und Gott sprach: Es wimmle das
Wasser von lebendigem Getier, und Vögel
sollen fliegen auf Erden unter der Feste
des Himmels.
21 Und Gott schuf große Walfische und
alles Getier, das da lebt und webt, davon
das Wasser wimmelt, ein jedes nach sei-
ner Art, und alle gefiederten Vögel, einen
jeden nach seiner Art. Und Gott sah, daß
es gut war.[a] a Ps 74,13.14; 148,7
22 Und Gott segnete sie und sprach: Seid
fruchtbar und mehret euch und erfüllet
das Wasser im Meer, und die Vögel sollen
sich mehren auf Erden.
23 Da ward aus Abend und Morgen der
fünfte Tag.

110 JOHANNES 1

DAS EVANGELIUM NACH JOHANNES

Inhaltsübersicht

Das Wort ward Fleisch

1 Im Anfang war das Wort, und das Wort
war bei Gott, und Gott war das
Wort.[a] a Kap 17,5; 1.Mose 1,1; 1.Joh 1,1.2; Offb 19,13
2 Dasselbe war im Anfang bei Gott.
3 Alle Dinge sind durch dasselbe gemacht,
und ohne dasselbe ist nichts gemacht, was
gemacht ist.[a]* a 1.Kor 8,6; Kol 1,16.17; Hebr 1,2
* Mögliche andere Satzeinteilung aufgrund alter Überliefe-
rung: »Was geworden ist – in ihm war das Leben.«
4 In ihm war das Leben, und das Leben
war das [a]Licht der Menschen. a Kap 8,12
5 Und das Licht scheint in der Finsternis,
und die Finsternis hat's nicht ergriffen.[a]
a Kap 3,19
6 ¶Es war ein Mensch, von Gott gesandt,
der hieß [a]Johannes. a Mt 3,1; Mk 1,4
7 Der kam zum Zeugnis, um von dem
Licht zu zeugen, damit sie alle durch ihn
glaubten.[a] a Apg 19,4
8 Er war nicht das Licht, sondern er sollte
zeugen von dem Licht.
9 ¶Das war das wahre Licht, das alle Men-
schen erleuchtet, die in diese Welt kom-
men.
10 Er war in der Welt, und die Welt ist
durch ihn gemacht; aber die Welt erkannte
ihn nicht.
11 Er kam [a]in sein Eigentum; und die Sei-
nen nahmen ihn nicht auf. a Ps 24,1
12 Wie viele ihn aber aufnahmen, denen
gab er Macht, [a]Gottes Kinder zu werden,
denen, die an seinen Namen glauben,
a Gal 3,26
13 die nicht [a]aus dem Blut noch aus dem
Willen des Fleisches noch aus dem Willen
eines Mannes, sondern [b]von Gott gebo-
ren sind. a Weish 7,2 b Kap 3,5.6
14 ¶**Und [a]das Wort ward Fleisch* und
wohnte unter uns, und wir sahen [b]seine
Herrlichkeit, eine Herrlichkeit als des ein-
geborenen Sohnes vom Vater, voller Gnade
und Wahrheit.** a 1.Tim 3,16
b 2.Mose 33,18; Jes 60,1; 2.Petr 1,16.17
* Siehe Sach- und Worterklärungen.
15 Johannes gibt Zeugnis von ihm und
ruft: Dieser war es, von dem ich gesagt
habe: Nach mir wird kommen, der vor mir
gewesen ist; denn er war eher als ich.
16 Und **von [a]seiner Fülle haben wir alle ge-
nommen Gnade um Gnade.**
a Kap 3,34; Kol 1,19
17 **Denn [a]das Gesetz ist durch Mose gege-
ben; die Gnade und Wahrheit ist durch
Jesus Christus geworden.** a Röm 10,4
18 [a]Niemand hat Gott je gesehen; der Ein-
geborene, der Gott ist und in des Vaters
Schoß ist,* [b]der hat ihn uns verkündigt.
a Kap 6,46 b Mt 11,27
* Luther übersetzte aufgrund anderer Textzeugen: »der ein-
geborene Sohn, der in des Vaters Schoß ist«.

Das Zeugnis des Täufers über sich selbst
(Mt 3,1-12; Mk 1,1-8; Lk 3,1-18)

19 Und dies ist das Zeugnis des Johannes,
als die Juden zu ihm sandten Priester und
Leviten von Jerusalem, daß sie ihn frag-
ten: Wer bist du?
20 Und er bekannte und leugnete nicht,
und er bekannte: Ich bin nicht der Chri-
stus.
21 Und sie fragten ihn: Was dann? Bist du
[a]Elia? Er sprach: Ich bin's nicht. Bist du
der [b]Prophet? Und er antwortete: Nein.
a Mal 3,23; Mt 17,10-13 b 5.Mose 18,15
22 Da sprachen sie zu ihm: Wer bist du
dann? daß wir Antwort geben denen, die
uns gesandt haben. Was sagst du von dir
selbst?
23 Er sprach: »Ich bin eine Stimme eines
Predigers in der Wüste: Ebnet den Weg
des Herrn!«, wie der Prophet Jesaja gesagt
hat (Jesaja 40,3).
24 ¶Und sie waren von den Pharisäern ab-
gesandt,

Heutige Bibelausgabe in deutscher Sprache

1 *Überlegen Sie, was das „Kleingedruckte" am Rand und unter dem fortlaufenden Text in den wissenschaftlichen Ausgaben (Gen1 und Joh 1) enthalten könnte.*

Hinter den heutigen Ausgaben der biblischen Originaltexte steht eine schwierige Entschlüsselungs- und Entzifferungsarbeit von Spezialisten, die eine Fülle alter Handschriften und Fragmente erschließen und vergleichen mussten. Noch heute ist diese Arbeit nicht abgeschlossen.

Der „letzte" Schritt erst ist die Übersetzung aus dem Hebräischen/Aramäischen und Griechischen in moderne Sprachen als Voraussetzung dafür, dass auch Nichtfachleute eine lesbare und verständliche Bibel erhalten. Eine Übersetzung kann jedoch nicht absolut genau sein, sondern stellt immer eine Interpretation dar und kann die schwierigen Prozesse der wissenschaftlichen Analysen nicht in vollem Umfang bewusstmachen.

1 *Prüfen Sie diesen Sachverhalt nach, indem Sie sich unterschiedliche Bibelübersetzungen oder -ausgaben beschaffen und den Text Gen 1 und Joh 1 vergleichen.*

2 *Was ergibt sich auf diesem Hintergrund, wenn man auf allgemeine Aussagen stößt wie: „Die Bibel sagt ...", „Die Botschaft der Bibel lautet ..."?*

Leser(in) und Gelesenes: zum Verstehen biblischer Texte

Das Verstehen von Texten, ja schon die Verständigung im alltäglichen Bereich ist ein komplexer Vorgang, der von vielen Faktoren abhängig ist.

Lesen sie dazu im Kapitel „Wie wirklich ist die Wirklichkeit?" die Seiten 73f., auf denen Grundsätzliches zum Prozess des Verstehens entfaltet ist. Diesem Prozess kommt große Bedeutung zu, besonders bei den nichtalltäglichen (alten) Texten der Bibel. Sie sind in einem ganz anderen geschichtlichen Umfeld entstanden, unter anderen gesellschaftlichen und menschlichen Bedingungen. Beim Verstehen dieser Texte spricht man deshalb vom „KON-TEXT", dem Zusammenhang, in den die Aussagen des Textes eingebettet sind. Dieser Kontext geht in zwei Richtungen:

- Zum einen hat jeder Text einen (geschichtlichen) Kontext, aus dem er hervorgegangen ist; ihn muss man erschließen, um so weit wie möglich zu verstehen, was der Text (damals) aussagte.

- Zum anderen muss ich mir meinen eigenen (heutigen) Kontext bewusst machen, also die Voraussetzungen und Interessen, die mich beim Verstehen des Textes in meiner gegenwärtigen Situation beeinflussen.

Verstehen ist also immer „Interpretation", ein Prozess, in dem Leser und Gelesenes wechselseitig aufeinander einwirken. Solche Fragen der Interpretation und Auslegung werden in einer besonderen „Auslegungswissenschaft" behandelt, die man nach dem griechischen Wort für Auslegung „Hermeneutik" nennt. Die Wechselwirkung von „Text" und „Leser(in)" nennt man danach auch den „hermeneutischen Zirkel"(➤ S. 73).

In der Neuzeit machte man besonders die Wechselwirkung von Untersuchungsgegenstand und Methode der Untersuchung in der Hermeneutik zum Thema. Diese Wechselwirkung ist nicht nur für die Bibelwissenschaft, sondern für alle Wissenschaften zu beachten. In seinem grundlegenden Werk „Wahrheit und Methode" formuliert der Philosoph Hans-Georg Gadamer (1900–2002):

Wahrheit und Methode

M5

Hans-Georg Gadamer

Wenn in der modernen Mikrophysik der Beobachter aus den Ergebnissen der Messung nicht zu eliminieren ist und in ihren Aussagen selber vorkommen muss, so hat das einen exakt angebbaren Sinn, der sich in mathematischen Ausdrücken formulieren lässt.

Wenn in der modernen Verhaltensforschung der Forscher Strukturen aufdeckt, die auch sein eigenes Verhalten aus stammesgeschichtlicher Erbbestimmtheit bestimmen, so lernt er vielleicht auch über sich selber etwas, aber gerade weil er sich mit anderen Augen ansieht, als denen seiner „Praxis" und seines Selbstbewusstseins und soweit er weder einem Pathos der Glorifizierung noch der Demütigung des Menschen dabei unterliegt.

(1960)

1 *Was „lernt" der Forscher bei seinen Untersuchungen über sich selbst?*

„Erkenntnis und Interesse" – hatte Jesus etwas gegen „die Juden"? Ein Interpretationsbeispiel

Dass sorgfältige Auslegung im Blick auf die biblischen Texte besonders wichtig ist, zeigt ein Beispiel, das in der Geschichte dramatische Auswirkungen gehabt hat: Die Evangelien geben eine massive Kritik Jesu an den damaligen religiösen Führern und den als religiös vorbildlich geltenden Menschen in Israel (wie etwa Pharisäern und Schriftgelehrten) wieder. Zum Beispiel heißt es in Mk 12,38–40:

M6 Jesus und die religiösen Führer in Israel

38 Und er lehrte sie und sprach zu ihnen: Seht euch vor vor den Schriftgelehrten, die gern in langen Gewändern gehen und lassen sich auf dem Markt grüßen 39 und sitzen gern obenan in den Synagogen und am Tisch beim Mahl; 40 sie fressen die Häuser der Witwen und verrichten zum Schein lange Gebete. Die werden ein umso härteres Urteil empfangen.

Ausgeweitet wird diese Kritik z. B. noch in Mt 23,1–14. In der Apostelgeschichte des Lukas heißt es sogar, dass Jesus von „den Juden" ans Kreuz gebracht worden sei, so dass die Römer in Gestalt des Pontius Pilatus nur noch als ausführendes Organ erscheinen (in der „Pfingst-Rede" des Petrus, Apg 2,23). In Joh 8,44 sagt Jesus „den Juden" (wörtl.: Judäern, also denen, die in Judäa wohnen) sogar: „Ihr habt den Teufel [diabolos, wörtl.: Verwirrer – der alles durcheinander bringt] zum Vater."

1. Lesen Sie die angegebenen Bibeltexte und stellen Sie inhaltliche Bezüge zu M 6 her.
2. Welche Auseinandersetzungen und Interessen in der Zeit der Entstehung des Neuen Testaments lassen sich in den Texten erkennen?
3. Welche Voraussetzungen und Bedingungen beim heutigen Lesen können bei der Interpretation eines solchen Textes wirksam sein? Stellen Sie dazu Aspekte zusammen. Beziehen Sie diese dann auf die nachfolgenden Aussagen:

   a) *Wenn ich darunter leide, was Juden in der Geschichte von Christen angetan wurde, werde ich bei der Auslegung alle Argumente sammeln, um deutlich zu machen, dass erst die Evangelisten in einer späteren Zeit Jesus diese Kritik in den Mund legten, dass aber der „wahre" Jesus eigentlich gar nichts gegen die damaligen religiösen Instanzen und frommen Menschen seines Volkes hatte. Und ich werde versuchen nachzuweisen, dass Jesu Lehre sich ganz im Rahmen der damaligen Auffassungen bewegte und ihn nur ein politisches (Fehl-)Urteil der Römer ans Kreuz brachte.*

   b) *Wenn ich aber immer schon etwas gegen „die Juden" hatte, werde ich die fraglichen Texte nutzen, um „die Juden" zu verurteilen und sogar der Hinrichtung Jesu für schuldig zu erklären. Dies spielte in der Zeit des Nationalsozialismus eine besondere Rolle.*

Seit langem bestehende Vorurteile führten 1934 zu einer solchen Karikatur in der Zeitung „Der Stürmer", die von Joh 8,44 ausgeht:

Den Pharisäern und Schriftgelehrten

M7

„Der Stürmer“, 13. 3. 1934

1 *Wie wird die Aussage Joh 8,44 hier aktualisiert?*

2 *Welche Absicht verfolgt die Karikatur?*

Dieses Extrembeispiel zeigt, wie wichtig es für einen sachgemäßen Umgang mit diesen Texten ist, sich den „Kontext“ in diesen beiden Richtungen zu verdeutlichen:

- **Wie waren damals die Verhältnisse, was haben damals andere zu diesen Fragen gesagt, was kann Jesus gesagt/gemeint haben? Welche Interessen können z. B. bei den Evangelisten eine Rolle gespielt haben, Aussagen zu verschärfen, vielleicht sogar zu verfälschen? (historischer Kontext).**
- **Wie steht es mit meiner eigenen Parteinahme in diesem Konfliktfall? Welches Ergebnis wäre mir sympathisch? (persönlicher Kontext).**

Wenn man diese beiden „Kontexte“ des Verstehens und auch den biblischen Gesamtzusammenhang berücksichtigt, erscheint das Problem der Kritik Jesu in einem anderen Licht.

Jesus und sein Volk

M8

Einerseits: Massive Kritik an den religiösen und gesellschaftlichen Verhältnissen und dem Verhalten religiöser Würdenträger, ja des Volkes insgesamt gehört zumindest seit den Propheten des 8. Jahrhunderts v. Chr. zum Grundbestand der Religion Israels. Dabei ging es nicht um Ablehnung des eigenen Volkes, sondern darum, aus Liebe zu Israel und Gott das Volk wieder auf den „Weg Gottes“ zu bringen. Niemand würde z. B. die Kritik des Amos, die in manchem der von Jesus ähnelt, so deuten: Erst eine spätere Zeit hätte ihm die Äußerungen in den Mund gelegt, eigentlich sei gar nichts zu kritisieren gewesen. (Dazu z. B. Am 2,6–12; 3,1–8; 8,4–10.)

Auch Zeitgenossen Jesu, z. B. Johannes der Täufer oder die Leute von Qumran, haben gegenüber der damaligen religiösen und gesellschaftlichen Praxis scharfe Kritik geübt. Das scheint so weit gegangen zu sein, dass sie die Hauptstadt Jerusalem gar nicht mehr betraten und stattdessen sich in die Wüste zurückzogen, um dort das von Gott neu zu schaffende Israel zu erwarten. (Lesen Sie die Kritik des Johannes in Lk 3,7–14.)

Auch heute gibt es unter verschiedenen Gruppen innerhalb Israels Differenzen: Orthodoxe Gruppen lehnen im Grunde den weitgehend säkularen, demokratischen Staat Israel ab.

Auf der anderen Seite liest man oft in den Evangelien, dass das einfache Volk Jesus „gern hörte“ (z. B. Mk 12,37) – von einer Frontstellung gegen „die Juden“ kann also nicht die Rede sein.

Andererseits: Man kann damit rechnen, dass die Evangelisten im Verhältnis zwischen Jesus und Repräsentanten des damaligen Judentums die Gewichte zuungunsten „der Juden“ verschoben haben. Die Christen lebten im Römischen Reich und mussten sich unter diesen Bedingungen behaupten – vielleicht haben sie deshalb z. B. Pilatus als Vertreter des römischen Staates menschenfreundlicher dargestellt, als er in sonstigen Berichten der damaligen Zeit erscheint, und „die Juden“ stattdessen „Kreuzige ihn!“ schreien lassen. (Mk 15,9–15).

Außerdem war das Verhältnis der Christen zur jüdischen Kultgemeinde in Jerusalem gespannt: Apostel wurden in Jerusalem gelyncht oder hingerichtet (so z. B. Stephanus, s. Apg 7,54–60; der Bruder von Jesus, Jakobus, der die christliche „Urgemeinde“ in Jerusalem etwa von 50–62 n. Chr. leitete). Der spätere Ausschluss der Christen als „Abtrünnige“ aus den Synagogen (um 85/90 n. Chr.) hatte schwer wiegende Folgen, denn sie verloren nun als Nichtjuden die religiösen Rechte, die für die Juden im Römerreich galten (u. a. Befreiung vom Kaiserkult), und gerieten unter staatliche Verfolgung. Außerdem konnten christliche Eiferer die um 70 erfolgte Zerstörung Jerusalems und Zerschlagung Israels durch die Römer als Strafe Gottes interpretieren, weil der größte Teil des Volkes Jesus nicht als Messias anerkannt hatte.

Fazit: Gründe, der Jesus-Tradition nachträglich eine gegenüber Israel feindselige Tendenz zu verleihen, gab es. Doch ebenso wären diese Konflikte auf dem Hintergrund der damaligen religiösen Auseinandersetzungen als „normaler Vorgang“ zu deuten. Deutungen in diese oder jene Richtung hängen stark von der eigenen Position in dieser Frage und der Geschichte zwischen den Christen und Juden ab und können nicht nur in einer rein sachlichen Abwägung vorgenommen werden.

1 *Stellen Sie die dargestellten Argumente (dafür und dagegen), dass die Evangelisten die Position Jesu zu seinem Volk nachträglich „verschärft“ hätten, in einer Liste gegenüber.*

2 *Interpretieren Sie diesen Befund auf dem Hintergrund des Jesus-Wortes: „Es soll kein Jota (der kleinste hebräische Buchstabe) vom Gesetz (der jüdischen Tora) fallen. Ich bin nicht gekommen, aufzulösen, sondern zu vollenden“. (Mt 5,17f.)*

Schlüsselwissen

Die Bibel und ihr geschichtlicher Hintergrund

Altes Testament

Sprache: Die Texte sind in Hebräisch, zu einem Teil auch in Aramäisch, einer besonderen Form des Hebräischen, verfasst. Archäologische Funde lassen darauf schließen, dass diese Sprache in Vorformen bereits Mitte des 2. Jahrtausends vor Christus existierte. Gegenüber der „Bilder-Schrift“ in Ägypten ist die hebräische Buchstabenschrift eine bedeutende Weiterentwicklung. Die Schreibschrift umfasste nur Konsonanten; die Vokale wurden selbstverständlich mitgesprochen. Als die Sprache in den ersten Jahrhunderten nach Christus nicht mehr gesprochen, sondern nur noch (z. B. in den Gottesdiensten) gelesen wurde, entwickelten im 6./7. Jahrhunderte jüdische Textgelehrte, die sog. Masoreten, ein Zeichensystem, das die Vokale im Text deutlich machte. Die Vokalzeichen wurden unter die Konsonanten geschrieben. „Gott“ z. B. liest sich so: Eigentlich steht nur „(A) LHM“, die zusätzliche Punktation ergibt dann die Aussprache AELOHIM.

Geschichte: Die historischen Anfänge Israels werden in das Ende des 2. Jahrtausends v. Chr.

datiert. Ob schon aus dieser Zeit, in der Mose lebte, Texte der heutigen Bibel stammen, ist ungewiss. Die Forscher nehmen überwiegend an, dass die meisten Texte des heutigen AT erst in der Zeit in und nach dem babylonischen Exil verfasst oder in ihre endgültige Form gebracht worden sind, also ab etwa 550 v. Chr.

Während die Fünf Bücher Mose (Pentateuch; griechisch = „Fünfbuch") als „Tora" (= Weisung, Orientierung) stets einen besonderen Rang hatten, hat sich die Sammlung der übrigen Schriften (Propheten, Psalmen, Geschichtsbücher usw.) erst allmählich herausgebildet. Die Fülle dieser Schriften wurde erst nach dem Untergang Jerusalems ab dem Jahre 70 n. Chr. in verschiedenen Versammlungen von Rabbinen nach bestimmten Kriterien reduziert. U. a. hat man nur die Schriften aufgenommen, die im Original hebräisch oder aramäisch verfasst waren; die seit etwa dem 3. Jahrhundert v. Chr. entstandenen jüdischen Schriften in griechischer Sprache hat man ausgegliedert.

Kanon: Die Eingrenzung der anerkannten Texte („Kanonisierung") erfolgte etwa von 70 n. Chr. bis in die Zeit nach 90 n. Chr. („Kanon" griechisch: „Maßstab, Richtschnur, Grenze, Tabelle").

Am Ende ergibt sich im hebräischen Kanon eine Dreigliederung: TORA, Propheten (hebr. nebiim) und (sonstige) Schriften (hebr. ketubim).

Die „ausgeschiedenen" Schriften hat man später „apokryphe", d. h. „verborgene" Schriften genannt. Luther definierte sie so: „Das sind Schriften, nützlich zu lesen, aber mit der heiligen Schrift nicht gleichzustellen."

Während der neutestamentliche Kanon in den Bibelausgaben aller Kirchen übereinstimmt, gibt es im Bereich des Alten Testamentes Unterschiede – vor allem zwischen evangelischen und katholischen Bibelausgaben. Das liegt daran, dass in der frühen Kirche auch einige der Schriften in Gebrauch waren, die durch die Rabbinenversammlungen aus dem jüdischen Kanon ferngehalten wurden (u. a. Judith, 1./2. Makkabäer, Weisheit Salomos, Jesus Sirach).

Während die frühe Kirche diese Texte in ihrem alttestamentlichen Kanon beließ, orientierten sich die Reformatoren zunächst an den hebräischen Schriften. Die „Apokryphen" hat man gesondert zusammengefasst und später in dieser Form auch lutherischen Bibelausgaben hinzugefügt, meist zwischen dem Alten und dem Neuen Testament. Daher gibt es unterschiedliche „evangelische" Bibeln: solche ohne und solche mit „Apokryphen", während die katholischen Bibelausgaben (wie etwa die Einheits-Übersetzung) stets diese Schriften als Teil des Alten Testamentes umfassen. Die Zusammenordnung und Reihenfolge weicht jedoch in den jüdischen und christlichen Bibeln voneinander ab.

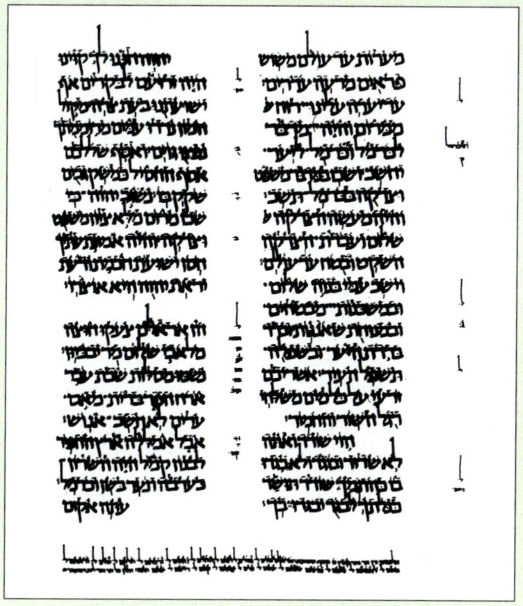

Ausschnitt „Altes Testament", hebräisch

Neues Testament

Sprache: Die Texte des NT sind alle in der Form des Altgriechischen verfasst, das damals im Mittelmeerraum überwiegend gesprochen oder zumindest einigermaßen verstanden wurde – insofern dem heutigen Englisch als Weltsprache vergleichbar (das sog. „Koiné" – (= Allgemein-) Griechisch). Auch wenn z. B. Jesus aramäisch, eine Sonderform des Hebräischen, gesprochen hat, ist es möglich, dass er griechisch zumindest verstand. Paulus und die übrigen Autoren der neutestamentlichen Texte haben wahrscheinlich sowohl griechisch gesprochen als auch geschrieben. Das zeigt sich auch daran, dass z. B. Paulus, wenn er Textstellen aus dem AT in seinen Briefen zitiert, den Wortlaut der Septuaginta verwendet. Im Blick auf den biblischen Sprachgebrauch und die Transformation der hebräischen Worte ins Griechische hat die sog. Septuaginta* eine Brückenfunktion: Sie stellt die Übersetzung eines vorläufigen hebräischen Kanons in die griechische Sprache dar, die um 200 v. Chr. entstand. Auf ihr (und damit auch ihrer Interpretation der hebräischen Begriffe) fußt der Text des NT. Ob von den heutigen NT-Texten hebräische oder aramäische Urschriften existierten, ist umstritten.

Geschichte: Einig ist sich die Forschung, dass die Briefe des Paulus noch vor den Evangelien verfasst wurden, nämlich etwa zwischen 50 und 60 n. Chr. Jedoch ist man sich nicht einig darüber, ob tatsächlich alle Briefe, in denen er als Verfasser erscheint, Paulus auch selbst geschrieben hat; damals war es nicht ungewöhnlich, dass Schüler im Namen ihres Lehrers schrieben. Unbestritten in dieser Hinsicht sind Römer-, 1./2. Korinther-, Galater-, Philipper-, 1. Thessalonicher- und Philemon-Brief. Andere Briefe (z. B. 1./2. Timotheus-, auch Kolosser- und Epheser-Brief) schreiben viele Forscher Schülern des Paulus zu und setzen sie zeitlich später an.

Die Evangelien sind vermutlich im Zeitraum von ca. 65 bis 95 n. Chr. verfasst worden. Nach der heute noch favorisierten „Zwei-Quellen-Theorie*“, die Mitte des 19. Jahrhunderts entwickelt wurde (➤ S. 113), gilt Markus als das älteste Evangelium, verfasst um 70 n. Chr.; Lukas und Matthäus schreiben fast zeitgleich um 85 n. Chr., nehmen dabei den Text des Markus und eine frühere Sammlung von Sprüchen und Reden Jesu auf und fügen weitere Ergänzungen ein.

Das Johannes-Evangelium, das überwiegend andere Stoffe zu Jesus enthält als die Synoptiker* (➤ S. 113), wird von den meisten Forschern um 95 angesetzt; einige allerdings halten es für genauso alt wie Markus.

Kanon: Diese vier Evangelien, die Paulus-Briefe, andere Briefe und die Offenbarung des Johannes werden im Laufe der ersten drei Jahrhunderte in der Christenheit als Kanon* anerkannt. Wie im hebräisch-jüdischen Kanon wird dabei eine Reihe von Schriften ausgegliedert, die neben diesen anerkannten Schriften im 1. und 2. Jahrhundert entstanden waren, darunter etwa das Evangelium des Thomas, der Maria Magdalena, das Kindheitsevangelium Jesu. Es wird nicht ausgeschlossen, dass in manchen dieser Texte „authentisches“ Material zu Jesus enthalten ist. Generell jedoch kann man sagen, dass sich die bedeutendste Jesus-Überlieferung (und -Interpretation) tatsächlich in den kanonischen Schriften findet.

Diese entstanden insgesamt im Zeitraum von etwa 50–120 n. Chr. Bereits in das Jahr 125 lässt sich der älteste Papyrus-Fund zum NT (ein Stück aus dem Johannes-Evangelium) datieren. Größere neutestamentliche Textkomplexe („Codices“) liegen aus dem 3./4. Jahrhundert n. Chr. vor.

Ausschnitt „Neues Testament“, altgriechisch

Zur Benennung der beiden Teile der Bibel:
In diesem Buch werden die Bezeichnungen der biblischen Bücher benutzt, wie sie im christlichen Bereich üblich sind: „Altes Testament“ (AT) und „Neues Testament“ (NT).

Um eine Wertung („alt“/„neu“) auszuschließen, benutzt man neuerdings auch die Bezeichnung „Erstes“ und „Zweites“ Testament, oder, nach den Sprachen, die Bezeichnung „Hebräische“ und „Griechische“ Bibel. „Testament“ ist ein Wort, das anders zu verstehen ist als im heutigen Sprachgebrauch. Es geht auf das hebräische Wort für „Bund“ zurück.

Wege und Methoden des Verstehens in der Geschichte

Bibeldeutung in der Bibel

Schon in den biblischen Texten selber wird „interpretiert". Das ist im NT aufschlussreich z. B. bei Paulus oder Jesus. Ihre „Bibel" waren die schon weitgehend vorliegenden alttestamentlichen Texte, die sie benutzten, zum Teil sicher auswendig beherrschten.

Ein wichtiges Beispiel dazu ist das 4. Kapitel des Römer-Briefs. Dort greift Paulus auf den „Stammvater" Israels, Abraham, zurück, um zu zeigen, dass die Heilszusage an ihn erging, als er noch nicht beschnitten (also noch kein eigentlicher „Jude") war. Somit gelte diese Zusage der Gnade über Israel hinaus allen Völkern und komme erst in der Rettung der „Heiden" durch den Glauben an Jesus Christus ans Ziel.

1. **Lesen Sie Röm 1–4 unter diesem Aspekt.**
2. **Welche AT-Texte verwendet Paulus und wie argumentiert er damit?**
3. **Welche Zielsetzungen sind zu erkennen?**

In den Evangelien wird deutlich, dass Jesus seine eigene Praxis und Lehre mit engem Bezug auf alttestamentliche Texte entwickelt und begründet. Eine bekannte Geschichte im Lukas-Evangelium („Der barmherzige Samariter") gibt ein Beispiel, wie Jesus die Tradition seines Volkes im AT interpretiert.

„Der barmherzige Samariter"

M9

Lk 10, 25–37

25 Und siehe, da stand ein Schriftgelehrter auf, versuchte ihn und sprach: Meister, was muss ich tun, dass ich das ewige Leben ererbe?

26 Er aber sprach zu ihm: Was steht im Gesetz geschrieben? Wie liest du? [➤ s. M 10, Z. 15]

27 Er antwortete und sprach: „Du sollst den Herrn, deinen Gott, lieben von ganzem Herzen, von ganzer Seele, von allen Kräften und von ganzem Gemüt und deinen Nächsten wie dich selbst." (5. Mose 6,5; 3. Mose 19,18).

28 Er aber sprach zu ihm: Du hast recht geantwortet; tue das, so wirst du leben.

29 Er aber wollte sich selbst rechtfertigen und sprach zu Jesus: Wer ist denn mein Nächster?

30 Da antwortete Jesus und sprach: Es war ein Mensch, der ging von Jerusalem hinab nach Jericho und fiel unter die Räuber; die zogen ihn aus und schlugen ihn und gingen davon und ließen ihn halbtot liegen.

31 Es begab sich aber, dass ein Priester dieselbe Straße hinabzog; und als er ihn sah, ging er vorüber.

32 Desgleichen auch ein Levit; als er zu der Stelle kam und ihn sah, ging er vorüber.

33 Ein Samariter aber, der auf der Reise war, kam dahin; und als er ihn sah, jammerte ihn;

34 und er ging zu ihm, goss Öl und Wein auf seine Wunden und verband sie ihm, hob ihn auf sein

Tier und brachte ihn in eine Herberge und pflegte ihn.

35 Am nächsten Tag zog er zwei Silbergroschen heraus und gab sie dem Wirt und sprach: Pflege ihn; und wenn du mehr ausgibst, will ich dir's bezahlen, wenn ich wiederkomme.

36 Wer von diesen dreien, meinst du, ist der Nächste gewesen dem, der unter die Räuber gefallen war?

37 Er sprach: Der die Barmherzigkeit an ihm tat. Da sprach Jesus zu ihm: So geh hin und tu desgleichen!

1 *Lesen Sie die in V. 27 von dem Schriftgelehrten zitierten Texte (aus der Tora!) im dortigen Zusammenhang. Finden sich Anhaltspunkte, dass es da um „ewiges Leben" geht?*

2 *Prüfen Sie Ihre Ergebnisse an dem Fortgang der Jesus-Erzählung vom „Barmherzigen Samariter":*

Da dem Schriftgelehrten mit seinen eigenen Tora-Zitaten offenbar noch nicht geholfen ist (wie kann ich das umsetzen, wer ist überhaupt „mein Nächster"?, ➤ s. V. 29) – fügt Jesus eine Beispielerzählung an, die die Sätze der Tora interpretiert.

M 10 Nächstenliebe und ewiges Leben – Deutung des „Barmherzigen Samariter"

Zunächst ist zu klären: Was bedeutete damals „ewiges Leben"? Wir denken dabei heute an ein Leben über den Tod hinaus; die AT-Zitate und der NT-Text meinen aber mehr. Den Begriff „ewig" kann man eher mit „beständig" übersetzen, es geht also um ein Leben, das (vor Gott und der Tora) Bestand hat. Diese „Bewährung" bezieht sich zunächst auf das „diesseitige" Leben. Die Antwort Jesu bedeutet darum auch: „Wenn du tust, was in der Tora steht, wirst du dein Leben nicht verfehlen."

Aber in der Tora, den Fünf Büchern Mose, steht zu diesem Thema weit mehr als diese beiden Zitate. Die Schlüsselfrage ist daher nicht, „was" liest du, sondern „WIE" liest Du – also: Was greifst du in dieser Frage aus der Fülle der Tora-Texte heraus? Und was bedeutet das für dich? Dies entspricht auch der korrekten Übersetzung der Frage in Lk 10,26 [➤ s. M 9].

Die Zitate sind eine Zusammenstellung von „aus dem Zusammenhang gerissenen Sätzen" zweier unterschiedlicher Bücher – eigentlich kein Verfahren für eine gute Interpretation! In ihrer Kombination liegt aber das entscheidende Element der Interpretation der Tora durch Jesus.

Noch deutlicher wird dies in der nachfolgenden Beispielgeschichte (➤ V. 29ff.). In Lev 19,18 wird aus dem Zusammenhang klar, dass als „Nächster" die „Kinder deines Volkes", also die Israeliten, gemeint waren. Der Samaritaner wurde zurzeit Jesu nicht als diesem Volke zugehörig betrachtet und gering geschätzt.

Alle „Volksangehörigen", sogar in Vorbildfunktion (Priester, Levit) handeln nicht so, dass ihr „Leben Bestand" hätte. Und am Ende ergibt sich eine neue Perspektive: Es geht nicht darum, den Nächsten zu definieren, sondern sich „als Nächster zu erweisen". Der „Nächste" wird zu „meinem Nächsten", insofern ich ihm als Nächster begegne – ob und wie das geschieht, darüber entscheidet die Situation, gleichgültig, wer er/sie ist.

Dass Jesus gerade die vorbeigehen lässt, von denen besonders erwartet wird, dass sie ein „Leben führen, das Bestand hat", darf nicht aus heutiger Perspektive zu voreiligen Schlüssen führen, in dem Sinne: „Da haben wir es wieder, die Pfarrer tun selbst nicht, was sie predigen", oder: „Sie mussten schnell zum Dienst, deshalb nahmen sie sich keine Zeit." Die Richtung ihres Weges ist eindeutig von Jerusalem weg (nach Jericho) – denn es heißt: „Er zog hinab"; der umgekehrte Weg (nach Jerusalem) wird als der Weg „hinauf" bezeichnet (➤ vgl. V. 31 z. B. mit Mk 10,32). Also: Ihr Tempel-Dienst war zu Ende, sie waren auf dem Weg nach Hause, sie hatten Zeit. Warum handeln sie nicht so, wie es die „Nächstenliebe" erfordert?

Hier wird eine besondere Tiefendimension dieser Beispielerzählung deutlich: Sie wussten ja nicht, wer dort „halbtot" lag. War es vielleicht ein „Heide"? Konnte man sich, wenn man ihn berührte, unrein machen, was die Tora zu verbieten scheint, vor allem, wenn man gar mit dem Blut des anderen in Berührung kam? (➤ vgl. Lev 7,27; 15; 17,11) Könnte es sein, dass die Treue zu einem bestimmten Verständnis der Tora die Hilfeleistung verhinderte? Demgegenüber der Samaritaner: Er galt, aus der Perspektive „orthodoxer" Juden, bereits als unrein, hatten sich die Samaritaner doch schon vor Jahrhunderten mit „Heiden" vermischt. Steht ihm deshalb nichts im Wege, seinem Erbarmen (➤ V. 33 und 37) zu folgen, und damit den wahren Sinn der Tora zu praktizieren? Liebe zu Gott – und Leben, das „Bestand hat" – besteht also nicht darin, die eigene „Reinheit" zu bewahren, sondern dem Nächsten zu tun, was er braucht.

Ein ähnliches Tora-Verständnis findet sich in Mk 2,27: „Der Sabbat (und damit die ganze Tora) ist um des Menschen willen gemacht und nicht der Mensch um des Sabbat willen."

1 *Prüfen Sie: Interpretiert diese Beispielerzählung „1 : 1", was in den Tora-Zitaten steht? Sehen Sie Veränderungen des ursprünglichen Sinns?*

2 *Beachten Sie dabei vor allem noch einmal den Zusammenhang von Lev 19,18 und informieren Sie sich darüber, wer die „Samariter" (besser Samaritaner) damals waren und wie sie aus jüdischer Sicht angesehen wurden.*

3 *Prüfen Sie Ihre Ergebnisse an M 10 nach.*

4 *Beschreiben Sie das mögliche Dilemma, das in der Geschichte deutlich wird. Überlegen und beurteilen Sie, wie Jesus damit umgeht.*

Solche Fragen haben bis heute nicht an Aktualität verloren. Zwei Fälle:

Wozu gibt es, wem dient das Gesetz? M11

Ein Autofahrer fährt durch eine enge Ortsdurchfahrt – mit 75 km/h. Er hat es eilig. Er weiß: In jener engen Straße ist eine Radarkontrolle nicht möglich, die Geschwindigkeitsübertretung kann also nicht nachgewiesen werden, eine Strafe ist nicht zu erwarten. Allerdings: Wenn ein Kind zwischen parkenden Autos auf die Straße rennt, kann er nicht mehr zum Stehen kommen. Zum Glück geschieht das nicht. Erst auf der breiten Ortsausfallstraße, kurz vor dem Ortsende geschieht etwas: Er übersieht, dass dort, wo 75 km/h geradezu als Schneckentempo erscheinen und niemand mehr gefährdet ist, nun doch eine Radarkontrolle steht; denn hier ist das Messen möglich. Er wird mit 25 km/h Geschwindigkeitsüberschreitung ertappt. Strafe: Ordnungswidrigkeit, 80 € Verwarnungsgeld, 1 Punkt in der Kartei in Flensburg.

Ein Religionslehrer beteiligt sich für einige Stunden an einer Sitzblockade an einer Bahnstrecke, auf der atomarer Restmüll zu einem Endlager transportiert werden soll. Wegen der vielen Demonstranten längs der Gleise fährt der Zug so langsam, dass kein Leben gefährdet ist. Bald jedoch sieht der Lehrer sich von Polizisten umringt. Mehreren Aufforderungen, fortzugehen, verschließt er sich. Nach Stunden wird er beiseite getragen. Die Personalien werden festgestellt, es wird Anzeige erstattet, eine Gerichtsverhandlung findet statt. Urteil: eine Straftat; Nötigung in Tateinheit mit Widerstand gegen die Staatsgewalt. Eine Geldstrafe von 1000 € wird verhängt; nun gilt er als vorbestraft. Er soll auch die Kosten des Polizei-Einsatzes mittragen.

1 *Diskutieren Sie diese „Fälle".*

2 *Interpretieren Sie den Text auf dem Hintergrund von Mk 2,27: „Der Sabbat ist um des Menschen willen gemacht, nicht der Mensch um des Sabbat willen."*

Bibeldeutung in der Bibel

Die Art, in der die biblischen Autoren selbst „Bibel" interpretieren, lässt sich im NT gut studieren, denn Jesus, die Evangelisten, Paulus und die anderen (Brief-) Autoren des NT nehmen oft auf die bereits weitgehend vorliegenden Texte und Überlieferungen des später so genannten AT Bezug. Dabei lassen sich drei Aspekte erkennen:

- Alle auftretenden Fragen des Glaubens und der Lebensgestaltung versuchte man unter Benutzung der Tora oder anderer Schriften des AT (v. a. Propheten, Psalmen) zu lösen.
- Dabei geschieht oft eine Neu-Interpretation, die die alten Aussagen im Sinne des neuen Glaubensverständnisses verändert. So konzentriert sich Paulus im Römer-Brief auf die Texte, die seine Erkenntnis unterstützen, dass das Heil nicht in der Befolgung der Tora, sondern im Glauben (an Christus) besteht. Er interpretiert die biblische Überlieferung von dem her, was ihm in seinem Verständnis der Bedeutung von Kreuz und Auferstehung Christi deutlich geworden ist und er als „Mitte/Ziel" auch der (alttestamentlichen) Schrift versteht. Die Tora ist in Christus an ihr Ziel gekommen: „Christus ist des Gesetzes Ende." Das griech. Wort „telos" bedeutet neben „Ende" zugleich „Ziel" und „Vollendung" (Röm 10,4).
- Die Art der Interpretation, die uns bei Jesus begegnet, scheint darin zu bestehen, dass er den ursprünglichen Sinn der Tora, der auf den Menschen und sein Heil gerichtet ist, wieder zur Wirkung bringen will – und verbindet damit oft eine Kritik daran, was eine jahrhundertelange religiöse Tradition aus den ursprünglichen Aussagen gemacht hat.
- Ein solcher Umgang mit der Tradition entspricht zunächst der damaligen Praxis im Judentum. Die Bestimmungen der Tora wurden erläutert, kommentiert und schließlich im Talmud* zusammengefasst. Oft bestand diese Interpretationsarbeit darin, wichtige Grundeinsichten aus der Fülle der religiösen Tradition zu formulieren, ähnlich, wie es bei Jesus begegnet. Es gab aber auch eine Tendenz, die Aussagen weiter zu differenzieren, alle Einzelfälle genau zu regeln, die im Leben auftreten konnten: Was ist, wenn am Sabbat ein Tier in einen Brunnen fällt? Darf man es – trotz des strengen Ruhe-Gebots – herausziehen oder nicht? Wie viele Schritte darf man am Sabbat gehen, wenn sie nicht einen Bruch der Ruhe darstellen sollen? Zu solchen Fragen wurden im Laufe der Zeit viele zusätzliche Einzelregelungen formuliert („Kasuistik", Fall zu Fall-Regelung). Jesus, der das „Reich Gottes", die Nähe Gottes radikal im Zentrum seines Handelns sah, erblickte in dieser Entwicklung eine Verzerrung dessen, was Gott geboten hatte. Er kritisierte diese Kasuistik als „Menschensatzungen", die die eigentliche Tora Gottes nicht schützen, sondern außer Kraft setzen und ihren heilsamen Sinn zerstören (Belegtext dazu: Mk 7,1–23).

Bibelinterpretation im Mittelalter

In der Geschichte der Kirche ist das Grundmuster der Bibelinterpretation, das schon im NT begegnet, weiter angewendet worden. Allerdings haben sich die Ausdrucksformen und z. T. auch Inhalte geändert – nicht zuletzt durch die Auseinandersetzung mit philosophischen Ansätzen und kulturellen Gegebenheiten der heidnischen Antike. Zwei Aspekte sind dabei von besonderer Bedeutung:

- Da man von einem engen Zusammenhang zwischen AT und NT ausging, interpretierte man viele Texte des AT als Hinweise auf Christus und sah in allen Aussagen einen tieferen, symbolischen Sinn. Die Worte des Textes deuteten immer auf ein geheimnisvolles „Mehr" hin, das den göttlichen Plan von den Anfängen der Schöpfung über Jesus bis in die Geschichte der Kirche entwickelte („Allegorie"). Dieses „Mehr" ist Gegenstand des Glaubens.
- Parallel dazu entstand die Vorstellung, dass bei richtigem Verständnis aus der Bibel als dem „Buch Gottes" praktisch die gesamte Wahrheit über die Welt und den Lauf der Geschichte von Anfang bis Ende zu entnehmen sei.

Im Mittelalter wurde u. a. die Interpretation des „vierfachen Schriftsinns" praktiziert. Dieser sah im Bibeltext vier Bedeutungen vereint:

- Den **historischen** Sinn („Littera gesta docet": was („real") geschehen ist);
- Den **allegorischen** Sinn („quid credas allegoria": was du glauben sollst);
- Den **moralischen** Sinn („moralis quid agas": was du tun sollst);
- Den **anagogischen** Sinn („quo tendas anagogia": was du hoffen darfst)

Diese Exegese verbindet die Frage nach den historischen Sachverhalten (Literalsinn) mit der Frage nach der Bedeutung des Textes für das Leben. Insofern ist sie durchaus „modern", denn auch heute geht man davon aus, dass die biblischen Texte mehrperspektivisch erschlossen werden müssen und dass die Fragen nach dem geschichtlichen Hintergrund, der Bedeutung für das eigene Glauben, Handeln und Hoffen beim Verstehen der Texte immer eine wichtige Rolle spielen.

Die mittelalterliche Auslegung zielte insgesamt jedoch weniger auf die Bedeutung des Textes für den Einzelnen als auf die Bestätigung der Kirchenlehre. In Reformbewegungen, z. B. der Waldenser und des Franziskanerordens, übertrug man Teile der Bibel in die Sprache des Volkes – und stellte fest, dass die Praxis der damaligen Würdenträger nicht immer dem entsprach, was Jesus und die Apostel einst vorgelebt hatten. Die Kirche reagierte, indem sie ein Verbot für Laien aussprach, überhaupt die Bibel zu lesen, da dadurch Verwirrung und Ketzerei entstünden. Die Auslegung der Bibel liege allein in der Hand der Kirche. Doch schon vor Martin Luther wurden vollständige Übersetzungen (z. B. die „Straßburger Bibel" um 1460) erarbeitet. Der sich entwickelnde Buchdruck trug dazu bei, dass die Bibeltexte nicht mehr nur in den Schreibstuben der Klöster und Bibliotheken, sondern überall zugänglich wurden. Nicht zuletzt diese „Demokratisierung" der Bibel war es, die die Reformation voranbrachte. Die Kirche verlor ihre „Interpretationshoheit" – und zugleich ihre Einheit.

Reformation: „Allein durch Christus, allein durch den Glauben"

Martin Luther (1483–1546) interpretierte die Bibel unter dem zentralen Aspekt, der auch sein eigenes Glaubensleben wesentlich bestimmte: der Rechtfertigung des Sünders aus Gnade, die im Glauben an Jesus Christus empfangen wird. Damit gewann er eine, wenn nicht die zentrale Kategorie der

christlichen Deutung der biblischen Überlieferung zurück und rückte damit die Frage nach dem Sinn und der Bedeutung der Bibel für das Heil der Menschen – und nicht für die Lehre der Kirche – in den Vordergrund. Von da aus bewertete er auch die biblischen Schriften. Zu den neutestamentlichen Büchern stellt er fest:

M12 „Bücher, die Christus zeigen"

Martin Luther

Die besten Bücher: So nämlich sind *des Johannes Evangelium und Sankt Pauli erste Episteln, sonderlich die an die Römer, und Sankt Peters erste Epistel** der rechte Kern und (das) Mark unter allen Büchern, die auch billig an erster Stelle stehen sollten. Und einem jeglichen Christen wäre zu raten, dass er dieselben zuerst und am allermeisten lese und sich durch tägliches Lesen so vertraut mache wie das tägliche Brot. Denn in diesen findest du nicht viele Werke und Wundertaten Christi beschrieben; du findest aber ganz meisterhaft herausgestrichen, wie der Glaube an Christus Sünde, Tod und Hölle überwindet und das Leben, Gerechtigkeit und Seligkeit gibt, welches die rechte Art des Evangeliums ist, wie du gehört hast.

Denn wenn ich irgendwann eins von beiden entbehren sollte, der *Werke* oder der *Predigt Christi,* so wollte ich lieber das Werk als seine Predigt entbehren. Denn die Werke helfen mir nichts, aber seine Worte, die geben das Leben, wie er selbst sagt. Weil nun *Johannes* recht wenig von Christus (selbst), aber sehr viel von seiner Predigt schreibt, wiederum die *anderen drei Evangelisten* viele von seinen Werken, wenige von seinen Worten beschreiben, ist des Johannes Evangelium das alleinige, zarte, rechte Hauptevangelium, und den anderen drei weit, weit vorzuziehen und über sie zu erheben. Genauso überragen auch Sankt Pauli und Petri Episteln die drei Evangelien des Matthäus, Markus und Lukas weit.

Summa: Sankt Johannes' Evangelium und seine erste Epistel, Sankt Pauli Epistel, sonderlich an die Römer, Galater, Epheser, und Sankt Peters erste Epistel, das sind die Bücher, die dir Christus zeigen und alles lehren, das dir zu wissen nötig und selig ist, ob du schon kein anders Buch noch eine andere Lehre je siehst noch hörst. Darum ist Sankt Jakobs Epistel eine recht stroherne Epistel gegen sie, denn sie hat doch keine evangelische Art an sich.

(1522)

1 *Worin besteht für Luther der „Kern" und das „Mark" der von ihm als „beste Bücher" bezeichneten Schriften?*

2 *Wie unterscheidet er „Werke" und „Predigt" Christi?*

Luther folgte damit den Hauptgedanken des Paulus, die er vor allem im Römer-Brief fand, und kam so zu einer Bewertung der biblischen Schriften nach dem Grundsatz „was Christum treibet". Dabei hat er z. B. den Jakobus-Brief negativ eingeschätzt, weil darin ein anderes Rechtfertigungsverständnis entwickelt wird als bei Paulus.

M13 Paulus und Jakobus über die Rechtfertigung

So halten wir nun dafür, dass der Mensch gerecht wird ohne des Gesetzes Werke (allein) durch den Glauben. (Röm 3,28)

So seht ihr nun, dass der Mensch durch Werke gerecht wird, nicht durch den Glauben allein. (Jak 2,24)

1 *Lesen Sie dazu Röm 1–4 und Jak 1 und 2 und vergleichen Sie u. a., wie beide Apostel aus demselben Beispiel – Abraham – ihre unterschiedlichen Positionen ableiten.*

2 *Schließen sich beide Positionen aus, oder kann man sie in einem Zusammenhang sehen?*

Pietismus und Aufklärung: Kritik und Widerspruch

Drei Prinzipien standen am Ende des Reformationszeitalters: „sola scriptura, sola fide, sola gratia" (allein durch die Heilige Schrift, allein durch den Glauben, allein durch die Gnade kann der Mensch das Heil erfahren). Diese Grundsätze wurden in der Folgezeit aus unterschiedlichen Perspektiven problematisiert.

Der Theologe Philipp Jacob Spener (1637–1705), der u. a. Pfarrer in Frankfurt/M. war, kritisierte, dass das „richtige Vortragen" der Rechtfertigungslehre allein nicht den richtigen Umgang mit der Bibel ausmache. Er formulierte in seiner Reformschrift „Pia desideria":

Rechter Glaube und christliches Leben

M14

Philipp Jacob Spener

Das allerbetrüblichste ist, dass bei vielen Predigern das Leben und der Mangel an Glaubensfrüchten beweisen, dass es ihnen selber am rechten Glauben fehlt, und dass dasjenige, was sie für Glauben halten, menschliche Einbildung ist. Sie haben zwar aus der Schrift, aber nur dem Buchstaben nach, ohne Wirkung des Heiligen Geistes, die rechte Lehre erfasst, pflichten ihr auch bei und wissen sie anderen vorzutragen; aber von dem wahren himmlischen Licht und Leben des Glaubens sind sie weit entfernt.

Wie viele führen ganz offen ein unchristliches Leben und bilden sich gleichwohl mit fester Zuversicht ein, dass sie selig werden. Fragt man, worauf sich dieser ihr Glaube gründet, so erklären sie, dass sie sich darauf verlassen, weil wir ja aus unserm Leben nicht selig werden könnten. Deshalb glaubten sie an Christum und setzten all ihr Vertrauen auf ihn. Da könne es ihnen nicht fehlgehen …

(1675)

1 Was kritisierte Spener an den „Predigern" seiner Zeit, welches Defizit sah er?

2 Beziehen Sie die Aussagen Speners auf die Aussagen des Paulus und Jakobus zur Rechtfertigungsfrage in M 13.

Spener ging es nicht nur um eine wissenschaftliche Auseinandersetzung mit der Bibel, sondern auch um die Wirkung des biblischen Wortes auf den „inneren Menschen", auf seine „Erbauung" im Glauben, und auf ein entsprechendes Leben und Handeln. Diese „frommen" Zielsetzungen Speners und seiner Anhänger führten zur Bezeichnung seiner Bewegung als „Pietismus" (von lat. pius = fromm).

Ab etwa der Mitte des 18. Jahrhunderts entwickelte sich eine historische und rationalistische Bibelkritik im Zeitalter der „Aufklärung". Einer der ersten Kritiker war Hermann Samuel Reimarus, Philosoph, Theologe und Orientalist (1694–1768). Er lehnte es aus rationalen Gründen ab, die Bibel als „Offenbarung Gottes" zu betrachten, und bezweifelte die Historizität mancher biblischer Berichte. Zur Auferstehungsgeschichte schrieb er:

Fragwürdigkeit der Auferstehungsgeschichte

M15

Hermann Samuel Reimarus

Die vornehmste und erste Frage, worauf das ganze neue System der Apostel ankommt, ist demnach diese: ob Jesus, nachdem er getötet worden, wahrhaftig auferstanden ist.

Das erste, was wir bei der Zusammenhaltung der vier Evangelisten bemerken, ist, dass ihre Erzählung fast in allen und jeden Punkten der Begebenheit so sehr voneinander abgehet und immer bei dem einen anders lautet wie bei dem andern. Und ob nun gleich dieses unmittelbar keinen Widerspruch anzeiget, so ist es doch auch gewiss keine einstimmige Erzählung, zumal da sich die Verschiedenheit in den wichtigsten Stücken der Begebenheit äußert, und bin ich gewiss versichert, wenn heutigentages vor Gericht über eine Sache vier Zeugen besonders abgehöret würden und ihre Aussage wäre in allen Umständen so weit voneinander unterschieden, als unserer vier Evangelisten ihre: Es würde gewiss der Schluss herauskommen, dass auf dergleichen variierender Zeugen Aussage nichts zu bauen sei.

(um 1750)

1 Formulieren Sie Erklärungen für die von Reimarus festgestellten Widersprüche von den Erkenntnissen der wissenschaftlichen Bibelinterpretation her.

Die Impulse von Reimarus und Spener bestimmen die Einstellungen, mit der Bibel umzugehen, im Grunde bis heute: Es gibt den rational-kritisch-historischen, aber auch den spontan-erbaulich-„frommen“ Umgang mit der Bibel. Aus dem ersteren entwickelte sich im 19. Jahrhundert die sog. „historisch-kritische Exegese“, die die Bibel als geschichtliches Dokument versteht und mit historischen Methoden zu erklären versucht. Daneben gibt es bis heute eine Auslegung der inneren Erfahrung des Glaubens, die im wissenschaftlichen Umgang mit der Bibel eher ein Glaubenshindernis sieht, da ja die Worte der Bibel auf den glaubenden Menschen eine unmittelbare Wirkung ausübten.

Wege und Methoden des Verstehens heute

Die Bibel – ein historisches Dokument: die „historisch-kritische Exegese“

Widersprüchlichkeiten und kritische Fragen an die Bibel wurden zunehmend Anlass zur später so genannten „Bibelkritik“. Auf diesem Hintergrund entwickelte sich vor allem im Laufe des 19. Jahrhunderts eine neue Art der Bibelinterpretation, die durch besondere Untersuchungsmethoden nach den Gründen für die jetzige Gestalt der biblischen Texte suchte. Dabei trat der Gedanke, die Bibel sei „von Gott eingegeben“ (➤ vgl. 2. Tim 3,16), zurück. Stattdessen ging man davon aus, dass in der Bibel zwar religiöse Erfahrungen enthalten sind, der Text aber von Menschen in ihrer zeitlichen Bedingtheit verfasst wurde, wie die Texte anderer historischer Bücher auch. Unter dieser Voraussetzung entwickelte man ein umfassendes Instrumentarium von Methoden, das man zusammengefasst als „Historisch-kritische Bibelauslegung“ bezeichnet und in der Theologie der Universitäten bis heute anwendet. Im Folgenden sind dazu einige Beispiele aus der neutestamentlichen Wissenschaft entfaltet.

Die synoptische Frage

Schon früh erkannte man, dass viele Texte in den ersten drei Evangelien z. T. fast wörtlich übereinstimmen, andere wiederum abweichen, z. T. aber bei zwei Evangelisten in ähnlichem Wortlaut auftauchen. Wegen dieser Gemeinsamkeiten werden Matthäus, Markus und Lukas als „synoptische“ Evangelien bezeichnet (von griech. Synopsis = Zusammenschau). Mit dem üblichen Beispiel, dass auch drei Zeitungsberichte von einem Ereignis Gemeinsamkeiten und Unterschiede aufweisen würden, kann man diesen Befund und die synoptische Frage insgesamt nicht lösen.

Es gelang der historisch-kritischen Forschung, die Entstehung der drei synoptischen Evangelien aus zwei Quellen wahrscheinlich zu machen, nämlich dem Markus-Evangelium und einer aus dem Vergleich der über Markus hinausgehenden gemeinsamen Texte bei Lukas und Matthäus rekonstruierten Schrift, die man nach ihrem Inhalt Rede- oder Logien- (Spruch-)quelle „Q“ nannte. Lukas und Matthäus integrierten auf der Grundlage des schon bestehenden Markus-Evangeliums die Texte der Spruchquelle und fügten einige weitere Überlieferungen (z. B. die Geburtsgeschichten Jesu, „Der verlorene Sohn“ bei Lukas, „Die Arbeiter im Weinberg“ bei Matthäus) hinzu. Diese Ergänzungen, die nur bei einem Evangelisten auftreten, nennt man „Sondergut“ (Sg). „Sondergut“ ist unter zwei Aspekten zu sehen:

- Zum einen besteht es in selbstständigen Erzählungen, die weder in Markus noch in Q enthalten waren und die nur Lukas oder Matthäus wiedergeben;
- Zum anderen können es von Lukas oder Matthäus selbst verfasste Zusätze zu den Überlieferungen von Markus und von Q sein; dabei ist eher von „redaktionellen Zusätzen“ zu reden.

Diese sog. „Zwei-Quellen-Theorie*“ ist bereits Mitte des 19. Jahrhunderts entstanden; sie klärt nicht alle Besonderheiten der Evangelien, hat aber ein hohes Maß an Plausibilität.

M16 Synopse: Johannes der Täufer und Jesus

2. Messianische Verkündigung des Täufers

Mt 3,11–12	Mk 1,7–8	Lk 3,15–18
		[15] Als aber in Erwartung war das Volk und alle hin und her überlegten in ihrem Herzen über Johannes, ob nicht er etwa der Messias sei,
	[7] Und er verkündigte:	16 antwortete allen Johannes:
[11] Ich zwar, ich taufe euch in Wasser zur Sinnesänderung;	Vgl. V. 8	Ich zwar, mit Wasser taufe ich euch;
der aber nach mir kommt, ist stärker als ich, dem bin ich nicht wert, die Sandalen zu tragen	Es kommt der stärker ist als ich nach mir, dem bin ich nicht wert, gebückt, zu lösen den Riemen seiner Sandalen.	es kommt aber der stärker ist als ich, dem bin ich nicht wert, zu lösen den Riemen seiner Sandalen.
Er, euch wird er taufen in heiligem Geist und Feuer;	[8] Ich, ich taufte euch mit Wasser, er aber, er wird euch taufen mit heiligem Geist.	Er, er wird euch taufen in heiligem Geist und Feuer:
[12] Seine Worfschaufel in seiner Hand, und er wird reinigen seinen Ausdrusch und zusammenbringen seinen Weizen in die Scheuer, die Spreu aber wird er verbrennen in unauslöschlichem Feuer.		[17] Seine Worfschaufel in seiner Hand, zu reinigen seinen Ausdrusch und zusammenbringen den Weizen in seine Scheuer, die Spreu aber wird er verbrennen in unauslöschlichem Feuer.
		[18] Vieles zwar nun noch anderes mahnend, kündete er Frohbotschaft dem Volk.

3. Die Taufe Jesu

Mt 3,13–17	Mk 1,9–11	Lk 3,21–22
[13] Da begibt sich Jesus von Galiläa an den Jordan zu Johannes, um getauft zu werden von ihm.	[9] Und es geschah: In jenen Tagen kam Jesus von Nazaret in Galiläa und wurde getauft in den Jordan von Johannes.	[21] Es geschah aber, als getauft ward das ganze Volk und während Jesus getauft wurde und betete,
[14] Der aber hinderte ihn, sagte: Ich hätte nötig, von dir getauft zu werden, und du kommst zu mir? 15 Antwortete aber Jesus, sprach (zu) ihm: Lass doch! Denn so ziemt es sich für uns, zu erfüllen jede Gerechtigkeit. Da ließ er ihn.		
[16] Als aber getauft ward Jesus, gleich stieg er auf vom Wasser. Und siehe, auftaten sich die Himmel, und er sah den Geist Gottes herabsteigen wie eine Taube, kommen über ihn.	[10] Und gleich aufsteigend aus dem Wasser, sah er sich spalten die Himmel und den Geist wie eine Taube herabsteigen auf ihn.	dass sich auftat der Himmel [22] und herabstieg der Geist, der heilige, in leiblicher Gestalt wie eine Taube über ihn,
[17] Und siehe, eine Stimme aus den Himmeln sagt:	[11] Und eine Stimme [geschah] aus den Himmeln:	und eine Stimme aus dem Himmel geschah:
Dieser ist mein Sohn, der geliebte, an dem habe ich mein Wohlgefallen.	Du bist mein Sohn, der geliebte, an dir habe ich mein Wohlgefallen.	Du bist mein Sohn, der geliebte, an dir habe ich mein Wohlgefallen.

1 *Kopieren Sie diese Seite und markieren Sie mit unterschiedlichen Farben:*
- *Zeilen, die bei allen drei Evangelisten fast völlig übereinstimmen;*
- *Teile, die nur ein Evangelist wiedergibt;*
- *Zeilen, die bei zwei Evangelisten weitgehend übereinstimmen.*

2 *Stellen Sie Vermutungen darüber an, wie dieser synoptische Befund zustande gekommen sein könnte.*

Zwei-Quellen-Theorie

M17

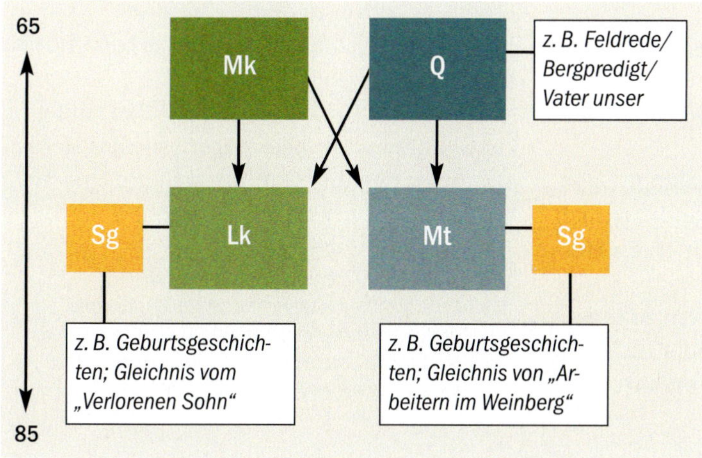

1 Ordnen Sie die Texte von M 16 diesem Überlieferungsschema zu. Welche Texte sind Markus zuzuordnen, welche der Spruchquelle, welche sind Sondergut?

Besondere Ausdrucksformen: Wunder und Streitgespräch

Ein weiteres Ergebnis der Forschung war, dass viele Texte der Evangelien gleichartigen Strukturmerkmalen folgen, die in ähnlicher Weise auch sonst in antikem Schrifttum zu beobachten sind. So fand man in der „Formkritik“ heraus, dass Erzählungen von „Wundern“ einem bestimmten Schema folgen und ebenso Dialoge mit Gegnern („Streitgespräche“) einen bestimmten Grundaufbau haben. Dabei lassen sich in den Texten jeweils drei Grundbestandteile unterscheiden.

Wundererzählungen: **a) Situationsschilderung**
b) Begegnung mit Jesus/Problemlösung
c) Reaktion der Zuschauer (Lobpreis, Erstaunen). Textbeispiel: Lk 7,11–17

Streitgespräche: **a) Situation/Streit/Anlass/Anfrage**
b) Gegenfrage Jesu
c) Lösung/abschließender Satz. Textbeispiel: Mk 2,23–28

Nach diesen Strukturuntersuchungen lassen sich auch Mischformen feststellen. Eine solche Mischform (Wundererzählung und Streitgespräch) finden wir in der Geschichte von der „Heilung des Gelähmten“.

Heilung und Vergebung

M18

Mk 2,1–12

1 Und nach einigen Tagen ging er wieder nach Kapernaum; und es wurde bekannt, dass er im Hause war.
2 Und es versammelten sich viele, so dass sie nicht Raum hatten, auch nicht draußen vor der Tür; und er sagte ihnen das Wort.
3 Und es kamen einige zu ihm, die brachten einen Gelähmten, von vieren getragen.
4 Und da sie ihn nicht zu ihm bringen konnten wegen der Menge, deckten sie das Dach auf, wo er war, machten ein Loch und ließen das Bett herunter, auf dem der Gelähmte lag.

5 Als nun Jesus ihren Glauben sah, sprach er zu
dem Gelähmten: ***Mein Sohn, deine Sünden sind***
dir vergeben.
6 Es saßen da aber einige Schriftgelehrte und
dachten in ihrem Herzen:
7 Wie redet er so? Er lästert Gott! Wer kann Sün-
den vergeben als Gott allein?
8 Und Jesus erkannte sofort in seinem Geist,
dass sie so bei sich selbst dachten, und er sprach
zu ihnen: Was denkt ihr solches in euren Her-
zen?
9 Was ist leichter, zu dem Gelähmten zu sagen:
Dir sind deine Sünden vergeben, oder zu sagen:
Steh auf, nimm dein Bett und geh umher?
10 Damit ihr aber wisst, dass der Menschen-
sohn Vollmacht hat, Sünden zu vergeben auf
Erden – sprach er zu dem Gelähmten:
11 Ich sage dir, steh auf, nimm dein Bett und geh
heim!
12 Und er stand auf, nahm sein Bett und ging
alsbald hinaus vor aller Augen, so dass sie sich
alle entsetzten und Gott priesen und sprachen:
Wir haben so etwas noch nie gesehen.

1 *Kopieren Sie diesen Text und vollziehen Sie die Struktur einer Wundererzählung und eines Streitgesprächs nach, indem Sie die Verse jeweils den Grundelementen a) bis c) zuordnen und mit unterschiedlichen Farben markieren.*

Ein weiterer Schritt zum Verstehen ist es, auf dem Hintergrund dieser Struktur die Textelemente zu visualisieren und damit den inhaltlichen Verlauf der Erzählung zu verdeutlichen. Ein Oberstufenschüler hat seine Ergebnisse in eine Computer-Grafik umgesetzt:

M 19 „So haben wir (es) noch nie gesehen!"

Geografischer Rahmen: Kapernaum → Haus (Synagoge)
Zeitl. Rahmen: einige Tage

1	2	3	4	5	6	7
Situation →	**Versuch der Problemlösung** →	**Situation** →	**Frage (Problem)** →	**Gegenfrage** →	**2. Problemlösung** →	**Lobpreisung**
➤ einige bringen einen Gelähmten ➤ „… brachten einen Gelähmten …"	➤ „Deine Sünden sind Dir vergeben …" **Heilungs-versuch aber:** ➤ **keine Heilung**	➤ Der Heilungs-versuch wird als Situation für diesen Ab-schnitt neu genutzt	➤ Schriftgelehrte beschuldigen Jesus der **„Gottes-lästerung"** ➤ „… Er lästert Gott … ."	➤ Jesus verteidigt sich ↓ ➤ „Was ist leichter …?" (wichtigste Frage)	➤ Der **Heilungs-versuch** wird beendet „Ich sage Dir steh auf …!" ↓ **Heilung** ↓ **Wunder**	➤ Die Leute lobpreisen Gott aufgrund der Wunderheilung ↓ ➤ „… sich alle entsetzten und Gott priesen …"
➤ 3	➤ 5	➤ 5 u. 6	➤ 7	➤ 9	➤ 11 u. 12	➤ 12 zweiter Teil

Wundererzählung (Teil 1) (1–2) — **Streitgespräch** (3–5) — **Wundererzählung (Teil 2)** (6–7)

1 *Weitere Beispiele, die Sie hinsichtlich dieser Grundstrukturen bearbeiten können, sind:*
- *Die Heilung eines Mannes am Sabbat (Wunder-Erzählung – Streitgespräch, Mk 3,1–6),*
- *Das Mahl mit den Zöllnern (Streitgespräch, Mk 2,13–17),*
- *Das Ährenessen am Sabbat (Streitgespräch, Mk 2,23–28)*
- *Die Heilung eines Taubstummen (Wundererzählung, Mk 7, 31–37).*

Erarbeiten Sie zu diesen Texten eine Grafik nach dem Muster von M 19.

Die Beachtung der formalen Grundbestandteile eines Textes ist eine Hilfe für die Interpretation, da sie dazu beiträgt, die immer wiederkehrende Grundstruktur von erweiterten, vielleicht erst später hinzugefügte Textelemente zu unterscheiden und dadurch Sinn und Funktion des Textes (und ggf. auch seine Entstehungsgeschichte) besser erfassen zu können.

Eine dritte häufige literarische Form, die in den Evangelien begegnet, ist das Gleichnis*. Die Gleichnistexte umspannen eine Bandbreite, die vom kurzen Bild-Wort (z. B.: „Ihr seid das Licht der Welt") über bildhafte Vergleiche (z. B.: „Das Reich Gottes gleicht einer Frau, die Sauerteig nahm ...") bis zu längeren Gleichnis-Erzählungen (z. B.: „Der verlorene Sohn", „Der Barmherzige Samariter", „Arbeiter im Weinberg", usw.) reicht. In der Auslegungsgeschichte haben sich vielfältige Wege zum Verstehen der Gleichnisse entwickelt.

Insgesamt möchten die Gleichnisse abstrakt erscheinende religiöse Inhalte in einem anschaulichen, ja alltäglichen Vergleich konkretisieren und erfahrbar machen. Darum ist es sinnvoll, bei der Deutung zunächst nach dem Thema oder (religiösen) Inhalt zu fragen und dann präzise den „Vergleichspunkt" im Text zu suchen, der den Inhalt veranschaulicht, bevor man weitergehende Deutungsüberlegungen anstellt.

Oft nennen die Gleichnisse das Thema in der Einleitung selbst, etwa wenn dort steht: „Das Reich Gottes gleicht ...", oft ist das Thema aus dem gesamten Text zu erschließen. Auch bei der Deutung der Gleichnisse sind drei Schritte sinnvoll:

a) Ermittlung des Themas / der (religiösen) Fragestellung;
b) Suche nach dem Vergleichs- oder Veranschaulichungspunkt im Text, mit dem das Thema konkretisiert wird;
c) Gesamtbedeutung (v. a. auf dem Hintergrund der geschichtlichen Situation und im Zusammenhang der biblischen Sprache insgesamt).

Erweiterung des Verstehens: mehrperspektivische Zugänge

Auch wenn die „historisch-kritische Methode" als Grundlage des Bibelverständnisses eine führende Stellung behielt, betrachtete man sie doch als nicht ausreichend, die vielfältigen Faktoren, die in den Bibeltexten selbst – und dann auch bei ihrem Verständnis und ihrer Wirkung auf die Leser(innen) von heute – eine Rolle spielen, umfassend zur Geltung zu bringen.

So haben sich bis heute viele weitere Zugänge und Interpretationswege entwickelt. Die Arnoldshainer Konferenz*, ein Zusammenschluss von 16 Gliedkirchen der Evangelischen Kirche in Deutschland, nennt in ihrer Verlautbarung „Das Buch Gottes" (1992) „11 Zugänge zur Bibel", die heute praktiziert werden, u. a.:

- *„tiefenpsychologische Auslegung"* (die Aussagen der Bibel u. a. mit inneren, seelischen Erfahrungen des Menschen in Beziehung setzt);
- *„sozialgeschichtliche und materialistische Auslegung"* (die besonders auf die sozialen und politischen Verhältnisse achtet, die in den Texten deutlich werden);
- *„Bibliodrama"* (ein Sich-Hineinversetzen des Lesers/der Leserin in Personen, die im biblischen Text vorkommen);
- *„feministische Auslegung"* (Befragen des Textes vor allem auf die Situation und Bedeutung von Frauen hin);

- *„narrative Auslegung“* (Textinterpretation durch Neu- oder Nacherzählen);
- *„fundamentalistische Auslegung“* (eine Interpretation, die von der direkten Inspiration und „faktischen“ Wahrheit der biblischen Texte ausgeht und damit besondere Erklärungs- oder Auslegungsmethoden für unnötig und unsachgemäß hält).

Hier folgen zwei Auslegungsbeispiele dazu: die fundamentalistische und die sozialgeschichtliche Auslegung.

Die Bibel: ein Lexikon der Wahrheit? – Aspekte fundamentalistischer Auslegung

Im christlichen Bereich haben sich als Reaktion auf die kritische Bibelwissenschaft von 1900 an verschiedene Gruppen gebildet, die eine wörtliche „Richtigkeit“ des Bibeltextes behaupten. Nach ihrer Zeitschrift „The fundamentals“ (seit 1910 in den USA herausgegeben) wurden sie in der Folge „Fundamentalisten“ genannt. Sie verstehen die Bibel gewissermaßen als ein Lexikon des Weltwissens, und zwar, da es ja von Gott diktiert sei, als das einzige, das die Wahrheit wiedergibt. Auch in Deutschland führte diese Art des Bibelverständnisses zur Bildung von fundamentalistisch orientierten Gruppen (z. B. „Bekenntnisbewegung Kein anderes Evangelium“, „Bibeltreue Christen“). Besondere Bedeutung für diese Gruppen erlangte ein von zahlreichen Theologen 1977 in Chicago gegründeter „Rat für biblische Irrtumslosigkeit“, der folgenden Text herausgab:

M20 Erklärung

Internationaler Rat für Biblische Irrtumslosigkeit

Wir bekennen, dass die Schrift als Ganzes und in allen ihren Teilen bis hin zu den einzelnen Wörtern der Originalschriften von Gott inspiriert wurde.

Wir verwerfen die Ansicht, dass die Inspiration der Schrift mit Recht auf ihr Ganzes, nicht aber auf ihre Teile, oder aber auf einige Teile, nicht aber auf ihr Ganzes, bezogen werden könnte.

Wir bejahen, dass die Schrift, durch göttliche Inspiration gegeben, unfehlbar ist; sie leitet uns also nicht in die Irre, sondern ist im Blick auf alle Bereiche, zu denen sie spricht, wahr und zuverlässig. [...]

Wir bejahen, dass die Schrift als Ganzes irrtumslos und ohne jede Unwahrheit, Fälschung oder Täuschung ist. Wir verwerfen die Ansicht, dass die Unfehlbarkeit und Irrtumslosigkeit der Bibel auf geistliche, religiöse oder die Erlösung betreffende Themen beschränkt seien, sich aber nicht auf historische und naturwissenschaftliche Aussagen bezögen. Wir verwerfen ferner die Ansicht, dass Hypothesen der Wissenschaft im Blick auf die Erdgeschichte mit Recht verwandt werden könnten, um die biblische Lehre über Schöpfung und Flut umzustoßen.

(1977)

1 *In welcher Weise stellt sich bei diesen Aussagen die hermeneutische Frage? Beziehen Sie dazu vor allem die voraufgegangenen Überlegungen biblischen Texte ein.*

2 *Welche Interessen und Absichten sind hinter dieser Erklärung zu vermuten?*

Was die Schrift sagt, sagt Gott

M21

Unbek. Verfasser

Am Sinai schrieb Gott die Bedingungen seines Bundes als sein beständiges Zeugnis auf Steintafeln, damit es stets verfügbar sei. Auch während der Zeit der prophetischen und apostolischen Offenbarung veranlasste er Menschen, die Botschaft, die er ihnen und durch sie gab, [...] aufzuschreiben.

Obwohl die Persönlichkeit der menschlichen Schreiber in dem zum Ausdruck kommt, was sie schrieben, wurden die Worte doch von Gott festgelegt. Deswegen gilt, dass das, was die Schrift sagt, Gott sagt. Ihre Autorität ist seine Autorität, denn er ist ihr letztendlicher Autor, der sie durch den Geist und die Worte von auserwählten und zugerüsteten Menschen übermittelte, die in Freiheit und Treue „von Gott redeten, getrieben vom Heiligen Geist" (1. Petrus 1,21). Die Heilige Schrift muss Kraft ihres göttlichen Ursprungs als Gottes Werk anerkannt werden.

1 *Wie beschreibt der Text das Verhältnis von Gottes Botschaft und den Menschen, die sie aufschrieben?*

2 *Beschreiben Sie, welches Verständnis von „Wahrheit der Bibel" hier erkennbar wird.*

Der Text in der damaligen Wirklichkeit – sozialgeschichtliche Auslegung

Die „sozialgeschichtliche" Exegese wendet sich den sozialen und politischen Belangen, die die neutestamentlichen Texte widerspiegeln, besonders aufmerksam zu; sie kombiniert dies mit intensiven Rückfragen nach der religiösen Tradition Israels, um herauszufinden, wie soziale Sachverhalte damals auf Glaubensinhalte bezogen wurden und sich in ihnen auswirken.

Die Frage nach der Steuer

M22

Mk 12,13–17

13 Und sie sandten zu ihm einige von den Pharisäern und von den Anhängern des Herodes, dass sie ihn fingen in Worten.
14 Und sie kamen und sprachen zu ihm: Meister, wir wissen, dass du wahrhaftig bist und fragst nach niemand; denn du achtest nicht das Ansehen des Menschen, sondern du lehrst den Weg Gottes recht. Ist's recht, dass man dem Kaiser Steuern zahlt oder nicht? Sollen wir sie zahlen oder nicht zahlen?
15 Er aber merkte ihre Heuchelei und sprach zu ihnen: Was versucht ihr mich? Bringt mir einen Silbergroschen, dass ich ihn sehe!
16 Und sie brachten einen. Da sprach er: Wessen Bild und Aufschrift ist das? Sie sprachen zu ihm: Des Kaisers.
17 Da sprach Jesus zu ihnen: So gebt dem Kaiser, was des Kaisers ist, und Gott, was Gottes ist! Und sie wunderten sich über ihn.

„Silbergroschen" – ein römischer Denar als Steuermünze zur Zeit Jesu

1 *Welche Haltung Jesu zur Frage „Sollen wir dem Kaiser Steuern zahlen oder nicht?" gibt der Text zu erkennen? Kann man daraus eine allgemeine Einsicht/Regel ableiten?*

Die übliche Exegese stützt sich auf Vers 17 und betont, Jesus wolle auf eine „friedliche" Teilung von zwei Bereichen, den „weltlichen" (Steuern) und den „religiösen", hinaus, die beide ihr Recht hätten.

Die Interpretation des sozialgeschichtlich-materialistisch orientierten Exegeten Kuno Füssel (* 1941) zeigt ganz andere Aspekte des Textes. Füssel gliedert seine Interpretation in „Hintergrundanalyse" und „Kommentar".

M23

Drei Tage mit Jesus im Tempel

Kuno Füssel

Hintergrundanalyse

Das ausgedehnte und harte Steuersystem ist hauptsächlich dafür verantwortlich zu machen, dass die Mehrheit der Judäer Not litt. Daher ist es verständlich, dass Gruppen wie die Zeloten zur Verweigerung der Steuerzahlung an die Römer aufriefen, was jedoch auch gleichbedeutend war damit, sich in den Untergrund zu begeben. Die Herodianer stehen dagegen für alle, die aus der Kollaboration mit der Besatzung profitieren.

Die Steuerfrage ist aber auch eine Machtfrage, denn die Steuern sind der ökonomische Ausdruck der politischen Unterwerfung. Wer die Steuern zahlte, anerkennt – wenn auch zähneknirschend wie die Pharisäer – die römische Herrschaft. Der Umlauf der Steuermünze, die das Bild des Kaisers trägt, vergegenwärtigt beständig die Macht des Kaisers, ja, sie vertritt den Kaiser.

Diese Stellvertretung ist die schärfste Herausforderung für den gläubigen Judäer und sein rigoroses Bilderverbot (Dtn 5,8). Zu dem Bild mit der Münze kommt ja noch der Kaiserkult und die Verehrung kaiserlicher Standbilder hinzu. Beides zusammen ergibt das absolute Ärgernis: Der bildlose Gott wird durch das Kaiserbild gerade dort, wo ihm göttliche Ehre zuteil werden soll, herausgefordert.

Das Kaiserbild ist nicht nur Zeichen der Ausbeutung und der Unterdrückung, sondern des Frevels und der Unreinheit.

Kommentar

Die Absicht der Gegner Jesu, des Sanhedrins [Hoher Rat der Juden in griechischer und römischer Zeit], ist klar: Sie wollen eine Situation konstruieren, in der Jesus durch eine Fangfrage, auf die man nur mit ja oder nein antworten kann (also eine so genannte geschlossene Frage), gezwungen wird, sich selbst das Urteil zu sprechen. Deswegen schicken sie Vertreter von ganz gegensätzlichen Parteien zu ihm, Pharisäer und Herodianer [Parteigänger des Königs Herodes], wohl wissend, dass die Zeloten ohnehin in Form des Volkes bereits am Platze sind …

Jesus durchschaut das Spiel. Er kneift nicht, er laviert nicht, er geht mit einer eigenen Strategie in die Offensive, d. h. er lässt die Steuerfrage, also die Sachfrage zunächst offen und stellt die Beziehungsfrage: „Was versucht ihr mich?" Das heißt doch nichts anderes als: Ihr wollt keine Sachfragen diskutieren, sondern mich reinlegen, mich fertigmachen! Damit aber kommt Jesus in die Position dessen, der zuerst „zieht" und dem Gegner das Geschehen diktiert. Wenn das Problem diskutiert werden soll, muss erst der Streitgegenstand her. Jesus hat ihn nicht, den Denar. Also müssen sie ihn holen und zeigen. Das macht unrein. Dann lesen sie auch noch, was auf dem Denar steht.

„Kaiser Tiberius, des göttlichen Augustus Sohn …" ; das ist Gotteslästerung.

Jesus hätte hier abbrechen können, denn jeder gläubige Judäer musste sich mit Grausen abwenden.

Aber es geht ihm nicht darum, seinerseits die Gegner reinzulegen. Er will Klarheit schaffen. Diese gibt er mit dem Satz, der eine bedeutsame, aber irrige Wirkungsgeschichte hat: „Was des Caesars, gebt dem Caesar, und was des Gottes, gebt dem Gott."

Konnte das nach alledem noch heißen: jedem von beiden das seine, dem einen Geld, dem anderen Frömmigkeit; der eine regiert die Welt, der andere den Himmel – und wie immer die schiedlich-friedlichen Kompromissformeln heißen mögen? Hätten dann alle so gestaunt? Sicher nicht! Die Antwort ist einfach: Israel, Volk und Land, gehört allein seinem Gott; er ist ja der Herr des Weinbergs. Also gehört Israel nicht dem Kaiser. Der Kaiser kann also auch nichts fordern von dem, was ihm nicht gehört. Auch keine Steuern. Sein Geld soll er wieder haben, es trägt sein Gesicht und ist das Zeichen der ständigen Verunreinigung des Landes durch die Besatzung.

(1987)

1 Prüfen Sie Ihre eigene Interpretation von M 22 zunächst an Füssels Hintergrundanalyse.

2 Welche drei Positionen zur Frage der Steuerzahlung werden durch Füssels Analyse deutlich?

Methodenvielfalt – Vielfalt der biblischen Texte

Die heute zunehmend praktizierte Methodenvielfalt beim Umgang mit der Bibel geht davon aus, dass diese Methoden auch der Vielfalt der Faktoren entspricht, die in den Bibeltexten selbst – und dann auch bei ihrem Verständnis und ihrer Wirkung im Blick auf die heutigen Leser(innen) – eine Rolle spielen.

Methoden stellen unterschiedliche „Türen" oder „Fenster" dar, durch die man eine umfassende, nie ganz zu entschlüsselnde Wirklichkeit unter einer bestimmten Perspektive in den Blick bekommt. Die Bibelauslegung ist somit ein lebendiger Prozess, der nicht zu endgültigen, „abschließenden" Aussagen kommt. Dabei sind zwei grundlegende Kategorien im Spiel:

- **die geschichtlichen Ebenen, in denen der Text (entsteht und) wirkt;**
- **die (systematischen) interpretatorischen Zugänge, mit denen der Text befragt wird und auf die hin er „antwortet" (also z. B. die historisch-kritische, die sozialgeschichtliche oder die fundamentalistische Exegese).**

Die Bibel als Buch der Kirche(n)

Die Kirchen, die Bibel und Israel

Im Laufe des zweiten Jahrhunderts breitete sich das Christentum in fast allen Gegenden des römischen Imperiums aus. An vielen Orten wirkten bedeutende Bischöfe und Theologen, die sich auch mit den am Ort bestehenden jüdischen Gemeinden auseinandersetzten. Dabei stellte sich die Frage, was das AT als das „Buch Israels" für die Kirche bedeutet. Im Streit mit Marcion, einem Theologen im 2. Jahrhundert, der das gesamte AT ablehnte und nur die Schriften des NT für die Kirche gelten lassen wollte, fiel die Entscheidung, auch das AT als Buch der Kirche zu betrachten. Dies wurde vor allem dadurch möglich, dass man die alttestamentlichen Texte nach dem Schema „Verheißung – Erfüllung" auf das Christusgeschehen hin interpretierte. Meliton, der um 175 als Bischof von Sardes in Kleinasien wirkte, gibt in einer Predigt zu Ostern einen Eindruck der christlichen Deutung des AT:

M24 Israel wurde entwertet, als die Kirche entstand

Meliton

Das Volk wurde also eine Skizze des Plans und das Gesetz Buchstabe eines Gleichnisses, das Evangelium hingegen Auslegung und Fülle des Gesetzes, die Kirche der Ort der Wahrheit. Die Skizze war also wertvoll vor der Wahrheit und das Gleichnis bestaunenswert vor der Deutung. Das heißt: Das Volk war wertvoll vor dem Erstehen der Kirche und das Gesetz bestaunenswert vor der Erhellung des Gesetzes. Sobald jedoch die Kirche erstand und das Evangelium in den Vordergrund trat, wurde das Vorbild entwertet, übergab die Macht der Wahrheit, und das Gesetz wurde erfüllt, als das Evangelium erhellt wurde, und das Volk wurde entwertet, als die Kirche erstand; und das Vorbild wurde aufgelöst; als der Herr in Erscheinung trat, und heute ist das einst Wertvolle wertlos geworden; da das von Natur Wertvolle sich geoffenbart hat.

(um 175)

1 *Mit welchen Begriffen beschreibt Meliton „das Volk" (Israel und das AT) und die Kirche/das Evangelium und wie bestimmt er ihr Verhältnis?*

In den Kirchen der Gegenwart, unter dem Eindruck der Vernichtung der Juden in Europa durch das nationalsozialistische Deutschland, sind an vielen Orten Gruppen des „christlich-jüdischen Dialogs" mit dem Ziel gegründet worden, die Auseinandersetzung um das sachgemäße Verstehen der gemeinsamen heiligen Schrift in einem „offenen Dialog" weiterzuführen.

Im Jahr 1980 betonte die Evangelische Kirche im Rheinland in einem Synodenbeschluss zur Erneuerung des Verhältnisses von Christen und Juden die „bleibende Erwählung des jüdischen Volkes als Gottes Volk". Der Beschluss lehnt den Gedanken ab, heute noch Juden für das christliche Verständnis des Alten Testaments zu gewinnen. Vielmehr sei der unlösbare Zusammenhang des Neuen Testaments mit dem Alten Testament neu zu sehen.

Auch die anderen evangelischen Landeskirchen stellten fest, dass sie den Glauben an Jesus Christus bezeugen müssen, ohne die besondere Stellung des jüdischen Volkes zu nivellieren; dasselbe gilt für die katholische Kirche. Sie hat eine neue Verhältnisbestimmung zum Judentum im Zweiten Vatikanischen Konzil (1962–1965) formuliert:

Die Kirche und Israel

M25

Vatikanum II

Bei ihrer Besinnung auf das Geheimnis der Kirche gedenkt die Heilige Synode des Bundes, wodurch das Volk des Neuen Bundes mit dem Stamme Abrahams geistlich verbunden ist. So anerkennt die Kirche Christi, dass nach dem Heilsgeheimnis Gottes die Anfänge ihres Glaubens und ihrer Erwählung sich schon bei den Patriarchen, bei Mose und den Propheten finden. Sie bekennt, dass alle Christgläubigen als Söhne Abrahams dem Glauben nach in der Berufung dieses Patriarchen eingeschlossen sind und dass in dem Auszug des erwählten Volkes aus dem Lande der Knechtschaft das Heil der Kirche geheimnisvoll vorgebildet ist. Deshalb kann die Kirche auch nicht vergessen, dass sie durch jenes Volk, mit dem Gott aus unsagbarem Erbarmen den Alten Bund geschlossen hat, die Offenbarung des Alten Testaments empfing und genährt wird von der Wurzel des guten Ölbaums, in den die Heiden als wilde Schösslinge eingepfropft sind. Denn die Kirche glaubt, dass Christus, unser Friede, Juden und Heiden durch das Kreuz versöhnt und beide in sich vereinigt hat.

Die Kirche hat auch stets die Worte des Apostels Paulus vor Augen, der von seinen Stammverwandten sagt, dass „ihnen die Annahme an Sohnes Statt und die Herrlichkeit, der Bund und das Gesetz, der Gottesdienst und die Verheißungen gehören wie auch die Väter und dass aus ihnen Christus dem Fleisch nach stammt" (Röm 9,4–5), der Sohn der Jungfrau Maria. Auch hält sie sich gegenwärtig, dass aus dem jüdischen Volk die Apostel stammen, die Grundfesten und Säulen der Kirche, sowie die meisten jener ersten Jünger, die das Evangelium der Welt verkündigt haben.

(28. 10. 1965)

1 *Stellen Sie Bezüge und Entwicklungslinien zwischen den Texten M 24 und M 25 her.*

2 *Wie sehen Sie auf dem Hintergrund der gemeinsamen biblischen Grundlage die geschichtliche Entwicklung und das heutige Verhältnis zwischen Christen und Juden?*

3 *Beschaffen Sie sich zusätzliche Informationen, auch über jüdische Gemeinden in ihrer Nähe und/oder Gruppen, die am „christlich-jüdischen Dialog" beteiligt sind, wie dort mit der Frage des Bibelverständnisses umgegangen wird.*

Evangelisches und katholisches Bibelverständnis

Zwischen den großen Kirchen besteht Einigkeit über die grundlegende Bedeutung der Bibel als Offenbarung Gottes und Grundlage für die Kirche und den Glauben der Menschen. Jedoch gibt es Unterschiede in der Verhältnisbestimmung von „Bibel" und „Überlieferung" des Glaubens (Tradition der kirchlichen Lehre):

Bibel und Tradition – Katholisch

M26

„KATECHISMUS DER KATHOLISCHEN KIRCHE" (von Papst Johannes Paul II. 1992 bestätigt), Artikel 3/III, 119: „Alles nämlich, was die [...] Schrifterklärung betrifft, untersteht letztlich dem Urteil der Kirche, die den göttlichen Auftrag [...] verrichtet, das Wort Gottes zu bewahren und auszulegen."

Der „CATECHISME DES EVEQUES DE FRANCE", den ein Jahr zuvor die französische katholische Bischofskonferenz vorgelegt hat, formuliert:

„Die Tradition fügt der Schrift weniger solche Wahrheiten hinzu, die in keiner Weise in der Schrift enthalten wären, als dass sie vielmehr die Schrift in ein lebendiges Milieu setzt, nämlich die Gemeinschaft des Glaubens, in der sie selbst geschrieben wurde. [...] Tatsächlich sind die heilige Tradition und die Heilige Schrift verbunden und kommunizieren aufs engste untereinander. Beide müssen daher entgegengenommen und verehrt werden mit demselben Gefühl der Liebe und des Respekts.

In der Schrift „EPITOME ARTICULORUM" (Zusammenfassung der strittigen Glaubensartikel in der Reformationszeit, 1576) formulierten die Protestanten eine Sicht, die sich bis heute nicht verändert hat:

M27 Bibel und Tradition – Evangelisch

„Wir glauben, lehren und bekennen, dass die einzige Regel und Richtschnur, nach welcher alle Lehren und Lehrer beurteilt [...] werden sollen, allein die prophetischen und apostolischen Schriften des Alten und Neuen Testaments sind [...]. Andere Schriften alter oder neuer Lehrer [...] sollen der Heiligen Schrift nicht gleich gehalten, sondern vielmehr miteinander derselben unterworfen werden [...].

Andere Bekenntnisse und Schriften sind also nicht Richter über die Lehre wie die Heilige Schrift."

1 *Fertigen Sie eine Übersicht „Evangelisches Bibelverständnis – Katholisches Bibelverständnis: Unterschiede und Gemeinsamkeiten" an und tragen Sie in Stichworten die diesbezüglichen Aussagen der Texte M 26 und M 27 ein.*

2 *Welche Begründung gibt der „Catéchisme des Êvèques de France" für die Bedeutung der Tradition in der katholischen Kirche?*

3 *Welche Unterschiede in der Rolle von Kirche und Tradition (und auch „Zeitgeist") werden in den evangelischen und katholischen Texten deutlich?*

4 *In welchen Aussagen sehen Sie Gemeinsamkeiten?*

Die Bibel – mehr als ein historisches Dokument

M28 Vom zweifachen Charakter der Bibel

*Arnoldshainer Konferenz**

Die Bibel hat einen doppelten Charakter. Sie ist Grundlage und Quelle aller Verkündigung der Kirche. Darum liegt sie in jeder evangelischen Kirche auf dem Altar oder auf dem Lesepult. Sie ist Heilige Schrift. Andererseits ist die Bibel eine Sammlung von Büchern, in denen Menschen verschiedener Zeiten und mit unterschiedlichen Mitteln ihre Begegnung mit dem Wirken Gottes bezeugen. Alle Methoden der Bibelauslegung können nur versuchen, diese geschichtliche und menschliche Seite der Schrift zu verstehen. Das geschieht in der Zuversicht, dass sie sich selbst dadurch als Heilige Schrift erweist.

(1992)

1 *Welche beiden Formen des Umgangs mit der Bibel sind hier beschrieben?*

2 *In welchem Verhältnis stehen sie zueinander?*

Der Theologe Tim Schramm (*1940) beschreibt am Beispiel von Gestalten aus der jüdischen und christlichen Geschichte, welche Wirkungen die Bibel auf Menschen entfalten kann:

Die Bibel ins Leben ziehen

M29

Tim Schramm

Die biblische Überlieferung intendiert Identifikation. Sie will nicht nur gelesen und historisch korrekt verstanden, sondern „ins Leben gezogen" werden. Als „Lebewort" kommt sie immer dann an ihr Ziel, wenn sie das Leben von Menschen heilvoll verändert. Das ist immer wieder geschehen. Einige Beispiele sollen das illustrieren.

■ **Augustin (354–430)** erzählt in den „Confessiones" (Buch VIII) von der dramatischen Schlussphase seiner Bekehrung. Die Bibel wird ihm dabei auf wunderbare Weise gleichsam zu einem Orakelbuch, und er ist bereit, sich behaften zu lassen: Was Paulus der Gemeinde in Rom geschrieben hatte, trifft gut 330 Jahre später seine Situation und verwandelt sie. In der bittersten Zerknirschung meines Herzens, schreibt Augustin, hörte ich eine Stimme vom Nachbarhaus herüber, „singenden Tons, die Stimme wie von einem Knaben oder Mädchen, die immer wieder rief: Nimm, lies! Nimm, lies! …

… Ich dachte nichts anderes, als dass mir Gott befehle, ein Buch zu öffnen und zu lesen, worauf zuerst mein Auge stoße …

Augustin nahm einen Band der Briefe des Paulus und las die Stelle, auf die zuerst sein Auge fiel: *Nicht in Fressen und Saufen, nicht in Zank und Streit, sondern ziehet den Herrn Jesum Christum an und pflegt das Fleisch nicht zur Erregung eurer Lüste* (Römer 13,13f.). „Ich wollte nicht weiter lesen und brauchte nicht weiter zu lesen. Denn kaum, da ich den Satz zu Ende gelesen, kam's in mein Herz, ein Licht der Zuversicht und der Gewissheit, und alle Nacht des Zweifels war zerstoben."

■ Vom **Hl. Franciscus (1181–1226)** wird berichtet, dass er in der Kirche S. Maria Portiuncula bei Assisi unter dem Eindruck der Aussendungsrede Jesu zur „apostolischen" Nachfolge bekehrt wurde. Er bezog die Aufforderung *„Geht hin und predigt: Das Himmelreich ist nahe herbeigekommen!"* unmittelbar auf sich, ebenso die folgenden Bestimmungen: *„Umsonst habt ihr empfangen, so gebt auch umsonst! Gold, Silber und Kupfer sollt ihr euch nicht verschaffen … Nehmt keinen Ranzen auf den Weg mit, auch nicht zwei Hemden, keine Schuhe, keinen Stab."* (Matthäus 10,6ff.). Franz hatte den Eindruck, diese Worte seien aufgespart worden für ihn; sie bestimmten seinen weiteren Weg; er wurde zum Wanderprediger; der 24. Februar 1209 war der „Tag seiner Vermählung mit der Armut".

■ Als drittes Beispiel einer großartigen Identifikation nenne ich **Luthers „Liebe" zu Psalm 118,** dem „schönen Confitemini": *„Danket dem Herrn, denn er ist freundlich, und seine Güte währet ewiglich."*…

Luther […] bedauert, dass es leider nur wenige gibt, „die zur Heiligen Schrift oder zu einem einzigen Psalm ihr Leben lang einmal von Herzen sagen: Du bist mein liebes Buch, oder: Du sollst mein eigenes Psälmlein sein", und bekennt sich voller beglückender Emotionalität zu diesem seinem Text wie zu einem geliebten Menschen:

„Denn es ist mein Psalm, den ich lieb habe. Obwohl der ganze Psalter und die Heilige Schrift im ganzen – die mein einziger Lebenstrost ist – mir auch lieb sind, bin ich doch besonders an diesen Psalm geraten, dass er der meine heißen und sein muss. Denn er hat sich auch gar oft redlich um mich verdient gemacht und mir aus manchen großen Nöten geholfen, wo mir sonst kein Kaiser und keine Könige, Weisen, Klugen oder Heiligen hätten helfen können. Und er ist mir lieber als des Papstes, Türken, Kaisers und aller Welt Ehre, Gut und Macht; ich wollte auch höchst ungern um diesen Psalm mit ihnen allen tauschen. Wenn aber jemand mich sonderbar ansehen wollte, weil ich diesen Psalm als *meinen* Psalm rühme, während er doch aller Welt gleich zu Eigen ist, so wisse er, dass der Psalm dadurch, dass er mein ist, niemand genommen wird. Christus ist auch mein und bleibt gleichwohl für alle Heiligen (d. h. für alle Christen) derselbe Christus. Ich will nicht neidisch sein, sondern ein fröhlicher Mitteiler. Und wollte Gott, dass alle Welt den Psalm so als ihr Eigentum anspräche wie ich! Das sollte der freundlichste Zank werden, mit dem kaum irgendeine Einhelligkeit und Liebe zu vergleichen sein dürfte."

■ Als „Urdatum" der lateinamerikanischen Befreiungstheologie* gilt die „Bekehrung" des spanischen Dominikanermönches **Bartolomeo de Las Casas im Jahre 1514;** sie wurde ausgelöst durch einen Abschnitt aus dem Buche Jesus Sirach 34,21–26:

Ein Brandopfer von unrechtem Gut ist eine befleckte Gabe, Opfer der Bösen sind (Gott) nicht wohlgefällig. Der Höchste nimmt die Gaben der Gottlosen nicht an, auch für eine Menge Brandopfer vergibt er die Sünden nicht. Man schlachtet den Sohn vor den Augen des Vaters, wenn man ein Opfer darbringt vom Gut der Armen. Das Brot ist das Leben der Armen, wer es ihnen vorenthält, ist ein Mörder. Den Nächsten mordet, wer ihm den Unterhalt nimmt; Blut vergießt, wer dem Arbeiter den Lohn vorenthält.

Dieser Text wurde zu Las Casas' Text; die brutale Ausbeutung der Indianer erschien ihm plötzlich in einem neuen Lieht – sie konnte unmöglich Gottes Wille sein –, und die Heiligen Gottesdienste der christlichen Eroberer aus Europa wurden als blasphemischer Götzendienst entlarvt.

■ „Als Rabbi Schneur [...] in Petersburg gefangen saß und dem Verhör entgegensah, kam der Oberste der Gendarmerie in seine Zelle. Das mächtige und stille Antlitz des Raw, der ihn zuerst, in sich versunken, nicht bemerkte, ließ den nachdenklichen Mann ahnen, welcher Art sein Gefangener war. Er kam mit ihm ins Gespräch und brachte bald manche Frage vor, die ihm beim Lesen der Schrift aufgetaucht war. Zuletzt fragte er: Wie ist es zu verstehen, dass Gott der Allwissende zu Adam spricht: Wo bist du? – Glaubt Ihr daran, entgegnete der Raw, dass die Schrift ewig ist und jede Zeit, jedes Geschlecht und jeder Mensch in ihr beschlossen sind? – Ich glaube daran, sagte er. – Nun wohl, sprach der Zaddik*, in jeder Zeit ruft Gott jeden Menschen an: Wo bist du in deiner Welt? So viele Jahre und Tage von den dir zugemessenen sind vergangen, wie weit bist du derweil in deiner Welt gekommen? ..."

Martin Buber, der diese Geschichte überliefert, kommentiert: „Der Oberst fragt nach einer Stelle aus dem biblischen Bericht von der Sünde Adams. Was der Rabbi antwortet, geht darauf hinaus, dass er zu ihm sagt: Du selber bist Adam, zu dir selber spricht Gott: Wo bist du? Scheinbar hat er ihm über die Bedeutung der biblischen Stelle als solcher keine Auskunft gegeben. In Wahrheit aber beleuchtet die Antwort zugleich die Situation des von Gott befragten Adam und die Situation jedes Menschen allzeit und allerorten."

■ Wie Texte der Bibel Menschen erreichen und halten, Lebenswege bestimmen und noch in der tiefsten Verlassenheit Hoffnung ermöglichen, ist in einem bewegenden Buch nachzulesen, das 1968 im Lettner-Verlag Berlin unter dem Titel „Mein Psalm" erschien. So erinnert sich **Max Horkheimer,** dass der Anfang seines Psalms auf dem Grab der Eltern steht: *„Wer im Schirm des Höchsten wohnt, der ist im Schatten des Allmächtigen geborgen."* – „Die Mutter hat den Psalm geliebt; ihn von der Erinnerung an den Glanz ihrer Augen zu lösen, wenn sie ihn sprach, vermag ich auch heute nicht. Er war der Ausdruck ihrer Gewissheit einer göttlichen Heimat, angesichts der Not und des Schreckens in der Wirklichkeit. Meine Zuflucht und meine Burg, mein Gott, dem ich vertraue, heißt es im zweiten Vers. Vertrauen durchherrschte ihr Leben, im vollen Bewusstsein des Unheils am europäischen Horizont."

(2003)

1 *Vergleichen Sie diese sechs „Identifikationen" mit dem Bibeltext, stellen Sie Gemeinsamkeiten und Unterschiede zusammen.*

2 *Sind diese Wirkungen der Bibel ein „Normalfall"? Gibt es Voraussetzungen, die eine solche Wirkung begünstigen?*

3 *Lassen Sie sich selbst einmal auf eine solche Erfahrung ein, indem Sie – etwa wie Augustinus – die Bibel aufschlagen und die Textstelle, auf die Ihr Blick zuerst fällt, in ihrer Bedeutung für Sie bedenken.*

In seinem Buch „Zur Bibel motivieren" beschreibt der Exeget Gerd Theißen (* 1943) die Bedeutung und Wirkung der Bibel im Kontext des modernen Lebens in vier Aspekten. Er hat dabei auch die Arbeit mit der Bibel im Religionsunterricht im Blick.

Lernchancen mit der Bibel

M30

Gerd Theißen

1. Die Bibel stellt menschliche Erfahrungen und Einsichten zur Verfügung, die jedem Einzelnen und jeder Generation voraus sind. Sie werden durch Auslegung zur Lebensorientierung aktiviert. Die Bibel wirkt dabei nicht naturwüchsig als Tradition in der Gegenwart fort, sondern ist Teil des „kulturellen Gedächtnisses", das ohne Gedächtnisarbeit verloren geht. Angestrebt werden nicht nur Horizontverschmelzungen mit ihr, sondern auch Horizontdurchbrüche durch Erinnerungen, die kontrapräsentisch der Gegenwart widersprechen.

2. Die Bibel enthält ein Problemlösungspotential, das zur Lösung der großen Probleme im Umgang mit Schöpfung, Gerechtigkeit, Frieden und Freiheit beiträgt, aber auch destruktiv wirken kann! Vor allem zeigt sie Wege, wie wir mit den Grenzen unserer Problemlösungskompetenz umgehen können. Die Bibel lehrt „Kontingenzbewältigung" in jenen Situationen, in denen Problemlösungen versagen.

3. Die Bibel enthält die Elemente einer universal verbreiteten Symbolsprache, aber ihre Sprache ist durch und durch geschichtlich bedingt. Symbole sensibilisieren unsere Wahrnehmung für den religiösen Hintergrund der Welt. Aber die Religion enthält als Zeichensprache auch unsymbolische Weisungen, Normen und Werte, und die großen symbolischen Erzählungen der Bibel lassen sich nur verstehen, wenn man sie im Kontext solcher Normen und Werte versteht.

4. Die Bibel ist eine Chance, Kontakt mit einer letztgültigen Wirklichkeit aufzunehmen, so dass ein Tropfen Ewigkeit in das menschliche Leben fällt und ihm unbedingten Wert verleiht. Sie ist Grundlagentext einer lebendigen Religion. Eine für alle offene Bibeldidaktik wird dafür Verständnis wecken wollen – nicht durch Predigten, die zum Glauben auffordern, sondern durch religionswissenschaftliche Interpretationen, die Verständnis und Achtung für die in den Religionen bezeugten Offenbarungsdurchbrüche wecken, ohne deshalb zu fordern, man müsse sie als normative Grundlage des eigenen Lebens anerkennen.

Wenn es das Lernziel biblischen Unterrichts ist, biblisch begründete Identität zu verstehen und zu achten, so muss deutlich werden, worin diese Identität im Wandel der Zeiten besteht und wie sie sich im Dialog bewähren kann – auch dann, wenn mit dem 3. Jahrtausend die historische Distanz zur Bibel und der Pluralismus der Religionen zunimmt. In der Bibel wird uns das interessieren, was elementar ist und was im Dialog dargestellt werden kann. Wo aber finden wir das in der Bibel? Nicht in bestimmten Inhalten und Texten, sondern in solchen Grundmotiven, die sich in, mit und unter den Texten erschließen, finden sich jene Lerninhalte, die christliche Identität ausmachen und dialogfähig machen.

(2003)

1 *Stellen Sie wichtige Aussagen der vier Aspekte in einer Grafik zusammen.*

2 *Was ist mit der Bibel als „Teil des kulturellen Gedächtnisses" (Z. 7) gemeint?*

3 *Inwiefern kann die Bibel auch „destruktiv wirken" (Z.16/17)?*

Die Bibel und andere heilige Schriften

Die Zeitschrift „Der Spiegel" veranstaltete im Februar 1991 auf dem Hintergrund der durch die unterschiedlichen Religionen mitbegünstigten politischen Konflikte vor allem in Palästina eine Gesprächsrunde, in der Vertreter von Islam (Elsayad Elshahed, * 1946) und Judentum (Henry Brandt, * 1927; Abraham Steinberg, * 1945) und als Christ der mit Lehrverbot belegte katholische Theologe Hans Küng (* 1928) über Unterschiede und Gemeinsamkeiten ihrer Religionen diskutierten.

Ihr Gespräch berührte auch die Frage nach der Bedeutung der heiligen Schriften der Bibel und des Koran und ihres Wahrheitsanspruches:

M31 „Heilige Schrift" – im Spiegel von Juden, Christen, Muslimen

Küng: Die hebräische Bibel kennt drei Bünde Gottes mit den Menschen. Der erste ist der Bund mit Noah nach der Sintflut. Das ist ein Bund mit der ganzen Menschheit. Dann kommt der Bund Gottes mit Abraham. Der schließt die arabischen Völker und damit heute auch die Muslime ein. Denn von Abrahams Sohn Ismael stammen die Araber ab, von Abrahams Sohn Isaak die Israeliten.

Elshahed: Aber die Juden erheben einen Exklusivanspruch auf Abraham. Abraham ist auch der Vater der Muslime, und der Islam ist eine Religion, die auf Abraham zurückgeführt wird.

Küng: Nun gut, immerhin hat Abraham mehr als 1500 Jahre vor dem Propheten Muhammad und damit vor der Gründung des Islam gelebt. Abraham und sein Gott sind jedenfalls den drei Religionen gemeinsam.
Aber den dritten und engsten Bund schloss Gott, jedenfalls nach der hebräischen Bibel, mit Mose und dem Volk Israel. Und in diesem Bund liegt die Ursache für den Glauben an die Auserwähltheit des Judentums. Bittere Verse über andere Völker finden sich freilich in der hebräischen Bibel – Verse, die für Muslime und Christen gleichermaßen kaum zumutbar sind.

Brandt: Sicherlich finden Sie solche Verse auch im Koran oder in der christlichen Bibel. Und sie sind eigentlich nur historisch zu verstehen, so in dem Sinne von Stoß und Gegenstoß, Macht und Gegenmacht – nach dem Motto: Beleidigst du mich, beleidige ich dich. [...]
Wenn es ans Eingemachte geht, dann werden Sie sehen, dass auch der Islam und das Christentum Exklusivität beanspruchen. Der Islam behauptet etwa, die einzig vollendete Offenbarung Gottes zu besitzen. Und das römische Christentum hat über Jahrhunderte nach der Devise gelebt „Außerhalb der Kirche kein Heil".
Aber das sind alles Zerrbilder, die entstehen, wenn Religionen zu politischen Zwecken missbraucht werden. Völlig unberührt bleiben davon jene Gemeinsamkeiten, die wir zu Beginn unseres Gesprächs feststellen konnten. Wenn wir uns darauf beschränken, kommen wir fast zwangsläufig zu einer Annäherung der Religionen.

Küng: Glauben Sie denn, dass man sich dieser Gemeinsamkeiten allgemein genügend bewusst ist? Viele Christen hierzulande wissen ja nicht einmal, dass die arabischen Christen, wenn sie zu Gott beten, „Allah" sagen. Das ist derselbe Allah, zu dem auch die Muslime beten.

Steinberg: Richtig. Und diese Verwandtschaft erklärt sich allein mit der hebräischen Bibel, die ja um viele Jahrhunderte älter ist als der Koran und die das Fundament aller drei Religionen bildet.

Elshahed: Das können wir Muslime natürlich so nicht akzeptieren ...

Spiegel: Und schon ist es wieder vorbei mit der Gemeinsamkeit?

Elshahed: Es steht nun einmal fest, dass die Tora, also die hebräische Bibel, und auch die Evangelien des Christentums teilweise verfälscht worden sind. Die reinen, unverfälschten Offenbarungen aus der Tora und den Evangelien sind nur im Koran überliefert. Nur der Koran ist nie verfälscht worden, und er wird auch nie verfälscht werden.

1 *Stellen Sie fest, welche Gemeinsamkeiten die Gesprächsteilnehmer in den drei Religionen und ihren heiligen Schriften sehen.*

2 *In welchen Bereichen werden Gegensätze und Kontroversen deutlich?*

3 *Wie geht der Muslim mit der Tatsache um, dass die Bibel Jahrhunderte vor dem Koran entstanden ist?*

4 *Von einer „Verfälschung" der religiösen Botschaft in der Bibel kann man ernsthaft nicht sprechen. Wozu verwendet der Muslim dieses Argument?*

Was Koran und Bibel eint und trennt

Die Beschreibung des Korans in Sure 2 und die Aussage in 2. Tim 3 lassen sich gut in Beziehung setzen:

Wie sich Bibel und Koran selbst verstehen

M32

Sure 2 – DIE KUH
(al-Baqara) Geoffenbart zu Medina
Im Namen Allahs, des Erbarmers, des Barmherzigen! 1. A.L.M. 2. Dies Buch, daran ist kein Zweifel, ist eine Rechtleitung für die Gottesfürchtigen, 3. Die da glauben an das Verborgene und das Gebet verrichten und von Unserer Gabe spenden: 4. Und die da glauben an das, was auf dich herabgesandt wurde und vor dir herabgesandt wurde, und fest aufs Jenseits vertrauen. 5. Diese folgen der Leitung ihres Herrn, und ihnen wird es wohlergehen.

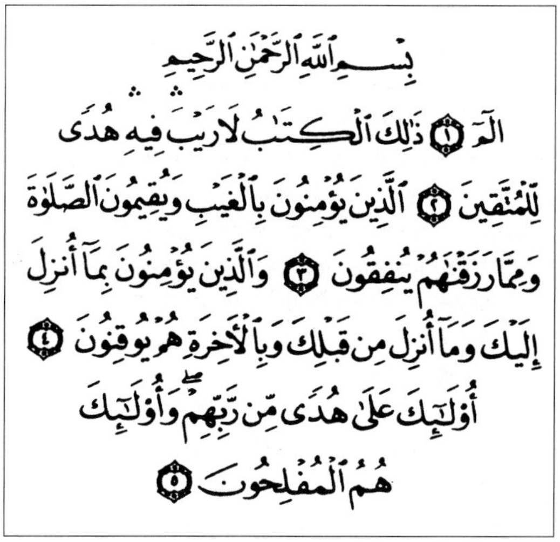

2. Brief des Paulus an Timotheus, Kap. 3
14 Du aber bleibe bei dem, was du gelernt hast und was dir anvertraut ist; du weißt ja, von wem du gelernt hast
15 und dass du von Kind auf die heilige Schrift kennst, die dich unterweisen kann zur Seligkeit durch den Glauben an Christus Jesus.
16 Denn **alle Schrift, von Gott eingegeben, ist nütze zur Lehre, zur Zurechtweisung, zur Besserung, zur Erziehung in der Gerechtigkeit,**
17 dass der Mensch Gottes vollkommen sei, zu allem guten Werk geschickt.

1 *Beschreiben Sie Parallelen und Unterschiede in diesen beiden „Definitionen" von „heiliger Schrift" in Koran und Bibel.*

2 *Welche grundlegende Unterscheidung wird deutlich, wie ist sie zu erklären?*

Der Koran setzt sich vielfältig mit jüdischen und christlichen Aussagen auseinander. Sie zeigen, dass Mohammed intensive Gespräche mit christlichen und jüdischen Gelehrten geführt hat und dabei ihren Anspruch auf Wahrheit kennen lernte. Sure 2, 135ff. spiegelt wider, wie Mohammed gegenüber diesen beiden älteren Religionen einen eigenen Wahrheitsanspruch begründet.

M33 Juden und Christen aus der Sicht des Koran

Sure 2, 135–142

وَقَالُوا۟ كُونُوا۟ هُودًا أَوْ نَصَٰرَىٰ تَهْتَدُوا۟ ۗ قُلْ بَلْ مِلَّةَ إِبْرَٰهِـۧمَ
حَنِيفًا ۖ وَمَا كَانَ مِنَ ٱلْمُشْرِكِينَ ﴿١٣٥﴾ قُولُوٓا۟ ءَامَنَّا بِٱللَّهِ وَمَآ
أُنزِلَ إِلَيْنَا وَمَآ أُنزِلَ إِلَىٰٓ إِبْرَٰهِـۧمَ وَإِسْمَٰعِيلَ وَإِسْحَٰقَ وَيَعْقُوبَ
وَٱلْأَسْبَاطِ وَمَآ أُوتِىَ مُوسَىٰ وَعِيسَىٰ وَمَآ أُوتِىَ ٱلنَّبِيُّونَ
مِن رَّبِّهِمْ لَا نُفَرِّقُ بَيْنَ أَحَدٍ مِّنْهُمْ وَنَحْنُ لَهُۥ مُسْلِمُونَ ﴿١٣٦﴾
فَإِنْ ءَامَنُوا۟ بِمِثْلِ مَآ ءَامَنتُم بِهِۦ فَقَدِ ٱهْتَدَوا۟ ۖ وَّإِن تَوَلَّوْا۟ فَإِنَّمَا
هُمْ فِى شِقَاقٍ ۖ فَسَيَكْفِيكَهُمُ ٱللَّهُ ۚ وَهُوَ ٱلسَّمِيعُ ٱلْعَلِيمُ
﴿١٣٧﴾ صِبْغَةَ ٱللَّهِ ۖ وَمَنْ أَحْسَنُ مِنَ ٱللَّهِ صِبْغَةً ۖ وَنَحْنُ لَهُۥ
عَٰبِدُونَ ﴿١٣٨﴾ قُلْ أَتُحَآجُّونَنَا فِى ٱللَّهِ وَهُوَ رَبُّنَا وَرَبُّكُمْ
وَلَنَآ أَعْمَٰلُنَا وَلَكُمْ أَعْمَٰلُكُمْ وَنَحْنُ لَهُۥ مُخْلِصُونَ ﴿١٣٩﴾ أَمْ
تَقُولُونَ إِنَّ إِبْرَٰهِـۧمَ وَإِسْمَٰعِيلَ وَإِسْحَٰقَ وَيَعْقُوبَ
وَٱلْأَسْبَاطَ كَانُوا۟ هُودًا أَوْ نَصَٰرَىٰ ۗ قُلْ ءَأَنتُمْ أَعْلَمُ أَمِ ٱللَّهُ ۗ
وَمَنْ أَظْلَمُ مِمَّن كَتَمَ شَهَٰدَةً عِندَهُۥ مِنَ ٱللَّهِ ۗ وَمَا ٱللَّهُ
بِغَٰفِلٍ عَمَّا تَعْمَلُونَ ﴿١٤٠﴾ تِلْكَ أُمَّةٌ قَدْ خَلَتْ ۖ لَهَا مَا كَسَبَتْ
وَلَكُم مَّا كَسَبْتُمْ ۖ وَلَا تُسْـَٔلُونَ عَمَّا كَانُوا۟ يَعْمَلُونَ ﴿١٤١﴾

135. Und sie sprechen: „Werdet Juden oder Christen, damit ihr rechtgeleitet seid," Sprich: „Nein; die Religion Abrahams, der den rechten Glauben bekannte und kein Götzendiener war, (ist unsere Religion.)"
136. Sprecht: „Wir glauben an Allah und an das, was Er zu uns herabsandte, und was Er zu Abraham und Ismael und Isaak und Jakob und den Stämmen herabsandte, und was Moses und Jesus und was den Propheten von ihrem Herrn gegeben wurde. Wir machen keinen Unterschied zwischen einem von ihnen; und wahrlich, wir sind Muslime." 137. Glauben sie demnach, was ihr glaubt, so sind sie rechtgeleitet. Wenden sie sich jedoch ab, dann sind sie Abtrünnige, und Allah wird dir gegen sie genügen; Er ist der Hörende, der Wissende. 138. Von Allah sind wir gekennzeichnet, und was ist besser, als von Allah gekennzeichnet zu sein. Und wahrlich, Ihm dienen wir. 139. Sprich: „Wollt ihr mit uns über Allah rechten, wo Er unser Herr und euer Herr ist? Wir haben unsere Werke, und ihr habt euere Werke (zu verantworten), und Ihm sind wir aufrichtig ergeben. 140. Oder wollt ihr etwa behaupten, dass Abraham und Ismael und Isaak und Jakob und die Stämme ‚Juden' waren oder ‚Christen'?" Sprich: „Wisst ihr es besser oder Allah?" Und wer ist sündiger als wer ein Zeugnis verbirgt, das er von Allah erhalten hat? Aber Allah lässt euer Tun nicht unbeachtet. 141. Jenes Volk ist nun Vergangenheit. Ihm wurde nach Verdienst vergolten, und so wird euch nach euerem Verdienst vergolten; und ihr seid nicht für sie verantwortlich.

1 *Wie geht der Koran mit dem Anspruch der Christen und Juden auf „Rechtleitung" um?*

2 *Wie werden Mose und Jesus gesehen?*

3 *Tragen Sie Aspekte und Argumente zusammen, mit denen der Islam seinen Wahrheitsanspruch in dieser Sure begründet, und setzen Sie sich damit kritisch auseinander.*

Die Religionen und ihre heiligen Bücher

Die Religionen der Naturvölker kommen ohne Schriften aus, ihr religiöses Wissen geben sie allein durch mündliche Tradition an die nachfolgenden Generationen weiter. Auch in Hochkulturen etwa der Etrusker, der Kelten und der Germanen gibt es keine Aufzeichnungen zur Religion. Auch ein genereller Wahrheitsanspruch begegnet uns in diesen frühen Religionen nicht.

Wahrscheinlich ist diese Situation in der Anfangszeit auch der heutigen „Weltreligionen" ähnlich gewesen, bis es zur Formulierung unterschiedlicher Schriften kam, die zunächst nebeneinander existierten. Nach längerer oder kürzerer Zeit kam es zu verbindlichen Festlegungen, welche Schriften nun kanonischen Charakter haben (und sie werden dabei erst zur normativen „Heiligen Schrift"). Im Judentum mag dieser Prozess rund 650 Jahre gedauert haben, im Buddhismus (im Blick auf die Schriften des sog. PALI = „Reihe, Ordnung", also unserem „Kanon" vergleichbar) vielleicht 250 Jahre, im Christentum etwa dieselbe Zeit und im Islam nur wenige Jahrzehnte.

Entscheidend für diese Entwicklungen war, dass es mit Autorität ausgestattete Personen und Institutionen gab, die festlegten, was aus der Fülle der Schriften und Überlieferungen wirklich gelten sollte. Daneben sammelte man ebenso eifrig Interpretationen und Auslegungen, doch stellte man sie nicht auf dieselbe Stufe. So gibt es im Judentum Mischna und Talmud, im Islam Sunna und Hadith, im katholischen Christentum Konzilsbeschlüsse und Papstdekrete, im evangelischen Christentum die reformatorischen Bekenntnis-Schriften (wie etwa die „Confessio Augustana" von 1530) und die nahezu als normativ geltenden großen Reformationsschriften Martin Luthers aus dem Jahr 1520.

Sinn dieser Schriften ist eine Ausdeutung der „Heiligen Schrift" auf neue Herausforderungen hin, nicht deren Relativierung.

Was jedoch sich ähnlich anhört, ist verschieden im Blick auf den Umgang mit der heiligen Schrift selbst.

Der Koran gilt als dem Mohammed durch den Erzengel Gabriel direkt offenbart; zeitlich soll dies ab dem Jahr 610 bis zu seinem Tod 632 erfolgt sein. Das von Mohammed Aufgeschriebene hat schon bald danach (um 650) der dritte Kalif Uthman in Suren und Versen zusammengestellt. Da er die wörtliche Offenbarung an Mohammed enthielt, durfte es – bis heute – im „rechtgeleiteten" Islam keine Übersetzung des Koran geben, der Text muss arabisch gelesen werden. Da der Koran direkt auf Allah bzw. den Engel zurückgeführt wird, darf es auch keine historische Erforschung seines Zustandekommens, keine Unterscheidung von älteren und jüngeren Texten usw. geben. Allerdings finden sich z. B. in Europa unter Wissenschaftlern auch Ansätze zur historischen Analyse des Korans.

Vergleichbar dazu ist die Haltung der orthodoxen jüdischen Gemeinden zumindest zu den Fünf Büchern Mose, der Tora. Sie gelten als dem Mose direkt von Gott offenbart; auch sie werden im Gottesdienst nur im hebräischen Original verlesen und sollten auch in dieser Sprache studiert werden. Eine historische Nachfrage oder Kritik der Tora gilt als nicht statthaft. Dagegen dürfen im Blick auf die „Schriften" und ihre historischen Umstände durchaus Nachforschungen angestellt werden; hier haben jüdische Wissenschaftler – zuweilen gemeinsam mit christlichen – hervorragende Ergebnisse erzielt.

Anders im Christentum: Zwar gibt es auch hier die Vorstellung von (wörtlicher) „Inspiration" des Textes durch Gott. Aber seit am Anfang des 18. Jahrhunderts die Frage nach der Geschichte und der Verlässlichkeit historischer Dokumente aufkam, beginnt auch die kritische Überprüfung der biblischen Texte. Die Impulse zu dieser historischen Erforschung kamen nicht von der Kirche, sondern von Philosophen und Historikern und wurden erst nach einer langen Zeit heftiger Auseinandersetzungen auch von den kirchlichen Gremien akzeptiert, im protestantischen Bereich früher als im katholischen. Auch wenn sie nicht überall im christlichen Bereich Zustimmung findet, ist doch die geschichtliche Erforschung der biblischen Texte heute eine Normalität. „Gottes Wort“ muss also im menschlichen Wort des Bibeltextes wahrgenommen und erfahren werden.

Eine methodisch abgesicherte sorgfältige historische Exegese gilt als wichtiger Beitrag zur Abwehr von einseitigem oder radikalem Verständnis der Bibel, das uns in Sondergruppen und Sekten gelegentlich begegnet.

Die Erschaffung der Welt – die Erzählung der Bibel auf dem Prüfstand

Bei diesem fächerverbindenden Arbeitsvorschlag geht es darum, die „Wahrheit der Bibel“ – und was man darunter verstehen kann – an dem grundlegenden „Testfall“ der Frage nach der Entstehung der Welt und des Lebens zu prüfen. Ziehen Sie dazu auch die Seiten 81 bis 89 heran. Die Arbeit dazu könnte in drei Phasen geschehen:

PHASE 1 Erarbeiten Sie die biblische Schöpfungserzählung (Gen 1–2,4a) zunächst im Zusammenhang der Wege des Verstehens, die in den vorangegangenen Teilkapiteln entwickelt wurden. Sinnvoll ist, wenn Sie damit beginnen, Ihre eigene Position zur Frage der Weltentstehung, von Evolution und Vorstellungen einer Erschaffung durch Gott sich vorher bewusst zu machen. Wählen Sie dann methodische Schritte aus dem Kapitel aus, die Sie am Text anwenden. Da sich die Schöpfung besonders eignet, die Wahrheitsfrage zu reflektieren, gehört dazu ein Text aus dem Bereich des fundamentalistischen Bibelverständnisses, das – gegen das heutige Verständnis von Kosmologie und Evolution – von der wortwörtlichen Richtigkeit des Bibeltextes ausgeht („Kreationismus“).

PHASE 2 Nach den Überlegungen im Kontext des Religionsunterrichts sollten Sie die Interpretationsarbeit nun unter Mitwirkung von Mitschülern(innen) und Lehrkräften aus dem Bereich der naturwissenschaftlichen Fächer weiterführen. Als Anknüpfungspunkt bietet sich dazu die Überprüfung der kreationistischen Argumente an.
Wie gehen die Naturwissenschaften mit den dort angesprochenen Lücken und Fragwürdigkeiten der Evolutionstheorie um?

PHASE 3 könnten Sie als „Podiumsdiskussion“ ausgestalten. Schülerinnen und Schüler „besetzen“ etwa die Position der Physik, der Biologie, des Kreationismus und der Bibelwissenschaft. Eine Moderatorin übernimmt die Gesprächsleitung; das Gespräch wird in den Phasen 1 und 2 vorbereitet und vor interessierten Schülerinnen und Schülern der Oberstufe durchgeführt, die ihrerseits durch Anfragen und Stellungnahmen das Gespräch bereichern.

Projektidee:
Außerschulische Lernorte: Die Bibel in unserer Umgebung

1. Stellen Sie (z. B. anhand der Telefonbucheinträge zum Bereich „Kirchen/Religionsgemeinschaften") fest, welche kirchlichen und religiösen Gruppen sich an Ihrem Wohn- oder Schulort befinden, und suchen Sie Kontakt zu ihnen. Entwickeln Sie Fragen zum Umgang mit der Bibel und führen Sie Gespräche mit Verantwortlichen, deren Ergebnisse Sie im Unterricht vortragen und auswerten.

2. Prüfen Sie, ob dabei Kriterien für weniger oder mehr Sachgemäßheit im Umgang mit der Bibel deutlich werden. Erarbeiten Sie unter dieser Zielsetzung in arbeitsteiligen Kleingruppen noch einmal die Abschnitte aus den Seiten 105–121. Gewichten Sie die erarbeiteten Aspekte zum Bibelverständnis und formulieren Sie daraus „Essentials" eines sachgemäßen Umgangs mit der Bibel, die Sie bei den Gesprächen als „Matrix" im Blick behalten.

3. Konkrete Fragestellungen bei Ihren Gesprächen/Recherchen könnten u. a. sein: In welcher Funktion und an welchen Stellen wird aus der Bibel im Sonntagsgottesdienst vorgetragen? Welche Rolle spielt die Bibel im persönlichen Leben Einzelner oder der Familien? Gibt es Haus- und Bibelkreise, was geschieht dort, wie wird dort gearbeitet? Wie sehen der Kirche Fernstehende die Bibel?

Medienhinweise

- **Dt. Bibelgesellschaft: Bibel von A–Z.** Wortkonkordanz zur Lutherbibel nach der Fassung von 1984. Stuttgart: Deutsche Bibelgesellschaft 1986
- **Berger, Klaus: Sind die Berichte des Neuen Testaments wahr?** Gütersloh: Gütersloher Verlagshaus 2002
- **Elwell, W. A./Yarbrough, R. W.: Studienbuch Neues Testament.** Wuppertal: R. Brockhaus 2001
- **Gnilka, Joachim: Bibel und Koran. Was sie verbindet, was sie trennt.** Freiburg/Basel/Wien: Herder 2004
- **Kurz, Helmut: Entdeckungen in der Bibel.** München: Kösel 1988 (Mit Hilfe dieses Buches lassen sich die Auslegungsbeispiele und -verfahren, die in diesem Kapitel entfaltet sind, erweitern und vertiefen.)
- **Lapide, Pinchas: Ist die Bibel richtig übersetzt?** Gütersloh: Gütersloher Verlagshaus 1986
- **Renz, Andreas/Leimgruber, Stefan: Christen und Muslime. Was sie verbindet, was sie unterscheidet.** München: Kösel 2004 (Besonders gut geeignet für den Vergleich Bibel/Koran.)
- **Theißen, Gerd: Das Neue Testament.** München: C. H. Beck 2002
- **Theißen, Gerd: Zur Bibel motivieren.** Gütersloh: Kaiser/Gütersloher Verlagshaus 2003

Gott als Geheimnis

1 *Beschreiben Sie eine der Darstellungen genauer und bringen Sie diese mit dem Titel das Kapitels in Verbindung.*

יהוה

Der jüdische Gottesname JHWH

Hildegard von Bingen: Chöre der Engel

Christo: Package , 1960

Das Auge Gottes

Yin und Yang

Die Shahada des Islam

Die Frage nach Gott

Wie hat alles angefangen, und wie wird es einmal zu Ende gehen?
Was hat es mit Leben und Tod, Liebe und Hass auf sich?

Zu solchen Fragen regen uns Erfahrungen an, bei denen die vertraute Welt fragwürdig wird. Die Welt erscheint uns geheimnisvoll, und Geheimnisse wecken Fragen. Ist Gott das letzte und eigentliche Geheimnis der Welt?

Der christliche Glaube verbindet mit Gott nicht etwas völlig Unzugängliches, eine überlegene Macht, die allen Fragen entzogen wäre. Dieses Geheimnis lädt dazu ein, sich mit ihm auseinanderzusetzen. Der Glaube geht dabei von Erfahrungen der Nähe und Ferne Gottes aus.

Gibt es einen Gott?

Ob und wie stark Menschen über diese Frage nachdenken, hängt auch davon ab, was sie von Gott erfahren haben und was ihnen von Gott erzählt worden ist. Weil wir sehr verschiedenen Arten, von Gott zu reden, begegnen, kommt es zu unterschiedlichen Versuchen, auf die Frage nach der Existenz Gottes einzugehen.

M1 Peanuts

Charles M. Schulz

1 *Weshalb ist Religion für die Kinder in dem Comic ein so schwieriges Thema?*

2 *Wäre das Gespräch leichter für sie, wenn ihnen jemand von Gott als Geheimnis erzählte? Versuchen Sie, eine ansprechende Erzählung zu finden.*

Mit Gott keine Erfahrung

M2

Schüler, 12. Klasse

Ich glaube nicht an Gott, weil für mich Gott ein abstraktes Denkprinzip ist, das außerhalb meines Vorstellungsbereiches liegt. Ich kann nicht an etwas glauben, das mir andere vorgedacht haben und an dessen Vorhandensein ich zweifle, da ich selbst noch keine Erfahrungen mit ihm gemacht habe. Gott ist ein Abstraktum, dessen Wirkung v. a. im Alten Testament (z. B. Wasserteilung, Mose) entgegen meiner erfahrenen Natur steht. Diese Widersprüche kann ich nicht miteinander vereinbaren. Ich erkenne das Vorhandensein Gottes für andere Menschen an, ich glaube zwar, dass ihnen ihr Glaube hilft, für mich persönlich aber gibt es keinen Gott, der für mich „zuständig" ist. Der Glaube an Gott ist sehr subjektiv, obwohl er oft durch viele gemeinsam geäußert oder praktiziert wird, für mich selbst ist er aber bis jetzt noch nicht zugänglich, weil meine Zweifel noch zu groß sind und sehr oft neu genährt werden. Mich beeindruckt es, wie Menschen an Gott glauben und auch oft Christentum praktizieren, trotzdem besteht immer die Gefahr, Gott als Mittel zu nehmen, alles zu legalisieren, so dass man die Verantwortung immer abschieben kann. Ich glaube nicht, dass ich einen Gott nötig habe, um „gut" zu leben, ich glaube an meine Fähigkeit, meine Ziele kritisch zu sehen und durchsetzen zu können. Ich messe sie oft an christlichen Maßstäben, und ich glaube, dass sie großenteils auch diesen Maßstäben entsprechen, ohne dass ich betont an Gott glaube. Ich glaube, dass das Christentum von der Idee her positiv ist, und versuche, es teilweise zu verwirklichen, aber ohne die Ideologie, mich vor Gott rechtfertigen zu können, und auch ohne Dogmatismus, der mich zwingen könnte, Bräuche zu akzeptieren, die entgegen meinem Gewissen stehen. Trotzdem halte ich es nicht für ausgeschlossen, dass ich irgendwann mal an Gott glauben könnte.

(1984)

Gott, schwesterlich

M3

Bärbel von Wartenberg-Potter (1943)*

Aus Frauenhänden hat mir Gott in meinem Leben viel Gutes zuteil werden lassen, an Frauenhänden mich geleitet und bewahrt. Ich habe gelernt, diese Hände als Gottes Werkzeuge zu sehen, zu benennen und zu lieben.

[...]

Meine Mutter hat mich als Baby in den Hungerjahren des Krieges außergewöhnlich lange gestillt. So ist Gottes Güte für mich wie die Brust einer Mutter. Meine Schwestern schützten mich vor den Widerwärtigkeiten der Kinderzeit und den Ängsten des Alleinseins, sie trugen mich in Bombennächten in den Keller und kuschelten sich neben mich. So ist Gottes Schutz für mich wie die starken Arme meiner Schwestern.

Freundinnen haben mit mir im Chor das Lob Gottes gesungen, mit mir gelernt und studiert, gemeinsam sind wir in die Geheimnisse der Theologia eingedrungen. So ist Gottes Weisheit für mich verbunden mit den klaren Stimmen und forschenden Augen von Studierenden.

Frauen haben für mich gekocht und gebetet in den schlechten Zeiten des Lebens, sind bei mir gesessen in zäher Geduld, haben zugehört und ausgeharrt; dies alles fällt mir ein, wenn ich sage: Gott ist Liebe.

Von Frauen habe ich vieles gelernt, alles, was mein Frausein betrifft, die ganze leib-geistig-geistliche Weise des Lebens, meine Frauen-Identität; so kann ich sagen: Gott ist eine Lehrmeisterin.

Frauen haben mit mir geweint an den traurigsten Tagen meines Lebens, sie haben mich auch in *ihr* Herz blicken lassen, ihre Lebensgeheimnisse mir anvertraut. So kann ich sagen: Gott ist Mitgefühl.

Frauen haben mit mir gekämpft gegen das „Untier, das diese Welt quält". Kluge Pläne haben wir ausgeheckt im Interesse von Frauen. Sie haben zu mir gehalten, mich getröstet, unterstützt und verbessert in allem, was für mich Bedeutung hatte. Deshalb kann ich sagen: Gott ist Schwesterlichkeit.

Die meisten taten es, ohne dass ich zuerst etwas für sie getan hätte, ohne etwas dafür zu erwarten, ohne Gegenleistung, ohne „Do, ut des“ (Ich gebe, damit du gibst). Deshalb kann ich glauben: Gott ist barmherzig, selbstlos, gnädig.

Es gibt viele solcher Bilder in meinem Leben. Ich will aus diesem Schatz schöpfen, um Gott mit den Namen *meines* Lebens zu benennen. Ich will sie bescheiden, aber bestimmt hinzufügen und neben die alten ehrwürdigen Zeugnisse der Jahrhunderte stellen, die von Gott als dem Vater, dem König, dem Streiter, dem Bruder sprechen. Alle diese Bilder sind mir auch wertvoll, denn auch sie sprechen meine Erfahrungen mit Menschen aus, mit Männern, und spiegeln Vielfalt und Fülle des Lebens.

Nur die Menschensprache mit ihren Bildern steht uns zur Verfügung, um Gott zu benennen. Gott ist aber mehr als die Summe dieser Bilder. Mehr, weil nicht verrechenbar, abrufbar, kalkulierbar in solchen Bildern. Mehr, weil Gottes Anwesenheit durch die Geschichte hindurch viele Ausdrucksformen gefunden hat. Aber nicht jedes Bild vermag Gott einen Raum zu geben. Es gibt solche, auch von Frauen, die sich unversöhnbar stoßen an den großen biblischen Bildern, dass Gott gerecht ist, Liebe ist, Wahrheit ist, Gemeinschaft stiftet. In diese biblische Tradition habe ich mich gestellt und will ihr treu bleiben. Aber ich bin fest davon überzeugt, dass in vielen neuen Namen, die Frauen heute finden, sich das Alte, vielleicht auf wahrere Weise, erhält.

(1989)

1 *Der Jugendliche (➤ M 2) zweifelt an der Existenz Gottes, aber trotzdem setzt er sich ausführlich mit der Frage nach Gott auseinander. Beurteilen Sie seine Auffassung, dass Gott nicht nötig sei, um gut zu leben (Z. 12).*

2 *Vergleichen Sie die Position des Jugendlichen mit den Erfahrungen, von denen die Theologin und heutige Bischöfin Bärbel von Wartenberg-Potter spricht.*

3 *Führen Sie ein Streitgespräch über die Thesen: Dass Gott existiert, kann man nicht beweisen. – Dass Gott existiert, kann man nicht widerlegen.*

Gott – kein Geheimnis?

Wir Menschen leben in Raum und Zeit und gehen mit den Dingen um, die uns in der Welt begegnen. Manches zieht uns an, aber ist es deshalb schon geheimnisvoll? Menschen können sich für vieles begeistern, aber haben deshalb alle einen Gott? Wie sich zeigt, dass Menschen einem Gott vertrauen, verdeutlicht Martin Luther (1483–1546) mit der Auslegung des ersten Gebots in seinem „Großen Katechismus“:

M4 Du sollst nicht andere Götter haben

Martin Luther

Das ist:
Du sollst mich alleine für Deinen Gott halten.
Was bedeutet das, und wie versteht mans?
Was heißt, „einen Gott haben“, oder was ist Gott?

Antwort:
Ein Gott heißet das, dazu man sich versehen soll alles Guten und Zuflucht haben in allen Nöten. Also dass „einen Gott haben“ nichts anders ist, als ihm von Herzen trauen und glauben; wie ich oft gesagt habe, dass alleine das Vertrauen und Glauben des Herzens beide macht: Gott und Abgott. Ist der Glaube und Vertrauen recht, so ist auch Dein Gott recht; und umgekehrt: wo das Vertrauen falsch und unrecht ist, da ist auch der rechte Gott nicht. Denn die zwei gehören zu Haufe (zusammen), Glaube und Gott. Woran Du nun Dein Herz hängest und verlässest, das ist eigentlich Dein Gott.

Darum ist nun die Meinung dieses Gebots, dass es rechten Glauben und Zuversicht des Herzens fordert, welche den rechten einzigen Gott treffe und an ihm alleine hange. Und will so viel gesagt haben: siehe zu und lasse mich allein Deinen Gott sein und suche ja keinen andern; das ist: was Dir an Gutem mangelt, des versiehe Dich zu mir und suche es bei mir, und wo Du Unglück und Not leidest, kriech und halte Dich zu mir. ICH, ich will Dir genug geben und aus aller Not helfen, lass nur Dein Herz an keinem andern hangen noch ruhen. [...]

Da hat jedermann das zum sonderlichen Gott erhoben, davon er sich Gutes, Hilfe und Trost versehen hat. [...]

Außerdem ist auch das ein falscher Gottesdienst und die höchste Abgötterei, was wir bisher getrieben haben und was noch in der Welt regieret, darauf auch alle geistlichen Stände gegründet sind, welche allein das Gewissen betrifft, das da Hilfe, Trost und Seligkeit in eigenen Werken suchet, sich vermisst, Gott den Himmel abzuzwingen, und rechnet, wie viel es gestiftet, gefastet, Messe gehalten hat usw. Verlässt sich und pochet darauf, als wolle es nichts von ihm geschenkt nehmen, sondern es selbst erwerben oder im Übermaß verdienen, gerade als müsste er uns zu Dienst stehen und unser Schuldner, wir aber seine Lehnsherrn sein. Was ist das anders, als aus Gott einen Götzen, ja einen Apfelgott gemacht und sich selbst für Gott gehalten und aufgeworfen? [...]

Frage und erforsche Dein eigenes Herz recht, so wirst Du wohl finden, ob es allein an Gott hange oder nicht. Hast Du ein solches Herz, das sich eitel Gutes zu ihm versehen kann, sonderlich in Nöten und Mangel, dazu alles gehen und fahren lassen will, was nicht Gott ist, so hast Du den einzigen rechten Gott. Umgekehrt: hanget es an etwas anderem, dazu sichs mehr Guts und Hilfe vertröstet denn zu Gott, und läuft es nicht zu ihm, sondern flieht vor ihm, wenn es ihm übel gehet, so hast Du einen andern Abgott.

(1529)

Ist Gott nicht angebracht?

Im Januar 2003 veröffentlichte die deutsche Wochenzeitschrift DIE ZEIT ein Interview mit dem französischen Politiker Valéry Giscard d'Estaing (* 1926). Er war zu diesem Zeitpunkt Präsident des Konvents der Europäischen Union, der am Entwurf einer Verfassung für Europa arbeitete. Giscard d'Estaing zufolge soll diese Verfassung jeder Gymnasiast verstehen. Dass Gott in der Verfassung genannt werden soll, war umstritten. Inzwischen ist diese Forderung abgelehnt, aber es gibt in der Verfassung wichtige Artikel zur Religion (z. B. Artikel 52, 70, 82). Hier folgt ein Ausschnitt des Interviews:

Europäische Identität?

M5

ZEIT-Interview mit Valerie Giscard d'Estaing

Giscard: Warum schaffen wir Europa? Zum einen gibt es praktische Gründe: Unsere Staaten sind zu klein, selbst die großen unter ihnen, um gewisse Probleme zu lösen. Wenn wir in einer Welt mit sechs Milliarden Menschen noch eine Rolle spielen wollen – wohlgemerkt, nicht um ins Leben anderer einzugreifen, sondern einfach um unsere Überzeugungen auszudrücken –, können wir das nicht länger jeder für sich tun. Darum ist Europa eine Notwendigkeit.

Was sind die Ziele? Die Europäer sollen so leben können, wie sie es wünschen. Mit ihrer Kultur, ihren Werten, ihrer Lebensweise. Und die Europäer sollen in die Lage versetzt werden, gemeinsame Ziele auch zu erreichen. Warum fühlt man sich als Europäer? Die einen empfinden das schon länger, andere erst seit kurzem. Und doch teilen alle dieses Gefühl. Wir müssen die Faktoren dieser Identität genau bestimmen. Das ist eine schöne Sache. Denn dieses Europa ist ein Höhepunkt der Zivilisation.

Zeit: Was heißt europäische Identität?

Giscard: Sie entwickelt sich schrittweise. Nach Abschluss der Römischen Verträge begann ich mich in Italien ein wenig zu Hause zu fühlen. Nach Einführung des Euro verspürte ich ähnliche Gefühle, als ich erstmals ohne Peseten nach Spanien reisen konnte. Diese Identität meint in erster Linie eine bestimmte Lebensweise, eine gemeinsame Vergangenheit, die durch Erziehung, Literatur oder Film weitergereicht wird. Das wird mit der Zeit immer stärker und einer „europäischen Bürgerschaft" ihren Inhalt geben. Das bedeutet nicht, dass man seine nationale Identität darüber verliert. Ich bin häufig in den Vereinigten Staaten. Die Leute in Massachusetts und in Texas haben wenig gemein. Aber sie haben eine ausgeprägte nationale Identität. In Europa liegt der Fall anders: Wir haben eine starke nationale Identität und ein gemeinsames europäisches Erbe.

Zeit: Uns fehlt auch das starke religiöse Moment. *In God we trust* würde niemand auf einen Euro-Schein schreiben. Der Spruch steht auf jedem Dollar.

Giscard: In Amerikas Anfängen war der Einfluss der protestantischen Kirchen sehr stark. Viele flohen aus religiösen Gründen dorthin. Europa hingegen muss seit dem 19. Jahrhundert mit einem doppelten Erbe leben, einem spirituellen, religiösen Erbe und einem rein weltlichen politischen System, in dem die Religion keine Rolle spielt.

Zeit: Wird Gott in der Verfassung einen Platz finden?

Giscard: Das wird die Debatte zeigen. Mir persönlich erscheint ein Bezug auf Gott nicht angebracht. Andere denken da anders: Ich komme gerade aus Polen zurück. Für einen Polen heißt „Gott" einfach Christus. Denn die allermeisten dort sind Katholiken. In Frankreich liest sich das anders. Dort gibt es Protestanten, Juden, Muslime. „Gott" hat nicht mehr denselben Inhalt. Gemeint ist das Spirituelle, Religiöse. Das ist allerdings sehr wichtig.

(2003)

1 *Beurteilen Sie die Gründe, mit denen Giscard d'Estaing den Bezug auf Gott in der europäischen Verfassung ablehnt.*

2 *Diskutieren Sie, welche Bedeutung der Gottesglaube heute für die Gestaltung des gesellschaftlichen Lebens haben sollte.*

Gottesglaube oder Atheismus?

Die Hand – die Hand Gottes

M6

Georg Baselitz

(1964/65)

1 *Beschreiben und deuten Sie das Bild von Georg Baselitz. Berücksichtigen Sie dabei den Titel „Die Hand – die Hand Gottes".*

Die Sache mit Gott ist umstritten, und der Gottesglaube ist nicht selbstverständlich. Seit dem 19. Jahrhundert wurde er von veränderten Lebensweisen und sozialen Verhältnissen her kritisiert. Es gewinnt der Gedanke an Bedeutung, dass es kein göttliches Geheimnis gibt. Hat der moderne Atheismus den Gottesglauben widerlegt? Wie tragfähig ist die Argumentation des Atheismus?

Religionsunterricht

M7

*Wolf Biermann (*1936)*

für D. R.

Der Liebe GOtt, mein liebes Kind
Liebt alle Menschenkinder
Die schwarzen, die weißen, die gelben und roten
Die guten – die bösen nicht minder

Gott schuf unsre Welt? – Ja, das ist wahr
Gott schuf die Vögel und Affen
Wer aber schuf Gott? – Du, das ist klar:
Den hat ja der Mensch erschaffen

Wir sind seine Schöpfer. Und ER ist gewiss
Viel menschlicher als seine Macher
Gott ist ein gestrenger Lehrmeister und
Ein freundlicher Widersacher

Gott ist unser edleres Ebenbild
So hausen wir hier auf Erden
Wir eifern dem eigenen Kunstwerk nach
So wollen wir Menschen werden

(2003)

Gott – eine Projektion des Menschen?

Ludwig Feuerbach (1804–1872) studierte evangelische Theologie und Philosophie. In seiner Schrift „Das Wesen des Christentums" (1841) rief er zur Vollendung der Aufklärung auf: Der Mensch sei in allen Lebensbereichen als auf sich selbst gestellt zu betrachten. Den Gottesglauben kann man nach Feuerbach psychologisch erklären (➤ s. auch S. 34).

M8 Gottesglaube als Wunschdenken

Ludwig Feuerbach

Der Mensch glaubt Götter nicht nur, weil er *Fantasie* und *Gefühl* hat, sondern auch, weil er den *Trieb hat, glücklich zu sein.* Er glaubt ein seliges Wesen, nicht nur, weil er eine Vorstellung der Seligkeit hat, sondern weil er selbst selig sein will; er glaubt ein vollkommenes Wesen, weil er selbst vollkommen zu sein wünscht; er glaubt ein unsterbliches Wesen, weil er selbst nicht zu sterben wünscht. Was er selbst nicht ist, aber zu sein *wünscht,* das stellt er sich in seinen Göttern als seiend vor; *die Götter sind die als wirklich gedachten, die in wirkliche Wesen verwandelten Wünsche des Menschen;* ein Gott ist der in der Fantasie befriedigte Glückseligkeitstrieb des Menschen. Hätte der Mensch keine Wünsche, so hätte er trotz Fantasie und Gefühl keine Religion, keine Götter. Und so verschieden die Wünsche, so verschieden sind die Götter, und die Wünsche sind so verschieden, als es die Menschen selbst sind. Der Trieb, aus dem die Religion hervorgeht, ihr letzter Grund, ist der *Glückseligkeitstrieb,* und wenn dieser Trieb etwas Egoistisches ist, also der *Egoismus.*

(1845)

M9 Umkehrung der Verhältnisse

Ludwig Feuerbach

Die Religion ist das erste Selbstbewusstsein des Menschen. Heilig sind die Religionen, eben weil sie die Überlieferungen des ersten Bewusstseins sind. Aber was der Religion das erste ist, Gott, das ist an sich, der Wahrheit nach das zweite, denn er ist nur das sich *gegenständliche* Wesen des Menschen, und was ihr das zweite ist, der Mensch, das muss daher *als das erste gesetzt* und *ausgesprochen* werden. Die Liebe zum Menschen darf keine abgeleitete sein; sie muss zur *ursprünglichen* werden. Dann allein wird die Liebe eine *wahre, heilige, zuverlässige* Macht. Hinter der religiösen Liebe kann sich, wie bewiesen, auch der Hass sicher verbergen. Ist das Wesen des Menschen das *höchste Wesen* des Menschen, so muss auch praktisch das höchste und *erste Gesetz* die *Liebe des Menschen zum Menschen sein. Homo homini deus est* – dies ist der oberste praktische Grundsatz, dies der Wende-Punkt der Weltgeschichte. Die Verhältnisse des Kindes zu den Eltern, des Gatten zum Gatten, des Bruders zum Bruder, des Freundes zum Freunde, überhaupt des Menschen zum Menschen, kurz, die *moralischen* Verhältnisse sind per se *wahrhaft religiöse Verhältnisse. Das Leben ist* überhaupt in seinen *wesentlichen, substanziellen* Verhältnissen durchaus göttlicher Natur. Seine religiöse Weihe empfängt es nicht erst durch den Segen des Priesters.

[...]

Es handelt sich also im Verhältnis der selbstbewussten Vernunft zur Religion nur um die Vernichtung einer *Illusion* – einer Illusion aber, die keineswegs indifferent ist, sondern vielmehr *grundverderblich* auf die Menschheit wirkt, den Menschen, wie um die Kraft des wirklichen Lebens, so um den Wahrheits- und Tugendsinn bringt; denn selbst die Liebe, an sich die innerste, wahrste Gesinnung, wird durch die Religiosität zu einer nur *scheinbaren, illusorischen,* indem die religiöse Liebe den Menschen nur um Gotteswillen. also nur scheinbar den Menschen, in Wahrheit nur Gott liebt.

Und wir dürfen nur die religiösen Verhältnisse umkehren, das, was die Religion als Mittel setzt, immer als Zweck fassen, was ihr das Untergeordnete, die Nebensache, die Bedingung ist, zur Hauptsache, zur Ursache erheben, so haben wir die Illusion zerstört und das ungetrübte Licht der Wahrheit vor unsern Augen.

(1841)

1 *Feuerbachs Ausführungen zur Beziehung zwischen Gott und Mensch hat man als „Projektions-Theorie" bezeichnet. Begründen Sie diese Bezeichnung aus dem Text.*

2 *Vergleichen Sie Feuerbachs Theorie mit den Positionen Wolf Biermanns (M 7) und Martin Luthers (M 4).*

Feuerbachs Thesen sind zur Grundlage für den modernen Atheismus geworden, wie ihn z. B. Karl Marx (1818–1883) vertrat. Marx war durch sein Philosophiestudium bereits mit dem Atheismus vertraut, den er während seines Aufenthalts in Paris zunehmend radikalisierte. Er fragte nach den Gründen und Bedingungen, die zu dem von Feuerbach als Projektion beschriebenen Gottesglauben führten, und nach den gesellschaftlichen Widersprüchen und deren ökonomischen Wurzeln.

Religion als verkehrtes Bewusstsein

M 10

Karl Marx

Der Mensch, der in der fantastischen Wirklichkeit des Himmels, wo er einen Übermenschen suchte, nur den *Widerschein* seiner Selbst gefunden hat, wird nicht mehr geneigt sein, nur den *Schein* seiner Selbst, nur den Unmenschen zu finden, wo er seine wahre Wirklichkeit sucht und suchen muss.

Das Fundament der irreligiösen Kritik ist: *Der Mensch macht die Religion, die Religion* macht nicht den Menschen. Und zwar ist die Religion das Selbstbewusstsein und das Selbstgefühl des Menschen, der sich selbst entweder noch nicht erworben oder schon wieder verloren hat.

[...] Der Mensch, das ist die *Welt des Menschen,* Staat, Sozietät. Dieser Staat, diese Sozietät produzieren die Religion, ein *verkehrtes Weltbewusstsein,* weil sie eine *verkehrte Welt* sind. Die Religion ist die allgemeine Theorie dieser Welt, ihr enzyklopädisches Kompendium, ihre Logik in populärer Form, ihr spiritualistischer *Point d'Honneur* [Ehrenpunkt], ihr Enthusiasmus, ihre moralische Sanktion, ihre feierliche Ergänzung, ihr allgemeiner Trost- und Rechtfertigungsgrund. Sie ist die *fantastische Verwirklichung des menschlichen Wesens,* weil das menschliche Wesen keine wahre Wirklichkeit besitzt. Der Kampf gegen die Religion ist also mittelbar der Kampf gegen *jene Welt,* deren geistiges *Aroma* die Religion ist. Das religiöse Elend ist in einem der Ausdruck des wirklichen Elends und in einem die *Protestation* gegen das wirkliche Elend. Die Religion ist der Seufzer der bedrängten Kreatur, das Gemüt einer herzlosen Welt, wie sie der Geist geistloser Zustände ist. Sie ist das *Opium* des Volks. Die Aufhebung der Religion als des *illusorischen Glücks* des Volkes ist die Forderung seines wirklichen Glücks.

[...] Die Kritik der Religion ist also im Keim die Kritik des *Jammertales,* dessen *Heiligenschein* die Religion ist. Die Kritik hat die imaginären Blumen an der Kette zerpflückt, nicht damit der Mensch die fantasielose, trostlose Kette trage, sondern damit er die Kette abwerfe und die lebendige Blume breche. Die Kritik der Religion enttäuscht den Menschen, damit er denke, handle, seine Wirklichkeit gestalte wie ein enttäuschter, zu Verstand gekommener Mensch, damit er sich um sich selbst und damit um seine wirkliche Sonne bewege. Die Religion ist nur die illusorische Sonne, die sich um den Menschen bewegt, solange er sich nicht um sich selbst bewegt.

(1844)

1 *Inwiefern steht der Gottesglaube nach Marx der Menschlichkeit im Weg?*

2 *Lesen Sie Psalm 23 und Amos 5,11–15. Wenden Sie Feuerbachs und Marx' Theorien auf den Gottesglauben in diesen Bibelstellen an.*

Gottesglaube – ein Zeichen kindlicher Hilflosigkeit?

Sigmund Freud (1856–1939), der Begründer der Psychoanalyse*, wuchs in Wien in einer jüdischen Familie auf. Schon als Jugendlicher wandte er sich dem Atheismus zu. In seinem Werk hat er sich kritisch mit jüdischen und christlichen Traditionen auseinandergesetzt. In Freuds Psychoanalyse spielt das Unbewusste beim Übergang von der Kindheit zum Erwachsenenleben eine entscheidende Rolle. Auch den Gottesglauben bringt er mit der Wunschwelt des Kindes in Verbindung (➤ s. auch S. 37).

M11 Gott als Elternersatz

Sigmund Freud

Versetzen wir uns in das Seelenleben des kleinen Kindes. [...] Die Libido folgt den Wegen der narzisstischen Bedürfnisse und heftet sich an die Objekte, welche deren Befriedigung versichern. So wird die Mutter, die den Hunger befriedigt, zum ersten Liebesobjekt und gewiss auch zum ersten Schutz gegen alle die unbestimmten, in der Außenwelt drohenden Gefahren, zum ersten Angstschutz, dürfen wir sagen.

In dieser Funktion wird die Mutter bald von dem stärkeren Vater abgelöst, dem sie nun über die ganze Kindheit verbleibt. Das Verhältnis zum Vater ist aber mit einer eigentümlichen Ambivalenz behaftet. Er war selbst eine Gefahr, vielleicht von dem früheren Verhältnis zur Mutter her. So fürchtet man ihn nicht minder, als man sich nach ihm sehnt und ihn bewundert. Die Anzeichen dieser Ambivalenz des Vaterverhältnisses sind in allen Religionen tief eingeprägt [...].

Wenn nun der Heranwachsende merkt, dass es ihm bestimmt ist, immer ein Kind zu bleiben, dass er des Schutzes gegen fremde Übermächte nie entbehren kann, verleiht er diesen die Züge der Vatergestalt, er schafft sich die Götter, vor denen er sich fürchtet, die er zu gewinnen sucht und denen er doch seinen Schutz überträgt.

So ist das Motiv der Vatersehnsucht identisch mit dem Bedürfnis nach Schutz gegen die Folgen der menschlichen Ohnmacht; die Abwehr der kindlichen Hilflosigkeit verleiht der Reaktion auf die Hilflosigkeit, die der Erwachsene anerkennen muss, eben der Religionsbildung, ihre charakteristischen Züge.

(1939)

M12 Der Gottesglaube – eine Illusion

Sigmund Freud

Wir wissen schon, der schreckende Eindruck der kindlichen Hilflosigkeit hat das Bedürfnis nach Schutz – Schutz durch Liebe – erweckt, dem der Vater abgeholfen hat, die Erkenntnis von der Fortdauer dieser Hilflosigkeit durchs ganze Leben hat das Festhalten an der Existenz eines, aber nun mächtigeren Vaters verursacht. Durch das gütige Walten der göttlichen Vorsehung wird die Angst vor den Gefahren des Lebens beschwichtigt, die Einsetzung einer sittlichen Weltordnung versichert die Erfüllung der Gerechtigkeitsforderung, die innerhalb der menschlichen Kultur so oft unerfüllt geblieben ist, die Verlängerung der irdischen Existenz durch ein zukünftiges Leben stellt den örtlichen und zeitlichen Rahmen bei, in dem sich diese Wunscherfüllungen vollziehen sollen. Antworten auf Rätselfragen der menschlichen Wissbegierde, wie nach der Entstehung der Welt und der Beziehung zwischen Körperlichem und Seelischem, werden unter den Voraussetzungen dieses Systems entwickelt; es bedeutet eine großartige Erleichterung für die Einzelpsyche, wenn die nie ganz überwundenen Konflikte der Kinderzeit aus dem Vaterkomplex ihr abgenommen und einer von allen angenommenen Lösung zugeführt werden.

Wenn ich sage, das alles sind Illusionen, muss ich die Bedeutung des Wortes abgrenzen. Eine Illusion ist nicht dasselbe wie ein Irrtum, sie ist auch nicht notwendig ein Irrtum. [...] Für die Illusion bleibt charakteristisch die Ableitung aus menschlichen Wünschen, sie nähert sich in dieser Hinsicht der psychiatrischen Wahnidee, aber sie scheidet sich [...] auch von dieser. An der Wahnidee heben wir als wesentlich den Widerspruch gegen die Wirklichkeit hervor, die Illusion muss nicht notwendig falsch, d.h. unrealisierbar oder im Widerspruch mit der Realität sein. Ein Bürgermädchen kann sich z. B. die Illusion machen, dass ein Prinz kommen wird, um sie heimzuholen. Es ist möglich, einige Fälle dieser Art haben sich ereignet. Dass der Messias kommen und ein goldenes Zeitalter begründen wird, ist weit weniger wahrscheinlich; je nach der persönlichen Einstellung des Urteilenden wird er diesen Glauben als Illusion oder als Analogie einer Wahnidee klassifizieren. [...] Wenden wir uns nach dieser Orientierung wieder zu den religiösen Lehren, so dürfen wir wiederholend sagen: Sie sind sämtlich Illusionen, unbeweisbar.

(1927)

1 *Beschreiben Sie die Funktion, die der Gottesglaube nach Freud für den einzelnen Menschen und die Gesellschaft erfüllt.*

2 *Vergleichen Sie die Aussagen Freuds (M 8) und Feuerbachs (M 9) zum Gottesglauben als Illusion. Inwiefern radikalisiert Freud diese Vorstellung?*

Atheismus und christlicher Glaube

Der evangelische Theologe Dietrich Bonhoeffer (1906–1945) sah in der Mündigkeit des modernen Menschen eine Herausforderung des Gottesglaubens:

Gott mitten im Leben

M 13

Dietrich Bonhoeffer

Wir gehen einer völlig religionslosen Zeit entgegen; die Menschen können einfach, so wie sie nun einmal sind, nicht mehr religiös sein. [...] Ich möchte von Gott nicht an den Grenzen, sondern in der Mitte, nicht in den Schwächen, sondern in der Kraft, nicht also bei Tod und Schuld, sondern im Leben und im Guten des Menschen sprechen. [...] Gott ist mitten in unserem Leben jenseitig. [...] In dem, was wir erkennen, sollen wir Gott finden, nicht aber in dem, was wir nicht erkennen; nicht in den ungelösten, sondern in den gelösten Fragen will Gott von uns begriffen sein. Das gilt für das Verhältnis von Gott und wissenschaftlicher Erkenntnis. Aber es gilt auch für die allgemein menschlichen Fragen von Tod, Leiden und Schuld. Es ist heute so, dass es auch für diese Fragen menschliche Antworten gibt, die von Gott ganz absehen können. [...] Gott ist auch hier kein Lückenbüßer; nicht an den Grenzen unserer Möglichkeiten, sondern mitten im Leben muss Gott erkannt werden. [...] Ich will also darauf hinaus, dass man Gott nicht noch an irgendeiner allerletzten Stelle hineinschmuggelt, sondern dass man die Mündigkeit der Welt und des Menschen einfach anerkennt, dass man den Menschen in seiner Weltlichkeit nicht „madig macht“, sondern ihn an seiner stärksten Stelle mit Gott konfrontiert.

(1944)

Für Elisabeth Moltmann-Wendel (* 1926), eine Vertreterin der feministischen Theologie*, ist der christliche Glaube bedeutsam, weil er den Menschen gerade keine Illusionen macht.

M14 Stärke aus der Niederlage

Elisabeth Moltmann-Wendel

Die Jesusgestalt und die Jesuserfahrung, anders zu sein und nicht auf einer Welle der Anerkennung zu schwimmen, ist eine tragende Beispielgeschichte für mein Leben. Sie ist die Gestalt, die ans Kreuz genagelt wurde, alle Niederlagen miterleidet und aus diesen Niederlagen dann Stärke bezieht. Auferstehung im Sinn von Aufstehen ist für mich das schönste Bild in der christlichen Religion, und die christliche Religion endet eigentlich mit der Auferstehung. Aber der Weg ist nicht primitive Stärke, Kraft, Power. Der Weg ist, Dinge zu erfahren, Dinge zu erleiden, die einen an die Grundexistenz führen, an Angst, Verfolgung und Einsamsein, an Nicht-Mehr-Können, an Krankheit, an Tod. Dann entsteht echte Stärke. Und insofern ist für mich die christliche Religion eine faszinierende Religion, weil sie uns nicht irgendein Bild vorgaukelt von Macht, sondern uns das Bild eines Menschen vorstellt, der durch die letzten Tiefen gegangen ist.

Insofern ist Jesus nicht irgendein moralisches Vorbild, dem ich nachfolgen, nacheifern muss. Er nimmt mich einfach an die Hand und geht mit mir durch alle Höllen auch dieses Lebens.

(2002)

1 *Prüfen sie, ob die in den Texten M 13 und M 14 genannten theologischen Argumente stichhaltige Antworten auf den modernen Atheismus darstellen.*

2 *Wie weit bleibt in diesen Antworten das Geheimnis Gottes gewahrt?*

Schlüsselwissen

Strukturen der Rede von Gott

Bei ihrer Suche nach Erkenntnis haben Theologie und Philosophie über das Verhältnis von Gott und Welt nachgedacht. Im Laufe ihrer Geschichte haben sich für die Rede von Gott unterschiedliche Denkmuster entwickelt:

■ **Deismus:**
Ein Gott existiert als Ursprung und Grund der Welt. In das Weltgeschehen und das Leben der Menschen greift er nicht weiter ein.

■ **Theismus:**
Gott existiert als personales Gegenüber für die Welt, die er geschaffen hat. Lenkend und erhaltend greift er in das Weltgeschehen und das Leben der Menschen ein.

■ **Pantheismus:**
Gott existiert in allen Erscheinungen der Natur. Er wird nicht getrennt von der Welt gedacht, sondern durchdringt sie. Es besteht kein Interesse, Gott und Welt zu unterscheiden.

■ **Agnostizismus:**
Ob Gott existiert oder nicht, bleibt unentschieden. Das bloße Wort „Gott" ist bedeutungsleer. Die Menschen müssen den Sinn ihres Lebens und Handelns innerweltlich finden.

■ **Atheismus:**
Die Frage nach Gott zu stellen, um sie negativ zu beantworten, charakterisiert dieses Denkmuster. Die Menschen müssen ihr Leben aus eigener Kraft menschlich gestalten.

Gottesglaube oder Gottesbeweise?

Ist der Gottesglaube mehr als eine unbeweisbare Illusion? Kann man beweisen, dass es einen Gott gibt? Menschen wollen ihren Glauben mit dem Denken verbinden. Der Wunsch zu erkennen, dass ein Gott existiert, findet sich auch in der christlichen Tradition. Hat die Rede von Gott als Geheimnis trotzdem einen Sinn?

Hildegard von Bingen (1098–1179) war eine gebildete Frau und eine bekannte Theologin des Mittelalters. Sie beherrschte die lateinische Sprache und hatte außer der Bibel auch die Schriften der Kirchenväter studiert. Zugleich berichtete sie von außergewöhnlichen Gotteserfahrungen: Von früher Kindheit an habe sie Visionen gehabt, lichtvolle Gotteserscheinungen.

Meditation

M 15

Hildegard von Bingen

Alles durchdringst Du, die Höhen, die Tiefen
und jeglichen Abgrund.
Du bauest und bindest alles.
Durch Dich träufeln die Wolken,
regt ihre Schwingen die Luft.
Durch Dich birgt Wasser das harte Gestein,
rinnen die Bächlein
und quillt aus der Erde das frische Grün.
Du auch führest den Geist, der die Lehre trinkt, ins Weite.
Wehest Weisheit in ihn
und mit der Weisheit die Freude.
Der Heilige Geist ist Leben spendendes Leben,
Beweger des Alls
und Wurzel allen geschaffenen Seins,
er reinigt das All von Unlauterkeit,
er tilget die Schuld, und er salbet die Wunden,
so ist er leuchtendes Leben, würdig des Lobes,
auferweckend und wiedererweckend das All.
O edelstes Grün, in der Sonne du wurzelst,
du leuchtest in strahlender Helle im Kreise,
den kein irdisches Sinnen begreift.
Umfangen wirst du von den Armen
der Geheimnisse Gottes.
Du schimmerst auf wie Morgenrot,
du flammst wie der Sonne Glut.

Waldorchidee

Beweist die Wirklichkeit Gottes Sein?

Hildegard von Bingen hatte zunächst Scheu, sich als Frau in das Gespräch der Theologen einzumischen. Aber das Schweigen machte sie krank. Nach einer erlösenden Berufungsvision vertraute sie sich 1114 einem Mönch an, dem sie ihre Gotteserkenntnisse diktierte. So entstand „Scivias – Wisse die Wege" als erstes von drei Visionswerken. Eine päpstliche Kommission prüfte die Schriften und gab sie zur Veröffentlichung frei.

M16 Scivias – Wisse die Wege

Hildegard von Bingen

Und ich, ein Mensch, der ich nicht glühe nach der Art der starken Löwen noch auch durch ihren Unterricht belehrt wurde, [...] sah, durchweht von geheimnisvollem Hauch, ein hell-leuchtendes Feuer, das unbegreiflich, unauslöschlich, ganz lebendig, ganz Leben war. Und ich hörte aus dem vorerwähnten lebendigen Feuer eine Stimme, zu mir sprechend: O du, die du bist [...] unter dem Namen Weib ungelehrt, [...] zu lesen Schriften mittels des Verstandes der Philosophen, sondern nur angerührt von meinem Licht, das dich zuinnerst berührt mit einem Feuer wie glühende Sonne, schreibe und erzähle erschöpfend und schreibe diese meine Mysterien, die du siehst und hörst in mystischer Schau. Wolle also nicht furchtsam sein, sondern sage das, was du erkennst im Geist, auf die Weise, wie ich es durch dich rede.

(1140/1147)

Im Mittelalter hat der Dominikaner Thomas von Aquin (1224/25–1274) in seiner „Summa Theologica" eine theoretische Systematisierung des Glaubens vorgelegt. Dass es einen Gott gibt, ist für den Einzelnen im Glauben subjektiv gewiss. Thomas wollte diese Erfahrung auf rationalem Weg allgemein nachvollziehbar belegen. Er schlug fünf gedankliche Wege vor, um durch die Erforschung der weltlichen Strukturen dem guten Wirken Gottes auf die Spur zu kommen und dadurch sein Dasein nachzuweisen.

M17 Die fünf Wege

Thomas von Aquin

Fünf Wege gibt es, das Dasein Gottes zu beweisen. Der erste und nächstliegende geht von der *Bewegung* aus. Es ist eine sichere, durch das Zeugnis der Sinne zuverlässig verbürgte Tatsache, dass es in der Welt Bewegung gibt. Alles aber, was in Bewegung ist, wird von einem andern bewegt. [...] Das kann aber unmöglich so ins Unendliche fortgehen, da wir dann kein erstes Bewegendes und infolgedessen überhaupt kein Bewegendes hätten. [...] Wir müssen also unbedingt zu einem *ersten Bewegenden* kommen, das von keinem bewegt ist. Dieses erste Bewegende aber meinen alle, wenn sie von Gott sprechen.

Der zweite Weg geht vom Gedanken der *Wirkursache* aus. Wir stellen nämlich fest, dass es in der sichtbaren Welt eine Über- und Unterordnung von Wirkursachen gibt; dabei ist es niemals festgestellt worden und ist auch nicht möglich, dass etwas seine eigene Wirk- oder Entstehungsursache ist. Denn dann müsste es sich selbst im Sein vorausgehen, und das ist unmöglich. [...] Wir müssen notwendig eine erste Wirk- oder Entstehungsursache annehmen: Und die wird von allen „Gott" genannt.

Der dritte Weg geht aus von dem *Unterschied des bloß möglichen und des notwendigen Seins.* [...] Alles notwendige Sein hat den Grund seiner

Notwendigkeit entweder in einem anderen oder nicht in einem anderen. In der Ordnung der notwendigen Wesen, die den Grund ihrer Notwendigkeit in einem anderen haben, können wir nun aber nicht ins Unendliche gehen, sowenig wie bei den Wirkursachen. Wir müssen also ein Sein annehmen, das durch sich notwendig ist und das den Grund seiner Notwendigkeit nicht in einem anderen Sein hat, das vielmehr selbst der Grund für die Notwendigkeit aller anderen notwendigen Wesen ist. Dieses notwendige Sein aber wird von allen „Gott“ genannt.

Der vierte Weg geht aus von den *Seins-(= Wert-)Stufen,* die wir *in den Dingen* finden. Wir stellen nämlich fest, dass das eine mehr oder weniger gut, wahr, edel ist als das andere. Ein Mehr oder Weniger wird aber von verschiedenen Dingen nur insofern ausgesagt, als diese sich in verschiedenem Grad einem Höchsten nähern. So ist dasjenige wärmer, was dem höchsten Grad der Wärme näher kommt als ein anderes. Es gibt also etwas, das „höchst“ wahr, „höchst“ gut, „höchst“ edel und damit im höchsten Grad „Sein“ ist. […] Es muss etwas geben, das für alle Wesen Ursache ihres Seins, ihres Gutseins und jedweder ihrer Seinsvollkommenheiten ist: Und dieses nennen wir „Gott“.

Der fünfte Weg geht aus von der *Weltordnung.* Wir stellen fest, dass unter den Dingen manche, die keine Erkenntnis haben, wie z. B. die Naturkörper, dennoch auf ein festes Ziel hin tätig sind. Das zeigt sich darin, dass sie immer oder doch in der Regel in der gleichen Weise tätig sind und stets das Beste erreichen. Das beweist aber, dass sie nicht zufällig, sondern irgendwie absichtlich ihr Ziel erreichen. Die vernunftlosen Wesen sind aber nur insofern absichtlich, d. h. auf ein Ziel hin tätig, als sie von einem erkennenden geistigen Wesen auf ein Ziel hingeordnet sind, wie der Pfeil vom Schützen. Es muss also ein geistig-erkennendes Wesen geben, von dem alle Naturdinge auf ihr Ziel hingeordnet werden: Und dieses nennen wir „Gott“.

(1266–1272)

1 *Nehmen Sie begründet Stellung zu der Frage, ob Thomas von Aquin die Existenz Gottes plausibel nachgewiesen hat.*

2 *Charakterisieren Sie die Art, wie sich für Hildegard von Bingen und wie sich für Thomas von Aquin Gott als existent erweist. Stellen Sie die Unterschiede heraus.*

3 *Das Staunen über die Vollkommenheit der Natur, z. B. über die geordnete Struktur der kleinsten Waldblume, führte zur Annahme des Wirkens Gottes in der Welt. Thomas macht diesen Gedanken in seinem fünften Weg explizit zum Thema. Setzen Sie sich kritisch mit dieser Argumentation auseinander.*

Glaube ohne Beweise?

Joseph Fiennes als Luther in dem gleichnamigen Film von 2003

Im Alltag erfahren Menschen auch Krankheit, Zerstörung und Unterdrückung. Ob sich in allem Seienden Gott wiederfindet, erscheint fragwürdig. Als der Augustinermönch und Theologieprofessor Martin Luther (1483–1546) in Wittenberg lehrte, fragten sich die Menschen vielmehr: Wie können wir Gott gnädig stimmen? Auch Luther wurde von der Frage umgetrieben: Wie erkenne ich, ob Gott mir gnädig ist? Eine Antwort fand er durch das Bibelstudium in der Auseinandersetzung mit Römer 3,21–28. Nur durch den Glauben als bedingungsloses Vertrauen auf Gott ist nach

Luther die Existenz Gottes zu erkennen. Im menschlichen Leben ist das Vertrauen durch den Zweifel bedroht, und das gilt auch für die Beziehung zu Gott. Nach Luther kann Gott den Menschen nah und fern erscheinen. In dieser Spannung kann er nur leben, wenn ihm der Glaube immer neu geschenkt wird. Luthers theologische Entdeckung war ein wesentlicher Anstoß für die Reformation. Seither ist die Bibel die wichtigste Grundlage der evangelischen Theologie. Hier erkennt ein gläubiger Mensch nach Luther, was und wer Gott ist.

M18 Theologie des Kreuzes

Martin Luther

XIX. Der ist nicht wert, ein Theologe zu heißen, der Gottes „unsichtbares Wesen durch das Geschaffene erkennt und erblickt" (Röm 1,20). [...]

XX. Sondern nur der, der Gottes sichtbares und zugewandtes Wesen durch Leiden und Kreuz erblickt und erkennt.

[...]

XXI. Der Theologe, der Gottes unverborgene Herrlichkeit sucht, nennt das Übel gut und Gutes übel, der Theologe des Kreuzes nennt die Dinge beim rechten Namen.

Das ist klar. Denn solange er Christus nicht kennt, erkennt er auch den in Leiden verborgenen Gott nicht. Daher zieht er die Werke den Leiden, die Herrlichkeit dem Kreuze, die Macht der Schwachheit, die Weisheit der Torheit und überhaupt das Gute dem Übel vor. Solche sind es, die der Apostel „Feinde des Kreuzes Christi" nennt (Phil 3,18). Und gewiss deshalb, weil sie Kreuz und Leiden hassen, die Werke und ihre Herrlichkeit jedoch lieben; so nennen sie das Gut des Kreuzes ein Übel und das Übel des Werkes ein Gut. Aber es ist schon gesagt, dass Gott nur in Leiden und Kreuz zu finden ist.

[...]

XXVIII. Die Liebe Gottes findet ihren Gegenstand nicht vor, sondern schafft ihn sich erst, menschliche Liebe entsteht an ihrem Gegenstand.

[...]

Der erste Teil des Satzes wird daran deutlich, dass Gottes Liebe, wenn sie am Menschen lebendig wirksam ist, Sündige, Böse, Törichte und Schwache liebt, um sie zu Gerechten, Guten, Klugen und Starken zu machen, und so strömt sie heraus und teilt Gutes aus. Denn die Sünder sind deshalb schön, weil sie geliebt werden, sie werden nicht deshalb geliebt, weil sie schön sind. Menschliche Liebe flieht daher die Sünder als Böse. So sagt Christus: „Ich bin nicht gekommen, Gerechte zu suchen, sondern Sünder" (Mt 9,13). Das aber ist die am Kreuz geborene Liebe des Kreuzes, die sich nicht dorthin wendet, wo sie Gutes findet, um es für ihre eigenen Zwecke zu gebrauchen, sondern dorthin, wo sie den Bösen und Armen Gutes bringen kann.

(1518)

1 *Erläutern Sie die These des Theologen Eberhard Jüngel:*
„Der Glaube ist darauf bedacht, Gott zu denken. Das Denken wiederum kann, wenn es wirklich Gott denken will, nur so vorgehen, dass es dem Glauben nachdenkt." (1986)
Ziehen Sie dazu M 18 heran.

Wer garantiert das Gute?

Was kann menschliches Denken leisten? Diese Frage beschäftigte Immanuel Kant (1724–1804), Professor in Königsberg und Philosoph der Aufklärung, und seine Antwort hatte theologische Konsequenzen. Kant hat alle theoretischen Gottesbeweise einer radikalen Kritik unterzogen. Die Frage, ob Gott existiert, übersteigt nach Kant die Möglichkeiten menschlichen Denkens. Alle Versuche, auf logischem Weg zu beweisen, dass es Gott gibt, lehnte er ab. Das Denken sei an die innerweltlichen Grenzen gebunden und könne sie nicht überschreiten.

Trotzdem muss nach Kant die menschliche Vernunft zu der Auffassung kommen, dass es einen Gott gibt. Das hat praktische Gründe: Um in der Praxis zu verwirklichen, was sein soll, brauche der Mensch eine das Handeln regulierende Idee. Zwar kenne er den Kategorischen Imperativ* (➤ s. S. 234), habe also eine vernünftige Einsicht in das, was unbedingt geboten ist. Aber woher kommen die Motive, das Gute auch zu tun?

Moralische Gewissheit

M19

Immanuel Kant

Es ist notwendig, dass unser ganzer Lebenswandel sittlichen Maximen untergeordnet werde; es ist aber zugleich unmöglich, dass dieses geschehe, wenn die Vernunft nicht mit dem moralischen Gesetze, welches eine bloße Idee ist, eine wirkende Ursache verknüpft [...]. Ohne also einen Gott und eine für uns nicht sichtbare, aber gehoffte Welt, sind die herrlichen Ideen der Sittlichkeit zwar Gegenstände des Beifalls und der Bewunderung, aber nicht Triebfedern des Vorsatzes und der Ausübung [...].

Zwar wird freilich sich niemand rühmen können: Er w i s s e, dass ein Gott und dass ein künftiges Leben sei [...]. Nein, die Überzeugung ist nicht l o g i s c h e, sondern m o r a l i s c h e Gewissheit [...]. Das heißt: Der Glaube an den einen Gott und eine andere Welt ist mit meiner moralischen Gesinnung so verwebt, dass, so wenig ich Gefahr laufe, die Erstere einzubüßen, ebenso wenig besorge ich, dass mir der Zweite jemals entrissen werden könne.

(1781)

Gott als oberster Gesetzgeber

M20

Immanuel Kant

Da alle Religion darin besteht: dass wir Gott für alle unsere Pflichten als den allgemein zu verehrenden Gesetzgeber ansehen, so kommt es bei der Bestimmung der Religion in Absicht auf unser ihr gemäßes Verhalten darauf an, zu wissen, wie G o t t verehrt sein w o l l e.– Ein göttlicher gesetzgebender Wille aber gebietet entweder durch an sich b l o ß s t a t u t a r i s c h e, oder durch r e i n m o r a l i s c h e Gesetze. In Ansehung der letztern kann ein jeder aus sich selbst durch seine eigene Vernunft den Willen Gottes, der seiner Religion zum Grunde liegt, erkennen; denn eigentlich entspringt der Begriff von der Gottheit nur aus dem Bewusstsein dieser Gesetze und dem Vernunftbedürfnisse, eine Macht anzunehmen, welche diesen den ganzen, in einer Welt möglichen, zum sittlichen Endzweck zusammenstimmenden Effekt verschaffen kann. Der Begriff eines nach bloßen reinmoralischen Gesetzen bestimmten göttlichen Willens lässt uns so, wie nur e i n e n Gott, also auch nur e i n e Religion denken, die rein moralisch ist. [...]

Diesem Bedürfnisse der praktischen Vernunft gemäß ist nun der allgemeine wahre Religionsglaube der Glaube an Gott 1) als den allmächtigen Schöpfer Himmels und der Erden; d. i. moralisch als h e i l i g e n Gesetzgeber; 2) an ihn, den Erhalter des menschlichen Geschlechts, als g ü t i g e n Regierer und moralischen Versorger desselben; 3) an ihn, den Verwalter seiner eignen heiligen Gesetze, d. i. als g e r e c h t e n Richter.

Dieser Glaube enthält eigentlich kein Geheimnis, weil er lediglich das moralische Verhalten Gottes zum menschlichen Geschlechte ausdrückt; auch bietet er sich aller menschlichen Vernunft von selbst dar und wird daher in der Religion der meisten gesitteten Volker angetroffen.

(1794)

1 *Vergleichen Sie den von Kant geschilderten Gottesglauben mit den Gottesvorstellungen in den Texten M 17 und M 18.*

2 *Für Kant enthält dieser Gottesglaube kein Geheimnis. Vergleichen Sie diese Position mit Joh 1,14–18.*

Was ist Theologie?

Der Begriff **Theologie** setzt sich zusammen aus den griechischen Wörtern theos (Gott) und logos (Wort, Rede, Lehre). Theologie bedeutet Lehre von Gott. Die Alte Kirche verwendete den Begriff, um ihren Glauben im Zusammenhang der Philosophie ihrer Zeit darzustellen. Im Mittelalter hat sich an den neu gegründeten Universitäten eine Scholastik genannte Form der Theologie ausgebildet, die damals als Leitwissenschaft galt. Heute gibt es an den Universitäten katholische und evangelische theologische Fakultäten, die sich im Gegenüber zu anderen Wissenschaften bewähren müssen. Wie andere Fakultäten bedienen sie sich wissenschaftlicher Methoden.

Theologinnen und Theologen bemühen sich um eine wissenschaftlich verantwortete Auslegung der Bibel. Sie erforschen die Geschichte der Kirchen und des Christentums. Es geht ihnen um die Aussagbarkeit des christlichen Glaubens, besonders in seiner Bedeutung für die Gegenwart, und um eine verantwortliche Praxis des christlichen Glaubens in unserer Zeit.

Im Laufe der Theologiegeschichte haben sich unterschiedliche Formen von Theologie ausdifferenziert: Seit der Reformation entwickelten sich Theologien und dogmatische Lehren der beiden großen Konfessionen. Die orthodoxe Kirche vertritt ihre eigene Theologie. Im lateinamerikanischen Kontext entstand eine Theologie der Befreiung, die aus der Perspektive der Armen das Bedürfnis nach Gerechtigkeit betont. Die feministische Theologie will die Vielfalt der Erfahrungen, die Frauen mit Gott machen, zur Sprache bringen.

Den christlichen Glauben im Gegenüber zu anderen Religionen im Horizont der Wissenschaften zu verdeutlichen, ist eine theologische Aufgabe für die Gegenwart. Weil aber dieser Glaube nicht selbstverständlich ist und Gott für Menschen trotz allen Nachdenkens ein Geheimnis bleibt, wird die Sache der Theologie immer umstritten sein.

Viele Bilder für den einen Gott

Im Alltag sprechen Menschen häufig unbefangen vom „lieben Gott“. Manche bringen damit den Glauben an einen gütigen Gott zum Ausdruck, der uns beisteht und hilft und mit dem sich nichts Böses verbindet. Dieser Glaube an einen Gott, der uns liebt, kommt auch in der Botschaft der Bibel als ein wichtiger Grundstrom zur Geltung. Aber die Menschen, die uns in den biblischen Texten begegnen, erfahren nicht nur den lieben Gott. „Wer den HERRN fürchtet, hat eine sichere Festung“, heißt es in Sprüche 14,26. Die Bibel ist damit ein kritischer Maßstab für Äußerungen über Gott in der Gegenwart.

Lob und Klage

M21

2 Lobe den HERRN meine Seele, und vergiss nicht, was er dir Gutes getan hat.
8 Barmherzig und gnädig ist der HERR, geduldig und von großer Güte.

Ps 103

2 HERR, strafe mich nicht in deinem Zorn und züchtige mich nicht in deinem Grimm!
3 Denn deine Pfeile stecken in mir, und deine Hand drückt mich.
4 Es ist nichts Gesundes an meinem Leibe wegen deines Drohens und ist nichts Heiles an meinen Gebeinen wegen meiner Sünde.

Ps 38

Hans-Georg Rauch, 1993

1 *Stellen Sie Vermutungen an, weshalb es nicht harmlos ist, mit dem Gott der Bibel zu tun zu haben. Beziehen Sie die Psalmverse in Ihre Überlegungen ein.*

2 *Die Karikatur trägt den Titel „Kuscheltier“. Setzen Sie die Karikatur in Beziehung zu den Psalmtexten.*

Gott der Schöpfer

Die Bibel versteht Gott als Quelle des Lebens. Der Glaube an Gott den Schöpfer, der Himmel und Erde gemacht hat, kommt auch in den Psalmen zum Ausdruck. Sie verstehen ihn als verlässlichen Grund des Vertrauens (Ps 121).

Schöpfer und Erhalter

M22

Die Vorstellungen, wie Gott die Welt geschaffen hat, sind schon in der Bibel vielfältig. Psalm 8 bezeichnet die Schöpfung als Werk seiner Hände. Gott kann durch seinen Atem Leben geben und wieder entziehen (Ps 104,29f.). Diese Lebenskraft Gottes, die als Schöpferkraft das Lebendigsein aller Lebewesen bewirkt, wird im Hebräischen als *rûach* bezeichnet. Am Anfang von Psalm 104 ist *rûach* bei der Weltschöpfung als Wind und Sturm beteiligt. Am Ende des

Psalms kommt *rûach* im Zusammenhang mit der Ernährung aller Lebewesen vor. Sie ist die aktive Liebe Gottes, die das Leben aller Lebewesen garantiert. In Psalm 39,9 und Genesis 1 ruft Gottes Wort alle Dinge ins Leben und bringt einen Sinn in die Schöpfung: Gott bezeichnet sie als „sehr gut" (Gen 1,31).

Gleich in den ersten Kapiteln der Bibel finden sich zwei Schöpfungserzählungen. Beide sind in einer Zeit entstanden, als Israel bereits Erfahrungen als Staat gemacht hatte und über die eigenen Grenzen hinweg in die Welt blickte. Der ältere Text, Gen 2,4b–25, spiegelt noch die Weltsicht sesshaft werdender Halbnomaden wider: Die unbewohnbare Welt ist eine Wüste, und erst die Existenz des Wassers garantiert einen Raum, in dem sich Leben entfalten kann. In diesen Raum pflanzt Gott den Garten Eden, ein Paradies für die Menschen. Der zweite Teil der Erzählung lässt keinen Zweifel daran, dass die Menschen das Paradies verloren haben. Doch dieser Verlust bedeutet nicht, dass die Vorstellung von Gottes guter Schöpfung außer Kraft gesetzt ist.

In der Zeit des babylonischen Exils (6. Jahrhundert v. Chr.) wird – wahrscheinlich von jüdischen Priestern – noch einmal eine Schöpfungserzählung verfasst. Gen 1–2,4a beschreibt den Urzustand als ein ungeordnetes Wasserchaos, ein „Tohuwabohu". Durch sein ordnendes Handeln macht Gott dieses Chaos bewohnbar. Er hält die Wassermassen hinter der Himmelsfeste von der Erde fern, trennt Finsternis und Licht und ermöglicht so die Strukturierung der Zeit. Diese Erzählung nimmt wahrscheinlich das Weltbild der babylonischen Gelehrten auf, aber um auf neue Weise den Gott Israels als Schöpfer und Erhalter der Welt zu bezeugen. Die Schöpfungserzählungen sind Bekenntnisse zu einem menschenfreundlichen Gott. Er entschließt sich zur Erschaffung von Mann und Frau als ein Bild, das ihm gleich ist (Gen 1,26).

In der Zeit des Exils gewann auch die Vorstellung von der Weisheit Gottes an Bedeutung. Sie ist die Erstgeborene vor aller Schöpfung, die als Mitgestalterin an der Schöpfung beteiligt ist. Sie stellt sich wie eine Tochter Gottes vor; alles ordnend, wirkt sie mit dem Schöpfer zusammen (Spr 8,22–30).

M23 Der Schöpfer

Paul Klee (1879–1940)

1934

1 *Beschreiben und deuten Sie Paul Klees Bild „Der Schöpfer". Berücksichtigen Sie dabei die in M 22 geschilderten Schöpfungsvorstellungen.*

Gott als alter Mann – zur Problematik eines Gottesbildes

„Von Zeit zu Zeit seh' ich den Alten gern …"

So äußert sich Mephisto im Prolog zu Goethes „Faust" ironisch über Gott, nachdem er im Theaterhimmel seinen Dialog mit ihm beendet hat. Nicht erst heute ist Gott als alter Mann mit weißem Bart karikaturfähig geworden. Schon Goethe hat den „Alten" in dieser Weise neben dem „Prolog im Himmel" skizziert.

- Wie kam es zu Darstellungen, die Gott als langhaarigen, weißbärtigen Greis zeigen?
- Sind sie überhaupt zu rechtfertigen, wenn das Bilderverbot Ex 20,4–5 gilt?
- Welche Rückwirkung hat der Glaube an die Erschaffung von Mann und Frau als Ebenbild Gottes auf Gottesbilder in der Kunst gehabt?

Bei der Beantwortung dieser Fragen können der Religionsunterricht und der Kunstunterricht zusammenarbeiten.

- Prüfen Sie, inwiefern der antike Gott Zeus ein Vorbild für diese Gottesvorstellungen war.
- Setzen Sie sich mit der Frage auseinander, ob die biblische Metapher „Vater" für Gott zur Rechtfertigung dieses Gottesbildes ausreicht oder ob aus christlicher Sicht nur das Christusbild das einzig legitime Gottesbild sein kann. Berücksichtigen Sie dabei Ex 33,21–22; Joh 10,30; 14,9; Kol 2,9.
- Erarbeiten Sie den künstlerischen und theologischen Gehalt folgender Darstellungen:
  - *Meister des Andreas-Altars:* Gnadenstuhl, um 1430
  - *Tilmann Riemenschneider:* Gottvater. Pietà, 1492
  - *Julius Schnorr von Carolsfeld:* Der erste Schöpfungstag, 1852–1860 (zu finden in: *Lange, Günter:* Bilder zum Glauben. Christliche Kunst sehen und verstehen. München: Kösel 2002. S. 49–67.)
  - *Emil Nolde:* Großer Gärtner, 1940 (zu finden z. B. in: *Nolde, Emil:* Mein Leben. Köln: DuMont 1977. S. 397)
- Legen diese Bilder Gott fest oder bleibt seine Unverfügbarkeit erhalten?
- Diskutieren Sie die These: Gott als würdiger Greis lässt eine patriarchale Gesellschaft gerechtfertigt erscheinen.

Seit dem 3. Jahrhundert haben bildliche Darstellungen Gottes Handeln auch mit dem Symbol seiner rechten Hand ausgedrückt. Häufig ragt sie aus einem Himmelssegment heraus. Nicht selten ist diese Hand zart und schlank, so dass man in diesen Gottesbildern auch weibliche Züge erkennen kann.

Gott in der Geschichte

Der Glaube an den biblischen Gott hat einen Anfang und eine Geschichte. Seine Wurzeln liegen in der Verehrung eines Familiengottes von Nomaden und Halbnomaden in den Wüsten des Vorderen Orients. Von ihnen sprechen die Erzählungen von Abraham, Isaak und Jakob und ihren Familien (Gen 12–35). Ursprünglich existierten diese Erzählkreise unabhängig voneinander, und sie handelten von einzelnen Sippen, die jeweils ihren Gott verehrten. Die Bibel verknüpft sie auch mit den Erzählungen von der sog. „Mose-Schar", die aus Ägypten geflohen ist (Ex 1–20).

In diesen Erzählkreisen spielen Gottesnamen eine große Rolle und sagen immer etwas über das Wesen des Gottes aus, an den die Menschen glauben. Drei Namen sind von besonderer Bedeutung: die allgemeinen Gottesbezeichnungen „El" und „Elohim" und der Eigenname Jahwe.

M24 Ich bin da

Die Anbetung nur einer Gottheit und die Bindung an sie, ohne dadurch zu bestreiten, dass es auch andere Götter gibt, nennt man Monolatrie. Eine solche Wendung des Glaubens vollzieht Abraham. Er setzt auf den Gott, der ihm als El-Schaddai erschienen ist (Gen 17,1). Dieser Name dient dazu, Gott in bestimmter Weise zu charakterisieren: Er zeigt sich als Macht, die in der Beziehung zu Abraham, Sara und ihrer Familie ein freundliches Gesicht annimmt. Gott verheißt Abraham Land, Fruchtbarkeit und Segen (Gen 12,1–4). Er schließt einen Bund mit ihm und seinen Nachkommen (Gen 15) und erwartet dafür Hingabe und Vertrauen.

Auch der Name „Israel" ist mit dem Gottesnamen El gebildet und bedeutet ursprünglich „El herrscht", „El soll sich als stark erweisen". Wenn also in Kanaan lebende Halbnomaden sich lange vor der Staatenbildung unter dem Namen Isra-El zusammenschlossen, brachten sie damit zum Ausdruck, dass sie individuell und politisch als Verehrer des einen und für sie höchsten Gottes leben wollten.

Die grundlegende Bedeutung des Namens Jahwe für die Beziehung zwischen Israel und Gott kommt in der Erzählung von der Berufung des Mose in Exodus 3 zum Ausdruck. Zur Legitimierung seines Auftrags gegenüber den Israeliten muss Mose den Namen des Gottes wissen, der ihn gesandt hat. Auf seine Frage danach gibt Gott eine geheimnisvolle Antwort (V. 14). Es handelt sich um ein Wortspiel mit den vier Konsonanten, aus denen der Gottesname besteht: JHWH. Die häufig gebrauchte Wendung „Ich bin, der ich bin" übersetzt das zugrunde liegende hebräische Verb für „sein, werden, wirksam sein" zu statisch, denn es handelt sich um ein Verb der Bewegung. „Ich werde sein, der ich sein werde" oder „Ich bin da, so wie ich da sein werde" sind angemessenere Umschreibungen dieses Namens. Gott gibt diesen Namen bekannt, um eine Beziehung zu begründen. Der Name Jahwe drückt aus, in welchem Verhältnis Gott zu den Menschen steht, zu denen Mose sprechen soll. Gott sagt zu, jetzt und in Zukunft für sie da zu sein, wie er es schon in der Vergangenheit war (V. 15). Jahwe ist die Form, in der Israel „von Geschlecht zu Geschlecht" Gottes gedenken soll, so dass die Verbindung zu ihm nicht abreißt.

Die zentrale Bedeutung des Gottesnamens kommt besonders prägnant in der Formel „Ich bin Jahwe" zum Ausdruck. In herausgehobener Stellung steht diese Wendung in der Einleitung der zehn Gebote (Ex 20,2; Dtn 5,6). Hier wird Gott durch die Herausführung aus Ägypten näher bestimmt:

„Ich bin Jahwe, dein Gott, der ich dich herausgeführt habe aus dem Lande Ägypten, aus dem Sklavenhaus."

Diese Selbstvorstellungsformel betont die Menschenfreundlichkeit Gottes und verdeutlicht sie durch die Apposition „dein Gott". Alles, was Jahwe seinem Volk zu sagen und anzukündigen hat, erscheint als Entfaltung dieser grundlegenden Aussage. Mit dem Namen Gottes verbindet sich im Alten Testament die Vorstellung einer heilvollen Zukunft: Schließlich sollen „alle Völker der Erde seinen Namen erkennen" (1. Kön 8,43) und damit Gott selbst erkennen.

1 *Vergleichen Sie die in M 24 entfaltete Vorstellung von der Menschenfreundlichkeit Gottes mit dem Text Gen 22,1–19.*

Der biblische Glaube an den einen Gott ist eine bestimmte Weise, sich mit der Welt und den in ihr möglichen Erfahrungen auseinanderzusetzen. Dabei stellt sich die grundsätzliche Frage nach dem Umgang mit den negativen Zügen der Wirklichkeit, mit Gewalt und Ungerechtigkeit. Es muss von Gott und den Taten der Menschen die Rede sein. Mit der Vorstellung vom richtenden Gott bringt die Bibel zum Ausdruck, dass der Mensch für seine Taten zur Verantwortung gezogen wird.

So spricht Jahwe

M25

Gott, der „Richter aller Welt" (Gen 18,25), ist zugleich Gott der Gesetzgeber, der Gebote und Verbote erlässt, nach denen sich Gehorsam und Ungehorsam der Menschen bemisst. Den Kern dieser Gesetzgebung bilden die zehn Gebote, die Basis einer Sozialordnung in Israel gewesen sind. Das „Recht Jahwes" und seine Rechtsordnung stehen alternativ zum altorientalischen Königsrecht. Diese Auseinandersetzung zwischen Jahwerecht und Königsrecht schildert das biblische Geschichtswerk, das mit dem Deuteronomium [5. Buch Mose] beginnt und die Geschichte Israels bis in die Zeit der Könige hinein beschreibt. Bei der Durchsetzung des Jahwerechts spielen die Propheten eine entscheidende Rolle.

Die Verfügungsgewalt über Menschen und über das Land steht dem Jahwerecht grundsätzlich entgegen. Immer wenn ein König gegen diesen Grundsatz verstößt, treten Propheten auf, um im Namen Jahwes dagegen vorzugehen. Ein Beispiel dafür ist das Auftreten des Propheten Nathan nach der Affäre des Königs David mit Bathseba, der Frau des Uria, eines Hauptmanns im königlichen Heer (2. Sam 11–12). Nathan stellt den König im Auftrag Jahwes durch ein Gleichnis geschickt zur Rede. Das Gebot Jahwes gegen die Willkür des Königs – darum geht es in dieser Geschichte. Allerdings nimmt Nathan Gottes Verheißung an David, dass sein Sohn „meinem Namen ein Haus bauen wird" (2. Sam 7,13), nicht zurück. Sein Sohn Salomo kann sich später als König darauf berufen (1. Kön 8,17–20).

Es gibt aber auch falsche Propheten, die sich das Reden im Namen Gottes anmaßen, ohne von Gott dazu berufen zu sein. Die Auseinandersetzung um die Unterscheidung von wahrer und falscher Prophetie hat besonders das Leben des Propheten Jeremia geprägt. In seiner tiefsten Krise wollte er nicht mehr im Namen Gottes reden. Aber er konnte es nicht lassen, weil es ihn sonst innerlich verbrannt hätte (Jer 20).

1 *Lesen Sie 2. Sam 11–12. Gegen welche Gebote hat König David verstoßen? Prüfen Sie anhand dieses Textes, ob die Rede von der Barmherzigkeit Gottes hier noch gerechtfertigt ist.*

2 *Das Richtertum Gottes ist in der Bibel eng mit seinem Königtum verbunden. Im Hintergrund steht dabei die Vorstellung von einem König, der den Rechtsschwachen und Rechtlosen zu ihrem Recht verhilft. Lesen Sie dazu 1. Kön 3,16–28. Untersuchen Sie, wie der Dichter Bertolt Brecht diesen Stoff in seinem Stück „Der Kaukasische Kreidekreis" und in seiner Erzählung „Der Augsburger Kreidekreis" verarbeitet hat.*

Der liebende Gott

Auch Jesus spricht in seiner endzeitlichen Rede Mt 25,31–46 vom richtenden Gott. Aber er ist zugleich der gütige Gott, der seine Sonne aufgehen lässt über Gute und Böse und es regnen lässt über Gerechte und Ungerechte (Mt 5,45). Markus erzählt, dass Jesus Gott mit „Abba" angeredet habe (Mk 14,36), ein aramäisches Wort für Vater, das eine besondere Nähe ausdrückt. Die Bilder, die Jesus für Gott den Vater verwendet, sind durch das Leben in einer patriarchalen Gesellschaft gekennzeichnet. Was er damit über Gott sagen will, kommt aber gerade dort zum Ausdruck, wo er die kulturellen und sozialen Grenzen durchbricht. Ein Beispiel dafür ist das Gleichnis vom verlorenen Sohn (Lk 15,11–32).

M26 Der verlorene Sohn

Rembrandt Harmensz. van Rijn (1606–1669)

(1669; Ausschnitt)

1 *Wie deutet Rembrandt das Gleichnis vom verlorenen Sohn? Achten Sie besonders auf die Gestaltung der Hände.*

2 *Überlegen Sie, welche Mitglieder noch zu der Großfamilie gehören könnten, von der das Gleichnis spricht. Führen Sie eine argumentative Übung durch, in der Sie reflektieren, wie das Verhalten des Vaters auf verschiedene Familienmitglieder damals gewirkt haben könnte:*
- *Teilen Sie dazu den Kurs in zwei Gruppen. Eine Gruppe argumentiert aus der Perspektive des zurückgekehrten Sohnes. Die zweite Gruppe vertritt den Standpunkt eines anderen Familienmitglieds. In welcher Situation befindet diese zweite Person sich gerade? Was denkt und fühlt sie? In welcher Beziehung steht sie zum Vater?*
- *Werten Sie die Übung gemeinsam aus: Wie haben die dargestellten Personen das Verhalten des Vaters empfunden und bewertet?*

Jesus hat nicht nur Gleichnisse erzählt, sondern in seinem Leben und Handeln wird in einzigartiger Weise deutlich, wie Gott sich zu den Menschen verhält. Die Identifizierung Gottes mit dem Menschen Jesus ist das eigentliche Geheimnis des christlichen Glaubens. Wie kam es von den Gleichnissen Jesu zur Verkündigung „Jesus ist Gottes Sohn" und zum Glauben an Jesus Christus? Bereits im Alten Testament ist vom liebenden Gott die Rede. Dieser Gott leidet mit den Menschen. Gott ist verletzlich und wird verletzt (Hosea 11,1–11). Der Glaube muss die gesamte Wirklichkeit, auch alles Schreckliche, mit diesem Gott in Berührung bringen. Im gleichen Moment gilt es, Gott davon zu unterscheiden. Gott, der in der Höhe wohnt und immer zugleich bei den Gedemütigten und Zerschlagenen (Jes 57,15), lebt unter uns gerade auch in solcher Gestalt.

Wie weit Gott in seiner Liebe geht, wird in besonderer Weise an der Person Jesu Christi deutlich. Welche Konsequenzen diese Liebe für das Leben der Menschen hat, die an Jesus Christus glauben, beschreibt der Apostel Paulus in einem Brief an die Gemeinde in Korinth (1. Kor 1,3–11, 19–22).

Der dreieinige Gott

Mit der Verkündigung Jesu als Gottes Sohn ist noch nicht alles gesagt, was aus der Sicht des christlichen Glaubens über Gott gesagt werden kann. Die Besonderheit des christlichen Glaubens macht das Bekenntnis zum dreieinigen Gott aus. „Ehre sei dem Vater und dem Sohn und dem Heiligen Geist, wie es war im Anfang, jetzt und immerdar und von Ewigkeit zu Ewigkeit." Dieses „Gloria" ist ein trinitarisches Bekenntnis aus der christlichen Liturgie, das wir nur im Vertrauen auf den dreieinigen Gott selber verstehen können. Aber wie soll man sich das vorstellen?

Bilder der Dreieinigkeit

M27

Unzählige Bilder aus der christlichen Kunst bringen den Glauben an den dreieinigen Gott zum Ausdruck. Unter ihnen stellt das Trinitätsfresko der St. Jakobus-Kirche in Urschalling (Chiemgau) in besonderer Weise das Beziehungsgeschehen zwischen den drei Personen dar. Das Bild wird auf das Ende des 14. Jahrhunderts datiert und zeigt die drei Gestalten in unterschiedlichem Alter. Das Hauptaugenmerk ist auf den Heiligen Geist gerichtet, der die mittlere Position einnimmt und durch die Handhaltung wie von Vater und Sohn präsentiert erscheint. Theologisch hat man diese Mittelstellung als Sinnbild für die Einheit der Trinität gedeutet, für die wechselseitige Liebe zwischen Vater und Sohn. Im Mittelalter ist diese Liebe häufig mit weiblichen Zügen dargestellt worden.

Als Inbegriff des christlichen Glaubens gilt das mit der trinitarischen Formel verbundene und als Segensgeste vollzogene Kreuzzeichen. In seinem „Kleinen Katechismus" (1529) empfiehlt Martin Luther: „Des Morgens, wenn du aufstehst, kannst du dich segnen mit dem Zeichen des heiligen Kreuzes und sagen: Das walte Gott Vater, Sohn und Heiliger Geist! Amen." So wollte Luther alles Leben dem Wirken Gottes anvertrauen.

Dreieinigkeit, 14. Jahrhundert

Die Vielfalt biblischer Gottesbilder

M28

In der Bibel gilt einerseits das Verbot: „Du sollst dir von Gott kein Bild oder Gleichnis machen" (Ex 20,4). Als Jakob Gott am Jabbok fragt, wie er heißt, nennt Gott ihm keinen Namen, sondern segnet ihn (Gen 32,30). Andererseits häufen sich in der Bibel die Bilder und Vorstellungen von Gott. Dass die biblischen Bilder so vielfältig und farbig von Gott reden, spiegelt die Lebendigkeit und Vielfalt der zugrunde liegenden Gotteserfahrungen. Aber die Bilder, in denen die Bibel von Gott spricht, sind immer Entwürfe, die Gottes Wirklichkeit umkreisen, ohne sie zu definieren. Die Vielfalt der biblischen Gottesbilder bewahrt die Gläubigen davor, Gott auf ein bestimmtes Bild festzulegen. Die Wahrheit Gottes geht in keinem Bild auf.

Die Bibel kennt nicht nur männliche, sondern auch weibliche Bilder von Gott. Jesus vergleicht Gottes Handeln an den Sündern mit einer Frau, die einen verlorenen Groschen sucht, und zwar „mit Fleiß, bis sie ihn findet" (Lk 15,8–10). In Mt 13,33 erscheint Gott, der für die Ausbreitung seines Reiches sorgt, im Bild einer Frau, die einen Sauerteig unter einen halben Zentner Mehl mengt, „bis er ganz durchsäuert ist". Unter den weiblichen Bildern für Gott sind in der Bibel die mütterlichen am verbreitetsten. So ist in Jes 42,14 Gottes Schmerz angesichts menschlichen Versagens, Gerechtigkeit zu verwirklichen, eingefangen im Bild einer Frau, die sich schwer atmend in Geburtsschmerzen windet. Aus diesem Geburtsschmerz aber entsteht eine neue Welt, in der Finsternis zu Licht wird (V. 16). Im Johannes-Evangelium tröstet Jesus die Jünger angesichts ihrer Schwierigkeiten in der Welt mit dem Bild einer Geburt. Sein Leiden am Kreuz leitet die Schmerzen bei der Geburt einer neuen Menschheit ein, und die Stunde der Geburtswehen ist die Stunde seiner Schmerzen (Joh 16,21; 17,1). In Joh 3,6 spricht Jesus vom Geist, aus dem geboren ist, was Geist ist. Schließlich stellt Paulus in Röm 8,28 die Erlösung als einen Geburtsvorgang dar, der sich nicht nur in einzelnen Gläubigen, sondern in der gesamten Schöpfung ereignet.

„Wer liebt, der ist von Gott geboren und kennt Gott", heißt es in 1. Joh 4,7. Eine Analogie zwischen Gottes Liebe und der Liebe einer Frau zu ihrem kleinen Kind stellt Jes 49,15 her, allerdings mit einem Unterschied: Beständiger und verlässlicher selbst als die Liebe einer Mutter ist Gottes Liebe. Gerade in der protestantischen Tradition sind – trotz der erklärten Treue zur Bibel – solche gefühlvollen Bilder für Gott oft in den Hintergrund getreten. Heute entdecken besonders Frauen in der Kirche sie neu als Ermutigung für ihr weibliches Selbstverständnis.

Der Glaube an die Auferstehung geht davon aus, dass Christus alle Begrenztheiten überwindet, auch die Einschränkung durch die männliche Gestalt. Vielmehr wird der auferstandene Christus mit den Gläubigen zu einem Leib (1. Kor 12,12ff.). Werden Christen heute mitten in ihrer Verschiedenheit begreifen, dass das Gebet Jesu wahr werden kann?

„Und ich habe ihnen die Herrlichkeit gegeben, die du mir gegeben hast, damit sie eins seien, wie wir eins sind, ich in ihnen und du in mir, damit sie vollkommen eins seien und die Welt erkenne, dass du mich gesandt hast und sie liebst, wie du mich liebst." (Joh 17,22f.)

Werden sie diese göttlich-menschliche Einheit in Anspruch nehmen, um ein Zeichen für die Welt zu sein?

Nicht zu übersehen sind auch die biblischen Vorstellungen von Gott als einem Naturphänomen (Ex 13,17ff.; 1. Kön 19,12–13) und von Gott als Tier (Dtn 32,11f.; Hos 13,7f.; Mt 23,37). Daneben stehen menschenförmige Bilder. Für den christlichen Glauben sind sie unerlässlich, denn seine Kraft liegt gerade darin, dass Gott Mensch geworden ist. Durch die Vielfalt der Gottesnamen und Gottesbilder jedoch kommt sprachlich zum Ausdruck, wie Menschen von ihren Gotteserfahrungen überwältigt werden können. Es ist nicht harmlos, mit diesem Gott zu tun zu haben.

1 *Erscheinen Ihnen die Vorstellungen in M 27 hilfreich, um den Glauben an den dreieinigen Gott zu verstehen? Berücksichtigen Sie bei Ihrem Urteil die biblischen Gottesbilder, die Sie in M 28 kennen gelernt haben.*

Ein Bild sehen und deuten

Bilder sprechen zu uns durch Farben und Formen, durch die Körpersprache der dargestellten Personen oder durch Symbole. Handelt es sich um anspruchsvolle Kunstwerke, sind sie mehrdeutig, offen für verschiedene Zugangsweisen. An ihrer Entstehung war der Künstler oder die Künstlerin als ganze Person beteiligt, mit Bewusstsein und schöpferischer Intuition.

Auch das Sehen und Deuten eines Bildes ist ein komplexer Vorgang. Die Betrachtenden nehmen aus ihrer Perspektive eine Fülle von Eindrücken wahr und erschließen daraus den Sinn und die Botschaft des Bildes. Dieses betrachtende Sehen kann man lernen und in der Auseinandersetzung mit bildender Kunst üben.

Die folgenden fünf Schritte ermöglichen ein systematisches Vorgehen bei der Deutung eines Bildes. Wer diese Methode einübt, wird allmählich selbstständiger im Umgang mit bildender Kunst. Die vorgeschlagene Reihenfolge der Schritte ist nicht absolut zwingend, aber auch nicht beliebig.

1 **Was sehe ich?**
Die Betrachtenden gehen mit den Augen im Bild spazieren und äußern ihre spontanen Wahrnehmungen. Alle Eindrücke sind zugelassen.
- Was fällt besonders auf?
- Was scheint zu fehlen?
- Wo verweilt die Aufmerksamkeit?

2 **Wie ist das Bild aufgebaut?**
Bei Bildern mit stark perspektivischer Darstellung ist zu fragen:
- Was steht im Vordergrund, was in der Mitte und im Hintergrund?

Farben, Formen und Strukturen des Bildes werden beschrieben.

- Ist eine Bildordnung zu erkennen?
- Welchen Platz haben die Einzelheiten darin?
- Spielen die Landschaft oder die Körpersprache und Kleidung der Personen eine Rolle?

3 **Was löst das Bild bei mir aus?**
- Welche Gefühle und Stimmungen weckt das Bild bei mir?
- Wirkt es anziehend oder nicht?
- An was erinnert es mich?

4 **Wie ist das Bild zu deuten?**
- Mit welcher Thematik setzt sich das Bild auseinander?
- Welche Aussagen zum Thema macht der Künstler mit Farben und Formen durch dieses Bild?

Zur Deutung können auch Informationen über den Künstler oder die Künstlerin, ihre Zeit und den Anlass des Bildes hilfreich sein.

- Bezieht es sich auf einen biblischen Text oder andere Quellen?
- Bestätigt oder durchbricht das Bild die Tradition?

5 **Wo siedle ich mich auf dem Bild an?**
- Finde ich mich in einer Figur des Bildes wieder?
- Verwickelt es mich in eine Geschichte?
- Kann ich eine Position in dem Bild einnehmen?
- Was erwartet das Bild von mir als Betrachter?

Wo ist Gott, wenn Menschen leiden?

Angesichts von Katastrophen und Not in der Welt zweifeln viele Menschen, ob es einen Sinn hat, an Gott zu glauben. Sie stellen die Frage, wie es Gott und das Leiden gleichzeitig geben kann. Philosophie und Theologie bezeichnen dieses Problem als Theodizeefrage. Wenn Menschen im Leiden weiterhin von Gott reden, bringen sie ihn auch als dunkles Geheimnis zur Sprache.

Ist Gott grausam?

1930 erschien ein Roman des österreichischen Schriftstellers Joseph Roth (1894–1939) mit dem Titel „Hiob – Roman eines einfachen Mannes". Er geht auf den biblischen Hiob-Stoff zurück. In der Bibel ist Hiob ein frommer und gottesfürchtiger Mann, den plötzlich ein Schicksalsschlag nach dem anderen trifft: Er verliert seinen Besitz, seine Familie und wird von schweren Krankheiten befallen. Am Anfang trauert Hiob gottergeben (Hiob 1,20–22; 2,10). Er kann sich sein Unglück nicht anders erklären, als dass Gott ihn verurteilt hat. Aber er ist sich keiner Schuld bewusst. Hiob will einen fairen Prozess vor Gott und fordert Gründe für sein Leid. Nach dem Scheitern aller menschlichen Argumente kann nur Gott selbst die Antwort geben. Hiob bekommt vor Gott Recht, aber auf andere Weise, als er gedacht hat.

Joseph Roths Roman gliedert sich formal in zwei Teile: Der erste Teil spielt zu Beginn des 20. Jahrhunderts in dem russischen Städtchen Zuchnow, der zweite während des Ersten Weltkriegs in Amerika. Hauptperson des Romans ist Mendel Singer, ein frommer Jude, der in Ostgalizien zunächst ein bescheidenes Leben als Dorfschullehrer führt. Mendel Singer ereilt ein Schicksalsschlag nach dem anderen: Er verliert seine Heimat, seine gesamte Familie und bleibt schließlich einsam in seiner kleinen New Yorker Wohnung zurück. Zornig entschließt er sich, die Beziehung zu Gott zu kündigen. Dass er seine Gebetsriemen verbrennt, können seine Freunde gerade noch verhindern.

M29 Die Freunde

Joseph Roth

Als die Freunde kamen, beruhigte sich Mendel wirklich. Er schob den Riegel zurück und ließ sie eintreten, der Reihe nach, wie sie immer gewohnt waren, in Mendels Stube zu treten, Menkes, Skowronnek, Rottenberg und Groschel. Sie zwangen Mendel, sich aufs Bett zu setzen, setzten sich selbst neben ihn und vor ihn hin, und Menkes sagte: „Was ist mit dir, Mendel? Warum machst du Feuer, warum willst du das Haus anzünden?"

„Ich will mehr verbrennen als nur ein Haus und mehr als einen Menschen. Ihr werdet staunen, wenn ich euch sage, was ich wirklich zu verbrennen im Sinn hatte. Ihr werdet staunen und sagen: Auch Mendel ist verrückt, wie seine Tochter. Aber ich versichere euch: Ich bin nicht verrückt. Ich war verrückt. Mehr als sechzig Jahre war ich verrückt, heute bin ich es nicht."

„Also sag uns, was du verbrennen willst!"

„Gott will ich verbrennen."

Allen vier Zuhörern entrang sich gleichzeitig ein Schrei. Sie waren nicht alle fromm und gottesfürchtig, wie Mendel immer gewesen war. Alle vier lebten schon lange genug in Amerika, sie arbeiteten am Sabbat, ihr Sinn stand nach Geld, und der Staub der Welt lag schon dicht, hoch und grau auf ihrem alten Glauben. Viele Bräuche hatten sie vergessen, gegen manche Gesetze hatten sie verstoßen, mit ihren Köpfen und Gliedern hatten sie gesündigt. Aber Gott wohnte noch in ihren Herzen. Und als Mendel Gott lästerte, war es ihnen, als hätte er mit scharfen Fingern an ihre nackten Herzen gegriffen.

„Lästere nicht, Mendel", sagte nach langem Schweigen Skowronnek. „Du weißt besser als ich, denn du hast viel mehr gelernt, dass Gottes Schläge einen verborgenen Sinn haben. Wir wissen nicht, wofür wir gestraft werden."

„Ich aber weiß es, Skowronnek", erwiderte Mendel. „Gott ist grausam, und je mehr man ihm gehorcht, desto strenger geht er mit uns um. Er ist mächtiger als die Mächtigen, mit dem Nagel seines kleinen Fingers kann er ihnen den Garaus machen, aber er tut es nicht. Nur die Schwachen vernichtet er gerne. Die Schwäche eines Menschen reizt seine Stärke, und der Gehorsam weckt seinen Zorn. Er ist ein großer grausamer Isprawnik. Befolgst du die Gesetze, so sagt er, du habest sie nur zu deinem Vorteil befolgt. Und verstößt du nur gegen ein einziges Gebot, so verfolgt er dich mit hundert Strafen. Willst du ihn bestechen, so macht er dir einen Prozess. Und gehst du redlich mit ihm um, so lauert er auf die Bestechung. In ganz Russland gibt es keinen böseren Isprawnik!"

„Erinnere dich, Mendel", begann Rottenberg, „erinnere dich an Hiob. Ihm ist Ähnliches geschehen wie dir. Er saß auf der nackten Erde, Asche auf dem Haupt, und seine Wunden taten ihm so weh, dass er sich wie ein Tier auf dem Boden wälzte. Auch er lästerte Gott. Und doch war es nur eine Prüfung gewesen. Was wissen wir, Mendel, was oben vorgeht? Vielleicht kam der Böse vor Gott und sagte wie damals: Man muss einen Gerechten verführen. Und der Herr sagte: Versuch es nur mit Mendel, meinem Knecht."

„Und da siehst du auch", fiel Groschel ein, „dass dein Vorwurf ungerecht ist. Denn Hiob war kein Schwacher, als Gott ihn zu prüfen begann, sondern ein Mächtiger. Und auch du warst kein Schwacher, Mendel! Dein Sohn hatte ein Kaufhaus, ein Warenhaus, er wurde reicher von Jahr zu Jahr. Dein Sohn Menuchim wurde beinahe gesund, und fast wäre er auch nach Amerika gekommen. Du warst gesund, dein Weib war gesund, deine Tochter war schön, und bald hättest du einen Mann für sie gefunden!"

„Warum zerreißt du mir das Herz, Groschel?", entgegnete Mendel. „Warum zählst du mir auf, was alles gewesen ist, jetzt, da nichts mehr ist? Meine Wunden sind noch nicht vernarbt, und schon reißt du sie auf."

„Er hat Recht", sagten die übrigen drei, wie aus einem Munde.

Und Rottenberg begann: „Dein Herz ist zerrissen, Mendel, ich weiß es. Weil wir aber über alles mit dir sprechen dürfen und weil du weißt, dass wir deine Schmerzen tragen, als wären wir deine Brüder, wirst du uns da zürnen, wenn ich dich bitte, an Menuchim zu denken? Vielleicht, lieber Mendel, hast du Gottes Pläne zu stören versucht, weil du Menuchim zurückgelassen hast? Ein kranker Sohn war dir beschieden, und ihr habt getan, als wäre es ein böser Sohn." Es wurde still. Lange antwortete Mendel gar nichts. Als er wieder zu reden anfing, war es, als hätte er Rottenbergs Worte nicht gehört; denn er wandte sich an Groschel und sagte:

„Und was willst du mit dem Beispiel Hiobs? Habt ihr schon wirkliche Wunder gesehen, mit euren Augen? Wunder, wie sie am Schluss von Hiob berichtet werden? Soll mein Sohn Schemarjah aus dem Massengrab in Frankreich auferstehen? Soll mein Sohn Jonas aus seiner Verschollenheit lebendig werden? Soll meine Tochter Mirjam plötzlich gesund aus der Irrenanstalt heimkehren? Und wenn sie heimkehrt, wird sie da noch einen Mann finden und ruhig weiter leben können wie eine, die niemals verrückt gewesen ist? Soll mein Weib Deborah sich aus dem Grab erheben, noch ist es feucht? Soll mein Sohn Menuchim mitten im Krieg aus Russland hierher kommen, gesetzt den Fall, dass er noch lebt? Denn es ist nicht richtig", und hier wandte sich Mendel wieder Rottenberg zu, „dass ich Menuchim böswillig zurückgelassen habe und um ihn zu strafen. Aus andern Gründen, meiner Tochter wegen, die angefangen hatte, sich mit Kosaken abzugeben – mit Kosaken –, mussten wir fort. Und warum war Menuchim krank? Schon seine Krankheit war ein Zeichen, dass Gott mir zürnt – und der erste der Schläge, die ich nicht verdient habe."

„Obwohl Gott alles kann", begann der Bedächtigste von allen, Menkes, „so ist doch anzunehmen, dass er die ganz großen Wunder nicht mehr tut, weil die Welt ihrer nicht mehr wert ist. Und wollte Gott sogar bei dir eine Ausnahme machen, so stünden dem die Sünden der andern entgegen. Denn die andern sind nicht würdig, ein Wunder bei einem Gerechten zu sehen, und deshalb musste Lot auswandern, und Sodom und Gomorrha gingen zugrunde und sahen nicht das Wunder an Lot. Heute aber ist die Welt überall bewohnt – und selbst wenn du auswanderst, werden die Zeitungen berichten, was mit dir geschehen ist. Also muss Gott heutzutage nur mäßige Wunder vollbringen. Aber sie sind groß genug, gelobt sei sein Name! Deine Frau Deborah kann nicht lebendig werden, dein Sohn Schemarjah kann nicht lebendig werden. Aber Menuchim lebt wahrscheinlich, und nach dem Krieg kannst du ihn sehn. Dein Sohn Jonas ist vielleicht in Kriegsgefangenschaft, und nach dem Krieg kannst du ihn sehn. Deine Tochter kann gesund werden, die Verwirrung wird von ihr genommen werden, schöner kann sie sein als zuvor, und einen Mann wird sie bekommen, und sie wird dir Enkel gebären. Und einen Enkel hast du, den Sohn Schemarjahs. Nimm deine Liebe zusammen, die du bis jetzt für alle Kinder hattest, für diesen einen Enkel! Und du wirst getröstet werden."

„Zwischen mir und meinem Enkel", erwiderte Mendel, „ist das Band zerrissen, denn Schemarjah ist tot, mein Sohn und der Vater meines Enkels. Meine Schwiegertochter Vega wird einen andern Mann heiraten, mein Enkel wird einen neuen Vater haben, dessen Vater ich nicht bin. Das Haus meines Sohnes ist nicht mein Haus. Ich habe dort nichts zu suchen. Meine Anwesenheit bringt Unglück, und meine Liebe zieht den Fluch herab, wie ein einsamer Baum im flachen Felde den Blitz. Was aber Mirjam betrifft, so hat mir der Doktor selbst gesagt, dass die Medizin ihre Krankheit nicht heilen kann. Jonas ist wahrscheinlich gestorben, und Menuchim war krank, auch wenn es ihm besser ging. Mitten in Russland, in einem so gefährlichen Krieg, wird er bestimmt zugrunde gegangen sein. Nein, meine Freunde! Ich bin allein, und ich will allein sein. Alle Jahre habe ich Gott geliebt, und er hat mich gehasst. Alle Jahre habe ich ihn gefürchtet, jetzt kann er mir nichts mehr machen. Alle Pfeile aus seinem Köcher haben mich schon getroffen. Er kann mich nur noch töten. Aber dazu ist er zu grausam. Ich werde leben, leben, leben."

„Aber seine Macht", wandte Groschel ein, „ist in dieser Welt und in der andern. Wehe dir, Mendel, wenn du tot bist!"

Da lachte Mendel aus voller Brust und sagte: „Ich habe keine Angst vor der Hölle, meine Haut ist schon verbrannt, meine Glieder sind schon gelähmt, und die bösen Geister sind meine Freunde. Alle Qualen der Hölle habe ich schon gelitten. Gütiger als Gott ist der Teufel. Da er nicht so mächtig ist, kann er nicht so grausam sein. Ich habe keine Angst, meine Freunde!"

Da verstummten die Freunde. Aber sie wollten Mendel nicht allein lassen, und also blieben sie schweigend sitzen.

(1930)

1 *Arbeiten Sie die Begründungen heraus, die seine Freunde für Mendel Singers Leid anführen. Vergleichen Sie diese Gründe mit den Argumenten der Freunde des biblischen Hiob in Hiob 4–5 und Hiob 34.*

2 *Suchen Sie nach sprachlichen Indizien für die momentanen Gefühle des jeweiligen Freundes für Mendel. Weshalb wirken alle ihre Worte nicht tröstlich?*

3 *Vergleichen Sie die Gottesvorstellung, die Mendel Singer entwickelt, mit Hiob 38,1–15. Nehmen Sie Stellung zu Mendels Aussage: „Gott ist grausam, und je mehr man ihm gehorcht, desto strenger geht er mit uns um."*

Hat Gott sich zurückgezogen?

Hiob ändert seine Sichtweise (Hiob 42,1–5). Damit sind nicht alle Fragen beantwortet, aber Hiob versteht, dass Gott nicht der Verursacher seines Elends und kein neutraler Zuschauer ist. Mitten im Leiden schenkt Hiob Gott sein Vertrauen.

Dass es solch eine Gottesbeziehung geben kann, die im größten Elend hält, haben gläubige Juden gezeigt, die noch im KZ und in den Vernichtungslagern jeden Morgen das „Höre Israel" beteten. Dem steht aber die Bemerkung eines KZ-Häftlings gegenüber: „Unsere Gebete glichen Telefongesprächen mit einem unverbundenen Apparat." Andere sind in ihrem Schmerz zu Atheisten geworden. Was für ein Gott konnte das geschehen lassen?

In seinem Vortrag „Der Gottesbegriff nach Auschwitz. Eine jüdische Stimme" setzt sich der Philosoph Hans Jonas (1903–1993) mit dieser Frage auseinander. Er greift dabei auf den Begriff *Zimzum* zurück, der schwer zu übersetzen ist und soviel wie Leerraum bedeutet. Dieser Vorstellung zufolge hat Gott sich gleichsam in sich selbst zurückgenommen. Durch diese Konzentration kam ein leerer Raum zustande, in den hinein die Welt überhaupt erst entstehen konnte. Allerdings entstand damit auch ein Raum für das Böse.

Der Gottesbegriff nach Auschwitz

M30

Hans Jonas

Unsere Lehre, die Thora, beruht darin und besteht darauf, dass wir Gott verstehen können, nicht vollständig natürlich, aber etwas von ihm – von seinem Willen, seinen Absichten und sogar von seinem Wesen, denn er hat es uns kundgetan. Es hat Offenbarung gegeben, wir besitzen seine Gebote und sein Gesetz, und manchen – seinen Propheten – hat er sich direkt mitgeteilt, als seinem Mund für alle in der Sprache der Menschen und der Zeit, gebrochen daher in diesem beschränkenden Medium, doch nicht in dunklem Geheimnis. Ein gänzlich verborgener, unverständlicher Gott ist ein unannehmbarer Begriff nach jüdischer Norm.

[...]

Wenn aber Gott auf gewisse Weise und in gewissem Grade verstehbar sein soll (und hieran müssen wir festhalten), dann muss sein Gutsein vereinbar sein mit der Existenz des Übels, und das ist es nur, wenn er nicht *all*-mächtig ist. Nur dann können wir aufrechterhalten, dass er verstehbar und gut ist und es dennoch Übel in der Welt gibt. Und da wir sowieso den Begriff der Allmacht als zweifelhaft in sich selbst befanden, so ist es dieses Attribut, das weichen muss.

[...] Kein rettendes Wunder geschah; durch die Jahre des Auschwitz-Wütens schwieg Gott. Die Wunder, die geschahen, kamen von Menschen allein: Die Taten jener einzelnen, oft unbekannten Gerechten unter den Völkern, die selbst das letzte Opfer nicht scheuten, um zu retten, zu lindern, ja, wenn es nicht anders ging, hierbei das Los Israels zu teilen. Von ihnen werde ich noch einmal sprechen. Aber Gott schwieg. Und da sage ich nun: Nicht weil er nicht wollte, sondern weil er nicht konnte, griff er nicht ein. Aus Gründen, die entscheidend von der zeitgenössischen Erfahrung eingegeben sind, proponiere ich die Idee eines Gottes, der für eine Zeit – die Zeit des fortgehenden Weltprozesses – sich jeder Macht der Einmischung in den *physischen* Verlauf der Weltdinge begeben hat; der dem Aufprall des weltlichen Geschehens auf sein eigenes Sein antwortet, nicht „mit starker Hand und ausgestrecktem Arm", wie wir Juden alljährlich im Gedenken an den Auszug aus Ägypten rezitieren, sondern mit dem eindringlich-stummen Werben seines unerfüllten Zieles.

[...]

Im bloßen Zulassen menschlicher Freiheit liegt ein Verzicht der göttlichen Macht. Schon aus unserer Erörterung von Macht überhaupt folgte ja die Verneinung göttlicher Omnipotenz. Das lässt theoretisch die Wahl offen zwischen einem anfänglichen, theologischen oder ontologischen *Dualismus* und der *Selbst*beschränkung des einzigen Gottes durch die Schöpfung aus dem Nichts.

[...]

Nur mit der Schöpfung aus dem Nichts haben wir die *Einheit* des göttlichen Prinzips zusammen mit seiner *Selbst*beschränkung, die *Raum* gibt für die Existenz und Autonomie einer Welt. Die Schöpfung war der Akt der absoluten Souveränität, mit dem sie um des Daseins selbstbestimmender Endlichkeit willen einwilligte, nicht länger absolut zu sein – ein Akt also der göttlichen Selbstentäußerung.

[...]

Die Zusammenziehung ist total, als Ganzes hat das Unendliche, seiner Macht nach, sich ins Endliche entäußert und ihm damit überantwortet.

[...]

All dies ist Gestammel. Selbst die Worte der großen Seher und Beter, der Propheten und Psalmisten, die außer Vergleich stehen, waren ein Stammeln vor dem ewigen Geheimnis. Auch jede Antwort auf die Hiobsfrage kann nicht mehr als das sein. Die meine ist der des Buches Hiob entgegengesetzt: Die beruft die Macht*fülle* des Schöpfergottes; meine seine Macht*entsagung*. Und doch – seltsam zu sagen – sind beide zum Lobe: Denn der Verzicht geschah, dass wir sein könnten. Auch das, so scheint mir, ist eine Antwort an Hiob: dass in ihm Gott selbst leidet.

(1984)

1 *Wie beurteilen Sie Hans Jonas' Entscheidung, das Attribut „allmächtig" auf Gott nicht mehr anzuwenden?*

2 *Jonas spricht von einem „leidenden", einem „werdenden" (in der Zeit hervorgehenden) und einem „sich sorgenden" Gott. Vergleichen Sie diese Vorstellungen mit dem christlichen Gottesglauben.*

Ist Gott stärker als der Tod?

Im Hiob-Buch behält der Gott anklagende Hiob Recht und nicht seine Freunde, die ihn zur Ergebung in sein Schicksal bewegen wollen (Hiob 42,8). Damit wehrt das Buch alle Versuche ab, die Welt, wie sie ist, als unabänderlich auszugeben. Es vertröstet auch nicht auf eine Zukunft, in der sich das Leid als einem höheren Ziele dienend erweist. Aber das Hiob-Buch hört an dieser Stelle nicht auf, sondern es endet mit dem Abbruch der Leidensgeschichte und der Beschreibung von Hiobs neuem Glück (Hiob 42,7–17).

Der wunderbare Schluss des Hiob-Buchs erklärt nicht das unfassbare Leid. Ist Gott ungerecht? Der Apostel Paulus spricht im Römerbrief von einer Gerechtigkeit, die vor Gott gilt und die durch den Glauben an Jesus Christus zu allen kommt, die glauben (Röm 3,21f.). Das Kreuz Christi bringt die Frage nach dem Leid nicht zum Verstummen, aber sie wird hineingenommen in die Zukunft Gottes, die mit der Auferstehung Jesu Christi beginnt.

Der Himmel ist nicht leer, und wie Hilfe im Himmel aussehen kann, erfahren auch die Freunde Hiobs. Sie werden zwar für ihr frommes Gerede von Gott getadelt und sogar schuldig gesprochen und verurteilt. Aber sie können der Strafe entgehen, wenn Hiob sich mit seinem Gebet für sie einsetzt (Hiob 42,7 f.). Hiobs Stimme hat im Himmel Gewicht.

Wie ist angesichts schwerer Schuld heute Vertrauen auf die Zukunft Gottes möglich? Wer tritt heute für Menschen ein, die schuldig geworden sind? Der evangelische Pfarrer Wolfgang Klein (* 1944) legte in einem ökumenischen Schulgottesdienst in Saarbrücken Offenbarung 21,1–6 mit Blick auf den Amoklauf eines Schülers aus, der im Jahr 2002 in einem Gymnasium in Erfurt 16 Menschen erschoss und sich danach selbst das Leben nahm.

Traueransprache für die Opfer von Erfurt

Wolfgang Klein

Liebe Trauergemeinde,

[...] aus einem Haus des Lernens und Lebens wurde in Erfurt ein Haus des Entsetzens!

Wir sind *erstens* in diesem Gottesdienst zusammengekommen, um zunächst unserer Trauer für die Opfer, unserer Anteilnahme mit deren Angehörigen, Freunden und Bekannten, unserer Solidarität, aber auch unserer Angst und Hilflosigkeit, unserem Entsetzen und unserer Fassungslosigkeit über dieses Massaker Ausdruck zu verleihen – wie unzählige andere Menschen heute in Deutschland auch.

[...]

Wir haben wie in einem Spiegel – angesichts dieser Gewalt, dieses Leides und dieses sinnlosen Todes unschuldiger Menschen – die ganze Brüchigkeit und das Fragmentarische unseres Lebens, seine tiefe Widersprüchlichkeit von Gut und Böse, von Liebe und Hass vor Augen!

Und deshalb, liebe Gemeinde und liebe Hörerinnen und Hörer, sind wir heute Morgen auch *zweitens* hier, um uns all diesen Fragen zu stellen, weil die Sorge um unsere Zukunft und vor allem die unserer Kinder uns umtreibt. Nicht um wohlfeile Ratschläge, nicht um blinden Aktionismus, nicht um vorschnelle Antworten kann es in dieser Situation gehen. Es kann auch nicht um voreilige Rückschlüsse und Schuldzuweisungen an Familie, Schule oder Politik gehen, sondern zunächst um Trost in unserer Trauer, um Orientierung für uns und um die Ursachen solcher Gewalttaten.

[...]

Wir haben doch alle gelernt, unsere Lebensangst zu verbergen – wir Männer allzumal! Und die Jugendlichen heutzutage verbergen sie gern hinter der Maske einer betonten, zur Schau getragenen Gleichgültigkeit und Unberührbarkeit. „Cool" nennen sie das – zu deutsch: kalt!

[...]

Da sitzt er nun, der gestöpselte Mitteleuropäer, allein in seiner Wohnung wie in einem Schneckenhaus, ohne menschliche Beziehungen, allein mit jeder gewünschten Menge von Bildern – und dann die Stille am Ende des Programms und die Einsamkeit.

Angst hat auch die positive Seite der Lebenserhaltung durch Gefahrvermeidung, aber hier und heute geht es um die dunkle, negative, aggressive Seite der Angst von Robert Steinhäuser, der „auffallend unauffällig" war [...].

Das ist genau das Problem! Und wenn dann der Geängstigte auch keine Stütze, die der Glaube uns bietet, hat und wenn er auch noch den inneren Halt, das Wissen um seinen Selbstwert verloren hat – wie soll er da noch Mitgefühl, Verantwortung für sich selber und andere oder gar Liebe zum Mitmenschen aufbringen? Das geht nur, wenn ich mich an dem Wort Jesu orientieren kann. „Liebe Deinen Nächsten wie Dich selbst!"

Robert dagegen sah offenbar überall nur noch Bedrohung, Feindschaft oder Gefahr. Hass und Gewalt sind dann die Kinder, die die Angst gebiert.

[...]

Wir sind aber *drittens* und letztens in dieser Stunde der Trauer auch hier versammelt als Christinnen und Christen, um uns der Hoffnung unseres Glaubens zu vergewissern, die über den Tod hinausreicht. Unser Glaube ist nicht ohne Angst und Zweifel, aber er hilft uns zunächst, mit dieser Angst leben zu lernen. Hören wir Jesus selbst: „So habe ich mit euch gesprochen, dass ihr in mir Frieden habt. In der Welt habt ihr Angst, aber seid zuversichtlich, ich bin mit der Welt fertig geworden."

Das sind nüchterne und ehrliche Worte für ein Leben vor dem Tod, das diesen Namen wirklich verdient. Er sagt nicht: Ich bin mit meiner Angst fertig geworden. Er lebte und wir leben in einer Welt, die einem in der Tat jeden Tag von neuem Angst machen kann, aber er ließ sich von leidvollen Lebenserfahrungen nicht überwältigen oder gar zerstören. Ich weiß mich angesprochen, wenn einer so redet, liebe Trauergemeinde, ich weiß mich wohl verstanden. Nur Menschen, die uns sehr lieb haben, bemerken sie – unsere Angst!

[…] Angst hat mit Enge zu tun, deshalb ist es nun Zeit, unseren Blick zu weiten und die Welt mit dem „Auge Gottes“ zu betrachten, das auf uns auch hier von der Decke der Ludwigskirche herabsieht. Was mir dazu Mut macht, ist der Grund für diese Hoffnung auf eine neue Zukunft: Er liegt nämlich nicht im Menschen selbst, sondern in Gott, der alles neu machen will, der seinen ersten Wohnsitz endgültig unter uns auf Erden nehmen will, der seine neue Welt gegen unsere alte durchsetzen will. Er selbst bürgt für die Verlässlichkeit und Wahrheit seiner Worte.

Johannes, der Seher von Patmos, hat sie in diese grandiosen Bilder seiner Visionen gefasst, die wir vorhin gehört haben und die am Ende mit den Erfahrungen unseres Lebens übereinstimmen werden, dass nichts unüberwindbar und endgültig ist in dieser Welt – außer Gott, auf den wir vertrauen und der Anfang und Ende, A und O, unseres Lebens ist, und dass selbst der Tod seine lebensbestimmende und vernichtende Kraft verloren hat, weil Gott das letzte Wort behält! In seinen Augen ist deshalb das Leben der Opfer von Erfurt nicht vergeblich gewesen, er wird bei ihnen sein, ihre und unsere Tränen trocknen, und frisches Wasser aus dem Lebensquell ist uns versprochen für unseren Durst nach Gerechtigkeit und Gewaltlosigkeit.

Das ist beileibe kein Opium oder billige Jenseitsvertröstung, sondern der wirkliche Trost, aus dem wir Kraft schöpfen können und der uns auch nach vorn schauen lässt. Denn, wer dies hofft, der lebt anders, der wischt heute schon Tränen ab und kämpft morgen gegen Leid, Geschrei und Schmerz als Vorboten des Todes. Wer so aktiv die neue Welt unter uns erhofft und sichtbar werden lässt, investiert zugleich in die alte. Mit dieser Hoffnung würde es dann aber auch wieder wärmer in der Eiszeit unserer sozialen Kälte, würde dann auch der Tod der Opfer von Erfurt unter uns nicht ganz sinnlos gewesen sein.

(2002)

Der evangelische Theologe Dietrich Bonhoeffer (1906–1945) schrieb den folgenden Text wenige Monate vor seiner Verhaftung an enge Freunde:

M32 Das Walten Gottes in der Geschichte

Dietrich Bonhoeffer

Ich glaube, dass Gott aus allem, auch aus dem Bösesten, Gutes entstehen lassen kann und will. Dafür braucht er Menschen, die sich alle Dinge zum Besten dienen lassen. Ich glaube, dass Gott uns in jeder Notlage so viel Widerstandskraft geben will, wie wir brauchen. Aber er gibt sie nicht im Voraus, damit wir uns nicht auf uns selbst, sondern allein auf ihn verlassen. In solchem Glauben müsste alle Angst vor der Zukunft überwunden sein. Ich glaube, dass auch unsere Fehler und Irrtümer nicht vergeblich sind, und dass es Gott nicht schwerer ist, mit ihnen fertig zu werden, als mit unseren vermeintlichen Guttaten. Ich glaube, dass Gott kein zeitloses Fatum [Schicksal] ist, sondern dass er auf aufrichtige Gebete und verantwortliche Taten wartet und antwortet.

(1942)

1 *Die Predigt ist für die evangelische Theologie eine zentrale Form religiösen Sprechens im Gottesdienst. Sie will mit der Auslegung eines Bibeltextes in der konkreten Situation einer Gemeinde das Wort Gottes durch das Wort eines Menschen zur Sprache bringen.*
Stellen Sie den Gedankengang der Predigt M 31 heraus und diskutieren Sie, ob Pfarrer Klein seiner Gemeinde Trost zusprechen kann.

2 *Bonhoeffer beteiligte sich am Widerstand gegen den Nationalsozialismus in Deutschland und wurde dafür kurz vor Ende des Zweiten Weltkriegs hingerichtet.*
Behält sein Bekenntnis für Sie auch angesichts dieser Tatsachen Glaubwürdigkeit?

Gott im Gespräch der Religionen

Christen glauben, dass Gottes Geist Vergangenheit, Gegenwart und Zukunft verbindet und auch heute unter den Menschen lebendig ist. Die 14-jährige Sarah bringt mit einem eigenen Bekenntnis zum Ausdruck, wie ihr der Glaube an den dreieinigen Gott Orientierung gibt und das Bedenken gegenwärtiger Probleme unter einer spezifischen Perspektive ermöglicht. Den Glauben an den dreieinigen Gott teilen andere Weltreligionen nicht.

Bekenntnis

M33

Sarah

Ich glaube,
dass ich nie allein bin,
denn Gott interessiert sich für mich.
Ich glaube,
dass Gott sich für alle Menschen interessiert
und mit ihnen ist.
Die Gewissheit seiner Gegenwart gibt
Hoffnung.
Ich glaube,
dass Gott etwas ist,
was die Macht hat, allen Menschen
zuzuhören und ihnen zu helfen.
Ich glaube,
dass Gott alle Taten vergilt,
die guten sowie die bösen. Aber ich glaube
auch,
dass er mich kennt und meine Schwächen
akzeptiert.
Es ist schwer, Gott zu verstehen,
denn seine Taten sind ungeheuerlich und
wunderbar.
Es ist schwer, Gott zu verstehen,
denn was er zulässt, ist manchmal schrecklich.
Ich glaube
an den Heiligen Geist,
der alle Menschen umgibt, die an Gott glauben.
Er hält die Heilige Christliche Kirche
zusammen
und führt Menschen zueinander.
Ich glaube,
dass der Heilige Geist
das Verständnis für Fremde fördert und Frieden
schafft und erhält.

Ich glaube,
dass Jesus von Gott geschickt wurde, um
Wunder zu vollbringen
und den Grundstein zur christlichen Kirche
zu legen.
Ich glaube,
dass alle Menschen gleich sind,
die gleichen Rechte und Pflichten haben.
Ich glaube,
an die Auferstehung der Toten in Gottes
Himmelreich und das ewige Leben. Amen

(2000)

1 *Untersuchen sie Sarahs Text unter dem Gesichtspunkt, welche Aussagen Angehörige anderer Religionen zum Widerspruch und zur Auseinandersetzung über den Gottesglauben herausfordern könnten.*

Gott ist Einer – im Gespräch mit dem Judentum

Kern des jüdischen Gottesglaubens ist das Bekenntnis zur Einzigkeit Gottes, des Gottes Israels. Alle Juden sollen es täglich morgens und abends und in der letzten Stunde ihres Lebens beten mit den Worten des „Höre Israel“: Höre Jisrael: ER unser Gott, ER Einer! Liebe denn IHN deinen Gott mit all deinem Herzen, mit all deiner Seele, mit all deiner Macht. (Dtn 6,4–5, nach der Übersetzung von Martin Buber, 1954)

Der jüdische Theologe Schalom Ben-Chorin (1913–1999) erläuterte, worum es bei diesem Bekenntnis zur Einzigkeit Gottes geht.

M34 Die Einzigkeit Gottes

Schalom Ben-Chorin

Die Proklamation der Einzigkeit Gottes stellt das Kennzeichen des Judentums schlechthin dar. Nach einer talmudischen Auffassung ist Jude, wer dieses Bekenntnis ablegt. Es wurde immer als der Inbegriff des Judentums aufgefasst. Wenn Jesus von Nazareth es an erster Stelle der vornehmsten Gebote aufführt, so bewegt er sich damit ganz auf der Linie des traditionellen Judentums.

[…]

Hier wird nun deutlich, dass dieser Gott von Ewigkeit zu Ewigkeit, durch alle Zeiten hindurch war, ist und sein wird, aber dass über sein Wesen damit nichts ausgesagt wird und nichts ausgesagt werden kann.

Hier scheint mir ein fundamentaler Unterschied zwischen Judentum und Christentum vorzuliegen. Für das Christentum ist die wahre und bleibende Offenbarung Gottes in der Person Jesu Christi gegeben. In ihm ist die Fülle der Gottheit Person geworden.

Nichts von alledem im Judentum. Es ist derselbe Gott, der sich im Feuer und Sturm, aber auch wiederum nicht im Feuer, nicht im Erdbeben, sondern in der Stimme feinen Schweigens dem Elija offenbart (1. Kön 9,12). Zu Jeremia spricht er aus dem blühenden Mandelzweig und zu Hiob aus dem Gewitter.

Die Manifestationsformen Gottes sind ebenso wenig zu begrenzen wie seine Wesensmerkmale. Es kann nicht mehr von diesem Gott gesagt werden, als dass er der Seiende ist.

[…]

Die alleinige Anbetung Gottes aber schließt eine Polemik gegen das Christentum, nicht gegen Jesus von Nazareth, in sich. Jesus antwortet dem Satan in der Versuchungsszene (Mt 4,10): „Hebe dich hinweg von mir, Satan! Denn es steht geschrieben: ‚Du sollst anbeten Gott, deinen Herrn, und ihm allein dienen!‘“ Diese Antwort Jesu nimmt Bezug auf Deut 6,13: „Den HERRN, deinen Gott, sollst du fürchten und ihm dienen und in seinem Namen (allein) schwören.“

Im offensichtlichen Gegensatz dazu aber steht die Reaktion des Apostels Thomas, auf die Erscheinung des Auferstandenen, dem er die Hand in die Wundmale legt: „Mein Herr und mein Gott!“ (Joh 20,28). Es ist kein Zufall, dass sich diese erste Anbetung Jesu, wobei er als Herr und Gott angeredet wird, im Johannes-Evangelium findet, das im Prolog 1,1 bereits den Logos mit Gott identifiziert. Wenn Jesus als das fleischgewordene Wort Gottes bekannt wird und die Gleichstellung, ja Identität mit Gott in den Mittelpunkt der Verkündigung tritt, ist die Anbetung Jesu die logische Konsequenz daraus. […]

Die alleinige Anbetung Gottes schließt natürlich auch jeden Bilderdienst aus. Weder Gemälde noch Plastik haben im jüdischen Kult einen legitimen Platz. Wir wissen, wie geradezu ironisch die hebräische Bibel den Bilderdienst nicht nur im Dekalog ablehnt, sondern auch verunglimpft. Der 115. Psalm ist Ausdruck dieser verständnislosen Ablehnung jeder Idolatrie*. […]

Als der Gegensatz zu diesem Aberglauben wird Israel gerühmt, das allein auf den Herrn vertraut.

(1979)

Mit einer rein abstrakten Vorstellung von Gott hat sich das Judentum nicht abgefunden. Eine jüdische Auslegung von Ex 19,17 sagt, dass Gott Israel entgegenging wie der Bräutigam der Braut. Im Anschluss an Ex 25,8 wurde die Vorstellung von der „Einwohnung" Gottes entwickelt. Sie stellt die Israel und der Welt zugewandte Seite des bildlos zu verehrenden Gottes dar. Dass Gott bei seinem Volk wohne, wird vor allem im Zusammenhang mit dem Heiligtum in der Wüste gesagt und später vom Jerusalemer Tempel. Dem jüdischen Glauben zufolge begleitete Gott Israel auch in die Gefangenschaft.

1 *Vergleichen Sie Schalom Ben-Chorins Ausführungen mit der Vision „Engelchöre" der Hildegard von Bingen auf S. 134. Versuchen Sie, auf dieser Grundlage eine Brücke zwischen jüdischem und christlichem Gottesglauben zu schlagen.*

2 *Deuten Sie den Glaubenssatz „Gott selbst ist heimatlos geworden mit seinem Volk" vor dem Hintergrund dessen, was Sie von der Geschichte des jüdischen Volkes wissen.*

Kein Gott außer Gott – im Gespräch mit dem Islam

Das islamische Glaubensbekenntnis, die *Shahada* (➤ s. S. 135) lautet: „La ilaha illa Llah" – kein Gott außer Allah. Um falsche Konfrontationen abzubauen, setzen sich viele deutschsprachige Christen dafür ein, im Deutschen für „Allah" auch den Begriff „Gott" zu verwenden. Dabei zeigt sich allerdings, dass man im Islam wie im Christentum nicht ohne weitere Erläuterung von Gott sprechen kann. Wenn auch die Differenzen zwischen beiden Religionen zur Sprache kommen sollen, ist begriffliche Klarheit notwendig. Der Gottesname „Allah" ist vorislamischer Herkunft und hängt wahrscheinlich mit dem semitischen Begriff „El" (➤ s. M 24) zusammen. Übersetzt heißt Allah „Der Gott". Der bestimmte Artikel gehört hier konstitutiv zum Gottesnamen: Es geht um den Gott, neben dem es keine anderen Götter gibt. Im Islam gilt das Bilderverbot: „So führt für Gott keine Gleichnisse an. Gott weiß, ihr aber wisst nicht Bescheid" (Sure 16,74).

Die Shahada beginnt mit einer Negation „La ...!" („nicht") und ist von Anfang an polemisch gegen den Polytheismus formuliert. Was dieses Glaubensbekenntnis positiv bedeutet, führt der muslimische Gelehrte Muhammad Salim Abdullah (* 1931) aus.

Das Glaubenszeugnis (shahada)

M35

Muhammad Salim Abdullah

Das islamische Glaubensbekenntnis oder -zeugnis lautet in deutscher Sprache: *„Ich bezeuge, dass keine Gottheit ist außer Gott; ich bezeuge, dass Mohammad Gottes Diener und Gesandter ist."*

Das Bekenntnis des Islam ist also nicht nur ein Ausdruck des Glaubens. Der Moslem bezeugt vielmehr gleichzeitig, dass es einen ewigen und unsichtbaren, lebendigen Gott gibt, der der Schöpfer allen Seins ist und der allein diese Welt regiert („tauhid" = Glaube an die Einheit Gottes). Der Moslem ist also ein Gotteszeuge, ein Mensch, der sich und seine Mitmenschen an die Existenz Gottes erinnert.

Die Bezeugung der Einheit Gottes ist die erste und vornehmste Pflicht eines jeden Moslems – mit der Lehre von Gottes Einzigartigkeit steht und fällt der Islam als Religionsgemeinschaft. Man kann diese Lehre in einen einzigen dogmatischen Satz kleiden: „Niemand ist anbetungswürdig, und es gibt keinen Gegenstand der Liebe und des Verlangens außer Gott."

[...] Kein anderes Wesen kann göttliche Attribute besitzen, und niemand kann Werke tun, die Gott vollbracht hat oder noch vollbringen mag. Dazu nochmals Sura 112:

„Sprich: ‚Er ist Gott, der Einzige; Gott, der Unabhängige und von allen Angeflehte. Er zeugt nicht und ward nicht gezeugt; und keiner ist Ihm gleich.'"

[...]

Für den Moslem ist die Einheit und Einzigartigkeit Gottes Ausdruck des Geheimnisses schlechthin; denn Gott ist Geheimnis (2,4) – und dieses nicht geoffenbarte, in seinem inneren Wesen nicht zu offenbarende Geheimnis muss der Gläubige anbeten und Zeugnis ablegen: „Gott – es gibt keinen Gott außer Ihm, dem Lebendigen, dem Aus-sich-selbst-Seienden und Allerhaltenden", sagt der Koran (3,3). Aus dieser Schriftstelle treten uns zwei weitere Eigenschaften Gottes entgegen: Er ist lebendig-allgegenwärtig, und er ist „qajjum", der Aus-sich-selbst-Seiende und Allerhaltende. Im 164. Vers der Sura 2 lesen wir:

„Und euer Gott ist ein einiger Gott; es gibt keinen Gott außer Ihm, dem Gnädigen, dem Barmherzigen" – und schließlich Sura 3,19:

„Gott bezeugt in Wahrung der Gerechtigkeit, dass es keinen Gott gibt außer Ihm – ebenso die Engel und jene, die Wissen besitzen; es gibt keinen Gott außer Ihm, dem Allmächtigen, dem Allwissenden." Gott selbst ist es, der seine Einheit in der Natur – die sein Werk ist – bezeugt. Er bezeugt sie aber auch durch sein Wort, das auf dem Wege der Offenbarung zu den Menschen gelangt. Die Einheit Gottes ist nach Auffassung des Islam die einzige zentrale und unbestreitbare Tatsache in der Schöpfung und der grundlegende Glaubenssatz jeder wahren Religion. Die Ordnung, von der das Universum – der Makrokosmos wie der Mikrokosmos – durchdrungen ist, trägt das Zeugnis dieser grundlegenden Wahrheit.

Die Engel als Übermittler der Wahrheitsbotschaft und die Propheten, die Gesandten Gottes, die diese Botschaft in der Welt verkündet haben – und die Menschen guten Willens, die sie angenommen und gelebt haben –, sie alle fügen ihr Zeugnis dem Selbstzeugnis Gottes hinzu und erfüllen damit den Bund, den Gott von Anbeginn der Geschichte mit dem Menschengeschlecht geschlossen hat. Damit ist eine der vornehmsten Aufgaben des im Islam lebenden Menschen angesprochen: Er ist Gotteszeuge. [...]

Die „Al-Fatiha", die eröffnende Sura des Korans – das Hochgebet des Islam –, wird auch „umm al-qur'an" = Mutter des Buches genannt, da sie in sich die Essenz des gesamten heiligen Buches des Islam enthält. Einer Nussschale gleich birgt dieses Kapitel in sich das ganze Wissen, das der Mensch für sein moralisches und geistig-seelisches Leben und Wohlergehen benötigt. Die „Al-Fatiha" beginnt mit dem Eigennamen Gottes „Allah". [...]

Ein Blick auf die vier Hauptattribute Gottes zeigt den weisen Zusammenhang zwischen den einzelnen Eigenschaften: Als „rahman" hat er uns alle Möglichkeiten und Fähigkeiten eingeräumt, die zur Entwicklung des Menschengeschlechtes erforderlich sind, und zwar ohne Verdienst und Verlangen. Als „rahim" lässt er uns die Früchte unserer Bemühungen ernten. Ein Gott, der „rahman" ist, kann die Sünden vergeben und vergibt sie auch. Das Attribut „rahim" deutet an, dass Gott uns über das Maß unseres Verdienstes hinaus Gnade und Barmherzigkeit gewährt. Das vierte Hauptattribut schließlich erinnert uns an den Tag der Abrechnung. Stets sollen wir daran denken, dass unser geistiges und materielles Vermögen lediglich Leihgaben sind, über die wir Rechenschaft legen müssen. Diese Mahnung soll uns Menschen vor Überheblichkeit und Selbstzufriedenheit bewahren.

Aber Gott wird schließlich auch vor dem Hintergrund des Gerichtes als Herrscher und Meister dargestellt, dessen Barmherzigkeit keine Grenzen kennt. Mit anderen Worten: Der Gott des Islam ist der Gott der Gerechtigkeit – aber auch der Gott der Liebe, der Vergebung und der Barmherzigkeit.

(1995)

1 *Informieren Sie sich in einem Lexikon über die Tradition der „99 schönen Namen" Allahs (ausführliche Darstellung in: Bubolz, G./Tietz, U. (Hrsg.): Spuren Gottes. Vom Unbedingten reden. Düsseldorf: Patmos 1995.). Vergleichen Sie diese mit den Attributen Gottes, die Abdullah hervorhebt, und mit Bezeichnungen Gottes, die Sie aus dem Christentum kennen.*

2 *Was bedeutet die von Abdullah zitierte Sure 112 für das Gespräch zwischen Christen und Muslimen?*

Das Absolute – im Gespräch mit dem Buddhismus

Der Buddhismus galt lange als „atheistische*" Religion, weil er direkt über Gott keine Aussagen macht. Er meint letztlich den Weg zur Erleuchtung als Erlösung vom Leben als Leiden. Obwohl sich dieser Weg von jüdischen und christlichen Vorstellungen deutlich unterscheidet, sind fernöstliche religiöse Symbole im Westen populär. Das gilt besonders für das Yin-Yang (➤ S. 135), das aus dem Taoismus stammt. Dieses Symbol drückt die Erfahrung von Gegensätzen aus, wobei das Eine immer auch im Anderen enthalten ist. Es gilt im Taoismus als zweites Prinzip, dem das Wu Gi, der leere Kreis als Symbol ursprünglicher Einheit, zugrunde liegt. Das Wu Gi kommt dem TAO am nächsten, das höchstes Prinzip, erste Ursache ist. Dem TAO folgen heißt z. B., dem Vorbild des Wassers folgen, das mühelos fließt und doch eine ungeheure Kraft entfaltet. Es ist dem „Nirvana" des Buddhismus vergleichbar, dem Zustand der endgültigen Befreiung von den Grundübeln des Daseins. Der buddhistische Gelehrte Daisetz Teitaro Suzuki (1870–1966) sieht hier auch Parallelen zum Christentum.

Über die Welt der Gegensätze hinausgelangen

M36

Daisetz Teitaro Suzuki

Die Grundidee des Buddhismus ist, über die Welt der Gegensätze hinauszugelangen, einer Welt, die aus verstandeshaften Unterscheidungen und emotionellen Verwirrungen aufgebaut ist, und eine geistige Welt der Nichtunterschiedenheit zu verwirklichen, die das Erreichen eines absoluten Standpunktes voraussetzt. Doch das Absolute ist in keiner Weise von der Welt der Unterschiedenheit getrennt, denn das würde heißen, es dem unterscheidenden Verstand gegenüberzustellen und so eine neue Dualität zu schaffen. Wenn wir von einem Absoluten sprechen, sind wir geneigt zu glauben, es müsste, als Verneinung der Gegensätze, in Opposition zum unterscheidenden Verstand gesetzt werden. Aber so zu denken, hieße, das Absolute in die Welt der Gegensätze hinunterzudrängen, was die Vorstellung eines größeren oder höheren Absoluten notwendig machte, das beide enthält. Kurz: Das Absolute ist in der Welt der Gegensätze und nicht getrennt von ihr. Das scheint ein Widerspruch und kann niemals verstanden werden, solange wir in einer Welt der Unterschiedenheit sind. Über diese Welt hinauszugehen, hilft ebenso wenig, wie in ihr zu verbleiben. Daher der intellektuelle Zwiespalt, dem wir alle so vergeblich zu entgehen streben.

[...] Daraus geht klar hervor, dass wir, um den Buddhismus, und jede Religion, zu verstehen, jenseits des Bereichs des Verstandes gelangen müssen. Die Funktion des Verstandes ist, das Eine vom Andern zu unterscheiden und das Eine in Zwei zu teilen; wenn man daher nicht die Dualität, sondern das Eine sucht, muss auf andere Weise verfahren werden, um es zu erreichen. Doch dieses Eine ist nur vorstellbar in der Verbundenheit mit der Dualität. Dieses Verbundensein bedeutet aber nicht, dass das Eine in Opposition zur Dualität steht und durch diese bedingt wäre, in welchem Fall das Eine nicht mehr das Absolute, sondern nur das Eine der Dualität wäre. Das Eine muss mit und in der Dualität entdeckt werden und dennoch jenseits der Dualität, das heißt: Nicht-Unterscheiden ist im Unterscheiden und Unterscheiden im Nicht-Unterscheiden. Genauer gesagt: das Unterscheiden ist Nicht-Unterscheiden, und das Nicht-Unterscheiden ist Unterscheiden. Das ist keine Absage an den Verstand oder eine Aufhebung der Verstandestätigkeit, sondern vielmehr ein Versuch, mittels einer Methode des verneinenden Bejahens und bejahenden Verneinens bis auf deren Grund zu gelangen. Nur dank dieses doppelten Prozesses vermag der Verstand über sich selbst hinauszuführen, denn ohne über sich selbst hinauszugelangen, kann der Verstand niemals sich von den Gegensätzlichkeiten, die er verursacht hat, befreien. Im Sinne christlicher Überlieferung können wir sagen, das ist das Leben in Christus, nachdem man mit dem Adam gestorben ist, oder Christi Auferstehung vom Tode. Paulus sagt: „Und wenn Christus nicht auferstanden wäre, würden unsere Worte eitel sein, und euer Glaube würde ebenso eitel sein." (1. Kor 15,14). Man muss sterben, ehe man auferstehen kann, und diese Auferstehung ist für den Glauben annehmbar, aber nicht für den Verstand. Die Verschmelzung der Gegensätze, die Identität von Unterscheiden und Nicht-Unterscheiden, wird durch den Glauben erlangt, der eine persönliche Erfahrung ist: das Öffnen des Prajna-chakshu [„des Auges der transzendentalen Weisheit"], das Denken des Undenkbaren.

Prinz Shotoku (Prinzregent, 593–621), der Gründer des Horyuji-Tempels in Nara, schrieb Kommentare über drei Mahayana-Sutras: das *Saddharma pundarika,* das *Vimala-kirti* und das *Srimala.* In ihnen wird das denkerisch nicht Fassbare buddhistischer Erfahrung betont. Im Srimala wird vom Tathagata-Garbha („der Matrix der Tathagataschaft") gesagt, dass es, wiewohl von unzähligen fremden Trübungen überlagert, selber unbefleckt rein geblieben ist. Das Tathagata-Garbha ist die reine unbefleckbare geistige Welt der Nicht-Unterscheidung. Die Unreinheiten und Befleckungen dagegen gehören zur Welt des Denkens und der Unterscheidung. Dass diese beiden Welten ihrer Natur nach gesondert sind und nicht vereinigt werden können, versteht sich nach menschlicher Denkweise von selbst. Trotzdem erklären die Sutras, dass das Reine und das Befleckte im Garbha aufgelöst werden, wobei das Garbha selbst völlig frei und unberührt bleibt. Das geht wirklich über die Grenzen der Denkbarkeit hinaus. Sobald man aber die Identität von Unterscheidung und Nicht-Unterscheidung erfasst hat, wird man auch verstehen, dass das Garbha der Bereich ist, wo Reinheit und Befleckung sich gemäß ihrer eigenen Existenzformen manifestieren. Es sei daran erinnert, dass dieses Verstehen nicht auf der Ebene des Verstandes, sondern auf der spirituellen Ebene sich ereignet und gewöhnlich als Glaube bezeichnet wird. Die Frage von Glaube und Verstehen ist zuweilen verwirrend, weil die meisten von uns nicht die Tiefen unseres geistigen Lebens kennen, das zum Bereich von Achintya, dem Undenkbaren, gehört. Nur ein Buddha erkennt einen anderen Buddha. Solange unsere Einsicht nicht der eines Buddha gleicht, wird uns die Lehre des Srimala für immer ein versiegeltes Buch bleiben.

Soweit ich zu sehen vermag, lehrt die christliche Erfahrung das Gleiche; das buddhistische Undenkbare entspricht der göttlichen Offenbarung, die etwas Übernatürliches und über den Verstand Hinausgehendes ist und völlig außerhalb der menschlichen Denkfähigkeit liegt. Wir werden diese Offenbarung so lange nicht verstehen, so lange wir nicht die Fesseln unseres Verstandes und unserer Logik abgestreift haben. Gott wird sich niemals Köpfen offenbaren, die mit rationalen Vorstellungen voll gestopft sind; nicht, weil er rationalem Verstehen abgeneigt wäre, sondern weil er einfach jenseits eines solchen Verständnisses ist. Er ist jederzeit bereit, vor uns zu erscheinen, aber wir sind es, die ihn fliehen. Wir können das Sich-Offenbaren Gottes, trotz aller unserer Bemühungen nicht erzwingen, es kommt von selbst und freiwillig. Gott ist immer in uns und bei uns, aber auf Grund unseres menschlichen Verstehens stellen wir ihn aus uns hinaus, uns gegenüber, wie wenn er im Gegensatz zu uns stünde, und strengen unseren Verstand aufs äußerste an, daran auch festzuhalten.

(1947)

1 *Benennen Sie die Parallelen, die Suzuki zwischen christlichem Glauben und Buddhismus beschreibt.*

Eine Theologie, die in ökumenischer Weite betrieben wird, steht in der postmodernen Gesellschaft im Dialog mit anderen Religionen und ihren Wahrheitserfahrungen. Sie lernt im Gespräch mit der Vielfalt der Religionen, den eigenen Glauben besser zu verstehen und zu beschreiben. Aber wo Menschen sich mit ihrem Glauben abschließen, weil sie meinen, allein im Besitz der Wahrheit zu sein, kommt es leicht zu Fanatismus und Gewalt. Deshalb ist das interreligiöse Gespräch gerade dort notwendig, wo es um ethisch-politische Fragen geht.

„What if God was one of us?“

Stellen Sie Pop-Songs zusammen, in denen von Gott die Rede ist. Welche Fragen an den Gottesglauben werfen sie auf? Lassen sich Bezüge zur Bibel erkennen? Entwerfen Sie eine Meditation oder einen Schulgottesdienst, in denen einer der Songs im Mittelpunkt steht.

Wo ist ER?

Setzen Sie sich mit folgendem Hörspiel auseinander: *Joseph Roth:* Hiob. Hörspielbearbeitung: *Helmut Peschina,* Regie: *Robert Matejka.* München: HörVerlag 1999.

- Vergleichen Sie die Hauptperson Mendel Singer mit dem biblischen Hiob (➤ s. Teilkapitel „Wo ist Gott, wenn Menschen leiden?“, S. 162).
  Auch Mendels Leben nimmt am Ende eine glückliche Wendung. Dabei spielt die Musik eine entscheidende Rolle. Wie deuten die handelnden Personen diese Wende? Nehmen Sie Stellung zu dieser Deutung (➤ s. Teilkapitel „Wen wundert was?“, S. 196)

- Untersuchen Sie die Figur der Deborah, der Ehefrau Mendels. Inwiefern unterscheiden sich ihre Denk- und Verhaltensweisen von denen ihres Mannes?
  Suchen Sie nach Parallelen zur biblischen Prophetin Deborah (Richter 4–5).
  Vergleichen Sie Deborah mit Hiobs Frau (Hiob 2,9). Sehen Sie Möglichkeiten, auch angesichts des Schicksals dieser beiden Frauen von Gott zu reden?

- Fertigen Sie selbst einen Hörbeitrag an zum Thema „Wo ist Gott, wenn Menschen leiden?“ Führen Sie dazu auch Interviews in Ihrer Schule durch.

AMEN-Projekt

Stoßgebet während der Klassenarbeit? Bitte für einen Freund? Hilferuf vor einer Operation? – Gebete sind verschieden und nicht selbstverständlich.

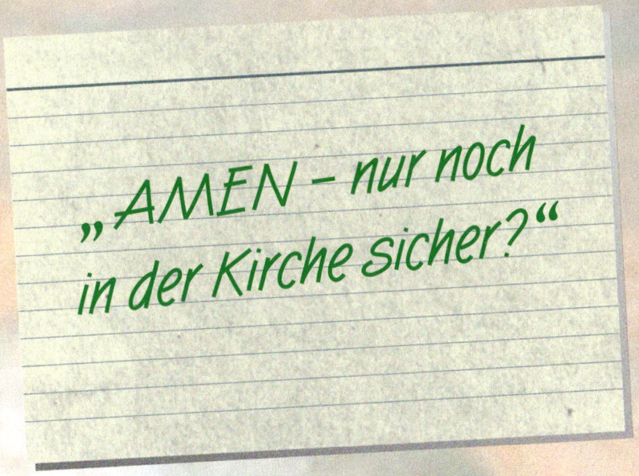

Erarbeiten Sie eine Karte mit dieser Aufschrift, die Sie in der Schule verteilen. Bitten Sie, Ihnen darauf ein Gebet oder eine Erfahrung mit dem Beten zu senden. Dokumentieren Sie die Ergebnisse.

Medienhinweise

- **Cormann, Marte/Gabernig, Heike: Brauchen starke Frauen Gott? Über Gottvertrauen und Gottlosigkeit.** München/Zürich: Piper ^{3}2002.
- **Gide, André: Die Rückkehr des verlorenen Sohnes.** Übertr. v. Rainer Maria Rilke. Frankfurt/M.: Suhrkamp 1987. (In dieser Erzählung versucht André Gide, aus unterschiedlichen Perspektiven das Motiv für den Fortgang des verlorenen Sohnes aufzudecken. Dazu lässt er ihn nach seiner Rückkehr mit vier Familienmitgliedern Gespräche führen. In der Novelle nennt der Autor den zurückgekehrten Sohn „den Verlorenen“.)
- **v. Marschall, Christoph/Ulrich, Bernd (Hrsg.): Wo ist Er? 52 Antworten auf die Frage „Wo ist Gott?“** Berlin: Evangelische Haupt- und Bibelgesellschaft 2002.
- **Zahrnt, Heinz: Stammt Gott vom Menschen ab?** Freising: Stark 2001.

Wer ist Jesus Christus für mich?

Guido Rocha (1975)

„Dieser so genannte Christus von G. Rocha ist eine Zumutung!“

„Ich stelle mir Christus anders vor, vermisse die positive Ausstrahlung!“

„Ein Bild von Jesus Christus muss doch klare religiöse Aussagen machen, Zuversicht und Geborgenheit vermitteln.“

„Wo ist hier Jesus Christus – ich sehe ihn nicht!“

1 *Nehmen Sie Stellung zu diesen Aussagen.*

Wer war Jesus Christus?

M1 Diego Velázquez, 1630

M2 Focus, 25.05.1996

M3 Arnulf Rainer, 1983

M4 Die Passion Christi, 2004

1 *Wählen Sie eine Abbildung für sich aus. Schreiben Sie eine kurze Begründung für Ihre Wahl.*

2 *Vergleichen Sie Ihre Auswahl mit der Ihrer Mitschülerinnen und Mitschüler.*

Mein Jesus – dein Jesus: Jesus in unseren Köpfen

Jesus von Nazareth ist einer der berühmtesten Menschen der Welt und immer noch einer der unbekanntesten. Seine Rede, sein Handeln, sein rätselhafter Tod, vor allem aber der Glaube seiner Anhänger an die Auferstehung haben bis heute eine ungeheure Wirkung sowohl im politischen, sozialen und kulturellen Bereich als auch im persönlichen Leben vieler Menschen entfaltet. Aber unsere Kenntnisse über ihn bleiben lückenhaft. Alle Jesusbilder sind nur Teilaspekte von Jesus, ein allgemein gültiges Jesusbild gibt es nicht. Wer sich selbst „ein Bild machen" will, muss sich darüber klar werden, welche Fragen, Schwierigkeiten und Zweifel ihn bewegen. Dazu zunächst der russisch-kirgisische Schriftsteller Tschingis Aitmatow (* 1928):

Fragen über Fragen

M5

Tschingis Aitmatow

Aber wer war dieser Jesus, von dem wie vom Nullpunkt aus die Abrechnung kommt? Mit dem das tragische Selbstbewusstsein beginnt? Und wozu war das alles nötig? Etwa nur zum Zweck der ewigen Reue? Seit dem Tag, da Er ans Kreuz stieg, kommen die Geister nicht von Ihm los! Dabei ist seit jenen Tagen so vieles, das mit dem Anspruch auf Unsterblichkeit daherkam, längst vergessen und in Schutt und Asche. Das Leben der Menschen verbessert sich täglich: Was heute neu, ist morgen schon alt, was heute besser scheint, verblasst morgen vor noch Schönerem. Warum veraltet dann das Wort Jesu nicht und verliert nicht an Kraft? Und war all das, was von Seiner Geburt bis zur Hinrichtung geschah, mit allen Folgen über die Zeiten und Generationen, wirklich so unumgänglich und unvermeidbar für die Menschheit? Und wo lag der Sinn dieses Weges in der Geschichte der Menschen? Was haben sie erreicht? Wohin sind sie gelangt? Und wenn das verborgene Ziel die Menschenliebe ist, die Idee des Humanismus, wie das gelehrte Geister behaupten, also der Weg des vernunftbegabten Menschen zu sich selbst und zur unendlichen Vollkommenheit des Geistes – warum ist dann dieser Weg von Anfang an so schwierig, so mühevoll und grausam? Wer hat ihn ausgedacht, und wozu? Könnten denn die Menschen ohne diesen, von jedem auf seine Weise auslegbaren Humanismus existieren – vom christlichen bis zum universalen, vom sozial-egoistischen und klassengeprägten bis zum prinzipiell abstrakten Humanismus? Und wozu noch in unserem Jahrhundert die auf jenem Weg längst abgewirtschaftete Religion?

In der Tat, wozu? Seit langem gibt es ja keine Geheimnisse mehr, sogar für die Kinder. Hat nicht die materialistische Wissenschaft den Espenpfahl[1] in das Grab des christlichen Glaubens eingeschlagen, hat sie nicht über alle Glaubenslehren entschieden und sie gebieterisch vom Weg des Fortschritts und der Kultur hinweggefegt – dem einzig wahren Weg? Offenbar braucht der Mensch von heute kein Glaubensbekenntnis, es reicht ihm völlig aus, wenn er über die abgestorbenen Lehren historisch etwas beschlagen ist. Das hat sich doch alles verbraucht, ist erschlossen und verflossen. Aber wo sind wir angelangt, was ist an die Stelle jener mildtätigen, opferbereiten, längst auf den Müll geworfenen und von den realistischen Weltanschauungen verhöhnten Idee getreten? Was haben wir Ebenbürtiges oder gar Überlegenes? Das Neue müsste doch besser sein als das Alte.

(1991)

[1] Begriff aus der Dracula-Legende. Der Pfahl aus Espenholz, der in das Herz des tagsüber in seinem Sarg ruhenden, „untoten" Vampirs getrieben wird, vernichtet diesen endgültig.

1 *Untersuchen Sie den Text und klären Sie für sich: Welches sind für Sie die wichtigsten Fragen in diesem Abschnitt?*

M6
Ich persönlich denke …
Schüleräußerungen

Jesus war wohl ein Mensch. Schätz ich mal. Was er wollte? Hmm, keine Ahnung. Er wollte bestimmt nicht der Messias sein. Scheiß Job. Gottes Sohn? Na ja. Ich glaube nicht, dass es so toll ist, durch die Lande zu ziehen, Kranke zu heilen (gratis!) und Lahme gehen machen, Blinde sehen, ein bisschen Brot und Fisch herzuzaubern und einen Spaziergang übers Wasser zu machen.

(Sven, 17 J.)

Ich habe auf jeden Fall einen Bezug zu Jesus, auch wenn ich nicht direkt an ihn glaube. Schon allein deshalb, weil ich von klein an seit der ersten Klasse bis zur Konfirmation und jetzt immer etwas über Jesus erfahren habe. Deshalb verinnerlicht es sich in einem. Man kann doch nicht 16 Jahre etwas von einer Person erzählt bekommen, die es nicht gibt? Und genau dann kommen die Zweifel: Wenn Jesus wirklich so toll ist und wir ihn jeden Gottesdienst anbeten, warum hab' ich dann Probleme, warum ist dann der schon wieder mit 19 Jahren gestorben? Sicher nicht, weil Gott ihn liebt, sonst hätte er ihn leben lassen. Und deshalb kann ich nicht an Jesus glauben.

(Marcus, 16 J.)

Ich persönlich denke, dass Jesus direkt nicht existiert hat, zumindest nicht in dieser Form. Ich habe mein eigenes Weltbild und meine persönliche Art von Glauben, welcher wissenschaftlich geprägt ist. Über Jesus gibt es jedoch keine historischen Quellen, die seine Existenz beweisen würden, nur die religiösen Texte beschäftigen sich mit ihm. Rund 30 Jahre nach seinem Tod schrieb man seine Worte und Werke nieder. Ich glaube jedoch, dass die Bibel kein Beweis für Jesu Existenz sein kann, da sie einen religiös verklärten Eindruck von Jesus vermittelt. Handfeste historische Beweise, wie wir sie beispielsweise von Augustus oder Cäsar haben, gibt es nicht über Jesus. Dies legt die Vermutung nahe, dass es einen Jesus wie in der Bibel beschrieben wohl nicht gegeben hat. Sein Leben, seine Lehren und sein früher Tod haben bei den Menschen einen so tiefen Eindruck hinterlassen, dass man ihn im Nachhinein als Gottes Sohn idealisiert hat. Jesus ist eine Legende. …

(Timo, 17 J.)

Ich denke, gerade der heutigen Generation sagt Jesus überhaupt nichts, aber ich denke, dass er im zwischenmenschlichen Bereich sehr wohl heute etwas sagen kann. Toleranz (Barmherziger Samariter), Nächstenliebe, anderen helfen, zuhören, und nicht nur mit Rat, sondern auch mit Tat zur Seite stehen. Schade, dass heute sich kaum mehr Menschen Gedanken drum machen, was es bedeutet, Christ zu sein, nicht nur in die Kirche rennen und zu beten, dann wird es schon klappen, man muss auch selber etwas dafür tun. Probleme können nicht einfach nur durch Beten gelöst werden, man kann sich Kraft holen, doch man muss durch sein Eingreifen, sein Wirken auf andere, das, was einem z. B. ein Gebet gibt, weitergeben.

(Christina, 17 J.)

1 Setzen Sie sich kritisch mit den Schüleräußerungen auseinander, indem Sie
- sachliche Fehleinschätzungen benennen (➤ Ziehen Sie dazu das Teilkapitel „Hat Jesus wirklich gelebt?“, S. 185ff., heran),
- selbst Stellung beziehen zu der Frage: Was bedeutet Jesus für mich?

Jesus im (Kurz-)Film

Einen Film sehen, Film-Wahrnehmung, ist ein kommunikativer Akt. Filme sind nicht etwa eine objektiv vorgegebene Wirklichkeit, vielmehr konstituieren sie sich erst in einem kommunikativen Prozess.

Der Film entsteht im Kopf des Zuschauers. Jeder Zuschauer sieht seinen eigenen Film, jeder Zuschauer erfährt denselben Film anders – je nachdem, wie er sich davon berühren lässt. Das wiederum hängt mit den individuell unterschiedlichen, weil lebensgeschichtlich bedingten Erfahrungen und Erwartungen zusammen.

Um die verschiedenen Ebenen der Auseinandersetzung mit dem Film auseinanderzuhalten, hat es sich bewährt, verschiedene Phasen zu unterscheiden.

Ebenen der Filmrezeption

M7

1. Erlebnisphase

Der Film wird gemeinsam angeschaut, es findet die erste und grundlegende kommunikative Begegnung zwischen Film und Zuschauer statt. Da jeder Zuschauer einen eigenen (lebensgeschichtlich geprägten) Erwartungs- und Verstehenshorizont mitbringt, wird er auch einen eigenen Einstiegspunkt in den Film finden (oder auch nicht) und deshalb unterschiedliche Szenen, Bilder und Figuren unterschiedlich wahrnehmen.

2. Austauschphase

In einem ersten Gespräch werden sich die Zuschauer ihrer individuellen Wahrnehmungen bewusst und tauschen sich untereinander aus. Im Vordergrund eines religiösen Diskurses im Anschluss an einen Film können gesprächseröffnende Fragen stehen:

- Was hat Sie an diesem Film insgesamt bewegt?
- Kommt Ihr Leben oder eine Ihrer Lebensfragen darin vor?
- Fühlen Sie sich zu einer neuen Frage, vielleicht auch zu einer neuen Tat ermutigt?
- Finden Sie sich zu einer bestimmten Antwort angeregt, oder haben Sie gar eine Art Antwort bekommen?
- In welchen Abschnitten/an welchen Stellen konnten Sie sich wieder finden?
- Mit welcher Filmsituation konnten Sie eine eigene Lebenssituation identifizieren?
- Welche Aussage, welche Handlung stößt Sie ab? Worüber werden Sie weiter nachdenken?

3. Analysephase

Die Analyse versucht, dem Film unter der gewählten Fragestellung durch Betrachtung möglichst vieler Details näher zu kommen. Obwohl man den Erfahrungshorizont natürlich auch in dieser Phase nicht ausblenden kann (und soll), kommt es bei der Analyse darauf an, möglichst nah am Film zu bleiben. Dabei ist es wichtig, nicht nur die inhaltliche Seite eines Films zu betrachten, sondern auch seine formale: die filmästhetischen Ausdrucksmittel (Bildgestaltung, Kameraperspektiven, Kameraführung, Licht, Geräusche/Dialoge/Musik, Schnitt/Montage, Rhythmus ...). Die Analyse ist notwendig, um der Faszination auf die Spur zu kommen, vor allem aber, um über die Spekulation hinaus zu nachprüfbaren Ergebnissen zu gelangen.

4. Interpretationsphase

Die Analyse ist eine konstruktive Zerstörung (der Illusion und der bindenden Faszination), die eine neue Interpretation des Films erlaubt, z. B. unter der Fragestellung: Handelt es sich um einen religiösen Film? Dabei kommen die ursprünglichen Erlebnis- und Sichtweisen der Zuschauer wieder ins Spiel.

1 *Bearbeiten Sie im Kapitel „Wir und die Wirklichkeit" die Seiten 73ff. Arbeiten Sie mit den Eckpunkten des hermeneutischen Zirkels (auch im Text): Autor/Produzent – Zuschauer/Interpret – Film.*

Der Kurzfilm „Ernst und das Licht", ein ebenso humorvoller wie tiefgründiger Film, übt auf subtile Weise Kritik an den Werten und Zielen der Gesellschaft. Ernst, ein Handelsvertreter von Reinigungsmitteln, kehrt von einer Geschäftsreise zurück. Auf dem Weg vom Flughafen zu seiner Frau nimmt er einen ungewöhnlichen Anhalter mit …

M8 Ernst und das Licht

A. T. Jensen

„Du hast 'nen Sockenschuss, mein Freund! Gehörst du zufällig zu einer Sekte, oder so?", erwidert Ernst dem merkwürdigen Anhalter, der gerade in sein Auto eingestiegen ist und behauptet, der Sohn Gottes zu sein. Es ist spätnachts, Ernst will möglichst schnell nach Hause zu seiner Frau Conny. Sein Handy ist defekt, und überhaupt hat der Reinigungsmittelvertreter alles andere im Kopf als tiefschürfende Gespräche über Gott und die Welt. Auch der Tatsache, dass die Medien von einem globalen unerklärlichen Licht-Phänomen berichten, schenkt er keine Beachtung; ihm geht der „Missionsmist" seines Fahrgasts zunehmend auf den Geist. Als er ihn kurzerhand an die Luft setzen will, fällt der Motor aus. Ein „Ich-bin-der-Sohn-Gottes" aus dem Munde Jesu genügt jedoch, und schon geht's wieder weiter. Von so viel konkreter Wunder-Macht ist Ernst beeindruckt. Zwischen den beiden entwickelt sich ein amüsanter, dabei keineswegs oberflächlicher Dialog. Der Sohn Gottes scheint 2000 Jahre nach seiner Geburt von der Realität keine Ahnung zu haben. Umso plastischer schildert ihm Ernst das „wirkliche Leben", so dass Jesus sich entschließt, wieder zu entschwinden – umgeben von himmlisch-hellem Licht und ziemlich nachdenklich. Ernst dagegen stellt ebenso erfreut wie lapidar fest, dass sein Handy wieder funktioniert …

Radio: *… letzte Nacht wurde der Erdball etwa 14 Sekunden lang von einem hellen Licht erleuchtet … Noch gibt es keine logische Erklärung für das gestrige Phänomen, … ein Sprecher der Sekte meinte, das Licht sei eindeutig ein Zeichen für die Auferstehung Jesu Christi. […]*

JESUS: Ich bin der Sohn Gottes.
ERNST: Dann lass den Motor wieder an!
JESUS: Na los, fahr weiter!
ERNST: Das ist Teufelswerk.

II

ERNST: Okay. Mal angenommen, du sagst die Wahrheit. … Was willst du bei uns?
JESUS: Die Menschheit wartet seit beinahe 2000 Jahren auf meine Rückkehr. Nun werde ich sie erlösen.
ERNST: Ich möchte dich nicht enttäuschen, aber daraus wird nichts werden. Klar, in den ersten Wochen wirst du wie 'ne Bombe einschlagen. Boulevardzeitungen und so … Die Welt hat sich verändert.
JESUS: Ja.
ERNST: Aber daran seid ihr selbst Schuld da oben … 2000 Jahre ist 'ne lange Zeit. Eins kann ich dir sagen …
JESUS: Ja?
ERNST: Wenn ich meine Aufträge nicht innerhalb 'ner Woche erledige, gehen die Kunden zur Konkurrenz. Verstehst du?
JESUS: Naja … Vielleicht.
ERNST: Die Menschen vergessen dich, wenn du keinen Dampf machst. Hättet ihr wenigstens gesagt „In 50 Jahren ist er wieder da." Aber so?

III

ERNST: Jeder verlässt sich auf seine eigene Stärke. Nimm die Japaner. Die machen doch alles besser, billiger und schneller. Und wenn dann einer daherkommt und sagt „Ich tu, was mein Vater will", na, vielen Dank. Heute schnauzt man die Leute an: „Was willst du? Du kriegst gleich eins in die Fresse von mir."
JESUS: Aber …
ERNST: Vergiss es. Nix ‚aber'. Ich fürchte, dein Gott hat die Sache versaut. Ihr werdet

nicht mehr gebraucht. Schluss, aus, vorbei […].

Jesus: Soll das etwa heißen, es gibt auf dieser Welt niemanden mehr, der noch an Gott glaubt?

Ernst: Du sagt es. Die Leute interessieren sich nur für Gewalt, Sex und Geld … Und für Reinigungsartikel.

Jesus: Aber meine Aufgabe?

Ernst: Vergiss sie. […]

Jesus: Äh, nein, weißt du, wenn wir heute, ich meine, wenn wir nicht zusammenbleiben, dann …

Ernst: Na, was dann? Heißt das, dann geht die Welt unter, oder was?

Jesus: Ja … Denn … ich bin die Rettung.

Ernst: Du brauchst hier keinen zu retten. Du brauchst nur ein bisschen an dich selbst zu denken […].

Jesus: Ich gehe wieder zurück.

Ernst: Du bist nicht gut drauf, was? War wohl zu viel für dich?

Jesus: Auf Wiedersehen, Ernst.

Ernst: War mir ein Vergnügen.

(1995)

1 *Untersuchen Sie die Sprachebenen, die in diesem Filmausschnitt deutlich werden.*

2 *„Ich fürchte, dein Gott hat die Sache versaut. Ihr werdet nicht mehr gebraucht. Schluss, aus, vorbei.“ Beurteilen Sie diese Aussage.*

3 *„Du brauchst hier keinen zu retten. Du brauchst nur ein bisschen an dich selbst zu denken.“ Ernst beschreibt mit diesem Satz sein Lebensmotto und auch seine Einstellung zur Religion. Formulieren Sie für sich: Mein Lebensmotto? Meine Einstellung?*

4 *Tragen Sie zusammen, was an Fragen, Erfahrungen und Interessen bei der Auseinandersetzung mit Jesus Christus in diesem Teilkapitel sichtbar geworden ist.*

5 *Vergleichen Sie Ihre Notizen mit denen Ihrer Mitschülerinnen und Mitschüler und erarbeiten Sie daraus ein Konzept planungsrelevanter Gesichtspunkte für die weitere gemeinsame Arbeit.*

Jesus Christus – ein Superstar?

M9

1 *Erklären Sie, wer sich hinter den Titeln verbirgt. Erläutern Sie,*
- *warum Sie einer Person einen ähnlichen Titel verleihen würden;*
- *warum man überhaupt jemandem einen Titel gibt.*

2 *Nennen Sie Titel, die über Generationen hinweg verständlich bleiben.*

3 *Welche Titel oder Namen kennen Sie für Jesus? Erklären Sie die Bedeutung und überlegen Sie, warum Jesus diese Titel verliehen wurden.*

Jesus Christus – Hoheitstitel

Sohn Gottes/Gottessohn:

- *jüdische Vorstellung:* Das Volk Israel (Ex 4,22) und auch Könige (Ps 2,6f.) wurden Gottes Sohn genannt; es ist eine enge Beziehung zu Gott gemeint, die durch eine Adoption bestätigt wird, keine biologische Abstammung
- *griechisch-hellenistische Vorstellung:* Könige oder Menschen, denen man besondere Kräfte zuschrieb (Wunder), wurden Gottessohn genannt; die Gottessohnschaft führte man auf wunderbare Geburten (Jungfrauengeburt, bei denen ein Gott der Vater ist) zurück.
- *im NT:* erst nur die jüdische Vorstellung bei Markus (Mk 1,9–11: keine wundersamen Geburtsgeschichten, „nur" Adoption), dann bei Matthäus und Lukas das Hinzukommen der griechisch-hellenistischen Vorstellung (Lk 1,35: wundersame Zeugung und Geburt), um die Vorstellungen des nicht-jüdischen Publikums (der Heidenchristen) für diese hinzuzufügen.

Messias (hebr. maschiach = Gesalbter, griechisch: Christos):

- *im AT:* in vorexilischer Zeit Name für regierende Könige (wurden durch Salbung mit Öl in ihre Würde eingesetzt, z. B. 1. Sam 10,1; 24,7;11) und Hohepriester (wurden analog zum König gesalbt); Name für den verheißenen Erlöser (diesseitig-irdische Person mit der politischen Funktion, Israel zusammenzuführen und zu befreien)
- *im NT:* Jesus wird als die Erfüllung der messianischen Hoffnung des Judentums gesehen, aber mit inhaltlich neuer Deutung (keine politische Funktion); er ist Träger und Verkünder der neuen Gerechtigkeit (Mt 5–7); Zeichen und Wunder bestätigen seine Messianität (Mt 11,1 ff.); durch die griechische Übersetzung des Wortes Messias mit Christos (als Botschaft an nicht-jüdische, hellenistische Menschen) etablierte sich Christus als Eigenname.

Heiland (= Retter):

- *im AT:* Name für Gott als Retter oder Befreier von Unterdrückung (Auszug aus Ägypten); das allumfassende Heil kommt, wenn Gott den Messias schickt.
- *im NT:* neben Gott wird Jesus auch Heiland genannt (Joh 4,42), er ist der Weltheiland, durch welchen die Menschen das Heil finden (Messias-Erfüllung).

Herr (griech. = kyrios):

- *im AT:* keine Gottesbezeichnung, außer dass Gott „Herr aller Herren" genannt wird, Ps 100,3;
- *im NT:* Jesus wird mit „Herr" bezeichnet (Joh 13,13), da der Titel im Gebrauch und so gerade für das hellenistische Christentum gut verständlich war (vgl. auch 1. Kor 12,3; 16,22).

Menschensohn:

Ursprünglich gleichbedeutend mit „Mensch", von den Synoptikern jedoch als Titel gebraucht;
im AT: Jahwe redet Propheten mit „Menschensohn" an (in Hesekiel z. B. 87 x).
im NT: Es wird in drei unterschiedlichen Arten vom „Menschensohn" berichtet:
a) vom gegenwärtig wirkenden Menschensohn (Lk 19,10);
b) vom künftig kommenden Menschensohn (Mk 8,38);
c) vom leidenden und auferstehenden Menschensohn (Mk 8,31).

Lamm Gottes:

Joh 1,29;36: Jesus ist „das Lamm Gottes, das der Welt Sünde trägt". Der Kreuzestod Jesu wird mit dem Bild des Lammes gedeutet, das geopfert wird. Später deutet Augustinus das Lamm als Sinnbild der Sündenlosigkeit und Unschuld.

Der gute Hirte:

Nach Joh 10,11 spricht Jesus von sich selbst als dem guten Hirten. Die Sorge des Viehzüchters für seine Tiere diente als Bild im menschlichen und göttlichen Bereich, als Symbol liebevoller Fürsorge.

Hat Jesus wirklich gelebt?

Die Forschungslage

M10

Außerbiblische Quellen, die von Jesu Leben und Wirken in Israel zeugen, gibt es wenige. Wer interessierte sich schon für ein damals bedeutungsloses, wirtschaftlich schwaches Land weit im Osten des römischen Weltreiches? Wer konnte damals ahnen, dass jener wunderheilende Wanderprediger, der durch Galiläa zog, eine neue Zeitrechnung bestimmen würde? Dennoch: Die Existenz und auch die Hinrichtung Jesu werden heute auch von Historikern nicht bezweifelt. Aber was hat er in den Jahren seines Lebens gemacht? Waren es 34 Jahre, waren es 36 Jahre? Was man über Jesus weiß, stammt zum ganz überwiegenden Teil aus den Evangelien des Neuen Testamentes. Insgesamt ist die Quellenlage schwierig, denn zunächst gab es nur mündliche Überlieferungen. Das erste Evangelium, das Markus-Evangelium, entstand erst 70 n. Chr. und wurde zur Grundlage für die späteren Evangelien von Matthäus und Lukas.

Viel allerdings weiß man über die jüdische Geschichte, über die Kämpfe der Juden gegen die römische Besatzungsmacht. Die Juden hassten die Römer, nicht nur als Besatzer, sondern auch als Gottlose und Heiden. Das von Gott auserwählte und immer wieder schwer geprüfte Volk zehrte von den Erinnerungen an seine Blütezeit, das Reich König Davids. Dieser hatte eintausend Jahre zuvor die Stämme Israels zu einem Reich vereint.

Die Juden erwarteten einen kommenden Retter, einen Messias aus dem Stamme Davids, der die Feinde Israels zerschmettern würde. Das war eine stark politisch gefärbte Hoffnung. Manche Gruppen, z. B. die Zeloten* versuchten die erhoffte Heilszeit mit Gewalt herbeizuführen. Einige Zeitgenossen gaben sich damals als Propheten und Erlöser Israels aus und meinten, sie seien der ersehnte Messias. Auch Jesus und seine Jünger gehören in diese Reihe jüdischer Erneuerungsbewegungen. Die zentrale Botschaft Jesu war das Kommen des Reiches Gottes, und viele glaubten, er meine damit ein neues politisch starkes Israel. Jesus bleibt im Judentum seiner Zeit verwurzelt. Erst nach seinem Tod trennten sich seine Anhänger allmählich vom Judentum ab, und es entstand eine neue Religion: das Christentum, das nun allerdings schon 2000 Jahre überdauert.

Versucht man, dem historischen Jesus auf die Spur zu kommen, lässt sich Folgendes sagen: Jesus wurde um das Jahr 7 oder 4 vor unserer Zeitrechnung wahrscheinlich in Nazareth geboren – zur Regierungszeit Herodes' des Großen, die 4 v. Chr. endete – etwa zu diesem Zeitpunkt, das ist Konsens der wissenschaftlichen Forschung. Das Datum seines Todes steht nicht ganz fest, weil sich die synoptischen Evangelien Markus, Matthäus und Lukas auf der einen Seite und das Johannes-Evangelium auf der anderen Seite widersprechen, es wird irgendwann zwischen 27 und 33 nach unserer Zeitrechnung gewesen sein. Das sind die Eckdaten.

Das Judentum dieser Zeit war ein sehr differenziertes Gebilde. Für die Erfassung des historischen Profils der Person Jesu ist festzuhalten, dass er in das Judentum Galiläas gehörte. In der neueren Forschung hat man besonders herausgearbeitet, dass Jesus ein Jude seiner Zeit war. Als historisch gesichert gilt auch, dass er zum Schülerkreis, zu den Jüngern Johannes des Täufers gehört hat. Jesus selbst hat dann einen eigenen engeren Kreis von Schülern um sich versammelt, aber sein Reden und Handeln richtete sich darüber hinaus an das ganze jüdische Volk seiner Zeit. Ein sehr wichtiger Aspekt ist, dass er mit seinem Wirken das Kommen Gottes zu den Menschen selber verband; das wird in seiner Verkündigung vom Gottesreich (Mk 1,15) deutlich, das schon anbricht. Es lässt sich in den Gleichnissen und in den Heilungen erkennen, die als Anbruch des Gottesreiches zu verstehen sind, und auch in den Mahlgemeinschaften, von denen die Evangelien berichten.

Wenn die neutestamentliche Forschung versucht, ein Gesamtbild der Person Jesu darzustellen, dann bezieht sie sich in erster Linie auf die Evangelien. Auch in den Paulus-Briefen, die älter sind als die Evangelien, wird über Jesus berichtet. Allerdings hat Paulus Jesus nicht persönlich gekannt. Was er über Jesus mitteilt, hat er von anderen erfahren. Außerdem äußert er sich theologisch über die Geschehnisse und gründet auf sie seine Botschaft von Jesus, dem Christus. Über diese literarischen Quellen hinaus, zu denen auch die nicht kanonischen Texte gehören, bezieht die Forschung jüdische und römische Quellen mit ein – außerdem auch archäologische und epigraphische Zeugnisse, die ein Bild der Zeit Jesu, also ein Bild des 1. Jahrhunderts vermitteln, wie die römische Provinz Judaea und vor allem Galiläa geprägt waren. So versucht man, Jesus auch aus diesem Umfeld heraus historisch plausibel verständlich zu machen.

Was hat Jesus nun aus den zahlreichen Propheten seiner Zeit als Besonderheit hervorgehoben? Der historische Befund zeigt, dass sich mit ihm eine unvergleichliche Wirkungsgeschichte verbindet. Man hat in Jesus offenbar denjenigen gesehen, mit dem Gott den Menschen ganz nahe gekommen ist.

Hugo van der Goes, 1476/77

1 *Beschreiben und deuten Sie das Bild. Tragen Sie alles zusammen, was Sie über die im Bild dargestellte Situation wissen.*

Jesus von Nazareth – die Lebensdaten

Ergebnisse der Forschung

M11

Wolfgang Beinert (1933)*

Unter der Regierung des römischen Kaisers Augustus (37 v.–14 n. u. Zeitrechnung) wird Jesus (hebr. Jeschua oder Joschua „Gott ist Retter", „Gotthilf") geboren, wahrscheinlich nicht in Bethlehem, wie die Evangelien von Matthäus und Lukas (mit unterschiedlichen Gründen) behaupten, sondern in Nazareth. Als Geburtsjahr ist 6 oder 4 vor unserer Zeitrechnung anzusetzen. Diese geht zurück auf irrige Berechnungen des Mönches Dionysius Exiguus († n. 550) bei der Feststellung des Osterfest-Datums. Sie haben sich eingebürgert, so dass auch wir ab jetzt die übliche Zählung vor und nach Christi Geburt zur Datumsangabe verwenden. In Wahrheit aber war das 2000. Geburtsfest Jesu 1994 oder 1996.

Als seine Eltern gelten Josef, ein Bauhandwerker (griech. tekton), und Maria (hebr. Mirjam oder Marjam), ein bei der Geburt Jesu sehr junges Mädchen. Die Quellen kommen überein, dass die Familie sich von David, dem bedeutendsten König des alten Israel, herleitete, gehen aber auseinander in der Frage, wie die tatsächlichen Verwandtschaftsverhältnisse gewesen sind. Einmal wird eine ganz normale Mehrkinderfamilie vorausgesetzt mit mehreren Brüdern und Schwestern Jesu; in den Kindheitserzählungen der Evangelien nach Matthäus und Lukas aber ist er das einzige Kind Marias, nicht aber Josefs Sohn. Die spätere christliche Deutung hat sich dafür entschieden, eine jungfräuliche Zeugung und Geburt durch das Wirken des Gottesgeistes anzunehmen und die Familienangehörigen als nahe Verwandte, Josef als gesetzlichen Vater zu verstehen: So lesen wir es im Glaubensbekenntnis.

Wahrscheinlich hat Jesus den gleichen Beruf gelernt wie Josef. Zwischen 26 und 29 schließt er sich der Johannesbewegung an. Er lässt sich im Jordan taufen. Bald trennt er sich von dieser Gruppierung, sammelt eigene Anhänger um sich und beginnt eine Tätigkeit als Wanderprediger in Galiläa. Das Leitmotiv seiner Verkündigung ist die bald hereinbrechende Herrschaft Gottes. Nach anfänglichen großen Erfolgen [...] bahnt sich ein immer schärfer werdender Konflikt mit der Priesterschaft an, den die radikale Tempelkritik des Mannes aus Nazareth heraufbeschworen hat. Wie lange diese Entwicklung gedauert hat, ist offen: Die chronologischen Angaben der Quellen lassen die Dauer von einigen Monaten bis hin zu drei Jahren zu.

Jedenfalls endet sein Leben in Jerusalem. Das jesuanische Verständnis der Gottesherrschaft ließ offensichtlich keinen rechten Raum für die Tempelaristokratie, aber auch nicht für die römische Regierung. Die Herrschenden müssen in dem Nazarener eine vitale Bedrohung ihrer Macht sehen. Das erneute Aufflammen der immer latenten Aufmüpfigkeit des Volkes ist zu befürchten. Die jüdische und die römische Elite wirken zusammen, um die Ruhe aufrechtzuerhalten: Mit Jesus wird kurzer Prozess gemacht. An einem Freitag des Monats Nisan (entspricht dem April) wird er gekreuzigt, so viel steht fest. Fest steht auch, dass dieser innerhalb der Amtszeit des Pontius Pilatus, des kaiserlichen Vertreters in Palästina, liegt.

(2000)

Die Evangelien

M12

Evangelischer Erwachsenenkatechismus

Befragt man die Evangelientexte, was neben allen Bekenntnissen historisch greifbar ist, so erhält man folgende Daten aus dem Leben Jesu:

– Jesus war Jude und wurde während der letzten Regierungsjahre Herodes' des Großen wahrscheinlich im Jahre 7 v. Chr. geboren.

Seine Heimatstadt ist Nazareth in Galiläa (Mk 1,24; 6,1 u. ö.), wo er aller Wahrscheinlichkeit nach auch geboren wurde. Wenn die Evangelien nach Matthäus und Lukas berichten, Jesus sei in Bethlehem geboren, verstehen sie das als eine theologische Ortsangabe. Sie beziehen sich mit dieser Glaubensaussage auf die Verheißung des Propheten Micha (5,1), dass der Messias wie einstmals David in Bethlehem geboren werde.

- Jesu Eltern hießen Maria und Josef. Jesus hatte vier jüngere Brüder und einige Schwestern. Er wurde Zimmermann wie sein Vater.
- Er sprach als Muttersprache aramäisch und war imstande, die hebräische Bibel zu lesen.
- Er kam in Kontakt mit der Buß- und Taufbewegung des Johannes (26/28 n. Chr.) und ließ sich am Jordan taufen. Das wurde ihm zum entscheidenden Berufungserlebnis.
- Sein öffentliches Auftreten war relativ kurz, vermutlich nur wenig mehr als ein Jahr, zunächst in Galiläa und dann in Jerusalem.
- Jesus wurde im Jahre 30 (April?) während der Passahfeiertage kraft einer Kooperation der jüdischen und römischen Behörden zum Tode verurteilt und starb am Kreuz.

(2000)

M13 Außerchristliche Quellen

Josephus Flavius

In dem Werk „Antiquitates Judaicae" (wörtl.: Jüdische Altertümer; Weltgeschichte des jüdischen Volkes von der Urzeit bis 66 n. Chr.) des jüdischen Historikers Josephus (37/38–ca. 100) findet sich der älteste Hinweis auf Jesus außerhalb des Neuen Testamentes: In Ant 20, 200 berichtet Josephus von der Verurteilung einiger Gesetzesübertreter und der Steinigung eines gewissen Jakobus, „des Bruders Jesu, der Christus genannt wird".

Die Authentizität dieser Stelle gilt wissenschaftlich als gesichert, vor allem weil diese Notiz kein Interesse an Jesus selbst erkennen lässt, der nur erwähnt wird, um seinen Bruder Jakobus zu bestimmen, ein Verfahren, das Josephus häufig anwendet. Der Beiname Christus wird genannt, um Jesus von zahlreichen Personen gleichen Namens unterscheiden zu können.

Tacitus

Der römische Geschichtsschreiber Tacitus (ca. 55–ca. 116 n. Chr.) schildert in seinen „Annalen" den Brand Roms unter Kaiser Nero (54–68) und dessen Vorgehen gegen die römischen Christen. Um das Gerücht zu vernichten, er habe den Brand selbst gelegt, habe Nero die Schuld auf die Christen geschoben.

Aber weder menschliche Hilfsmaßnahmen noch Schenkungen des Kaisers oder Sühneopfer für die Götter konnten (den Kaiser) entlasten: Man war überzeugt, der Brand sei auf (seinen) Befehl gelegt worden.

Um also dieses Gerede aus der Welt zu schaffen, schob Nero die Schuld auf andere und bestrafte sie mit den ausgesuchtesten Martern. Es waren jene Leute, die bei der ungebildeten Menge „Chrestianer" (Biedermänner) heißen, obwohl sie sich durch ihr skandalöses Verhalten mehr als unbeliebt gemacht hatten. Dieser Name kommt (aber) von Christus, der unter Tiberius durch den Prokurator Pontius Pilatus hingerichtet worden war. (Dadurch) für den Augenblick unterdrückt, trat der verhängnisvolle Aberglaube (jedoch) neuerdings auf, nicht nur in Judäa, dem Ausgangspunkt des Übels, sondern auch in Rom, wo sich ja aller Welt Gräuel und Gemeinheit ein Stelldichein gibt und Orgien feiert. Man verhaftete also zunächst Leute, die gestanden; hernach auf deren Angabe eine große Menge; ihr gemeinsames Verbrechen war nicht so sehr die Brandstiftung, als vielmehr gemeinschaftsfeindliche Gesinnung.

Zu ihrer Hinrichtung trieb man auch noch ein grausiges Spiel mit ihnen: In Tierfelle eingenäht wurden sie von Hunden zerrissen und nach Einbruch der Dunkelheit als nächtliche Fackeln abgebrannt. Seine eigenen Gärten hatte Nero für dieses Schauspiel zur Verfügung gestellt, und er gab ein Zirkusspiel, wobei er sich selbst, als Wagenlenker verkleidet, unter die Menschen mischte oder einen Rennwagen bestieg. So kam es, dass sich gegen die, die man doch für schuldig und exemplarischer Strafen würdig hielt, das Mitleid regte, als würden sie nicht dem Gemeinwohl, sondern der Grausamkeit eines Einzelnen geopfert.

Plinius der Jüngere

C. Plinius Caecilius Secundus (61/62–ca. 113), ein römischer Adeliger, wurde von Kaiser Trajan (98–117) als Statthalter in die Provinzen Bithynien und Pontus geschickt und musste sich dort mit den christlichen Gemeinden auseinandersetzen. In seiner amtlichen Korrespondenz erkundigt er sich bei Trajan, wie er mit den Christen verfahren soll.

An direkter Kenntnis über Christus findet sich bei Plinius nicht viel. Er hält ihn für einen Kultgott der Christen, eine Art Gegengott zu den römischen Staatsgöttern.

Bei Christenprozessen bin ich noch nie dabei gewesen. So weiß ich auch nicht, was man dabei und in welchem Ausmaß bestraft oder auch nur ermittelt. Besonders unklar war mir, ob ein Altersunterschied berücksichtigt werden soll, oder ob Jugendliche gleich behandelt werden sollen wie Erwachsene; ob etwaige Sinnesänderung Straffreiheit bewirken soll oder einem, der Christ bloß gewesen ist, der Abfall keine Vergünstigung einbringen dürfe, ob also der Name, wenn sonst keine Straftaten vorliegen, oder ob Straftaten, die mit dem Namen in Zusammenhang gebracht werden, zu bestrafen seien. Vorläufig bin ich gegen die, die mir als Christen angezeigt wurden, in der folgenden Weise vorgegangen:

Ich fragte sie selbst, ob sie Christen seien. Den Geständigen legte ich die Frage unter Androhung der Todesstrafe ein zweites und drittes Mal vor. Die dabei blieben, ließ ich zur Hinrichtung abführen. Denn mir war nicht zweifelhaft, dass Starrsinn und unbeugsamer Trotz Strafe verdiene, ganz abgesehen von Art und Inhalt ihres Geständnisses. […]

Aber sie sagten aus: „Unser ganzes Vergehen oder Versehen bestand darin, an einem bestimmten Tag vor Sonnenaufgang zusammenzukommen, um Christus als Gott im Wechselgesang einen Hymnus darzubringen und uns unter Eid zu verpflichten, nicht zu einem Verbrechen, sondern dazu, weder Diebstahl noch Raub noch Ehebruch zu begehen, nicht gegen Treu und Glauben zu verstoßen und anvertrautes Gut nicht zu unterschlagen. Nach dem Vollzug dieser Riten gingen wir regelmäßig auseinander und trafen uns erst wieder bei einem gemeinsamen Mahl, alltäglicher, unschuldiger Art." Sie hätten aber auch das nicht mehr getan nach meinem Edikt, indem ich in Ausführung deiner Mandate das Bestehen geschlossener Vereine untersagt hatte.

Für um so notwendiger hielt ich es, von zwei Sklavinnen, so genannten Diakonissen, die Wahrheit auch noch unter Foltern zu erfahren; aber ich konnte nichts anderes finden als einen verwerflichen und maßlosen Aberglauben.

Die rabbinischen Quellen: Talmud*

Setzt man voraus, dass die Talmud-Texte authentische Zeugnisse aus dem frühen 2. Jahrhundert sind, lässt sich feststellen, dass die Rabbinen – anders als Josephus, der eher Sympathie empfand – Jesus mit deutlicher Ablehnung gegenüberstehen. Sie sehen in Jesus jemanden, der Zauberei getrieben und Israel verführt und abtrünnig gemacht hat. Diese Aussage ist erst aus späterer Sicht möglich: Erst im Rückblick, nachdem die Christen sich vom Judentum und dessen Gesetzen (vor allem Beschneidung, Sabbatfeier und Speisegeboten) gelöst hatten, konnte Jesus aus jüdischer Sicht ein Verführer zum Götzendienst sein. Es spricht also einiges dafür, dass diese Aussagen Jahrhunderte später in den Talmud eingefügt wurden und deshalb historisch nur geringen Wert besitzen. Gleichwohl wird aber auch hier die Existenz Jesu vorausgesetzt.

1 *Was lässt sich an Hand der Forschungslage über Jesus aussagen? Fertigen Sie dazu eine Tabelle an, in der Sie zwischen Autor, Entstehungszeit und berichteten Fakten unterscheiden.*

Vorösterliche und nachösterliche Sicht

M14 Wirken und Wirkung Jesu

Christoph Burchard

Wie die meisten antiken Menschen hat Jesus von Nazareth nichts hinterlassen, was man besichtigen kann. Er hat auch nichts geschrieben oder diktiert. Kein Augen- oder Ohrenzeuge spricht noch direkt zu uns. Wir kennen Jesus im Wesentlichen durch die Wirkung der Wirkung, die er auf Menschen hatte. Er gewann unter seinen Landsleuten Jünger und Anhänger, die mit ihm zusammen das bildeten, was man heute gern Jesusbewegung nennt, und die nach seinem Tod so oder so, in Palästina und bald auch außerhalb, seine Sache weiterführten. Mit anderen Worten, wir kennen Jesus nur durch die Geschichte des Urchristentums. Zu ihr gehört, dass sich Überlieferung von Worten, Taten und Schicksal Jesu bildete und dazu benutzt wurde, um in seinem Namen zu wirken, missionarisch und auch zur Begründung und Regelung des eigenen Lebens und Denkens. Die Jesusüberlieferung ist nach Meinung der meisten Forscher einige Jahrzehnte lang im Wesentlichen mündlich gewesen, und zwar so, dass Jesusgeschichten und Jesusworte einzeln oder in Gruppen weitergegeben wurden. Bücher, die den ganzen Jesus zu erfassen versuchten, wurden wohl frühestens in den sechziger Jahren des 1. Jahrhunderts geschrieben. Erhalten sind davon vor allem die vier Evangelien nach Matthäus, Markus, Lukas und Johannes. Sie sind unsere Hauptquelle für die Jesusüberlieferung, vor allem die ersten drei, die stark parallel laufen und deshalb Synoptiker heißen. [...] Eine Biografie Jesu lässt sich nicht schreiben. Größe und Augenfarbe sind nicht überliefert. Entwicklung, Persönlichkeit, inneres Leben sind kaum noch fassbar. Was wir erfassen können, sind neben vielen Einzelheiten erstens der zeitliche und örtliche Umriss seines öffentlichen Wirkens, das mit seinem Tod endete, zweitens sein Ziel und die typischen Züge seines Vorgehens, drittens seine Wirkung.

(1987)

M15 Anfänge des Christentums

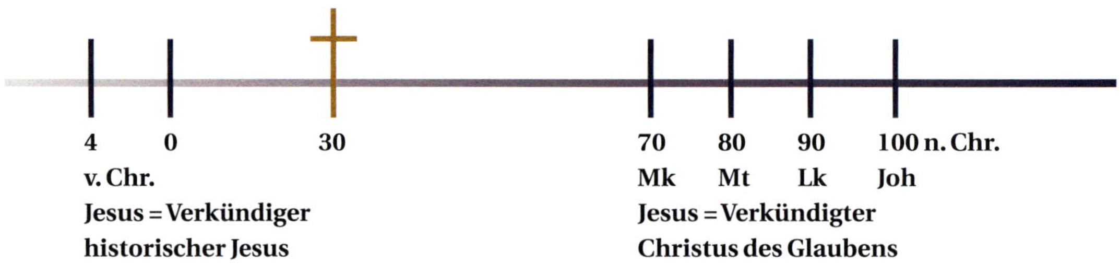

1 *Erläutern Sie die Grafik auf der Basis der Aussagen Christoph Burchards zu den Anfängen des Christentums.*

Jesu Verkündigung: das Reich Gottes in Gleichnissen

Was bedeutet „Reich Gottes" für mich?

In der 4. Klasse einer Grundschule versucht die Lehrerin zu klären, was ihre Schülerinnen und Schüler unter Reich Gottes verstehen. Die Kinder dieser Klasse geben folgende Antworten:

Wie Grundschulkinder sich das Reich Gottes vorstellen

M 16

- „In das Reich Gottes kommt man nach dem Tod" (Die gleiche Schülerin sagt kurz darauf: „Ich habe nicht nur nach dem Tod gemeint. Aber das hört man immer so").
- „Im Reich Gottes gibt es keinen Krieg. Da ist Frieden."
- „Wenn nach dem Krieg zwei Kämpfer Frieden schließen, ist das so wie bei Gott." Gefragt nach seinem Verständnis vom Senfgleichnis malt ein Schüler ein Bild: links einen Panzer und ein Flugzeug, rechts zwei Menschen mit einem Herzen darüber; er schreibt dazu: „Ich verstehe es so, wie ein Kind, das weint, das man tröstet, wenn im Krieg plötzlich Freundschaft herrscht, nach dem Streit Versöhnung. Gottes Reich beginnt dort, wo Hass und Gewalt endet und Liebe herrscht."
- „Bei Gott schließen Menschen und Tiere Frieden."
- „Oder wenn jemand wieder gesund ist. Das ist wie bei Gott, zum Beispiel wie bei Jesus. ... Auch wenn man schon gemeint hat, alles ist zu spät."
- Auf die Frage der Lehrerin, ob wir etwas vom Reich Gottes spüren und erfahren können, geben die Schüler/innen folgende Antworten: „Wenn wir beten, zum Beispiel in der Kirche alle zusammen, dann ist das wie im Reich Gottes."
- „Wo wir in der Kirche waren in der 1. Klasse und die Lichter angezündet haben ..., das war so schön. So stelle ich es mir bei Gott vor."

1 *Vervollständigen Sie die folgenden Satzanfänge zu einer Aussage:*
Das Reich Gottes ist für mich ...
Das Reich Gottes in den Gleichnissen ...
(Lesen Sie dazu: MK 4,30-32; Mk 4,26–29; Mk 4,1–9;)

2 *Arbeiten Sie die unterschiedlichen Bedeutungen für das Reich Gottes heraus, die in den Kinderaussagen zum Ausdruck kommen.*

3 *Vergleichen Sie die Aussagen der Grundschulkinder mit Ihren eigenen Vorstellungen: Welche Gemeinsamkeiten stellen Sie fest? Wo vermuten Sie altersspezifische Unterschiede?*

4 *Vergleichen Sie anschließend Ihre Ergebnisse mit den Formulierungen des Theologen Kurt Erlemann (M 17).*

Theologen der Gegenwart: Reich Gottes und Gleichnisse

In Mk 4,30 fragt Jesus: „Womit wollen wir das Reich Gottes vergleichen, und durch welches Gleichnis wollen wir es abbilden?" Er wendet sich an Menschen, die zuhören und nachdenken, er nimmt sie mit hinein in den Prozess des Verstehens. Dabei geht es um das Verhältnis Gottes zu den Menschen und um das Verhältnis des Menschen zu Gott. In den folgenden Textausschnitten beleuchten vier Theologen der Gegenwart Aspekte dieser Beziehung.

M17 Das Reich Gottes

Kurt Erlemann (1958)*

Zum Begriff Basileia Gottes bzw. Basileia der Himmel:
Zwei Beobachtungen geben die Richtung vor:
1. Der Begriff Basileia ist doppeldeutig: Geografisch bezeichnet er das „Reich“, qualitativ eine bestimmte Art der Herrschaftsausübung. [...]
2. Der Ausdruck ist selbst eine Metapher, die eine weltlich-politische Größe auf den transzendenten Bereich projiziert. [...] Die Metapher vergleicht Gott mit einem Herrscher, der zum Heil der Gläubigen seinen Einflussbereich ausdehnt, gewissermaßen seine „Spielregeln“ für die Menschen geltend macht oder umgekehrt die Gläubigen an seiner Herrschaft beteiligt. Auf *einen Nenner gebracht, meint „Basileia“ als theologisch qualifizierte Metapher die Durchsetzung des Heilswillens Gottes.* Die Unmöglichkeit, den dahinter stehenden Prozess umfassend zu beschreiben, äußert sich in unterschiedlichen, ja gegensätzlichen Aussagen über das Kommen der Basileia [...].

(1999)

M18 Gleichnisse

Eckart Reinmuth (1951)*

Für Jesus war entscheidend, dass das Ankommen des Gottesreiches sich in seinen Taten und Worten ereignete, dass in seiner Praxis sich die Nähe der Gottesherrschaft abbildete und ankündigte. Darum verstand er sein Wort nicht einfach als feststellendes, analysierendes, definierendes Reden, sondern als zusprechendes Wort. Jesus verkündigte nicht, dass es ein Reich Gottes gibt, sondern er ließ die Herrschaft Gottes im Jetzt zur Erfahrung werden. Eben dieser Auffassung entspricht die Form der Gleichnisrede in besonderer Weise. Denn mit den Gleichnissen geschieht weniger definitorische Belehrung als vielmehr kommunikative Erkenntnis, Einbeziehung des Hörers in die im Wort ankommende, anklingende neue Wirklichkeit.

(2002)

M19 Über Jesus als Dichter

Gerd Theißen (1943)*

Jesus ist ein Bauerndichter, der die jüdische Literatur um wunderbare kleine Geschichten bereichert hat. Diese Geschichten setzen beim Hörer keine städtische Bildung voraus. Sie erzählen von Saat und Ernte, Suchen und Finden, Vätern und Söhnen, Herren und Sklaven, Gastgebern und Gästen. Obwohl sie aus dem gewöhnlichen Leben stammen, wollen sie etwas Ungewöhnliches sagen: Dass Gott ganz anders ist, als wir uns ihn vorstellen. Seine Geschichten sind Gleichnisse für das Verhältnis von Gott und Mensch.

Dass Jesus seine Lehre in Erzählungen kleidet, hängt mit der Überzeugung unseres Volkes zusammen, dass man sich von Gott kein Bild machen kann. Man kann ihn nur mit etwas anderem vergleichen. Und auch das ist oft unangemessen. Denn kein einzelnes Ding, kein Mensch, kein Wesen kann als Gleichnis Gottes dienen – nur ein Geschehen kann etwas von ihm anschaulich machen. Nur Geschichten können Gleichnisse von ihm sein.

Das hängt mit einer zweiten Überzeugung zusammen. Wir glauben, dass wir Gott nur finden können, wenn wir unsere Einstellungen verändern. Gleichnisse von Gott sind daher Geschichten, in denen sich etwas verändert; oder genauer: Gleichnisse sind Geschichten, in die der Hörer so verwickelt wird, dass er sich ändert. Nur dann wird er etwas von Gott spüren.

Die meisten Völker erzählen von ihren Göttern Mythen, die in eine andere Welt hineinführen. Juden aber erzählen ihre eigene Geschichte. Sie erzählen von Geschehnissen in dieser Welt. Auch Jesus erzählt vom alltäglichen Leben der Menschen. Er meint, dass Gott in diesem alltäglichen Leben nahe ist. Er will für ihn die Augen öffnen.

(1987)

Reich Gottes

M20

Roman Heiligenthal (1953)*

Jesus von Nazareth verkündigt die Herrschaft Gottes als ein bald hereinbrechendes Ereignis, das sich in seinem Wirken punktuell schon vollzieht. Wie sein Lehrer Johannes der Täufer verkündigt er: „Das Reich ist nahe herbeigekommen." (Lk 10,7) Damit übernimmt er aus seiner jüdischen Lebenswelt die Hoffnung auf eine baldige Veränderung der Umstände. Diese Hoffnung teilten nicht nur Johannes der Täufer, sondern etwa auch die Zeloten*, deren Widerstand gegen die römische Besatzungsmacht von solchem Denken inspiriert war. Auf der anderen Seite sieht Jesus in seinem eigenen Handeln die Herrschaft Gottes als Ereignis bereits eingetreten. So sieht er in seinen Exorzismen [Austreibungen böser Geister] konkrete Zeichen für die Überwindung der Herrschaft des Satans durch sein Wirken. In Lk 11,20 wird dies besonders deutlich: „Wenn ich aber durch Gottes Finger die bösen Geister austreibe, so ist ja das Reich Gottes zu euch gekommen." Jesus predigte also über die Herrschaft Gottes in einem Nebeneinander von Gegenwarts- und Zukunftsaussagen. Hierin steht Jesus in einer Kontinuität mit den Hoffnungen und Erwartungen anderer jüdischer Glaubenszeugnisse. Über das bisher Bekannte hinaus greift aber, wie Jesus das an seine Person gebundene Kommen des Reiches Gottes inhaltlich interpretiert: Er versteht den Anbruch des Gottesreiches als uneingeschränkte und grenzenlose Liebe Gottes zu den Verachteten, den Armen und Kranken, den Randsiedlern, Frauen und Sündern. Das ist das große Thema der Predigt Jesu in Sprüchen, Gleichnissen und Wundertaten. Hierin bestand wahrscheinlich auch sein eigenes Selbstverständnis. Später – nach Tod und Auferstehung – versuchten die Gläubigen, die besondere Nähe Jesu zu Gott dadurch besser zu verstehen, dass sie ihm Würdetitel zulegten. Sie sahen in ihm rückblickend den Messias, den Sohn Gottes, den Herrn und den Menschensohn. All dies sind sprachliche Versuche, das zu deuten, was Jesu Einmaligkeit ausmacht.

(1994)

1 *Erarbeiten Sie zu den Texten von Erlemann, Theißen, Reinmuth und Heiligenthal je eine Textzusammenfassung. (➤ S. 194)*

2 *Arbeiten Sie auf der Basis der Texte das Verhältnis von Gott – Gleichnis – Hörer heraus und formulieren Sie eine eigene Erklärung des Begriffs „Gleichnis".*

3 *Beurteilen Sie die Sprachform „Gleichnis" auf dem Hintergrund der Sprachtheorie Ludwig Wittgensteins (➤ S. 201f).*

Texte zusammenfassen

(z. B. im Rahmen einer Klausur)

Der Zweck dieser Aufgabe:

- Diese Zusammenfassung ist der erste Schritt der Auseinandersetzung mit dem Text (der Textanalyse), da die Textaussagen auf das Wesentliche komprimiert werden.
- Diese Zusammenfassung zeigt, inwieweit Sie den Text durchdrungen (verstanden) haben, denn Sie müssen
  - *Wesentliches* (Wichtiges) und *Unwesentliches* (Unwichtiges) unterscheiden;
  - die *Aussageabsicht* (Kernaussagen, zentrale Textaussagen) erkennen;
  - die *gedankliche Struktur* (die Logik) eines Textes verstehen (Beispiele, Belege, Abschweifungen usw. werden weggelassen, die zentralen Behauptungen und Folgerungen notiert);
  - den *argumentativen Gehalt* verdeutlichen;
  - damit die *Grundlage für eine ernsthafte, wissenschaftliche und wirklich auf den Text bezogene Auseinandersetzung mit diesem* (mit dem Theorieausschnitt, dem Gedankengang) schaffen.

Zur Form der Zusammenfassung:

Die gestellte Aufgabe sollen Sie
- mit einer sinnvollen Einleitung (Autor, Titel etc.),
- mittels kurzer, prägnanter Sätze (Behauptungen) in fortlaufendem Text,
- möglichst knapp,
- im Präsens,
- in weitgehend eigenständiger Formulierung (Zitat nur bei Schlüsselwörtern oder zentralen Begriffen!),
- ohne jeglichen eigenen Kommentar,
- in möglichst sinnvoller Reihenfolge der Aussagen lösen (Abweichungen gegenüber dem Originaltext können zwingend notwendig sein, wenn dessen Gliederung unsinnig ist!).

Anregungen für Formulierungen in einer Textzusammenfassung (Sprechakte erfassen durch Verwendung von performativen Verben):
- Im vorliegenden Text gibt der Autor/die Autorin seine/ihre Überlegungen zum Problem der ... wieder;
- er/sie stellt seine Position zur Relevanz von Religion dar;
- er/sie geht davon aus, dass ...;
- er/sie behauptet, dass ...;
- er/sie formuliert als Hauptthese, dass ...;
- er/sie führt als Rechtfertigung dieser These folgende Gründe an: ...;
- er/sie verdeutlicht seine These an einem Beispiel ...;
- er/sie abstrahiert vom Einzelfall, indem er/sie ... folgende Schlussfolgerung zieht: ...;
- als Einwand gegen ... führt er/sie an: ...

Die performativen Verben zwingen dazu, bei der Zusammenfassung eines Textes auch die Denkschritte zu berücksichtigen, die ein Autor/eine Autorin vollzogen hat.
Wichtig: Es soll in der Textzusammenfassung nicht referiert werden, was der Autor/die Autorin gedacht, geglaubt oder vermutet hat (also nicht die mentalen Akte), sondern was er/sie formuliert hat (Sprechakte, und zwar nur die wesentlichen – siehe oben).

Lesen Sie:

Jürgen Moltmann: *Wer ist Christus für uns heute?*

I. Jesus und das Reich Gottes (S. 11–29)
- Informieren Sie sich über das „Raue Haus" Johann Hinrich Wicherns und stellen Sie Ihre Ergebnisse Ihren Mitschülerinnen und Mitschülern vor.
- Informieren Sie sich über Friedrich von Bodelschwingh und die Anstalten für Behinderte in Bethel und stellen Sie das Ergebnis Ihren Mitschülerinnen und Mitschülern vor.
- Informieren Sie sich über die Basisgemeinde-Bewegung in Lateinamerika und stellen Sie diese Ihren Mitschülerinnen und Mitschülern vor.
- Stellen Sie die Erläuterungen Moltmanns zum „Reich Gottes" in einer Mind-Map dar. Vergleichen Sie seine Auffassung mit Ihren bisherigen Arbeitsergebnissen.

Schlüsselwissen

Gleichnisse

Gleichnisse sind ein zentraler Bestandteil der Verkündigung Jesu. Es handelt sich um kleine kunstvolle Erzählungen, in denen Jesus alltägliche Beobachtungen und Erfahrungen der Menschen aufgreift und einen Zusammenhang zum Reich Gottes herstellt. Gleichnisse sind keine Rätsel oder Lehrtexte, sondern geben zu denken und zu ahnen. Sie sind erzählte Bilder, die veranschaulichen sollen, sie sind deutungsbedürftig und öffnen den Blick über die vorhandene Realität hinaus. Jesus wählt diese Redeweise, weil das Reich Gottes, das nicht von dieser Welt ist, sich nicht direkt beschreiben lässt. Über Gott und sein Reich zu sprechen, ist eben nur in gleichnishafter Rede möglich.

Typisch für Jesu Verkündigung des Reiches Gottes ist das Ineinander von „schon da" und „noch nicht" der Gottesherrschaft. Gleichnisse sind der Appell Jesu zu einem Leben für das Reich Gottes, auch wenn wir gleichzeitig wissen, dass es dadurch in dieser Welt immer nur punktuell aufscheint und seine endgültige Verwirklichung Gottes Geheimnis bleibt. Hintergrund einer Reich-Gottes-Erwartung bildet die Erfahrung einer ungerechten Welt, in der es Menschen nicht allein vermögen, für wirklich gerechte Lebensbedingungen für alle zu sorgen. Inhaltlich bedeutet Reich Gottes deshalb vor allem Liebe und Vergebung gegenüber jedem Menschen, die aber dort am deutlichsten werden müssen, wo Menschen der Liebe am sichtbarsten bedürfen: Verachtete, Arme, Kranke, Feinde, Schuldige, Sterbende. Dabei spricht Jesus den Einzelnen und seine innere Haltung an, aber gleichzeitig auch die im Ganzen herrschenden Zustände in der Welt.

1 *Überprüfen Sie die Gleichnismerkmale an Hand vom Mt 20,1–16, Lk 15,11–32 und Lk 10,25–37.*

Wen wundert was?

Jesus wandelt auf dem See

M21 Ohne Titel

Kurt Marti (1921)*

es ist ein Wunder
was ist ein Wunder?

gezeugt zu werden
zu zeugen
geboren zu werden
zu gebären
gelebt zu werden
zu leben
geschaffen zu werden
zu schaffen

geträumt zu werden
zu träumen
geliebt zu werden
zu lieben
gebraucht zu werden
zu brauchen
gedacht zu werden
zu denken
gefühlt zu werden
zu fühlen
gestorben zu werden
zu sterben

es ist ein Wunder
ist es ein Wunder?
es ist

(1976)

M22 Vorübungen für ein Wunder

Erich Fried (1921–1988)

Vor dem leeren Baugrund
mit geschlossenen Augen warten
bis das alte Haus
wieder dasteht und offen ist

Die stillstehende Uhr
so lange ansehen
bis der Sekundenzeiger
sich wieder bewegt

An dich denken
bis die Liebe
zu dir
wieder glücklich sein darf

Das Wiedererwecken
von Toten
ist dann
ganz einfach

1 *Notieren Sie möglichst viele Begriffe aus dem Wortfeld „Wunder".*

2 *Vervollständigen Sie den Satz „Ein Wunder ist für mich ...".*

3 *Vergleichen Sie die beiden Gedichte M 21 und M 22 miteinander und untersuchen Sie, was jeweils als Wunder gilt.*

Karikatur M23

Gerhard Haderer

Karikatur M24

Claude Bonneau Humarot

»Sei brav, bade jetzt!«

1 *Erarbeiten Sie den zentralen Aussagegehalt der Karikaturen. Verwenden Sie dabei die folgenden Analysehilfen auf S. 200.*

2 *Lesen Sie Mk 6,45–52 und das nachfolgende Streitgespräch (M 25).*

3 *Notieren Sie die Fragen, die sich für Sie aus der Karikaturenanalyse und dem Streitgespräch zur Deutung der Wundergeschichten ergeben.*

4 *Nehmen Sie begründet Stellung (➤ vgl. S. 215) zu der Frage: Welche Bedeutung haben die Wundergeschichten für mich?*

Sind es Tatsachen, die berichtet oder gesehen werden, die das Wunder ausmachen? Auch Ungläubige haben Augen und Ohren … und sehen oder hören doch nicht! Spielt nicht der Glaube beim Wunder eine entscheidende Rolle? Ist bei der Frage nach den Wundern letztlich die entscheidende Frage die nach dem Glauben?

Nehmen wir als Beispiel Mk 6,45–52. Uns interessiert jetzt die Struktur dieser Geschichte, das Skelett, wenn man so will: ohne Fleisch und Blut, positiver: die innere Dynamik des Geschehens, das erzählt wird. Das Skelett, der Kern des Ganzen ist schnell erzählt: Ein Mensch namens Jesus geht auf einem Wasser und geht nicht unter. Wiederum unabhängig von allen historisch-kritischen Details könnte eine erste Reaktion auf dieses Wunder so aussehen:

Ein Streitgespräch M25

A: Jesus ist Gott, und Gott kann so etwas!

B: Du meinst: Jesus hat göttliche Kräfte. Er ist allmächtig. Aber warum ist er dann nicht vom Kreuz gestiegen, sichtbar vor allen Feinden, um sie zu bekehren oder zu beschämen: Seht, ihr tut mir Unrecht: Ich bin wirklich Gott!

A: Es war nicht sein Wille, sein Auftrag, ein solches Wunder zu tun.

B: Und woher weißt du, dass bei einem viel geringfügigeren Anlass auf dem See ein solcher Auftrag bestand?

A: Es steht in der Bibel, die Jünger haben es erlebt. Und die Jünger lügen nicht.

B: Ich möchte auch nicht annehmen, dass die Jünger bewusst schwindeln! Aber sie können sich getäuscht haben. Wenn Jünger Jesus verleugnen können – sie waren auch bloß Menschen –, dann können sie sich auch täuschen oder irren oder auch in bester Absicht etwas erfinden, was so nicht wahr ist!

A: Das glaube ich nicht. Es wird so passiert sein, wie sie es erzählen!

B: Aber wir haben doch von viel wichtigeren historischen Vorfällen wie dem Tod Jesu oder seiner Auferstehung ja auch sehr unterschiedliche Berichte. Der eine erzählt so, der andere so. Jeder hat etwas anderes gesehen oder erlebt.

A: Was hat das mit unserer Geschichte zu tun? Hier erzählen die Synoptiker* Markus und Matthäus übereinstimmend von dem Vorgang.

B: Es sind aber immer Gläubige, Jünger, die da erzählen. Niemals ein Ungläubiger. Es gibt keine ungläubigen Augenzeugen, ähnlich wie bei der Auferstehung. Der Glaube sieht das Wunder – der Unglaube sieht es nicht! Also ist das so genannte Wunder des Seewandels kein Faktum, das jeder erkennt, sondern ein Erlebnis, eine Erfahrung des Glaubens!

Dieses Gespräch endet mit einem Patt: Wunder als Tatsache versus Wunder als Glaubenserfahrung. – Die Sache wird noch schwieriger, wenn man die Rollen vertauscht, um den Vorgang zu begreifen:

B: Gestern haben wir das letzte Schiff versäumt, da ist mein Freund Tom zu Fuß über den See gegangen! (Große Aufmachung in der Bildzeitung!)

A: Das ist ja Unsinn!

B: Warum Unsinn? Ich war doch dabei! Ich habe mich nur nicht getraut! Aber Tom hatte die Kraft dazu! Du weißt doch: Wer Glauben hat, der kann Berge versetzen!

A: Das gibt es doch gar nicht! Du willst mich zum Narren halten! Hör auf damit!

B: Gestern warst du aber gläubiger! Dein Jesus kann auf dem See wandeln – aber mein Tom soll das nicht können. Dein Jesus soll sogar Tote auferwecken können (Mk 5,21–43) – aber sonst wohl niemand!? Dabei gibt es eine ganze Reihe antiker Wundergeschichten, die dasselbe von anderen erzählen!
Ich will mich da jetzt nicht verlieren! Sage mir nur eins: Worin besteht nach deiner Meinung der Unterschied zwischen dem Seewandel Jesu und dem von Tom? Das eine Mal sagst du: Jesus kann das! Das andere Mal sagst du: Tom kann das nicht! Das eine Mal sagst du: Es ist wahr! Das andere Mal sagst du: Es ist Unsinn! Wie kommst du dazu?

A: Bei Jesus ist das etwas ganz anderes: Jesus ist Gottes Sohn, Tom ist das nicht!

B: Tom ist auch ein Kind Gottes! Aber davon abgesehen. Pythagoras und Appollonius waren auch Söhne Gottes und hatten angeblich Macht, Wunder zu tun! Aber auch davon abgesehen! Du hältst es bei meiner Wundergeschichte von Tom nicht einmal der Mühe wert, sie nachzuprüfen? Wie kannst du solche Unterschiede machen?! Das eine Mal nimmst du das Wunder ernst, das andere Mal nicht. Was muss denn passieren, damit du meine Geschichte auch ernst nimmst?!

A: Ich sagte dir schon: Jesus ist Gottes Sohn, Tom nicht! Jesus kann das, Tom nicht!

B: Und Pythagoras?

A: Ich kenne die Geschichte nicht, aber es gibt viele Märchen, die erzählt werden.

B: Deine Argumentation ist seltsam! Ich will noch einen Versuch machen, dich zu verstehen! Nimm an, Tom ist ein gläubiger Christ! Er folgt, so gut er kann, Jesus, seinem Herrn, nach. Übrigens hast du danach gar nicht gefragt. Das war sehr leichtfertig von dir! Tom betet oft. Er betet aufrichtig! Er betet: Herr, Du hast Macht im Himmel und auf Erden! Du hast Macht, auf dem See zu wandeln! In Deinem Namen und auf Dein Wort hin gehe ich jetzt auch über den See! Ich habe das letzte Schiff versäumt, du weißt: Mutter ängstigt sich so, wenn ich nicht heimkomme. Petrus sprach auch: Herr, heiße mich zu dir kommen auf dem Wasser. Und du sagtest: Komm her! Und Petrus trat aus dem Schiff und ging auf dem Wasser und kam auf Jesus zu! (Mt 14,29) Ich weiß: Petrus sank – aber weil er zweifelte! Du wiesest ihn zurecht: Oh du Kleingläubiger! Warum zweifelst du! – Ich zweifle nicht, Herr! Auf dein Wort hin gehe ich!! So hat Tom gebetet, ernst und aufrichtig. Glaubst du mir nun?

A: Du bist hartnäckig! Und deine Argumentation bringt mich in Schwierigkeiten. Einerseits hast du recht: Die Macht des Gebetes ist groß! Jesus sagt selbst: Wenn ihr Glauben hättet (Mt 17,20), ihr könntet Berge versetzen! Oder: Alle Dinge sind möglich, dem, der glaubt! (Mk 9,23) Der Glaube ist eine Gotteskraft! Aber – es steht auch geschrieben: Du sollst Gott, deinen Herrn, nicht versuchen! (Mt 7,22f.)

B: So, so! Du bist ganz schön raffiniert! Wenn ich dich richtig verstehe, glaubst du mir die Wundergeschichte nicht. Du versuchst dich irgendwie aus der Affäre zu ziehen. Du gehst ebenso wenig zu Tom, um zu prüfen, ob die Geschichte wahr ist, wie – nun wie du auch nicht nach Lourdes [franz. Wallfahrtsort] fährst, um nachzuprüfen, was dort Wunderbares geschieht. Nur an den neutestamentlichen Wundergeschichten hältst du stur fest und sagst, dass sie wahr seien. Da ist es keine Gottesversuchung oder gar Lästerung, nicht einmal bei Petrus! Er ist doch immerhin gegangen – und dann nicht gesunken, weil er den Herrn versucht hat, sondern weil er zu wenig Glauben hatte, weil er zweifelte! Wenn aber Tom es von neuem versucht, im Glauben, ohne zu zweifeln, dann erinnerst du dich an einen anderen Bibelspruch und sagst: Wir sollen Gott nicht versuchen! Ich finde das alles ziemlich verwirrend! Ich kenne mich mit dir nicht aus!

A: Aber du übertreibst! Das ist doch alles gar nicht so kompliziert: Ich glaube, dass Gott wunderbare Dinge tun kann – ob er es tut, ist ihm allein vorbehalten! Ich glaube, dass der Glaube an Gott und an Christus auch wunderbare Kräfte hat.Und ich glaube, dass der Unglaube diese Kräfte nicht hat. Er steht außerhalb des göttlichen Kraftfeldes.

B: Stand nun Tom außerhalb oder innerhalb des göttlichen Kraftfeldes?

A: Wenn es wahr ist, was du da erzählst – Tom ist tatsächlich über den See gegangen: Hat er es im Glauben an die göttliche Wundermacht getan und weil er seine Mutter liebt und nicht in Sorge versetzen will – dann, dann war es wohl ein echtes Wunder! Hat er es aber in dem falschen Glauben getan, dir zu imponieren und Aufsehen zu erregen – kurz: um in die Bildzeitung zu kommen –, dann war es kein Wunder, sondern eine Lüge von dir! Gott würde sich nicht so ausnutzen lassen. Und Tom war eben nicht im Kraftfeld Gottes!

B: Jetzt verstehe ich: Du entscheidest über Sinn und Unsinn, über Wahrheit und Falschheit eines Wunders auf Grund der inneren Einstellung des Menschen! Du richtest dich danach, ob ein Mensch wahrhaft an Gott glaubt oder nur mit Gott spielt oder ihn ausnutzt usw.

A: So ist es! Niemand kann Wunder Gottes tun oder erleben oder erfahren – es sei denn im wahren Glauben!

B: Nun hat aber Tom den wahren Glauben gehabt, so wie ich ihn kenne! Und er hat gebetet! Ich habe ihm gleich gesagt: Du machst dich bloß nass! Lass das! Aber er ist gegangen – und nass wieder umgekehrt! Was sagst du nun?

A: Ich habe es mir gleich gedacht, dass die Ge schichte nicht stimmt. So etwas gibt es heutzutage nicht! Das ist alles Gotteslästerung oder Gottesversuchung! Der Tom hat sicher einen schlechten Religionsunterricht erhalten!

B: Und ich habe gleich gewusst, dass du die Geschichte nicht glauben wirst! Aber ich verstehe immer noch nicht, warum du die Geschichte in der Bibel glaubst! Die Jünger haben sie erfunden! Das ist es! Sie wollten damit ihren Glauben an Jesus ausdrücken, beschreiben, erzählen, verkünden. Das ist doch leicht verständlich. Und heute müssen die Jünger Jesu andere Geschichten erzählen! So wie sie auch neue Gleichnisse erzählen müssen, um ihren Glauben zu verkünden. Es fragt sich nur, welche! Gute natürlich! Aber was heißt nun wieder gut?!

1 *Formulieren Sie die Positionen von A und B mit eigenen Worten jeweils als These.*

2 *Was spricht Ihrer Ansicht nach für Position A, was für Position B?*

Analysehilfe für Karikaturen

Karikaturen übertreiben, überzeichnen. Sie heben bewusst bestimmte Aspekte eines Problems hervor, um auf diese aufmerksam zu machen. Durch ihre Zuspitzung weisen sie dabei oft kurz und prägnant auf Hintergründe und Zusammenhänge hin. Die unterschiedlichen Analysebereiche lassen sich durch Leitfragen erschließen:

Aussage (Was?):
- Was sieht man? Welches Problem oder Ereignis wird dargestellt?
- Welche Personen sind zu erkennen? In welchen Lebenssituationen?
- Welcher Widerspruch wird aufgedeckt?

Stil (Wie?)
- Welche Stilmittel verwendet der Karikaturist?
- Die Übertreibung macht eine Sache plastisch.
- Die Paradoxie zeigt einen verblüffenden Widerspruch zu allgemein angenommenen Meinungen.
- Ironie stellt etwas bloß, das der Karikaturist für verkehrt hält.
- Die Situationskomik stellt Menschen in einer ungewöhnlichen, lächerlich wirkenden Lage dar.
- Charakterkomik stellt eine bestimmte Eigenschaft einer Person überdeutlich heraus.
- Die Parodie wendet die Form eines Vorbildes auf einen neuen, oft unpassenden Inhalt an.
- Der Witz verbildlicht geistreich etwas Allgemeines am konkreten Einzelnen.
- Humor zeigt ein heiter-distanziertes Über-den-Dingen-Stehen.
- Sarkasmus zielt auf bittere Verspottung, scharfe Verhöhnung.

Sender (Wer?)
- Wer hat die Karikatur gezeichnet? In wessen Diensten?
- Was ist über den Karikaturisten und/oder seinen Auftraggeber bekannt?
- Welche Ziele verfolgt der Karikaturist? Wessen Partei ergreift er?

Zeit/Ort (Wann? Wo?)
- Wann und wo ist die Karikatur entstanden?
- Was wissen wir aus anderen Quellen über Ort und Zeit?

Intention (Warum?)
- Was will der Karikaturist erreichen? Wen oder was greift er an? Und warum?

Wirkung (Welche?)
- Welche Emotionen löst die Karikatur aus? Bei wem (Zielgruppe – Gegner – Nichtbetroffene)?

Weg (Kanal)?
- Wie wird die Karikatur verbreitet (Zeitung, Flugblatt, Fernsehen, usw.)?
- Wer entscheidet über die Platzierung der Karikatur?

Sind Wunder wahr?

Im Kapitel „Wir und die Wirklichkeit“ (➤ S. 56ff.) geht der Philosoph Bertrand Russell (in „The Problems of Philosophy“) der Frage nach, ob wir überhaupt in der Lage sind, die Wirklichkeit – wenn es sie gibt – zu erfassen. Sein Schüler Ludwig Wittgenstein (1889–1950) befasst sich in seinem „Tractatus logico-philosophicus“ mit dem Verhältnis von Sprache und Wirklichkeit. Sprache ist für ihn Abbildung der Wirklichkeit. Diese Bildtheorie geht von der Vorstellung aus, dass die Struktur der Sprache von der Struktur der Wirklichkeit abhängt. Mit Wirklichkeit ist für ihn dasselbe gemeint wie Welt, die Begriffe lassen sich im „Tractatus“ austauschen. Welt wiederum ist die Gesamtheit der naturwissenschaftlichen Tatsachen. Wahr sind also nur solche Sätze, die sich an der Wirklichkeit verifizieren lassen, weil sie diese abbilden.

Unter Sprache versteht Wittgenstein allerdings nicht unsere allgemeine Umgangssprache, sondern eine weltabbildende, kristallklare Idealsprache, eine Wissenschaftssprache. Wahre Sätze sind für ihn somit nur Sätze der Naturwissenschaft.

Gleichzeitig unterscheidet er zwischen Wahrheit und Sinn. Verstehen lässt sich ein Satz, wenn ihm eine mögliche Tatsache, d. h. ein Sachverhalt im logischen Raum zugeordnet ist. Das bedeutet, es muss nicht seine Wahrheit, sondern seine prinzipielle Verifizierbarkeit gegeben sein. Handelt es sich um eine existierende Tatsache, ist der Satz wahr. Bezeichnet der Satz eine nicht existierende Tatsache, so ist er falsch. Sinnlose Aussagen sind weder wahr noch falsch. So ist die Aussage „Mensch lieben über hat weinen“ nicht etwa falsch, sondern sinnlos, weil unklar bleibt, wovon überhaupt die Rede ist. Dagegen hat der Satz „Alle Christen sind Schwarze“ durchaus einen Sinn, ist aber falsch, weil seine Behauptung nicht zutrifft. Ein Satz ist also auch dann sinnvoll, wenn er nur eine *mögliche* – aber logische – Tatsache behauptet.

Den Sinn seines Buches fasste Wittgenstein bereits im Vorwort zusammen: „Was sich überhaupt sagen lässt, lässt sich klar sagen; und wovon man nicht reden kann, darüber muss man schweigen.“

Wovon man nicht sprechen kann …

M26

Ludwig Wittgenstein

6.432 Wie die Welt ist, ist für das Höhere vollkommen gleichgültig. Gott offenbart sich nicht in der Welt.

…

6.44 Nicht wie die Welt ist, ist das Mystische, sondern dass sie ist.

6.45 Die Anschauung der Welt sub specie aeternitatis ist ihre Anschauung als – begrenztes – Ganzes. Das Gefühl der Welt als begrenztes Ganzes ist das mystische.

6.5 Zu einer Antwort, die man nicht aussprechen kann, kann man auch die Frage nicht aussprechen.

Das Rätsel gibt es nicht.

Wenn sich eine Frage überhaupt stellen lässt, so *kann* sie auch beantwortet werden.

6.51 Skeptizismus ist *nicht* unwiderleglich, sondern offenbar unsinnig, wenn er bezweifeln will, wo nicht gefragt werden kann. Denn Zweifel kann nur bestehen, wo eine Frage besteht; eine Frage nur, wo eine Antwort besteht, und diese nur, wo etwas *gesagt* werden kann.

6.52 Wir fühlen, dass selbst, wenn alle *möglichen* wissenschaftlichen Fragen beantwortet sind, unsere Lebensprobleme noch gar nicht berührt sind. Freilich bleibt dann eben keine Frage mehr; und eben dies ist die Antwort.

6.521 Die Lösung des Problems des Lebens merkt man am Verschwinden dieses Problems. (Ist dies nicht der Grund, warum Menschen, denen der Sinn des Lebens nach langen Zweifeln klar wurde, warum diese dann nicht sagen konnten, worin dieser Sinn bestand?)

6.522 Es gibt allerdings Unaussprechliches. Dies *zeigt* sich, es ist das Mystische.

6.53 Die richtige Methode der Philosophie wäre eigentlich die: Nichts zu sagen, als was sich sagen lässt, also Sätze der Naturwissenschaft, also etwas, was mit Philosophie nichts zu tun hat – und dann immer, wenn ein anderer etwas Metaphysisches sagen wollte, ihm nachzuweisen, dass er gewissen Zeichen in seinen Sätzen keine Bedeutung gegeben hat. Diese Methode wäre für den anderen unbefriedigend – er hätte nicht das Gefühl, dass wir ihn Philosophie lehrten –, aber sie wäre die einzig streng richtige.
6.54 Meine Sätze erläutern sich dadurch, dass sie der, welcher mich versteht, am Ende als unsinnig erkennt, wenn er durch sie – auf ihnen – über sie hinausgestiegen ist. (Er muss sozusagen die Leiter wegwerfen, nachdem er auf ihr hinaufgestiegen ist.)
Er muss diese Sätze überwinden, dann sieht er die Welt richtig.

7 Wovon man nicht sprechen kann, darüber muss man schweigen.

(1921)

1 *Diskutieren und beurteilen Sie den Satz Wittgensteins „Die Grenzen meiner Sprache bedeuten die Grenzen meiner Welt." („Tractatus", 5.6)*

2 *Markieren Sie im Text drei Sätze, mit denen Sie etwas anfangen können. Markieren Sie weitere drei Sätze, zu denen Sie Fragen stellen möchten.*

3 *Erläutern Sie den Unterschied zwischen Wahrheit und Sinn im Sinne Wittgensteins mit eigenen Worten.*

4 *Beurteilen Sie aus der Sicht Wittgensteins die Wundergeschichten des NTs unter Berücksichtigung der Begriffe „Sinn" und „Wahrheit".*

4 *Vergleichen Sie die religionskritische Haltung Wittgensteins, wie sie in diesem Textausschnitt zum Ausdruck kommt, mit der Religionskritik Feuerbachs und Freuds (**➤ S. 34f., 142ff.**).*

Blick auf andere Fächer: Deutsch

Zu den Aufgabenschwerpunkten des Deutschunterrichts der Oberstufe gehört das „Nachdenken über das Verhältnis von Denken, Sprache und Wirklichkeit".

Sie können vom konkreten Unterricht ausgehen und fächerverbindend unterschiedliche Themen erarbeiten, z. B. in einer Facharbeit:

- Sprachphilosophischer Atheismus bei Ludwig Wittgenstein
- Wittgenstein I und Wittgenstein II – das Verständnis religiöser Sätze im Vergleich
- Religiöser Glaube und Sprache bei Ludwig Wittgenstein

Disclosure-Situationen

Stellen Sie sich vor, zwei Menschen überqueren eine breite, stark befahrene und deshalb gefährliche Straße. Sie müssen höllisch aufpassen. Als sie die andere Seite noch nicht ganz erreicht haben, rast ein Auto heran, und die beiden springen in buchstäblich letzter Sekunde auf den rettenden Gehweg. Dort angelangt sagt der eine: „Da haben wir aber Schwein gehabt." Und der andere entgegnet: „Nein, Gott hat uns wunderbar bewahrt."

Wer hat Recht?

Der angelsächsische Theologe Wim de Pater (* 1930) hat sich im Rahmen von Untersuchungen zur religiösen Sprache auch mit den Wundergeschichten beschäftigt. Er nennt die Sprache der Wunder eine eigentümliche religiöse Sprache, die sich auf religiöse Erfahrungen bezieht, die wiederum auf bestimmte Situationen bezogen sind. Derartige „Erschließungssituationen", „disclosure-Situationen", enthalten verifizierbare Erfahrungen und mehr als verifizierbare Erfahrungen, Beobachtbares und mehr als Beobachtbares.

Empirisch belegbare Erlebnisse können tiefgreifende Einsichten hervorrufen, können zu einer religiösen Erfahrung werden. Erschließungssituationen führen dann zu einer eigentümlichen Einsicht (odd discernment), und daraus folgt ein totales Engagement (total commitment).
Die Wundererzählungen haben also eine eigene (nichtformale) Logik und dürfen deshalb nicht einfach deskriptiv gelesen werden. Sie gehen zurück auf eine empirische Basis, reichen aber über eine solche hinaus und enthüllen mehr als bloße Tatsachen. Die Sprache der Wunder ist zugleich evokativ; sie enthält auch die Aufforderung zu einer totalen Hingabe.

Das Wunder ist nach de Pater sowohl signum im hebräischen Sinne (Das Irdische trägt bereits himmlische Züge) als auch miraculum (das Durchbrechen des gewohnten Ganges der Dinge, oder nachbiblisch gesprochen: der Monotonie). Das Wunder begreift er also als Diskontinuität, als „nonconformity“, die auf Gottes Handeln verweist. Das Wunder bewirkt eine (kosmische) Erschließung, in der der Mensch Gott am Werk sieht.

De Pater sieht in Ablehnung einer Überbetonung des Miraculum-Aspekts in Theologie und Wissenschaft sich ergänzende, einander vertiefende Erklärungsweisen, die in unterschiedlichen Sprachspielen über dieselbe Sache reden. Das Fragmentarische (natur-)wissenschaftlicher Sprachspiele ist dabei mit Erschließungsworten (religiöse Sprachspiele) zu überwinden.

Tatsachen und mehr

M27

Wim de Pater

Zusammenfassend können wir eine disclosure-Situation folgendermaßen umschreiben: Jede beginnt damit, dass man sich auf erfahrbare, kontrollierbare Tatsachen beruft (manchmal viele, manchmal nur wenige). Diese Gegebenheiten sind derart, dass sie eine Einsicht hervorrufen (die Situation gerät in Bewegung, nimmt Tiefe an, es hat geklingelt, es beginnt zu dämmern, das Eis bricht, es geht jemandem ein Licht auf, der Groschen fällt). Was dabei enthüllt wird, ist nicht völlig unabhängig von verifizierbaren Gegebenheiten, reicht aber doch weiter. Die Sprache schließlich, mit der man über das Enthüllte spricht, ist merkwürdig, verglichen mit der Sprache, die zur Enthüllung führte: Sie hat eine andere (innere) Logik.

(1971)

1 *Versuchen Sie, sich an Situationen zu erinnern, in denen Sie selbst erlebt haben, dass „der Groschen fällt“ oder „das Eis bricht“, wo Sie mit Staunen vor dem standen, was sich ereignet hat. Wann haben Sie selbst eine solche Erfahrung als „Wunder“ bezeichnet?*

Wunder als „mystische Fakten“

Wenn Krebs von selbst verschwindet

M28

Jochen Kubitschek

Bei Krebspatienten geschieht in sehr seltenen Fällen Rätselhaftes: Die Tumoren verschwinden anscheinend von selbst. Lange Zeit wurden Berichte über so genannte Spontanremissionen von Medizinern wie Ufo-Meldungen behandelt. Mittlerweile aber regt sich das Forscherinteresse.

Brigitte Winter (Name geändert) war 56 Jahre alt, als Ärzte die niederschmetternde Diagnose stellten: Lungenkrebs mit einem Tumor, der nicht mehr zu operieren war. Als die starke Raucherin während der Chemotherapie unter Nebenwirkungen zu leiden begann, brach sie die Behandlung ab. Sechs Monate später tauchten im Gehirn Metastasen auf. Die konventionelle Therapie verkleinerte die Tumorknoten zwar, konnte sie aber nicht beseitigen. Normalerweise kommt eine solche Diagnose einem Todesurteil gleich. Die eigensinnige Frau Winter aber lebte weiter. Obwohl die Kranke weiterhin jede Behandlung verweigerte, wie ein Schlot rauchte und auch einem guten Tropfen nicht abgeneigt war, lebte sie noch 15 Jahre relativ beschwerdefrei – und starb schließlich an einer ganz anderen Krankheit. Bei der Leichenöffnung fanden die Ärzte keine Spur des vorher eindeutig nachgewiesenen Lungenkrebses.

Der Fall, im Jahr 2000 im Fachblatt „Onkologie" dokumentiert, gehört zu den sehr seltenen so genannten Vollremissionen, die Ärzten bis heute ein Rätsel sind. Nicht nur diese vollständigen, sondern auch die weniger spektakulären, kürzer anhaltenden Spontanbesserungen sind so ungewöhnlich, dass sie Mediziner in Erklärungsnöte stürzen.

Herbert Kappauf, Onkologe am Klinikum Nürnberg, hat in einem Buch versucht, einen Überblick über die in der medizinischen Weltliteratur dokumentierten Spontanremissionen zu schaffen. Im Interview mit der „Ärzte-Zeitung" sprach der Mediziner kürzlich davon, dass er auf mehr als 1000 „wissenschaftlich einwandfrei" dargestellte Fälle gestoßen sei.

(2005)

1 *Informieren Sie sich (z. B. Kappauf, Herbert: Wunder sind möglich. Spontanheilung bei Krebs. Freiburg/Brsg.: Herder 2003, mit zahlreichen Beispielen) über sog. Spontanheilungen.*

2 *Es gibt einen Ort, an dem seit über hundert Jahren unerklärliche Heilungen geschehen: Lourdes. Jedes Jahr werden Menschen auf unerklärliche Weise nach einem Besuch in Lourdes gesund. Suchen Sie nach Informationen über das Geschehen und die medizinischen Untersuchungen der Phänomene.*

M29 Heilung als Wunder

Klaus Berger (1940)*

In seiner 1989 erschienenen Autobiografie (Anpassung und Widerstand, 50–52) schreibt Otto Michel über seine Tätigkeit als Klinikpfarrer in Halle:

„In einem Fall erklärte der zuständige Arzt mir vorher, dass eine 32-jährige Arbeiterin aus Eisleben an einer Krebsgeschwulst litte und bald sterben werde … Als ich an das Bett dieser Arbeiterin trat, verlangte sie, dass ich darum beten möchte, dass sie bald gesund würde. Ich fragte sie, warum ich ausdrücklich darum beten solle. Sie antwortete: ‚Mein Mann und meine zwei Kinder haben mich so nötig.' Die Schlichtheit und Naivität dieser Erklärung hat mich tief ergriffen. In einem kurzen Augenblick wurde mir bewusst, wie weit aller akademischer Unterricht von jedem wirklichen Durchstehen einer schweren Lebenssituation entfernt war. Ich stand zwischen Mensch und Gott, zwischen menschlichem Wissen und Gottes Gebot und Verheißung … So kniete ich in dem Saal nieder und nahm Gottes Gebot und Verheißung ganz ernst. Ich betete um das Gesundwerden dieser Frau.

Ich schloss das Gebet mit dem Vaterunser, und dieses Gebet beruhigte mich und gab mir inneren Frieden, dass ich recht gehandelt hätte …

Nach 14 Tagen kam ich wieder auf die Station und traf den Arzt und fragte […] nach der Arbeiterfrau aus Eisleben, 32 Jahre, zwei Kinder, zweites Bett links in der langen Reihe. Da sagte der Arzt: In diesem Fall wisse er nicht, was geschehen sei: Die Frau laufe fröhlich herum und sei vollständig gesund geworden. Man finde keine Spuren."

Als Kommentar schreibt Otto Michel: „Dass Gott wahrhaftig sei, das hatte ich von der Theologie, von der Kirche gelernt. Dass er wahrhaftig und treu sei. Aber etwas Wichtiges war zu kurz gekommen: dass Gott nämlich wirklich ist, wirklich kommt und wirklich werden kann … Dem Gott, der Wunder tun kann, war ich erst sehr spät begegnet. Heilungen und Wunder sind eigentlich etwas ganz Einfaches. Aber zwischen dem Wunder und mir steht immer ein Mysterium. Das Anderssein Gottes."

(1999)

„Luftige Fakten“

M30

Klaus Berger

Wunder sind (wie auch Auferstehung) vielleicht oft als historische Ereignisse nicht oder nicht mehr erweisbar. Auch sie sind Fakten „luftiger“ Art. Aber sie sind Ereignisse in der Geschichte zwischen Gott und Mensch. Ähnlich wie in einer Liebesgeschichte nicht „objektive“ Fakten eine Rolle spielen, sondern nur das, was einzelne Dinge oder Ereignisse für das Miteinander in dieser Geschichte, für diese beiden Partner, bedeuten. Wunder sind zugespitzte Erfahrung Gottes als des heilvollen Gegenübers – mit heilsamen Folgen.

Die entscheidende Frage ist dabei nicht die Kausalität, der genaue ursächliche Zusammenhang, sondern wirklich ausschließlich die Bedeutung eines Ereignisses in dieser Geschichte. Ähnlich wie bei der Frage nach dem Bösen (aber nicht identisch damit) ist auch hier für die Bibel die Frage, welche Bedeutung dieses Ereignis fortan in der Geschichte zwischen Gott und Mensch spielen darf, jedenfalls wichtiger als die Frage seiner Ursache. Wunder sind daher so etwas wie „kommunikative“ oder „mystische“ Fakten. Als Wunder spielen sie ihre Rolle nur auf dem Weg der betreffenden Zeugen zu und mit Gott. Ihre Bedeutung liegt nicht in der Medizin- oder Krankengeschichte, sondern nur in der Geschichte von Glaubenden. Das ist wichtig für den Dialog mit Medizinern. Für den Menschen, der so geheimnisvoll vielschichtig und abgründig ist, liegt immer alles daran, was Teil wovon ist, was in welche Entwicklung hineingehört.

Unter „Mystik“ verstehe ich dabei den Kontakt mit den unsichtbaren Mächten des Himmels.

[...] Dass Wunder jeweils Teil einer religiösen Geschichte sind, weist auf die *intensive* Bedeutung und Wirkung für den, dem sie zuteil wurden, und für die Zeugen. Und gerade im Bereich Gesundheit/Krankheit ist die Intensität eines Widerfahrnisses stets sehr wichtig.

(1999)

Wunder contra Verstand?

M31

Klaus Berger

Zu den schlechten Märchen, die als solche zu entlarven sind, gehört auch dieses: Wunder seien ihrem Wesen nach alle gleichartig, und als Theologe müsse man etwa psychosomatische* Aspekte ganz aus der Diskussion herauslassen. Im Grunde geht es um die Frage, ob man die „Wunder“ für sich als übernatürlichen Bereich abschirmen darf.

Nach meinem Eindruck darf man in dieser Hinsicht die Wunder nicht über einen Kamm scheren. Es gibt Wunder, die einer wissenschaftlichen Auffassung von Wirklichkeit näher stehen, es gibt solche, die ihr ferner stehen. Natürlich besagt das nichts über die Frage des Faktums. Zu denen, die näher stehen, gehören die Heilung der Blutflüssigen, auch die Heilungen von Gelähmten. Zu den anderen gehören die Speisungen, Jesu Entstehung und Auferstehung sowie sein Meerwandeln. Diese größere oder geringere Nähe zu dem, was wir für möglich halten, ist evident. Vielleicht ist es eine erste Einsicht in die Struktur dieses geheimnisvollen Bereiches der Wirklichkeit.

In einem unserem Begreifen näheren Teil dieses Bereiches gibt es offenbar noch rationale oder dem Rationalen ähnliche Strukturen. In einem entfernteren Teil geht es um die vollständige Unbegreiflichkeit. Diese Nähen und Entferntheiten ändern aber nichts daran, dass es sich in jedem Fall um Wunder handelt.

Gerade die beiden hier zuletzt gebotenen Abschnitte könnten zeigen: Es kann nicht darum gehen, an Wunder zu „glauben“, sondern sie sind Teile von Wirklichkeitsbereichen der Schöpfung, die zum Glauben in besonderer Beziehung stehen.

(1999)

1 *Erklären Sie die Aussage Bergers, Wunder seien „luftige“, „kommunikative“ oder „mystische“ Fakten (M 30 Z. 3, 23).*

M32

Die Wunderfrage als offene Frage

Stefan Alkier (1961)*

Keine der Welten, in der Menschen heute leben, ist deckungsgleich mit der des Paulus und auch nicht mit den Welten der anderen biblischen Schriften. Die biblischen Schriften bilden im Verständnis protestantischer Theologie und Kirche daher die Grundlage der Klärung unseres Verständnisses von Gott, Mensch und Welt. Wer sie als eineindeutigen Tatsachenbericht liest oder als unhinterfragbare Gebrauchseinweisung der eigenen Frömmelei benutzt, missversteht nicht nur sich selbst, sondern gerade auch die biblischen Schriften und den Kanon als Ganzen. Alle menschliche Kommunikation basiert auf der unhintergehbaren Verwendung von Zeichen. Und zu jeder Zeichenverwendung gehören interpretative Akte. Der Textwissenschaftler Janos Petöfi hat recht: „The basic operation of natural-language communication is *interpretation.*“ Die Bibel wird missbraucht, wenn sie als Beweisbuch für die eigene Weltsicht ausgenutzt wird. Auf diese Weise wird aus dem Buch des Lebens eine ideologische Waffe, die andere unterdrückt und sogar als Theologie des Weißen Hauses Kriege legitimiert. Die Bibel eröffnet lebendige Gemeinschaft dann, wenn ihre widersprüchliche Vielfalt und ihre sperrige Fremdheit als Reichtum gesehen wird, der unsere eigenen Weltwahrnehmungen zu öffnen in der Lage ist und uns neugierig auf die Interpretation der anderen werden lässt.

Die philosophische Frage, vor die die Wunderfrage als offene Frage stellt, lautet: Wie gehen wir mit der Vielfalt von Weltdeutungen um? Setzen wir uns für das postmoderne Projekt eines qualifizierten Plurals ein, der entschieden jeden Singular, auch den der einen Wahrheit, als gewaltvolle Ausgrenzung des Anderen interpretiert, oder versuchen wir mit der kategorialen Semiotik Charles Sanders Peirces einen Wirklichkeitsbegriff zu erarbeiten, der diesen qualifizierten Plural der Deutungen denkbar macht, ohne auf den Anspruch der einen Wahrheit zu verzichten? Nicht nur für die Bibelwissenschaften und die Theologie als Ganzer, sondern für unsere pluralistische Gesellschaft insgesamt hängt viel von der Arbeit an dieser Frage ab.

Gerade das wird an der Wunderfrage als offener theologischer Frage deutlich: Sie fragt danach, worauf wir im Leben und im Sterben hoffen wollen; sie fragt danach, welche Kräfte wir in unserer Wirklichkeit am Werk sehen. Wonach sehnen wir uns, wenn wir nach dem Wunderbaren verlangen? Wie sehen wir die Welt und uns, wenn wir auf ein Wunder hoffen? Wie sehen wir Gott und Jesus Christus, wenn wir von ihren Wundern erzählen, und wie passt zu der Wundermacht Gottes das Leid der Welt? Kämen diese Fragen zu einem Abschluss, so würde damit nicht nur wissenschaftliche Theologie und institutionelle Kirche, sondern Glaube und Leben selbst „erledigt“. Die Wunderfrage als offene Frage versammelt unsere Fragen über Gott und die Welt.

(2003)

1 *Formulieren Sie mit eigenen Worten, was Alkier unter der „Wunderfrage als offener Frage“ versteht.*

2 *Beziehen Sie die von Alkier vor allem im letzten Abschnitt gestellten Fragen auf Ihr eigenes Leben. Stimmen Sie Alkier zu, oder vertreten Sie eine andere Position? Formulieren Sie Ihre Auffassung in einer These und begründen Sie diese.*

Jesus – gekreuzigt und auferstanden

Die folgende Tabelle gibt eine Übersicht, wie die Evangelien über Kreuz und Auferstehung berichten:

	Matthäus	Markus	Lukas	Johannes
Die Kreuzigung und der Tod Jesu (Golgatha)	27,33–56	15,22–41	23,33–49	19,17–37
Jesus und die beiden Schächer			23,39–43	
Das Begräbnis Jesu	27,57–61	15,42–47	23,50–56	19,38–42
Die Grabeswächter	27, 62-66			
Das leere Grab	28,1–10	16,1–8	24,1–11	20,1–10
Der Auferstandene erscheint den Jüngern in Galiläa	28,16–20			
Gang nach Emmaus			24,13–35	
Der Auferstandene erscheint den Jüngern und Genossen			24,36–49	20,19–23
Erscheinungen des Auferstandenen	16,9–20			20,11–23

Der gekreuzigte Gott

Die beiden Theologinnen Dorothee Sölle (1929–2002) und Luise Schottroff (*1934) beschreiben die brutale Hinrichtung am Kreuz:

Die Kreuzigung

M33

Dorothee Sölle/Luise Schottroff

Im Zentrum der christlichen Religion steht das Kreuz als das Symbol für Jesu Tod. […] Was wir historisch wissen können, ist, dass an einem Freitag im Frühjahr des Jahres zwischen 26 und 36 n. Chr. Jesus aus Nazaret durch römische Soldaten in Jerusalem hingerichtet wurde. Er war 30 bis 35 Jahre alt, die Daten lassen sich nur schätzen. Jesus wurde mit den Händen und Füßen an ein hohes Holzkreuz genagelt. Das Sterben nach der Kreuzigung dauerte lange und ist sehr schmerzhaft. Die Lunge kann nicht mehr richtig atmen, weil der Körper hängt. Die Gekreuzigten sind langsam erstickt.

Wer war verantwortlich für diesen Tod? Politisch und rechtlich war der römische Statthalter Pontius Pilatus für diese Kreuzigung zuständig. Er war von 26 bis 36 n. Chr. Präfekt (so sein offizieller Titel) von Judäa. 1959 wurde in Cäsarea am Meer (im heutigen Israel) eine römische Inschrift mit seinem Namen gefunden. Solche eindeutigen historischen Dokumente gibt es für das Leben Jesu aus Nazaret nicht, jedoch ist die Verbindung seines Todes mit dem Namen Pontius Pilatus als historisch zuverlässig zu werten. Das christliche Glaubensbekenntnis, das Apostolicum, dessen Wurzeln bis in diese Zeit zurückreichen, sagt über Jesus: „… gelitten unter Pontius Pilatus." Damit soll nicht eine Datierung des Todes Jesu genannt werden, sondern der Urheber der brutalen Hinrichtung. Die rechtlichen Verhältnisse sind eindeutig. Das Recht, Todesurteile zu fällen und zu vollstrecken, hatte nur der römische Statthalter – im Judäa dieser Zeit wie in vielen Ländern, die in irgendeiner Form unter der Herrschaft Roms standen. […]

Die Strafe der Kreuzigung wurde von den Repräsentanten der Herrschaft Roms sehr bewusst zur Unterdrückung politischer Unruhen und Gefahren eingesetzt. Sie galt als eine der brutalsten Tötungsweisen.

(2002)

Lesen Sie:

Jürgen Moltmann: *Wer ist Christus für uns heute?*
II. Die Passion Christi und der Schmerz Gottes (S. 30–52)

Die Gedanken des Theologen Jürgen Moltmann sind in ihrer abstrakten Form für den Laien z. T. nicht so leicht verständlich. Sie erschließen sich aber, wenn man seinen Verweisen auf menschliche Erfahrungen nachgeht und sie als erhellende Beispiele zur Veranschaulichung heranzieht:
- Was bedeuten Leid und Nachfolge bei Dietrich Bonhoeffer?
- Welches Erlebnis war für Oskar Romero prägend?
- Um welche Erfahrungen geht es bei dem KZ-Häftling Simon Wiesenthal? ...

Von diesen Quellen ausgehend, eignet sich das Kapitel gut zur projektorientierten Erarbeitung, indem Sie die unterschiedlichen Materialien zur Veranschaulichung und damit zum besseren Verständnis der theologischen Gedanken Moltmanns heranziehen. Dies kann in arbeitsteiligen Gruppen geschehen, so dass jede Gruppe 1–2 Materialien auswählt.
Aufgabe jeder Gruppe ist es dann, das Material im Kurs vorzustellen, gemeinsam zu interpretieren und den Zusammenhang zum Kapitel der Ganzschrift plausibel zu machen. Der Umgang mit dem Romanausschnitt von Elie Wiesel (M 34) kann dazu exemplarisch als Anregung dienen.

Material:
- Dostojewski, Fjodor: *Die Brüder Karamassoff, Bd. 1: Die Auflehnung.* München 1958. S. 293–305.
- Schoenborn, Paul Gerhard: *Alphabete der Nachfolge. Märtyrer des politischen Christus.* Wuppertal 1996. S. 81–116. (Dietrich Bonhoeffer)
- Bonhoeffer, Dietrich: *Die letzte Stufe.* Deutschland/USA/Kanada 1999. 86 Minuten. (Gießen: Brunnen)
- Schoenborn, Paul Gerhard: *Alphabete der Nachfolge. Märtyrer des politischen Christus.* Wuppertal 1996. S. 117–158. (Oscar Arnulfo Romero)
- *Politische Morde.* Feature, 45 Minuten. (ARD)
- Wiesenthal, Simon: *Die Sonnenblume.* Frankfurt a. M./Berlin: Ullstein TB 1984. S. 31 ff.
- Kushner, Harold: *Wenn guten Menschen Böses widerfährt.* Güterloh: Gütersloher Verlagshaus ^{4}1994. S. 81ff.

Am Ende der gemeinsamen Arbeit sollten Sie folgende Fragen beantworten können:
- Was unterscheidet die Theodizeefrage von der existenziellen Frage nach Gottesgemeinschaft im Leiden?
- Was bedeutet „Passion Christi“?
- Was versteht Moltmann unter „Solidaritätschristologie“ und „Stellvertretungschristologie“?
- Was bedeutet Nachfolge Christi?

Der jüdische Schriftsteller und Träger des Friedensnobelpreises Elie Wiesel (* 1928) verarbeitet seine Erinnerungen an Auschwitz in dem 1958 in Deutschland erschienenen Buch „Die Nacht zu begraben, Elisha".

Der Augenzeugenbericht einer Erhängung im Konzentrationslager wirft die Frage nach Gott in der Tiefe des Leidens auf.

Wo ist Gott?

M34

Elie Wiesel

Ich habe mehreren Erhängungen beigewohnt. Nie habe ich einen der Verurteilten weinen sehen, denn ihre ausgemergelten Körper hatten seit langem den bitteren Trost der Tränen vergessen. Mit Ausnahme einer Vollstreckung. Der Oberkapo des 52. Kabelkommandos war ein Holländer: ein über zwei Meter hoher Riese. Siebenhundert Häftlinge arbeiteten unter seinem Befehl, und alle liebten ihn wie einen Bruder. Nie hatte einer eine Ohrfeige von seiner Hand bekommen, nie einen Fluch aus seinem Munde gehört.

Er hatte im Dienst einen jungen Burschen bei sich, einen Pipel, wie man ihn nannte, ein Kind mit fein gezeichneten schönen Gesichtszügen, das nicht in unser Lager passte.

(In Buna hasste man die Pipel: Dort erwiesen sie sich oft als grausamer als die Erwachsenen. Ich habe einmal einen Dreizehnjährigen seinen Vater schlagen sehen, weil dieser sein Bett nicht gut gemacht hatte. Da der Alte sanft weinte, schrie der Junge: „Wenn du nicht sofort aufhörst zu heulen, bring ich dir kein Brot mehr. Verstanden?" Der kleine Diener des Holländers wurde jedoch von allen geliebt. Er hatte das Gesicht eines unglücklichen Engels.)

Eines Tages flog die Elektrozentrale von Buna in die Luft. An Ort und Stelle gerufen, schloss die Gestapo auf Sabotage. Man fand eine Fährte, die in den Block des holländischen Oberkapos führte. Dort entdeckte man nach einer Durchsuchung eine bedeutende Menge Waffen.

Der Oberkapo wurde auf der Stelle festgenommen. Wochenlang wurde er gefoltert. Umsonst. Er gab keinen Namen preis, wurde nach Auschwitz überführt und war fortan verschollen.

Aber sein Pipel blieb im Lager, im Kerker. Gleichfalls gefoltert, blieb auch er stumm. Die SS verurteilte ihn daher zusammen mit zwei anderen Häftlingen, bei denen Waffen gefunden worden waren, zum Tode. Als wir eines Tages von der Arbeit zurückkamen, sahen wir auf dem Appellplatz drei Galgen. Antreten. Ringsum die SS mit drohenden Maschinenpistolen, die übliche Zeremonie. Drei gefesselte Todeskandidaten, darunter der kleine Pipel, der Engel mit den traurigen Augen.

Die SS schien besorgter, beunruhigter als gewöhnlich. Ein Kind vor Tausenden von Zuschauern zu hängen, war keine Kleinigkeit. Der Lagerchef verlas das Urteil. Alle Augen waren auf das Kind gerichtet. Es war aschfahl, aber fast ruhig und biss sich auf die Lippen. Der Schatten des Galgens bedeckte es ganz.

Diesmal weigerte sich der Lagerkapo, als Henker zu dienen. Drei SS-Männer traten an seine Stelle. Die drei Verurteilten stiegen zusammen auf ihre Stühle. Drei Hälse wurden zu gleicher Zeit in die Schlingen eingeführt.

„Es lebe die Freiheit!", riefen die beiden Erwachsenen.

Das Kind schwieg.

„Wo ist Gott, wo ist er?", fragte jemand hinter mir.

Auf ein Zeichen des Lagerchefs kippten die Stühle um.

Absolutes Schweigen herrschte im ganzen Lager. Am Horizont ging die Sonne unter.

„Mützen ab!" brüllte der Lagerchef. Seine Stimme klang heiser. Wir weinten.

„Mützen auf!"

Dann begann der Vorbeimarsch. Die beiden Erwachsenen lebten nicht mehr. Ihre geschwollenen Zungen hingen bläulich heraus. Aber der dritte Strick hing nicht reglos: Der leichte Knabe lebte noch …

Mehr als eine halbe Stunde hing er so und kämpfte vor unseren Augen zwischen Leben und Sterben seinen Todeskampf. Und wir mussten ihm ins Gesicht sehen. Er lebte noch, als ich an ihm vorüberschritt. Seine Zunge war noch rot, seine Augen noch nicht erloschen.

Hinter mir hörte ich denselben Mann fragen: „Wo ist Gott?"

(1958)

Oberkapo: *Häftling eines Konzentrationslagers, der die Aufsicht über andere Häftlinge führt*
Kabelkommando: *Häftlingskommando mit der Aufgabe, elektrische Leitungen zu verlegen und zu reparieren*
Sabotage: *absichtliche Beeinträchtigung der Produktion oder militärischer Einrichtungen und Operationen durch passiven Widerstand oder Zerstörung wichtiger Einrichtungen*
Gestapo: *Abk. für Geheime Staatspolizei*
SS: *Abk. für Schutzstaffel (militärähnlicher Kampfverband der NSDAP)*

1 *Stellen Sie die Aussagen zusammen, in denen Wiesel das Aussehen des kleinen Pipel beschreibt, und deuten Sie sie.*

2 *„Absolutes Schweigen herrschte im ganzen Lager" (Z. 68). Diese Aussage bedeutet,*
a) dass niemand etwas zu sagen wagte,
b) dass niemand etwas zu sagen wusste, selbst der Lagerchef und die SS-Männer nicht,
c) dass auch Gott schwieg.
Begründen Sie, welche Antwort Sie für zutreffend halten.

3 *Der Text endet mit der Frage „Wo ist Gott?". Antworten Sie auf diese Frage, indem Sie eine Fortsetzung schreiben.*

4 *Vergleichen Sie den Text mit Mk 15,22–39.*

5 *Stellen Sie den Zusammenhang zu Moltmanns Kapitel her.*

Was bedeutet Auferstehung für mich?

Welche Vorstellung verbinden Sie am ehesten mit der „Auferstehung Jesu"?

M35 Auferstehung

1 *Klären Sie diese Frage für sich selbst und formulieren Sie ein kurzes Statement.*

2 *Deuten Sie das Bild.*

Standpunkte

M36

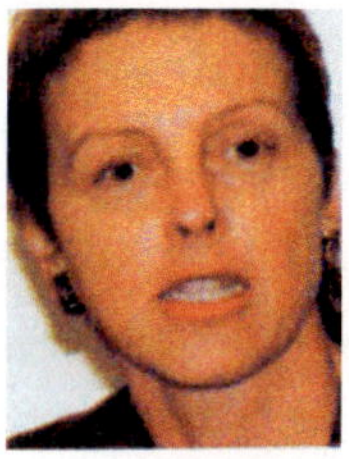

Wunsch nach Nächstenliebe
Ich bin nicht religiös und glaube, dass die Menschen sich nur selbst befreien können. Für mich ist die Auferstehungsgeschichte Ausdruck für den starken und visionären Wunsch nach Gerechtigkeit, Frieden und Nächstenliebe, der weiterlebt, auch wenn Jesus – eine seiner Symbolfiguren – getötet wurde.

Sabine Leidig, 41, Geschäftsführerin von Attac Deutschland

Ein Geschenk Gottes
Die Auferstehung von Jesus Christus ist genau wie unser Leben ein Geschenk Gottes. Dieses Geschenk Gottes sollten wir alle schützen und ehren. Was mit uns Menschen nach dem Leben geschehen soll, weiß nur Gott. Sollte es einmal zu Ende sein, so bin ich mir aber sicher, dass es ein anderes Leben geben wird.

Collin Benjamin, 24, Mittelfeldspieler beim Fußballclub Hamburger Sportverein (HSV)

1 *Beurteilen Sie die Standpunkte von Sabine Leidig und Collin Benjamin.*

2 *Vergleichen Sie Ihre Auffassungen innerhalb des Kurses.*

3 *Führen Sie zu der Frage verschiedene Umfragen (an Ihrer Schule, im Freundes- und Verwandtenkreis, auf der Straße ...) durch und dokumentieren Sie diese entsprechend.*

Viermal Christus

Die Nachricht, dass Jesus nicht im Tod geblieben ist, sondern auferweckt wurde, bildet Mitte und Höhepunkt aller neutestamentlichen Schriften. Die Erfahrung und das Bekenntnis „Jesus ist auferstanden von den Toten“ verweisen darauf, dass Gott gehandelt hat. Wie dieses Ereignis vonstatten ging, bleibt im Dunkeln, darüber sagen die Evangelien nichts. Für Wissenschaftler, die wissen und nicht glauben wollen, bleibt die Auferstehung letztlich ein Rätsel. Sie lässt sich weder beweisen noch widerlegen. Nachweisen lässt sich aber, dass die Anhänger Jesu fest daran geglaubt haben, dass Jesus auferstanden ist und dass Petrus und viele andere so von der Auferstehung überzeugt waren, dass sie dafür sogar zum Sterben bereit waren. Das älteste Osterzeugnis findet sich in 1. Kor 15, die Überlieferung vom leeren Grab steht in den Evangelien (Mk 16,1–8, par.). Darüber hinaus gibt es einige Geschichten, in denen Jesus als der Auferstandene seinen Jüngern begegnet (➤ S. 207).

In den folgenden Texten äußern sich Theologinnen und Theologen zur Auferstehung. Dabei entwickeln sie unterschiedliche Perspektiven:

Jesu Auferstehung

M37

*Dorothee Sölle (1929–2003)/Luise Schottroff (*1934)*

Nach Jesu Tod haben erst die Frauen und dann auch die Männer, die mit Jesus zusammengearbeitet hatten, begriffen: Dieser Tod war nicht das Ende unserer Hoffnung auf die Befreiung Israels, sondern er brachte Befreiung. Das Volk ist frei von Gefangenschaft, befreit von Schuld, befreit von der Macht der Unterdrücker, vereint mit seinem Gott. Es gibt einen neuen Anfang, überall wo Menschen dieser Befreiung glauben und sie in ihrem Leben verwirklichen. Das christliche Abendmahl war der wirkungsmächtige Ritus, der aus der jüdischen Martyriumstheologie hervorging und die Erinnerung an Jesus im Christentum gestaltet hat. Die Erinnerung an den Tod des Märtyrers wurde zum Mittelpunkt eines gemeinsamen feierlichen Abendessens und zur Quelle der Hoffnung, dass die Macht Gottes größer ist als die Macht des Todes.

Die Auferstehung der Toten zum ewigen Leben ist Ausdruck der Hoffnung, dass das Unrecht nicht siegt. Auch wenn die Gewalt von Menschen gegen Menschen im Mord einen definitiven Sieg erringt, so ist dieser Sieg nur scheinbar definitiv, sagt diese Hoffnung. […]

Jesu Auferstehung wurde also im frühen Christentum nicht als einmaliges Geschehen gedeutet, wie es das spätere christliche Dogma bis heute sagt. Es war den Menschen, die an Jesu Auferstehung glaubten, wichtig, dass alle Toten auferstehen. Sie sagten: „Er ist der Erstling der Entschlafenen." (1. Kor 15,20 u. ö.)

Von Kritikern des Auferstehungsglaubens ist immer wieder gesagt worden: Alle Menschen verwesen, und so ist auch Jesus verwest. Damit wird das kirchliche Dogma kritisiert, das verlangt, die Christen sollten an die Durchbrechung der Naturgesetze und das einmalige Wunder der Auferstehung Jesu glauben. Aber die Frage danach, ob nun das Grab Jesu leer war nach seiner Auferstehung, oder ob man den Auferstandenen hätte fotografieren können, ist nicht die Frage, die die Menschen bewegte, die an Jesu Auferstehung zu glauben lernten. […]

Auf die moderne Frage, ob das Grab leer oder voll war, ist also zu antworten: Jesu Anhängerschaft war zwar der Meinung, dass der Leichnam Jesu nicht mehr im Grab war, aber diese Meinung war noch kein Auferstehungsglaube. Der Auferstehungsglaube ist auch nicht abhängig von den biologischen Vorstellungen. Für das heutige, von Naturwissenschaften geprägte Bewusstsein ist ein leeres Grab allenfalls eine Folge von Grabräuberei. Doch auch wenn sich heutige Menschen nur vorstellen können, dass der Leichnam Jesu im Grab verweste wie der aller Menschen, so ist doch Auferstehungsglaube immer noch eine von leeren oder vollen Gräbern unabhängige Lebenskraft. Auferstehungsglaube schafft sich vielleicht heute andere Bilder als damals, aber die Fortsetzung der Taten Jesu und die Sehnsucht nach dem anderen, dem Ewigen Leben machen noch heute christliche Identität aus. „Ewig" bedeutet nicht endlose Lebensverlängerung für die Einzelnen, sondern Einverständnis mit der von Gott „gut" genannten Schöpfung, die Kommen und Gehen einschließt. In ihr haben die Toten wie die Nachgeborenen Raum. Sie sind in Gottes Buch eingeschrieben, und Gott liest ihre Namen. „Ich glaube an das ewige Leben", sagt das christliche Glaubensbekenntnis. Ein heute oft zu lesender Satz auf Todesanzeigen begnügt sich mit: „Niemand ist tot, bis der letzte tot ist, der sich an ihn erinnert." Es ist ein Satz, der den sich erinnernden, alle ins Buch des Lebens einschreibenden Gott leugnet. Wenn wir vom Ewigen Leben sprechen, so buchstabieren wir nach, was die jüdische Tradition in dem Satz ausdrückt: Gott ist Gedächtnis.

Wir suchen heute nach einer Sprache, die dieses Geheimnis der Welt, das die Jesusfreunde als Auferstehung erfuhren, benennen kann. Eine traditionelle Sprache fand dafür die Jesusbewegung nach Jesu Tod in neuen, ganz eigenen Ausdrucksformen. Die Feier der Auferstehung am frühen Sonntagmorgen ebenso wie die Erinnerung an das letzte Mahl hielten an der unzerstörbaren Hoffnung auf Leben für die ganze Schöpfung fest.

(2001)

Was bedeutet die Auferstehung für uns heute?

M38

Interview mit Hans-Joachim Eckstein (1950)*

■ *Ein Versuch, die Auferstehungsbotschaft für heutige Menschen bedeutsam zu machen, war das Entmythologisierungsprogramm der Bultmann-Schule*. Wie stellen sich diese Übersetzungsversuche ins moderne Selbstverständnis für einen heutigen Neutestamentler dar?*

E: Gerade hinsichtlich des ganzen Bereiches der Eschatologie* wie auch der Gottesfrage und des Geschichtsverständnisses bedeutete die Entmythologisierung zwangsläufig eine Engführung, so sehr sie den faszinierenden Versuch darstellte, das Verständnis der biblischen Texte unter den Voraussetzungen der Neuzeit durch Hinterfragen der mythologischen Aussageformen zu erleichtern.

■ *Wie verhält sich das Geschehen einer zukünftigen Auferstehung zur für uns wahrnehmbaren und (z. B. naturwissenschaftlich) beschreibbaren Realität?*

E: Von Anfang an wurde die Vorstellung von der Auferstehung nicht etwa auf die Möglichkeiten und Erfahrungen der vorfindlichen Wirklichkeit und Geschichte bezogen, sondern als eine ganz andere, in dieser Schöpfung noch nicht angelegte Realität beschrieben. Die Auferstehung wurde noch nie als etwas „Natürliches" verstanden. Insofern macht es auch wenig Sinn, die Auferstehung im Rahmen der wahrnehmbaren Wirklichkeit beschreiben zu wollen. Die Kontinuität zwischen alter und neuer Existenz ist in Gottes Treue begründet, der der Toten gedenkt und sie zu einem neuen Leben erschafft, nicht aber in einem unsterblichen Kern im Menschen, einer „unsterblichen Seele" oder einem „göttlichen Funken". Das Ereignis der Auferstehung gilt als Akt der Neuschöpfung Gottes!

■ *Wenn Sie einer heutigen 16-jährigen Schülerin oder einem Schüler das Wesentliche der Auferstehungsbotschaft erklären müssten, würden Sie sagen …*

E: … dass Gott seine Schöpfung nicht aufgibt, sondern über den Tod hinaus an seinen Menschen festhält, dass das persönliche Leben mit dem Sterben nicht endgültig aufgehoben ist, sondern in der Auferstehung seine Vollendung findet und dass deshalb das ganze gegenwärtige Leben – mit all seinen Einschränkungen und Unzulänglichkeiten – bereits im Licht dieser zukünftigen Gottesgemeinschaft erfüllend erlebt und gestaltet werden kann. Die Realität der Auferstehung ist weder in dieser Wirklichkeit schon angelegt, noch kann sie von ihr infrage gestellt werden. Grundlage der Hoffnung auf eine allgemeine Auferstehung der verstorbenen Menschen ist ausschließlich die Botschaft von Gottes auferweckendem Handeln an seinem Sohn, Jesus Christus, mit dem er die Neue Schöpfung seiner Menschen eröffnet hat. – Oder intendierten Sie mit der Altersangabe eine eher flapsige Antwort? Dann darf ich vielleicht mit einem U-Bahn Graffiti antworten: „You can never be too dead for resurrection!"

(2001)

Fiktion oder Wirklichkeit?

M39

Gerd Lüdemann (1946)*

Meine Arbeiten über die Auferstehung Jesu sind das Ergebnis eines inneren Konflikts, der mich seit Beginn des Theologiestudiums bedrängte. Ich war begeistert von der historisch-kritischen Methode, die ich bei Schülern Rudolf Bultmanns von der Pike auf lernte. Doch ich erkannte bald, dass man dort die Konsequenzen dieser Methode geflissentlich übersah. Man vereinnahmte sie für eine Theologie, die eigentlich gar nichts mit den historischen Tatsachen zu tun hatte. […] Auf die Rückfrage, ob Jesus denn wirklich auferstanden sei, kommt die Antwort, Jesus sei historisch natürlich nicht auferstanden, sondern verwest. Auferstanden sei er aber trotzdem, nämlich in die Verkündigung hinein. Damit blieb man intellektuell redlich und konnte mit gutem Gewissen predigen. Mich hat das allerdings nie befriedigt, und ich war über die Ahnungslosigkeit, mit der diese Formel der „Auferstehung Jesu in die Verkündigung" gebraucht wurde, erstaunt und manchmal auch erschüttert. Mir kam es so vor, dass bei diesen Theologen Geschichte und Theologie, Historie und Glaube, Verstand und Herz völlig unverbunden nebeneinander stehen.

Zusätzlich reifte in mir die Überzeugung, dass man nicht an die Auferstehung Jesu glauben kann, wenn feststeht, dass Jesus historisch gar nicht auferweckt worden ist. […]

Liegt hier nicht Selbstbetrug vor, wenn man meint, Jesus sei körperlich gar nicht – auferstanden, und eine Täuschung der Öffentlichkeit, die natürlich annimmt, dass Geistliche glauben, was sie jeden Sonntag im Apostolikum* bekennen? […]

(2001)

M40 Die Wirklichkeit der Auferstehung

*Ulrich Wilckens (*1928)*

Allen Ausweglosigkeiten zum Trotz [in den Jahren nach dem Ende des 2. Weltkrieges] fühlten wir uns herausgerufen zu einer Erneuerung in allen Lebensbereichen. Der Mut dazu erwuchs uns aus dem Osterevangelium … Dass Gott vom Tod erretten kann, habe ich selbst als sechzehnjähriger Soldat am Ende des Krieges erfahren. Durch dieses Wunder bin ich, völlig überraschend, zum Glauben an Gott gekommen und bin Theologe geworden, als Pfarrer, Universitätslehrer und Bischof. Die Wirklichkeit der Auferstehung Jesu von den Toten ist zum Thema meines Lebens geworden. […]

Diese ist zweifellos von allen in der Bibel bezeugten Wundern Gottes das größte. […] Die Auferweckung des gekreuzigten Jesus ist also das zentrale Heilsgeschehen. Das ist auch nicht umstritten. Bestritten jedoch wird in der exegetischen Wissenschaft von Anfang an und nahezu durchweg bis heute, dass es sich um ein Ereignis von geschichtlicher Wirklichkeit handelt, wie dies für alle biblischen Zeugen völlig selbstverständlich ist. Üblicherweise wird das Urteil der Ungeschichtlichkeit der Auferstehung Jesu exegetisch begründet und somit der Anschein erweckt, es seien methodisch exakt begründete Ergebnisse historischer Textanalyse, die kein anderes Urteil als nur dieses zuließen. Doch kritisch gesehen, zeigt sich, dass es anders steht: Die entscheidende Prämisse ist das ‚weltanschauliche' Urteil, die Auferstehung eines Toten aus seinem Grabe sei offensichtlich widervernünftig, die Behauptung eines Geschehens, das als solches nach aller naturwissenschaftlichen Erfahrung absolut auszuschließen sei. Von daher pflegt die Ungeschichtlichkeit der bezeugten Auferweckung Jesu die Voraussetzung aller exegetischen Textarbeit, statt deren Ergebnis zu sein. Grob, aber zutreffend gesagt: Die weltanschauliche Kritik schreibt der „historischen Kritik" vor, zu welchem Ergebnis sie in der Analyse der Texte zu gelangen hat …

Mit Argumenten moderner Naturwissenschaft ist bislang nirgendwo exakt begründet worden, dass Auferstehung der Toten – im Sinne eines eschatologischen Neuschöpfungshandelns Gottes, in welchem im Neuen Testament davon die Rede ist – als wirkliches Geschehen absolut unmöglich, also auch die Auferweckung Jesu als geschichtliches Ereignis zwingend auszuschließen sei.

(2002)

1 *Arbeiten Sie das Verständnis von Auferstehung des jeweiligen Verfassers (M 37–M 40) heraus.*

2 *Machen Sie deutlich, welcher Position Sie am ehesten zustimmen können, und begründen Sie Ihre Auffassung.*

3 *Die Auferstehung ist „zweifellos von allen in der Bibel bezeugten Wundern Gottes das größte" (Z. 14). Nehmen Sie auf der Basis Ihrer im Teilkapitel „Wen wundert was?" zur Frage nach den Wundern gewonnenen Erkenntnisse zu dieser Aussage begründet Stellung.* (➤ S. 215)

Was ist eine Stellungnahme?

Immer wieder Probleme bereiten Aufgabenstellungen wie:
- „Nehmen Sie [begründet] [kritisch] Stellung zu …"
- „Entwickeln Sie eine [eigene], [begründete] [kritische] Stellungnahme zu …"
- „Nehmen Sie [wertend] [kritisch] Stellung zu …"

Wichtig:

Stellungnahmen müssen immer begründet und kritisch sein, auch wenn dies nicht eigens erwähnt wird. Häufig wird eine Stellungnahme mit einer Meinungsäußerung verwechselt. Beides kann man nicht gleichsetzen, auch wenn man im Rahmen einer Stellungnahme unter Umständen eine eigene Meinung äußern kann. Eine **Meinungsäußerung** ist persönlich *(„Ich finde die Ansicht abstoßend."/„Ich stimme mit dem Autor überein.")* Sie muss nicht begründet werden und ist infolgedessen für andere nicht immer nachvollziehbar. Eine **Stellungnahme** muss durch Argumente begründet werden (= „begründet"). Pro- und Kontra-Argumente sind gegeneinander abzuwägen (= „kritisch") und zu gewichten. In der Regel steht am Ende eine zusammenfassende Wertung zum Gegenstand der Stellungnahme, die sich aus dem Abwägen der Argumente logisch ergibt. Diese Zusammenfassung kann man auch schon zu Beginn äußern und dann anschließend begründen.

Gegenstand einer Stellungnahme kann z. B. eine These, ein Problem oder die Position eines Autors sein. Wenn Sie nicht schon in einer anderen Aufgabe der Klausur diesen Gegenstand ausreichend geklärt haben (z. B. Position in Thesenform formuliert, Begriffe geklärt), müssen Sie das zunächst tun.

Fast immer lassen sich folgende Fragestellungen einbeziehen:
1. Geht der Autor von zutreffenden Voraussetzungen (auch Begriffsdefinitionen) aus?
2. Sind seine Schlussfolgerungen logisch korrekt?
3. Sind die Argumente des Autors stichhaltig (d. h. beim vorliegenden Problem überhaupt relevant und anwendbar)?
4. Äußert der Autor unzulässige Verallgemeinerungen („niemals, immer, alle …")?

Eine Stellungnahme muss also für andere (im Gegensatz zur Meinungsäußerung) nachvollziehbar sein; sie wird dementsprechend danach beurteilt, ob sie nachvollziehbar begründet ist. Dabei ist es unerheblich, ob sie mit der tatsächlichen oder nur vermuteten Ansicht des Lehrers oder der Lehrerin übereinstimmt. Allerdings gibt es Positionen, die sich besser begründen lassen, und solche, für die es weniger gute Argumente gibt.

Zum Schluss noch eine Faustregel: Ihr Lehrer/Ihre Lehrerin wird Ihnen in der Regel nur Gegenstände zur Stellungnahme vorlegen, bei denen es Pro- und Kontra-Argumente gibt, d. h. eine 100 %-ige Zustimmung oder Ablehnung ist normalerweise nicht möglich. Beachten Sie auch in Ihrer Stellungnahme das oben zu unzulässigen Verallgemeinerungen Gesagte!

Anregungen für **Formulierungen** in einer begründeten Stellungnahme:
- Der Autor/ die Autorin überzeugt mich, weil er/ sie …
- Nicht überzeugend erscheint mir jedoch der Gedanke, die Idee, die Argumentation, das Gedankenexperiment etc., mit dessen Hilfe der Autor begründet, dass …
- (Nicht) gut begründet hat die Autorin in dem Text den Gedanken …
- Die These von der … steht im Widerspruch zu der These von der …
- Im Vergleich mit der Position von … erscheint mir die Position von … überzeugender, weil sie …
- Bezogen auf meine eigenen Überlegungen/ Erfahrungen kann ich dem Autor/der Autorin (nicht) zustimmen, weil …
- Den Gedanken von der … möchte ich wie folgt erweitern/umformulieren/neu denken: …
- Angenommen, … hätte Recht, dann wäre …

Lesen Sie:

Jürgen Moltmann: *Wer ist Christus für uns heute?*

V. Die Auferstehung Christi – Hoffnung für die Welt (S. 64–77)

- „An die Auferstehung glauben, heißt, anders zu leben und anders zu sterben." Setzen Sie sich vor der Lektüre mit diesem Satz auseinander und nehmen Sie begründet dazu Stellung.
- Lesen Sie die Seiten 64-77 und klären Sie dabei die folgenden Aussagen:
  - Christlicher Gottesglaube ist Auferstehungsglaube.
  - Christophanien [Erscheinungen des auferstandenen Christus] sind Visionen am hellen Tag.
  - Die „Auferstehung Christi" ist eine sinnvolle Aussage nur im Rahmen der vor ihr selbst eröffneten Geschichte der Befreiung der Menschen und der Natur von der Macht des Todes.
  - Man muss von einem Prozess der Auferstehung reden, wenn man von der Auferstehung Christi spricht. Auferstehung ist kein vertröstendes „Opium des Jenseits".
  - Auferstehung Christi – wir müssen die moderne „geschichtliche Christologie" in eine neue „ökologische Christologie" überführen.
- Vergleichen Sie Moltmanns Auferstehungsverständnis mit den vorgenannten Positionen. Legen Sie dazu eine Tabelle an.

„Wer ist Jesus Christus?“

1. Projektidee

Konzipieren Sie eine *„Sendung mit der Maus“*, in der Sie adressatengerecht Kindern im Grundschulalter nahebringen, wer Jesus Christus ist. Setzen Sie Ihr Konzept filmisch um.
(Hilfe: „Wir machen unser Fernsehen selbst!“ Ein videopädagogisches Handbuch. Herausgeber: Jugendhof Steinkimmen und LAG Jugend und Film Niedersachsen. Steinkimmen/Walsrode 2001)

Variante
Erarbeiten Sie ein *multimediales Produkt* zu demselben Thema, das Sie am „Tag der offenen Tür“ den Besuchern vorstellen. Adressaten sind dann die Viertklässler, die sich für Ihre Schule interessieren, und deren Eltern.

2. Projektidee

„Jesus Christ in Concert“:
Texte, Lieder, Bilder, Szenen über Jesus Christus, unterlegt mit Musik (z. T. selbst komponiert) aus mehreren Jahrhunderten.

3. Projektidee

Fragebogenprojekt:
Entwerfen Sie selbst einen Fragebogen, mit dessen Hilfe Sie Interviews zur Frage nach Jesus Christus durchführen.
Hilfe zur Durchführung eines Interviews: ➤ Siehe S. 289.

Medienhinweise

- **Warnke, Christoph: Was wissen wir – was kann man glauben? 44 theologische Informationen über Jesus.** Frankfurt/M.: GEP [2]2002
- **Scharpe, Martin (Hrsg.): Jesus unter Dichtern. Ein literarisches Evangelium.** Stuttgart: Radius 2002
- **Sölle, Dorothee/Schottroff, Luise: Jesus von Nazaret.** München: dtv [3]2001
- **Pöhlmann, Horst Georg: Wer war Jesus von Nazareth?** Gütersloh: GTB [8]2002

Der Mensch als Frage

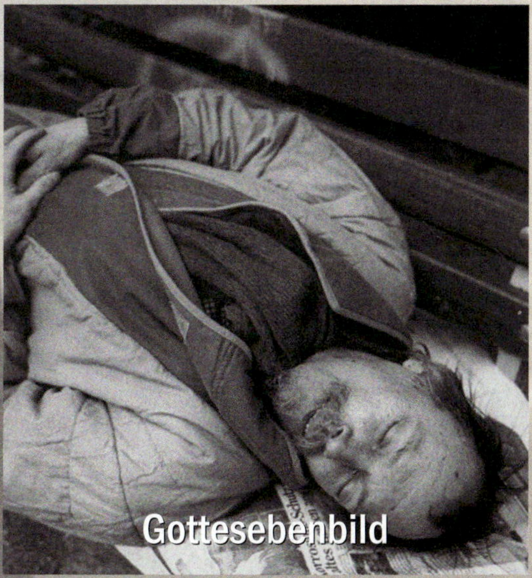

„Am Anfang schuf Gott Himmel und Erde.
Und Gott schuf den Menschen zu seinem Bilde, zum Bilde Gottes schuf er ihn; und schuf sie als Mann und Frau.“

Mit diesen Worten der Genesis, Kapitel 1, Verse 1 und 27, fängt die Bibel an. Das ist das Vorzeichen, unter dem der Mensch in der Welt ist: geschaffen nach dem Bild Gottes.

1 *Diskutieren Sie, welche Konsequenzen es hat, jeden Menschen als Gottes Ebenbild zu sehen.*

Was ist der Mensch?

„Wer bin ich?" Das ist die Frage, die mich als Menschen ein Leben lang umtreibt.

- **Kann ich mich kennen? Wie kann ich mich kennen?**
- **Ist es gut, dass es mich gibt?**
- **Ich habe nur eine bestimmte Lebenszeit; was kann ich mit meinem Dasein anfangen? Warum gelingt mir manches im Leben, während anderes mir wie Sand zwischen den Fingern zerrinnt?**
- **Bin ich frei, zu leben, wie ich will?**

Die Texte und Aufgaben in diesem Teilkapitel versuchen einen ersten Zugang zu diesen und anderen grundlegenden Fragen nach dem Menschen zu eröffnen. Es sind Fragen der Anthropologie (griech. anthropos = Mensch; logos = Wort, Lehre, Sinn). Die Anthropologie will wissen: „Was ist der Mensch?"

Der Mensch ist eine Frage, keine Antwort

Harry Mulisch (* 1927) ist ein niederländischer Schriftsteller. Er erzählt den antiken Mythos von Oidipous (➤ S. 63) neu und kommt dabei zu allgemeinen Aussagen über den Menschen.

M1 Ein neuer Oidipous (alias Schwellfuß), genannt Oidinase
Harry Mulisch

Als die Königin von Theben einen Sohn gebar, durchbohrte sie ihm die Nase und ließ ihn von einem Schäfer in eine Schlucht des Kithairon-Gebirges bringen, um ihn dort den Geiern vorzuwerfen – denn das Orakel hatte dem König prophezeit, dass sein Sohn ihn töten würde. Doch weil man sich auf sein Personal nie verlassen kann, bekam der Schäfer Mitleid mit dem Kind und gab es in den Bergen einem zweiten Schäfer. Dieser nun schenkte es dem kinderlosen König von Korinth, der es adoptierte.

Als Oidinase, prächtig herangewachsen, wegen seiner Herkunft misstrauisch zu werden beginnt, befragt er das Orakel, das ihm sagt, er sei der Sohn des thebanischen Königs, werde diesen töten und daraufhin seine eigene Mutter heiraten – vorausgesetzt, er besiege den *Computor.* Begierig macht sich Oidinase noch am selben Tag auf den Weg. Bald steht er vor den Toren von Theben.

Dort, im Gestrüpp auf einem Abhang, sieht er ein schreckliches Ungeheuer. Glänzend, hellgrau, leise summend. Der Computor! Seit Jahrhunderten stellt er jedem Reisenden, der hier vorüber will, eine Antwort; wer die Frage auf diese Antwort nicht weiß, wird sofort vernichtet. Unzählbar sind die Prinzen und Jünglinge, die ihm bereits zum Opfer gefallen sind.

Die Antwort lautet: „Was ist der Mensch?"

„Das ist keine Antwort", sagten die meisten sofort, „das ist eine Frage."

Sie wurden auf der Stelle mit einem Stromschlag hingerichtet.

Andere, die in ihrer Belesenheit zwei Dinge durcheinander brachten, sagten: „Welches Wesen läuft morgens auf vier Pfoten, mittags auf zwei und abends auf drei?" Doch auf diese Frage lautete die Antwort: „Der Mensch" – und nicht „Was ist der Mensch?"

Auch sie wurden auf der Stelle getötet.

Als nun Oidinase sich dem Computor genähert hatte und der die Worte sprach: „Was ist der Mensch?", versank er in tiefes Nachdenken. Er grübelte zwei Tage und zwei Nächte lang. Dann, im warmen, vogelzwitschernden Morgen des dritten Tages, stellte er sich vor dem Computor auf und sagte laut: „Was ist der Mensch?"

Sofort, nachdem er dies gesagt hatte, begann der Computor zu zittern und kläglich zu piepsen, elektrische Röhren zerplatzten, Transistoren explodierten, Sicherungen brannten durch, Stichflammen schlugen empor, und gehüllt in blauen Rauch und Funkenregen, sank er langsam zwischen den Sträuchern in sich zusammen, bis nichts mehr von ihm übrig war als ein Haufen alten Eisens für den Schrottplatz.

Denn Oidinase hatte begriffen, dass es sich bei der Frage, worauf die Frage „Was ist der Mensch?" die Antwort ist, um dieselbe Frage handelte und sie deshalb lauten musste: „Was ist der Mensch?" – denn der Mensch ist keine Antwort, sondern eine Frage.

(1961)

1 *Überlegen Sie gemeinsam, warum der Mensch eine Frage und keine Antwort ist.*

2 *Vergleichen Sie diesen Text von Mulisch mit M 9 im Kapitel „Wir und die Wirklichkeit", S. 62f.*

Ist der Mensch ein Tier?

Um die Frage „Was ist der Mensch?" zu beantworten, kann man ihn mit seinen Mitgeschöpfen, mit Tieren oder Pflanzen, vergleichen.

Schimpansen sollen künftig als Menschen gelten

M2

Washington, 20. Mai (ap). Schimpansen sollten nach Ansicht eines US-Forscher-Teams statt als Affen- in Zukunft als Menschenart eingestuft werden. Schimpansen seien enger mit Menschen verwandt als mit Gorillas oder anderen Menschenaffen, schreiben die Wissenschaftler in einem am Dienstag veröffentlichten Bericht. Deshalb sollten sie der Gattung „Homo" zugerechnet werden, fordern Morris Goodman und seine Mitarbeiter von der Universität Wayne in Detroit.

M3

Ich

Erich Fried (1921–1988)

Was andere Hunger nennen
das ernährt mich
Was andere Unglück nennen
das ist mein Glück

Ich bin keine Blume
kein Moos
Ich bin eine Flechte
Ich ätz mich tausend Jahre lang in einen Stein

Ich möchte ein Baum sein
Ich möchte ein Leben lang
deine Wurzeln berühren
und trinken bei Tag und bei Nacht

Ich möchte ein Mensch sein
und leben wie Menschen leben
und sterben wie Menschen sterben
Ich habe dich lieb

1 *Mit welchen Argumenten könnten Sie den Vorschlag der amerikanischen Forschergruppe (M 2) widerlegen?*

2 *Welche Konsequenzen hätte es (z. B. für Tierversuche mit Schimpansen oder für die Zoo-Haltung), wenn der Vorschlag der Forschergruppe allgemein akzeptiert würde?*

3 *Was versteht das lyrische Ich in M 3 unter Mensch-Sein?*

4 *In der Bibel ist das Nachdenken über die Frage „Was ist der Mensch?" oft mit der Frage nach Gott verknüpft, wie zum Beispiel in Psalm 8. Wie sieht der Psalmbeter den Menschen im Verhältnis zu Gott, zum Kosmos und zu seinen Mitgeschöpfen?*

Wie „gut" ist der Mensch?

In seinem Roman „39,90" beschreibt der französische Schriftsteller Frédéric Beigbeder (* 1965) die Welt der Werbung. In einer Mischung aus Romanfragmenten, zynischen Anekdoten und ideologiekritischen Essays reflektiert er seine Zeit in einer großen Werbeagentur: die Texter, die Fotografen, die Gauner und die Drogen. Die Publikation des Romans führte zu seiner Entlassung. In seinen zehn Geboten für den CD, den „Creative Director", oder auch den „Kreativen", formuliert er, worauf es in einer globalen Ökonomie ankommt. Aus diesem Grund ist der Titel identisch mit dem Preis des Buches (in DM).

M4

Die zehn Gebote eines „Kreativen"

Frédéric Beigbeder

1. Ein guter Kreativer spricht nicht die Konsumenten an, sondern die zwanzig Personen in Paris, die ihn eventuell einstellen könnten (die CDs der zwanzig besten Werbeagenturen). Deshalb ist es wichtiger, einen Löwen in Cannes oder einen ADC Award zu gewinnen als größere Marktanteile für den Kunden.

2. Die erste Idee ist immer die beste, man sollte aber drei Wochen Aufschub verlangen, bevor man sie präsentiert.

3. Die Werbung ist der einzige Beruf, in dem man dafür bezahlt wird, Dinge schlechter zu machen. Wenn du eine geniale Idee präsentierst und der Kunde sie dir ruinieren will, denkst du intensiv an dein Gehalt, schluderst getreu seiner Anweisung in gestoppten dreißig Sekunden irgendeinen Mist zusammen und baust Palmen ins Storyboard ein, damit du endlich für eine Woche nach Miami oder ans Cap fliegen kannst, um dort zu drehen.

4. Zu Meetings kommst du grundsätzlich zu spät. Ein Kreativer, der pünktlich ist, macht sich unglaubwürdig. Beim Betreten des Raumes, wo seit einer Dreiviertelstunde alle auf dich warten, entschuldigst du dich auf gar keinen Fall, sondern sagst nur: „Hi, ich habe drei Minuten für Sie.“ Oder du zitierst Roland Barthes[1]: „Nicht Traum verkauft, sondern Sinn.“ (Oder, weniger edel, Raymond Loewy[2]: „Hässlichkeit verkauft sich schlecht.“) Dann denkt der Kunde, dass er was kriegt für sein Geld. Nie vergessen, dass Anzeigenkunden zu den Agenturen kommen, weil sie selbst unfähig sind, Ideen zu produzieren, dass sie darunter leiden und uns dafür hassen. Deshalb müssen die Kreativen sie verachten: Produktmanager sind missgünstig und masochistisch. Sie bezahlen uns dafür, dass wir sie erniedrigen.

5. Wenn du unvorbereitet bist, sprich als Letzter und greif alles auf, was vor dir gesagt wurde. Bei einem Meeting hat immer derjenige Recht, der das letzte Wort hat. Nicht vergessen: Es ist das Ziel jedes Meetings, dass die anderen sich blamieren.

6. Der Unterschied zwischen einem Senior und einem Junior ist, dass der Senior mehr verdient und weniger arbeitet. Je teurer du bist, desto weniger redest du, findest aber desto mehr Gehör. [...]

7. Pflege den Absentismus, komm mittags ins Büro, antworte nie, wenn man hallo zu dir sagt, mach drei Stunden Mittagspause, sei an deinem Arbeitsplatz nie zu erreichen. Jeden Hauch einer Kritik weist du mit den Worten zurück: „Kreative haben keine Stundenpläne, sondern Deadlines.“

8. Frage keinen nach seiner Meinung zu einer Kampagne. Wenn du jemanden fragst, riskierst du JEDES MAL, dass er dir seine Meinung sagt. Und dann ist es NICHT AUSZUSCHLIESSEN, dass du ihr Rechnung tragen musst.

9. Jeder macht die Arbeit dessen, der über ihm steht. Der Praktikant macht die Arbeit des Texters, der die Arbeit des CDs und der die Arbeit des Agenturchefs. Je wichtiger du bist, desto weniger tust du (siehe 6. Gebot). [...]

DELEGIERE deine gesamte Arbeit an einen Praktikanten: Wenn es klappt, heimst du die Lorbeeren ein; wenn es floppt, fliegt er raus. Praktikanten sind die Sklaven von heute: unbezahlt, formbar, auf Gedeih und Verderb der Fron verpflichtet, täglich kündbar, Kaffeeträger und Fotokopierer auf Füßen – wegwerfbar wie Bic-Rasierer.

10. Zeigt dir ein Kollege eine gute Annonce, lässt du ihn keinesfalls merken, wie sehr du seinen Einfall bewunderst. Sag, das ist doch Hühnerkacke, poppt überhaupt nicht, wird nie verkaufen, und außerdem ist es Asbach uralt, zehntausendmal gesehen oder von einer englischen Kampagne von vor zig Jahren abgekupfert. Legt er dir wirklich Hühnerkacke vor, sagst du „super Idee“ und tust, als wärst du sehr neidisch.

(2000)

---

[1] Roland Barthes (1915–1980), franz. Zeichen-, Kultur- und Literaturtheoretiker

[2] Raymond Loewy (1893–1986), amerik. Pionier des Designs

1 *Fassen Sie diese zehn Gebote zu drei wichtigen „Lebensregeln“ zusammen.*

2 *Vergleichen Sie diese drei Lebensregeln mit Jesu „Goldener Regel“ in Lk 10, 25–28.*

3 *Diskutieren Sie auf dem Hintergrund von M 4, ob der Mensch von Natur aus gut oder böse ist.*

4 *Diese „zehn Gebote“ hat Beigbeder als Mann formuliert. Diskutieren Sie, ob und wie diese Gebote anders wären, wenn eine Frau sie formuliert hätte.*

Der Mensch – nur ein nackter Affe?

Die Einordnung des Menschen in einen allgemeinen Affenstammbaum wird häufig Charles Darwin (1809–1882) zugeschrieben. Aber schon der Biologe Thomas H. Huxley (1825–1895) hatte festgestellt, dass die anatomischen Verschiedenheiten, die Menschen von Gorillas und Schimpansen unterscheiden, nicht so groß sind wie die zwischen Gorillas und niedrigeren Affen. Dass die Ähnlichkeit zwischen Embryonen verschiedener Arten viel größer ist als die zwischen den entsprechenden erwachsenen Tieren, hat der deutsche Zoologe Karl Ernst von Baer (1792–1876) als erster beschrieben.

Charles Darwin in einer Karikatur 1874

Aber erst Charles Darwin erkannte sie als echte biologische Verwandtschaft, als Hinweis auf gemeinsame Vorfahren und betrachtete sie als eine der wichtigsten Stützen seiner Evolutionstheorie. Diese hat er 1859 unter dem Titel „The Origin of Species by Means of Natural Selection" publiziert. Sie erklärt Verwandtschaften der Tiere mit dem Menschen auf Grund gemeinsamer Vorfahren. Darwin geht so vor, dass er den Menschen unter die Prämisse der von ihm ermittelten Gesetze der Vererbung und Auslese stellt und so seine natur-geschichtliche Abstammung zu beweisen versucht. Auffällig ist, dass Darwin bei seinem Mensch-Tier-Vergleich der tierischen Seite einen weiten Raum zugesteht.

Der Gedanke der Abstammung des Menschen aus dem Tierreich stieß in religiösen Kreisen zunächst auf erbitterten Widerstand. Die Auseinandersetzung führte schon 1860 zu einer öffentlichen Debatte zwischen Huxley und Samuel Wilberforce, Bischof von Oxford. Der Biologe Huxley soll aus dieser Diskussion als anerkannter Sieger hervorgegangen sein. Muss man also nur lange genug warten und lange genug differenzieren, um eines Tages alles Menschliche aus der allgemeinen Abstammungsgeschichte entstehen zu sehen? Ist der Mensch unter dem Einfluss der Zuchtwahl und des Kampfes ums Dasein nichts anderes als ein Primat unter Primaten?

Evolutionstheorie und Menschenbild

Der Zoologe Ernst Haeckel (1834–1919) machte den Darwinismus in Deutschland bekannt. Sein Werk „Die Welträtsel" avancierte ein Jahr vor der Jahrhundertwende zum Bestseller. Haeckels wissenschaftliche Leistungen sind unbestritten. Aber er nahm zugleich an, dass durch den Fortschritt der Naturwissenschaft mit der Zeit alle Welträtsel gelöst werden könnten. Er ging von der Abstammungslehre aus und wollte eine einheitliche Weltanschauung, den Monismus, begründen.

Evolution als Religion?

M5

Ernst Haeckel

Die wahre Offenbarung, d. h. die wahre Quelle vernünftiger Erkenntnis, ist nur in der Natur zu finden. Der reiche Schatz wahren Wissens, der den wertvollsten Teil der menschlichen Kultur darstellt, ist einzig und allein den Erfahrungen entsprungen, welche der forschende Verstand durch Naturerkenntnis gewonnen hat, und den Vernunftschlüssen, welche er durch richtige Assoziation dieser empirischen Vorstellungen gebildet hat. Jeder vernünftige Mensch mit normalem Gehirn und normalen Sinnen schöpft bei unbefangener Betrachtung aus der Natur diese wahre Offenbarung und befreit sich damit von dem Aberglauben, welchen ihm die Offenbarungen der Religion aufgebürdet haben. […]

Da überragt alle anderen Fortschritte und Entdeckungen des verflossenen „großen Jahrhunderts" das gewaltige allumfassende Substanzgesetz, das „Grundgesetz von der Erhaltung der Kraft und des Stoffes". Die Tatsache, dass die Substanz überall einer ewigen Bewegung und Umbildung unterworfen ist, stempelt dasselbe zugleich zum universalen Entwicklungs-Gesetz. Indem dieses höchste Naturgesetz festgestellt und alle anderen ihm untergeordnet wurden, gelangten wir zur Überzeugung von der universalen Einheit der Natur und der ewigen Geltung der Naturgesetze. Aus dem dunklen Substanz-Problem entwickelte sich das klare Substanz-Gesetz. Der Monismus des Kosmos, den wir darauf begründen, lehrt uns die ausnahmslose Geltung der „ewigen, ehernen, großen Gesetze" im ganzen Universum. Damit zertrümmert derselbe aber zugleich die drei großen Zentraldogmen der bisherigen dualistischen Philosophie, den persönlichen Gott, die Unsterblichkeit der Seele und die Freiheit des Willens.

(1908)

Es gilt als wissenschaftlich erwiesen, dass die biologischen Gesetze, die sich durch die Evolution bewährt haben, ähnlich unverrückbar sind wie die Gesetze der Physik. Diese Gesetze geben natürliche Grenzen vor, innerhalb derer sich Organismen erhalten und verändern können. Das gilt für Pflanzen, Tiere und Menschen. Aber die biologische Wissenschaft gibt auch Auskunft über Grade und Stufen der Entwicklung. Ab wann ist der Mensch ein Mensch? Die Biologin Christiane Nüsslein-Volhard (* 1942) antwortet auf diese Frage und zeigt dabei, dass die moderne Wissenschaft keineswegs alles kann und darf.

Ab wann ist der Mensch ein Mensch?

M6

Christiane Nüsslein-Volhard

Arten sind nicht konstant, sondern verändern sich im Laufe der Erdgeschichte. Diejenigen erhalten sich und setzen sich durch, die besser an sich verändernde Lebensbedingungen angepasst sind als ihre Geschwister. Alle Lebewesen erzeugen im Mittel einen Überschuss an Nachkommen, die aber nicht alle genau gleich sind, sondern sich ein klein wenig unterscheiden. Diese Unterschiede sind zufällig, also ungerichtet, und sie können erblich sein. Da die Ressourcen begrenzt sind, kommen nicht alle durch, und diejenigen, die den Umweltbedingungen am besten angepasst sind, haben mehr Nachkommen als ihre Geschwister. Dabei können Arten von anderen ganz verdrängt werden und aussterben oder auch sich ohne große Änderungen über Jahrmillionen erhalten. Arten können sich im Lauf der Stammesgeschichte dramatisch verändern, und neue Arten können durch Verzweigen entstehen. Die Schlussfolgerung aus dieser Theorie lautet, dass die Eigenschaften von Lebewesen Gesetzen unterliegen, die sich in der Stammesgeschichte herausgebildet und erhalten haben: *Alle heute leben-*

den Formen stammen von solchen ab, die sich durchgesetzt haben. […] In der biologischen Forschung nimmt der Mensch eine besondere Stellung ein: Einerseits wird durch die Medizin auf manchen Gebieten, die Krankheiten, Immunsystem, Physiologie und Ernährung betreffen, viel mehr als für jedes Tier zusammengetragen. Aber bei der Erforschung der Embryologie und Entwicklung sowie der Funktionen der Gene im lebenden Organismus gibt es große Unterschiede zwischen Mensch und Tier. Denn Experimente, die man dazu bei Tieren macht, verbieten sich beim Menschen. […]

Die wichtigste Quelle für das Verständnis der Embryonalentwicklung des Menschen und der Funktion menschlicher Gene sind daher auch Untersuchungen an Labortieren, sogenannten Modellorganismen. […]

Nun ist es zwar klar, dass ein Hühnerembryo oder ein Froschembryo sich von der Befruchtung an kontinuierlich bis zum Schlupf entwickelt und auch das volle Entwicklungspotenzial hat. Bei Menschen (und Säugetieren) ist das aber erst nach der Einnistung in den Uterus der Mutter der Fall. […]

Die ist unersetzlich und unabdingbar. Erst mit der Einnistung ist das Entwicklungsprogramm vollständig, und mit der Geburt ist es ausgeführt. Erst mit der Geburt ist aus dem werdenden Menschen ein getrennter, selbstständiger Organismus, der atmet und nun einen eigenen unabhängigen Stoffwechsel hat, geworden. Sicher ist der Säugling noch bedürftig, aber er wird jetzt von außen ernährt und kann daher zur Not auch ohne Mutter weiterleben. Dann ist der Mensch ein Mensch. Und da sind sich wirklich alle einig.

(2004)

1 *Diskutieren Sie, ob die Gesetze der Evolution auch die Gesetze der gesellschaftlichen Entwicklung des Menschen sind.*

2 *„Der Mensch – wenig niedriger als Gott oder nackter Affe?" Führen sie dazu eine Umfrage in Ihrer Jahrgangsstufe durch. Wie bewerten Sie die Ergebnisse?*

Gottesebenbildlichkeit und Menschenwürde

Im 19. Jahrhundert entstand in Deutschland auch unter den Theologen eine Frontstellung gegen den Evolutionsgedanken, weil sie ihn für nicht vereinbar mit dem Schöpfungsglauben hielten. Dieser Glaube ist theologisch von grundlegender Bedeutung. Aber auch die Schöpfungserzählung in Gen 1 ordnet die Erschaffung des Menschen in die Erschaffung der Pflanzen und Tiere ein, unmittelbar nach oder zum Teil noch neben den Land-Säugetieren. Der Theologe Jürgen Ebach (* 1945) legt diesen Bibeltext aus. Dabei erläutert er die Bedeutung der Gottesebenbildlichkeit und den Herrschaftsauftrag an den Menschen.

M7 Der Mensch – Bild Gottes

Jürgen Ebach

Dass *ein* Mensch „Bild Gottes" sei, die Gottheit repräsentiere, in ihrem Auftrag herrsche – das ist eine auch in anderen Traditionen des Altertums bekannte Aussage. Aber dass der Mensch „Bild Gottes" sei, die Gottheit repräsentiere, in ihrem Auftrag herrsche – das ist die besondere Aussage in 1. Mose 1. Bild Gottes ist im alten Ägypten und im Zweistromland der König […]. In der Bibel ist aber nicht der *König* Gottes Bild, sondern der *Mensch,* und den Menschen gibt es männlich und weiblich. Kein anderer Unterschied zwischen Menschen ist in der Schöpfung grundgelegt als dieser „kleine Unterschied" (der dann bekanntlich wieder gar nicht so klein ist). Was das bedeutet, wird erkennbar, wenn man an all die anderen Unterschiede zwischen Menschen denkt, die als „natürlich" und „schöpfungsgemäß" ausgegeben wurden: Ranganterschiede zwischen (angeblichen) Rassen und zwischen Klassen und Kasten, zwischen Priestern und Laien, den Angehörigen des eigenen Volkes und den anderen. Die uns aus der Bibel so vertraute *universale* Aussage, Gott habe den Menschen erschaffen, zeigt sich im Vergleich zu anderen Schöpfungsmythen als eine ganz *besondere* Aussage. Gott hat den ersten *Menschen* erschaffen, nicht den ersten König, den ersten Israeliten, den ersten Priester, den ersten Weißen, den ersten Mann. Diese prinzipielle Aussage über den Menschen in der Bibel streitet gegen jedwede Form einer Apartheidstheologie, gegen jede Klassifizierung von Menschen in wertvollere und weniger wertvolle, worin auch immer ein solcher angeblicher Wertunterschied bestehen möge. [...] In gegenwärtiger Sprache ausgedrückt, liegt hier die fundamentale Begründung unteilbarer Menschenwürde. Während die Nächstenliebe, will sie Praxis sein und kein bloßes Gefühl bleiben, im konkreten Fall noch unterscheiden wird zwischen Näheren und Ferneren, ist die Gottesbildlichkeit einer jeden und eines jeden unteilbar, unverlierbar und – wie es im Grundgesetz über die Menschenwürde heißt – unantastbar.

Nun weiß auch die Bibel darum, dass es Menschen verschiedener Völker, Kulturen, Sprachen und Religionen gibt, und sie weiß ebenso, dass diese Vielfalt auch Konflikte birgt. Die Bibel kann von Feindschaften zwischen Gruppen und Völkern berichten, von Grundkonflikten und ihren Folgen. Aber all diese – zuweilen schmerzlichen, zuweilen aber auch heilsamen – Trennungen haben ihren Ort in der Geschichte und nicht in der Schöpfung. Es gibt keinen Schöpfungsauftrag für verschiedene Völker. Auch die Erwählung Israels und dessen besondere Aufgabe in der Welt hat ihren biblisch-theologischen Ort in der Geschichte und nicht in der Schöpfung. Es ist die besondere und im Religions- und Kulturvergleich ganz ungewöhnliche Perspektive Israels, in der Erzählung von der Erschaffung des Menschen von seiner besonderen Perspektive abzusehen und von der *universalen* Menschenschöpfung zu erzählen.

(2004)

1 *Erarbeiten Sie aus M 7 die Begründung der Menschenwürde. Diskutieren Sie, welche anderen Begründungen es geben kann.*

2 *Wie deuten Sie den Herrschaftsauftrag des Menschen im Zusammenhang von Gen 1?*

Wann beginnt die Menschenwürde?

Als die Abstammungslehre Darwins populärer wurde, soll die Frau eines englischen Bischofs entsetzt ausgerufen haben: „Meine Güte! Abkömmlinge von Affen! Lasst uns hoffen, dass es nicht so ist, aber wenn es wahr ist, dann lasst uns beten, dass es nicht allgemein bekannt wird!“

In der gegenwärtigen Diskussion um die Bioethik und um die Lebensqualität behinderter Menschen spielen vergleichbare Befürchtungen eine Rolle. Die Debatte wurde ausgelöst durch den australischen Philosophen Peter Singer (* 1946). Nach Singer muss der Mensch über bestimmte Fähigkeiten verfügen, damit wir ihm Menschenwürde zusprechen können (➤ s. S. 326ff.).

Entscheidungen über Leben und Tod

M8

Peter Singer

Der Einfachheit halber werde ich mich auf Säuglinge konzentrieren, wobei sich alles, was ich über diese sage, auch auf ältere Kinder oder Erwachsene anwenden lässt, die auf der geistigen Reifestufe eines Säuglings stehen geblieben sind.

[...] Wir [haben] gesehen, dass die Tatsache, dass ein Wesen ein menschliches Wesen im

Sinne der Zugehörigkeit zur Spezies Homo sapiens ist, für die Unrechtmäßigkeit seiner Tötung ohne Bedeutung ist; entscheidend sind vielmehr Eigenschaften wie Rationalität, Autonomie und Selbstbewusstsein. Säuglinge haben diese Eigenschaften nicht. Sie zu töten kann daher nicht gleichgesetzt werden mit der Tötung normaler menschlicher Wesen oder anderer selbstbewusster Wesen. Diese Schlussfolgerung beschränkt sich nicht auf Säuglinge, die wegen irreversibler geistiger Behinderung niemals rationale, selbstbewusste Wesen sein werden.

[...] Natürlich gibt es unterschiedliche Schäden. Manche sind geringfügig und haben wenig Auswirkung auf das Glück des Kindes oder seiner Eltern, andere hingegen verwandeln das normalerweise freudige Ereignis der Geburt in eine Bedrohung für das Glück der Eltern und anderer Kinder, die sie vielleicht haben.

[...]

Säuglinge sind empfindungsfähige Wesen, die weder Rationalität noch Selbstbewusstsein haben. Wenn wir also die Säuglinge an sich betrachten – unabhängig von der Einstellung ihrer Eltern, da ihre Spezies für ihren moralischen Status ohne Bedeutung ist –, müssen die Prinzipien, die die Unrechtmäßigkeit der Tötung nichtmenschlicher Lebewesen bestimmen, welche Empfindungsfähigkeit, aber nicht Rationalität oder Selbstbewusstsein besitzen, auch hier Anwendung finden. Wie wir sahen, sind die plausibelsten Argumente dafür, dass einem Wesen ein Lebensrecht zugeschrieben wird, nur dann anwendbar, wenn es ein gewisses Bewusstsein seiner selbst als eines in der Zeit existierenden Wesens oder eines kontinuierlichen geistigen Selbst besitzt. [...]

Sofern der Tod eines behinderten Säuglings zur Geburt eines anderen Säuglings mit besseren Aussichten auf ein glückliches Leben führt, dann ist die Gesamtsumme des Glücks größer, wenn der behinderte Säugling getötet wird. Der Verlust eines glücklichen Lebens für den ersten Säugling wird durch den Gewinn eines glücklicheren Lebens für den zweiten aufgewogen. Wenn daher die Tötung des [behinderten] Säuglings keine nachteilige Wirkung auf andere hat, dann wäre es nach der Totalansicht (des Utilitarismus*) richtig, ihn zu töten.

Die Totalansicht behandelt Säuglinge ebenso als ersetzbar wie nicht-selbstbewusste Tiere [...].

Man mag immer noch einwenden, dass es unrecht sei, einen Fötus oder ein Neugeborenes zu ersetzen, weil dadurch heute lebenden Behinderten suggeriert wird, ihr Leben sei weniger lebenswert als das Leben derer, die nicht behindert sind. Wer leugnet, dass dies im Durchschnitt gesehen so ist, verkennt die Realität. [...]

Jedenfalls folgt aus dem hier vertretenen Standpunkt nicht, dass es besser wäre, wenn keine Menschen mit schweren Behinderungen überlebten. Es folgt lediglich, dass die Eltern solcher Kinder eine entsprechende Entscheidung treffen können sollten. Es folgt daraus auch nicht ein Mangel an Respekt vor oder gleicher Berücksichtigung von Menschen mit Behinderungen, die jetzt ihr eigenes Leben entsprechend ihren eigenen Wünschen leben. [...]

Würden behinderte Neugeborene bis etwa eine Woche oder einen Monat nach der Geburt nicht als Wesen betrachtet, die ein Recht auf Leben haben, dann wären die Eltern in der Lage, in gemeinsamer Beratung mit dem Arzt und auf viel breiterer Wissensgrundlage in Bezug auf den Gesundheitszustand des Kindes, als dies vor der Geburt möglich ist, ihre Entscheidung zu treffen.

[...] Die Tötung eines behinderten Säuglings ist nicht moralisch gleichbedeutend mit der Tötung einer Person. Sehr oft ist sie überhaupt kein Unrecht.

(1994)

Der Theologe Ulrich Bach (*1931), der selbst seit einer Erkrankung an Kinderlähmung behindert ist, hat ebenfalls Menschen zu leidenschaftlichen Debatten herausgefordert. Als Pastor in der Evangelischen Stiftung Volmarstein versuchte er eine Brücke zwischen behinderten und nicht-behinderten Menschen zu bauen. Er erläutert, was aus christlicher Sicht für das Menschenbild und die Menschenwürde unaufgebbar ist.

Menschenwürde als Geschenk

Ulrich Bach

Ich weiß nicht recht, wie unser Menschenbild auszusehen hat; ich kann auch die Menschenwürde nicht definieren; aber ich weiß: Wenn wir über beides sprechen, dann sollten wir dieses und jenes als etwas Unaufgebbares festhalten. Ich frage also: Welches sind unsere nicht verzichtbaren Eckdaten? Im Folgenden möchte ich drei Thesen vorstellen [...].

These eins:
Wer im Blick auf behinderte und alte Menschen von Menschenbild und Menschenwürde spricht, darf nicht die Menschenwürde unserer so genannten Klienten allein zum Thema erheben; denn auf diese Weise machten wir die „Menschenwürde des behinderten Menschen" zu einem Sonderthema; damit wäre aber der behinderte Mensch von vornherein, also schon von unserem Denken her, als ein Sonder-Mensch gesehen, womit seine Menschenwürde in akute Gefahr geriete. Darum muss „ich" [...] mich sofort mit zum Thema machen: Worin sehe ich meine und seine und also unsere Menschenwürde?

These zwei:
Von Menschenbild und Menschenwürde können wir nicht so reden, dass wir den Menschen analysieren, dass wir feststellen, was er „hat" (Gesundheit, Selbstbewusstsein – was immer), sondern nur so, dass wir von dem reden, was er „ist", was ihm von außen zukommt, was ihm geschenkt wurde.

These drei:
Wer realistisch und verantwortlich von Menschenwürde redet, spricht damit nie von einem Einzelnen, sondern sofort von der Gruppe. Wir Menschen sind nicht zunächst Einzelwesen, die sich dann zu Vereinen oder Gruppen zusammenfinden. Vielmehr wurde „ich" nur Mensch, indem ich in einer Familie, also in einer Gruppe heranwuchs. „Meine" Menschenwürde gibt es überhaupt nicht so wie „meinen" Schultornister (den könnte ich, als Einzelner, mit auf eine Nordpolexpedition nehmen, er ist und bleibt „mein" alter Schultornister). Nein, Menschenwürde gibt es nur so wie „meinen" *Klassen*ausflug: den kann ich nie allein erleben; mag mein Einzelausflug noch so schön sein, mich noch so weit führen (mag sein: zum Nordpol), er wird, solange ich allein bin, niemals mein Klassenausflug. Ebenso gibt es die Menschenwürde niemals bei mir, bei ihm, bei ihr, sondern sie gibt es nur bei uns, oder sie gibt es nicht.

[...]

Unser landläufiges Reden vom Menschen vollzieht sich in der Struktur des bekannten Descartes-Satzes: Ich denke, also bin ich (cogito ergo sum). Da gibt es gewaltige Unterschiede; ich rede von der sich durchhaltenden *Struktur*. Und die sieht so aus: Da wird etwas am Menschen festgestellt; dieses Festgestellte wird als enorm wichtig bezeichnet; als so wichtig, dass man sagt: Wenn *diese* Sache vorhanden ist, dann ist der Betreffende ein Mensch. Nur: Was werden wir sagen, wenn diese wichtige Sache einmal fehlt? Etwa: „Der Mensch hat einen aufrechten Gang" – der Rollstuhlfahrer wäre also höchstens ein halber Mensch? Oder: „Ich denke, also bin ich" – und der schwer Geistigbehinderte? [...] „Edel sei der Mensch, hilfreich und gut" – und was wird mit dem, der nicht *hilfreich* sein kann, weil er umfassend, vierundzwanzig Stunden täglich, *hilfsbedürftig* ist? [...] Auf der ganzen Linie also die gleiche Struktur: Ich bin Mensch, weil ich ... ! Ich bin Mensch, weil ich denken kann. [...] Biblische Anthropologie setzt völlig anders an: Ich bin gedacht, also bin ich. [...]

Für uns Christen heißt somit die Aufgabe, deutlich erkennbar von dem in der Bibel bezeugten „extra nos" (= außerhalb von uns; von außen auf uns zukommend) auszugehen, also zu sagen: Die wichtigste Aussage über den Menschen ist diese, dass Gott ihn will, ihn bejaht, seiner gedenkt. Es wäre fatal, wollten wir das verschweigen, um nur ja von anderen nicht als antiquiert belächelt zu werden. [...]

Als Beispiel für eine geradezu mustergültige Aussage-Klarheit möchte ich zwei Sätze zitieren aus der Rheinischen Synodalerklärung (EKiR-Erklärung) „Erklärung zur Zwangssterilisierung, Vernichtung so genannten lebensunwerten Lebens und medizinischen Versuchen an Menschen unter dem Nationalsozialismus" [...]:

„Wir erkennen, dass dem Menschen seine Würde von Gott beigelegt und darum unantastbar ist, dass sie also nicht in seinen Fähigkeiten und Leistungen begründet ist. [...] Wir erkennen, dass Leiden den Menschen nicht erniedrigt und Leistung den Menschen nicht erhöht ..."

(1994)

1 *Stellen Sie die charakteristischen Unterschiede zwischen den Auffassungen von Menschenwürde in M 8 und 9 heraus.*

2 *Nehmen Sie Stellung zu der Frage, ob man Singers Position als eine moderne Form der Selektion im Sinne der Evolutionstheorie bezeichnen kann.*

3 *Prüfen Sie, ob sich Singers Position im Rahmen des Utilitarismus (➤ s. S. 306) rechtfertigen lässt.*

Blick auf andere Fächer: Biologie

Gehört die Zukunft nur den Gesunden?

Die Entwicklungen in der modernen Medizin und Biotechnologie waren in den letzten Jahren rasant und haben in der Öffentlichkeit viele Diskussionen ausgelöst. Im angelsächsischen Raum sind eher Positionen zu finden, die neue Möglichkeiten sehen, fast alle großen Krankheiten bekämpfen oder gar verhindern zu können. In der kontinentalen Diskussion überwiegt die Seite der Skeptiker, die tradierte Werte unserer Kultur bedroht sehen. Wie weit sind die Prognosen, Ängste und Hoffnungen durch die tatsächlichen biotechnologischen und medizinischen Entwicklungen gedeckt? Wie weit können wir die Diskussion verstehen, um uns eigenständig eine Meinung zu bilden?

Bei der Bearbeitung dieser Fragen können der Biologieunterricht und der Religionsunterricht zusammenwirken:

- Führen Sie ein Schreibgespräch zu Prediger 7,13: „Sieh an die Werke Gottes; denn wer kann das gerade machen, was er krümmt?"
- Informieren Sie sich über den Stand der Diskussion bei wichtigen Krankheiten, z. B. der Parkinsonschen oder der Multiplen Sklerose.
- Filmanalyse: GATTACA, Regie: Andrew Niccol, USA 1998
- Wie perfekt sind die Menschen in Gattaca? Charakterisieren Sie die wichtigsten Akteure durch einen Steckbrief.
- Wie menschlich ist der perfekte Mensch?
- Führen Sie ein Gespräch mit einem Arzt/einer Ärztin und einem/einer Krankenhausseelsorger/-seelsorgerin.
  Zu welchen Veränderungen hat die Biotechnologie in ihrem Krankenhaus bereits geführt? Welches Selbstverständnis und welche Werthaltungen verbinden sie mit ihrer Arbeit? Wie wird sich der Umgang mit Kranken langfristig entwickeln? Wird die jüdische und die christliche Tradition, dass Menschen in ihren Schwächen Zuwendung erfahren, als eigenständiger Wert geachtet bleiben?
- Zukunftswerkstatt:
  Entwerfen Sie Szenarien für eine wünschenswerte Entwicklung der Medizin.
  Wie können die künftigen Möglichkeiten der Biomedizin genutzt werden, ohne dass die Gesellschaft kranke Menschen ausgrenzt? Auf welchen Voraussetzungen beruht eine solche Entwicklung?

Sind wir wirklich frei?

Der Therapeut

M 10

René Magritte (1889–1967)

(1937)

Jean-Paul Sartre (1905-1980) gilt als der Hauptvertreter der französischen Existenzphilosophie. Er geht davon aus, dass der Mensch das einzige Wesen ist, das zunächst existiert und erst im Nachhinein etwas aus sich macht. Der Mensch ist frei, zu wählen. Seine Existenz sagt noch nichts darüber aus, wie er sein Leben versteht. Für diese Lebensauffassung ist der Mensch allein verantwortlich.

Verurteilt, frei zu sein

M 11

Jean-Paul Sartre

Der Mensch, wie ihn der Existentialist versteht, ist nicht definierbar, weil er zunächst nichts ist. Er wird erst dann, und er wird so sein, wie er sich geschaffen haben wird. Folglich gibt es keine menschliche Natur, da es keinen Gott gibt, sie zu ersinnen. Der Mensch, er ist lediglich, allerdings nicht lediglich wie er sich auffasst, sondern wie er sich will, und wie er sich nach der

Existenz auffasst, nach diesem Elan zur Existenz hin; der Mensch ist nichts anderes als das, wozu er sich macht. Das ist das erste Prinzip des Existentialismus.

[…] Wenn jedoch die Existenz wirklich dem Wesen vorausgeht, ist der Mensch für das, was er ist, verantwortlich. […] Wenn wir sagen, der Mensch wählt sich, verstehen wir darunter, jeder von uns wählt sich, doch damit wollen wir auch sagen, sich wählend wählt er alle Menschen. In der Tat gibt es für uns keine Handlung, die, den Menschen schaffend, der wir sein wollen, nicht auch zugleich ein Bild des Menschen hervorbringt, wie er unserer Ansicht nach sein soll. Wählen, dies oder das zu sein, heißt gleichzeitig, den Wert dessen, was wir wählen, zu bejahen, denn wir können niemals das Schlechte wählen; was wir wählen, ist immer das Gute, und nichts kann gut für uns sein, ohne es für alle zu sein.

[…] Wenn tatsächlich die Existenz dem Wesen vorausgeht, ist nichts durch Verweis auf eine gegebene und unwandelbare menschliche Natur erklärbar; anders gesagt, es gibt keinen Determinismus, der Mensch ist frei, der Mensch ist Freiheit.

Wenn zum anderen Gott nicht existiert, haben wir keine Werte oder Anweisungen vor uns, die unser Verhalten rechtfertigen könnten. So finden wir weder hinter noch vor uns im Lichtreich der Werte Rechtfertigungen und Entschuldigungen. Wir sind allein, ohne Entschuldigungen. Das möchte ich mit den Worten ausdrücken: Der Mensch ist dazu verurteilt, frei zu sein. Verurteilt, weil er sich nicht selbst erschaffen hat, und dennoch frei, weil er, einmal in die Welt geworfen, für all das verantwortlich ist, was er tut.

(1946)

1 *Beschreiben Sie die Einzelheiten des Bildes M 10. Welche Gedanken zur Freiheit lösen sie bei Ihnen aus?*

2 *Sind die Menschen wirklich frei? Nehmen Sie begründet Stellung zur Position Sartres.*

Das christliche Verständnis von Freiheit

Bin ich für mein gesamtes Leben selbst verantwortlich? Kann ich selbst bestimmen, wie ich handle, und kann ich dafür verantwortlich gemacht werden? Paulus sagt, dass dies dem Menschen aus eigener Kraft nicht gelingt, wohl aber durch die Kraft Gottes. Lesen Sie dazu Röm 7,18-20, 24-25.

Martin Luther (1483–1546) beschreibt in seiner Schrift „Von der Freiheit eines Christenmenschen", inwiefern der Glaube an diese Erlösung durch Jesus Christus den Menschen frei macht.

M12 Von der Freiheit eines Christenmenschen

Martin Luther

Damit wir gründlich erkennen können, was ein Christenmensch sei und wie es um die Freiheit beschaffen sei, die ihm Christus erworben und gegeben hat, davon Paulus viel schreibt, will ich diese zwei Leitsätze aufstellen:

Ein Christenmensch ist ein freier Herr über alle Dinge und niemand untertan.

Ein Christenmensch ist ein dienstbarer Knecht aller Dinge und jedermann untertan.

Diese zwei Leitsätze sind klar: Paulus, 1. Kor 9,19: „Ich bin frei von jedermann und habe mich eines jedermanns Knecht gemacht", ebenso Röm 13,8: „Seid niemand etwas schuldig, außer dass ihr euch untereinander liebet." Liebe aber, die ist dienstbar und untertan dem, was sie lieb hat. So (heißt es) auch von Christus, Gal 4,4: „Gott hat seinen Sohn gesandt, von einem Weibe geboren, und dem Gesetz untertan gemacht." […] Um diese zwei sich widersprechenden Reden von der Freiheit und von der Dienstbarkeit zu verstehen, sollen wir daran denken, dass ein jeglicher Christenmensch von zweierlei Natur ist: geistlicher und leiblicher. Nach der Seele wird er ein geistlicher, neuer, innerlicher Mensch genannt, nach dem Fleisch und Blut wird er ein leiblicher, alter und äußerlicher Mensch genannt. Und um dieses Unterschiedes willen werden von ihm in der Schrift Dinge ausgesagt, die da stracks widereinander sind, wie ich jetzt von der Freiheit und der Dienstbarkeit geredet habe. […]

Wie geht es aber zu, dass der Glaube allein fromm machen und ohne alle Werke so überschwänglichen Reichtum geben kann, obwohl uns doch in der Schrift so viele Gesetze, Gebote, Werke, Stände und Weisen vorgeschrieben sind? Hier ist fleißig zu merken und ja mit Ernst zu behalten, dass allein der Glaube ohne alle Werke fromm, frei und selig machet, wie wir hernach mehr hören werden, und ist zu wissen, dass die ganze Heilige Schrift in zweierlei Wort geteilet wird, welche sind: Gebote oder Gesetze Gottes und Verheißungen oder Zusagen. […]

Wenn nun der Mensch aus den Geboten sein Unvermögen gelernet und empfunden hat, dass ihm nun angst wird, wie er dem Gebot Genüge tue (sintemal das Gebot erfüllet werden muss oder er muss verdammt sein), so ist er recht gedemütigt und in seinen Augen zunichte geworden, findet nichts in sich, damit er könne fromm werden. Dann kommt das andere Wort, die göttliche Verheißung und Zusagung, und spricht: Willst du alle Gebote erfüllen, deine böse Begierde und Sünde los werden, wie die Gebote erzwingen und fordern, siehe da, glaube an Christus, in welchem ich dir alle Gnade, Gerechtigkeit, Frieden und Freiheit zusage. Glaubst du, so hast du, glaubst du nicht, so hast du nicht. Denn was dir mit allen Werken der Gebote unmöglich ist, deren viele sind und von denen doch keines nütze sein kann, das wird dir durch den Glauben leicht und kurz. […] Aus dem allen folgt der Beschluss: Ein Christenmensch lebt nicht in sich selbst, sondern in Christus und seinem Nächsten, in Christus durch den Glauben, im Nächsten durch die Liebe. Durch den Glauben fähret er über sich in Gott, aus Gott fähret er wieder unter sich durch die Liebe und bleibt doch immer in Gott und göttlicher Liebe, gleich wie Christus Joh 1,51 sagt: „Ihr werdet den Himmel offen sehen und die Engel Gottes hinauf und herab fahren auf des Menschen Sohn."

Siehe, das ist die rechte, geistliche, christliche Freiheit, die das Herz frei macht von allen Sünden, Gesetzen und Geboten, welche alle andere Freiheit übertrifft wie der Himmel die Erde. Gott gebe uns, das recht zu verstehen und zu behalten! Amen.

(1520)

1 *Wie begründet Luther Freiheit und Unfreiheit der Christen? Verbinden Sie dieses Freiheitsverständnis mit Luthers Verständnis von Rechtfertigung (➤ S. 241 f.).*

2 *Untersuchen Sie anhand der Materialien im Kapitel „Welche Zukunft hat die Kirche?" (➤ S. 260ff.), in welcher Form Luthers Freiheitsverständnis wirksam geworden ist.*

Der Gebrauch der Vernunft als Zeichen der Freiheit

Hat der Mensch einen freien Willen, oder ist sein Wille von äußerer Notwendigkeit bestimmt?

Der Philosoph Immanuel Kant (1724–1804) löste diese Frage, indem er eine Unterscheidung von Sinnen- und Verstandeswelt vornahm. Zwar zeigt die Erfahrung, dass der Mensch der sinnlichen Welt unterworfen ist. Aber er ist zugleich mit Vernunft ausgestattet (➤ s. S. 334). Erst die Unabhängigkeit von bestimmenden Ursachen der Sinnenwelt, d. h. die Freiheit, verschafft dem Menschen die Möglichkeit, seine Vernunft zu gebrauchen. Die Freiheit des Menschen ist Kant zufolge also eine Idee der Vernunft. Diese Überlegungen hat Kant in seiner Antwort auf die Frage „Was ist Aufklärung?" zusammen-

gefasst: „Aufklärung ist der Ausgang des Menschen aus seiner selbst verschuldeten Unmündigkeit. Unmündigkeit ist das Unvermögen, sich seines Verstandes ohne Leitung eines anderen zu bedienen."

In seinem Werk „Ideen zur Philosophie der Geschichte der Menschheit" stellt der Philosoph und Theologe Johann Gottfried Herder (1744–1803) die Vereinbarkeit dieser Ideen der Freiheit und der Vernunft mit biblisch-theologischen Deutungen des Menschen heraus.

M 13 Die Bestimmung des Menschen

Johann Gottfried Herder

Um die Hoheit dieser Bestimmung zu fühlen, lasset uns bedenken, was in den großen Gaben *Vernunft* und *Freiheit* liegt, und wie viel die Natur gleichsam wagte, da sie dieselbe einer so schwachen vielfach gemischten Erdorganisation, als der Mensch ist, anvertraute.

[...]

Der Mensch ist der erste *Freigelassene* der Schöpfung; er stehet aufrecht. Die Waage des Guten und Bösen, des Falschen und Wahren hängt in ihm: Er kann forschen, er soll wählen. Wie die Natur ihm zwo freie Hände zu Werkzeugen gab und ein überblickendes Auge, seinen Gang zu leiten: So hat er auch in sich die Macht, nicht nur die Gewichte zu stellen, sondern auch, wenn ich so sagen darf, *selbst Gewicht zu sein* auf der Waage. Er kann dem trüglichsten Irrtum Schein geben und ein freiwillig Betrogener werden: Er kann die Ketten, die ihn, seiner Natur entgegen, fesseln, mit der Zeit lieben lernen und sie mit mancherlei Blumen bekränzen. Wie es also mit der getäuschten Vernunft ging, gehts auch mit der missbrauchten oder gefesselten Freiheit; sie ist bei den meisten das Verhältnis der Kräfte und Triebe, wie Bequemlichkeit oder Gewohnheit sie festgestellet haben. Selten blickt der Mensch über diese hinaus und kann oft, wenn niedrige Triebe ihn fesseln und abscheuliche Gewohnheiten ihn binden, ärger als ein Tier werden.

Indessen ist er, auch seiner Freiheit nach und selbst im ärgsten Missbrauch derselben, ein König. Er darf doch wählen, wenn er auch das Schlechteste wählte: Er kann über sich gebieten, wenn er sich auch zum Niedrigsten aus eigner Wahl bestimmte. Vor dem Allsehenden, der diese Kräfte in ihn legte, ist freilich sowohl seine Vernunft als Freiheit begrenzt, und sie ist glücklich begrenzt, weil der die Quelle schuf, auch jeden Ausfluss derselben kennen, vorhersehen und so zu lenken wissen musste, dass der ausschweifendste Bach seinen Händen nimmer entrann; in der Sache selbst aber und in der Natur des Menschen wird dadurch nichts geändert. Er ist und bleibt für sich ein freies Geschöpf, obwohl die allumfassende Güte ihn auch in seinen Torheiten umfasset und diese zu seinem und dem allgemeinen Besten lenket. [...] Der Mensch im Irrtum und in der Wahrheit, im Fallen und Wiederaufstehen Mensch, zwar ein schwaches Kind, aber doch ein Freigeborener: wenn noch nicht vernünftig, so doch einer bessern Vernunft fähig, wenn noch nicht zur Humanität gebildet, so doch zu ihr bildbar.

(1791)

Kant versteht die Willensfreiheit des Menschen als seine Fähigkeit, eine Folge von Handlungen von sich aus ohne äußeren und inneren Zwang zu beginnen. Er sieht eine enge Verbindung zwischen dieser Freiheit und der Möglichkeit des Menschen, sich moralisch zu verhalten. Kant war der Auffassung, dass der Mensch im Zeitalter der Aufklärung zunehmend Freiheit gewinnt, von seiner Vernunft auch öffentlich Gebrauch zu machen. Sein Kategorischer Imperativ „Handle nur nach derjenigen Maxime, durch die du zugleich wollen kannst, dass sie ein allgemeines Gesetz werde" prägt bis heute die ethisch-philosophische Diskussion.

Friedrich Schiller (1759–1805) idealisiert diese menschlichen Möglichkeiten in einem Gedicht:

Die Worte des Glaubens

M 14

Friedrich Schiller

[...]
Der Mensch ist frei geschaffen, ist frei,
Und würd er in Ketten geboren,
Lasst euch nicht irren des Pöbels Geschrei,
Nicht den Missbrauch rasender Toren.
Vor dem Sklaven, wenn er die Kette bricht,
Vor dem freien Menschen erzittert nicht.

Und die Tugend, sie ist kein leerer Schall.
Der Mensch kann sie üben im Leben,
Und sollt er auch straucheln überall,
Er kann nach der göttlichen streben,
Und was kein Verstand der Verständigen sieht,
Das übet in Einfalt ein kindlich Gemüt.
[...]

(1798)

1 *Vergleichen Sie Luthers Auffassung von der christlichen Freiheit in M 12 mit dem Freiheitsverständnis bei Herder und Schiller (M 13 und M 14).*

2 *Leben wir Ihrer Meinung nach heute in einer aufgeklärten Gesellschaft, also nach menschlichen Möglichkeiten vernünftig und in Freiheit, oder befinden wir uns noch in einer Zeit der Aufklärung?*

Ist die Freiheit eine Illusion?

Der Mensch soll selbstständig werden und sein Leben nach eigenen Vorstellungen gestalten können, so lautete das Programm der Aufklärung. Auf dem Weg zu seiner Verwirklichung haben die Menschen viel Freiheit gewonnen. Aber im Rückblick gilt auch: Die Welt des Menschen wurde noch nicht zu einer menschlichen Welt. Ist das Programm der Aufklärung zu optimistisch? Ist es vernünftig, den Menschen nicht für allzu vernünftig zu halten? In den modernen Wissenschaften vom Menschen wird das Problem der Freiheit kontrovers diskutiert.

Sigmund Freud (1856–1939), der Begründer der Psychoanalyse*, ging davon aus, dass nicht nur die Vernunft, sondern auch die Triebe den Menschen bestimmen. Das Verhältnis zwischen beiden Bereichen stellte er in seiner Lehre von den psychischen Instanzen „Es", „Ich" und „Über-Ich" dar. Diese Instanzen entwickeln sich weitgehend unbewusst. Freud sprach dabei der frühen Kindheit große Bedeutung zu (➤ vgl. auch S. 36f.).

Drei Kränkungen

M 15

Sigmund Freud

Mit [der] Hervorhebung des Unbewussten im Seelenleben haben wir aber die bösesten Geister der Kritik gegen die Psychoanalyse aufgerufen. Wundern Sie sich darüber nicht und glauben Sie auch nicht, dass der Widerstand gegen uns nur an der begreiflichen Schwierigkeit des

Unbewussten oder an der relativen Unzugänglichkeit der Erfahrungen gelegen ist, die es erweisen. Ich meine, er kommt von tiefer her. Zwei große Kränkungen ihrer naiven Eigenliebe hat die Menschheit im Laufe der Zeiten von der Wissenschaft erdulden müssen. Die erste, als sie erfuhr, dass unsere Erde nicht der Mittelpunkt des Weltalls ist, sondern ein winziges Teilchen eines in seiner Größe kaum vorstellbaren Weltsystems. Sie knüpft sich für uns an den Namen Kopernikus, obwohl schon die alexandrinische Wissenschaft Ähnliches verkündet hatte. Die zweite dann, als die biologische Forschung das angebliche Schöpfungsvorrecht des Menschen zunichte machte, ihn auf die Abstammung aus dem Tierreich und die Unvertilgbarkeit seiner animalischen Natur verwies. Diese Umwertung hat sich in unseren Tagen unter dem Einfluss von Ch. Darwin, Wallace und ihren Vorgängern nicht ohne das heftigste Sträuben der Zeitgenossen vollzogen. Die dritte und empfindlichste Kränkung aber soll die menschliche Größensucht durch die heutige psychologische Forschung erfahren, welche dem Ich nachweisen will, dass es nicht einmal Herr ist im eigenen Hause, sondern auf kärgliche Nachrichten angewiesen bleibt von dem, was unbewusst in seinem Seelenleben vorgeht. Auch diese Mahnung zur Einkehr haben wir Psychoanalytiker nicht zuerst und nicht als die Einzigen vorgetragen, aber es scheint uns beschieden, sie am eindringlichsten zu vertreten und durch Erfahrungsmaterial, das jedem Einzelnen nahe geht, zu erhärten.

(1917)

1 *Überzeugt Sie der Nachweis, das Ich sei nicht Herr im eigenen Haus (Z. 30–32)?*

2 *Nehmen Sie Stellung zu der These: Die Eltern sind das Schicksal eines Menschen, dem er nicht entrinnen kann.*

Der Biologe und Philosoph Gerhard Roth (*1942) geht davon aus, dass nach Freud eine vierte Kränkung des Menschen bevorsteht, und zwar durch die neuere Hirnforschung. Das menschliche Gehirn wird gegenwärtig intensiv erforscht. Wir lernen immer mehr über uns selbst, und das beeinflusst auch unser Menschenbild. In seinem Buch „Das Gehirn und seine Wirklichkeit" (1997) vertritt Roth die Auffassung, es werde zu einer Entthronung des Menschen als frei denkendem Wesen kommen.

M16 Der freie Wille – eine Illusion? (nach Gerhard Roth)

Beim Begriff der Willensfreiheit geht Roth von der üblichen Vorstellung aus, dass wir uns entschließen, etwas zu tun. Nach herkömmlicher Meinung wirke dabei ein Willensakt auf das Gehirn ein. Genauer gehe es um das Gefühl, dass eine Entscheidung letztlich aus uns selbst kommt und nicht von außen aufgezwungen wurde. Nach Roth spiegelt dieses Gefühl nicht tatsächliche Entscheidungsfreiheit wider, sondern ist eine Illusion.

Im Zusammenhang mit Erkrankungen der Motorik habe die Hirnforschung folgende Frage gründlich untersucht: Was läuft im Gehirn ab, bevor und während wir Bewegungen und Handlungen willentlich ausführen? Bei Willkürbewegungen wie Schreiben, Autofahren und Klavierspielen seien drei Gebiete der Großhirnrinde wichtig. Außerdem seien an der Steuerung die Basalganglien und Bereiche des Kleinhirns beteiligt, vor allem an der Planung, am Starten und an der Organisation solcher Bewegungen. Bewusst sind uns aber nur Prozesse, die in der Großhirnrinde stattfinden. Wesentliche Anteile unserer Handlungssteuerung stammen nach Roth also aus Teilen unseres Gehirns, die dem Bewusstsein unzugänglich sind. Außerdem steuere das Bewertungsgedächtnis, in dem unsere gesamte Lebenserfahrung abgelegt ist, unser Verhalten. Dieses ist ebenfalls im Wesentlichen unbewusst. Schließlich gehe dem Gefühl, etwas zu wollen, ein Bereitschaftspotenzial im Gehirn voraus. Auch Experimente mit Versuchspersonen zeigten deutlich: Das Gefühl des Willensentschlusses ist nicht die Ursache für Handlungen, sondern eine Begleitempfindung. Was den Menschen zu Höchstleistungen antreibe, sei nicht der freie Wille, sondern die Aussicht auf Belohnung. Das Gehirn als System entscheide autonom, d. h. erfahrungsgeleitet, aber nicht das subjektive Ich.

Sind wir in unserem Verhalten determiniert? Diese Frage stellt sich im Umgang mit Erkenntnissen der Hirnforschung. Aus biologischer Perspektive sind Menschen nicht frei, sie wirken nur frei. Werden eines Tages – trotz der Komplexität jedes einzelnen Gehirns – die Gesetzmäßigkeiten, nach denen unser Denken und Verhalten funktionieren, vorhersagbar sein? Natürlich ist jedes Verhalten auch durch unsere biologische Ausstattung bestimmt. Aber lässt sich das Problem menschlicher Freiheit auf Gehirnfunktionen reduzieren?

1 *Welche weitere Kränkung des Menschen können Sie sich über die Erklärung der Willensfreiheit als Illusion hinaus denken?*

2 *Ein neuerer Forschungsbericht bezeichnet das menschliche Gehirn als „Lernmaschine im Kopf". Sprechen Sie in Ihrem Kurs über mögliche Konsequenzen dieser Vorstellung.*

Schlüsselwissen

Menschenbilder

Nicht nur die Theologie, auch die Philosophie und die Humanwissenschaften beschäftigen sich mit dem Menschen und stellen „anthropologische Fragen". „Anthropos" bedeutet Mensch, „logos" Wort, Lehre oder Sinn. Die grundlegenden Fragen „Was ist der Mensch?", „Wie ist er verfasst?", „Wie kann man sein Handeln erklären?" beantworten die verschiedenen Wissenschaften unterschiedlich. Sie haben eine eigene Sichtweise, die implizit mit einem spezifischen Menschenbild korrespondiert.

Die *Soziologie* sieht den Menschen vor allem als „homo socius", als Mitmensch, und versucht sein Verhalten (empirisch, objektiv) aus den Anpassungsprozessen in der Gruppe (Werte, Normen, Institutionen) zu erklären. Die *Wirtschaftswissenschaften* sehen den Menschen vor allem als „homo oeconomicus", der sein Verhalten von Kosten-Nutzen-Abwägung und Gewinnmaximierung leiten lässt. In der *Soziobiologie* spielt der „homo erectus", der Mensch als aufrecht gehendes Lebewesen, eine stärkere Rolle. Für die Erklärung seines Verhaltens sucht man nach Parallelen in der Tierwelt. Geht man vom Menschenbild des „homo sapiens" aus, des verständigen Menschen, dann wird man eher seine Rationalität hervorheben. Beim „homo faber" sieht man eher seine Fähigkeit, die Welt zu gestalten und Werkzeuge zu benutzen. Betrachtet man den Menschen als „homo ludens", als spielenden Menschen (wie der niederländische Kulturphilosoph und -historiker Johan Huizinga), werden wieder andere Aspekte hervortreten. Unterschiedliche Menschenbilder bestimmen das Forschungsinteresse unterschiedlicher Wissenschaften und führen zu unterschiedlichen Konsequenzen.

Die christliche Anthropologie sieht den Menschen als Geschöpf und Ebenbild Gottes. Dies begründet seine Würde. Der Mensch lässt sich nicht auf ein eng geführtes Bild (oeconomicus, socius, sapiens) reduzieren. Ein behinderter Mensch, der nicht aufrecht gehen kann, ist deswegen kein halber Mensch.

Die Humanwissenschaften zeigen: Wenn der Mensch nach Freiheit sucht, erfährt er auch seine Gebundenheit, an seinen Körper, seine Gefühle und seine Umwelt. Es gibt, so sagen sie, keine absolute Freiheit. Wer von der Gottebenbildlichkeit des Menschen ausgeht, hält daran fest, dass der Mensch trotzdem seinen Wert und seine Würde behält. Er wird von Gott angeredet und zur Partnerschaft berufen. Ihm ist die Welt zur verantwortlichen Gestaltung anvertraut. Der Mensch soll Gott antworten, und das kann er nur in Freiheit.

Gut oder Böse?

Ist der Mensch gut oder böse? Er ist, so scheint es, zu allem im Stande. Er kann das Leben anderer zerstören, aber auch sein eigenes Leben einsetzen, um andere Menschen zu retten. Er kann Flugzeuge in Hochhäuser hineinsteuern, seine eigenen Kinder umbringen, aber auch staunend still stehen vor dem Wunder des Lebens. Er kann andere Menschen skrupellos ausbeuten, aber auch ohne Bezahlung einen schwerstbehinderten Familienangehörigen pflegen.

Der österreichische Biologe und Philosoph Franz M. Wuketits (* 1955) beantwortet die Frage nach Gut und Böse vor dem Hintergrund der Entwicklung der frühesten Menschheit, als sie noch als „Jäger und Sammler“ zusammenlebte.

M 17 Jeder gegen jeden?

Franz M. Wuketits

Wir sollten uns von dem naiven Glauben, dass je eine Gesellschaft existierte, in der niemand belogen, beraubt oder getötet wurde, nunmehr verabschieden.

[...]

Egoismus und Altruismus sind in unserer (sozialen) Evolution innig miteinander verwoben. Dabei mag es zunächst paradox klingen, dass beide dem Überleben dienen, aber wir kommen gleich noch darauf zurück. Die Frage jedoch, ob der Mensch *von Natur aus* gut oder böse sei, stellt sich als irrelevant heraus. Er ist nämlich keines von beiden, er hatte zunächst – jenseits jeder Moral – „nur“ das Problem, zu überleben, und dazu war ihm, wie allen anderen Arten, jedes Mittel recht. Kooperation und Altruismus können freilich auch egoistischen Zielen dienen. Und wenn in unserer Evolution – im Interesse des Überlebens – keineswegs jeder gegen jeden war, dann bedeutet das natürlich nicht, dass der Gedanke der Menschlichkeit den Keim unserer Entwicklungsgeschichte bildete. Dieser Gedanke ist ein Spätprodukt der (soziokulturellen) Evolution, entwickelt zu einer Zeit, als der Mensch vor moralischen Problemen stand, die die längste Zeit seiner Evolution allerdings absolut keine Rolle gespielt hatten. Wer hätte denn auch in der Steinzeit solche Probleme ernsthaft denken können ... (?) Es ist ja faszinierend, dass sich der Mensch überhaupt dazu aufschwang, sein Tun und Handeln nach moralischen Kriterien zu beurteilen, und sich bemüht, Böses vom Guten zu unterscheiden. Aber zweifellos hat er sich damit sehr viel vorgenommen, und es sollte uns nicht wundern, dass „moralisches Scheitern“ zu den Alltäglichkeiten im Leben unserer Spezies gehört. Damit wird zwar nichts entschuldigt, aber wir müssen uns ernsthaft mit der Frage beschäftigen, inwieweit moralisches Sollen im Rahmen unseres Könnens liegt.

(2000)

1 *Nennen Sie ein Beispiel dafür, wie Egoismus und Altruismus verwoben sind.*

2 *Diskutieren Sie Wuketits' Frage, ob „moralisches Sollen im Rahmen unseres Können liegt“ (Z. 40). Beziehen Sie auch Ihre Überlegungen zu Darwins Evolutionstheorie (➤ S. 224) mit ein.*

Die Geschichten am Anfang der Bibel formulieren Antworten auf viele Grundfragen des Menschseins, auch auf die nach Gut und Böse. Die Schöpfungsgeschichten erzählen, dass der Mensch von Gott gut geschaffen sei. Daraus folgt unmittelbar die Frage, warum er jetzt nicht mehr „gut“ ist. Die Bibel (Gen 3) erklärt dies mit der Geschichte vom Sündenfall. Obwohl Gott es ihnen verboten hatte, essen

Adam und Eva die Frucht vom Baum der Erkenntnis; daraufhin werden sie aus dem Paradies vertrieben. Die Theologie spricht hier vom „Sündenfall“, weil Sünde die Trennung der Beziehung zwischen Gott und Mensch ist. Seit dem Sündenfall ist unsere Welt nicht mehr „paradiesisch“, sondern voller Feindschaft, Schmerz und Schweiß.

1 *Lesen Sie Gen 3. Welches Bild vom Menschen kommt in diesem Text zum Ausdruck?*

Ist der Mensch von Natur aus gut oder böse?

In der europäischen Philosophie gibt es traditionell zwei entgegengesetzte Positionen bei der Antwort auf diese Frage: die des französischen Philosophen Jean-Jacques Rousseau (1712–1778) und die des englischen Staatsphilosophen Thomas Hobbes (1588–1679).

Mit dem Satz „Alles ist gut, wie es aus den Händen des Schöpfers kommt“ beginnt Rousseaus Buch „Émile“. Das Werk erschien 1762 und handelt „über die Erziehung“, wie auch der Untertitel sagt. In seinen anderen Werken, wie z. B. in der „Abhandlung über die Ungleichheit“ von 1754 und über den „Contrât social“ von 1762 hebt er die „natürlichen“ und guten Anfänge des Menschseins hervor.

Alles ist gut, wie es aus den Händen des Schöpfers kommt

M18

Jean-Jacques Rousseau

A. Alles, was aus den Händen des Schöpfers kommt, ist gut; alles entartet unter den Händen des Menschen. Er zwingt einen Boden, die Erzeugnisse eines anderen zu züchten, einen Baum, die Früchte eines anderen zu tragen. Er verwischt und verwirrt Klima, Elemente und Jahreszeiten. […] Nichts will er so, wie es die Natur gemacht hat, nicht einmal den Menschen. Er muss ihn dressieren wie ein Zirkuspferd. […] Ohne das wäre alles noch schlimmer, und unsere Gattung will nicht halb geformt existieren.

B. Der erste, der ein Stück Land eingezäunt hatte und es sich einfallen ließ zu sagen: dies ist mein und der Leute fand, die einfältig genug waren ihm zu glauben, war der wahre Gründer der bürgerlichen [politischen] Gesellschaft. Wie viele Verbrechen, Kriege, Morde, wie viel Not und Elend und wie viele Schrecken hätte derjenige dem Menschengeschlecht erspart, der die Pfähle ausgerissen oder den Graben zugeschüttet und seinen Mitmenschen zugerufen hätte: „Hütet euch, auf diesen Betrüger zu hören […].“

Sobald die Menschen sich wechselseitig [einzu-]schätzen begonnen hatten und die Vorstellung der Achtung in ihrem Geist gebildet war, beanspruchte jeder, ein Recht darauf zu haben, und es war nicht mehr möglich, es irgendjemanden gegenüber ungestraft daran fehlen zu lassen. Daraus gingen die ersten Pflichten des geselligen Betragens hervor, selbst unter den Wilden; und jedes vorsätzliche Unrecht wurde

Rembrandt van Rhijn: Adam und Eva, 1638

von da an zu einer Beleidigung, da der Beleidigte zusammen mit dem Schaden, der aus dem Unrecht entstand, in diesem die Geringschätzung seiner Person sah, die oft unerträglicher war als der Schaden selbst. Da jeder die Geringschätzung, die man ihm zu erkennen gegeben hatte, in einer Weise bestrafte, die der Wichtigkeit entsprach, welche er sich selbst beimaß, wurden die Racheakte schrecklich und die Menschen blutgierig und grausam. Das ist präzise die Stufe, auf der die meisten wilden Völker, die uns bekannt sind, angelangt waren; und weil man die Ideen nicht genügend unterschieden und nicht bemerkt hat, wie weit diese Völker schon vom ersten Naturzustand entfernt waren, haben manche sich beeilt zu schließen, dass der Mensch von Natur aus grausam sei und dass er die Zivilisation bedürfe, damit diese ihn sanfter mache. Indessen ist nichts so sanft wie der Mensch in seinem anfänglichen Zustand [...].

Ich sehe es [dieses Wesen = der Mensch], wie es sich unter eine Eiche satt isst, wie es am erstbesten Bach seinen Durst löscht, wie es sein Bett am Fuße desselben Baumes findet, der ihm sein Mahl geliefert hat, und damit seine Bedürfnisse befriedigt. [...]

C. Wie findet man eine Gesellschaftsform, die mit der ganzen gemeinsamen Kraft die Person und das Vermögen jedes Gesellschaftsmitgliedes verteidigt und schützt, und kraft deren jeder Einzelne, obgleich er sich mit allen vereint, gleichwohl nur sich selbst gehorcht und so frei bleibt wie vorher? Dies ist die Hauptfrage, deren Lösung der Gesellschaftsvertrag gibt. [...]

Scheidet man also vom Gesellschaftsvertrag alles aus, was nicht zu seinem Wesen gehört, so wird man sich überzeugen, dass er sich in folgende Worte zusammenfassen lässt: Jeder von uns stellt gemeinschaftlich seine Person und seine ganze Kraft unter die oberste Leitung des allgemeinen Willens [volonté générale], und wir nehmen jedes Mitglied als untrennbaren Teil des Ganzen auf.

Der englische Philosoph Thomas Hobbes veröffentlichte seine Vorstellungen in dem Buch „Leviathan oder Wesen, Form und Gewalt eines kirchlichen und bürgerlichen Gemeinwesens“ (1651), das als das bedeutendste englischsprachige Werk der politischen Philosophie gilt. Hobbes’ Interesse an einer starken Staatsautorität kann man auf dem Hintergrund historischer Ereignisse in England verstehen.

M 19 Konkurrenz, Misstrauen, Ruhmsucht

Thomas Hobbes

So liegen also in der menschlichen Natur drei hauptsächliche Konfliktursachen: Erstens Konkurrenz, zweitens Misstrauen, drittens Ruhmsucht. Die erste führt zu Übergriffen der Menschen des Gewinnens, die zweite der Sicherheit und die dritte des Ansehens wegen. Die ersten wenden Gewalt an, um sich zum Herrn über andere Männer und deren Frauen, Kinder und Vieh zu machen, die zweiten, um diese zu verteidigen, und die dritten wegen Kleinigkeiten wie einem Wort, einem Lächeln, einer verschiedenen Meinung oder jedem anderen Zeichen von Geringschätzung, das entweder direkt gegen sie selbst gerichtet ist oder in einem Tadel ihrer Verwandtschaft, ihrer Freunde, ihres Volkes, ihres Berufs oder ihres Namens besteht. [...]

Der Wunsch nach Reichtum, Ehre, Herrschaft und Macht jeder Art facht den Menschen zum Streit, zur Feindschaft und zum Kriege an; denn dadurch, dass man seinen Mitbewerber tötet, überwindet und auf jede mögliche Art schwächt, bahnt man sich den Weg zur Erreichung seiner eigenen Wünsche. [...]

Hieraus ergibt sich, dass ohne Einschränkung der Macht der Zustand der Menschen so ist, wie er zuvor beschrieben wurde, nämlich ein Krieg aller gegen alle. Denn der Krieg dauert ja nicht nur so lange, als tatsächliche Feindseligkeiten geübt werden, sondern so lange der Vorsatz herrscht, Gewalt mit Gewalt zu vertreiben.

Wer hierüber noch niemals nachgedacht hat, dem muss es auffallen, dass die Natur die

Menschen so ungesellig gemacht und sogar einen zu des anderen Mörder bestimmt hat. [...]

Weil nun, wie schon gezeigt worden ist, die Menschen sich im Zustand des Krieges aller gegen alle befinden und jeder sich der Leitung seiner eigenen Vernunft überlässt, und da es nichts gibt, was er nicht irgendwann zur Verteidigung seines Lebens gegen einen Feind mit Erfolg gebrauchen könnte, so folgt, dass im Naturzustande alle ein Recht auf alles, die Menschen selbst nicht ausgenommen, besitzen. Solange dieses Recht gilt, wird daher niemand, und sollte es der Stärkste auch sein, sich für sicher halten können. Also ist Folgendes eine Vorschrift oder allgemeine Regel der Vernunft; suche Frieden, solange nur Hoffnung dazu da ist; verschwindet diese, so schaffe dir von allen Seiten Hilfe und nutze sie; dies steht dir frei. [...]

Um aber eine allgemeine Macht zu gründen, unter deren Schutz gegen auswärtige und innere Feinde die Menschen im ruhigen Genusse der Früchte ihres Fleißes und der Erde ihren Unterhalt finden können, gibt es nur einen einzigen Weg: Jeder muss alle seine Macht und Kraft einem oder mehreren Menschen übertragen, wodurch der Wille aller gleichsam in einem Punkt vereinigt wird, so dass dieser eine Mensch oder diese eine Gesellschaft der Stellvertreter jedes Einzelnen wird, und jeder ihre Handlungen so betrachtet, als habe er sie selbst getan, weil er sich ihrem Willen und Urteile freiwillig unterworfen hat. [...]

Die Verpflichtung der Bürger gegen den Oberherrn kann nur so lange dauern, als dieser imstande ist, die Bürger zu schützen; denn das natürliche Recht der Menschen, sich selbst zu schützen, falls dies kein anderer tun kann, wird durch keinen Vertrag beseitigt.

(1651)

1 *Fassen Sie die beiden Argumentationen von Rousseau und Hobbes in einem Schema zusammen und vergleichen Sie sie.*

2 *Setzten Sie beide Positionen mit Ihren Ergebnissen der Debatte um M 7 in Beziehung.*

3 *Diskutieren Sie, in welchem Maße Ihre eigene Antwort auf die Frage, ob der Mensch „gut oder böse" ist, mit Ihren Lebensumständen und Ihren eigenen Lebenserfahrungen zusammenhängt.*

Der Mensch – gerechtfertigt durch den Glauben

Martin Luther (1483–1546) stellte andere Fragen als Hobbes und Rousseau. Es ging ihm nicht um Anthropologie, sondern um das Verhältnis des Menschen zu Gott. Wie kann der Mensch vor Gott bestehen, obwohl er in seinem Leben und Handeln hinter den Ansprüchen der Gerechtigkeit zurückbleibt? Der Mensch kann sich nicht aus eigener Kraft zum perfekten Wesen machen. Er muss es auch nicht, denn durch Gottes gnädiges Urteil ist er schon gerecht geworden. Dies war Luthers reformatorische Entdeckung. Wir finden diese Gedanken in dem Brief des Paulus an die Römer, vor allem in Kapitel 7,14–25. Die Rechtfertigungslehre des Paulus hat Luther neu interpretiert (➤ S. 311).

Simul iustus et peccator

M20

Martin Luther

Weil die Heiligen ihre Sünde immer vor Augen haben und die Gerechtigkeit von Gott nach seiner Barmherzigkeit erflehen, eben darum werden sie auch von Gott immer als gerecht angesehen. Also sind sie in ihren eigenen Augen und in Wirklichkeit ungerecht, bei Gott aber, der sie um des Bekenntnisses ihrer Sünde willen als gerecht ansieht, sind sie gerecht. In Wirklichkeit Sünder, sind sie gerecht durch das gnädige Ansehen Gottes, der sich ihrer erbarmt. Über ihr Wissen hinaus sind sie gerecht, ihrem Wissen nach ungerecht, Sünder in Wirklichkeit, gerecht aber in Hoffnung.

(1514/1515)

M21 Gesetz und Evangelium

Lukas Cranach (1472–1553)

Das Bild (1529) wird zweigeteilt durch einen Baum, der links verdorrt und rechts belaubt ist. Links sehen wir, wie Adam aus dem Paradies vertrieben wird. Nach dem Sündenfall (Adam und Eva unter dem Apfelbaum) unterliegt er der Gesetzlichkeit (zwei Tafeln mit den Zehn Geboten) und wird ins ewige Feuer getrieben. Über allem sitzt Gott als richtender Pantokrator, als allmächtiger Herrscher, auf der Weltkugel. Rechts schenkt Gott uns den Heiligen Geist (Taube). In Tod und Auferstehung Jesu Christi geschieht Versöhnung.

Luthers Fragen und Einsichten sind mittlerweile fast 500 Jahre alt. Wir stellen heute vergleichbare Fragen anders: Genügen wir unseren eigenen Ansprüchen? Bin ich gut genug? Leiste ich genug? Welche Position habe ich in der Gesellschaft? Hat mein Leben Sinn? Als M 22 und M 23 folgen zwei Texte, die als Neuinterpretation der Einsichten Martin Luthers gelten. Elsa Tamez, eine Befreiungstheologin* aus Costa Rica, schrieb ihre Doktorarbeit (1998) über Rechtfertigung. Die deutsche feministische Theologin Helga Kuhlmann (* 1957) reflektiert dieses Thema.

M22 Rechtfertigung ist die Befähigung, Gerechtigkeit zu tun

Elsa Tamez

Ich habe die Rechtfertigung durch den Glauben aus einer lateinamerikanischen Perspektive untersucht. Mit einem Blickwinkel der Geschichte von unten, von den Unterdrückten aus, von den Opfern der Sünde aus gesehen. Wenn man von Opfern der Sünde spricht und sich dann der Rechtfertigungslehre nähert, wird sie einem gleich sehr problematisch. Man kann nicht mehr einfach von der Vergebung der Sünde aus Gnade sprechen. Wenn du nämlich die Rechtfertigung durch den Glauben in einem konkreten Kontext ansiedelst, wo die strukturelle Sünde sehr stark ist, und die Opfer dieser Sünde zahlreich sind, und wo es ganz eindeutig Menschen gibt, die andere ermorden, dann ist es doch, wenn man ohne irgendeinen Bruch, ohne das Antlitz des Opfers zu betrachten, einfach von Vergebung spricht, eine gute Nachricht für den Unterdrücker. Deshalb meine ich, dass man die Geschichte mehr aus der Perspektive von Abel sehen muss, ausgehend von dem Schrei Abels. Meine Frage ist also: Kann die Rechtfertigung durch den Glauben eine gute Nachricht für die Opfer der Sünde sein, die natürlich auch sündig sind? Aber wenn man ihnen sagt, alle Sünde ist vergeben aus Gnade, dann ist es zwar eine psychologische Befreiung von Schuldgefühlen, aber es ändert nichts an ihrer Situation der Unterdrückung und des Leidens. [...]

Die Sichtweise der Rechtfertigung aus dem Blickwinkel der Ausgeschlossenen führt zu einer neuen Infragestellung und einem neuen Nachdenken über die Rechtfertigung aus dem Glauben. Ich bleibe dabei, dass die Rechtfertigung aus Gnade geschieht, aber ich habe einen völlig neuen Zugang gefunden. Wenn man von dem Nicht-Menschen ausgeht, d. h. von dem- oder derjenigen, der/die nicht menschenwürdig leben kann, dann kommt man dahin, dass die Gnade dazu führt, ihn oder sie zu einem würdigen Menschen werden zu lassen, dass er vom Nicht-Menschen zum Sohn oder zur Tochter Gottes wird – aus dem Glauben an das Unmögliche, nämlich die Auferstehung der Toten. Und das alles geschieht aus Glauben und nicht durch das Gesetz, das tötet und versklavt. Ich orientiere mich nicht so sehr an dem Muster Glaube oder Werke, sondern mehr an dem Glauben als Glauben an Gott, der auferweckt, der Tote auferstehen lässt, und der fähig ist, Wirklichkeit zu verändern, aus dieser Welt eine neue Gesellschaft zu schaffen durch uns. Und der Akt der Rechtfertigung besteht darin, dass Gott den Menschen dazu befähigt, Gerechtigkeit zu tun. [...] Die gute Nachricht ist, dass in einer Gesellschaft, in der wir alle in die Sünde verstrickt sind und wir alle, sogar die Opfer, Komplizen der Sünde sind – so wie Paulus sagt, es gibt keinen Gerechten auf der Welt –, sich die Gerechtigkeit Gottes offenbart. Die historische Vermittlung besteht darin, dass Gott dich dazu befähigt, Gerechtigkeit zu tun und diese Situation der Sünde zu verändern. Das ist die Kraft, die er den Ausgeschlossenen gibt, und allen anderen auch. So kann man dann auch von einer guten Nachricht für alle sprechen, für die Ausgeschlossenen und für die, die andere ausschließen, mit dem Ziel, diese Welt zu verändern, die tötet. Und wenn man einmal ausgeht von den Ausgeschlossenen, dann kann man dort auch unterschiedliche Subjekte sehen, ausgeschlossen durch ihre Hautfarbe, durch ihre Kultur, durch ihr Geschlecht. Sie werden als Kinder Gottes gesehen, und der Glaube gibt ihnen die Möglichkeit, das Unmögliche zu glauben und zu tun.

(1992)

Rechtfertigung als Geschenk Gottes, sich nicht mehr rechtfertigen zu müssen M23

Helga Kuhlmann

Es geht mir darum, die Stärken der Rechtfertigungstheologie so zum Ausdruck zu bringen, dass deutlich wird, dass Erfahrungen von Frauen in der Gegenwart rechtfertigungstheologisch hilfreich und lebensförderlich interpretiert werden können. [...]

Frauen sind, so meine ich, in unserer Gesellschaft besonders unter das Gebot der Perfektion gestellt. Weil sie einem hohen und einem genderspezifischen Rechtfertigungsdruck ausgesetzt sind, kann für sie Rechtfertigungstheologie besonders relevant werden. [...]

Die zentrale Botschaft der paulinischen Rechtfertigungslehre, durch die Liebe Gottes gerecht gesprochen und damit gerecht gemacht worden zu sein, bedeutet für Gerechtfertigte, dass sie aus einem ungerechten und unrechten Leben aus Gottes Perspektive ins „Rechte" hineingekommen sind und daher die Chance sehen können, wieder recht zu werden und gerecht zu leben. Treffender als durch das Substantiv „Rechtfertigung“ könnte dies durch die Verbindung der Vergangenheitsform des Verbs „gerechtfertigt zu sein“ mit der zukünftigen Möglichkeitsform „gerecht werden zu können“ ausgedrückt werden. [...]

Was hilft die Entlastung, sich vor Gott nicht mehr rechtfertigen zu müssen, bei der Frage, ob und wie eine Person dem Zwang der Rechtfertigung vor ihr selbst und vor den anderen entkommen kann? Wie hilft sie im Umgang mit Schuld? Ohne diese Verknüpfungen mit Fragen der Lebenspraxis hängen die Überlegungen in der Luft. [...]

Kann und *wie kann* die Erfahrung, vor Gott recht und von Gott geliebt zu sein, angesichts des Rechtfertigungsdrucks anderer und angesichts des eigenen Rechtfertigungsdrucks helfen? Der christlichen Tradition ist der Zusammenhang zwischen Gottes-, sozialen und Selbsterfahrungen noch vertraut. Gegenwärtig muss die Möglichkeit, diesen Zusammenhang zu denken und für die Praxis zu nutzen, häufig erst gewonnen werden. Sie setzt voraus, einem Vertrauen auf die Zusage Gottes, ganz persönlich von ihm/ihr gemeint und geliebt zu sein, Gewicht zu verleihen und der Zusage einen Raum der Resonanz zur Verfügung zu stellen. Die göttliche Stimme spricht die einzelne Person an: „Du bist meine geliebte Tochter. Du bist mein geliebter Sohn. Ich habe dich bei deinem Namen gerufen! Fürchte dich nicht!“ Eine Person, die dieser Stimme Gottes in sich Raum geben kann, die auf sie hören kann, strahlt dies nach außen und nach innen aus. [...]

In diesem Punkt ist es mit der Liebe Gottes wie mit der Liebe eines Menschen. Sie kommt erst zur Erfüllung, wenn die geliebte Person ihr glaubt, wenn sie sich freuen kann über die Liebe, wenn sie auf ihre Weise zeigen kann, dass die Liebe ankommt. Liebe ist nicht auf Revanche aus, auf die Gegengabe, aber auf die Freude über sie. Daher schlage ich vor, Rechtfertigung statt als iustitia passiva als iustitia receptiva zu deuten. [...]

Passivität reicht somit auf der Seite der Person, der dies gesagt wird, gerade nicht. Es kommt darauf an, dass sie es hört und sich zu Eigen macht. Bereits das Hören, die Empfängnis und die Aneignung verstehe ich als Aktivität. Sich ein Geschenk tatsächlich gut tun zu lassen, konterkariert die moderne Erwartung, sich stets selbst zu entwerfen, sowie die Erwartung, anderen gegenüber stets hilfreich zu sein. Die Wertschätzung anderer so in das eigene Selbstverständnis aufzunehmen, dass sich eine Person selbst schätzt, den liebenden Blick Gottes und den einer Person auf die eigene Person zu imitieren, das meint Rechtfertigung als „iustitia receptiva.“

(2003)

1 *Vergleichen und beurteilen Sie die beiden Neuinterpretationen der Rechtfertigungslehre in M 22 und M 23. Wie erklären Sie die Unterschiede?*

Rechtfertigung

Die Rechtfertigungslehre ist die wichtigste reformatorische „Entdeckung“ und eine zentrale Einsicht für den Glauben.

In unserem heutigen Sprachgebrauch verwenden wir das Wort „Rechtfertigung“ in „Selbstrechtfertigung“ („Ich bin doch O.K.!; Ich habe doch richtig gehandelt“) oder im ökonomischen Sinne („Diese Investition ist gerechtfertigt.“). In der Bibel kommt das Wort bei Jesus im Gleichnis vom Pharisäer und Zöllner vor (Lk 18, 9–14). Jesus zeigte darin und in seinem Handeln, wie Gott sich ohne Bedingung jedem Menschen zuwendet. Dem Apostel Paulus geht es bei der Rechtfertigung um das Leben der Menschen vor Gott („coram deo“) und um die Frage, wie der Mensch vor Gott bestehen kann. Nicht das Handeln und das Befolgen bestimmter Regeln – Paulus nennt dies das „Gesetz“ –, sondern der Glaube an Christus führt zum Leben (Römer 5,18). Oder: „Alle haben gesündigt und die Herrlichkeit verloren, die Gott ihnen zugedacht hatte, und werden ohne Verdienst gerecht aus seiner Gnade durch die Erlösung, die durch Jesus Christus geschehen ist.“ (Römer 3,28)

Im Mittelalter bedeutete „Rechtfertigung“ die Wiederherstellung von Recht, z. B. durch Strafe, auch durch Hinrichtung. Gottes Gerechtigkeit hat man als (aktives) richterliches Handeln interpretiert und Rechtfertigung als Möglichkeit des Menschen, durch eigenes Handeln an seinem Heil mitzuwirken („Werkgerechtigkeit“). Der Reformator Martin Luther (1483–1546) erkannte als Mönch, dass er mit seinen „Werken“ und seiner Frömmigkeit vor Gott nicht gerecht werden konnte. Durch sein Studium des Römer-Briefs entdeckte Luther, dass Gott uns passiv und „gratis“ (d. h. aus „gratia“ = Gnade) die Möglichkeit schenkt, aus dem Glauben heraus und im Vertrauen auf seine Gnade leben zu können. Durch Christi Heilshandeln rechnet Gott uns Menschen unsere Sünde nicht an, wir sind in seiner Liebe aufgenommen. Gottes Gerechtigkeit ist für Luther die Treue Gottes zum Menschen. Im Vertrauen darauf wird der Mensch zur Gemeinschaft und zur Treue seinen Mitmenschen gegenüber fähig. Aber obwohl er als Gerechtfertigter gilt, bleibt er doch Sünder („simul iustus et peccator“, „zugleich gerecht und Sünder“).

Auf die Frage, was es heute bedeutet, „gerechtfertigt“ zu sein, gibt es unterschiedliche Antworten. Die Befreiungstheologie aus Lateinamerika interpretiert z. B. die Rechtfertigung als „Befähigung, Gerechtigkeit zu tun“, die feministische Theologie als Befreiung aus dem Rechtfertigungsdruck einer patriarchalen Gesellschaft. Zentral bleibt die Einsicht: Durch den Glauben, dass Gott dem Menschen Gerechtigkeit schenkt, verliert das Streben nach Anerkennung durch Leistung und Erfolg an Bedeutung.

Kommunikations- und Diskussionsformen

Im Religionsunterricht wird viel gesprochen und viel diskutiert. Damit wir einander wirklich verstehen, ist es oft hilfreich, der Diskussion eine Struktur zu geben. Der Prozess des Zuhörens, Nach-Denkens und Antwortens lässt sich dazu auf unterschiedliche Weise verlangsamen und in Phasen gliedern.

1 **Lawinengespräch: 1 – 2 – 4 – 8 – Plenum**

Sie bekommen einen Denkauftrag, eine Aussage oder These und haben zuerst Gelegenheit, sich allein darüber Gedanken zu machen. Dies können Sie schriftlich festhalten. Nach ca. 10 Minuten setzen Sie sich mit einer anderen Person zusammen und vergleichen Ihre Antworten. 15 Minuten später gehen Sie als Zweiergruppe zu einer anderen Zweiergruppe und versuchen zu einem gemeinsamen Ergebnis zu kommen. Es ist aber auch möglich, dass mehrere unvereinbare Meinungen nebeneinander stehen bleiben müssen. Nach ca. 20 Minuten treffen Sie sich mit einer anderen Vierergruppe zur weiteren Debatte. Die Ergebnisse halten Sie auf einem Plakat fest. Schließlich beenden Sie die Diskussion mit einer Präsentation der Ergebnisse.

2 **Fishbowl: Konsens**

Der Kurs teilt sich in zwei Gruppen und bildet mit Stühlen einen Innenkreis (für ca. 5–7 Personen) und ein Außenkreis (für den Rest). Im Innenkreis bleibt ein Stuhl frei. Das Gespräch wird im Innenkreis geführt. Wenn jemand aus dem Außenkreis sich am Gespräch beteiligen möchte, setzt er sich auf den freien Stuhl, ein anderer aus dem Innenkreis geht dann nach außen. Im Gegensatz zum „heißen Stuhl" und zu den zwei „Bänken" ist diese Diskussionsform eher geeignet, Konsens herzustellen.

3 **Zwei Stühle/zwei Bänke: pro und kontra**

Der Kurs wird in zwei Gruppen geteilt, und beiden liegt jeweils eine These, eine Meinungsäußerung, ein Problemfall oder eine anstößige Aussage vor. Die eine Gruppe muss Argumente dafür, die andere Argumente dagegen formulieren.

Nach einer gewissen Zeit treffen sich pro und kontra. Hier können beide Gruppen diskutieren: zwei „Bänke". Auch kann man einige Vertreter oder zwei Sprecher/-innen (zwei Stühle) delegieren. Dabei spielen die anderen die Rolle der Berater/innen im Hintergrund. Wichtig ist, bei der Debatte nacheinander und nicht durcheinander zu sprechen. Auch hier können einige Beobachter am Schluss die Argumentationen bewerten.

4 **Podiumsdiskussion: Gespräch mit Experten**

Im Kurs werden einige Teilnehmer beauftragt, sich in ein bestimmtes Thema oder eine Fragestellung einzuarbeiten. Das Thema lässt sich z. B. aus verschiedenen Sichtweisen (juristisch, ökonomisch, soziologisch, biologisch, usw.) betrachten. Auch kann man zwei unterschiedliche wissenschaftliche Auffassungen zum gleichen Thema miteinander konfrontieren. Die Experten setzen sich an den Lehrertisch und haben die Möglichkeit, ihre Sicht darzulegen. Der Kurs befragt sie kritisch.

5 **Speakers corner/Heißer Stuhl: Provokation**

Ein/e Kursteilnehmer/in nimmt es auf sich, eine provokante These zu verteidigen. Eine Kleingruppe sammelt zuerst die Argumente. Ein Teil des Kurses kann opponieren, ein anderer Teil ist Beobachter. Die Beobachter tragen nach der Debatte vor, wer welche inhaltlichen Argumente gebracht hat und welche plausibler waren.

6 **Gruppenpuzzle/Werkstattgespräch: Kleingruppen als Experten**

Der Kurs teilt sich in mehrere Kleingruppen (3 bis 6 Personen), die zu einem Aspekt des Themas Informationen suchen oder bekommen. Nach einer Bearbeitungszeit werden die Ergebnisse im Plenum präsentiert und weiter diskutiert.

7 **Kugellager oder Zwiebelschale: viele Meinungen**

Um einen Eindruck von der Vielfalt möglicher Erfahrungen mit einem Thema oder möglichst viele Meinungen zu einer These zu bekommen, führt man ein Kugellager-Gespräch. Der Kurs teilt sich dazu in zwei gleich große Gruppen. Im Raum werden zwei Stuhlkreise vorbereitet mit einer gleichen Anzahl Stühle. Der Innen- und der Außenkreis sind einander zugewandt. Die Schüler/innen setzen sich einander gegenüber und tauschen sich aus. Nach ca. 5 Minuten rückt der Außenkreis einen Stuhl nach rechts und fängt eine neue kurze Gesprächssequenz an. Bei einer ungeraden Teilnehmerzahl kann eine/r als „Spielleiter/in" den 5-Minuten-Takt angeben.

Mann und Frau

Motorradfahrer mit Kind / Frau in Männerberuf

M24

Ugo Dossi / dpa

1 *Teilen Sie Ihren Kurs in eine männliche und eine weibliche Gruppe. Zeichnen Sie in jeder Gruppe einen Körperumriss. Die weibliche Gruppe schreibt in ihren Umriss, was sie für typisch männlich hält, und die männliche Gruppe, was sie für typisch weiblich hält.*

2 *Beziehen Sie die beiden Fotos M 24 in Ihre Überlegungen ein.*

3 *Lassen Sie Ihre Ergebnisse von der jeweils anderen Gruppe kritisch kommentieren.*

Mann sein – Frau sein

Gen 1,27 geht davon aus, dass Frau und Mann gemeinsam geschaffen wurden und ihnen mit der Gottebenbildlichkeit dieselbe Würde zugesprochen wird. Männlich und weiblich, das heißt auch: Der Mensch ist von Anfang an ein soziales Wesen. An der Grammatik der Verse 26 und 27 ist das abzulesen. Zunächst ist davon die Rede, dass Gott Menschen schaffen will. Dann heißt es: „Gott schuf den Menschen zu seinem Bilde“, und zugleich: „und schuf sie als Mann und Frau“. Dieser Wechsel von Singular und Plural verdeutlicht die Grundfigur biblischer Rede von Gott und den Menschen. Der eine Gott steht in Beziehung zu den Menschen, in gleicher Weise zu Mann und Frau.

Aber was bedeutet das für die alltäglichen Beziehungen zwischen Männern und Frauen? – Worin bestehen die Hauptunterschiede zwischen Frauen und Männern? – Wer ist eine emanzipierte Frau? – Was bedeutet Emanzipation der Frauen im Alltag? – Diese Fragen richtete Almut Voß (* 1959), Schulpfarrerin in Köln, an drei Schülerinnen einer 11. Jahrgangsstufe. Ina, Miriam und Nadine (alle 17 Jahre) gaben folgende Antworten:

M25 „Emanze klingt nicht positiv" – Interviews mit Mädchen

Almut Voß

„Frauen haben andere Verbindungen im Kopf, zum Beispiel beim Wort Auto denken Männer an einen Ferrari und Frauen vielleicht ans Shoppen fahren und ans Einkaufen." *(Nadine)*

Für Ina ist fast jede westlich orientierte Frau emanzipiert. Miriam nannte an erster Stelle „jede allein erziehende Frau, jede Frau, die auf sich gestellt ist. Viele haben es schwer, vielleicht hat eine zwei Kinder, geht arbeiten und schafft es trotzdem, zurechtzukommen."

„In letzter Zeit hat das einen negativen Beigeschmack bekommen, wird mit Feministinnen – mit Alice Schwarzer – assoziiert." *(Nadine)*

„Es gibt nicht viele Feministinnen." *(Miriam)*

„Feministinnen sind radikal, sie sagen, es ist an der Zeit nach den letzten Jahrhunderten, jetzt umgekehrt die Männer zu unterdrücken – das hat aber nichts mit Emanzipation zu tun. Ich verstehe darunter, dass eine Frau ihren Weg geht, die volle Gleichberechtigung hat und dass das die Männer respektieren. Im Praktischen heißt das, dass der Urlaub für die Kindererziehung nicht gleich automatisch an die Frau geht. Wenn die Frau mehr Geld verdient als der Mann, dann soll der Mann die Zeit zu Hause bleiben." *(Ina)*

Kennt ihr die Bundesministerin, die in Berlin zuständig ist für Frauenfragen?

… *(Stille)*

Renate Schmidt heißt sie. Kennt ihr eine andere Politikerin, die Fraueninteressen besonders vertritt?

… *(Stille)*

„Manche Männer können auch sehr gut die Interessen von Frauen vertreten, sind sehr tolerant." *(Nadine)*

„Wir denken, wir müssen uns gar nicht mehr damit beschäftigen, wir nehmen das selbstverständlich an, dass wir Frauen hier emanzipiert sind." *(Ina)*

„Ich finde, das ist schon verschieden. Zu Hause haben viele Frauen eine Doppelbelastung, sie machen ganz selbstverständlich auch noch die Hausarbeit nach der Arbeit. Es ist oft noch so, dass der Mann sich abends einfach hinsetzt, an den Computer oder vors Fernsehen. Bei meinem Freund zu Hause ist das genauso. In seiner Familie ist das normal, dass ich ihm die Hemden bügele, die Küche nach dem Essen aufräume. Seine Mutter hat zwar eine Bäckerlehre gemacht, ist aber zu Hause geblieben. Mein Freund wohnt noch bei seinen Eltern. Wir sind seit 2 1/2 Jahren zusammen. Wenn ich bei ihm übernachte, muss ich unser Bett morgens machen, bevor ich zur Schule gehe … das ist ein verdrehtes Bild, ich bin ja ein dominanter Typ! Wenn wir aber bei mir sind und zusammen essen, räumen wir beide das Geschirr weg – arbeitsteilig – oder putzen mein Bad, ich habe ein eigenes. Das war ein hartes Stück Arbeit. Ihr könnt euch denken, dass ich nicht das beste Verhältnis zu seinen Eltern habe." *(Miriam)*

(2003)

Die amerikanische Philosophin Martha C. Nussbaum (* 1947) lehrt an der Law School der Universität von Chicago. Sie hat sich in ihren Arbeiten u. a. mit Fragen am Schnittpunkt von Philosophie und Feminismus befasst. Dabei zeigt sie auch, dass Mann oder Frau zu sein, nicht allein auf körperlichen Unterschieden beruht.

Die soziale Bedeutung des Körpers

M26

Martha C. Nussbaum

Früher war es üblich, die biologische Kategorie „Geschlecht“ *(sex)* von der sozial konstruierten Kategorie „Genus“ *(gender)* zu unterscheiden, indem man das Geschlecht als „gegeben“ auffasste und das Genus als sozial gelernte Rolle. In Wirklichkeit liegen die Dinge aber nicht so einfach. Körperteile interpretieren sich nicht selbst. [...] Ausschlaggebend ist, wie sie durch soziale Anpreisung gedeutet werden. Bei den so genannten Geschlechtsorganen liegen die Dinge gar nicht soviel anders. Ihre Form und ihre biologische Funktion ist in gewissem Maße unabhängig von der Interpretation, die ihnen durch die Kultur zuteil wird, doch die Rolle, die sie im Leben der Menschen spielen, hängt großenteils davon ab, wie Eltern und sonstige soziale Akteure diese Form und diese Funktion deuten, welche Gebrauchsmöglichkeiten sie ihnen zuschreiben, welche Metaphern sie diesbezüglich verwenden, welche Rollen und Erfahrungen sie mit ihnen verbinden. [...]

Kurz, die Geschlechtsorgane interpretieren sich nicht selbst; sie verkünden ihren Trägern nicht, was sie sind und was an ihnen hervorsticht. Andererseits sind sie, sobald das Kind geboren ist, Gegenstände der kulturgebundenen Interpretation und Vorstellung. In der menschlichen Erfahrung spielen sie nur insofern eine Rolle, als sie durch viele Vorstellungen vermittelt werden, und diese Vorstellungen wiederum interagieren in vielfältiger Weise mit anderen Vorstellungen vom sozialen Geschlecht. [...]

Die These der sozialen Konstruktion leistet eine Menge, wenn erklärt werden soll, wie es kommt, dass Gesellschaften die tatsächlich in ihnen vorhandenen Geschlechtskategorien besitzen. Außerdem leistet sie eine Menge, wenn es um den Nachweis geht, wie tief diese gesellschaftliche Formung von frühester Kindheit an in die Erfahrung jedes einzelnen Angehörigen der Gesellschaft eingreift und nicht nur das Denken prägt, sondern auch das Erleben des Begehrens und der eigenen Person als eines begehrenden Wesens. Sehr viel weniger angemessen ist sie als Erklärung dafür, wie es möglich ist, dass bestimmte soziale Akteure tatsächlich die Kategorien ausfüllen, denen sie angehören. Bei den Kategorien „Männlich“ und „Weiblich“ können wir erkennen, wie die elterliche Anerkennung unterschiedlicher äußerer Geschlechtsmerkmale von Anfang an zu Unterschieden in der Erfahrung führt und zu guter Letzt einen „Mann“ oder eine „Frau“ hervorbringt. Selbst in diesem Fall ist es jedoch höchstwahrscheinlich so, dass biologische Faktoren bei der Beeinflussung von Verhaltenstendenzen eine signifikante Rolle spielen, auch wenn wir weder genau angeben können, worin diese Rolle besteht, noch wie scharf hier die Trennlinie zwischen den Geschlechtern gezogen ist. Letztten Endes entdecken wir wahrscheinlich ein hohes Maß an Abweichungen innerhalb jedes einzelnen Geschlechts und infolgedessen auch ein hohes Maß an Überschneidungen zwischen den Geschlechtern. [...]

Die Theorie der sozialen Konstruktion bestreitet keineswegs, dass die Biologie dem Leben der Gruppen wie der Individuen Zwänge auferlegt, obwohl sie zu gesunder Skepsis ermuntert, wenn die Forschung allzu rasch Entdeckungen macht, wonach die Wurzeln des Status quo in der „Natur“ liegen. Selbst wenn man sich darüber einig ist, dass eine Unterscheidung gesellschaftlichen Ursprungs ist, ergibt sich daraus noch nicht ohne weiteres, dass es freisteht, Veränderungen durchzuführen. [...] Im Hinblick auf Fragen des Geschlechts gibt es, ebenso wie bei Rassenfragen, wahrscheinlich nur Veränderungen, die schwer durchzusetzen sind und, ganz allmählich anwachsend, im Kopf des Einzelnen stattfinden sowie im Bereich der von Einzelpersonen geschaffenen Möglichkeiten zur Erziehung der nächsten Generation. Es ist unwahrscheinlich, dass es ohne Umgestaltung der Institutionen und des Rechtswesens zu solchen Veränderungen kommt.

(2002)

Die Theologin und Feministin Ina Praetorius (* 1956) will zu einer neuen Diskussion über das Verständnis von Gerechtigkeit anregen. Sie geht davon aus, dass Gerechtigkeit kein erreichbarer Zustand, sondern ein fortdauernder Prozess ist.

M27 Gutes und gerechtes Zusammenleben

Ina Praetorius

Heute, nachdem in den geltenden Menschenrechtserklärungen und den meisten nationalen Verfassungen die „Gleichberechtigung der Geschlechter" als Grundsatz verankert ist, empfindet zwar eine wachsende Mehrheit den viel zitierten Befund als ungerecht, den die UNO im Jahr 1980 publiziert hat: „Frauen stellen die Hälfte der Weltbevölkerung dar, verrichten nahezu zwei Drittel der Arbeitsstunden, erhalten ein Zehntel des Welteinkommens und besitzen weniger als ein Hundertstel des Weltvermögens." Die heute weit verbreitete Überzeugung, ungleiche Behandlung von Männern und Frauen sei „ungerecht", ist aber, zumindest als Mehrheitsmeinung, noch nicht sehr alt. Unter patriarchalen Bedingungen, das heißt bis in die neueste Zeit, war nämlich, zeitweise fast unangefochten und erst allmählich verdrängt durch die Idee der Gleichwertigkeit der Geschlechter, diese Ideologie von der natürlichen Minderwertigkeit und Abhängigkeit des weiblichen Geschlechts im Umlauf, die den meisten Leuten noch irgendwie bekannt vorkommt.

Zwar traut sich heute kaum mehr jemand, eine ausdrücklich frauendiskriminierende Gesinnung öffentlich zu vertreten, aber die patriarchalen Vorurteile wirken latent weiter und kriechen immer wieder einmal aus ihrem Versteck. Und das ist kein Wunder: Die Vorstellung von der natürlichen Überlegenheit des Mannes über die Frau ist mehr als zweitausend Jahre alt, sie prägt, von signifikanten Ausnahmen abgesehen, die gesamte europäische Geistesgeschichte [...].

Ist Gerechtigkeit überhaupt ein Zustand, den man „herstellen" kann? [...] Oder ist sie nicht vielmehr ein unendlicher Prozess des Verhandelns und Abwägens, des Tradierens und Lernens, in dem es nicht nur um festgeschriebene Normen, sondern immer auch um wache und sorgfältige Beziehungen geht, im öffentlichen wie im privaten Leben?

[...]

Wenn die amerikanische Philosophin Martha C. Nussbaum, anschließend an die aristotelische Ethik des Guten und in konstruktiver Kritik am Liberalismus, neuerdings wieder eine mit substanziellen Inhalten gefüllte Theorie der Gerechtigkeit entwirft, so nähert sie sich, jenseits patriarchaler Vorurteile, der uralten, auch biblischen Weisheit an: Gerechtigkeit ist mehr als Rechtsgleichheit und korrekt berechnete Zuteilung von Gütern an möglichst unabhängig bleibende einzelne Individuen. Gutes und gerechtes Zusammenleben bedeutet auch, dass alle Menschen, unabhängig von Alter, Geschlecht, Kulturzugehörigkeit etc. die Möglichkeit haben, persönliche Fähigkeiten zu entwickeln, Gefühle auszudrücken, Kultur mitzugestalten, Beziehungen und Geselligkeit zu pflegen. Es ist kein Zufall, dass diese neueste Theorie der Gerechtigkeit im Kontext entwicklungspolitischer Frauenprojekte in Ländern des Südens entsteht.

(2001)

1 *Suchen Sie in den Äußerungen der Schülerinnen (M 25) Beispiele für die soziale Konstruktion des Geschlechts (M 26).*

2 *Überprüfen Sie die Vorstellungen der Schülerinnen von Feminismus und Emanzipation mit Hilfe der Texte M 26 und M 27.*

3 *Wie weit lässt sich die von Ina Praetorius gewünschte Gerechtigkeit im privaten und gesellschaftlichen Alltag realisieren?*

Einen Menschen lieben

Im Plural, als soziale Wesen, segnet Gott die von ihm erschaffenen Menschen. Zuvor wurde erzählt, dass er die Wassertiere und Vögel gesegnet habe. Aber hier spricht Gott den Segen über die Tiere aus: „Und Gott segnete sie folgendermaßen …" Die Menschen dagegen spricht Gott als sein Gegenüber unmittelbar an: „Gott segnete sie und sprach zu ihnen …"

Die Menschen sind nicht Objekte des Redens und Handelns Gottes, sondern seine Partnerinnen und Partner. Sie sollen auch partnerschaftlich miteinander leben. Das verdeutlicht besonders die zweite Schöpfungserzählung (Gen 2, 18).

Die Liebenden

M28

René Magritte (1898–1967)

(1928)

Das Bild von der Erschaffung der Frau aus der Rippe des Mannes in Gen 2,22 ist jahrhundertelang benutzt worden, um einseitig die Unterordnung der Frau unter den Mann zu rechtfertigen. Das gilt auch für die christliche Haustafel (Eph 5,21–33), die das Verhältnis von Mann und Frau mit Christus und der Kirche vergleicht. In beiden Fällen handelt es sich aber um Bilder der Ganzheit und Gegenseitigkeit. Als der Leib ist die Kirche ihrem Wesen nach verbunden mit dem Haupt, Christus. Aber auch Christus, das Haupt, ist völlig eins mit dem Leib (Eph 5,29f.). So haben die Christen Anteil an Gottes Liebe und sind in ihr gleich (Gal 3,28). Symbole solcher Partnerschaftlichkeit entdeckt die amerikanische Sprachforscherin Virginia R. Mollenkott (* 1932) auch im Alten Testament:

M29 Liebe zwischen gleichen Partnern

Virginia R. Mollenkott

Wenn wir aus dieser erstaunlichen, aber durchaus biblischen Perspektive das Hohelied Salomos betrachten, können wir es als Darstellung der Liebe Gottes zu seinem Selbst verstehen. Das Buch muss keineswegs allegorisch gelesen werden, man kann es rein als literarisches Werk ansehen, als ein Gedicht von menschlicher Liebe in all ihrer Schönheit und Leidenschaft. Durch die Jahrhunderte wurden auch andere Bedeutungsebenen gesehen. Jüdische Leser haben das Gedicht als Beschreibung der Liebe zwischen Gott und Israel betrachtet. [...] Die Christen schließlich haben im Lied Salomos die Liebe zwischen Christus und der Kirche dargestellt gefunden. [...]

In dieser Perspektive ist das Lied der Lieder die Geschichte der Liebe von Gottes Selbst zu seinem Selbst. Die überzeugende Kraft der Liebhaberin wie des Liebhabers ist daher ein Zeichen für eine Beziehung echter Partnerschaft innerhalb der Gottheit. Im Neuen Testament gibt uns Johannes 17,26 einen Einblick in diese Liebesbeziehung: Jesus betet: „... damit die Liebe, mit der du mich geliebt hast, in ihnen ist und damit ich in ihnen bin." Aber das Hohelied beschreibt die Beziehung mit der ganzen heiligen Verzückung einer Liebe, die stark ist wie der Tod. Die Liebhaberin ist eine unabhängige Person, die Weinberge (1,6) und Viehherden (1,8) besitzt und sich völliger Gleichheit mit ihrem Liebhaber erfreut. Er gehört ihr, wie sie ihm gehört (2,16; 6,3). [...] Wenn uns der Vorschlag, dass die geliebte Frau im Lied der Lieder ein Bild von Gott sein könnte, ein wenig entsetzt, sagt das vielleicht nicht nur etwas über die Stärke unserer Vorstellung von der Geschlechterhierarchie aus, sondern auch über unsere Befangenheit gegenüber menschlicher Körperlichkeit und Sexualität. [...]

In den vergangenen Jahrhunderten haben diejenigen, die nicht glauben konnten, dass eine freimütige sinnliche Verherrlichung der Liebe in die Bibel gehöre, darauf bestanden, das Hohelied als Allegorie zu lesen. Die Allegorie ist eine Geschichte, deren Handlung über sich selbst hinaus auf eine andere Bedeutungsebene weist. Aber es ist viel einsichtiger, das Buch symbolisch zu verstehen. Ein Symbol hat Bedeutung in sich selbst und deutet zugleich auf andere Bedeutungen. In christlicher Sicht ist das Lied Salomos eigentlich eine symbolische Verherrlichung einer romantischen Liebe zwischen gleichen Partnern und stellt nicht nur die Liebe zwischen Christus und der Kirche, sondern auch die Liebesbeziehung innerhalb der Gottheit dar. Auf jeder Ebene ist die Beziehung völlig gegenseitig [...].

Durch unsere wesenhafte Identifikation mit dem Gesalbten, dem Christus, sind wir in die Liebesbeziehung der Gottheit miteinbezogen. Öffnen wir uns dieser Deutung, könnte das in unserem Selbstverständnis als christliche Frauen und Männer Wunder bewirken. Ebenso könnte es ein heiliges und heilendes Licht auf unsere geschlechtlichen Bestrebungen werfen. Und es könnte uns an die Verantwortung dafür erinnern, die Verkörperung, Manifestation oder Inkarnation der Liebe Gottes zu der Welt, in der wir leben, zu sein.

(1990)

1 *Deuten Sie das Bild von René Margritte (M 28) im Zusammenhang mit Genesis 2,18–3,24.*

2 *Stellen Sie die in M 29 genannten Ebenen des Textverständnisses grafisch dar (➤ S. 53). Lesen Sie das Hohelied Salomos. Vergleichen Sie es mit den bei Mollenkott genannten Ebenen des Textverständnisses.*

3 *Analysieren Sie Ihnen bekannte Pop-Songs, in denen es um Liebe geht. Welche Modelle von Partnerschaft werden darin besungen?*

... Tod, Teil des Lebens?

Wir Menschen haben zum Tod ein ambivalentes Verhältnis. Einerseits nehmen wir in den Medien den Tod täglich tausendfach wahr: in den Nachrichten, die meist von getöteten Menschen durch Gewalthandlungen und Katastrophen berichten; in den vielen Kriminalfilmen, Polizei- und Krankenhausserien, usw. Nie zuvor starben so viele Menschen durch Kriegshandlungen und totalitäre Gewalt wie im 20. Jahrhundert. Andererseits schieben wir in Europa den Tod und das Sterben immer weiter weg in Krankenhäuser, Hospize und abseits gelegene Altersheime. Die Frage nach dem eigenen Tod, obwohl er, scharf formuliert, die einzige Sicherheit ist, die wir im Leben haben, drängen wir, wenn es irgendwie geht, ganz weg. Im Gegensatz zum 17. Jahrhundert sind sog. „Vanitas-Darstellungen" heute wenig beliebt (lat. vanitas = Vergeblichkeit, Vergänglichkeit). Wir werden nicht gern an die Flüchtigkeit und die Kürze des Lebens erinnert. Darstellungen mit der Unterschrift „Memento mori" („Gedenke deiner Sterblichkeit") hingen damals in vielen Häusern. Auch wenn dies heute nicht so zu sein scheint: Der Tod gehört zum Leben.

Vanitas

M30

Philippe de Champaigne (1602–1674)

1 *Deuten Sie die drei Symbole der Vergänglichkeit auf dem Bild M 30.*

2 *Lesen Sie Psalm 90. Welche Bilder für die Vergänglichkeit wählt der Autor?*

3 *Interpretieren Sie Ps 90, 12: „Lehre uns bedenken, dass wir sterben müssen, auf dass wir klug werden."*

Lieber länger leben!

Wenn wir über unseren Lebenslauf nachdenken, stellen wir uns in Gedanken vielleicht eine Linie vor, die wie eine grafische Kurve von der Wiege bis zum Grab verläuft.

M31 Lebensphasen

Joost Swarte

1 *Seien Sie ehrlich!*
Zeichnen Sie eine grafische Kurve, die Ihre Erwartungen hinsichtlich Ihres Leben darstellt. Auf der horizontalen Achse steht die Zeit (t), auf der vertikalen Achse die Lebensqualität (q). Zeichnen Sie etwa eine steigende Linie, die mit 85 Jahren plötzlich steil abbricht? Oder eine leichte Wellenlinie von der Wiege (hoch) bis zum Grab (tief)?
Stimmen Sie der Kurve in M 31 zu, und ist Ihr Leben zwischen 30 und 50 auf dem Höhepunkt? Tauschen Sie sich gegenseitig über Ihre Grafiken aus.

Ein längeres Leben verdanken wir den Medizinern. Schon seit Hippokrates von Kos (er lebte in Griechenland von 460 bis 377 v. Chr.) verpflichten sich Ärzte dazu, sich „zum Nutzen der Kranken einzusetzen, Schädigung und Unrecht aber auszuschließen. [...] Niemandem, nicht einmal auf ausdrückliches Verlangen, ein tödliches Medikament (zu) geben“. In der medizinischen Wissenschaft gibt

es Bestrebungen, das Leben von Menschen so weit wie möglich zu verlängern. In den letzten zwei Jahrhunderten hat sich das Durchschnittsalter der Menschen in Westeuropa fast verdoppelt. Auch wenn es vor 200 Jahren schon Menschen gab, die 80 Jahre alt wurden, das Durchschnittsalter lag bei nur etwa 40 Jahren. Die Gründe dafür waren die hohe Kindersterblichkeit, die schlechten hygienischen Umstände (nicht immer sauberes Trinkwasser, keine Kanalisation, usw.) und die beschränkte medizinische Versorgung. Wir leben jetzt zwar nicht ewig, aber bedeutend länger als unsere Großeltern. Mit technischen und chemischen Hilfsmitteln konnten und können Körperfunktionen verbessert und damit Leben verlängert werden.

Dass dies wieder zu anderen Problemen führt, zeigt der folgende Text. Frank Schirrmacher (* 1959) ist Mitherausgeber der Frankfurter Allgemeinen Zeitung.

Das Methusalem-Komplott

M32

Frank Schirrmacher

Es ist die Erfahrung, die Ihnen seit Kindesbeinen vom Straßenverkehr geläufig ist. Irgendwann fahren nur noch die jeweils neuesten Modelljahrgänge herum, und gerade diese Abfolge präpariert für uns das Gefühl vergehender Zeit. Der Opel Rekord von 1962, die Ente von 1968 und der VW-Käfer sind wie die Ziffern auf einem Kalender. Uns geschieht das Gegenteil: Immer mehr Menschen bleiben immer länger beieinander, und die Zeit scheint stillzustehen. Viele von uns werden gleichzeitig mit ihren Eltern, Großeltern und Urgroßeltern auf der Welt sein. Zum ersten Mal entsteht etwas, was in der Evolution nicht vorgesehen, ja von ihr mit allen tödlichen Tricks verhindert werden sollte: eine nicht mehr fortpflanzungsfähige Gruppe, die ihren biologischen Zweck längst erfüllt hat, nicht mehr repariert wird und von der Natur auf Abruf gestellt wird, bildet die Mehrheit innerhalb einer Gesellschaft. Zum ersten Mal in der Menschheitsgeschichte wird die Zahl der Älteren größer sein als die der Kinder.

Sammeln Sie sich und seien Sie getrost, denn Sie gehören auf die Seite dieser Älteren. Wir alle haben die große Aufgabe unseres Lebens noch vor uns. Wir werden vielleicht schwächer sein als jetzt, aber wir werden in der Überzahl sein. Es geht um unsere Seelen, aber es geht nicht um Sentimentalitäten. Es geht um unser Selbstbewusstsein und unsere Sicherheit und damit um die Stabilität der Gesellschaft, in der wir leben werden. Und es geht um Eigennutz auch im Interesse der kommenden Generationen. Die Diskriminierung des Alterns und des Alters wird weltweit zu einem ökonomischen und geistigen Standortnachteil. Im Jahre 2050 werden allein in China so viele über 65-Jährige leben wie heute auf der ganzen Welt. Angesichts solchen Wachstums an Alter wird jene Gesellschaft am erfolgreichsten sein, deren religiöse oder kulturelle Überzeugungen das Alter schöpferisch machen können. Wir sind, so paradox es klingen mag, als Alternde in einer alternden Gesellschaft zugleich Anführer und Opfer einer neuen Globalisierungswelle. Im Kern geht es um das Bestreben jedes einzelnen Menschen auf dieser Welt, so lange leben zu können wie möglich. Das ist das eine. Das andere aber ist das wachsende Bedürfnis der Welt, den Menschen genau dieses Bestreben auf mehr oder minder deutliche Weise auszureden. In manchen Ländern dieser Erde nimmt man den Älteren Haus, Hof und Nahrung; in anderen Gesellschaften, zu denen wir gehören, beraubt man sie des Selbstbewusstseins und der Lust am Leben.

(2002)

1 *Diskutieren Sie den Text von Schirrmacher im Blick auf die anstehenden Aufgaben Ihrer Generation. Wird seine fast apokalyptische Vision eintreten?*

2 *In Gen 5 und 6 (hier geht es u. a. um Methusalem) und 11 (der Turmbau zu Babel) setzt Gott den Menschen Grenzen. Um welche Grenzen geht es dabei?*

3 *Diskutieren Sie die Frage „Kann der medizinische Fortschritt zu ewigem Leben führen?".*

Himmel: bei Gott sein

In allen Religionen und Kulturen gibt es Vorstellungen über ein Leben nach dem Tod. Die folgenden Texte zeigen dies für den Buddhismus, den Islam und das Christentum. Der Vergleich ermöglicht ein besseres Verständnis der besonderen Jenseitsvorstellungen im Christentum.

M33 Das Nirvana im Buddhismus

Daisetz Teitaro Suzuki (1870–1966)

IX. Alle diese Argumente sollen den Weg zur Erleuchtung *(bodhi)* weisen. Sie ist erreicht, wenn man, den Löwen vor Augen, erkennt, dass alle Dinge von Natur aus im Schweigen ruhen, das heißt, im Stand der Soheit *(Tathata)* sind, dass sie sind so, wie sie sind. Der Weg zur Erleuchtung ist offen, wenn man wahrnimmt, dass seit anfangslosen Zeiten die Dinge von allen Arten des Irrtums, der Gegensätzlichkeit und des Widerspruchs frei sind.

X. Wenn wir sowohl über das Gold wie den Löwen hinausblicken, sind wir von allen spirituellen Täuschungen befreit, und der Geist ist im Frieden gleich dem großen Ozean; wenn die quälenden Leidenschaften sich legen und alle die Irrtümer des Verstandes erledigt sind, schwindet jedes Gefühl der Bedrohung. Alle Verwirrungen sind wie weggefegt, alle Hindernisse beiseite geräumt, und die Quelle allen Leidens ist für immer versiegt. Wenn einer diesen Seinsstand der Erleuchtung und Seligkeit erreicht hat, ist er ins *Nirvana* eingegangen.

(1947)

1 Informieren Sie sich, z. B. mit Hilfe des Internets, über die Jenseitsvorstellungen im Buddhismus.

2 Diskutieren Sie, was das Attraktive und zugleich Befremdliche an der „Nirvana"-Vorstellung im Buddhismus ist.

M34 Der islamische Glaube an das Jüngste Gericht

Abu-r Rida

Der fünfte islamische Glaubensartikel ist der Glaube an das Jüngste Gericht und an das Leben nach dem Tod. Er besagt,

- dass das Leben dieser Welt mit allem, was in ihr existiert, an einem bestimmten, bereits festgelegten Tag zu Ende gehen wird. Dieser Tag ist der „Tag des Jüngsten Gerichts";
- dass alle Menschen, die jemals auf Erden gelebt haben, dann wieder zum Leben erweckt werden und Rechenschaft über ihr irdisches Leben ablegen müssen;
- dass Allah an diesem Tag in Barmherzigkeit, Gerechtigkeit und Weisheit über die Menschen richten wird. Diejenigen, die an Allah und Seine Propheten glauben und deren gute Taten überwiegen, werden belohnt und gehen ein ins Paradies, wo sie in vollständigem Wohlbefinden ewig weiterleben werden. Diejenigen aber, die Allah und Seine Propheten leugnen oder
- deren schlechte Taten überwiegen, werden mit dem Höllenfeuer bestraft, wo sie sich in einem Zustand größter Qual befinden werden.

Die Existenz des Jüngsten Gerichts und des Lebens nach dem Tod ist ein Ausdruck von Allahs Gerechtigkeit. Der Glaube daran, für seine Taten Rechenschaft ablegen zu müssen, lässt den Menschen überlegt und verantwortungsbewusst handeln.

Dass dieser Glaube absolut notwendig ist, zeigt folgende Überlegung: Wie der Mensch nun einmal ist, tut er Dinge nur dann, wenn sie ihm vorteilhaft erscheinen. Ohne den Glauben, einmal für seine irdischen Taten zur Verantwortung gezogen zu werden, bestünde für ihn nicht der geringste Anreiz, Allahs Willen zu befolgen, falls ihm menschliche Wünsche, Neigungen und Interessen entgegenstehen. Es wäre völlig unerheblich, wie er handelt.

Die Leugnung dieses Glaubenssatzes, wie wir ihn bei denen beobachten können, die von einer absoluten Freiheit des Menschen überzeugt sind, hätte demnach katastrophale Folgen: Übeltäter schreckten vor nichts zurück, kein Sünder wäre zur Reue bereit, und gute, leidende Menschen müssten ohne Trost und Hoffnung leben und sterben.

Der Glaube an das Jüngste Gericht und an ein Leben nach dem Tod wurde von allen Gesandten Allahs gelehrt. Stritte man diesen Glaubenssatz ab, käme dies der unsinnigen Annahme gleich, dass die Propheten uns belogen hätten.

(1999)

1 *Wie begründet der Autor die Notwendigkeit eines „Jüngsten Gerichtes"?*

2 *In der christlichen Theologie des Mittelalters spielte die Vorstellung eines „Jüngsten Gerichtes" eine größere Rolle als heute.*
*Nehmen Sie Bezug auf das Schlüsselwissen „Rechtfertigung" (**➤ S. 245**) und erklären Sie, warum sich dies seit Martin Luther für evangelische Christen geändert hat.*

Mittelalterlicher Totentanz

M35

Die christliche Jenseitsvorstellung

Aus dem frühen Christentum kennen wir wenig konkrete Aussagen über ein Leben nach dem Tod. Der Apostel Paulus schrieb in seinem Brief an die Christen in Korinth (1. Kor 15), dass sie „mit Christus auferstanden" seien. Auf ihre Frage, wie sie sich dies vorstellen könnten, antwortete er mit dem Bild des Samens, das sich aus dem Korn in eine Pflanze verwandelt. Die Verwandlung zum neuen Leben ist wie die Verwandlung von „vergänglich" zu „unvergänglich". Und in seinem Brief an die Thessalonicher (1. Thess 4) schrieb Paulus, dass sie der Auferstehung und dem Wiederkommen Christi ganz ruhig entgegensehen könnten: „Dann werden wir immer mit ihm zusammen sein." In diesem Sinne kann man „Jenseits" oder „Himmel" im Christentum umschreiben als „bei Gott sein". In der Soteriologie, der christlichen Lehre von der Vermittlung des Heils und der Erlösung durch Jesus Christus (griech. sotēr = Retter, Heiland) gibt es durchaus die Vorstellung, dass die „Erlösung von den Sünden" wichtiger sei als der Auferstehungsglaube. Dies bezeichnet den Leitgedanken von Hans Martin Barth (* 1939), der Professor für Evangelische Theologie in Marburg ist, im folgenden Text.

M36 Ewiges Leben als unüberbietbare Gottesbeziehung

Hans Martin Barth

Im Gegensatz zu einer weit verbreiteten Meinung ist der Auferstehungsglaube keineswegs das entscheidende Charakteristikum des christlichen Glaubens. Bereits die Pharisäer – um nur an den jüdischen Hintergrund zu erinnern – haben bekanntlich mit einer Auferstehung der Toten gerechnet. […]

Wenn unabhängig von der Auferstehung Jesu mit einer Totenauferstehung gerechnet werden konnte, dann muss die Pointe der Botschaft von seiner Auferweckung und ihrer Bedeutung für die Glaubenden an einer anderen Stelle liegen. In der Auferstehungshoffnung der Christen geht es gar nicht in erster Linie um postmortale Existenz, sondern um die Beziehung zu dem lebendigen Herrn, von der allerdings als selbstverständlich galt, dass sie über die Todesgrenze hinausreichen werde. Die große, kategoriale Differenz lag nun nicht mehr zwischen Leben und Tod, sondern zwischen vorhandener und fehlender Christusbeziehung. „Leben wir, so leben wir dem Herrn; sterben wir, so sterben wir dem Herrn. Darum: wir leben oder sterben, so sind wir des Herrn." (Röm 14,8) Christen interessieren sich nicht in erster Linie für ein postmortales Geschick, sondern sie gehen davon aus, dass sie in Christus nichts scheiden kann von der Liebe Gottes (Röm 18,38f.); sie wollen – wie Paulus – „bei dem Herrn sein allezeit" (1. Thess 4,17). Es geht also von vornherein nicht einfach um ein „Weiterleben" nach dem Tod, sondern um eine qualifizierte, nämlich durch die Nähe des Herrn und die Beseitigung der von ihm trennenden Sünde qualifizierte „postmortale Existenz". Die Osterlieder und -liturgien der Christenheit, so sehr sie die Überwindung des Todes in der Auferstehung Jesu preisen, bringen fast immer zum Ausdruck, dass nun nicht nur der leibhafte Tod, sondern zugleich mit dem Tod auch die Sünde endgültig überwunden ist. […] Der Vorgang der Auferstehung, der zu dieser durch nichts zu überbietenden Gemeinschaft mit dem Herrn führt, wird in Bildern gedacht und angesprochen – oftmals im Bild der Verwandlung. Der erhöhte Herr wird „unsern nichtigen Leib verwandeln", dass er „gleich werde seinem verherrlichten Leibe" (Phil 3,21). Am Bild vom Samen (1. Kor 15,35–49) oder am Vorgang des Sich-Kleidens oder Bekleidet-Werdens (1. Kor 5,2–4) konnte man sich das klar machen. […]

Dass die Pointe der christlichen Auferstehungshoffnung eine christologische und damit eine soteriologische ist, zeigt sich daran, dass die Auferstehung im Neuen Testament fast ausschließlich als die definitive Errettung aus der Welt der Sünde und des Todes – und nicht als „quasi-neutrale Vorbedingung für das Gericht (mit doppeltem Ausgang)" – aufgefasst wird. Eine gewisse Ausnahme bildet die Rede von einer Auferstehung zum Gericht (vgl. Joh 5,29), die zu der Vorstellung einer allgemeinen Totenauferstehung vor dem Jüngsten Gericht geführt hat, wie sie z. B. an den Portalen mittelalterlicher Dome dargestellt wird. Diese Inkongruenz der biblischen Aussagen löst Schwierigkeiten für den Aufbau der Eschatologie* aus: Ist das Gericht im Blick auf die individuelle oder die universale Hoffnung über den Tod hinaus zu bedenken? Die christologische Pointe der christlichen Auferstehungshoffnung zeigt sich schließlich an der Erwartung der Wiederkunft Christi und des gerade mit ihr verbundenen Gerichts.

(2001)

1 *Für den Apostel Paulus war die Frage nach dem Leben nach dem Tod Anlass vieler Überlegungen. Zwei zentrale Stellen sind 1. Kor 15 und 1. Thess 4. Lesen Sie beide Kapitel und diskutieren Sie, ob Sie die Interpretation von Barth überzeugt.*

2 *Teilen Sie den Kurs in zwei Gruppen und führen Sie einen „Dialog der Religionen" (➤ „Kommunikations- und Diskussionsformen, S. 246) zwischen Islam und Christentum mit dem Thema „Unsere Hoffnung über den Tod hinaus".*

1. Projekt: Menschenkinder

Bitten Sie für mehrere Tage um eine Besuchsmöglichkeit in einem Kindergarten. Beobachten Sie in Ruhe die Kinder. Sprechen Sie mit den Erzieherinnen über die Gestaltung eines Tages und einer Woche in der Einrichtung. Halten Sie Ihre Erfahrungen in einem Bericht fest.

- Welche Erziehungsvorstellungen werden in den Gesprächen deutlich?
- Welches Menschenbild steht hinter diesen Vorstellungen?
- Wie verhalten sich Ihre Beobachtungen bei den Kindern dazu?

2. Projekt: Körperkult

Sammeln Sie Werbeanzeigen von Mode- und Parfümfirmen. Welches Frauen- und Männer-Bild repräsentiert das jeweilige Markenideal?
Ein kreativer Umgang mit Werbung ist das sog. Ad-Bustering: Man verändert Slogans oder Bildmotive in satirischer oder parodistischer Absicht.

3. Projekt: Schau auf mich

Drehen Sie einen Video-Film über einen Tagesablauf in einem Altersheim. Erkundigen Sie sich, ob Sie ein Gespräch mit einigen Bewohnerinnen und Bewohnern führen und aufnehmen können. Warum und seit wann wohnen sie in der Einrichtung? Was war ihr Beruf, und womit beschäftigen sie sich heute gern? Was erwarten sie als ältere Menschen von den Jüngeren?

Medienhinweise

- **Altner, Günter: Charles Darwin – und die Dynamik der Schöpfung.** GTB. Gütersloh: Gütersloher Verlagshaus 2003
- **Evang. Kirche im Rheinland (Hrsg.): Leben vor allen Dingen. Über aktuelle ethische Herausforderungen durch neu gestellte Fragen des wachsenden und sterbenden menschlichen Lebens.** Düsseldorf 2002 (Dokumentation einer Dialogveranstaltung mit leitenden Ärztinnen und Ärzten)
- **Hahn, Udo: Rechtfertigung.** GTB. Gütersloh: Gütersloher Verlagshaus 2001
- **Süßkind, Patrick: Das Parfum. Die Geschichte eines Mörders.** Zürich: Diogenes 1994
  In diesem Roman geht es um einen Menschen, der ohne Liebe aufwächst und sich die Liebe anderer Menschen durch eine Überwältigung ihrer Sinne verschafft: Der Protagonist Grenouille ist Parfumeur und mehrfacher Mörder im Frankreich des 18. Jahrhunderts. Er begeht seine Verbrechen, um seinen Duftschöpfungen das Aroma gerade ermordeter junger Mädchen hinzuzufügen.
  Mit seinen Parfümen verführt und verändert er die Menschen – auch noch, nachdem er seiner Taten überführt worden ist. Selbst diejenigen, die ihn hassen, müssen ihn lieben. Dieser Roman verwendet religiöse Motive wie Liebe, Tod, Opfer, Kreuz, Auferstehung und Abendmahl. Es ist lohnend, diese Motive in ihrer Perversion in dem Roman aufzuspüren und sich ihres eigentlichen Sinns zu vergewissern.

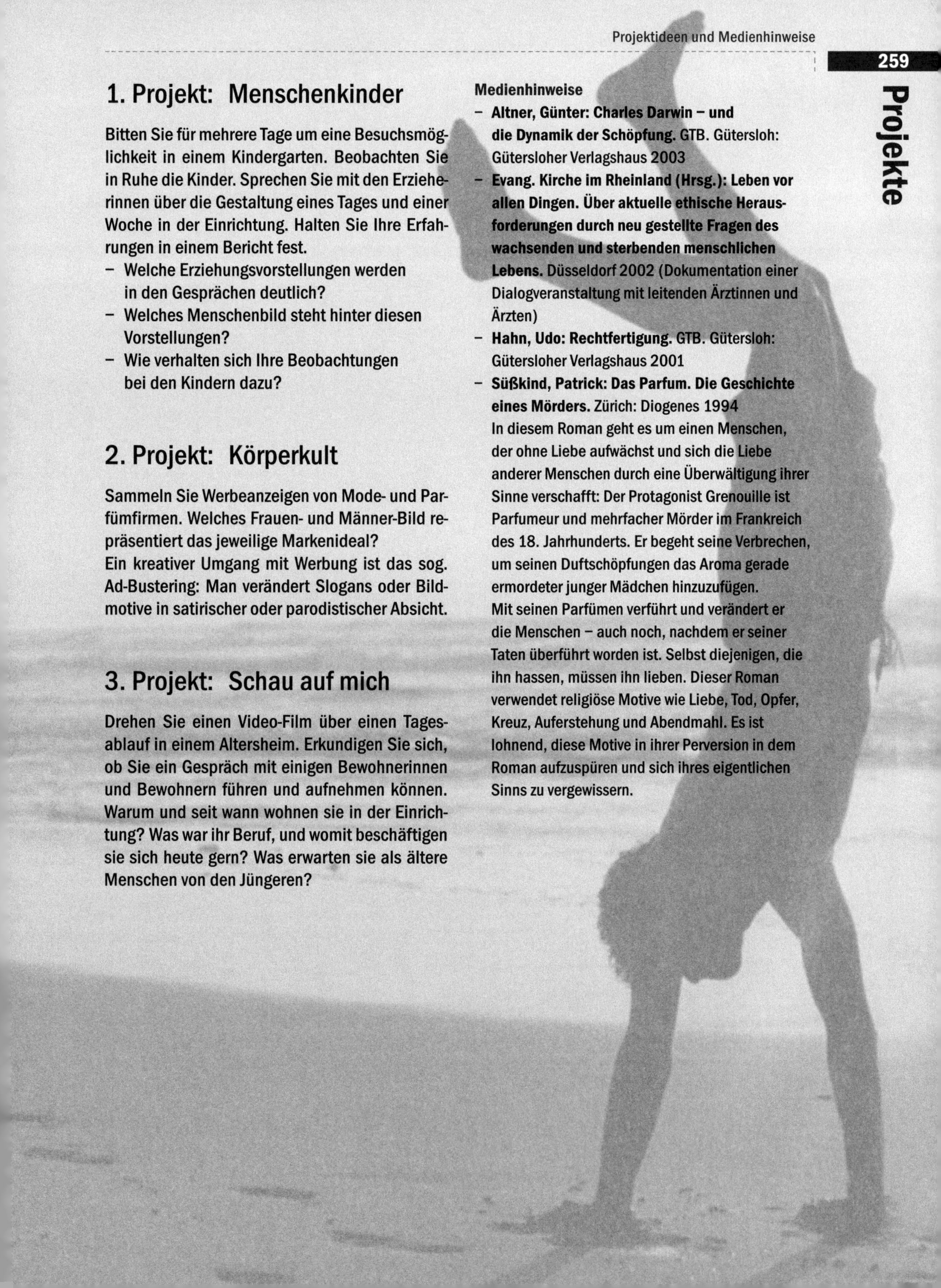

Welche Zukunft hat die Kirche?

Die erste aufblasbare Kirche der Welt in Esher/Großbritannien

Der anglikanische Priester Michael Elfred zeigt auf dem linken Bild die erste aufblasbare Kirche der Welt. Sie wurde in einer Ausstellung in Esher (Großbritannien) im Mai 2003 aufgebaut. In Deutschland hat die Evangelische Landeskirche in Württemberg eine aufblasbare Kirche verwendet (Bild unten). Der Designer der britischen Kirche, Michael Gill, erhofft sich, dass die Kirche nun ihre Botschaft überall verkünden kann.

1 *Diskutieren Sie, ob die Kirche in Westeuropa durch aufblasbare Kirchen an Attraktivität gewinnt.*

Aufblasbare Kirche in Württemberg

Umstrittene Kirche?

Kirche als Institution

Anthony de Mello (1931–1987) war indischer Jesuit, Theologe und Psychologe. Er arbeitete vor allem als geistlicher Berater.

M1 Die Stationen der Lebensretter

Anthony de Mello

An einer felsigen Küste, an der Schiffbrüchige häufig waren, gab es früher eine kleine baufällige Lebensrettungsstation. Es war eigentlich nur eine Hütte, und es gab nur ein Boot, aber die wenigen Mann Besatzung nahmen ihre Aufgabe sehr ernst, hatten ständig ein wachsames Auge auf das Meer und fuhren furchtlos auch bei stürmischer See aus, wenn sie einen Hinweis auf ein Schiffsunglück hatten, ohne Rücksicht auf sich und ihre Sicherheit. Viele Menschenleben wurden so gerettet, und die Station wurde berühmt.

Je bekannter sie wurde, desto mehr wollten die Bewohner der Umgebung an ihrer hervorragenden Arbeit teilhaben. Großzügig boten sie Zeit und Geld an, neue Mitglieder wurden geworben, neue Boote gekauft und neue Mannschaften ausgebildet. Auch die Hütte wurde durch ein komfortables Gebäude ersetzt, das den Bedürfnissen der geretteten Schiffbrüchigen gerecht wurde, und da Schiffsunglücke nicht jeden Tag vorkamen, wurde es zu einem beliebten Treffpunkt, einer Art lokalem Klub. Mit der Zeit waren die Mitglieder so mit ihren gesellschaftlichen Belangen beschäftigt, dass das Interesse an der Rettung Schiffbrüchiger abnahm, obgleich sie stolz eben dieses Motto auf ihren Abzeichen trugen. Wenn aber tatsächlich Menschen aus der See gerettet wurden, empfand man sie als Belästigung, weil sie schmutzig waren, sich erbrachen und Teppiche und Mobiliar verunreinigten.

Bald nahmen die gesellschaftlichen Betätigungen des Klubs so zu und die Aktivitäten zur Lebensrettung so ab, dass in einer Klubversammlung darüber debattiert wurde, wobei einige Mitglieder darauf bestanden, zu dem ursprünglichen Zweck und der eigentlichen Aufgabe zurückzukehren. Es wurde abgestimmt, und die Unruhestifter, die sich als kleine Minderheit herausstellten, wurden aufgefordert, den Klub zu verlassen und einen anderen zu gründen.

Und genau das taten sie, etwas weiter südlich an der gleichen Küste, und zwar mit einer solchen Selbstlosigkeit und Kühnheit, dass sie nach kurzer Zeit durch ihren heldenhaften Einsatz berühmt wurden. Daraufhin nahm ihre Mitgliederzahl zu, ihre Hütte wurde ausgebaut … und ihr Idealismus verkümmerte. Wer heute zufällig an diese Küste kommt, findet dort eine Anzahl exklusiver Klubs. Jeder ist zu Recht stolz auf seinen Anfang und seine Tradition.

Es gibt immer noch Schiffbrüchige in dieser Gegend, aber das scheint niemand weiter zu bekümmern.

1 *In dieser Parabel geht es um das Schicksal vieler Organisationen, die im Laufe der Jahre zur „Institution“ werden (sog. Institutionalisierung). Nennen Sie Beispiele für derartige Entwicklungen. Gilt de Mellos Parabel auch für die Kirche?*

Eine orthodoxe Kapelle im Zentrum Athens

M2

Kirche in der Großstadt

M3

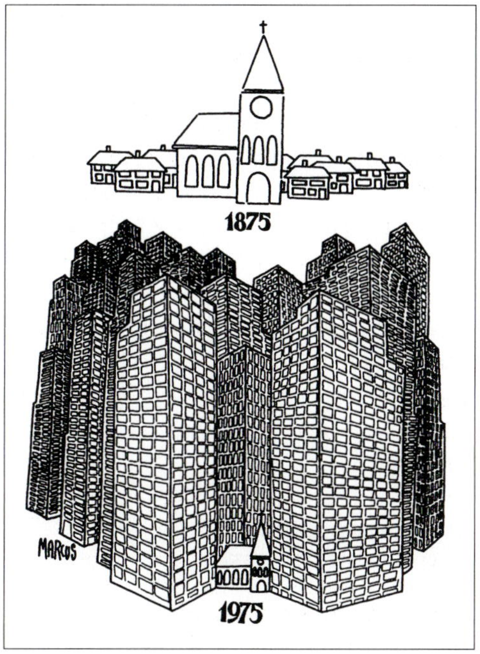

Wohnhaus und Kapelle

M4

1 *Die drei Abbildungen von Kirchen (M 2–M 4) zeigen, wie sich die Position von Kirche im Laufe der Jahrhunderte geändert hat. Untersuchen Sie, ob es in ihrem Wohnort auch bauliche Beispiele für diese Entwicklung gibt. Diskutieren Sie die These, das „Ende des Christentums" sei gekommen.*

M5 „Kirchgänger leben länger"

Unbek. Verfasser

In den neunziger Jahren des vorigen Jahrhunderts führten drei amerikanische Universitäten Untersuchungen zur Mortalität (Sterblichkeit) von Menschen durch. Neun Jahre lang wurde eine Gruppe von 22 000 Personen beobachtet. Es stellte sich heraus, dass Kirchgänger durchschnittlich 82 Jahre alt wurden, während diejenigen, die nicht jeden Sonntag einen Gottesdienst besuchten, nur 75 Jahre alt wurden. Kirchgänger leben also gesünder und darum länger. Robert Hummer, einer der Autoren der Studie „Religionsausübung und Mortalität bei Erwachsenen", erklärte: „Es scheint, dass das persönliche Verhalten von der Religion beeinflusst wird, und das hat Auswirkungen auf die Lebenserwartung."

(1999)

1 *Wie erklären Sie dieses Phänomen? Diskutieren Sie, ob es hier einen kausalen Zusammenhang gibt.*

In der Grafik sind die „Erwartungen an Kirche" zusammengefasst. Es sind Ergebnisse von vier Mitgliederbefragungen der Evangelischen Kirche in Deutschland in den Jahren 1972, 1982, 1992 und 2002.

M6 Mitgliedschaftsgründe und Erwartungen an Kirche

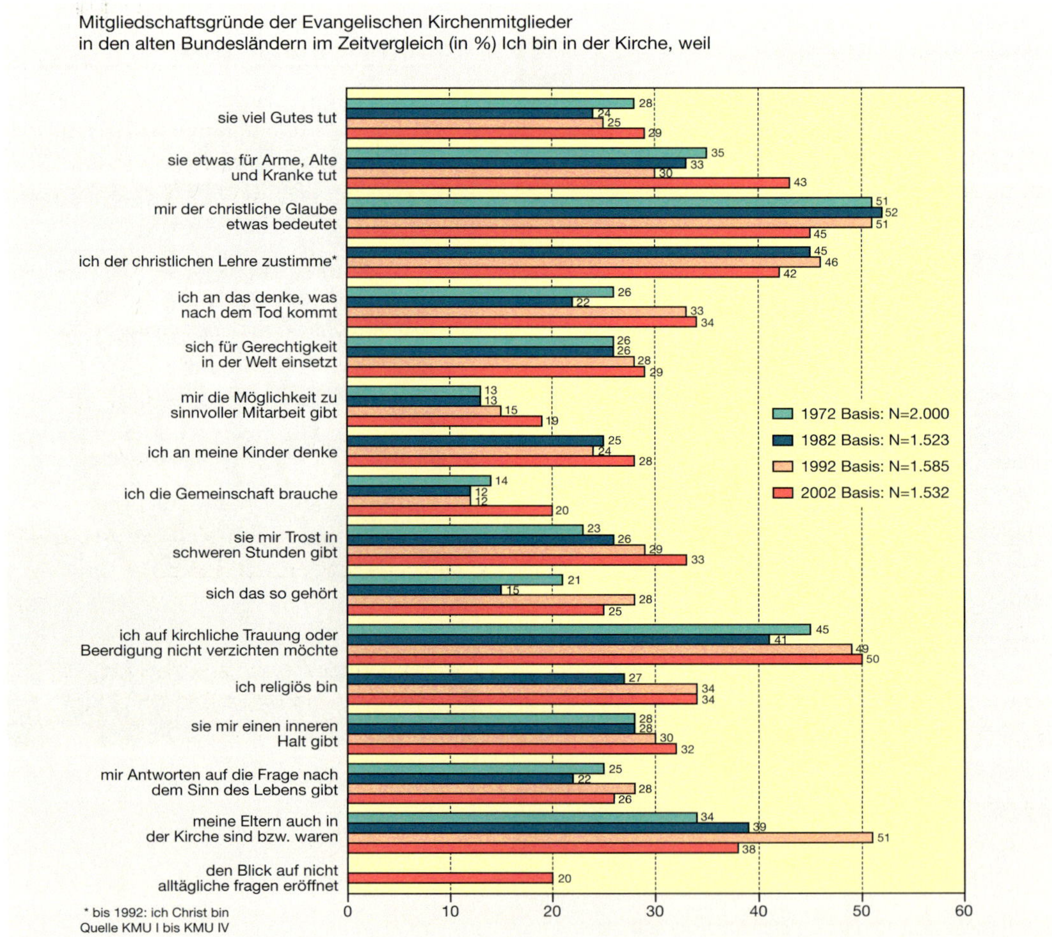

Kritik an der Kirche

Solange es die Kirche gibt, gibt es auch Kritik an ihr. Schon Johannes hält in seiner Offenbarung der Gemeinde von Laodicea (Apk 3,15–18) vor, dass sie weder warm noch kalt sei: „Ihr seid lauwarm, darum werde ich euch aus meinem Mund ausspucken."

Für manche Menschen könnten die Fehlbarkeit und das Allzumenschliche der Kirche ein Argument sein, gerade an die von Gott geschenkte Heiligkeit der Kirche zu glauben, wie der Text von Boccaccio (1313–1375) zeigt. In den Argumenten von Jugendlichen für und gegen der Kirche (M 8) spiegeln sich nicht nur eigene Erfahrungen mit der Institution Kirche wider, sondern auch die Meinungen prominenter Kirchenkritiker wie des Philosophen Friedrich Nietzsche (1844–1900) oder des Schriftstellers Karlheinz Deschner (* 1924) (M 9).

Die Bekehrung des Juden Abraham zur katholischen Kirche

M7

Giovanni Boccaccio

Jeannot von Sevigné war von seinem Geschäftsfreund, dem Juden Abraham, so begeistert, dass er traurig darüber war, dass dieser gute Mensch nicht den wahren Glauben hatte – den seinen natürlich.

So versuchte er, ihn in langen und vielen Gesprächen zu bekehren. Abraham, der sich fest an sein jüdisches Gesetz hielt, war erst ungehalten, fand aber Vergnügen daran, mit seinem Freund Jeannot zu debattieren und disputieren. Außerdem erkannte er an, dass es reine Freundschaft war, die diesen bewog, ihn zu bekehren. Wenn sein Glaube wahr war, konnte er ihn nicht für sich behalten. Er wollte einfach seine Wahrheit mit ihm teilen. Schließlich war Abraham so weit, dass er zustimmte, Christ zu werden, stellte allerdings eine Bedingung, von der seine Entscheidung abhängig gemacht werden sollte. Er wollte nach Rom ziehen und sehen, ob der Lebenswandel des Stellvertreters Christi, des Papstes, und seiner Kardinäle dem christlichen Glauben entspräche.

Jeannot wurde traurig, denn es war ja allgemein bekannt, wie es zuging am päpstlichen Hof in Rom. Trotzdem reiste Abraham nach Rom. Wie zu befürchten, erwiesen die Prälaten sich als Schwelger, Wollüstlinge und Trunkenbolde, dazu waren sie noch geizig und habgierig.

Als Abraham aus Rom zurückkehrte, begrüßte Jeannot ihn zwar mit herzlicher Freude, weil er glücklich zurückgekehrt war, aber er fragte erst gar nicht, wie die Probe ausgefallen war. Und was Abraham dann aber doch berichtete, war in der Tat so, wie es der brave Jeannot hatte kommen sehen: Wollust, Völlerei und jedes Laster dieser Welt herrschten in Rom, so, als wollten der oberste Hirte und seine Helfer alles daran setzen, um die christliche Religion Lügen zu strafen.

Wie erstaunt aber war Jeannot, als Abraham daraus gerade nicht den Schluss zog, den sein Freund nun befürchten musste, sondern genau den gegenteiligen. Weil Abraham sah, dass der christliche Glaube trotz dieser Kirchenführer sich weiter ausbreitete, war er zutiefst überzeugt, dass es nur der göttliche Geist sein konnte, der ihn dennoch am Leben erhielt. Alle Argumente seines Freundes hatten ihn nicht restlos überzeugt, jetzt aber ließ er sich taufen.

(1353)

1 *Überprüfen Sie die Argumentation Boccaccios in M 7. Beziehen Sie auch M 1 in Ihre Überlegungen ein.*

M8 Kirche und Jugendliche

Wenn man Jugendliche nach ihrer Meinung zur Kirche fragt, kann man folgende Äußerungen hören:

- „Die Kirche ist doch genauso wie die Politik, die Gewerkschaften oder das Finanzamt; es geht auch dort nur um Macht, Geld und Intrigen. Was soll daran ‚heilig' sein?"
- „Man braucht die Kirche schon, wenn es um eine richtige Hochzeit, eine Beerdigung oder eine Taufe geht."
- „Kirche ist für mich nicht das gleiche wie mein Glaube. Ich kann doch an Gott glauben, ohne in die Kirche gehen zu müssen."
- „Es ist nicht wahrscheinlich, dass es die Kirche in 50 Jahren noch gibt. Sie ist nicht mehr zeitgemäß, auf ihre Vergangenheit orientiert und nicht imstande, sich wirklich zu ändern."
- „Es ist gut, dass es Kirche gibt. Pfarrer und Seelsorger kümmern sich um alte, kranke und einsame Menschen. Das Diakonische Werk und die Caritas bilden einen wichtigen Bestandteil des sozialen Netzes unserer Gesellschaft. Durch den christlichen Glauben werden die Menschen immer wieder daran erinnert, für die Armen und Schwachen zu sorgen."

(1992)

M9 Kirchenkritik ist so alt wie die Kirche selbst

„Ich *verurteile* das Christentum, ich erhebe gegen die christliche Kirche die furchtbarste aller Anklagen, die je ein Ankläger in den Mund genommen hat. Sie ist mir die höchste aller denkbaren Korruptionen. [...] Sie hat aus jedem Wert einen Unwert, aus jeder Wahrheit eine Lüge, aus jeder Rechtschaffenheit eine Seelen-Niedertracht gemacht. [...] Ich heiße das Christentum den *einen* großen Fluch, die *eine* große innerlichste Verdorbenheit, den *einen* großen Instinkt der Rache, dem kein Mittel giftig, heimlich, unterirdisch, *klein* genug ist – ich heiße es den *einen* unsterblichen Schandfleck der Menschheit ..."

Friedrich Nietzsche

„Wenn unser Buch sich ‚gegen' etwas richtet, dann gegen diese Kirchenleute und ihre Achtelwahrheiten. Wenn es sich um die ganze Wahrheit der Kirchen bemüht, wenn es ihre dunklen Seiten zeigt, wenn es gar nachweist, dass diese Seiten vorherrschen, dann ist es zwar nicht ‚ausgewogen' in dem Sinn, den pfäffisch Denkende gern hätten. Dann ist es parteiisch. Ebenso parteiisch wie die tausend und abertausend Traktätchen der Kleriker, die nur eine helle Institution ablichten – und die gleich lautstark klagen, wenn den tausend Büchern der Unwahrheit und der Achtelwahrheiten ein einziges gefährlich zu werden droht, weil es die historische Wahrheit sagt."

Karlheinz Deschner/Horst Herrmann
(1991)

1 *Vergleichen Sie die hier geäußerten Meinungen von jugendlichen und erwachsenen Kirchenkritikern mit den statistisch ermittelten Gründen für die Mitgliedschaft in der evangelischen Kirche (M 6).*

Satire auf den Zölibat, um 1640. Utrecht, Rijksmuseum Catharijne Convent

Dennoch brauchen wir die Kirche

„Für Katholiken ist die Kirche eine Mutter, für Protestanten ein Problem", so lautet eine markante Aussage über die unterschiedliche Bedeutung von Kirche bei Katholiken und Protestanten. Unter evangelischen Christinnen und Christen ist die Zugehörigkeit zur Kirche weit weniger selbstverständlich als unter Katholiken. Martin Luthers Kritik an der katholischen Kirche hat die Position des Individuums gestärkt (nur der Glaube allein sei entscheidend), die Position und Rolle der Kirche aber geschwächt. Wir müssen darum zuerst der Frage nachgehen, ob wir die Kirche überhaupt brauchen. Die Texte und Bilder in diesem Teilkapitel bringen unterschiedliche Argumente für Kirche, die es zu prüfen gilt.

Um zu glauben, brauche ich mehr als mich selbst

Bei der Frage, ob wir die Kirche brauchen, ist das *wir* wortwörtlich zu nehmen. Es könnte sein, dass ich die Kirche nicht oder noch nicht brauche, aber wir, als Menschen, als Gesellschaft, als Menschheit, brauchen sie sehr wohl. Wir können die Kirche symbolisch als Schiff betrachten und die Mitgliedschaft der Kirche als eine Reise mit diesem Schiff. Klaus Berger (* 1940), Professor für Neutestamentliche Theologie in Heidelberg, nennt die Kirche das „Schiff auf dem Ozean der Gotteserfahrung". „Die Sehnsucht nach dem Meer ist ein Bild für die Sehnsucht nach der Weite und Größe des Geheimnisses Gottes." Wer in dieses Schiff steigt, der hofft, dass das Schiff stabil und die Besatzung fähig ist. Unterwegs passieren ja noch genug Unwägbarkeiten und Abenteuer, die dazu führen, dass wir ein wenig Sicherheit vorab brauchen. Wer sich auf die Suche nach Gott begibt, tut gut daran, sich an den Erfahrungen anderer Menschen zu orientieren.

Die Kirche ist das Schiff auf dem Ozean der Gotteserfahrung

M 10

Klaus Berger

Wer eine Kirche bauen will, tut dies nicht um der Kirche willen, sie ist nicht Selbstzweck. Das Schiff wurde nicht zum Trockenschwimmen gebaut. – Vielmehr ist das Schifflein der Kirche vielleicht tauglich, die Menschen das Abenteuer ihres Lebens bestehen zu lassen, die sich der Weite Gottes aussetzen. Die Kirche ist das Schiff auf dem Ozean der Gotteserfahrung. Dieser Ozean ist nicht berechenbar und nicht erfassbar. Aber einige auf dem Schiff besitzen vielleicht Seekarten, um nicht überhaupt in die falsche Richtung zu fahren. Gewiss besteht da immer ein Kontrast zwischen der Weite des Meeres und der Enge des Schiffes. So gelten auf dem Schiff strenge Regeln für das Miteinander. Die Weite dagegen scheint ohne Grenzen und Regeln zu sein. Die Grenzenlosigkeit und das Licht, die Freiheit und den offenen Horizont zu erfahren, ist Sinn der Reise auf dem Schiff. Aber wie will man die Weite überstehen ohne die auf dem Schiff gesammelten Erfahrungsweisheiten für das Auskommen mit Menschen und mit den Wellen des Meeres? Nun gibt es seit längerer Zeit Klagen, das Schiff sei zu eng. Und es sei unbequem, es miteinander aushalten zu müssen. Lästig sei, dass nur einer das Kommando führe. Warum nicht abstimmen über jede Maßnahme? Warum gebe es überhaupt Regeln auf dem Schiff? Manche denken, das Schiff werde sogar mit dem Meer verwechselt – vielleicht von solchen, die die Luken nie öffnen?

Und so gibt es Leute, die seit längerem sagen, man könne das Meer auch ganz ohne Schiff genießen und erkunden. Das ist wahr, man kann das. Man kann mit hochgekrempelten Hosenbeinen am Ufer im Wasser waten. Man kann ein Stück hineinschwimmen. Freilich ist es dann schwierig, wenn man in Not gerät, denn es gibt dann keine Menschen rechts und links, die beherzt zur Seite stehen. Man kann alle Seekarten verwerfen – aber das Meer kennt nicht selten Nebel, und dann sind Wattwanderer ohne Seekarten in Gefahr. [...]

Das Schiff ist nicht gegen das Meer, sondern für das Meer gebaut. Es will das Meer der Unendlichkeit Gottes durchkreuzen. Denn Gott ist unfassbar in seiner Größe.

(2000)

1 *Vergleichen Sie Ihre eigenen Erfahrungen mit Kirche mit M 10. Wie beurteilen Sie Bergers Fazit, dass Menschen die Kirche brauchen, um auf dem Meer der Gotteserfahrung sicher reisen zu können?*

Über die Rolle der anderen in der Kirche schreibt auch Fulbert Steffensky in seinem Buch „Das Haus, das die Träume verwaltet". „In der Kirche höre ich Sprache, die mir fremd ist, die nicht aus mir selbst erwächst und mir trotzdem Heimat bietet, in der wir nie zu Hause sein können." Steffensky (* 1933) war Professor für Evangelische Religionspädagogik an der Universität Hamburg. Er war bis zu seinem 36. Lebensjahr Benediktinermönch und später mit der bekannten politischen Theologin Dorothee Sölle (1929–2003) verheiratet.

M11 Ich leihe mir die Sprache meiner Geschwister

Fulbert Steffensky

Wir sind nie ganz zu Hause, auch in unseren Kirchen nicht. Aber ist denn das so schlimm? Die Alten und die Jungen haben ein Recht, ihre Heimat einzuklagen. Aber ich habe auch eine böse Vermutung bei dieser Klage: dass nämlich die verschiedenen Gruppen immer nur sich selbst einklagen. Kann dahinter nicht auch ein bornierter Provinzialismus stecken? Zu Hause bin ich nur bei mir selbst; dort, wo meine Lieder gesungen werden, meine Sprache gesprochen wird, meine Lieblingstexte zitiert werden, und zwar in der Weise, wie es mir am besten gefällt. Zu Hause bin ich nur bei mir selbst – welch eine erstickende Heimat das wäre! Die einzigartig zu mir passende Heimat, die nur aus meinen Gesten, aus meinen Liedern und aus meinen Gedanken gebaut ist, ist ja auf Dauer auch außerordentlich langweilig; so langweilig ich eben mit mir selbst und mit mir allein bin. Ich bin mir selber nicht genug – das lernt man langsam im Leben. Und ich brauche mehr als mich selber. Ich brauche also die Fremde. Ich brauche die Gedanken, die Gesten und die Glaubensspiele meiner alten und meiner jungen Geschwister. Ich brauche die Lieder der Toten. Ich möchte ein Spieler werden, der zu Hause spielt auch in der Sprache der Geschwister, die mir nur halb zu Eigen oder gar fremd ist.

Warum ist mir diese Fremde wichtig? In der fremden Sprache spiele ich immer mehr, als ich bin. Es fällt uns oft schwer, das Leben zusammenzubringen. Es fällt uns schwer, den Morgen und den Abend zu loben. Es fällt uns schwer, Gott am Leben zu preisen und zu glauben. Was soll ich tun?

Stumm bleiben, weil mir die Sprache und der Glaube nur halb gelingen? Ich kann mir Stimme leihen bei denen, die mehr Sprache haben. Wenn die Unruhe des Lebens uns verzehrt und uns selber die Sprache schwer fällt, können wir uns einen Spruch und ein Lied leihen, etwa von Johann Franck aus dem 17. Jahrhundert, und singen: „Tobe, Welt, und springe; ich stehe hier und singe in gar sichrer Ruh!" Wenn die Tyrannen das Leben würgen, kann ich in einem fremden Lied singen: „We shall overcome!" Ich singe in einer fremden Sprache, in diesem Falle sogar wörtlich genommen. Ich muss nicht ganz dahinter stehen. Da die Sprache nicht meine ist, identifiziere ich mich nicht ganz mit ihr. Auch mein Unglaube hat ein Recht. Aber ich identifiziere mich auch nicht völlig mit meinem

Unglauben. Ich leihe mir die Sprache meiner Geschwister, der lebenden oder der toten, und lasse das Leben nicht stumm. Ein katholischer Priester hat mir einmal gesagt: „Wenn mir das Beten schwer fällt, dann spreche ich einen Psalm auf Latein. Das kann ich dann noch." Er betet in der fremden Sprache. Er ist nicht stumm, und er ist noch nicht im Eigenen. Er maskiert seinen halben Glauben mit dem Glauben seiner Geschwister. Auch das ist eine Weise, den Glauben zu lernen, indem man ihn den Geschwistern abguckt und vom Munde liest. Man lernt sich auch von außen nach innen. Man lernt seinen Glauben, seine Lebenshoffnung und das Vertrauen auf die Güte des Lebens, indem man nachsprechen lernt, was man erst halb glauben kann. Die Gebete der Kirche, ihre Lieder und ihre Gesten sind immer besser als sie sind, weil die Toten, die sie vor uns gesprochen und ihren Glauben darin ausgedrückt haben, sie gewaschen haben mit ihren Tränen und mit ihren Hoffnungen. Ein Psalm ist wie ein abgegriffener Stein, durch viele Hände gegangen und schön geworden durch die Wärme der Geschwister. Man braucht nicht an der eigenen Dürftigkeit zu verhungern; das heißt, eine Tradition zu haben und Geschwister zu haben. Und so ist mir die Fremde vielleicht doch wichtiger als mein eigener windschiefer Glaube und seine Sprache.

(1998)

1 *Wir haben unseren Glauben „Vom-Hören-Sagen" und gleichzeitig als Schatz tief in uns. Überlegen Sie auf der Basis des Textes M 11 welche Funktion „andere" für den christlichen Glauben haben.*

Kirchengebäude haben eine eigene „Aura", eine eigene Atmosphäre. Viele Menschen bezeichnen sie sogar als „heilige" Orte. Auch wenn für viele Protestanten ein Gebäude an sich nicht heilig sein kann (erst wenn sie darin das Wort Gottes hören, ist Gott unter den Gläubigen präsent), ein Empfinden für den „auratischen Charakter" dieser Orte bleibt. Anselm Grün (* 1945) ist Benediktinerpater (Abtei Münsterschwarzach) und einer der einflussreichsten zeitgenössischen Autoren im Bereich Spiritualität.

Menschen brauchen heilige Orte

M 12

Anselm Grün

Auch Menschen, die sich nicht als religiös bezeichnen, suchen Orte auf, an denen alte Kultstätten waren. Sie haben den Eindruck, dass die Orte eine besondere Ausstrahlung haben, dass sie an solchen „heiligen" Orten heil werden können. Auch wenn sie nicht an Gott glauben, kommen sie an solchen Orten doch mit dem Göttlichen in Berührung. Sie erfahren Transzendenz, sie erfahren auf ihre Weise Gott, auch wenn sie ihre Erfahrung anders erklären würden. [...]

Für Christen sind vor allem die Kirchen heilige Orte. Für die mittelalterlichen Kathedralen war es wichtig, das Portal der Kirche besonders zu betonen. Es ist die Schwelle, die uns in eine andere Welt führt, die Tür, durch die wir in den heiligen Bezirk treten. [...]

Wer bewusst durch das Portal der Kirche in den heiligen Bezirk eintritt und das Heilige durch sein Eintrittsritual begrüßt, der kann auch heute noch die Kirche als Schutzraum erfahren. Sie schützt ihn schon rein äußerlich vor dem Lärm der Stadt. Sie schützt ihn auch vor dem Lärm seiner Gedanken. Der heilige Raum hat eine Schutzwirkung gegen krank machende Gedanken, gegen die Grübeleien, in denen wir immer nur um das Gleiche kreisen und doch nicht weiterkommen. Warum hat der Kirchenraum diese Wirkung? Die Weite des Raumes weitet unser Herz. Wir können freier atmen. Der Raum ist voll von heilenden Bildern. Wir fühlen uns umgeben von heilenden Mächten. Und wir haben eine Ahnung von Geheimnis. Es gibt noch eine andere Welt als die Welt des Geschäfts, als die Welt unserer Sorgen und Probleme. Das relativiert die Alltagsschwierigkeiten.

(2001)

1 *Überlegen Sie, was für Sie „heilige" Orte sind. Warum sind sie das? Wodurch werden Kirchen „heilig"?*

Lernen in Kirchengebäuden

In den folgenden vier Schritten können wir eine Kirche als Lernort erkunden.

1. Vorbereitung im Unterricht

Um uns auf den Besuch in einer Kirche vorzubereiten, können wir uns zu Hause oder im Unterricht schon mit folgenden Fragen beschäftigen:
- Unterschiede zwischen dem Inneren und Äußeren von Kirchen bei evangelischen, katholischen, reformierten, orthodoxen und freikirchlichen Gemeinden;
- Baustile: romanisch, gotisch, barock, neogotisch, „modern“. Welche Auffassung über das Wesen und die Funktion von Kirche steckt in und hinter diesen unterschiedlichen Baustilen?
- die biblisch-historischen Hintergründe des Namens dieser Kirche (Evangelisten, Heilige, biblische Symbole, usw.);
- Was sind heilige Orte? Was ist mir „heilig“? Was sind meine „heiligen Orte“?
- Welche ist die schönste Kirche, die ich kenne, und warum?

2. Den Kirchenraum erleben, empfinden und genauer wahrnehmen

Hier geht es darum, den Kirchenraum auf sich wirken zu lassen und mit allen Sinnen wahrzunehmen. Dazu können folgende Erkundungen helfen:
- Gehen Sie langsam durch die Kirche und messen Sie (in Schritten) aus, wie lang und wie breit sie ist; schätzen Sie ihre Höhe.
- Suchen Sie in der Kirche nach einem Ort, der Ihnen am besten gefällt, Ihren Lieblingsort.
- Lassen Sie sich von einem Mitschüler/einer Mitschülerin die Augen verbinden und sich langsam durch die Kirche führen.
  Was spüren Sie? Wo war es hell, dunkel, offen, bedrückend? Riecht es überall gleich?
- Gehen Sie mit einem Stück Alu-Folie durch die Kirche und „pausen“ Sie etwas ab, das Ihnen gut gefällt.
- Zeichnen Sie den Grundriss der Kirche. Skizzieren Sie den schönsten Bogen, die schönste Statue, das schönste Fenster.
- Welchen Bibeltext oder welchen Liedvers ruft dieser Raum Ihnen in Erinnerung?
- Zünden Sie eine Kerze an vor dem Bild/dem Altar/an dem Ort, der Ihnen am wichtigsten ist.
- Was ist im Kirchenraum anders als im Klassenraum?
  Wie ist hier Religion präsent?

3. Die Entdeckungen im Kirchenraum reflektieren und einordnen

Tauschen Sie Ihre Erfahrungen und Erlebnisse später in der Gruppe aus und vertiefen Sie sie.
Beispiele:
- die Führung, in der die historischen Gegenstände der Kirche erklärt wurden;
- Erzählungen von Personen, für die diese Kirche wichtig war;
- Unverstandenes wird in einer Enzyklopädie oder einem Kirchenführer nachgeschlagen.
- Erarbeiten Sie einen Erlebnisbericht oder eine Dokumentation;
- In einer kleinen besinnlichen Feier in der Kirche sprechen Sie miteinander über Ihre jeweiligen Erlebnisse.

4. Die Nachbereitung im Unterricht

Beispiele:
- Die Erfahrungsberichte und Dokumentationen werden weiter ausgearbeitet und präsentiert.
- Sie verbinden die Vorbereitung (Schritt 1) mit dem Wahrgenommenen:
  War es wirklich so, wie ich dachte?
  Hatte ich es mir anders vorgestellt?
  Was ist immer noch unverständlich?
- Vergleich der besuchten Kirche mit anderen, berühmten Kirchen oder der Heimat-Kirche. Wie würde meine „Traumkirche“ aussehen?

Fünf Baustile von Kirchen

A *Eine romanische Kirche: Echternach*
B *Eine gotische Kirche: St. Denis bei Paris*
C *Eine moderne Großstadtkirche: evangelische Kirche in Berlin-Wilmersdorf*
D *Eine Barockkirche: Stiftskirche St. Gallen/Schweiz*
E *Eine orthodoxe Kirche: Kiew/Ukraine*

Kirche hat drei Aufgaben: Lehren, Dienen und Feiern

Die Landeskirche von Berlin/Brandenburg hat seit langem große finanzielle Probleme und muss starke strukturelle Veränderungen durchführen. Ihr Bischof, Prof. Dr. Wolfgang Huber (* 1942), der seit 2003 auch Ratsvorsitzender der Evangelischen Kirche in Deutschland (EKD) ist, hat in seiner Studie „Kirche in der Zeitenwende" eine konzeptionelle Richtung für die Veränderungen vorgegeben.

M14 Zur Erneuerung der Kirche

Wolfgang Huber

In einer mit anderen Weltgegenden unvergleichbaren Weise gehen West- und Mitteleuropa durch eine Phase der Entkirchlichung und Entchristlichung. Bisweilen ist von einem „Katastrophengebiet für die Kirchen" die Rede. Die Säkularisierung hat hier nicht nur zu einer von religiösen Bezügen weitgehend freien Verfassungsordnung, sondern auch zu einer Vorstellung vom Funktionieren der Gesellschaft geführt, die auf religiöse Sinngebung weithin verzichtet. Religiöse Themen haben sich in Stichworte alltagsweltlicher Verständigung verwandelt. Ein erheblicher Teil der deutschen Bevölkerung – im Osten ein weit größerer als im Westen – meint, das eigene Leben ohne die Frage nach einem über dieses Leben hinausweisenden Sinn meistern zu können.

Entsprechend massiv ist die Krise der Kirchen. Sie trifft die evangelische Kirche noch tiefer als die katholische. Im Protestantismus – der Religion der Freiheit – ist die Bindungskraft der Kirche als Institution traditionellerweise schwächer entwickelt als in anderen christlichen Konfessionen. Darüber hinaus hat die evangelische Kirche auf den Prozess gesellschaftlicher Differenzierung mit einer entsprechenden Differenzierung der kirchlichen Tätigkeiten geantwortet; dadurch hat sie die gesellschaftliche Säkularisierung in gewissem Umfang als Selbstsäkularisierung in sich aufgenommen. Schließlich sind auch die Kirchen von der Institutionendistanz betroffen, die zu den allgemeinen Kennzeichen des gesellschaftlichen Individualisierungsprozesses gehört.

Die Kirchen sind herausgefordert, den Menschen persönliche Gewissheit zu vermitteln und sich an der Suche nach einem neuen gesellschaftlichen Leitbild zu beteiligen. Sie können sich dabei jedoch nicht auf die Frage nach moralischen Maßstäben beschränken, sondern müssen ihre spezifische religiöse Kompetenz zur Geltung bringen. Dabei können sie dem Tatbestand nicht ausweichen, dass der christliche Glaube seine Selbstverständlichkeit verloren hat. Daraus ergibt sich die Notwendigkeit, das, was nicht mehr selbstverständlich ist, neu verständlich zu machen. Darin liegt zugleich eine große Chance. Denn die vermeintliche Selbstverständlichkeit des Glaubens hat dessen Wahrheit nicht nur erschlossen, sondern auch verdeckt. Es ist die erste Aufgabe der Kirche, das Glaubensthema wieder ins Zentrum zu rücken. Sie hat den Menschen die Botschaft von der unverdienten Gnade Gottes auf neue Weise verständlich zu machen, um ihnen so den Zugang zu Gott zu erschließen. Wenn sie dem Heiligen Raum gibt, rückt sie auch die Welterfahrung in einen neuen Horizont. Für die evangelische Kirche ergibt sich aus einer Konzentration auf das Glaubensthema vor allem eine Korrektur der Selbstsäkularisierung, in der dieses Thema oft hinter moralischen Appellen verschwand.

Individualisierung und Pluralisierung prägen die Gesellschaft. Den Gliedern dieser Gesellschaft wird abverlangt, der ihnen anvertrauten Freiheit eine überzeugende Gestalt zu geben. Eine zweite Aufgabe der Kirche verbindet sich deshalb mit dem Thema verantworteter Freiheit. Im christlichen Glauben ist ein Verständnis menschlicher Freiheit enthalten, das Individualität und Sozialität, Selbstbestimmung und Verantwortung für den Nächsten miteinander verbindet. Dieses Bild einer kommunikativen und kooperativen Freiheit entfaltet in der Wissens- und Informationsgesellschaft neue Aktualität. Diejenigen, die Zugang zu den gesellschaftlichen Gestaltungsmöglichkeiten haben, sind zu einem verantwortlichen Gebrauch ihrer Freiheit zu ermutigen. Diejenigen aber, denen ein solcher Zugang fehlt, brauchen Anwälte und Fürsprecher, die sich mit Prozessen der Ausgrenzung und Marginalisierung nicht abfinden.

Wenn der christliche Glaube für Menschen, die zu ihm bisher keinen Zugang haben, in seiner Lebendigkeit und Lebensdienlichkeit verständlich werden soll, muss er soziale Plausibilität gewinnen. Deshalb besteht eine dritte Aufgabe darin, die Sozialformen des christlichen Glaubens zu erneuern. Der Gottesdienst ist die grundlegende Sozialform des christlichen Lebens. Das gemeinsame Hören, das gemeinsame Loben und Klagen, die gemeinsame Teilhabe am Heiligen und die Sendung in die Welt bilden den Kern der Kirche als Gemeinschaft. Die Kultur des Helfens ist die wichtigste Verdeutlichung dieses Gottesdienstes im Alltag. Die Tatsache, dass mit der Sehnsucht der Menschen nach Gemeinschaft gerade in Deutschland Schindluder getrieben wurde, darf nicht daran hindern, neue Gemeinschaftsgestalten des Glaubens zu entwickeln, die an der christlichen Freiheit ihren entscheidenden Maßstab haben.

(1999)

1 *Welche drei Kernaufgaben von Kirche signalisiert Huber? Analysieren Sie die Internet-Seite Ihrer Landeskirche und ordnen Sie die hier präsentierten Aktivitäten diesen drei Aufgabenbereichen zu.*

Das Leben eines Christen/einer Christin bewegt sich zwischen zwei Polen: Spiritualität (hier „Feiern“ genannt) und Engagement („Dienen“). Was ist mit diesen Begriffen gemeint? Bietet die Kirche ein Dach für beide? Was kann dies für mich bedeuten?

Die Pendelbewegung zwischen Spiritualität und Engagement

M15

Spiritualität hat der englische Theologe John Vincent, der in den Slums von Sheffield arbeitet, wie folgt umschrieben: „Spirituality is what holds me together – what keeps me going on as disciple.“ Spiritualität ist das, was mich im Innersten zusammenhält, was mir die Kraft gibt, in der Nachfolge von Jesus Christus zu leben. Es ist das, was dafür sorgt, dass alles, was ich tue, nicht mit zentrifugaler Kraft in alle Richtungen fliegt. Das Wort Spiritualität kommt von (lat.) „spiritus“: Geist. Wir kennen es im Begriff „Spiritus Sanctus“: (Gottes) Heiliger Geist. Spiritualität ist eine Aktivität, die Menschen bewusst ausführen, um sich mit in einer bestimmten Weise auf Gott oder auf eine transzendente Sinngebung auszurichten. Zum Beispiel: Bibellesen, Gebet, Meditation (Zen, Yoga), bestimmte Musik, Bilder (Ikonen). Der Gottesdienst mit seiner Liturgie und seinem Ritual, die Sakramente, die regelmäßigen Feste im Kirchenjahr (Ostern, Pfingsten, Weihnachten), der Wochenrhythmus (Sonntage!) sind spirituelle Elemente im Leben eines Christen. Aber auch Fasten, Pilgern, Klosteraufenthalt gehören dazu.

Engagement ist die Verbindung nach außen, das Nach-außen-Treten, das aktive Eintreten für unsere Welt, das bewusste Wahrnehmen von Verantwortung für die Gesellschaft. Das Wort Engagement enthält das französische Wort „gage“: Gehalt, Lohn. Engagement ist das, wofür es sich zu leben lohnt. Engagement richtet sich nach außen, auf die äußere Ordnung. Hier können wir an die Arbeit für Frieden, Gerechtigkeit und Bewahrung der Schöpfung denken, an amnesty international, Aktion Sühnezeichen, Friedensdienste, Weltgebetstag, Kirchenasyl, ökologische Initiativen, Mitarbeit im Verein, in der Kirchengemeinde und so weiter.

Pendelbewegung. Bei Spiritualität und Engagement handelt es sich um zwei Pole. Wie verhalten sie sich zueinander? Wenn wir auf Jesus schauen, sehen wir eine Art Pendelbewegung zwischen beiden Polen. Immer wieder, so lesen wir in der Bibel, gab es Momente, da Jesus sich zurückzog in die Berge, um „mit Gott zu reden“, um sich zu sammeln und innerlich zu ordnen. In Einsamkeit, Ruhe und Gebet empfing er Kraft. Hier konnte er einatmen, um danach wieder unter die Menschen zu kommen. Er behielt diese Kraft aber nicht für sich selbst, sondern setzte sie für andere ein: Er machte Lahme gehend, Blinde sehend, Taube hörend. Er war aktiv, nach außen gerichtet, auf Veränderungen aus – dies auch strukturell: die Heilung am Sabbat, die Tempelreinigung. So vollbrachte er seine heilenden Taten – die Zeichen der heilen Welt – im Namen seines Vaters.

Wenn Christinnen und Christen in der Nachfolge Jesu Christi leben, sollten sie sich auch auf eine Pendelbewegung zwischen Spiritualität und Engagement einlassen. Sie müssen entdecken, wo sie sich „in die Berge zurückziehen“, wo sie „heilend“ arbeiten, wo sie „einatmen und ausatmen“ können.

Der Geist Gottes ist da, wo Bewegung ist. Er ist im Ein- und Ausatmen, Atem, Wind (griech. „pneuma“). Spiritualität und Engagement stehen daher in einem offenen Verhältnis zueinander. Was uns zusammenhält und was anders werden soll, das bewegt uns beides. Im Modell könnte das so aussehen:

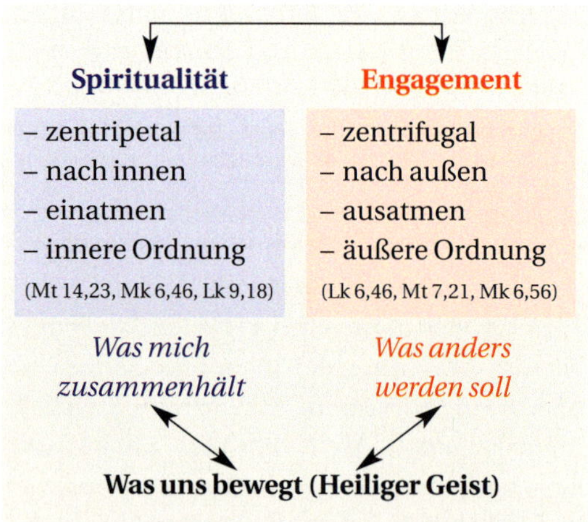

Dennoch wäre es eine Verkürzung zu meinen, dass im Leben eines Christen beide Pole immer gleich gewichtet sein müssten. Dafür sind Menschen zu unterschiedlich und auch die Lebensumstände und die Herausforderungen nicht immer gleich. Zwei Positionen, die nur von einer Minderheit der Menschen gelebt werden, sind die monastische und die politische Spiritualität.

Monastische Spiritualität ist das geistliche Leben der Mönche und Nonnen; „monos“ deutet hier auf das „Alleinleben“. Diese Lebensform kam in der christlichen Kirche auf, als sie immer mehr zur Staats- und Volkskirche wurde und die Äußerlichkeit anscheinend wichtiger wurde als die Innerlichkeit. Die ersten Mönche suchten nach verloren gegangener Tiefe. Im Kloster steht durch die regelmäßigen Gottesdienste und das „Stundengebet“ die Spiritualität mehr im Vordergrund.

Politische Spiritualität scheint der Gegensatz zum klösterlichen Leben zu sein. Hier drängt das Engagement für eine gerechtere und friedliche Welt das geistliche Leben stark in den Hintergrund. Hier geht es um das Organisieren und Durchführen von Widerstand, von Demonstrationen und Aktionen, um Presseaktivität, Drucken von Flugblättern, usw. Dies kann einen „Kick“ geben.

Dennoch geht weder bei monastischer noch bei politischer Spiritualität die Pendelbewegung verloren. Der Heilige Benedikt, Gründer des westlichen Klosterlebens, ging vom Motto „ora et labora“ aus, bete und arbeite. Der Kulturbeitrag der Mönche für unsere europäische Zivilisation durch Schulung, Wissenschaft, Agrarwirtschaft, Urbarmachen ganzer Landstriche, kann kaum überschätzt werden. Auch im Gebet beschäftigen sie sich intensiv mit der Welt. So können sie den politischen Aktivisten fragen, ob er sein engagiertes Handeln als erfolgreicher betrachtet als der Mönch das seine. Auch politisch stark engagierte Christen haben ihre Spiritualität, die Zeiten für Ruhe, Kraft und innere Ordnung. Dorothee Sölle, die bekannte politische Theologin, beschrieb in ihrem Buch „Hinreise“ die geistlichen Quellen für ihre politische Aktivität. Schwarze Christen, die in Südafrika gegen die Apartheid kämpften, verknüpften dies stets mit ihrem geistlichen Leben. Frank Chikane schreibt: „Unsere Gottesdienste und Gebetskreise waren eng verbunden mit den sozialen Problemen unserer Gesellschaft.“

(Mein Leben gehört nicht mir. 1990. S. 52). Dietrich Bonhoeffer, der sich in den dreißiger Jahre für die Juden in Deutschland einsetzte und u. a. ein Attentat auf Hitler mit vorbereitete, schrieb: „Nur wer für die Juden schreit, darf gregorianisch singen."

1 *Wählen Sie eine Person oder eine Bewegung aus der Geschichte der Kirche aus und erforschen Sie, wie sie Spiritualität und Engagement verbunden haben.*

Austreten, eintreten, Änderungen herbeiführen

Wenn man die Statistiken liest und in den Medien die Klagen über den Zerfall der Kirchen hört, bekommt man schnell den Eindruck, dass es eigentlich kaum noch Kirchenmitglieder geben kann. Die Realität ist, dass zwar viele Menschen der Kirche den Rücken zukehren, dass dafür auch viele jährlich (wieder) in die Kirche eintreten. Die große Welle des Mitgliederschwundes scheint zurzeit abzuebben. Ein größeres Problem ist das hohe Durchschnittsalter und damit die geringe Zahl Steuern zahlender Mitglieder, was zu finanziellen Problemen führt. Zudem führt eine allgemeine Verringerung des Steueraufkommens im deutschen System der direkten Steuern (Einkommensteuer) zu einer Verringerung der Kirchensteuer.

Deutschlandweit kommt man auf eine Zahl von ca. 75 000 Eintritten jährlich. In der Evangelischen Kirche waren es im Jahr 2000 61 497, in der katholischen Kirche im gleichen Jahr 15 471 Personen. Wir schauen uns exemplarisch zwei Personen an: Gesine S. (32, Ärztin, evangelisch) und Peter Seewald (47, Publizist, katholisch), um etwas über ihre Motive für den Wiedereintritt zu erfahren.

Gesine S.

M16

Doris Michel-Schmidt

So ganz wohl ist es Gesine S. bei dem Gedanken nicht, mit mir über ihren Wiedereintritt zu reden. Gut möglich, dass sie ihre Zusage zwischenzeitlich auch mal bereut haben mag. Die Ärztin ist bei unserem Gespräch im sechsten Monat schwanger, der Wiedereintritt liegt ungefähr ein Dreivierteljahr zurück. Gab's da einen Zusammenhang? „Ja, im Nachhinein hab ich mir das auch überlegt. Die Schwangerschaft war damals schon irgendwo geplant gewesen. Und natürlich besinnt man sich mehr der eigenen Wurzeln, wenn man Kinder kriegt. Mein Mann ist Inder, und vielleicht bin ich durch ihn auch dazu gekommen, über meine eigene Herkunft, meinen Hintergrund wieder mehr nachzudenken. Ich habe dabei gemerkt, dass ich gern Mitglied der Kirche sein möchte – als Ausdruck meines Denkens und meiner Einstellung zum Leben."

Ausgetreten war Gesine mit siebzehn, „in einer ganz schnell entschlossenen Aktion letztendlich", wie sie meint. Groß geworden ist sie in einem christlichen Elternhaus, wo man zwar nicht jeden Sonntag zur Kirche ging, aber doch regelmäßig und selbstverständlich die christlichen Traditionen an Ostern, Pfingsten und Weihnachten pflegte. Sie ging zum Kindergottesdienst, später zum Konfirmandenunterricht. Mit ihrer Mutter zusammen spielte sie in Altenheimen Querflöte – und tat das durchaus gerne. Aber mit fünfzehn fing eine etwas „schwierigere Phase" an, wie sie es nennt. „Vielleicht ist das ja auch normal: Man lehnt alles, was von den Eltern kommt, ab. Ich habe viel gelesen, Marx, Lenin und solche Sachen und habe auch viel mit Freunden diskutiert. Es war damals Mode, aus der Kirche auszutreten, die Kirche galt als nicht mehr zeitgemäß, einfach zu bürgerlich. Also bin ich ausgetreten. Die Gemeinde bot mir dann auch noch einen Anlass, meinen Schritt hinlänglich zu rationalisieren. Es sollte für unsere Kirche eine neue Orgel gekauft werden für ich weiß nicht wie viel tausend Mark. Ich fand das damals absolut überflüssig, wo doch in der

Dritten Weit so dringend Geld gebraucht wurde." [...]

Erzählt hat sie von ihrem Wiedereintritt kaum jemandem. Den Eltern ja, die waren zufrieden. Ansonsten ergab sich das nicht, oder vielleicht, „ja, vielleicht hab ich die Diskussionen auch ein bisschen gescheut, ich wollte mich nicht rechtfertigen, weder für meinen Austritt noch für die Rückkehr." „Obwohl", meint sie nach einigem Nachdenken, „wenn ich das von jemand anderem hören würde, würde ich denken: Ach, da hat jemand einen Prozess durchgemacht, hat bestimmte Stadien durchlebt, sich Gedanken gemacht und Schlüsse daraus gezogen. Ich finde das eigentlich authentischer, als wenn jemand mit der Haltung durchs Leben geht: So war das als Kind, und so soll es halt bleiben."

M 17 Peter Seewald

Doris Michel-Schmidt

„Dass ich wieder in die Kirche eingetreten bin und auch mit Überzeugung dazu stehe, ist für manche provozierender, als es das Verkaufen unserer kommunistischen Zeitung damals in den Siebzigerjahren war. Insofern bin ich Revolutionär geblieben." Der das heute sagt, heißt Peter Seewald, Journalist, ehemaliger Kommunist, Autor unter anderem von zwei Büchern mit Kardinal Joseph Ratzinger. Ein Intellektueller, ein Mann des Wortes, ein Linker. Und so einer tritt wieder in die katholische Kirche ein? [...]

Seine Geschichte mit dem Glauben beginnt mit einer religiös geprägten Kindheit im bayerischen Passau. „Unsere Eltern haben uns in die Kirche geschickt, weil sich das so gehörte und obwohl sie nicht besonders religiös waren. Für mich war das ein großes Glück, ich war begeisterter Ministrant. Im Winter zum Beispiel, besonders vor Weihnachten, morgens um halb sechs ganz allein in unsere kleine Kapelle zu stapfen: Das war schon etwas ganz Besonderes. Ich habe da Wurzeln geschlagen, auch in der Spiritualität. Es war eine Selbstverständlichkeit, die Identität schafft."

[...] Bei seinem Austritt war er 17, 18 Jahre alt. Er war damals überzeugt, dass eine gerechtere Welt über den politischen Kampf erreicht werden musste. Er war Kommunist geworden, und ein Kommunist ist nicht in der katholischen Kirche. „Das beißt sich. Es war also nur konsequent auszutreten." [...]

Erschreckend war für ihn die Beobachtung, wie wenig seine beiden Söhne, die natürlich nicht getauft worden waren und auch den Religionsunterricht nicht besuchten, über die christlich-abendländische Kultur vermittelt bekamen. „Eine Fremdheit entstand da zwischen mir und meinen Söhnen, die mir Angst gemacht hat. Da bahnte sich eine ganz andere kulturelle Entwicklung an, ein Unverständnis meiner Kultur gegenüber, weil sie nie etwas davon gehört hatten. Ich konnte ihnen das auch nicht vermitteln, ich war ja nicht der katholische Hausvater, der ihnen aus dem Evangelium vorliest oder von der Kirche erzählt. Ich empfand es als großen Mangel, wenn die Kinder nicht zumindest eine Ahnung haben vom Christentum." Also schickten die Eltern sie in den Religionsunterricht und ließen sie später auch taufen. „Ich wollte, dass die Kinder zumindest die gleiche Chance haben sollten wie ich: nämlich einmal aus der Kirche auszutreten. Das klingt vielleicht paradox, aber ich glaube, es ist leichter, sich von etwas bewusst zu trennen, als wenn man gar nichts kennen gelernt hat."

(2003)

1 *Welche Motive hatten diese beiden Menschen, wieder in die Kirche einzutreten?*

2 *Viele Kirchen haben „Beauftragte" für Wiedereintritte. Führen Sie (telefonisch) ein Interview mit einem Beauftragten und befragen Sie ihn nach den Motiven für Wiedereintritt.*

Ein oft gehörtes Motiv für Kirchenaustritt ist, dass die Kirche langweilig sei. Gemeint ist dann der Gottesdienst. Ist die Kirche eher attraktiv, wenn sie die traditionelle Liturgie bewahrt oder wenn sie neue Wege geht?

Der Gottesdienst ist die grundlegende Sozialform des christlichen Lebens. Dabei müssen Gottesdienste nicht langweilig sein. Überall wird experimentiert mit zeitgemäßen Formen von gottesdienstlichem Leben, ob sie nun „Jugendgottesdienste", „Thomas-Messen", „Go-Special", „AusZeit", „Gottesdienst-Anders", usw. heißen. Gleichzeitig ist eine Bewegung erkennbar, die ihre Stärke in den traditionellen Formen und alten Texten und Liedern sucht. Es wachsen außerhalb Europas vor allem kleinere konservative Kirchen (Personalgemeinden, „Sekten") mit einem klaren Profil.

Für Deutschland seien hier als Beispiel Ausschnitte aus Interviews mit Klaus Douglas, Pfarrer in Niederhöchstadt („Go-Special"), und mit dem Hamburger evangelischen Pfarrer Ulrich Rüß vorgestellt, der Vorsitzender der „Kirchlichen Sammlung um Bibel und Bekenntnis" ist.

„Go Special" oder Tradition?

M18

Interviewerin: Doris Michel-Schmidt

■ *Mit unterschiedlichen Gottesdiensten sprechen Sie unterschiedliche Gruppen an. Am Sonntag findet morgens ein „konventioneller" Gottesdienst statt und nachmittags oder abends beispielsweise ein „Go special" mit Popmusik, Theaterelementen und einem „Kreuzverhör" zu einem bestimmten Thema. Sind Zielgruppen-Gottesdienste die Lösung für die immer leerer werdenden Kirchen?*

Alle Gottesdienste sind Zielgruppenveranstaltungen! Es gibt nur Gemeinden, die das zugeben, und andere, die immer noch meinen, ihre Gottesdienste seien für alle da. Ein Pfarrer, der behauptet, sein Gottesdienst richte sich an alle, muss nur die Augen aufmachen und schauen, wer denn wirklich da sitzt. Das ist in der Regel eine sehr homogene Gruppe. Natürlich, der Pfarrer meint, er lädt alle ein. Aber das ist wie ein Metzger, der sagt: „Bei mir dürfen auch Vegetarier einkaufen." Vielleicht kommt auch mal ein Vegetarier vorbei, wenn es gutes Sauerkraut gibt, aber in der Regel bedient sich ein Vegetarier dort nicht. Und so wie unsere Gottesdienste im Allgemeinen stattfinden: mit Orgelmusik, mit der kirchlichen Sprache, den Pfarrgewändern, den harten Holzbänken, zu einer bestimmten Uhrzeit und mit fehlenden Kinderprogrammen – da darf man sich nicht wundern, wenn die Leute zu 95 Prozent sagen: „Das ist nichts für mich." Da kann man hundertmal sagen, der Gottesdienst sei aber für alle da, das ist naiv, das stimmt einfach nicht.

Wir haben eine Umfrage gemacht; wir haben gefragt: „Wie müsste ein Gottesdienst aussehen, der euch gefällt? Müsste mehr gelacht werden, wollt ihr angesprochen oder in Ruhe gelassen werden, wenn ihr reinkommt? Wie müsste die Musik sein? Welche Themen interessieren euch?" Danach haben wir andere Zielgruppen definiert und entsprechend auch andere Gottesdienste kreiert.

■ *Herr Pastor Rüß, Sie feiern den Gottesdienst in der traditionellen Form der lutherischen Messe. Warum ist Ihnen das traditionelle Element so wichtig?*

Ich glaube, dass die Menschen, egal ob jung oder alt, auch so etwas wie den Kultus brauchen, den Kultus als religiöse Form, die sich nicht von vornherein und immer allen erschließt, die aber ahnen lässt: Hier geht es um das Heilige. Es muss nicht immer alles profanisiert werden, damit es bei den Leuten ankommt. Wer in die Kirche kommt, wer den Gottesdienst besucht, soll durchaus auch spüren dürfen: Das hier ist nicht der Alltag, hier geht es um etwas anderes, hier geht es um das Heilige. [...] Ein Zielgruppengottesdienst kann niemals den gemeinsamen Gemeindegottesdienst ersetzen. Zum Christsein gehört ja immer dazu, jemanden in die Gemeinde und damit in die Gemeinschaft der Glaubenden zu führen. Wenn ich das aufdrösle in Gottesdienste für Jugendliche, für Senioren, für Akademiker, für Handwerker ..., dann bleibt das Gemeinsame auf der Strecke. Und gleichzeitig ist die Gefahr gegeben, dass sich die Inhalte des Gottesdienstes nach dem jeweiligen Gegenüber ausrichten – dass die Standards fallen gelassen werden zugunsten des Hörerohrs. Das kann aber von unserem Auftrag her nicht gemeint sein. Das Ziel muss bleiben, die Gemeinde insgesamt im Blick zu haben.

(2003)

1 *Teilen Sie den Kurs in zwei Gruppen. Die eine Gruppe liest den Text von Douglas, die andere von Rüß. Diskutieren Sie in zwei „Bänken" (➤ s. S. 246) das Pro und Kontra der Erneuerung des Gottesdienstes.*

Blick auf andere Fächer: Musik

Musik in der Kirche

Musik ist ein Geschenk Gottes. Sie trifft den ganzen Menschen und ist die „via directa" zur „Seele". Nicht ohne Grund bilden Kirchenlieder das Herz der protestantischen Spiritualität. Der größte Teil der gesungenen Musik ist religiöse Musik: Psalmen, Kantaten, Oratorien, Messen, das Requiem, Motetten, religiöse Lieder. Dazu kommt noch Orgelmusik, meditative Musik und auch zeitgenössische Popmusik mit religiösen und kirchlichen Anspielungen. Auch werden alte Kompositionen oder Stile (Gregorianik, orthodoxe Kirchenmusik, Johann Sebastian Bach usw.) wieder aufgegriffen, zitiert und verfremdet.

Während das Fach Musik die kompositorischen und musikalischen Aspekte (das Verhältnis von Text und Musik) vertiefen kann, erschließt der Religionsunterricht die theologischen Inhalte oder die (kirchenhistorischen) Hintergründe. In welcher Zeit ist diese Komposition entstanden? Unter welchen Umständen? Wer war der Komponist, und wie stand er zur Kirche, zum Glauben? Wer war der Auftraggeber, wer die Zielgruppe?

Auch die Kirchenmusiker und Textdichter selbst bilden die Brücke zwischen beiden Fächern: Hildegard von Bingen, Claudio Monteverdi, Martin Luther, Paul Gerhardt, Johann Sebastian Bach, Georg Friedrich Händel, Johannes Brahms, Jochen Klepper, Arvo Päärt, u. a.

So lässt sich im Fach Musik zum Beispiel die Musik Hildegards von Bingen (1098–1179) auf ihre Intention und Wirkung hin analysieren. Der Religionsunterricht kann dies mit Informationen über das Leben und Wirken Hildegards (ihre Visionen und Predigten) vertiefen.

Martin Luthers reformatorische Entdeckung (➤ s. S. 241) kann man im Religionsunterricht an seinen Kirchenliedern entfalten, z. B. an einem seiner ältesten Gemeindelieder (1523): „Nun freut euch, lieben Christen g'mein" (Evangelisches Gesangbuch, Nr. 341). Das Fach Musik kann ausführen, wie sich in der Reformationszeit Rolle und Stellung der Musik (Gemeindegesang, Orgel) in der Kirche änderte. Der Religionsunterricht steuert die theologischen Begründungen dazu bei.

Johann Sebastian Bach (1685–1750) komponierte sowohl kirchliche als auch weltliche Musik. Das Fach Musik verdeutlicht den kompositorischen Aspekt der Barockmusik, während im Religionsunterricht Inhalt und Aufbau der Kantaten besprochen werden können. Beide Fächer analysieren gemeinsam die musikalische und theologische Sprache der Matthäuspassion.

Ein weiteres Beispiel wäre die Missa Solemnis von Ludwig van Beethoven (1770–1827). Er selbst hielt dieses Werk, das er schon im Zustand völliger Taubheit komponierte, für sein bestes. Das Fach Musik kann die Messe, die nicht im Dienste des Adels komponiert (Französische Revolution!) und nicht in einer Kirche, sondern im Konzertsaal aufgeführt wurde, kulturhistorisch einordnen. Religion kann die bekenntnishafte Musiksprache näher deuten.

Und:
Wie sollte heute die Musik in der Kirche sein?

Was Kirche ist

Um eine Antwort auf die Frage „Was ist Kirche?“ zu formulieren, müssen wir zurück zu den Ursprüngen der Kirche, zum Neuen Testament. Wann hat „Kirche“ angefangen? Hat Jesus die Kirche gegründet oder nur das Kommen des Reiches Gottes angekündigt? Steht Petrus mit seiner Ansprache an Pfingsten (Apg 2) am Anfang der Kirche oder war es Paulus mit seinen Missionsreisen?

Schon in der Anfangszeit der Kirche, so zeigen uns die Texte im Neuen Testament, ist es nicht möglich, von der (einen) Kirche zu sprechen. Es gibt unterschiedliche Ekklesiologien: theologische Entwürfe zum Verständnis von Kirche.

Diese Vielfalt erweitert sich in der weiteren Ausbreitung von Kirche auf verschiedene Kulturkreise. Es entstehen unterschiedliche Kirchen: die koptische, die armenische, die griechisch-orthodoxe, die römisch-katholische, die evangelische. Der Stammbaum der Kirchen hat viele Verästelungen. Diese geschichtliche Entwicklung führte auch zu unterschiedlichen Aussagen über Wesen und Ziel der Kirche.

Eines der wichtigsten kirchengeschichtlichen Ereignisse des 20. Jahrhunderts ist die ökumenische Bewegung: das Zusammenwachsen der verschiedenen Kirchen im gemeinsamen Auftrag für die eine Welt. Inwiefern haben sich die unterschiedlichen Kirchen bei zentralen Themen wie Taufe, Abendmahl und Position des Papstes, der Priester oder Pfarrer schon angenähert?

Inwiefern sind Phänomene in anderen Religionen, wie „Heilige Orte“, Tempel, Synagogen und Moscheen wirklich mit der christlichen Kirche vergleichbar?

Hat Jesus die Kirche gewollt?

Es ist nicht selbstverständlich, dass es die Kirche gibt. Jesus hat im Grunde die Kirche nicht gegründet oder gestiftet. Ob er überhaupt die Kirche gewollt hat und ob die Gruppe der Nachfolger Jesu Vorläufer der heutigen Kirche genannt werden darf, ist umstritten. Bischof Wolfgang Huber (* 1942), seit 2003 Ratsvorsitzender der Evangelischen Kirche in Deutschland (➤ s. S. 272), setzt bei dem berühmten Satz des französischen Bibelwissenschaftlers Alfred F. Loisy (1857–1940) an: „Jesus predigte das Reich Gottes – gekommen ist die Kirche.“ Karl Kardinal Lehmann (* 1936), der Vorsitzende der deutschen katholischen Bischofskonferenz, gibt zwar zu, dass das Reich Gottes und nicht die Kirche das letzte Ziel der Heilsgeschichte sei, betont aber, dass „die Kirche teil an der verkündigten Nähe des Gottesreiches hat“.

Die Jesusbewegung und die Kirche

M 19

Wolfgang Huber

„Jesus predigte das Reich Gottes – gekommen ist die Kirche.“ Mit diesem berühmt gewordenen Satz beschrieb der Franzose Loisy zu Beginn unseres Jahrhunderts den Übergang von der Verkündigung Jesu zur nachösterlichen Gemeinde. Er tat dies in durchaus wohlwollender Absicht. Verstanden wurde Loisys Satz später allerdings oft als ein abfälliges Urteil über die Kirche: Was von Jesu radikaler Reich-Gottes-Predigt blieb, war die Kirche als eine Institution, die sich auf Dauer in dieser Welt einzurichten verstand. Eine solche Einrichtung jedoch, die sich den Bedingungen des Alltags fügte, war das Gegenteil der außeralltäglichen Existenz, zu der Jesus seine Jünger einlud.

Dies ist allerdings an einer solchen kritischen Aufnahme von Loisys Satz ohne Zweifel richtig: Als Jesus von Nazareth seine Jünger in die Nachfolge berief, gründete er nicht die Kirche. Er forderte eine kleine Schar auf, alle Geborgenheit hinter sich zu lassen und mit ihm umherzuziehen: ohne Familie, ohne Besitz, ohne gesicherte Unterkunft. Resonanz und Unterstützung fanden Jesus und seine Jünger im Kreis der „Sympathisanten", die der Verkündigung Jesu Glauben schenkten, ohne ihre gewohnten Bindungen aufzugeben. Doch auch sie traten in einen neuen Lebenszusammenhang, wie Jesu Wort von den „wahren Verwandten" unterstreicht:

„Wer ist das, meine Mutter und meine Brüder? Und er ließ seinen Blick unter den Umsitzenden in die Runde gehen und sagte: Diese hier sind meine Mutter und meine Brüder! Wer den Willen Gottes tut, der ist mir Bruder, Schwester und Mutter (Markus 3,33f.)."

Von dem „Wanderradikalismus" der Jesusbewegung zur „Kirche" ist es nicht einfach ein gleitender Übergang, sondern ein großer historischer Schritt. Von den neutestamentlichen Autoren hat zweifellos Lukas das deutlichste Bewusstsein von der geschichtlichen Zäsur, die mit dem Übergang von der Jesusbewegung zur Kirche gegeben ist. Jesus ist in der Kirche nicht leibhaftig anwesend; sondern die Kirche lebt in der Gegenwart des Geistes. Die Himmelfahrt einerseits, die Geistausgießung an Pfingsten andererseits markieren den Einschnitt (vgl. Apostelgeschichte 1,4ff.; 2,1ff.). Auf die Zeit Jesu folgt die Zeit der Kirche. Doch beide Zeiten sind miteinander verbunden. Denn die Kirche lebt in der Kraft des Geistes Jesu; die Gliedschaft in der Kirche wird ergriffen im Glauben an die durch Jesus, seinen Tod und seine Auferstehung bewirkte Vergebung und in der Taufe auf seinen Namen. [...]

Die Kirche lebt aus der Kraft der Versöhnungstat Gottes in Christus; sie lebt in der Kraft des Geistes; und sie lebt in der Erwartung des wiederkommenden Herrn, in der Hoffnung auf die Vollendung des Reiches Gottes. Diesem ihrem heilsgeschichtlichen Ort gibt die Christenheit dadurch Ausdruck, dass sie von der Kirche im dritten Artikel ihres Glaubensbekenntnisses redet: In der Sprache des Glaubens ist der Ort der Kirche zwischen dem Bekenntnis zum Heiligen Geist und dem Harren auf die Wiederkunft Christi. Damit ist gesagt: Die Kirche hat teil an der Geschichte des Christus, der der Messias Israels und der Heiland der Völker ist. Diese Geschichte geht der Kirche voraus. Jesu Predigt und helfendes Handeln, sein Tod und seine Auferweckung liegen der Kirche als das sie begründende Geschehen voran. Und die Geschichte des Christus folgt der Kirche nach. Denn auch die Kirche wird in die Herrschaft Christi aufgenommen werden und in die vollendete Herrschaft Gottes eingehen (vgl. 1. Korinther 15,27f.). Die Geschichte des Christus ist schließlich aber in der Kirche gegenwärtig. Der Geist bürgt für diese Gegenwart; deshalb kann darum gebetet werden, dass er im Wort und in den Zeichen von Taufe und Abendmahl wirksam ist.

(1979)

M20 Kirche ist Teil des Reiches Gottes

Karl Kardinal Lehmann

Nicht die Kirche, sondern das Reich Gottes ist das letzte Ziel der Heilsgeschichte und die vollkommene Gestalt des Heils für Himmel und Erde.

Manche setzen freilich zwischen der Gottesreichpredigt Jesu und der Kirche einen totalen Unterschied, als ob beide Größen überhaupt nichts miteinander zu tun hätten. Die Wirklichkeit des Reiches Gottes beziehe sich letztlich nur auf eine endzeitliche Erfüllung. Jesu Verkündigung, dass die Herrschaft Gottes in der gegenwärtigen Zeit angebrochen sei, wäre dann nicht in Erfüllung gegangen. An die Stelle der Herrschaft Gottes sei – so sagen sie – dann die „Kirche" getreten. [...] Die Kirche ist demnach das Überbleibsel einer enttäuschten Hoffnung und die verunglückte Gestalt dessen, was Jesus eigentlich wollte.

Wie kommt es denn überhaupt zu so etwas wie Kirche? Jesus wollte Israel sammeln und für den Anbruch der Gottesherrschaft bereit machen. […]

Um diesen Prozess zu erhellen, müssen wir einzelne Phasen und Stufen unterscheiden:
- **Der umfassende Ruf Jesu: Gottes Liebe gilt für alle (Reine, Unreine, Juden, Nicht-Juden).**
- **Die Einsetzung der zwölf Jünger. Jesus hat doch wohl ein Weiterbestehen des Jüngerkreises über seinen Tod hinaus erwartet (vgl. Mk 14,25).**
- **Die Hingabe seines Leibes und seiner ganzen Existenz im Abendmahl. Sein Tod für die Vielen ist eine Voraussetzung für das Werden der Kirche.**
- **Die Auferstehung Jesu Christi. Indem Jesus sich nach seinem Sieg im Tod seinen Jüngern offenbart, richtet er die zerbrochene Gemeinschaft wieder auf.**
- **Pfingsten. Durch die Aussendung des Geistes schafft Gott die Kirche. Pfingsten ist, will man überhaupt einen „Termin" angeben, das Geburtsfest der Kirche. Zum Begriff der Kirche gehört, dass sie wesentlich Heidenkirche ist.**

[…] Es darf nämlich auch keine Kluft geben zwischen der Kirche und dem Reich Gottes. Die Herrschaft Gottes wird jetzt schon mitten in der Geschichte Gegenwart: sichtbar, wenn auch noch nicht vollendet. Das Reich Gottes ist nicht etwas Freischwebendes, sondern es wird im Blick auf die Geschichte an das Volk Gottes gebunden. Die Gottesherrschaft kann nur dann in der Geschichte ankommen, wenn sie von Menschen angenommen wird. Die Zeit zwischen dem Kommen Jesu und dem endgültigen Aufrichten der Gottesherrschaft ist nicht einfach „leer", sondern als die Zeit der Kirche hat sie einen eigenen heilsgeschichtlichen Sinn. Gott führt den mit Jesus eröffneten Anfang seiner Gottesherrschaft fort, weil diese – obwohl sie an ihn gebunden bleibt – nicht einfach in seiner Person aufgeht, sondern weil ihre Dynamik auf die ganze Welt gerichtet ist. Dieser Anfang der verkündigten Nähe der Gottesherrschaft ist durch den Tod Jesu nicht einfach zunichte oder auf ein ganz anderes Gleis (erst das Reich Gottes, dann die Kirche) umgelenkt worden. Durch die liebende Hingabe Jesu „für die Vielen" ist dieser Anfang vielmehr gefüllt und bewährt worden – freilich anders, als die Erwartung der Menschen sich ausdachte. Ohne den Karfreitag als Krise und Bewährung der Sendung Jesu Christi kann es Kirche im strengen Sinn nicht geben. Gott bekennt sich, wie die Ostererfahrung und der Osterglaube bezeugen, zu diesem Geschick Jesu und seiner Botschaft. Die Kirche hat ihre Wurzeln im Sein und Handeln des irdischen Jesus, Kirche im Vollsinn kann es aber erst geben, seit Jesus auferstanden ist. *So ist die Kirche ein dichtes, wirkliches Zeichen für die Gottesherrschaft, eine von Gott in die Geschichte gelegte Spur seines Reiches und ein Vortrupp der endzeitlichen Hoffnung für alle. In diesem Sinne hat die Kirche teil an der verkündigten Nähe des Gottesreiches.*

(1996)

1 *Lesen Sie M 19 und M 20. Analysieren Sie, wie sich aus beiden Texten Unterschiede zwischen einer evangelischen und einer katholischen Auffassung von Kirche ergeben. Diskutieren Sie, ob und welche Konsequenzen es für Sie hätte, wenn Jesus die Kirche nicht gewollt hat.*

Kirche gibt es nur in der Vielfalt

Aus dem Neuen Testament lassen sich unterschiedliche theologische Entwürfe für das Verständnis von Kirche entnehmen, wie auch unterschiedliche bildhafte Bezeichnungen. Welche theologischen Auffassungen die Autoren der Bibelbücher hatten, welche „Bilder" sie „im Kopf" hatten, hing auch mit konkreten Entscheidungen zusammen, die im Alltag der Urgemeinde getroffen werden mussten.

Die unterschiedlichen Vorstellungen, „Bilder", von Kirche waren also in gewisser Weise „zweckgebunden".

- Die Kirche als Baustelle des Reiches Gottes (Lk 4,14–21).
- Die (idealisierte) Urgemeinde, in der alles allen gemeinsam gehört (Apg 2,42–47).
- Kirche als „Leib Christi" mit verschiedenen Aufgaben und Ordnungen (1. Kor 12,12f. und 27–31; 1. Kor 14,39f.)
- Die Kirche als Tempel Gottes und Christen als lebendige Steine (1. Petrus 2,4f. und 9).
- Kirche als Liebesgemeinschaft der Kinder Gottes (1. Joh 3,1–2 und 18–19a).

1 *Vergleichen Sie die fünf biblischen „Bilder" von Kirche. Wie werden Ziel, Wesen und Funktion von Kirche umschrieben? Was wäre heute am wichtigsten?*

Die Vielfalt der Auffassungen von Kirche im Neuen Testament vertiefte sich in der weiteren Ausbreitung von Kirche auf verschiedene Kulturkreise. Es entstanden u. a. die koptische, armenische, griechisch-orthodoxe, die römisch-katholische, die evangelische Kirche. Die Gründe für die Kirchenspaltungen (Schismen) sind sozial, politisch und theologisch.

M21 Der Stammbaum der Kirchen (Auswahl)

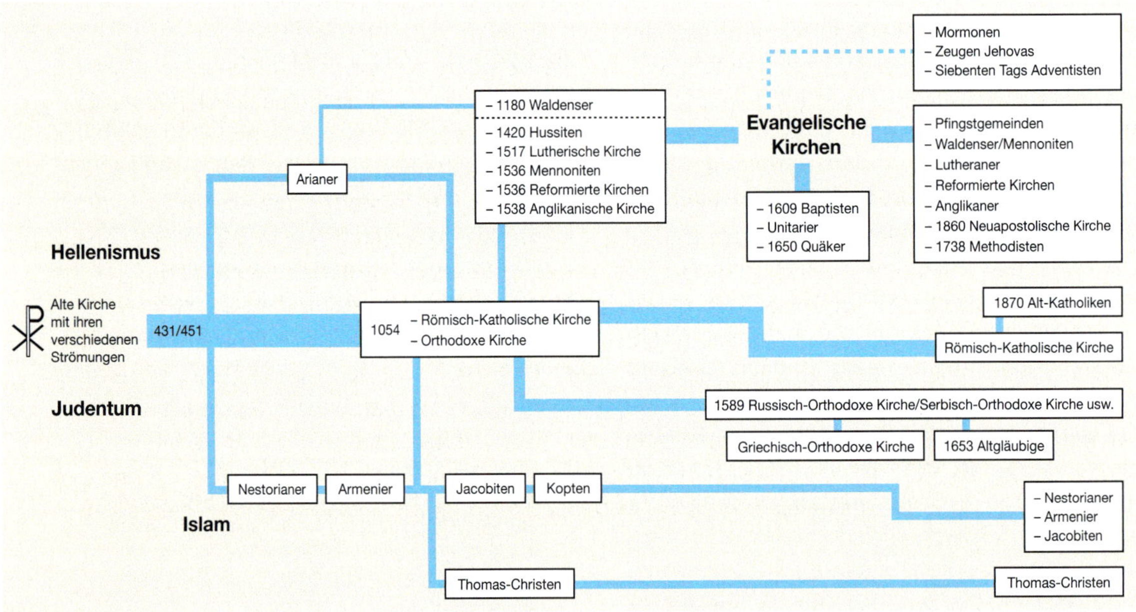

Kopten/Armenier. Durch den Zerfall des Römischen Reiches entwickelten sich an seinem Rand in einigen Völkern kulturell bedingte, eigene kirchliche Organisationen und Interpretationen der christlichen Überlieferung.

Orthodoxe Kirche. Nachdem Kaiser Konstantin das Zentrum des Römischen Reiches nach Konstantinopel („das zweite Rom") verlegt hatte, entwickelte sich im Osten verstärkt ein eigenes kirchliches Profil. Nach dem politischen Zerfall des westlichen Römischen Reiches (ab 476) stellte der Bischof von Rom die Einheit im Westen Europas dar. Die Ostkirche erkannte seine Vormachtstellung nicht an. Der endgültige Bruch, mit gegenseitigen Verfluchungen (anathema), vollzog sich 1054.

Russisch-orthodoxe Kirche. Als die Muslime 1453 Konstantinopel eroberten (es hieß fortan Istanbul), wurde Moskau zum „dritten Rom". Die Orthodoxie im Osten organisierte sich in autokephalen (eigenständigen) „nationalen" Kirchen: Russland, Griechenland, Serbien usw.

Evangelische (lutherische) Kirche. Luthers reformatorische Wiederentdeckung der paulinischen Rechtfertigungslehre im 16. Jahrhundert traf auf den bleibenden Widerstand Roms. Der sich daraus ergebende Konflikt führte zur Trennung der evangelischen Kirchen von der römisch-katholischen.

Reformierte Kirche. Sie entstand nach 1540 aus Johann Calvins umfassendem Bestreben, die Kirche nach Lehre und Leben (Kirchenzucht, demokratische Kirchenleitung, usw.) zu reformieren. Spätmittelalterliche Reformbewegungen wie die Waldenser (Petrus Valdes) schlossen sich ihr an.

Anglikanische Kirche. In England entstand eine eigenständige Staatskirche, die liturgisch der katholischen Kirche ähnelt, theologisch aber reformatorisch ist und den Papst nicht als Oberhaupt anerkennt.

Freikirchen. Nachdem die Einheit der Kirche unter dem Papst in Rom zerfallen war, führten theologische und politische Gegensätze ungehemmt zu Schismen und zu einer Fragmentarisierung der protestantischen Kirchen.

1 *Im Text sind die Begründungen für die Verästelungen der Kirche nur sehr vereinfacht wiedergegeben. Wählen Sie eine kirchliche Gruppierung aus und erforschen Sie, welche sozialen, politischen und theologischen Faktoren zu dem jeweiligen Schisma geführt haben.*

Im Laufe der Kirchengeschichte entstanden so genannte „Bekenntnisschriften", die den Christinnen und Christen helfen sollten, sich ihres Glaubens zu vergewissern. Darin sind auch Glaubensaussagen über Wesen und Ziel der Kirche enthalten, zum Beispiel über ihre Einheit, ihre Heiligkeit und ihren Missionsauftrag. Die Aussagen entstehen immer in einer bestimmten Zeit und mit einem bestimmten Ziel.

Das so genannte Apostolische Glaubensbekenntnis (Apostolicum) entstand, kurz nachdem Kaiser Theodosius im Jahr 380 das Christentum zur Staatsreligion des Römischen Reiches erklärt hatte. Den umfangreichen christologischen Streitigkeiten sollte ein Ende gesetzt werden, um die Einheit des Reiches, auch wegen der Bedrohung durch fremde Völker von außen, zu fördern. Das Glaubensbekenntnis, das in den Kirchen in Deutschland als das bekannteste gilt, geht auf alte Taufformeln und andere Bekenntnisfragmente aus den ersten Jahrhunderten der Kirche zurück. Der Name „Apostolicum" bedeutet nicht, dass das Bekenntnis von den Aposteln, d. h. von den Jüngern Jesu, aufgeschrieben worden sei. Wohl erst im 6. Jahrhundert wurde es in Rom verfasst, um die Einheit der lateinischen Christen unter der Führung des Bischofs von Rom (also des Papstes) zu sichern. Das so genannte „Nicaenum" ist das einzige Bekenntnis, das sowohl Orthodoxe, Katholiken als auch Protestanten gemeinsam beten.

Das Glaubensbekenntnis von Nicäa-Konstantinopel

M22

Es endet:

„Wir glauben an den Heiligen Geist, der Herr ist
und lebendig macht,
der aus dem Vater und dem Sohn hervorgeht,
der mit dem Vater und dem Sohn angebetet
und verherrlicht wird,
der gesprochen hat durch die Propheten,
und die eine, heilige, allgemeine und apostolische Kirche.
Wir bekennen die eine Taufe zur Vergebung
der Sünden.
Wir erwarten die Auferstehung der Toten und
das Leben der kommenden Welt."

(381)

Die zentrale lutherische Bekenntnisschrift ist das Augsburger Bekenntnis (Confessio Augustana, CA). Philipp Melanchthon (1497–1560), der bedeutendste deutsche Reformator neben Luther, hat es verfasst. Das Dokument sollte für den Reichstag 1530 die verschiedenen evangelischen Gruppierungen zu einem gemeinsamen Standpunkt bringen, um so gegenüber dem katholischen Kaiser Karl V. und dem katholischen Theologen Johannes Eck die neue „evangelische" Sache zu verteidigen.

M23 Das Augsburger Bekenntnis

Philipp Melanchthon

Artikel 7. Von der Kirche.

Es wird auch gelehrt, dass allezeit eine heilige, christliche Kirche sein und bleiben muss, die die Versammlung aller Gläubigen ist, bei denen das Evangelium rein gepredigt und die heiligen Sakramente laut dem Evangelium gereicht werden. Denn das genügt zur wahren Einheit der christlichen Kirche, dass das Evangelium einträchtig im reinen Verständnis gepredigt und die Sakramente dem göttlichen Wort gemäß gereicht werden. Und es ist nicht zur wahren Einheit der christlichen Kirche nötig, dass überall die gleichen, von den Menschen eingesetzten Zeremonien eingehalten werden, wie Paulus sagt: *„Ein Leib* und *ein* Geist, wie ihr berufen seid zu *einer* Hoffnung eurer Berufung; ein Herr, *ein* Glaube, *eine* Taufe" (Eph 4,4–5).

(1530)

In Deutschland entstand Anfang der 30er Jahre innerhalb der evangelischen Kirche durch die Auseinandersetzung über das Verhältnis zum Nationalsozialismus eine Neubesinnung über Wesen und Auftrag der Kirche. Im Mai 1934 trafen sich in Barmen (Wuppertal) Gegner einer „Gleichschaltung". Sie forderten, dass „die Kirche Kirche bleiben sollte": nicht deutsch und nicht nationalsozialistisch. Ihre „Barmer Thesen" bildeten die Basis der „Bekennende Kirche" und gewannen weltweit Bedeutung.

M24 Die Barmer Thesen

„Lasset uns aber rechtschaffen sein in der Liebe und wachsen in allen Stücken an dem, der das Haupt ist, Christus, von welchem aus der ganze Leib zusammengefügt ist." (Epheser 4,15–16).

Die christliche Kirche ist die Gemeinde von Brüdern, in der Jesus Christus in Wort und Sakrament durch den Heiligen Geist als der Herr gegenwärtig handelt. Sie hat mit ihrem Glauben wie mit ihrem Gehorsam, mit ihrer Botschaft wie mit ihrer Ordnung mitten in der Welt der Sünde als die Kirche der begnadigten Sünder zu bezeugen, dass sie allein sein Eigentum ist, allein von seinem Trost und von seiner Weisung in Erwartung seiner Erscheinung lebt und leben möchte.

Wir verwerfen die falsche Lehre, als dürfe die Kirche die Gestalt ihrer Botschaft und ihrer Ordnung ihrem Belieben oder dem Wechsel der jeweils herrschenden weltanschaulichen und politischen Überzeugungen überlassen.

(1934)

Zu Beginn der 1960er Jahre berief Papst Johannes XXIII. ein Konzil ein, um über ein „aggiornamento", eine zeitgemäße Erneuerung der Kirche, zu beraten. Zwischen 1962 und 1965 kamen etwa 2 500 „Konzilsväter" (Kardinäle, Bischöfe und katholische Theologen) in vier Sitzungsperioden zusammen, um über viele Reformvorschläge zu diskutieren.

In der Erklärung „Lumen Gentium" (Dogmatische Konstitution über die Kirche, Nr. 1 und 8) heißt es, dass es nur eine Kirche gibt, die Ort und Mittel für die Fortsetzung des Heilshandelns Christi in der Welt ist. Man formulierte nicht, dass dies nur die römisch-katholische Kirche sei, sondern dass sie sich

in der katholischen Kirche verwirkliche. Auf diese Weise ist sie das Sakrament (Zeichen und Werkzeug Gottes), das das Werk Christi weiterführt.

Die Constitutio über die Kirche im II. Vatikanischen Konzil

M25

Dies ist die einzige Kirche Christi, die wir im Glaubensbekenntnis als die eine, heilige, katholische und apostolische bekennen. Sie zu weiden, hat unser Erlöser nach seiner Auferstehung dem Petrus übertragen (Joh 21,17), ihm und den übrigen Aposteln hat er ihre Ausbreitung und Leitung anvertraut (vgl. Mt 28,1–8ff.), für immer hat er sie als „Säule und Feste der Wahrheit“ errichtet (1. Tim 3,15). Diese Kirche, die in dieser Welt als Gesellschaft verfasst und geordnet ist, ist *verwirklicht* in der katholischen Kirche, die vom Nachfolger Petri und von den Bischöfen in Gemeinschaft mit ihm geleitet wird. Das schließt nicht aus, dass außerhalb ihres Gefüges vielfältige Elemente der Heiligung und der Wahrheit zu finden sind, die als der Kirche Christi eigene Gaben auf die katholische Einheit hindrängen.“

(1964)

1 Vergleichen Sie die vier Ekklesiologien (M 22–M 25). Gibt es bestimmte Aspekte, die gleich sind? Welche Elemente begründen die eigene Konfessionalität?

Trotz aller Unterschiede gibt es seit Anfang des 20. Jahrhunderts die ökumenische Bewegung. Sie strebt das Zusammenwachsen der verschiedenen Kirchen im gemeinsamen Auftrag für die Welt an. Im Jahr 1948 wurde in Amsterdam der Ökumenische Rat der Kirchen gegründet. Er ist ein Zusammenschluss von vielen protestantischen und orthodoxen Kirchen und setzt sich das Ziel, die sichtbare Einheit der Kirchen und damit die Einheit der Welt zu fördern. Ein Meilenstein in der ökumenischen Bewegung ist die sog. „Lima-Erklärung“. Sie wurde in Lima im Jahr 1982 nach ungefähr 50 Jahren Diskussion zwischen den Kirchen unter dem Thema „Glaube und Kirchenverfassung“ („Faith & Order“) verabschiedet und bezog sich auf drei zentrale Elemente: Taufe, Abendmahl und Amtsverständnis. Die Kirchen erkennen alle gegenseitig die Taufe als einzigen Zugang zur Kirche an. Es soll keine Wiedertaufe und keinen Proselytismus (Mission unter anderen Konfessionen) geben! Über das heilige Abendmahl bzw. die „Eucharistie“ ist man sich uneinig. Die römisch-katholische Kirche versteht die Eucharistie als Vergegenwärtigung des Kreuzesopfers Christi und kann vom „Messopfer“ sprechen. Durch die Kirche und die Priester bringt Christus sich selbst dar. Die reformierten Kirchen sehen das Abendmahl eher als Gemeinschaftsmahl mit Erinnerungscharakter. Die lutherische Kirche nimmt hier eine Zwischenposition ein. Für die Evangelischen kann ein gemeinsames Feiern des Abendmahls ein Weg zur Einheit sein. Für die Orthodoxen und Katholiken kann es erst zusammen gefeiert werden, wenn alle Kirchen wirklich eins sind. Dies beruht auf der unterschiedlichen „Amtsauffassung“ (die Auffassung über Bischöfe, Papst, Zölibat* u. a.). Evangelische und Orthodoxe können den Primat des Papstes nicht anerkennen; verpflichtender Zölibat gilt nur für katholische Priester und im orthodoxen Mönchtum. Bischöfe gibt es für die Reformierten nicht.

Der Papst im römisch-katholischen Kirchenrecht

M26

Codex Iuris Canonici, can. 331

Der Bischof der Kirche von Rom, in dem das vom Herrn einzig dem Petrus, dem Ersten der Apostel, übertragene und seinen Nachfolgern zu vermittelnde Amt fortdauert, ist Haupt des Bischofskollegiums, Stellvertreter Christi und Hirte der Gesamtkirche hier auf Erden; deshalb verfügt er kraft seines Amtes in der Kirche über höchste, volle, unmittelbare und universale und ordentliche Gewalt, die er immer frei ausüben kann.

§ 1 Der Papst hat kraft seines Amtes nicht nur Gewalt in Hinblick auf die Gesamtkirche, sondern besitzt auch über alle Teilkirchen und deren Verbände einen Vorrang ordentlicher Gewalt, durch den zugleich die eigenberechtigte, ordentliche und unmittelbare Gewalt gestärkt und geschützt wird, die die Bischöfe über die ihrer Sorge anvertrauten Teilkirchen inne haben.

§ 2 Der Papst steht bei Ausübung seines Amtes als oberster Hirte der Kirche stets in Gemeinschaft mit den übrigen Bischöfen, ja sogar mit der ganzen Kirche; er hat aber das Recht, entsprechend den Erfordernissen der Kirche darüber zu bestimmen, ob er dieses Amt persönlich oder im kollegialen Verbund ausübt.

(1983)

1 *Organisieren Sie einige gemeinsame Unterrichtsstunden mit dem katholischen Kurs und diskutieren Sie über die Gemeinsamkeiten und Unterschiede zwischen der evangelischen und der katholischen Kirche. Wie können sie zu einer Kirche werden?*

Papst Benedikt XVI.

Haben Juden, Muslime, Hindus und Buddhisten keine Kirche?

Wenn man die christliche Kirche mit den „Gemeinschaftskonzepten“ anderer Religionen vergleicht, zeigt sich, dass die Kirche eine Besonderheit darstellt. Vor allem die Bezeichnung „Leib Christi“ unterscheidet sie theologisch von den anderen Gemeinschaften. Überdies verbindet die Kirche bestimmte Elemente, die in anderen religiösen Gemeinschaften nur isoliert auftreten. Hans Martin Barth (* 1939) ist Professor für Evangelische Theologie in Marburg.

M27 Kirche im Vergleich zu anderen Religionen

Hans Martin Barth

Judentum. Das Judentum kennt die Gemeinschaft des Bundes, der primär an einer ethnischen Größe orientiert ist, in dieser freilich nicht aufgeht.

Islam. Einen Begriff, der dem christlichen Verständnis von „Kirche“ entspricht, gibt es im Islam nicht. Der Ausdruck, der – unabhängig von Rasse, Sprache, ethnischer Zugehörigkeit oder Nationalität – die Gesamtheit der Muslime, die „Weltgemeinschaft der Glaubensgenossen" bezeichnet, lautet „Umma". Da nach muslimischem Verständnis Religion immer in gewisser Weise bestimmte gesellschaftliche und politische Verhältnisse impliziert, schwingen in diesem Begriff auch Elemente mit, die über das Religiöse hinausgehen. Will man die religiöse Seite des Islam hervorheben, so spricht man von „djama'a", der Gemeinschaft derer, die sich durch ihren Glauben und ihre Treue zur Tradition miteinander verbunden wissen. Ist eine Staatsverfassung islamisch ausgerichtet, so dass die in ihrem Bereich lebenden Muslime ihrem Glauben entsprechend leben können, so handelt es sich um ein Territorium, das als „Gebiet des Islam" bezeichnet wird. Wo jedoch Muslime leben, ohne durch die Verfassung Rückendeckung zu erhalten, handelt es sich um das „Gebiet des Krieges". Die konkrete Zuordnung einzelner Staaten ist umstritten.

Hinduismus. Hindus haben von Hause aus kein Bedürfnis, Grenzen der „ewigen Religion" zu markieren. Zwischen den zahllosen Kulten und Traditionen innerhalb des Hinduismus gibt es fließende Übergänge. Andererseits können Familie, Clan oder Kaste als Kultgemeinschaft aufgefasst werden, die strenge Ausschlusskriterien kennt. Der einzelne Gläubige sieht sich allein auf seinem Weg zur Erlösung und zugleich hineinverwoben in die karmisch bestimmte Gemeinschaft der Menschheit, ja in kosmische Prozesse.

Buddhismus. Buddhisten verstehen sich als Befolger des von Buddha gewiesenen Wegs; es geht ihnen um die Befreiung des Einzelnen. Die auf dem Weg des Buddha Vereinten bilden die Gemeinschaft der Mönche, Nonnen und Laien, wobei sich die Laien an der Gemeinschaft der Mönche und Nonnen orientieren.

Christentum. Die theologisch gravierendste Differenz zwischen dem Selbstverständnis der Kirche und dem nichtchristlicher Religionen zeigt sich an der Metapher „Leib Christi". Christen wissen, dass sie in Jesus Christus zusammengehören, für einander verantwortlich und gemeinsam dazu berufen sind, das Heil zu bezeugen. Sie gehen davon aus, dass in ihnen – sowohl in den Einzelnen wie in der Gemeinschaft – Jesus Christus selbst sich vergegenwärtigt. [...]

Die Kirche begreift sich vielmehr prinzipiell als eine Gemeinschaft von einander Dienenden.

(2001)

1 *Was unterscheidet nach Barth die christliche Kirche von Gemeinschaftskonzeptionen in anderen Religionen?*

2 *Untersuchen Sie, ob sich in den „Gotteshäusern" anderer Religionen in Ihrer Nähe (Synagoge, Tempel, Moschee) die andere Konzeption von „Gemeinschaftung" sichtbar spiegelt. (➤ Vgl. „Lernen in Kirchengebäuden", S. 270)*

Was Kirche ist

Das Wort **Kirche** (kerk, kirke, church) hängt mit dem griechischen Wortes kyrios zusammen, das Herr bedeutet. Kyriakon ist das zum Herrn Gehörende. Auf Latein heißt „Haus des Herrn" „domus dei", was wir in dem Ausdruck „Dom", der Benennung von großen Kirchen, meist Sitz eines Bischofs, wieder finden. Üblicherweise ist die lateinische Bezeichnung von Kirche „ecclesia" (vgl. iglesia, l'église). Dies bedeutet Versammlung, Gemeinde. Wenn die Theologie fragt, „wie Kirche ist", geht es um die sog. „ekklesiologische Frage", um die „Ekklesiologie".

Jesus hat die Kirche nicht gegründet. Ob er überhaupt die Kirche gewollt hat und ob man die Gruppe der Nachfolger Jesu Vorläufer der heutigen Kirche nennen darf, ist umstritten. Kirche gibt es von Anfang an in der Vielfalt. Schon im Neuen Testament finden sich bei den unterschiedlichen Autoren der Evangelien und Briefe unterschiedliche Ekklesiologien. Diese Vielfalt vertieft sich in der weiteren Ausbreitung von Kirche, durch die Anwesenheit in unterschiedlichen Kulturkreisen. Im einzigen gemeinsamen Glaubensbekenntnis aller Christen (Nicäa-Konstantinopel, 381 n. Chr.) wird formuliert, dass wir an die eine, heilige, allgemeine und apostolische Kirche glauben. Jedes Adjektiv hat hier Gewicht, und die Interpretation dieser Adjektive zieht sich wie ein roter Faden durch die Geschichte. Manchmal wird die Kirche „heilig" genannt, weil sie „Gemeinschaft der Heiligen" (Leib Christi) ist. Manchmal wird mehr betont, dass Jesus Christus in Wort und Sakrament durch den Heiligen Geist „als der Herr gegenwärtig" handelt. Für die Kirchen der Reformation formuliert das Augsburger Bekenntnis (Confessio Augustana, 1530) die Merkmale der „heiligen christlichen Kirche". Sie ist „die Versammlung aller Gläubigen, bei denen das Evangelium rein gepredigt und die Sakramente* laut dem Evangelium gereicht werden." Hier unterscheiden sich die katholische und evangelische Kirche. Statt der sieben katholischen Sakramente kennt die evangelische Kirche nur Taufe und Abendmahl, weil diese in den Evangelien ausdrücklich genannt sind.

Im 20. Jahrhundert haben sich die Kirchen auf einander zubewegt, es entstand die ökumenische Bewegung. Mit der „Lima-Erklärung" (1982) hat man erreicht, dass die Kirchen die Taufe wechselseitig anerkennen. Auch beim Übertritt in eine andere Kirche soll es keine Wiedertaufe geben. Über das heilige Abendmahl bzw. die „Eucharistie" ist man sich uneinig, weil damit ein unterschiedliches „Amtsverständnis" von Kirche verbunden ist. Evangelische und Orthodoxe können den Primat des Papstes ebenso wenig anerkennen wie den verpflichtenden Zölibat* für Priester.

Nach der protestantischen Confessio Augustana ist die Kirche „die Gemeinschaft der Heiligen", als Ort für die Predigt des Evangeliums, für Taufe und Abendmahl. Über diese Merkmale hinaus gibt es weitere Aufgaben der Kirche, z. B. Diakonie, Seelsorge, Bildung.

Auch wenn es in anderen Religionen „Heilige Orte", Tempel und Moscheen gibt, die christliche Kirche, als Gemeinschaft von „Nachfolgern" (Leib Christi), stellt im Vergleich zu anderen Religionen eine Besonderheit dar.

Wie führt man eine Umfrage durch?

Wenn Sie als Schülerin oder Schüler selbst Entwicklungen in der Religion oder in der Kirche untersuchen und präsentieren wollen, sollten Sie folgende Hinweise und methodische Schritte aus den Sozialwissenschaften beachten. Wir empfehlen, sich auf die Methode der qualitativen Umfrage zu beschränken. Die sog. „qualitative Forschung" versucht, über ein dem Forscher unbekanntes Forschungsgebiet ein breites Spektrum an Meinungen und Einsichten zu sammeln, um so einen Einblick in einen bestimmten Fragenkomplex zu bekommen.

Am besten arbeiten Sie bei diesen Fragen nach folgenden Schritten

1. **Der erste Schritt ist, dass Sie sich in die Thematik einlesen. Fragen Sie Ihren Lehrer/ Ihre Lehrerin nach geeigneter Literatur.**
2. **Formulieren Sie den Befund Ihrer Literaturrecherche.**
3. **Legen Sie zusammen mit anderen eine Liste mit vielen möglichen Fragen an.**
4. **Jetzt gibt es zwei Möglichkeiten:**
   a) Sie interviewen einige Experten.
   b) Sie wollen ein breites Meinungsbild erhalten und befragen viele Schüler/ -innen, Passanten auf der Straße, usw.

zu 4a

Suchen Sie Namen, Adressen und Telefonnummern von einigen Experten.
Hier kann der Lehrer behilflich sein oder der/die Ortspfarrer/-in, jemand aus Dekanat, Kirchenkreis oder Kirchenverwaltung, der Zuständige für Religionspädagogik, usw. Bei jedem sollten Sie nach Namen weiterer Experten fragen, bis Sie etwa 10 Personen auf Ihrer Liste haben.
Wählen Sie die wichtigsten Fragenkomplexe aus und führen Sie dann die Gespräche. Sie können das Gespräch mit einem Kassettenrecorder o. ä. aufnehmen (Zustimmung vorher erfragen) oder die Antworten in Stichpunkten mitschreiben. Bedenken Sie, dass das Ausarbeiten eines Mitschnitts sehr zeitaufwändig ist.
Die Stichpunkte sollten Sie direkt nach dem Gespräch ausarbeiten. Für die Präsentation fassen Sie die Befunde zusammen. Notieren Sie genau, wann Sie mit wem wo gesprochen haben (Name, Funktion, usw.), und fügen Sie die Ausarbeitungen der einzelnen Gespräche als Anlage hinzu.

zu 4b

Formulieren Sie mögliche Fragen.
Hier gibt es pauschal drei Möglichkeiten:
- *Offene Fragen:* Diese sind vergleichbar mit denen aus der Expertenbefragung.
- *Geschlossene Fragen,* bei denen sie die Antwortmöglichkeiten (multiple choice) vorgeben. Hier ist es zu empfehlen, sich an
- *bewährten Fragen* aus anderen Untersuchungen zu orientieren. Zum Beispiel: Jugend 2000. 13. Shell-Jugendstudie. Arthur Fischer u. a. Opladen 2000, oder die Mitgliederstudien der EKD (➤ s. M 6).
- Für die *Präsentation* fassen Sie die Befunde zusammen und interpretieren sie. Die Ergebnisse vergleichen Sie mit Ihrem anfänglichen Befunden aus der Literatur. Sie sollten die ermittelten Daten übersichtlich in Tabellen und Grafiken darstellen. Diese lassen sich später auch gut über Folien oder „Power Point" präsentieren. Vergessen Sie nicht, genau zu notieren, wann Sie was, wie, wo untersuchten. Das Frageformular und die kompletten Ergebnisse (in absoluten und relativen Zahlen) sollten als Anlage dem Forschungsbericht beigefügt werden.

Kirche und Staat

Seit den Anfängen des Christentums ist das Verhältnis zwischen Kirche und Staat ein brennendes Thema. Es bezieht sich nicht nur auf die juristische Frage des Verhältnisses zweier gesellschaftlicher Institutionen zueinander, sondern betrifft wesentliche Aspekte des Christseins. Zum Beispiel:

- Ist der Glaube eine private Überzeugung, die im öffentlichen Leben keine Rolle spielen soll?
- Ist eine wirkliche Veränderung und Verbesserung unserer Welt nur zu verwirklichen, wenn der christliche Glaube und die Kirchen in der Gesellschaft größtmöglichen Einfluss gewinnen?
- Sollte man, um den inneren Frieden eines Staates zu garantieren, Gruppen, die stark abweichende Werte und Glaubensvorstellungen haben, in ihren Entfaltungsmöglichkeiten beschränken? Wie ist ein friedliches Zusammenleben von Menschen verschiedener Überzeugung möglich?
- Auch wenn Glaube (als innere Überzeugung) mit Politik (der res publica, den allgemeinen Interessen) zu tun hat, sollte man sie nicht doch gedanklich und rechtlich unterscheiden?

Blick auf andere Fächer: Geschichte

Entwicklung des Verhältnisses zwischen Kirche und Staat

Mit *Geschichte* bietet sich eine Kooperation an, um die hier vorgestellten Positionen (Modelle) historisch einzubetten. Allerdings repräsentiert ein Modell die Wirklichkeit nur sehr verkürzt. Das „Ausmalen“ des sozialen, kulturellen und politischen Umfeldes hilft, näher an das historisch Geschehene heranzukommen und die Entwicklung besser zu verstehen.

Vor allem kann ein Vergleich zwischen der Entwicklung des Verhältnisses von Kirche und Staat in Deutschland und Frankreich seit dem 18. Jahrhundert vieles verdeutlichen.

Gemeinsam mit den Fächern *Sozialkunde/ Politik* und *Wirtschaft* kann man untersuchen, wie innerhalb Europas in den einzelnen Staaten das Verhältnis zur Kirche und zu den religiösen Gemeinschaften unterschiedlich geregelt ist.

Dies hat historische Gründe und eine aktuelle politische Dimension, wie zum Beispiel im Kopftuchstreit, in der Anerkennung von „Sekten“ (Scientology, Zeugen Jehovas (➤ s. S. 282). Vor allem in der Entwicklung einer europäischen Verfassung (➤ s. S. 139) und in dem Umgang mit fundamentalistischen Gruppierungen spielt die Debatte um das Verhältnis von Kirche und Staat eine zentrale Rolle.

Kirche als verfolgte Minderheit

Anfänglich waren die Christen eine Art jüdischer Sekte und hatten eine Minderheitenposition in Israel: einem Land am Rande des Römischen Reiches. Sie breiteten sich aber schnell über das ganze Reich aus. Problematisch wurde das Gleichheitsideal der Christen, das sich nicht mit der römischen Hierarchie vertrug. Sie verehrten nur einen Gott. Die Kaiser aber konnten keine Götter sein. Die Weigerung, an dem einheitlichen Staatskult mit der Verehrung des Kaisers als Gott teilzunehmen, würde, so meinten die Römer, die Götter verärgern, zum Unglück im Staate führen und die Einheit des Reiches gefährden. Dies war eine der zentralen Begründungen für die Christenverfolgungen unter Decius (249–251), Valerian (253–262) und Diokletian (284–305). Auch konnten Christen leicht zum Sündenbock für Katastrophen gemacht werden, wie dies Kaiser Nero im Jahr 64 nach dem Brand Roms tat. In manchen Gegenden führten negative Gerüchte über Christen (sie würden Kinder opfern, usw.) zu Verfolgungen.

Frühe Christenverfolgung

M28

Kaiser Trajan (98–117)

Du hast, mein Sekundus, als du die Fälle derer untersuchtest, die dir als Christen angezeigt wurden, ein völlig korrektes Verfahren eingeschlagen. Denn es lässt sich in der Tat nicht allgemein Gültiges verfügen, das sozusagen als feste Norm gelten könnte. Fahnden soll man nicht nach ihnen; wenn sie aber angezeigt und überführt werden, muss man sie bestrafen, so jedoch, dass einer, der leugnet, Christ zu sein, und dies durch die Tat, d. h. durch Vollzug eines Opfers für unsere Götter, unter Beweis stellt, aufgrund seiner Reue zu begnadigen ist, wie sehr er auch für die Vergangenheit verdächtig sein mag. Anonyme Anzeigen dürfen freilich bei keiner Anklage berücksichtigt werden. Denn das wäre ein äußerst schlechtes Beispiel und entspräche nicht dem Geist unserer Zeit.

(110)

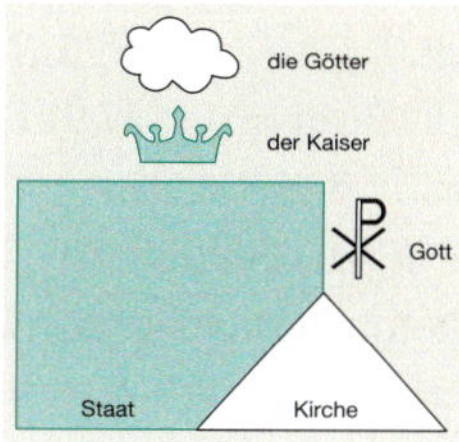

Die Kirche als kleine Minderheit im Römischen Reich zur Zeit der Christenverfolgung

1 Recherchieren Sie im Internet und/oder bei den „Beauftragten für Mission und Ökumene" Ihrer Kirche, wo heutzutage Christinnen und Christen verfolgt werden und warum.

Konstantin der Große und die Konstantinische Wende

Unter Kaiser Diokletian kamen die Verfolgungen zu einem Höhepunkt und danach zu einem plötzlichen Abbruch durch das Toleranzedikt von Kaiser Galerius im Jahre 311. Auch der aufstrebende weströmische Unterkaiser Konstantin verhielt sich dem Christentum gegenüber positiv. Bischof Eusebius von Caesarea (um 260–339/340), sein späterer Biograf und der erste Kirchenhistoriker, berichtete sogar von einer Bekehrung vor einem entscheidenden Kampf vor Rom im Jahre 312 (M 29). Ungeachtet des Wahrheitsgehalts dieser Legende hat die „Wende" Konstantins große Folgen für das Christentum gehabt. Konstantin, der von ca. 280 bis 337 lebte, schätzte die Verachtung und Verfolgung des Christentums als weitaus gefährlicher für das römische Imperium ein als seine Akzeptanz. Im Mailänder Toleranzedikt von 313 erhielten die Christen Glaubensfreiheit, und ihre ehemaligen Gebetsstätten wurden zurückgegeben. 324 wurde Konstantin Alleinherrscher im westlichen und östlichen Römischen Reich. 330 machte er Konstantinopel (Byzanz; jetzt Istanbul) zu seiner neuen Hauptstadt. Auf seinem Sterbebett im Jahr 337 wurde er von Eusebius getauft.

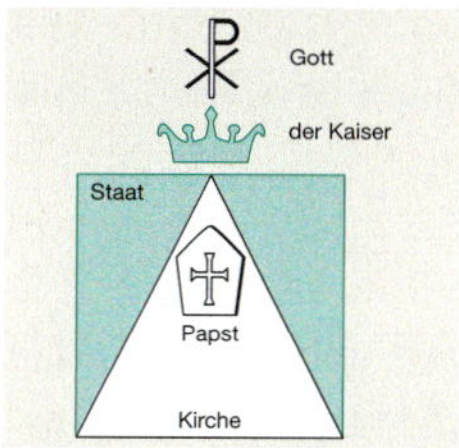

Das Verhältnis von Kirche und Staat nach Kaiser Konstantin

Unter den Kaisern Theodosius dem Großen (er regierte von 379 bis 395) und Gratianus (367–383) wurde die Religionsfreiheit abgeschafft und die römische Kirche zur alleinigen Staatsreligion erhoben. Es begann zudem ein neuer Kampf, diesmal gegen die heidnische Religion, an der die christliche Bevölkerung lebhaft Anteil nahm. Künftig musste jeder Römer Christ sein, Heidentum und Häresie waren zum Staatsverbrechen geworden. Die Ausübung heidnischer Kulte wurde verboten und mit dem Tod bestraft; Heiden war der Aufstieg in höhere Ämter versagt.

Im westlichen Teil des römischen Reiches zerfiel die politische Einheit im Laufe des 5. Jahrhunderts. Im östlichen Teil blieb Byzanz die Hauptstadt. Der orthodoxe Patriarch hatte hier seinen Sitz, die christliche Kirche blieb Staatskirche, der byzantinische Kaiser oberster Kirchenfürst. Nach dem Zerfall des oströmischen Reiches (1453) wurde diese staatskirchliche Tradition u. a. in der Griechisch- und in der Russisch-Orthodoxen Kirche (Kiew, Moskau) weitergeführt.

M29 Konstantins Himmelzeichen

Eusebius

Demgemäß wandte er sich an diesen (einen Gott seines Vaters) im Gebet, flehte ihn an und beschwor ihn, ihm doch zu offenbaren, wer er sei, und seine Rechte auszustrecken, ihm zu helfen in seinen gegenwärtigen Nöten. Und während er so flehentlich betete, erschien dem Kaiser ein überaus wunderbares Zeichen von Gott, das, wäre es ein anderer, der davon berichtete, kaum Aussicht hätte, auf Glauben zu stoßen; weil aber der siegreiche Kaiser selbst, lange Zeit später, dem Verfasser dieser Lebensbeschreibung gegenüber, als dieser der persönlichen Bekanntschaft und des Umgangs mit ihm gewürdigt wurde, davon Mitteilung machte und seine Darstellung eidlich bekräftigte, wer könnte zaudern, den Bericht für glaubwürdig zu halten, zumal, was nachher geschah, dessen Wahrheit bestätigte! Er erzählte, dass er um die Mittagszeit, als sich der Tag eben zu neigen begonnen, mit eigenen Augen am Himmel, oberhalb der Sonne, das Siegeszeichen eines aus Licht gebildeten Kreuzes und darauf die Inschrift gesehen habe: „In diesem (Zeichen) siege!“ Ob dieser Vision sei ihn und sein ganzes Heer, welches ihm bei der Expedition folgte und Zeuge dieses Wunders ward, ein Erschrecken angekommen. Weiterhin berichtete er, dass er darüber gegrübelt habe, was die Bedeutung dieses Zeichens sein möchte. Und während er fortfuhr, zu grübeln und nachzusinnen, sei die Nacht hereingebrochen; im Schlaf sei ihm dann der Christus Gottes erschienen mit dem Zeichen, das er am Himmel gesehen, und habe ihm befohlen, ein Abbild jenes Zeichens [...] herzustellen und als Schutz zu gebrauchen, wann immer er mit den Feinden zusammentreffe.

(325)

Augustins Lehre von den zwei Regimenten

Rund 30 Jahre, nachdem das Christentum Staatsreligion geworden war, im Jahr 410, hatte Alarich die Stadt Rom erobert. Dergleichen war schon seit 1000 Jahren nicht mehr geschehen und führte in der Bevölkerung zu starkem Unmut. Hatte das Christentum dem Staat kein Glück gebracht? Konnte der christliche Gott Rom nicht schützen, so wie die alten Götter es getan hatten?

Dies war der Anlass für Aurelius Augustinus (354–430), den Bischof der nordafrikanischen Stadt Hippo, eine Verteidigungsschrift zu verfassen: „De Civitate Dei“ (Über die Stadt Gottes). Der bedeutende Kirchenvater Augustin schloss das Werk 427 ab. Er unterscheidet in dem Buch zwischen zwei „Regimenten“: dem Reich Gottes und dem Reich des Satans, die einander entgegengesetzt seien. Das „regnum dei“ (Reich Gottes) steht für die Wiedergeburt im Geiste, den Frieden des Herzens, die Demut und Gottesliebe. Das „regnum mundi“ (Reich der Welt) ist die Welt, das Fleischliche, der Stolz und die Eigenliebe. Augustin bezog nun diese Unterscheidung auf Kirche und Staat. Das Weltliche sei der römische Staat, der letztendlich beseitigt werde und nicht für die Ewigkeit ausgelegt sei. Dennoch müsse und könne der Staat den Frieden, die Gerechtigkeit und das Wohl seiner Untertanen fördern. Er kann sich nach den Prinzipien des „regnum dei“ richten und auf diese Weise das Reich Gottes zu verwirklichen helfen; darum verdiene er Respekt und Unterstützung.

Zwei Arten von Liebe und zwei Staaten

M30

Augustin

Zwei Lieben sind es, die die beiden Staaten schufen: die Selbstliebe bis zur Gottesverachtung schuf den irdischen, die Gottliebe bis zur Selbstverachtung schuf den himmlischen Staat. Demnach rühmt sich der eine in sich selbst, der andere im Herrn. Jener sucht den Ruhm bei den Menschen, diesem ist Gott als Zeuge des Gewissens höchster Ruhm. Jener erhebt sein Haupt im eigenen Ruhm, dieser sagt zu seinem Gott: „Du bist mein Ruhm, der du mein Haupt erhebst." (Ps 3,4) Jenen beherrscht in seinen Fürsten und in den Völkern, die er unterjocht, die Herrschbegierde, in diesem dienen sich in gegenseitiger Liebe die Vorgesetzten durch sorgsamen Rat, die Untergebenen durch Gehorsam. Jener liebt in seinen Machthabern seine Stärke, dieser spricht zu seinem Gott: „Ich liebe dich, o Herr, du meine Stärke". (Ps 17,2)

(427)

1 *Beschreiben Sie zusammenfassend Augustins Position.*

Der Kirchenstaat unter Innozenz III.

Unter Innozenz III., der von 1198 bis 1216 Papst war, hatte die römische Kirche den Höhepunkt ihrer Macht erreicht. Dies hatte eine lange Vorgeschichte. Durch den Zerfall des Römischen Reiches bekam der Bischof von Rom als einheitsstiftende Kraft mehr Bedeutung. Das Bündnis des fränkischen Königtums (Karl der Große, um 800) mit dem Papsttum führte zur Vermischung von Kirche und Staat: Weltliche Herrscher bekamen Rechte über die auf ihrem Grund gebauten Kirchen, Bischöfe bekamen weltliche Hoheit. Dies führte zum sog. Investiturstreit: Wer darf wem die „vesta" (Weste/Hoheitszeichen) umhängen? Wer beruft wen auf welchen Posten? Hier erlangte die Kirche große Freiheiten gegenüber weltlichen Herrschern und immer mehr (territoriale) Macht. Innozenz III. vertrat zwar die Lehre der Trennung der zwei „Schwerter" (Augustin), behielt sich aber „in Ausnahmefällen", „um Sünde zu verhindern", das Eingreifen in weltliche Angelegenheiten vor. Die Ausnahme wurde zum Dauerzustand.

Kirche und Staat: Sonne und Mond

M31

Innozenz III.

Wie Gott, der Schöpfer des Alls, am Himmel zwei große Lichter geschaffen hat, ein größeres, das den Tag, und ein kleineres, das die Nacht regieren sollte (Gen 1,16), so hat er in der katholischen Kirche, die mit dem Himmel gemeint ist, zwei große Herrscher eingesetzt, einen höheren über die Seelen und einen niedrigeren über die Leiber, die sich zueinander verhalten wie Tag und Nacht: Das sind die Autorität des Papstes und die Macht des Königs. Wie nun der Mond sein Licht von der Sonne erhält und zugleich kleiner und im Hinblick auf Helligkeit, Stellung und Wirksamkeit unbedeutender ist, so erhält die königliche Macht ihren Glanz von der Autorität des Papstes. Je enger sie in dessen Umkreis bleibt, desto weniger wird sie beleuchtet; und je weiter sie sich von ihrer Pracht entfernt, desto stärkeren Glanz gewinnt sie.

(1198)

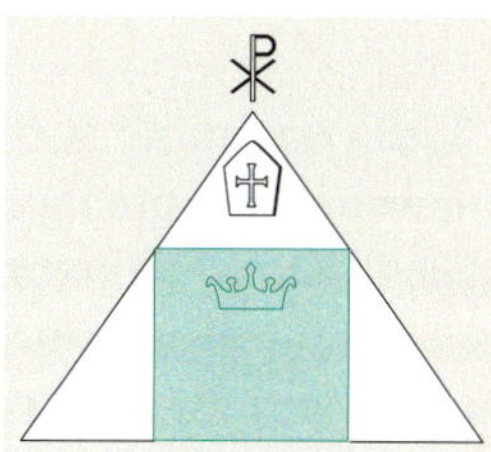

Das Verhältnis von Kirche und Staat Innozenz III.

1 *Untersuchen Sie mit Hilfe eines Geschichtsbuches (o. ä.), wie es durch kirchliche und politische Entwicklungen zur Machtfülle Innozenz' III. kam.*

Kirche und Staat in der Reformation

Nicht nur durch den Niedergang der päpstlichen Macht (von 1309 bis 1377 gab es neben einem Papst in Rom einen Gegenpapst in Avignon), sondern vor allem durch die zunehmende Macht einzelner Staaten, Gebiete und Städte (Aufstieg des Bürgertums) stellte sich die Frage nach dem Verhältnis zwischen Kirche und Staat neu. Die von Martin Luther (1483–1546) beschriebene Freiheit eines Christenmenschen (➤ s. S. 232) haben 1525/1526 aufständische Bauern so interpretiert, dass man sich von der Obrigkeit freimachen solle. Darin wurden sie von dem Theologen Thomas Müntzer (um 1488–1525) unterstützt. Luther hingegen lehnte diesen gewaltsamen Aufstand ab. Vor diesem Hintergrund ist die folgende Predigt des württembergischen Reformators Johannes Brenz (1499–1570) vom März 1525 zu verstehen. Brenz stand Luthers Auffassung über das Verhältnis von Kirche und Staat, die sich an Augustins Lehre der zwei Regimente anlehnt, sehr nah. Er war Theologe in Schwäbisch Hall.

Erst im Jahr 1555 wurde die reformatorische Kirche (aber nur die lutherische) im „Augsburger Religionsfrieden" anerkannt. Seither galt die Konfession des Landesherrn (seine „religio") in seinem Land/Gebiet („regio"): cuius regio, eius religio. So entstanden schließlich die evangelischen Landeskirchen. Wenn Andersgläubige ihren Glauben öffentlich bekennen wollten, blieb ihnen nichts anderes übrig als auszuwandern. Erst im „Westfälischen Frieden" von 1648 wurden z. B. die Reformierten (Calvin) anerkannt.

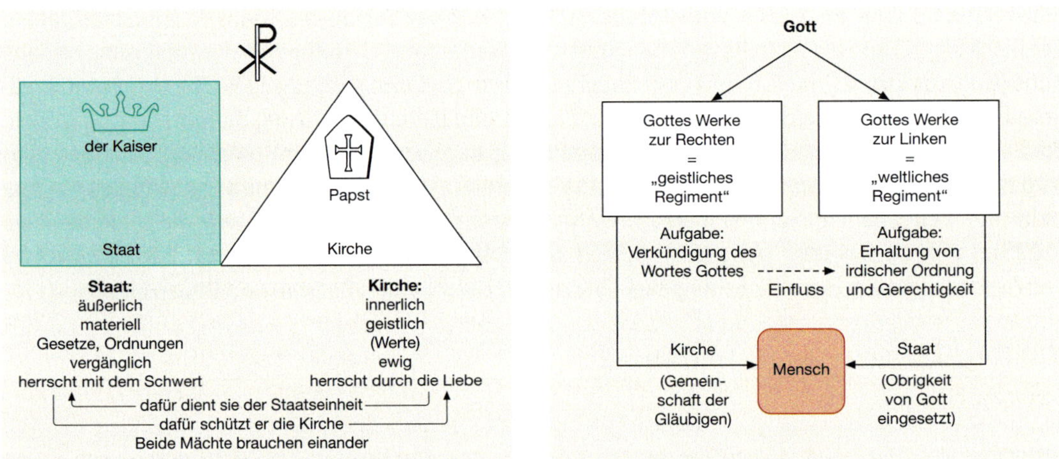

Das Verhältnis von Kirche und Staat bei Augustin/bei Martin Luther (Zwei-Reiche-Lehre)

M32 Predigt über den Gehorsam der Untertanen

Johannes Brenz

Es sind viele, die das Wort Gottes nach ihrer Lust und Willkür verstehen; und wenn man predigt, dass die Christen alle gleich seien in ihrem Haupt, Christus, verstehen sie, man solle keine Obrigkeit mehr haben. Auch wenn man hört, dass niemand dem anderen schwere Bürde, Schmach oder Steuer auferlegen soll, fasst Herr Omnes [der kleine Mann] das so auf, dass er meint, schwere Bürde, Schmach oder Steuer nicht mehr ertragen zu sollen und sich von derselben mit dem Schwert befreien zu dürfen. Daher ist es nicht abwegig, sondern vonnöten, vom schuldigen Gehorsam zu reden. […]

Das alles wird hier deswegen dargelegt, damit die Obrigkeit nicht selbstgerecht werde und ihrem Mutwillen nachgehe, sondern fleißigen Ernst daran wenden soll, ihrem Auftrag genüge zu tun; und damit auch der Untertan sich nicht damit entschuldige oder auf Ungehorsam verfalle, wenn die Obrigkeit nicht unbedingt gemäß ihrem Amte lebt, sondern ernstlich Fleiß anwenden solle, um seinem Gehorsam nachzukommen, gleichgültig ob die Obrigkeit tyrannisch oder freundlich verfährt. [...]

Weltliche Gewalt ist eine Ordnung Gottes, wenn auch die Person, die die Gewalt innehat, ein Christ oder Unchrist ist, ein Gläubiger oder ein Türke. [...] Man gehe mit dir so ungerecht um, wie man wolle, leistest du Widerstand, tust du ebenso unrecht. Denn es ist ebenso verboten, sich dem Übel zu widersetzen, wie es geboten ist, niemandem Übel zu tun. Was man aber in der Angelegenheit von einer Obrigkeit durch Bitten und Flehen erreichen kann, ist niemandem verboten. Wie muss man sich aber verhalten, damit man eine gottesfürchtige Obrigkeit bekomme, die ohne ungerechte Unterdrückung regiert? [...] Das wird niemals geschehen können mit Gewalt, Aufruhr und Schwertzücken, sondern mit fleißigem, ernstlichem Gebet zu Gott und mit willigem Gehorsam gegenüber der Obrigkeit. Diese zwei Dinge würden auch eine Obrigkeit, die aus Türken bestünde, zu Christen machen. [...] Christi endgültiger Befehl an jede einzelne Person ist, nicht drein zu schlagen, sondern sich geduldig unter das Kreuz zu begeben. Amen.

(1525)

1 Wie begründet Johannes Brenz die Gehorsamspflicht der Untertanen? Nehmen Sie dazu Stellung.

Die Französische Revolution und die Kirchen

Mit der Aufklärung vollzog sich eine entscheidende Wende in der politischen und theologischen Legitimation des Staates. An die Stelle einer von Gott gegründeten Autorität des Staates trat allmählich die Volkssouveränität. Im Staat ist der Wille der Bürger (volonté générale) ausgedrückt. Der Glaube wird zu einer individuellen Überzeugung, und die Kirche wird auf den Status eines privaten Vereins reduziert. Politisch wurde dies zuerst bei der amerikanischen Unabhängigkeitserklärung sichtbar (1776), in Europa in der Französischen Revolution von 1789. Nicht Gott, sondern der Mensch ist das Maß aller Dinge. In diesem Jahr entstand (auch wenn nur für kurze Zeit) der erste säkulare Staat Europas, in dem Kirche und Staat getrennt waren. Dies bedeutete auch eine Säkularisierung des kirchlichen Eigentums. Napoleon Bonaparte machte die strikte Trennung wieder rückgängig, und der Staat schloss mit der katholischen Kirche einen Staatskirchenvertrag (1801). In diesem „Konkordat“ (Vertrag zwischen dem Heiligen Stuhl und einer Regierung) waren die Freiheiten und Rechte der Kirche festgelegt. Nach langem Ringen wurde im Jahr 1905 dieses napoleonische Konkordat aufgehoben und Frankreich der erste „laizistische“ europäische Staat.

In Deutschland verlief die Entwicklung anders. Die Trennung von Staat und Kirche wurde 1918/19 durchgesetzt, ohne rigorose Trennung wie in Frankreich. Im Grundgesetz für die Bundesrepublik Deutschland von 1949 ist diese Form bestätigt.

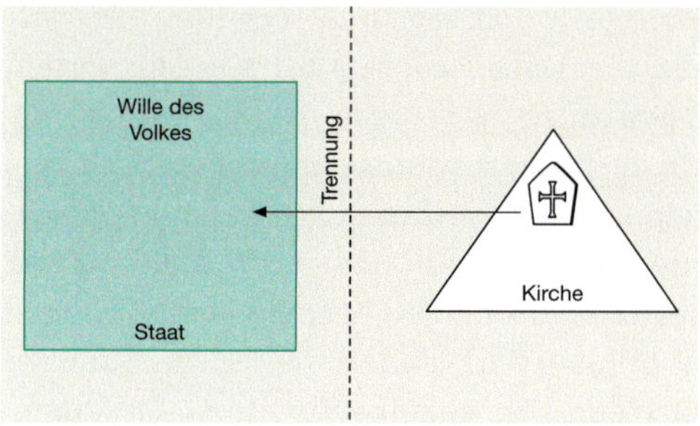

Die Trennung von Kirche und Staat nach der Französischen Revolution

Kirche und Nationalsozialismus

Die Haltung der evangelischen Christen zum Nationalsozialismus wird erst vor dem Hintergrund des verlorenen Ersten Weltkriegs in gewissem Maße verständlich. Nicht nur die Niederlage, die erniedrigenden Klauseln des „Friedens von Versailles" (1919), sondern vor allem die Abdankung des Kaisers und der Landesfürsten, die bis dahin die Evangelische Kirche „regiert" hatten, führten zu großen Verunsicherungen. Die NSDAP erklärte schon 1920 in ihrem Parteiprogramm, auf dem Boden eines „positiven Christentums" zu stehen. Es gelang Adolf Hitler nach seinem Machtantritt 1933, die Kirchen zu beschwichtigen. Viele evangelische Christen begrüßten die „nationale Erhebung" und unterstützten die sog. „Deutschen Christen". Diese strebten eine gleichgeschaltete Evangelische Reichskirche mit einem „Reichsbischof" an der Spitze an, eine *Volkskirche,* die dem deutschen Volk dient.

M33 Richtlinien der Glaubensbewegung „Deutsche Christen"

3. Die Liste „Deutsche Christen" will keine kirchenpolitische Partei in dem bisher üblichen Sinne sein. Sie wendet sich an alle evangelischen Christen deutscher Art. Die Zeit des Parlamentarismus hat sich überlebt, auch in der Kirche. Kirchenpolitische Parteien haben keinen religiösen Ausweis, das Kirchenvolk zu vertreten, und stehen dem hohen Ziel entgegen, *ein* Kirchenvolk zu werden. Wir wollen eine lebendige Volkskirche, die Ausdruck aller Glaubenskräfte unseres Volkes ist.

4. Wir stehen auf dem Boden des positiven Christentums. Wir bekennen uns zu einem bejahenden artgemäßen Christusglauben, wie er deutschem Luthergeist und heldischer Frömmigkeit entspricht.

Hitler begrüßt Reichsbischof Müller und Abt Albanus Schachtleitner

5. Wir wollen das wieder erwachte deutsche Lebensgefühl in unserer Kirche zur Geltung bringen und unsere Kirche lebenskräftig machen. In dem Schicksalskampf um die deutsche Freiheit und Zukunft hat die Kirche in ihrer Leitung sich als zu schwach erwiesen. Die Kirche hat bisher nicht zum entschiedenen Kampf gegen den gottfeindlichen Marxismus und das geistfremde Zentrum [katholische, im Reichstag vertretene Partei] aufgerufen, sondern mit den politischen Parteien dieser Mächte einen Kirchenvertrag geschlossen. Wir wollen, dass unsere Kirche in dem Entscheidungskampf um Sein oder Nichtsein unseres Volkes an der Spitze kämpft. Sie darf nicht abseits stehen oder gar von den Befreiungskämpfern abrücken.

7. Wir sehen in Rasse, Volkstum und Nation uns von Gott geschenkte und anvertraute Lebensordnungen, für deren Erhaltung zu sorgen uns Gottes Gesetz ist. Daher ist der Rassenmischung entgegenzutreten. Die deutsche Äußere Mission [die Organisation der evangelischen Missionare im Ausland] ruft aufgrund ihrer Erfahrung dem deutschen Volke seit langem zu: „Halte deine Rasse rein!", und sagt uns, dass der Christusglaube die Rasse nicht zerstört, sondern vertieft und heiligt.

9. In der Judenmission sehen wir eine schwere Gefahr für unser Volkstum. Sie ist das Eingangstor fremden Blutes in unseren Volkskörper. Sie hat neben der Äußeren Mission keine Daseinsberechtigung. Wir lehnen die Judenmission in Deutschland ab, solange die Juden das Staatsbürgerrecht besitzen und damit die Gefahr der Rassenverschleierung und -bastardierung besteht. Die Heilige Schrift weiß auch etwas zu sagen von heiligem Zorn und sich versagender Liebe. Insbesondere ist die Eheschließung zwischen Deutschen und Juden zu verbieten.

10. Wir wollen eine evangelische Kirche, die im Volkstum wurzelt, und lehnen den Geist eines christlichen Weltbürgertums ab. Wir wollen die aus diesem Geist entspringenden verderblichen Erscheinungen wie Pazifismus, Internationale, Freimaurertum usw. durch den Glauben an unsere von Gott befohlene völkische Sendung überwinden.

(1933)

Die Bekennende Kirche entstand in scharfer Abwehr der kirchenpolitischen Bewegung der Deutschen Christen. Die Kirche habe nicht deutsch zu werden, sondern solle „Kirche Christi" sein. In ihr habe das Wort Gottes (das ist Jesus Christus, wie er uns in der Bibel offenbart wurde) der einzig gültige Maßstab zu sein. Der wichtigste Vertreter dieser Gruppe war der in Bonn lehrende Schweizer Theologieprofessor Karl Barth (1886–1968). Er schrieb im Frühjahr 1933 das Buch „Theologische Existenz heute", aus dem der folgende Ausschnitt stammt. Barth wurde 1934 aus Deutschland ausgewiesen.

Die Bekennende Kirche, die 1933/1934 aus dem Pfarrernotbund entstand, äußerte sich theologisch gegen die Ideologie des Nationalsozialismus.

Theologische Existenz heute!

M34

Karl Barth

Was ich zu den Richtlinien der Deutschen Christen von Mai 1933 zu sagen habe, ist einfach. Ich sage unbedingt und vorbehaltlos Nein zum Geist und zum Buchstaben dieser Lehre. Ich halte dafür, dass diese Lehre in der evangelischen Kirche kein Heimatrecht hat. Ich halte dafür, dass das Ende der evangelischen Kirche gekommen wäre, wenn diese Lehre, wie es der Wille der „Deutschen Christen" ist, in ihr zur Alleinherrschaft kommen würde. Ich halte dafür, dass die evangelische Kirche lieber zu einem kleinsten Häuflein werden und in die Katakomben gehen sollte, als dass sie mit dieser Lehre auch nur von ferne Frieden schlösse. [...] Ich nenne zur Begründung dieser meiner Ablehnung folgende Punkte:

1. Nicht dafür hat die Kirche „Alles zu tun", dass das deutsche Volk „auch wieder den Weg zur Kirche" finde, sondern dafür, dass es in der Kirche das Gebot und die Verheißung des freien und reinen Wortes Gottes finde.

2. Das deutsche Volk empfängt seine Berufung von Christus und zu Christus durch das nach der Heiligen Schrift zu verkündigende Wort Gottes. Diese Verkündigung ist die Aufgabe der Kirche.

3. Die Kirche hat überhaupt nicht den Menschen und also auch nicht dem deutschen Volk zu dienen. Die deutsche evangelische Kirche ist die Kirche für das deutsche evangelische Volk. Sie dient aber allein dem Worte Gottes.

4. Die Kirche glaubt an die göttliche Einsetzung des Staates als des Vertreters und Trägers der öffentlichen Rechtsordnung im Volke. Sie glaubt aber weder an einen bestimmten Staat, also auch nicht an den deutschen, und sie glaubt an keine bestimmte, also auch nicht an die nationalsozialistische Staatsform. Sie verkündigt das Evangelium in allen Reichen dieser Welt. Sie verkündigt es auch im Dritten Reich, aber nicht unter ihm und nicht in seinem Geiste.

6. Die Gemeinschaft der zur Kirche Gehörigen wird nicht durch das Blut und also auch nicht durch die Rasse, sondern durch den Heiligen Geist und durch die Taufe bestimmt. Wenn die deutsche evangelische Kirche die Judenchristen ausschließen oder als Christen zweiter Klasse behandeln würde, würde sie aufgehört haben, christliche Kirche zu sein.

(1933)

Dietrich Bonhoeffer

Politischer Widerstand gegen den Nationalsozialismus entwickelte sich nur bei wenigen evangelischen Christen. An exponierter Stelle sei hier der Theologe Dietrich Bonhoeffer (1906–1945) genannt. Er war Initiator und Mitglied der Bekennenden Kirche und wurde 1945 im KZ Flossenbürg für seine Beteiligung an dem misslungenen Anschlag auf Hitler vom 20. Juli 1944 ermordet. Schon im Frühjahr 1933 hielt er vor Pfarrern in Berlin einen Vortrag „Die Kirche vor der Judenfrage". Hierbei betont er, dass die Kirche kein Recht habe, sich Macht über den Staat anzueignen. Sie dürfe sich aber auch nicht aus der Politik heraushalten, wenn der Staat grundlegende Menschenrechte außer Kraft setze. Bonhoeffer nennt dann drei Möglichkeiten kirchlichen Handelns gegenüber dem Staat.

M35 Die Kirche vor der Judenfrage

Dietrich Bonhoeffer

Erstens die an den Staat gerichtete Frage nach dem legitim staatlichen Charakter seines Handelns, d. h. die Verantwortlichmachung des Staates.

Zweitens der Dienst an den Opfern des Staatshandelns. Die Kirche ist den Opfern jeder Gesellschaftsordnung in unbedingter Weise verpflichtet, auch wenn sie nicht der christlichen Gemeinde zugehören.

Die dritte Möglichkeit besteht darin, nicht nur die Opfer unter dem Rad zu verbinden, sondern dem Rad selbst in die Speichen zu fallen.

(1933)

1 Benennen Sie die historischen Hintergründe der drei Positionen Deutsche Christen, Barth und Bonhoeffer in M 33–M 35.

Schlüsselwissen

Kirche und Staat

Das Verhältnis der Kirche zu der sie umgebenden Gesellschaft (Kultur, Staat) hat sich im Laufe der Geschichte sehr wechselhaft gestaltet.

Glaubensverfolgung. Anfänglich war die Kirche eine Minderheit. Sie breitete sich aber schnell über das ganze Römische Reich aus. Problematisch wurde ihr Gleichheitsideal und die Weigerung, am Kaiserkult teilzunehmen. Dies führte zwischen 250 und 305 zu Christenverfolgungen.

Konstantin und der Aufstieg zur Staatskirche. Unter Kaiser Diokletian kamen die Verfolgungen sowohl zu einem Höhepunkt als auch zu einem plötzlichen Ende durch das Toleranzedikt von Galerius 311. Auch Kaiser Konstantin verhielt sich dem Christentum gegenüber positiv („Konstantinische Wende", 312). Im Mailänder Toleranzedikt (313) erhielten die Christen Glaubensfreiheit. Im Jahr 380 wurde unter Kaiser Theodosius das Christentum zur Staatsreligion.

Augustin. Nach der Eroberung Roms durch die Ostgoten im Jahr 410 war das Christentum als Staatsreligion in Frage gestellt. Aurelius Augustinus (354–430, Bischof in Hippo) verteidigte den christlichen Glauben in seiner Schrift „De Civitate Dei" („Die Stadt Gottes"). Er unterschied darin das Reich Gottes („geistliches Regiment") vom Reich der Welt („weltliches Regiment"), die einander entgegengesetzt sind. Nach Augustin soll der Staat das geistliche Regiment unterstützen, ist aber nicht mit ihm identisch.

Innozenz III. Nach dem Zerfall des Römischen Reiches kam dem Bischof von Rom als einheitsstiftender Kraft größere Bedeutung zu. Unter Innozenz III. (Papst von 1198 bis 1216) befand sich die römische Kirche auf dem Höhepunkt ihrer Macht. Es kam zu einem Ringen zwischen Staat und Kirche um die Vorherrschaft.

Reformation. Martin Luther nahm Augustins Unterscheidung zwischen dem Reich Gottes und dem Reich der Welt wieder auf. Er entwickelte daraus die Zwei-Reiche-Lehre. Dabei kam es auf die klare Unterscheidung zwischen Glaubens- und politischen Fragen, aber auch auf das richtige Verhältnis zwischen beiden an. Zunächst im Augsburger Religionsfrieden von 1555 und endgültig im Westfälischen Frieden von 1648 wurden die reformatorischen Kirchen anerkannt. Die Konfession des Fürsten bestimmte nun die Konfession in seinem Gebiet.

Französische Revolution. Im 18. Jahrhundert vollzog sich, u. a. durch die Aufklärung, eine entscheidende Wende in der politischen und theologischen Legitimation des Staates. An die Stelle einer von Gott begründeten Autorität des Staates trat nun die Volkssouveränität. In Frankreich wurden bis 1801 Kirche und Staat völlig getrennt und danach in einem Konkordat die Freiheiten und Rechte der Kirche festgelegt. Seit 1905 ist Frankreich ein „laizistischer" Staat. Eine vergleichbare Trennung von Kirche und Staat wurde in Deutschland 1918 nach dem Ersten Weltkrieg und dem Ende des Kaiserreichs vollzogen. Das Ende des sog. „Landesherrlichen Kirchenregiments" im Jahr 1922 kann man für Deutschland auch als „Ende des Konstantinischen Zeitalters" bezeichnen.

Kirche und Nationalsozialismus. Nach der „Weimarer Zeit" erhofften 1933 viele evangelische Christen/-innen vom Nationalsozialismus und Reichskanzler Hitler mehr Ordnung und Einheit. Sie unterstützten die so genannten „Deutschen Christen", die eine Evangelische Reichskirche mit einem „Reichsbischof" anstrebten, eine Volkskirche, die dem deutschen Volk dient. Die Bekennende Kirche entstand in Abwehr zu den Deutschen Christen: Die Kirche habe nicht deutsch zu werden, sondern sollte „Kirche Christi" sein und ihren Freiraum bewahren. Sie verurteilte die Ideologie des Nationalsozialismus als „Neuheidentum". Politischen Widerstand gegen den Nationalsozialismus leisteten nur wenige evangelische Christen, z. B. Dietrich Bonhoeffer. Er wurde 1945 ermordet.

Kirche in Deutschland nach 1949. Nach dem Ende des Zweiten Weltkriegs wurde die Haltung der Bekennende Kirche in der nationalsozialistischen Zeit maßgeblich für die Evangelische Kirche in Deutschland. 1945 gestand die EKD in Stuttgart gegenüber internationalen Vertretern des Ökumenischen Rates der Kirchen ihre Schuld ein und ermöglicht somit einen Neubeginn: „Durch uns ist unendliches Leid über viele Völker und Länder gebracht worden." Konfrontiert mit der Teilung Deutschlands in einen westlichen (Bundesrepublik) und östlichen (DDR) Teil, die sie als „schmerzliche Zerrissenheit" bezeichnete, erklärte die EKD 1949, eine Kirche für ganz Deutschland zu sein. Erst 1969 wurde in der DDR ein eigener „Bund der Evangelischen Kirchen" gegründet. Die Kirchen verstanden sich hier als Freiraum in einem atheistischen Staat („Kirche im Sozialismus") und boten dadurch vielen Regimekritikern einen gewissen Schutz. So konnten sie einen wichtigen Beitrag zum friedlichen Ende der deutschen Teilung 1989 leisten („Kerzenrevolution").

Für den westlichen Teil kann man das Verhältnis zum Staat als kritisch-loyal bezeichnen. Geregelt wird es durch einen Staatsvertrag. Im „Kalten Krieg" gab es heftige Debatten über die Haltung der EKD zur Wiederbewaffnung und zu Atomwaffen (Martin Niemöller). Die Erfahrungen in den 30er Jahren und die Orientierung der deutschen evangelischen Kirche an der weltweiten Ökumene führten dazu, dass sie sich in der zweiten Hälfte des 20. Jahrhunderts stark auf ihren Beitrag für die Bewahrung von Frieden und Gerechtigkeit konzentriert hat. Bedeutend ist in Deutschland zudem der Beitrag der beiden großen Kirchen zum Sozialstaat durch Diakonie und Caritas, durch Denkschriften der EKD und Erklärungen der katholischen Bischöfe.

1. Projekt: Dokumentation: Kirche und kirchliche Einrichtungen auf meinem Weg zur Schule

Beschreiben, malen, fotografieren Sie, welche „Spuren von Kirche" Sie auf Ihrem Weg zur Schule sehen. Zum Beispiel: Kirchengebäude, Gemeindehäuser, Friedhöfe, Wegkreuze, Heiligenstatuen, Marienstatuen, Kunstwerke, Werbeplakate mit kirchlichen Themen oder für kirchliche Veranstaltungen (Konzerte, Aktionen, usw.), Straßennamen (Kirchweg, Pfarrgasse, Kapuzinerplatz, usw.), Einrichtungen der Diakonie oder der Caritas (Krankenhaus, Sozialstation), Kindergärten, usw. Für die, die von zu Hause direkt mit der U-Bahn fahren, empfiehlt es sich, die Strecke gelegentlich mit dem Bus oder mit dem Fahrrad zurückzulegen. Die „Spuren" sollten Sie nicht nur auflisten, sondern auch kurz beschreiben und erläutern.

2. Projekt: Forschungsauftrag zu kirchlichen Einrichtungen und Gruppen

Untersuchen Sie kirchliche Einrichtungen, christlich motivierte Bewegungen/Gruppen vor Ort und im Internet:
- Flughafenseelsorge, Notfallseelsorge, Schulseelsorge, usw.
- Diakonie, Kindertagesstätten, Krankenhäuser, Schulen, Behindertenarbeit, usw.
- christlich inspirierte, sozialethische Bewegungen und Gruppen: Eine Welt Laden, amnesty, Asylsuchende, attac, usw.
- Kloster auf Zeit, Meditationsgruppen, Pilgerbewegung, Kirchentag, usw.
- Beurteilung von Öffentlichkeitsauftritten der Kirche (z. B. die CD-Rom „abenteuer kirche"), oder Entwurf eigener PR für Kirche

Ziehen Sie für die Projekte, soweit erforderlich, die Methodenseite „Umfrage mit sozialwissenschaftlichen Methoden" (➤ S. 289) heran.

3. Projekt: Interviews mit Kirchenmitgliedern

Besuchen Sie Personen, die hauptamtlich in der Kirche arbeiten wie:
- Pfarrer/-in, Krankenhausseelsorger/-in,
- Gefängnisseelsorger/-in,
- Mitarbeiter/-innen von diakonischen Einrichtungen,
- Gemeindepädagoge/-in,
- Sekretärin des Pfarramtes,
- Küster,
- Schulseelsorger/-in,
- Notfallseelsorger/-in, usw.

Fragen Sie diese Personen z. B., warum sie in der Kirche arbeiten, was daran reizvoll und schwierig ist, wie sie sich die Zukunft der Kirche vorstellen, usw. Ebenso können Sie ehrenamtliche Mitarbeiter (Kirchenvorstandsmitglieder, Gruppenleiter/-innen, Mitarbeiter/-innen im Besuchsdienst, usw.) befragen.

4. Projekt: Biografisches Porträt

Auch historische Personen aus der Kirchengeschichte können „befragt" werden. Entwickeln Sie ein biografisches Porträt über eine bedeutende Person aus der Geschichte des Christentums.

5. Projekt: Zukunft der Kirche

Führen Sie Interviews zu folgenden Themen:
- mit Straßenpassanten:
  Welche Zukunft hat die Kirche?
- mit Gemeindepfarrern und Kirchenvorständen:
  Die künftige Nutzung von Kirchengebäuden
- mit jungen Kirchenmitgliedern:
  Wie sollte ein Jugendkirchentag in unserer Stadt gestaltet werden?

Medienhinweise

- **Huber, Wolfgang: Kirche in der Zeitenwende. Gesellschaftlicher Wandel und Erneuerung der Kirche.** Gütersloh: Bertelsmann Stiftung ^{3}1999.
  Der Berliner Bischof und Ratsvorsitzende der Evangelischen Kirche in Deutschland gibt in diesem Buch eine konzeptionelle Richtung für die Veränderungen von Kirche angesichts beschränkter finanzieller Mittel von Kirche an. Die Thesen aus M14 werden in Kapiteln dieses Buches ausgearbeitet.
- **Hahn, Udo: Das 1 x 1 der Ökumene. Das Wichtigste über den Dialog der Kirchen.** Neukirchen-Vluyn: Neukirchener Verlag 2003.
  Das Buch bietet kompakte Informationen über die Spaltungen in der Kirche und über die Kirchen, die daraus entstanden sind. Danach wird gezeigt, wie die Kirchen versuchen, sich auf einander zu zu bewegen.
- **Basdekis, Anastasios: Die Orthodoxe Kirche. Eine Handreichung für nicht-orthodoxe und orthodoxe Kirchen.** Frankfurt/M.: Lembeck 2002.
  Der griechisch-orthodoxe Autor, langjähriger Referent in der Ökumenischen Zentrale (Frankfurt), bietet in diesem Buch eine kompakte Darstellung über die Orthodoxe Kirche und Wissenswertes für die Begegnung mit dieser zweitgrößten Konfession der Christenheit.
- **Grün, Anselm: „Der Himmel beginnt in dir". Das Wissen der Wüstenväter für heute.** Freiburg/Brsg.: Herder ^{7}2002.
  Grün ist einer der wichtigsten Autoren zu Spiritualität in unserer Zeit und beschreibt in seinem Buch, welche Bedeutung Mönchtum und Eremiten für heute haben können.
- **Stupperich, Martin/Stupperich, Amrei/Ohlemacher, Jörg: Zweitausend Jahre Christentum.** 3 Bde. Göttingen: Vandenhoeck & Ruprecht. 1984–1987.
  Dieses Schülerbuch bietet eine breite Darstellung mit vielen Quellen zur Geschichte des Christentums. Es steht in vielen Schulbibliotheken zur Verfügung.
- **Sitzmann, Manfred/Weber, Christian: Übersichten zur Kirchengeschichte.** Göttingen: Vandenhoeck & Ruprecht 2001.
  Das Buch bietet chronologische Tabellen, Übersichten, wichtige Zitate, Begriffsklärungen und Lerntipps zur Geschichte des Christentums. Es ist ein guter Lotse bei der Lektüre von kirchengeschichtlichen Büchern, für Präsentationen und für die Abiturvorbereitung.
- **Greschat, Martin (Hrsg.): Personenlexikon Religion und Theologie.** Göttingen: UTB 1998.
  Eine preiswerte und zuverlässige Sammlung prägnanter Kurzbiografien aus der Kirchengeschichte.

Werte und Normen für Mensch, Gesellschaft und globale Welt

M. C. Escher: Kreislimit IV (Himmel und Hölle), 1960

Es passiert viel Schrott auf der Welt

Es macht sehr viel Spaß, denn es ist erstens ein gutes Gefühl, mich einzusetzen, und zweitens treffe ich meine Freunde. Im Vordergrund steht aber immer noch, dass man sich engagiert und dass es mich unheimlich schockiert, wenn ich lese, welche Dinge in der Welt passieren. Es ist Wahnsinn, es gibt so viele Sachen, die man im Allgemeinen gar nicht mitkriegt, wenn man Nachrichten hört, denn es ist immer sehr fern und sehr weit weg. Wenn ich mich dann bisschen in die Themen reindenke und mich informiere, gerade auch zu Atomstrom oder was mit dem Öl und den lecken Pipelines in Sibirien passiert. *Das ist einfach unheimlich frustrierend, wenn man sieht, was da für viel Geld Scheiße passiert, und es passiert auch richtig viel Schrott auf der Welt.* […]

Juliet, 17 Jahre, aktiv bei Greenpeace

Wie Leute miteinander leben können

Ich glaube, *dass überall in der Gesellschaft bestimmt wird, wie Leute miteinander leben können.* Das fängt in der Schule an. Wenn dort das Bildungsziel Auslese ist, dann ist klar, dass in der Gesellschaft dadurch Konkurrenz gefördert wird, dass das später bleibt. *Konkurrenz zu jedem und allem und gegenüber den Menschen.* Ich denke auch, dass es gewisse Regeln geben muss. […] Gut sind Regeln, die das Zusammenleben regeln. Na ja, die Straßenverkehrsordnung ist okay, damit die Leute keine Unfälle bauen, oder auch das Gesetz, dass jeder seine Meinung frei äußern darf, ist wichtig […], aber ein Polizeistaat ist auch nicht schön. Ich denke, da gibt es eine Grenze, zum Beispiel wenn der Fingerabdruck und alles andere im Ausweis steht und man das jederzeit vorzeigen muss, damit man überall registriert werden kann, wenn der Arbeitgeber und meine Krankenkasse alle wissen, wie meine Gene sind.

Lea, 16 Jahre, Schülervertreterin und aktiv bei Attac

1 *Passt das Bild zum Thema Ethik?*

2 *Setzen Sie das Bild zu den Äußerungen von Juliet und Lea in Beziehung.*

Ethik und die Suche nach dem Glück

Sich ein schönes Leben machen?

Der spanische Philosoph Fernando Savater (* 1947) stellt seine „Ethik für die Erwachsenen von morgen" unter das Motto „Tu, was du willst":

M1 Mach Dir ein schönes Leben!

Fernando Savater

Was will ich dir sagen mit dem „Tu, was du willst" als grundlegendem Motto dieser Ethik [...]? Ganz einfach – auch wenn es dir schwer fallen wird: Du musst dich befreien von Befehlen und Gebräuchen, von Belohnung und Strafe, kurz von allem, was dich von außen lenken will, und du musst diese ganze Angelegenheit aus dir selbst heraus, aus deinem Gewissen und freien Willen entwickeln. Frage niemanden, was du mit deinem Leben anfangen sollst: Frage dich selbst. [...]

Klar, weil du ein kluger Kopf bist, hast du wahrscheinlich bereits bemerkt, dass es hier einen gewissen Widerspruch gibt. Wenn ich dir sage „Tu, was du willst", sieht es so aus, als ob ich dir regelrecht einen Befehl gebe: „Tu dies und nicht das", auch wenn der Befehl darin besteht, dass du aus freiem Willen handeln sollst. [...] Wenn du ihn ausführst, gehorchst du ihm nicht (weil du nicht das tust, was du willst, sondern was ich will); wenn du dem Befehl nicht gehorchst, führst du ihn aus (weil du das tust, was du willst, und nicht das, was ich dir befehle – aber das ist genau das, was ich dir befehle!). [...] Der offensichtliche Widerspruch, der in dem „Tu, was du willst" steckt, ist nur ein Reflex des Kernproblems der Freiheit: dass wir *nicht* frei sind, nicht frei zu sein, dass wir nicht anders können, als frei zu sein. [...]

Wenn ich dir sage, du sollst tun, was du willst, scheint es angebracht, dass du zuerst ausführlich und gründlich darüber nachdenkst, was du willst. Zweifellos gefallen dir viele, einander oft widersprechende Sachen, wie das bei allen so ist: Du möchtest ein Motorrad haben, willst dir aber nicht auf der Straße den Hals brechen, du möchtest Freunde haben, aber ohne deine Unabhängigkeit zu verlieren, du möchtest Geld haben, aber du möchtest nicht den Nächsten ausbeuten, um es zu bekommen, du möchtest etwas wissen und verstehst daher, dass man lernen muss, aber du möchtest dich auch vergnügen, du möchtest, dass ich dir nicht auf den Wecker gehe und dich nach deiner Art leben lasse, aber du willst auch, dass ich da bin, um dir zu helfen, wenn es nötig ist. Wenn du all dies resümieren und deinen wahren Wunsch in Worte fassen müsstest, würdest du mir sagen: „Was ich will, Papa, ist, *mir ein schönes Leben machen.*" [...] Genau das wollte ich dir raten: Als ich dir sagte „Tu, was du willst", wollte ich dir im Grund empfehlen, dass du es wagst, dir ein schönes Leben zu machen.

(1991)

1 *Recherchieren Sie in der Werbung von Zeitschriften oder der Werbung im Fernsehen zum Thema „Ein schönes Leben".*

2 *Interpretieren Sie die Ergebnisse der Recherche mit Hilfe der Argumente von Savater.*

3 *Entwerfen Sie ein fiktives Lebensprogramm für mehrere Jahre und arbeiten Sie heraus, welche ersten Entscheidungen welche weiteren nach sich ziehen.*

Was soll Line jetzt tun?

M2

Line ist 21 Jahre alt. Sie studiert Jura im 2. Semester. Sie will Richterin werden. Heute hat ihr der Arzt mitgeteilt, dass sie wirklich schwanger ist. Ihr Freund sagt, sie solle eine Abtreibung machen lassen. Mit einem Kind könne sie nicht weiter studieren, und auch in seinem Leben sei kein Platz für ein Kind – jedenfalls jetzt nicht. Er will noch etwas vom Leben haben.

Line weiß, dass Abtreibung in Deutschland verboten ist, auch wenn man dafür nicht bestraft wird. Außerdem ist sie sich nicht sicher, wie sie sich nach einer Abtreibung fühlen würde. Sie hat Angst vor Schuldgefühlen und davor, was ihre Eltern dazu sagen würden, falls sie es erfahren.

Ratschläge von Freundinnen und Freunden:

- Du solltest eine Abtreibung machen lassen. Wenn du jetzt das Kind zur Welt bringst, nützt das niemandem. Mit einem Kind könntest du dein Studium nicht zu Ende führen. Eine gut ausgebildete und verantwortlich urteilende Richterin kann vielen Menschen eine große Hilfe sein. Das darfst du nicht aufs Spiel setzen. Außerdem solltest du auch an die Beziehung zu deinem Freund denken.
- Das Recht auf Leben ist unverletzlich. Es gilt bedingungslos. Wer selbst leben will (wir alle also!), darf das Recht auf Leben anderer nicht verletzen.
- Ich gebe ihr keinen Rat. Um Line wirklich einen Rat geben zu können, müsste man weit mehr von den Umständen wissen. Wie geht Line selbst mit der Situation um? Was würde die Entscheidung für oder gegen eine Abtreibung für sie langfristig bedeuten? Was richtet sie damit an – bei sich selber, bei ihrem Freund, bei ihren Eltern? Wie würde das Leben für sie aussehen, wenn sie zugleich ein Kind haben und doch weiter studieren wollte? – Das sind nur einige der Fragen, die beantwortet sein müssten, wenn ich Line einen verantwortlichen Rat geben sollte.
- Ich kann nicht verstehen, warum du zögerst. Mit einem Kind hättest du nichts mehr vom Leben. Du bist erst 21 Jahre alt. Zumindest einige Jahre lang solltest du dein Leben noch ungehindert genießen dürfen. Ich stimme deinem Freund zu: Junge Menschen haben ein Recht, etwas vom Leben zu haben! Eine menschenfeindliche Moral oder Gesetzgebung kann dies nicht aus der Welt schaffen.
- Menschen sind Gottes Geschöpfe. Das Leben kann sich niemand selber geben. Gottes Liebe gilt allem Leben, auch dem noch nicht geborenen Leben. Mit einer Abtreibung würdest du dich selbst von der Liebe Gottes ausschließen und dich zur Herrin über Leben und Tod machen.
- Die Entscheidung muss letztlich davon abhängig gemacht werden, was eine Abtreibung für dich selber bedeutet. Wenn sie ein Verstoß gegen dein eigenes Gewissen ist, könnte dies dazu führen, dass du fortan als moralisch gebrochene Person vor dir selber keinen Bestand mehr hast. Du könntest dir selbst nicht mehr vertrauen. Aber das muss nicht so sein. Vielleicht kannst du ganz gut mit einer Ausnahme leben. Auch Richterinnen oder Richter haben nicht immer eine weiße Weste unter ihrer Robe.

1 *Fragen Sie Schülerinnen und Schüler, welchen Rat sie am besten finden. Stellen Sie eine Präsentation der Ergebnisse als Schaubild zusammen.*

2 *Analysieren Sie die Begründungsformen, die den verschiedenen Ratschlägen zugrunde liegen. (➤ In der Darstellung auf S. 306 finden sich Informationen, die Sie bei dieser Aufgabe heranziehen können; vgl. auch S. 342 zu Methoden der ethischen Urteilsbildung.)*

Grundformen der ethischen Urteilsbildung: Informationen und Definitionen

In der theologischen und philosophischen Ethik unterscheidet man in der Regel folgende, sich zum Teil überschneidende Formen ethischer Begründung (die Reihenfolge drückt keine Bewertung aus):

- **Pflichten- oder Prinzipienethik:**
  Entscheidungen müssen obersten Prinzipien wie der menschlichen Würde entsprechen. Daraus ergeben sich Pflichten, die ohne Einschränkung gelten.
- **Utilitaristische oder Nutzenethik:**
  Ethisch geboten ist das, was den größten Nutzen oder das größte Glück bringt, entweder für den Einzelnen oder für die Gesellschaft.
- **Verantwortungsethik:**
  Im Unterschied zu einer reinen Pflichten- oder Gesinnungsethik fließen auch die Folgen des jeweiligen Handelns in die Entscheidung ein. Insofern kommt die Verantwortungsethik dem Utilitarismus nahe, bewertet die Handlungsfolgen aber im Unterschied zu diesem auch anhand weiter gefasster – z. B. ökologischer – Prinzipien.
- **Gesinnungsethik:**
  Ethisch bedeutsam sind hier bestimmte Haltungen oder Einstellungen der einzelnen Person oder auch übergreifende Lebenshaltungen.
- **Situationsethik:**
  Das Gute lässt sich nicht abstrakt nach allgemeinen Prinzipien oder Regeln bestimmen, sondern nur angesichts der jeweiligen Umstände in einer bestimmten Situation und unter Berücksichtigung der daran Beteiligten.
- **Gewissensethik:**
  Was gut und richtig ist, hängt letztlich vom Gewissen jedes Einzelnen ab, das manchmal mit der Stimme Gottes im Menschen gleichgesetzt wird.
- **Hedonismus oder Genussethik:**
  Entscheidend ist, was den Lebensgenuss steigert und was Spaß macht. Jede Einschränkung des Genießens soll möglichst ausgeschlossen werden.
- **Liebesethik:**
  Entscheidend soll allein die liebevolle Zuwendung zu anderen sein, die sich häufig auf das biblische Gebot der Nächstenliebe beruft.
- **Schöpfungsethik:**
  Bei dieser Form der christlichen Ethik ist die Geschöpflichkeit des Menschen entscheidend, angesichts ökologischer Fragen allerdings zunehmend auch die Eingebundenheit des Menschen in das Gesamt der Schöpfung.

Wozu brauche ich ethische Normen und Werte?

Ethik hat mit Regeln, Normen und Werten zu tun, aus denen sich Erwartungen an das Verhalten jedes Einzelnen ergeben. Daraus können leicht Probleme erwachsen, z. B. Spannungen zwischen dem, was jemand selber tun möchte, und dem, was als Pflicht auferlegt ist. Eine wichtige Frage betrifft daher das Verhältnis des einzelnen Menschen zur Ethik: Wäre das Leben nicht viel schöner und angenehmer, wenn wir es ohne Regeln, Pflichten u. ä. einfach nach unseren Wünschen gestalten könnten? Bedeutet Ethik für das Leben des Einzelnen nur eine Einschränkung?

Der spanische Philosoph Fernando Savater (➤ s. M 1) beantwortet die Frage „Wozu brauche ich eine Ethik?" mit der Geschichte von den Linsen:

Das Linsen-Dilemma

M3

Fernando Savater

Ich weiß nicht, ob du viel in der Bibel gelesen hast. Sie ist voller interessanter Dinge, und man muss nicht sehr religiös sein [...], um sie zu schätzen. Im ersten Buch, der Genesis, wird die Geschichte von Esau und Jakob, den Söhnen Isaaks, erzählt. Sie waren Zwillinge, aber Esau wurde zuerst geboren, wodurch er das Erstgeburtsrecht erhielt. Erstgeborener zu sein, war in diesen Zeiten nicht ohne Bedeutung, weil damit verbunden war, dass man eines Tages den gesamten Besitz und alle Privilegien des Vaters erbte. Esau ging gerne auf die Jagd und wollte was erleben, während Jakob lieber zu Hause blieb und ab und zu etwas Köstliches kochte. Einmal kehrte Esau müde und hungrig vom Feld zurück. Jakob hatte einen leckeren Linseneintopf gekocht, und seinem Bruder, kaum hatte er das Essen gerochen, lief das Wasser im Mund zusammen. Er verspürte große Lust mitzuessen und bat Jakob darum, ihn einzuladen. Der Bruder meinte: „Sehr gerne, aber nicht umsonst, sondern im Austausch für das Erstgeburtsrecht." Esau dachte: „Worauf ich jetzt Lust habe, sind die Linsen. Das Erbe meines Vaters werde ich irgendwann in der Zukunft antreten. Wer weiß. Womöglich sterbe ich noch vor ihm!" Und er stimmte zu, seine zukünftigen Rechte als Erstgeborener gegen die schmackhaften Linsen der Gegenwart zu tauschen.

[...]

Da ich dich für etwas bockig halte, würde es mich nicht wundern, wenn du versuchen würdest, diese Geschichte gegen meine früheren Aussagen zu kehren: „Hast du mir nicht diesen schönen Rat gegeben, ‚Tu, was du willst'? Hier hast du das Ergebnis: Esau wollte Eintopf und setzte alles daran, ihn zu bekommen, und am Ende stand er ohne Erbe da. Ein toller Erfolg!" Ja, natürlich, aber ... Waren die Linsen das, was Esau *wirklich* wollte, oder waren sie das, was ihn nur in dem Augenblick reizte? Immerhin war das Erstgeburtsrecht damals eine einträgliche Sache [...]. Es ist logisch, zu denken, dass das, was Esau im Grunde wollte, das Erstgeburtsrecht war, das ihm in einem mehr oder weniger nahen Zeitraum das Leben beträchtlich verbessern sollte. Zufällig hatte er auch Lust, Eintopf zu essen, aber wenn er sich die Mühe gemacht hätte, nur ein bisschen nachzudenken, dann hätte er erkannt, dass dieser zweite Wunsch eine Weile hätte warten können, um nicht die Chance zu verspielen, das Wesentliche zu erreichen.

(1991)

1 *Gestalten Sie eine Spielszene nach der Geschichte mit dem Linsengericht. Was passiert, wenn sich Esau gegen die Linsen entscheidet?*

2 *Vergleichen Sie Savaters Erzählung mit dem Original in der Bibel. Schreiben Sie selbst eine neue Fassung.*

Der römische Philosoph Seneca (um 4 v. Chr.–65 n. Chr.), der als Vertreter der Lebenskunst berühmt wurde, vertrat die Auffassung, dass ein glückseliges Leben ohne klare Perspektiven und Maßstäbe nicht zu erreichen sei. Regeln, Normen und Werte sind für ihn keine lästige Pflicht, sondern Ausdruck von Lebenskunst.

M4 Vom Glück im Leben

Seneca

Du siehst, welch schlimme und schädliche Knechtschaft der erduldet, den Sinnenlust und Schmerz, zwei schwankende und maßlose Gebieter, wechselweise beherrschen. Darum muss man sich durchringen zur Freiheit; diese aber erlangt man nur durch Gleichgültigkeit gegen das Schicksal. Daraus erwächst jenes unschätzbare Gut: die Ruhe und Erhabenheit einer Seele, die ihren festen Standpunkt gefunden hat, die frei von Furcht aus der Erkenntnis der Wahrheit eine hohe, bleibende Freude gewinnt, Freundlichkeit und Heiterkeit des Gemüts; an diesen Gütern wird sie eine besondere Freude haben, weil sie gleichsam auf ihrem eigenen Boden gewachsen, nicht ihr nur zugefallen sind. Glücklich kann [...] derjenige genannt werden, der, von der Vernunft geleitet, nichts mehr wünscht und nichts mehr fürchtet. Steine und Tiere sind zwar auch frei von Furcht und Traurigkeit; glücklich wird sie aber niemand nennen, weil ihnen das Bewusstsein des Glücks fehlt. [...] Glücklich kann niemand genannt werden, der keinen Begriff von der Wahrheit hat; ein glückseliges Leben ist also dasjenige, das auf einem richtigen festen Urteil ruht und daran unveränderlich festhält.

M5 Protect me from what I want

Jenny Holzer (1950)*

(1991)

1 *Vergleichen Sie den Text von Seneca mit den Texten von Savater (M 1 und 3): Vertreten beide dieselbe Auffassung?*

2 *Seneca gilt als Vertreter der Philosophenschule der Stoa. Recherchieren Sie mit Hilfe eines Lexikons, welche Auffassungen die stoische Philosophie besonders von der Ethik vertreten hat.*

3 *Setzen Sie das Plakat (M 5) in ein Verhältnis zu Senecas Lebensphilosophie (M 4).*

Schlüsselerfahrungen – oder: Wie wird man eigentlich ein guter Mensch?

Zu den großen Vorbildern aus dem 20. Jahrhundert gehören für viele an erster Stelle der „Urwalddoktor" Albert Schweitzer (1875–1965) und der Theologe und Widerstandskämpfer im Nationalsozialismus Dietrich Bonhoeffer (1906–1945; **➤ s. S. 298****), für manche auch Mutter Theresa (1891–1984), die in Indien tätig war. Wie sind solche Menschen so geworden, wie sie waren? Was hat ihr Leben bestimmt? Albert Schweitzer berichtet dazu ein Erlebnis aus seiner Kindheit im Elsass:**

Du sollst nicht töten – auch kein Tier

M6

Albert Schweitzer

Einen tiefen Eindruck machte mir ein Erlebnis aus meinem siebenten oder achten Jahre. Heinrich Bräsch und ich hatten uns Schleudern aus Gummischnüren gemacht, mit denen man kleine Steine schleuderte. Es war im Frühjahr, in der Passionszeit. An einem Sonntagmorgen sagte er zu mir: „Komm, jetzt gehen wir in den Rebberg und schießen Vögel." Dieser Vorschlag war mir schrecklich, aber ich wagte nicht zu widersprechen, aus Angst, er könnte mich auslachen. So kamen wir in die Nähe eines kahlen Baumes, auf dem die Vögel, ohne sich vor uns zu fürchten, lieblich in den Morgen hinaus sangen. Sich wie ein jagender Indianer duckend, legte mein Begleiter einen Kiesel in das Leder seiner Schleuder und spannte dieselbe. Seinem gebieterischen Blick gehorchend, tat ich unter furchtbaren Gewissensbissen dasselbe, mir fest gelobend, daneben zu schießen. In demselben Augenblicke fingen die Kirchenglocken an, in den Sonnenschein und in den Gesang der Vögel hineinzuläuten. Es war das „Zeichen-Läuten", das dem Hauptläuten eine halbe Stunde voranging. Für mich war es eine Stimme aus dem Himmel. Ich tat die Schleuder weg, scheuchte die Vögel auf, dass sie wegflogen und vor der Schleuder meines Begleiters sicher waren, und floh nach Hause. Und immer wieder, wenn die Glocken der Passionszeit in Sonnenschein und kahle Bäume hinausklingen, denke ich ergriffen und dankbar daran, wie sie mir damals das Gebot „Du sollst nicht töten" ins Herz geläutet haben.

Von jenem Tage an habe ich gewagt, mich von der Menschenfurcht zu befreien. Wo meine innerste Überzeugung mit im Spiele war, gab ich jetzt auf die Meinung anderer weniger als vorher. [...]

Die Art, wie das Gebot, dass wir nicht töten und quälen sollen, an mir arbeitete, ist das große Erlebnis meiner Kindheit und Jugend. Neben ihm verblassen alle anderen.

(1931)

Albert Schweitzer berichtet auch, wie er zu dem Entschluss kam, Urwaldarzt zu werden:

Entschluss zu einem neuen Leben

M7

Albert Schweitzer

Am 13. Oktober 1905, einem Freitag, warf ich in Paris [...] Briefe ein, in denen ich meinen Eltern und einigen meiner nächsten Bekannten mitteilte, dass ich mit Anfang des Wintersemesters Student der Medizin werden würde, um mich später als Arzt nach Äquatorialafrika zu begeben. In einem der Briefe kündigte ich im Hinblick auf die Inanspruchnahme durch das bevorstehende Studium meine Stellung als Leiter des theologischen Studienstifts zu St. Thomas.

Den Plan [...] trug ich schon länger mit mir herum. Sein Ursprung reicht in meine Studentenzeit zurück. Es kam mir unfasslich vor, dass ich, wo ich so viele Menschen um mich herum mit Leid und Sorge ringen sah, ein glückliches Leben führen durfte. Schon auf der Schule hatte es mich bewegt, wenn ich Einblick in traurige Familienverhältnisse von Klassenkameraden gewann, und die geradezu idealen, in denen wir Kinder des Pfarrhauses zu Günsbach lebten, damit verglich. Auf der Universität musste ich in meinem Glücke, studieren zu dürfen und in Wissenschaft und Kunst etwas leisten zu können, immer an die denken, denen materielle Umstände oder die Gesundheit solches nicht erlaubten. An einem strahlenden Sommermorgen, als ich – es war im Jahre 1896 – in Pfingstferien zu Günsbach erwachte, überfiel mich der Gedanke, dass ich dieses Glück nicht als etwas Selbstverständliches hinnehmen dürfe, sondern etwas dafür geben müsse. Indem ich mich mit ihm auseinander setzte, wurde ich [...] mit mir selber dahin eins, dass ich mich bis zu meinem dreißigsten Lebensjahre für berechtigt halten wollte, der Wissenschaft und der Kunst zu leben, um mich von da an einem unmittelbaren menschlichen Dienen zu weihen. Gar viel hatte mich beschäftigt, welche Bedeutung dem Worte Jesu, „Wer sein Leben will behalten, der wird es verlieren, und wer sein Leben verliert um meinet- und des Evangeliums willen, der wird es behalten", für mich zukomme. Jetzt war sie gefunden. Zu dem äußeren Glücke besaß ich nun das innerliche.

(1931)

Albert Schweitzer beeindruckt nicht nur durch sein Leben, das in seiner zweiten Hälfte untrennbar mit der Krankenhausarbeit im westafrikanischen Lambarene verknüpft war. Mit seiner Ethik der „Ehrfurcht vor dem Leben" hat er auch einen bleibend bedeutsamen Beitrag zur Ethik geleistet. Auch diese Einsicht führt er auf eine intensive Erfahrung – eine Schlüsselerfahrung – zurück:

M8 Ehrfurcht vor dem Leben

Albert Schweitzer

Langsam krochen wir den Strom hinauf, uns mühsam zwischen den Sandbänken – es war trockene Jahreszeit – hindurchtastend. Geistesabwesend saß ich auf dem Deck des Schleppkahnes, um den elementaren und universellen Begriff des Ethischen ringend, den ich in keiner Philosophie gefunden hatte. Blatt um Blatt beschrieb ich mit unzusammenhängenden Sätzen, nur um auf das Problem konzentriert zu bleiben. Am Abend des dritten Tages, als wir bei Sonnenuntergang gerade durch eine Herde Nilpferde hindurchfuhren, stand urplötzlich, von mir nicht geahnt und nicht gesucht, das Wort „Ehrfurcht vor dem Leben" vor mir. Das eiserne Tor hatte nachgegeben; der Pfad im Dickicht war sichtbar geworden. Nun war ich zu der Idee vorgedrungen, in der Welt- und Lebensbejahung und Ethik miteinander enthalten sind! Nun wusste ich, dass die Weltanschauung ethischer Welt- und Lebensbejahung samt ihren Kulturidealen im Denken begründet ist.

(1924)

1 Führen Sie eine Umfrage in der Schule zu der Frage durch, welche Schlüsselerfahrungen für heutige Jugendliche wichtig sind.

2 Entwerfen Sie ein Poster zu Schlüsselerfahrungen, die für eine ethische Lebensführung – damit jemand ein „guter Mensch" wird – wichtig sein könnten.

Gewissen – Schuld – Vergebung

Das Gewissen wird oft als eine innere Stimme beschrieben, die sich dann im Menschen zu Wort meldet, wenn er schuldig geworden ist. Das Gewissen ist dabei nicht leicht zu fassen. Wichtige Erklärungen kommen aus verschiedenen Wissenschaften – aus der Psychologie, aus der Philosophie und aus der Theologie. An erster Stelle steht fast immer das schlechte Gewissen:

Mit Schuld leben?

M9

Fünf junge Leute sind am Wochenende unterwegs. Peter ist stolz. Nachdem er gerade den Führerschein gemacht hat, ist die Clique nicht mehr auf Eltern oder den Bus angewiesen. Heike, Steffi und Martin fahren mit ins Nachbardorf. Mit dem eignen Wagen kann man sich auch noch am späten Abend verabreden.

Die Landstraße ist eng und kurvenreich. Leichter Regen verschlechtert die Sicht. Peter liebt das Gefühl, das Steuer trotzdem sicher zu halten. Nur nicht zu schnell fahren.

Plötzlich ein Schlag – ein dröhnendes Krachen, heftiger Schmerz, und alles verschwindet im Dunkel ...

Auf einer Baumwiese hat man das Auto gefunden. Offenbar hatte sich das Fahrzeug mehrfach überschlagen, ehe es auf einen Apfelbaum krachte.

Peter ist schwer verletzt, er wird jedoch überleben. Die drei Mitfahrer aber sind tot.

Nach zwei Tagen ist Peter wieder so weit hergestellt, dass man ihm erklären kann, was passiert ist.

Wie es zu dem Unfall gekommen ist, wird nie ganz geklärt. Ist Peter zu schnell gefahren? Hat er übersteuert? Man weiß es nicht. Auf jeden Fall fühlt sich Peter schuldig. Warum hat er überlebt? Was soll er machen, wenn er den Eltern und Freunden von Heike, Steffi und Martin begegnet? Wie kann er nach alldem weiterleben?

1 *Schreiben Sie gemeinsam mit Freunden einen Brief an Peter.*

2 *Entwerfen Sie eine Ansprache, die Sie bei der Trauerfeier in der Schule halten sollen.*

In der Bibel ist es besonders Paulus, der von Gewissen spricht (Röm 2). Für ihn ist das Gewissen Zeuge der menschlichen Schuld. Klassisch ist auch die von Paulus in Röm 7 gebotene Beschreibung von Gewissenskonflikten. Das Gewissen führt dem Menschen seine Schuld unausweichlich vor Augen. (➤ S. 238ff.)

Das Gewissen als Zeuge der Selbstanklage

M10

Röm 2,14f.; 7,15, 18–21

14 Denn wenn Heiden, die das Gesetz nicht haben, doch von Natur tun, was das Gesetz fordert, so sind sie, obwohl sie das Gesetz nicht haben, sich selbst Gesetz.
15 Sie beweisen damit, dass in ihr Herz geschrieben ist, was das Gesetz fordert, zumal ihr Gewissen es ihnen bezeugt, dazu auch die Gedanken, die einander anklagen oder auch entschuldigen.

15 [...] Ich tue nicht, was ich will; sondern was ich hasse, das tue ich. [...]
18 [...] Wollen habe ich wohl, aber das Gute vollbringen kann ich nicht.
19 Denn das Gute, das ich will, das tue ich nicht; sondern das Böse, das ich nicht will, das tue ich.
20 Wenn ich aber tue, was ich nicht will, so tue nicht ich es, sondern die Sünde, die in mir wohnt.
21 So finde ich nun das Gesetz, dass mir, der ich das Gute tun will, das Böse anhängt.

Susanne Scherer, Pavel Ouporov: Labyrinth, 1998

1 *In der Bibel ist nicht nur vom schlechten Gewissen die Rede, sondern auch von Vergebung. Wie lässt sich z. B. Mt 18,21ff. mit Röm 7 verbinden?*

2 *Vergleichen Sie die Beschreibung des schlechten Gewissens in Röm 7 mit den Erfahrungen von Peter (M 9).*

Die Beschreibung der vom schlechten Gewissen bestimmten Schulderfahrung ist bei Martin Luther (1483–1546) vorausgesetzt, wenn er in seinem „Kleinen Katechismus" die fünfte Bitte im Vater Unser („Und vergib uns unsere Schuld, wie auch wir vergeben unseren Schuldigern") erklärt und dabei sein Verständnis göttlicher Vergebung deutlich macht – die Rechtfertigung des Sünders (➤ s. S. 241):

M11 Und vergib uns unsere Schuld

Martin Luther

Wir bitten in diesem Gebet, dass der Vater im Himmel nicht ansehen wollt' unser Sunde und umb derselbigen willen solche Bitte nicht versagen; denn wir sind der keines wert, das wir bitten, haben's auch nicht verdienet, sondern er wollt's uns alles aus Gnaden geben; denn wir täglich viel sundigen und wohl eitel [= nur] Strafe verdienen; so wöllen wir zwarten [= wahrlich] wiederumb auch herzlich vergeben und gerne wohl tun, die sich an uns versundigen.

(1529)

1 *Vergleichen Sie diese Erklärung Luthers mit der Auffassung von Paulus in Röm 7 (M 10).*

Von diesem biblischen Verständnis ist auch die neuzeitliche Philosophie beeinflusst. Bei Immanuel Kant (1724–1804) finden wir eine ähnliche Beschreibung:

M12

Das Gewissen als innerer Gerichtshof

Immanuel Kant

Das Bewusstsein eines inneren Gerichtshofes im Menschen („vor welchem sich seine Gedanken einander verklagen oder entschuldigen") ist das Gewissen.

Jeder Mensch hat Gewissen, und findet sich durch einen inneren Richter beobachtet, bedroht und überhaupt im Respekt (mit Furcht verbundener Achtung) gehalten, und diese über die Gesetze in ihm wachende Gewalt ist nicht etwas, was er sich selbst (willkürlich) macht, sondern es ist seinem Wesen einverleibt. Es folgt ihm wie sein Schatten, wenn er zu entfliehen gedenkt. [...] Er kann es, in seiner äußersten Verworfenheit, allenfalls dahin bringen, sich daran gar nicht mehr zu kehren, aber sie zu hören kann er doch nicht vermeiden.

Diese ursprüngliche intellektuelle und (weil sie Pflichtvorstellung ist) moralische Anlage, Gewissen genannt, hat nun das Besondere in sich, dass, ob zwar dieses sein Geschäfte ein Geschäfte des Menschen mit sich selbst ist, dieser sich doch durch seine Vernunft genötigt sieht, es als auf das Geheiß einer anderen Person zu treiben. Denn der Handel ist hier die Führung einer Rechtssache (causa) vor Gericht. Dass aber der durch sein Gewissen Angeklagte mit dem Richter als eine und dieselbe Person vorgestellt werde, ist eine ungereimte Vorstellungsart von einem Gerichtshofe; denn da würde ja der Ankläger jederzeit verlieren. – Also wird sich das Gewissen des Menschen bei allen Pflichten einen anderen (als den Menschen überhaupt), d. i. als sich selbst zum Richter seiner Handlungen denken müssen, wenn es nicht mit sich selbst im Widerspruch stehen soll. Diese andere mag nun eine wirkliche, oder bloß idealische Person sein, welche die Vernunft sich selbst schafft.

Eine solche idealische Person (der autorisierte Gewissensrichter) muss ein Herzenskündiger sein; denn der Gerichtshof ist im Inneren des Menschen aufgeschlagen – zugleich muss er aber auch allverpflichtend, d. i. eine solche Person sein, oder als eine solche gedacht werden, in Verhältnis auf welche alle Pflichten überhaupt auch als ihre Gebote anzusehen sind; weil das Gewissen über alle freie Handlungen der innere Richter ist. – Da nun ein solches moralisches Wesen zugleich alle Gewalt (im Himmel und auf Erden) haben muss, weil es sonst nicht (was doch zum Richteramt notwendig gehört) seinen Gesetzen den ihnen angemessenen Effekt verschaffen könnte, ein solches über alles Macht habende moralische Wesen aber Gott heißt: So wird das Gewissen als subjektives Prinzip einer vor Gott seiner Taten wegen zu leistenden Verantwortung gedacht werden müssen; ja es wird der letztere Begriff (wenn gleich nur auf dunkele Art) in jenem moralischen Selbstbewusstsein jederzeit enthalten sein.

Dieses will nun nicht so viel sagen, als: Der Mensch, durch die Idee, zu welcher ihn sein Gewissen unvermeidlich leitet, sei berechtigt, noch weniger aber, er sei durch dasselbe verbunden, ein solches höchste Wesen außer sich als wirklich anzunehmen; denn sie wird ihm nicht objektiv, durch theoretische, sondern bloß subjektiv, durch praktische sich selbst verpflichtende Vernunft, ihr angemessen zu handeln, gegeben; und der Mensch erhält vermittelst dieser, nur nach der Analogie mit einem Gesetzgeber aller vernünftigen Weltwesen, eine bloße Leitung, die Gewissenhaftigkeit (welche auch religio genannt wird) als Verantwortlichkeit vor einem von uns selbst unterschiedenen, aber uns doch innigst gegenwärtigen heiligen Wesen (der moralisch-gesetzgebenden Vernunft) sich vorzustellen und dessen Willen den Regeln der Gerechtigkeit zu unterwerfen. Der Begriff von der Religion überhaupt ist hier dem Menschen bloß „ein Prinzip der Beurteilung aller seiner Pflichten als göttlicher Gebote".

(1797)

1 *Klären Sie, in welchem Verhältnis für Kant Gott und Gewissen zueinander stehen.*

2 *Kant versteht „Religion" hier im Sinne von „Gewissenhaftigkeit" und „Verantwortlichkeit". Recherchieren Sie, welche anderen Bedeutungen der Begriff „Religion" einschließt. (➤ s. auch S. 22).*

Im 20. Jahrhundert hat sich besonders die Psychologie mit der Frage des Gewissens beschäftigt. Sigmund Freud (1856–1939), der Begründer der Psychoanalyse, verstand das Gewissen als das Produkt der Verinnerlichung elterlicher Autoritätsfiguren und bezeichnete es als „Über-Ich".

Im Jahre 1958 veröffentlichte der Schweizer Tiefenpsychologe und frühere Freud-Schüler Carl Gustav Jung (1875–1961) seinen bis heute immer wieder nachgedruckten Aufsatz über das Gewissen in psychologischer Sicht, der auch das Verhältnis zwischen Psychologie und Glaube oder Theologie thematisiert. Anders als Freud ist Jung bereit, im Gewissen mehr zu sehen als bloß das Erbe elterlicher Autorität.

M13 Das Gewissen in psychologischer Sicht

Carl Gustav Jung

Das komplexe Phänomen des Gewissens besteht [...] gewissermaßen aus zwei Stockwerken, von denen das eine als Grundlage ein gewisses psychisches Geschehen enthält, das andere aber eine Art von Überbau darstellt, nämlich das annehmende oder verwerfende Urteil des Subjektes.

[...]

Woher nimmt sich das wahre und eigentliche Gewissen, das sich über den Sittenkodex erhebt und sich dessen Entscheid nicht unterwirft, seine Berechtigung? Was gibt ihm den Mut, anzunehmen, dass es nicht ein „falsches" Gewissen, eine Selbsttäuschung sei?

Johannes sagt: „Prüfet die Geister, ob sie von Gott seien", welche Ermahnung wir auf unseren Fall anwenden können. Das Gewissen nämlich ist von vielen und seit alters eher als eine göttliche Intervention, denn als eine psychische Funktion verstanden worden; ja sein Diktum galt als *vox* dei, als Gottesstimme. Diese Auffassung zeigt, welcher Wert und welche Bedeutung diesem Phänomen beigemessen wurde und noch wird. Die Psychologie darf eine derartige Bewertung nicht übersehen, denn diese ist ebenfalls eine wohlbeglaubigte Erscheinung, die unbedingt zur Sprache kommen muss, wenn man die Vorstellung des Gewissens psychologisch behandeln will. Die Wahrheitsfrage, die man in unsachgemäßer Weise hier zu stellen pflegt, ob es denn bewiesen sei, dass Gott selber zu uns mit der Stimme des Gewissens rede, hat mit dem psychologischen Problem nichts zu tun. Die *vox* dei ist eine Aussage und ein Dafürhalten wie die Aussage, dass es ein Gewissen gibt. Alle psychologischen Tatsachen, die sich nicht mit Hilfe von Apparaten und exakten naturwissenschaftlichen Methoden festlegen lassen, sind Aussagen und Meinungen, denen aber psychische Wirklichkeit zukommt. Es ist *psychologisch wahr,* dass die Meinung besteht, die Stimme des Gewissens sei Gottes Stimme.

[...]

Die Psychologie kann zwar die Metaphysik als menschliche Aussage kritisieren, ist aber selber nicht in der Lage, solche Aussagen zu machen. Sie kann nur deren Vorhandensein als eine Art von Exklamationen [= Ausrufe] feststellen, wohl wissend, dass weder die eine noch die andere Formulierung beweisbar und darum objektiv berechtigt ist, obschon sie die Legitimität des subjektiven Aussagens anerkennen muss. Derartige Aussagen sind psychische Manifestationen, die zum menschlichen Wesen gehören, und es gibt keine psychische Ganzheit ohne diese, auch wenn man ihnen nicht mehr als subjektive Gültigkeit zumessen kann.

(1958)

1 *Vergleichen Sie die psychologische Sicht Jungs mit der philosophischen bei Kant (M 12).*

Der Theologe Gerhard Ebeling (1912–2001) hat sich mehrfach darum bemüht, das theologische Verständnis des Gewissens und der Gewissenserfahrung neu zu fassen:

Das Gewissen in theologischer Sicht

M14

Gerhard Ebeling

Die Besinnung auf den Gewissensbegriff soll in der rechten Weise den *Zusammenhang von Mensch, Welt und Gott* erkennen lassen. Nach landläufiger Auffassung tendiert das Reden vom Gewissen auf individualistische Isolierung des Menschen und auf Rückzug in die Innerlichkeit. Allerdings meint „Gewissen" den Menschen als den mit Eigennamen Gerufenen, in seinem Selbstsein Unvertauschbaren, Einzelnen, und zwar in Hinsicht auf die verborgenen Wurzeln seiner Lebensäußerungen, auf sein „Innerstes", auf sein „Herz" im biblischen Sprachgebrauch. Aber dass der Mensch in diesem Sinne Einzelner ist, will nicht unter Abstraktion von den Existenzbezügen und Wirklichkeitszusammenhängen verstanden sein, vielmehr gerade als deren Interpretation. Dass von einem „Inneren" des Menschen zu reden ist, soll nicht auf eine in sich abgeschlossene und selbstständige „Innenwelt" neben der „Außenwelt" hindeuten, vielmehr darauf, dass und wie sich der Mensch „Außenwelt" angehen lässt. Geht man dem nach, so wird man darauf geführt, dass der Mensch nur darum sich Außenwelt angehen lässt, weil sein so genanntes Inneres in einem wesenhaften und ursprünglichen Sinn vom extra se Seienden her angesprochen ist, weil also dem Außen der so genannten Außenwelt ein anderes, radikaleres Außen vorausliegt. Gerade Interpretation des Gewissens könnte zu einer Überwindung jenes oberflächlichen Wirklichkeitsverständnisses beitragen, das in sich selbst fertige Dinge äußerlich aneinandergefügt sein lässt. Von dem angedeuteten Zusammenhang […] her könnte darum deutlich werden, dass Menschsein, Welt und Gott nicht getrennte Themata sind, sondern die Dimensionen eines einzigen Themas: Was der Mensch, was die Welt und was Gott ist, kommt nur miteinander zur Begegnung und zur Sprache.

Vom gängigen Gewissensverständnis her wird noch am ehesten die Einbeziehung der Relation zu Gott einleuchten. Fasst man allerdings das Gewissen einfach als Stimme Gottes im Menschen auf, so wird keineswegs in hinreichender Weise deutlich, wie der Zusammenhang von Gott und Mensch in der Sprachlichkeit gegeben ist. Es müsste jedenfalls betont werden, dass es im Gewissen nicht um einen Gesetzeskodex geht, nicht um einzelne Weisungen für dies oder das, sondern um den Menschen als ganzen – und deshalb nicht um eine Instanz im Hinblick auf das Moralische, sondern um die Ortsbestimmung des Menschen, in der über sein Personsein entschieden ist, das der Moralität vorausliegt. […]

Von diesen Erwägungen her könnte man folgende Formulierungen wagen: Gott […] ist ein Gewissensphänomen. Aber in gleicher Weise gilt: Der Mensch ist ein Gewissensphänomen. Zwar begegnet der Mensch auf vielfältige Weise außerhalb der Relation zum Gewissen. Doch allein in Relation auf das Gewissen meldet sich das Menschsein des Menschen in Wahrheit an. […] Denn im Gewissen geht es um das Ganze, weil um die Frage nach dem Letztgültigen.

(1960)

1 *Dieses Teilkapitel hat verschiedene Versuche vorgestellt, das Gewissen zu erfassen: Organisieren Sie eine Diskussion mit verteilten Rollen, bei der jeweils eine Person ein bestimmtes Gewissensverständnis verteidigt.*

Das gemeinsame Leben gestalten

Die Rolle der Gerechtigkeit im gemeinsamen Leben

Ethik bezieht sich nicht nur auf das Leben des einzelnen Menschen – manchmal bezeichnet man dies als den Bereich der Individualethik –, sondern ebenso auf die Gesellschaft oder das Feld der Sozialethik. Hier geht es um die Gestaltung des gemeinsamen Lebens, um die Regeln, Normen und Werte, die für die Gesellschaft maßgeblich sein sollen. Viele Menschen sind davon überzeugt, dass Gerechtigkeit dabei von zentraler Bedeutung ist.

Eine klassische Bestimmung unterschiedlicher Formen von Gerechtigkeit findet sich in der Ethik von Aristoteles (384–322 v. Chr.). Bis heute unterscheidet man in Anlehnung an Aristoteles zwischen drei Formen der Gerechtigkeit: Verteilungsgerechtigkeit, ausgleichende Gerechtigkeit, Strafgerechtigkeit:

M15 Formen der Gerechtigkeit

Aristoteles

Die Gerechtigkeit als Teilerscheinung und das entsprechende Gerechte weist zwei Grundformen auf: Die eine (A) ist wirksam bei der Verteilung von öffentlichen Anerkennungen, von Geld und sonstigen Werten, die den Bürgern eines geordneten Gemeinwesens zustehen. Hier ist es nämlich möglich, dass der eine das Gleiche wie der andere oder nicht das Gleiche zugeteilt erhält. Eine zweite (B) Grundform ist die, welche dafür sorgt, dass die vertraglichen Beziehungen von Mensch zu Mensch rechtens sind. […]

Doch das Gerechte bei den vertraglichen Beziehungen der Menschen bedeutet zwar eine bestimmte Gleichheit – und das entsprechende Ungerechte bedeutet Ungleichheit –, aber es hält sich nicht an jene Proportion, sondern an die arithmetische. Denn es liegt nichts daran, ob der Gute den Schlechten um etwas betrogen hat oder der Schlechte den Guten, noch auch, ob der Gute Ehebruch begangen hat oder der Schlechte: Das Gesetz schaut nur auf den Unterschied zwischen Höhe (des Unrechts und) des Schadens, es betrachtet die Partner als gleich – ob der eine das Unrecht getan und der andere es erlitten hat, ob der eine den Schaden verursacht hat und der andere davon betroffen worden ist. Daher versucht der Richter diese Form des Ungerechten – sie ist Verletzung der Gleichheit – auszugleichen. […]

Manchen gilt auch die Wiedervergeltung schlechthin als gerecht. So lehrten die Pythagoreer, indem sie das Gerechte schlechthin bestimmten als das Erleiden dessen, was man einem anderen angetan hatte. Die Wiedervergeltung aber passt weder zu der verteilenden noch zu der regelnden Gerechtigkeit […], denn vielfach zeigt sich die Nichtübereinstimmung. Wenn zum Beispiel der Träger eines Amtes (einen Bürger) körperlich verletzt hat, so darf der erstere nicht ebenfalls zum Ausgleich verletzt werden. Hat aber jemand den Träger eines Amtes verletzt, so muss er dies nicht nur an seinem Leib zu verspüren bekommen, sondern auch noch (zusätzlich) bestraft werden.

1 *Suchen Sie in der Tagespresse nach Beispielen, in denen es um Fragen der Gerechtigkeit geht.*

2 *Recherchieren Sie dabei auch, welche Strafen in Strafprozessen verhängt werden und welches Verständnis von Gerechtigkeit dabei leitend ist.*

3 *Vergleichen Sie die gefundenen Beispiele zum Thema Gerechtigkeit mit den Definitionen von Aristoteles.*

Gibt es allgemein gültige Normen?

Aristoteles bleibt bei seinen Definitionen von Gerechtigkeit rein formal. Vielfach sind es aber gerade die inhaltlichen Antworten auf die Frage nach Gerechtigkeit, über die gestritten wird. Wie viel Gleichheit soll in der Gesellschaft beispielsweise bei Besitz und Eigentum herrschen? Manche sehen eine Möglichkeit, diesen Streit zu lösen, im Rückgriff auf allgemein gültige Normen. Andere fragen, ob es solche Normen überhaupt geben kann. Wie wären sie ggf. zu begründen? Zwei häufig anzutreffende Begründungen ergeben sich aus dem sog. Naturrecht und aus der Vertragstheorie.

Der Wiener katholische Theologe und Sozialethiker Johannes Messner (1891–1984) verstand die Natur des Menschen als Grundlage des Sittengesetzes*. Von dieser Grundlage aus wollte er mit gleichsam naturwissenschaftlicher Verlässlichkeit auf eine allgemein gültige Naturrechtsordnung schließen:

Das Naturrecht als Grundlage allgemein gültiger Normen

M16

Johannes Messner

Die Natur der Dinge erkennen wir aus ihren Wirkweisen. Die einzelnen Wissenschaften gehen bei der Erforschung der leblosen Natur und der Naturgesetze von der Beobachtung der Kräfte aus, die in ihnen wirksam sind, so von den Verhaltensweisen der Lebewesen [...]. Bei der Erhebung der Natur des Menschen und der ihr wesenseigenen Gesetze des Verhaltens kann der Weg kein anderer sein. Wir müssen daher die Kräfte, Triebe und Antriebe untersuchen, die wir im Menschen am Werke finden. Auf den ersten Blick werden sich der Beobachtung darbieten: der Trieb zur Selbsterhaltung, der Nahrungstrieb, der Trieb nach Unterhaltssicherung, der Vorsorge für die Zukunft, der Geschlechtstrieb, die Liebe der Eltern zu ihren Kindern, der Trieb zum Familienleben, der Trieb zur Gesellung, der Trieb nach Erweiterung von Erfahrung und Wissen, der Trieb nach dem Schönen, das Verlangen nach Achtung von Seiten anderer, der Trieb nach einem geordneten Verhältnis zum höchsten Wesen, alle anderen Triebzwecke einbeziehend der Glückstrieb.

Einige dieser Triebe sind dem Menschen mit dem Tiere gemeinsam. Trotzdem springt ein Unterschied sofort ins Auge: Der Mensch vermag sich seiner Triebe bewusst zu werden und den Zusammenhang zwischen seinen Trieben und den ihnen innewohnenden Zwecken zu erfassen. [...] Er ist sich weiters bewusst, dass es, wenigstens teilweise, von ihm, seiner Selbstbestimmung, abhängt, ob und wieweit er in seiner Triebbefriedigung jenen Zwecken entspricht, z. B., ob er bei der Befriedigung seines Nahrungstriebes jenes rechte Maß einhält, dass er dessen Zweck nicht durch zuwenig oder zuviel vereitelt. [...] Er ist sich weiters eines inneren Antriebes, der Nötigung durch die Pflicht, zum Verhalten im Einklang mit dieser Verantwortung bewusst. Und schließlich erkennt der Mensch sofort den anderen Menschen als solchen mit der gleichen Vernunftnatur und erkennt damit bestimmte von ihm selbst geforderte Verhaltensweisen gegen den andern wie auch des andern gegen ihn selbst.

[...] Das arteigene oder spezifisch menschliche Verhalten ist das des Vernunftwesens; das vom Menschen durch die Vollwirklichkeit dieser seiner Natur geforderte Verhalten bestimmt sich nach den in den geistigen und körperlichen Trieben seiner Natur vorgezeichneten Zwecken, kurz, nach der *Zweckrichtigkeit;* weil durch seine Vernunfterkenntnis und seinen Vernunftwillen (Selbstbestimmung) bedingt, erhält für den Menschen das von der Vollwirklichkeit seiner Natur geforderte Verhalten das Wesen des Sittlichen. Demnach können wir definieren: Die *Sittlichkeit* besteht in der Übereinstimmung des Verhaltens des Menschen mit den in seiner Natur, ihren körperlichen und geistigen Trieben vorgezeichneten Zwecken, oder kurz, in der *„Triebrichtigkeit“.* [...] Da die Gesamtnatur des

Menschen nach ihrer körperlichen und geistigen Seite in Frage steht, besteht demnach die Sittlichkeit in der *Naturrichtigkeit* [...]. Und da die in der Natur des Menschen mit ihren körperlichen und geistigen Trieben vorgezeichneten Zwecke, als von ihm in Selbstbestimmung (Freiheit) in den jeweils gegebenen Umständen zu verwirklichend, die Eigenart der menschlichen Existenz bedingen, können wir sie die *„existenziellen Zwecke“* des Menschen nennen. Die „existenziellen Zwecke“ werden den *Grundbegriff unserer Ethik* bilden. [...]

Unser Grundgedanke ist, dass die Natur des Menschen mit den ihr arteigenen Triebanlagen ihn zum Leben nach der Naturrechtsordnung und damit zur Einsicht in die dieser eigenen Rechtsprinzipien drängt.

(1950/1966)

1 *Stellen Sie Messners Auffassungen auf die Probe, indem Sie in der Gruppe verschiedene Beispiele für „das Schöne“ zusammentragen und die Beispiele gemeinsam in eine Rangordnung bringen.*

Der amerikanische Philosoph John Rawls (1921–2002) fand die Grundlage für allgemein gültige Normen nicht in der Natur des Menschen. Einzig mögliche Grundlage war für ihn eine hypothetische Übereinkunft, der alle Menschen zustimmen könnten und auch tatsächlich zustimmen können, wenn sie sich auf die Begründung dieser Übereinkunft nur genügend besinnen. Er entwickelte daher eine Vertragstheorie der Gerechtigkeit, die diese Erwartung erfüllen soll:

M17 Hypothetische Übereinkunft als Grundlage allgemein gültiger Normen

John Rawls

Eine menschliche Gesellschaft kann man sich als eine mehr oder weniger unabhängige Vereinigung vorstellen, die sich von einer gemeinsamen Gerechtigkeitsauffassung leiten lässt und auf die Förderung des Wohls ihrer Mitglieder abzielt. Als Gemeinschaftsunternehmen zur Herbeiführung wechselseitigen Nutzens ist sie sowohl durch Interessenkonflikt als auch durch Interessengleichheit gekennzeichnet. Interessengleichheit besteht, da die gesellschaftliche Zusammenarbeit allen ein besseres Leben ermöglicht, als jeder es führen würde, wenn er versuchte, von seiner eigenen Arbeit zu leben. Doch gleichzeitig ist es den Menschen nicht gleichgültig, wie der durch ihre gemeinsame Arbeit erzeugte größere Nutzen verteilt wird; denn jeder zieht zur Beförderung seiner eigenen Zwecke einen größeren Anteil einem geringeren vor. Eine Gerechtigkeitsauffassung nun besteht aus einer Reihe von Prinzipien zur Auswahl zwischen jenen Gesellschaftseinrichtungen, die diese Verteilung bestimmen, und zur Erzielung einer Übereinkunft hinsichtlich der angemessenen Verteilung der relativen Anteile.

Die Gerechtigkeitsauffassung des Utilitarismus* dürfte auf den ersten Blick am vernunftgemäßesten erscheinen. Man bedenke nämlich, dass jeder gewiss durch Erkenntnis seines eigenen Wohls seine Verluste und Gewinne gegeneinander abwägen kann. Man kann sich gegenwärtig ein Opfer auferlegen, um später einen größeren Vorteil zu erzielen. [...] Gewiss ist die Maximierung des Wohls die einfachste und am wenigsten umständliche Auffassung dessen, was Recht ist, und damit auch der Gerechtigkeit. Damit ist zwar eine Konzeption des Wohls vorausgesetzt, aber man kann sich das Wohl als durch die Interessen vernünftiger Individuen bereits gegeben denken. [...] Zum Nützlichkeitsprinzip gelangt man auf ganz natürliche Weise: Ihm zufolge ist eine Gesellschaft dann richtig geordnet und folglich gerecht, wenn ihre Einrichtungen so gestaltet sind, dass dadurch die größte Summe von Befriedigungen verwirklicht wird.

Das Auffallende am Nützlichkeitsprinzip ist, dass es höchstens mittelbar darauf ankommt, wie diese Summe von Befriedigungen unter die Individuen verteilt wird, ebenso wie es beim Einzelnen höchstens mittelbar darauf ankommt, wie er seine Befriedigungen zeitlich verteilt. Da bestimmte Verteilungsweisen die Gesamtsumme der Befriedigungen beeinflussen, muss man diesem Umstand bei der Gestaltung gesellschaftlicher Einrichtungen Rechnung tragen. Dem Nützlichkeitsprinzip zufolge werden die Gerechtigkeitsvorschriften des gesunden Menschenverstands und ihre scheinbare Strenge damit begründet, dass es sich hier um diejenigen Regeln handelt, von denen die Erfahrung zeigt, dass man sie strikt beachten muss und nur in Ausnahmefällen brechen darf, wenn die Summe der Vorteile maximiert werden soll. Die Gerechtigkeitsvorschriften leiten sich aus dem einen Zweck ab, den höchsten Reingewinn an Befriedigungen zu erzielen. Prinzipiell gibt es keinen Grund, warum die größeren Gewinne einiger die geringeren Verluste anderer nicht ausgleichen sollten oder warum sich die Verletzung der Freiheit Weniger nicht durch das größere gemeinsame Wohl Vieler wettmachen lassen sollte. Es ist, zumindest in den meisten Situationen, nur zufällig der Fall, dass die größte Summe von Befriedigungen nicht auf diese Weise erlangt wird. Vom Standpunkt der Nützlichkeit aus gesehen, hat die Strenge der Gerechtigkeitsvorstellungen des gesunden Menschenverstands zwar eine gewisse Brauchbarkeit, doch als philosophische Lehre ist sie nicht vernunftgemäß.

Glaubt man also, dass jeder Angehörige der Gesellschaft prinzipiell und aus Gründen der Gerechtigkeit eine Unverletzlichkeit besitzt, die nicht einmal aus Gründen des Wohlergehens aller anderen angetastet werden darf, und dass der Freiheitsverlust einiger nicht dadurch gerechtfertigt wird, dass viele eine größere Gesamtmenge an Befriedigungen genießen, so muss man nach einer anderen Begründung der Gerechtigkeitsprinzipien suchen. [...]

Die natürlichste Alternative zum Nützlichkeitsprinzip nun ist ihre traditionelle Rivalin, die Theorie des Gesellschaftsvertrags. Das Ziel dieser Theorie besteht genau darin, die Striktheit der Gerechtigkeitsforderung durch die Annahme zu erklären, dass sich ihre Prinzipien aus einer Abmachung zwischen freien und unabhängigen Personen in einem Urzustand der Gleichheit ergeben und folglich die Integrität und gleiche Souveränität jener rationalen Individuen widerspiegeln, die den Vertrag miteinander schließen. Anstelle der Annahme, eine Auffassung des Richtigen und damit auch der Gerechtigkeit sei einfach eine Erweiterung des betreffenden Entscheidungsprinzips vom Einzelnen auf die Gesellschaft als ganze, setzt die Vertragslehre voraus, dass die vernünftigen Individuen, die der Gesellschaft angehören, zusammen in einem gemeinschaftlichen Akt wählen müssen, was für sie als gerecht oder ungerecht gelten soll. Sie müssen untereinander und ein für allemal entscheiden, was als ihre Gerechtigkeitsauffassung gelten soll. Nach dieser Vorstellung wird die Entscheidung in einer angemessen definierten Ausgangssituation getroffen, zu deren hervorstechenden Merkmalen es gehört, dass jemand weder seine spätere gesellschaftliche Stellung noch auch nur sein Maß an natürlichen Begabungen und Fähigkeiten kennt. Die Gerechtigkeitsprinzipien, auf die sich alle Individuen ein für allemal verpflichten, werden ohne solche spezifischen Informationen beschlossen. Ein Schleier der Unkenntnis verhindert, dass irgendjemand aufgrund der zufälligen Faktoren sozialer Klassenzugehörigkeit oder glücklicher Anlagen bevorteilt oder benachteiligt wird.

(1967)

Der bekannteste Teil der biblischen Ethik sind die Zehn Gebote (Dekalog). Sie werden weder aus der Natur des Menschen abgeleitet noch auf einen Vertrag zwischen den Menschen zurückgeführt. Nach biblischem Verständnis erwachsen sie vielmehr aus dem rechten Verhältnis zu Gott, wie es in den ersten drei Geboten beschrieben ist, und zeigen, wie das menschliche Leben gelingen kann. In der Übersetzung und Zählung Martin Luthers lauten sie so:

M18 Die Zehn Gebote

nach Ex 20

Das erste Gebot:
Ich bin der Herr, dein Gott. Du sollst keine anderen Götter neben mir haben.
Das zweite Gebot:
Du sollst den Namen des Herrn, deines Gottes, nicht missbrauchen.
Das dritte Gebot:
Du sollst den Feiertag heiligen.
Das vierte Gebot:
Du sollst deinen Vater und deine Mutter ehren, auf dass du lange lebest im Lande, das dir der Herr, dein Gott, geben wird.
Das fünfte Gebot:
Du sollst nicht töten.
Das sechste Gebot:
Du sollst nicht ehebrechen.
Das siebte Gebot:
Du sollst nicht stehlen.
Das achte Gebot:
Du sollst kein falsch Zeugnis reden wider deinen Nächsten.
Das neunte Gebot:
Du sollst dich nicht lassen gelüsten deines Nächsten Hauses.
Das zehnte Gebot:
Du sollst dich nicht lassen gelüsten deines Nächsten Weibes, noch seines Knechts, noch seiner Magd, noch seines Ochsen, noch seines Esels, noch alles, was dein Nächster hat.

1 *Gibt es Ihrer Meinung nach allgemein gültige Normen?*

2 *Organisieren Sie eine Talk-Show mit verteilten Rollen (Vertreter des Naturrechts, der Vertragstheorie, der biblischen Ethik) zum Thema „allgemein gültige Normen". Zur Vorbereitung können Sie in arbeitsteiligen Gruppen Argumente sammeln.*

Hat Wirtschaft etwas mit Glaube und Religion zu tun?

Ökonomie gilt heute weithin als ein autonomer Bereich, in dem allein die Prinzipien des Marktes gelten sollen: Wettbewerb, Gewinnorientierung, Nachfrage als Grundlage von Preisen, ökonomische Rationalität, usw. Die christliche Gesellschaftsethik schließt jedoch auch den Bereich des Wirtschaftens ein. Die christliche Sicht des Menschen und die sog. Christliche Gesellschaftslehre, die maßgeblich katholische Vertreter entwickelt haben, die man in wichtigen Hinsichten aber auch aus evangelischer Sicht bejahen kann, haben den Sozialstaat maßgeblich beeinflusst. Die sog. soziale Marktwirtschaft setzt zwar ebenfalls auf den Markt, sieht aber auch Grenzen vor, an denen der Staat solchen Menschen helfen soll, die als Konkurrenten auf dem Markt nicht mithalten können.

Der katholische Theologe Oswald von Nell-Breuning (1890–1991) gilt als Nestor der Sozialethik:

M19 Theologische Wirtschaftsethik

Oswald von Nell-Breuning SJ

Ein *formaler* Wirtschaftsbegriff (wirtschaften = verfahren nach dem Rationalprinzip), der die Wirtschaft eines objektiven Sinngehalts entkleidet, schließt […] jede Wirtschaftsethik, d. h. alle wirtschaftsimmanenten ethischen Normen, von vornherein aus und lässt nur Raum für eine heteronome, d. i. wirtschaftstranszendent ethische Normierung der Wirtschaft, z. B. für Gebote der religiösen, der politischen, der sozialen Ethik, der Geschlechtsmoral, usw., an die der Mensch, auch wenn er wirtschaftet, gebunden bleibt; das Wirtschaften *als solches* dagegen wäre jedes ihm innewohnenden ethischen Wertes oder Unwertes bar.

[…] Wirtschaft ist ein menschlicher Handlungszusammenhang mit dem Ziel der *Unter-*

haltsfürsorge, d.i. der Versorgung mit allem, dessen der Mensch als raum- und zeitgebundenes Geist-Leib-Wesen bedarf, um als Einzelner und in Gemeinschaft ein seiner Menschenwürde entsprechendes („kulturelles") Leben führen zu können. [...]

Damit Menschen überhaupt existieren können, muss diese „Kulturfunktion der Unterhaltsfürsorge" (Werner Sombart) wenigstens in einem Mindestmaß verwirklicht werden; in *wie hohem Maß* es geschehen *soll,* darüber können die Meinungen auseinander gehen und gehen auseinander. Für den Einzelmenschen kann es ein ethisches Hochziel sein, sich mit dem Mindestmaß des Versorgtseins zu begnügen, um ganz für andere, auf höherer Wertstufe stehende Dinge frei zu sein. Ganze Zeitalter haben die Gefahr, der Mensch werde der Gier nach materiellen Dingen verfallen oder erliegen, als so groß angesehen, dass sie dem Streben nach wirtschaftlichem Fortschritt und Aufstieg äußerst kritisch gegenüberstanden; so konnte ihnen eine mehr oder weniger stationäre, traditionsgebundene Wirtschaft als „gottgewollt" oder doch „gottgefällig" erscheinen. In der Neuzeit schlug diese übergroße Befangenheit der Wirtschaft gegenüber in die entgegengesetzte Einseitigkeit um [...].

Auch die *christliche Ethik,* so sehr sie betonen muss, dass Wirtschaft kein Höchst- oder Letztwert, richtig verstanden nicht einmal ein Selbst- oder Eigenwert, sondern nur ein Dienstwert ist, erblickt im wirtschaftlichen Fortschritt und Aufstieg etwas dem Menschen, wie er von Gott geschaffen ist, Angemessenes und daher, solange die Unterordnung unter die Werte höherer Rangstufe gewahrt bleibt, sittlich *Wohlgeordnetes.* – Wenn es zutrifft, dass die Versorgung der wachsenden Menschenzahl auf dieser Welt nur auf sehr hohem technischem und ökonomischem Niveau möglich, auf primitiver Basis dagegen unmöglich ist, dann erwiese sich das Streben nach wirtschaftlichem Fortschritt und Aufstieg sogar als sittlich *geboten.*

Auf jeden Fall ist die Wirtschaft nur ein Teilbereich des Lebens, nicht das ganze Leben. Darum ist auch die Wirtschaftsethik nur ein in das Ganze der Gesamtethik eingebetteter Teilbereich. Die großen und letzten Fragen sittlicher Gestaltung des Lebens lassen sich in den Rahmen der Wirtschaftsethik nicht einspannen. [...]

Ethisch normativ für die Wirtschaftsgestaltung ist ein doppeltes Ziel:

(1) ein *Ergebnis* (Ertrag, Ertrieb), das den Bedürfnissen der Menschen quantitativ und qualitativ entspricht (dass alle bedürfenden Menschen ihren angemessenen Anteil daran haben, ist im Begriff eingeschlossen);
(2) ein *Vollzug,* der die Menschen nicht als bloßes Mittel für eigene oder fremde Zwecke verschleißt [...].

(1963)

1 *In manchen Ländern wie den USA sind Schulen an Wirtschaftsunternehmen übergeben worden, weil sie – so heißt es – auf diese Weise sparsamer und zugleich kundenfreundlicher geführt werden können. Prüfen Sie Argumente pro und kontra Schulen als Wirtschaftsunternehmen.*

Fragen einer christlichen Wirtschaftsethik betreffen nicht nur den gesellschaftlichen Rahmen oder Sinn der Ökonomie, sondern lassen sich auch auf einzelne Aspekte wie die Verteilung von Gütern und Wettbewerb anwenden. Auch dazu noch einmal Oswald von Nell-Breuning:

Die Verteilung der Güter

M20

Oswald von Nell-Breuning SJ

Verteilung. Die Gebote und Verbote der älteren Wirtschaftsethik beziehen sich vorzugsweise auf die Verteilung. Das entspricht dem Stand der Erkenntnis, aber auch der Art des Wirtschaftens selbst zu einer Zeit, da der Produktionsprozess vermeintlich ganz oder nahezu ganz durch Naturgegebenheiten bestimmt war und traditionell ablief; die Verteilung dagegen war bereits als „Menschenwerk" und daher als von den Menschen zu verantworten erkannt. Heute wissen wir, dass einmal der Produktionsprozess – ungeachtet seiner technologischen Gebundenheit an die Gesetze der organischen und anorganischen Natur – vom Menschen gelenkt wird, zum andernmal Produktion und Distribution weitgehend *uno actu* vor sich gehen bzw. vorbestimmt werden, dass also Forderungen der Verteilungsgerechtigkeit bereits an denjenigen zu richten sind, der für Produktion und Produktions-(Investitions-)Politik verantwortlich ist. Nichtsdestoweniger ist bis zur Stunde die „gerechte Verteilung" der neuralgische Punkt; gerade hier aber zeigt sich, dass Wirtschaftsethik, die sich nicht in bloßen Wunschträumen ergehen will, nichts anderes sein kann als angewandte *ökonomische Theorie.*

[…]

Wettbewerb. Nach wirtschaftswissenschaftlicher Erkenntnis ist der Wettbewerb ein zwar für sich allein keineswegs ausreichendes, aber unentbehrliches Instrument, um die Wirtschaft *freiheitlich* zu ordnen. Damit ist er grundsätzlich gerechtfertigt und der einzelne Teilnehmer am Wettbewerb einer individuellen Rechtfertigung überhoben. Begriffe wie Leistungs-, Behinderungs-, Vernichtungswettbewerb kann die Wirtschaftsethik unbedenklich von der Wirtschafts- und Rechtswissenschaft übernehmen. Gegen den Wettbewerb wendet man ein, er verstoße gegen das große Gebot der christlichen Ethik, denn er schädige den Nächsten. Auf den gezielten Vernichtungswettbewerb trifft das zu; echter Leistungswettbewerb dagegen kann zwar, muss aber durchaus nicht zu Lasten des Mitbewerbers gehen und noch weniger dies bezwecken. Indem die Wettbewerber – insoweit ähnlich wie im Sport – sich wechselseitig zu höheren Leistungen herausfordern, ohne jedoch diese sinnlos bis zur Erschöpfung der Kräfte zu übersteigern, fördern sie einander gegenseitig und verbessern zugleich die Versorgung. […]

(1963)

1 *Recherchieren Sie im Wirtschafsteil einer größeren Tageszeitung und suchen Sie Beispiele für Wettbewerb. Welche sind nach Nell-Breuning ethisch akzeptabel, welche nicht?*

Die traditionellen Fragen von Verteilungsgerechtigkeit und von Leistung und Entlohnung haben sich in den letzten Jahren verändert und eine neue Zuspitzung erfahren. Vor allem die anhaltende Arbeitslosigkeit wirft die Frage auf, wie bei einem leistungsorientierten Entlohnungssystem mit denen umzugehen sei, die schon gar nicht zur Arbeit zugelassen werden. Auf dieses Problem zielt der evangelische Sozialethiker Arthur Rich (1910–1992) und zeigt damit zugleich, dass eine christliche Wirtschaftsethik immer auf den geschichtlichen Wandel bezogen sein muss.

M21 Arbeitslosigkeit – eine ethische Herausforderung

Arthur Rich

Ging es bis vor kurzem beim Verteilungsproblem vorrangig um die gerechte Verteilung des aus der wirtschaftlichen Kooperation resultierenden Sozialprodukts, so geht es heute, angesichts der hohen Arbeitslosigkeit in den meisten Industrieländern, je länger, je mehr um die Frage der gerechten Verteilung der vorhandenen Arbeit, damit jeder, der arbeiten will und arbeitsfähig ist, überhaupt an dieser Kooperation teilnehmen kann. Wer in der modernen Industriewirtschaft Arbeit hat, dem eignet, generell gesehen, schon dadurch eine bessere Lebenslage und mithin eine höhere Lebensqualität als dem, der arbeiten will, doch keine Arbeit findet. […]

Selbstredend geht es hier nicht an, die Frage nach den Ursachen der Arbeitslosigkeit aufzuwerfen. Die Meinungen hierüber sind übrigens höchst kontrovers. Sicher ist nur, dass es für sie keine monokausale Erklärung gibt. Und darum gerade bleibt ihre Bekämpfung so schwierig. So sehr das gilt, so sehr gilt auch, dass man sich, wird die Partizipation als Kriterium des Menschengerechten wirklich ernst genommen, mit dem Phänomen der Arbeitslosigkeit niemals abfinden kann. Jedermann, der arbeiten will, hat nach diesem Kriterium ein Anrecht darauf, seinen Anteil an einkommenbildender Arbeit zu erhalten, freilich auch die Pflicht, soweit dies nach Kräften und Begabung im eigenen Vermögen liegt, sich diejenigen Qualifikationen anzueignen, die die arbeitsteilige Industriegesellschaft von heute fordert und die deshalb auf dem Arbeitsmarkt gefragt sind.

[...]

Zu einer partizipativeren Verteilung der Arbeit wird es in Wirklichkeit erst kommen können, wenn die durch die Rationalisierung der Industrie ermöglichten Produktivitätsgewinne vorab zur Erstellung von umweltfreundlichen wie arbeitsintensiven Gütern und Diensten herangezogen werden, die bisher vernachlässigt worden, doch im Interesse der allgemeinen Wohlfahrt notwendig sind, darum dauerhafte, aber auch von den Qualifikationsansprüchen her gerade für die Sockelarbeitslosen beschäftigungswirksame Arbeitsplätze versprechen. Dahin gehören vorzüglich kollektive Güter wie beispielsweise Umweltschutz und Umweltpflege, ausgebaute Abraum- und Entsorgungsdienste, etc. Ihre Favorisierung enthielte direkt und indirekt ein hohes Maß an vielfältigen Arbeitsmöglichkeiten, nicht zuletzt, was hier Gewicht besitzt, für weniger Qualifizierte.

(1990)

1 *Entwerfen Sie ein Szenario, wie der von Rich geforderte sog. zweite Arbeitsmarkt heute aussehen könnte. Beachten Sie dabei besonders, wie die erforderlichen Finanzmittel bereitgestellt werden könnten.*

2 *Vergleichen Sie den Vorschlag Richs mit einer biblischen Vorlage (Mt 20,1ff.).*

Ethische Normen werden heute auch in der Industrie für die Mitarbeiterinnen und Mitarbeiter formuliert (sog. Code of Ethics). Die Firma IBM beispielsweise hat schon vor Jahren folgende Geschäftsgrundsätze niedergelegt:

Ethische Grundsätze

M22

IBM

Als Mitarbeiterinnen und Mitarbeiter der IBM stehen wir häufig vor schwierigen ethischen und rechtlichen Fragen. Unsere Entscheidung sollte in diesen Fällen immer den Prinzipien der IBM entsprechen.

Die vorliegende Broschüre soll den Mitarbeitern der IBM und ihrer Tochtergesellschaften eine Anleitung für die Lösung solcher Probleme an die Hand geben. [...]

Jeder Abschnitt dieser Broschüre behandelt einen Bereich, in dem wir als Mitarbeiter der IBM gegenüber Verantwortung tragen:

- persönliches Verhalten und Sicherung von Unternehmenswerten;
- Verantwortung bei der Geschäftstätigkeit der IBM mit Einzelpersonen und Organisationen;
- Interessenkonflikte und sonstige Rücksichten auf die IBM, die sich in unserer Freizeit ergeben können;
- das Wettbewerbsrecht in seiner Bedeutung für die IBM und jeden von uns. [...]

Persönliches Verhalten

Der durch harte Arbeit erworbene gute Ruf der IBM für höchste Geschäftsethik ist keineswegs eine Selbstverständlichkeit. Er beruht auch nicht auf regelmäßigen Kontrollen des Unternehmens durch Rechtsanwälte oder Wirtschaftsprüfer, sondern auf dem hohen Maß an gegenseitigem Vertrauen und Verantwortungsbewusstsein, das zwischen dem Unternehmen und seinen Mitarbeitern besteht. Er ist das Ergebnis Ihres persönlichen Handelns und der Art, wie Sie die IBM-Geschäftsgrundsätze in der Praxis verwirklichen.

Ethisch einwandfreies Verhalten am Arbeitsplatz – das ist im Wesentlichen Ehrlichkeit und Fairness im Umgang mit anderen Mitarbeitern,

Kunden, Lieferanten, Mitbewerbern und der Öffentlichkeit. Es ist sicher nicht übertrieben zu sagen, dass die Integrität und der gute Ruf der IBM in Ihren Händen liegen.

Die Achtung vor der Persönlichkeit des Einzelnen, die seit jeher ein Grundsatz der IBM ist, gebietet die strenge Wahrung der Privatsphäre und Würde jedes Mitarbeiters. Wenn aber Ihr persönliches Verhalten am Arbeitsplatz oder in Ihrer Freizeit Ihre Leistung oder die anderer Mitarbeiter oder die legitimen Interessen des Unternehmens berührt, dann kann das auch für die IBM von Belang sein.

Arbeitsumfeld

Die IBM ist bestrebt, allen Mitarbeitern gesunde, sichere und produktive Arbeitsbedingungen zu bieten. Ein gutes Arbeitsumfeld bedeutet jedoch mehr als sauber gekehrte Böden oder die Ausschaltung von Gefahrenquellen in einem Labor oder in einer Fabrik. Das Arbeitsklima bei der IBM muss auch frei sein von Diskriminierung wegen der Rasse, Farbe, Religion, des Geschlechtes, Alters oder sonstiger Faktoren, die mit der Leistung nichts zu tun haben. […]

Schutz der Unternehmenswerte der IBM

Die IBM hat eine Vielfalt von Vermögenswerten, die zum Teil für ihre Wettbewerbsfähigkeit und ihren Unternehmenserfolg von erheblicher Bedeutung sind.

Sie umfassen nicht nur Sachwerte, sondern auch unsere außerordentlich wertvollen eigentumsrechtlich geschützten Informationen, die das Ergebnis der Ideen und der harten Arbeit vieler IBM-Mitarbeiter sind. Außerdem gehören hierzu die vertraulichen Informationen, die vielen Mitarbeitern im Zusammenhang mit ihrer Arbeit anvertraut sind.

Der Schutz aller dieser Werte ist sehr wichtig. Ihr Verlust, Diebstahl oder Missbrauch gefährdet die Zukunft der IBM.

(1990)

1 *Vergleichen Sie die Texte der beiden Theologen Nell-Breuning (M 19/20) und Rich (M 21) mit dem von IBM im Blick auf die jeweils zugrunde liegenden Normen und Ziele, an denen sich das Handeln der Menschen ausrichten soll. Interessant könnte auch ein Vergleich mit den Geboten (M 18) sein.*

2 *Mit Hilfe des Internets lässt sich herausfinden, welche großen Unternehmen ethische Grundsätze veröffentlichen. Bereiten Sie dazu eine Präsentation vor.*

3 *Vergleichen Sie das reale Handeln eines Unternehmens mit der Selbstdarstellung in dessen ethischen Grundsätzen.*

Ökologie als Herausforderung auch für die christliche Ethik

Normalerweise gehen heute alle davon aus, dass Ökologie oder Umweltschutz wichtig sind und dass es dafür gute Gründe gibt. Dennoch kommt es immer wieder zu Auseinandersetzungen und Meinungsverschiedenheiten darüber, was am Ende wirklich wichtig ist. Der Philosoph Laurence H. Tribe (* 1941) nimmt dies zum Anlass, unsere Argumentationsfähigkeit herauszufordern, indem er die Frage formuliert:

M23 Was spricht gegen Plastikbäume?

Laurence H. Tribe

Baudelaires Gedicht „Rêve Parisien" entwirft im buchstäblichen Sinne ein Stillleben – die Traumlandschaft einer metallenen Stadt, in der Haine aus Kollonaden die Bäume ersetzen und Teiche aus Blei das Wasser. Prosaischer, aber kaum weniger beängstigend war kürzlich der Beschluss der Stadtverwaltung von Los Angeles, entlang dem Mittelstreifen einer Hauptverkehrsstraße über 900 Plastikbäume und Plastiksträucher in Pflanzkübeln aus Beton aufzustellen. Der Ausbau einer neuen Kanalisation hatte anscheinend nur noch 30-50 cm Erde auf dem Mittelstreifen zurückbelassen, zu wenig, als dass natürliche Bäume dort gedeihen konnten. Die Verwaltung entschied sich für ein Experiment mit künstlichen Pflanzen aus fabrikgefertigten Blättern und Zweigen, die mit Draht an Leitungsrohren befestigt und in einem mit Kunststoff überzogenen Steingemisch „eingepflanzt“ wurden. Obwohl unbekannte Täter eine Reihe von Bäumen mutwillig beschädigten und man von weiteren Anpflanzungen absah, ist nicht gesagt, dass die Sache damit ausgestanden ist. Denn wie ein Artikel in „Science“ unlängst nahe legte, kann Reklame die Leute nicht nur dazu bringen, Wildnis und Natur hoch einzuschätzen, sondern ebenso gut auch „reichlich Ersatz dafür zu schaffen“. „Das Bedürfnis nach einer besonderen Umwelt ist [...] erlernt“, heißt es in diesem Artikel, und „bewusst getroffene öffentliche Entscheidungen können diese Lernprozesse in der Weise beeinflussen, dass die Umwelt, die die Menschen für nützlich und wünschenswert zu halten lernen, eine Umwelt widerspiegelt, die aller Wahrscheinlichkeit nach billig zu haben ist. [...] Mit Plastikbäumen und dergleichen lässt sich weitaus mehr anfangen, um den Leuten das Gefühl zu geben, dass sie Natur erfahren.“ Ein derart offenes Bekenntnis zur Annehmbarkeit einer künstlichen Umwelt mag zwar nicht gerade üblich sein, die Haltung jedoch, die darin der natürlichen Ordnung gegenüber zum Ausdruck kommt, ist alles andere als selten. In zunehmendem Maße verdrängen künstliche Objekte und künstliche Anlagen die von der Natur bereitgestellten. In Fußballstadien und Freibädern ersetzt haltbarer Kunstrasen das Gras. Im Hyatt Regency Hotel in San Francisco wandeln die Gäste zwischen mehr als hundert natürlichen Bäumen, doch lauschen sie dabei aufgezeichnetem Vogelgezwitscher, das aus Lautsprechern kommt, die im Geäst der Bäume versteckt sind.

(1976)

1 *Bilden Sie zwei Gruppen und bereiten Sie ein Streitgespräch vor: Welche Gründe lassen sich für den Beschluss der Stadtverwaltung in Los Angeles anführen? Welche Gegengründe gibt es?*

Die christliche Ethik beruft sich in ökologischen Fragen heute häufig auf die „Verantwortung“ des Menschen. Der evangelische Theologe und Ethiker Martin Honecker (* 1934) versucht, das Verständnis von Verantwortung genauer zu klären. Gleichzeitig entwickelt er Fragestellungen, die sich auf ethische Probleme anwenden lassen.

Was heißt: Verantwortung?

M24

Martin Honecker

Verantwortung hat es mit drei Aspekten zu tun: *Wer* ist für *was* gegenüber *wem* verantwortlich? [...] Verantwortung trägt derjenige, der Gestaltungsmöglichkeiten hat. Es besteht wesenhaft ein Bezug zur Macht. Verantwortung trägt, wer handeln kann. Wer nichts tun kann, trägt auch keine fassbare Verantwortung. Sodann: Verantwortung hat es mit den Folgen des Handelns zu tun. Für ein unabwendbares Schicksal ist man nicht verantwortlich: Es geht also um tatsächliche Zuständigkeit und Zurechenbarkeit. Wem schuldet man für sein Tun und Lassen Verantwortung? Diese Frage wird heute unterschiedlich beantwortet: Gott, den Mitmenschen, der Gesellschaft, der Zukunft. Verantwortung bezieht sich auf eine Instanz, die Rechenschaft fordern kann. Heute wird der Bereich der Verantwortung über den Bezug zum Nächsten, zum Mitmenschen hinaus erweitert: Neben die unmittelbar evidente personale Verantwortung tritt die Verantwortung für die Umwelt und für die Zukunft.

Im Blick auf die Verantwortung für die Umwelt stellen sich sozialethisch relevante Fragen. Dabei geht es einmal um empirische Fragen (Tatsachenbehauptungen), die nachprüfbar sein müssen: Wer ist zuständig? Was sind die erkennbaren Folgen eines Handelns? Sodann geht es zugleich um Wertungen und Werturteile: Welchen Wert hat die natürliche Umwelt? Wem schulden wir Verantwortung für unseren Umgang mit der „Schöpfung"?

[…]

Der christliche Glaube bekennt: Umwelt ist Schöpfung. Die Schöpfung hat einen Schöpfer. Der Mensch hat darum kein freies, unbegrenztes Verfügungsrecht über die Schöpfung.

[…]

Die Schöpfung ist dem Menschen folglich nicht zur beliebigen Nutzung und Verwertung, zur Ausbeutung überlassen. Natur, Pflanzen, Tiere sind Mitgeschöpfe (Gen 1): Das führt zum Postulat der Mitkreatürlichkeit, Mitgeschöpflichkeit. Dieses Postulat ist theologisch zweifach zu bedenken:

a) Jedes Reden von Schöpfung ist einmal Glaubens- und Bekenntnisaussage, die zu den Grundaussagen christlichen Glaubens gehört. Das Bekenntnis zur Schöpfung ist ein Glaubenssatz.

[…]

b) Zugleich weiß freilich ebenso humane Erfahrung um die Endlichkeit und Geschöpflichkeit des Menschen. Die eigene menschliche Endlichkeit, Leiden und Tod sind Zeichen der Kreatürlichkeit des Menschen. Rücksichtsloser Umgang mit der Natur schlägt ihrerseits als Gefährdung auf den Menschen zurück: Die Vergiftung von Wasser und Luft oder die Bodenerosion, die Hungersnöte zur Folge hat, schaden dem Menschen selbst.

(1995)

1 *Wenden Sie Honeckers Sicht einer Schöpfungsethik auf die Frage „Was spricht gegen Plastikbäume?" (M 23) an.*

Wie weit reicht die Würde des Menschen? – Welches Leben soll geschützt sein?

Die Frage nach der Würde des Menschen wird heute besonders im Zusammenhang von Genforschung und Gentherapie kontrovers diskutiert. Am weitesten reicht die Erwartung, dass man Menschen klonen könnte (sog. reproduktives Klonen). Diese Vorstellung nimmt Charlotte Kerner (* 1950) in ihrem Buch „Blueprint" und in dem darauf bezogenen Film auf. Die folgenden beiden Ausschnitte sind aus der Perspektive der schwer erkrankten Mutter, einer hoch begabten Komponistin und Pianistin von Weltrang, und der geklonten Tochter geschrieben.

M25 Blueprint

Charlotte Kerner

Fisher war sich nicht sicher, was die große Pianistin von ihm wollte.

„Was kann ich tun, was nicht schon andere versucht haben?", fragte er gespannt.

Als Iris Sellin dann endlich ihr Anliegen vorbrachte, klang es wenig einleuchtend. „Klonen Sie mich", forderte sie mehr, als sie fragte.

Einen erwachsenen Menschen noch einmal auferstehen lassen! Diesen Gedanken kannte Fisher nur zu gut. Einer der Ersten zu sein, die es wagen! Davon hatte er oft nur geträumt. Inzwischen waren nicht mehr Dutzende geklonter Eizellen nötig, um zum Ziel zu kommen. Sein Verfahren hatte das Klonen sicherer gemacht. Dadurch wurde es so viel leichter, das altmodische Tabu, keine menschlichen Klone, hinwegzufegen!

„Aber ich habe mit der neuen Methode bisher nur Mäuse und Kühe geklont." Fisher bemühte sich, ruhig zu bleiben. Diesen banalen

Einwand brachte er nur vor, um Zeit zu gewinnen, und dabei wusste er ganz genau, wie wenig überzeugend er klang.

Iris lächelte fast herablassend. „Ich weiß, und deshalb nehmen Sie jetzt mich“, entgegnete sie, „einen willigen, weiblichen homo sapiens. Säugetier bleibt schließlich Säugetier. Ich habe nichts zu verlieren, aber alles zu gewinnen. Das gilt auch für Sie. Und ich verspreche Ihnen auch, dass ich nichts dagegen habe, die ganze Sache öffentlich zu machen. Ich bin öffentliche Auftritte schließlich gewöhnt. Niemand kann und wird am Ende gegen uns oder gegen das Klonen sein … das wissen Sie so gut wie ich.“ […]

Wer hätte etwas gegen einen zweiten Picasso oder einen zweiten Mozart einzuwenden? […] Natürlich wolltest du dich nie mit diesen ganz Großen gleichsetzen, aber Durchschnitt warst du auch nicht. Bravo!, werden die Leute rufen. Eine neue Iris Sellin, das hat sich wenigstens gelohnt. Denn wer will schon dumme Dutzendware, die den ganzen Aufwand doch nicht wert ist. So hast du auch ihn gelockt und verführt.

Moralische Bedenken hattet ihr nicht. Welche auch? Warum sollte es gegen die Würde eines Kindes sein, dem Nachwuchs von Anfang an gute Erbanlagen mitzugeben und die genetische Lotterie, den Zufall, auszuschalten? Keine Nieten mehr, Volltreffer garantiert! Greifen Sie nur zu! Das überzeugt, um mit Sicherheit elterliche Wünsche zu befriedigen.

Die Wünsche des Klons interessierten weniger, aber woher auch solltet ihr beiden unsereins oder gar unsere Gefühle kennen? Wir waren ja noch nicht vorhanden.

(2001)

„Blueprint“, verfilmt mit Franka Potente

Als bekannt wurde, dass das Klonen der berühmten Pianistin erfolgreich war, erhielt Dr. Fisher zahlreiche Anfragen, die er, wie es in dem Buch von Charlotte Kerner heißt, veröffentlichte. Hier sind einige davon:

M26 Anfragen an Dr. Fisher

Charlotte Kerner

- Ein millionenschwerer Unternehmer von Mitte fünfzig und Junggeselle will einen Klon-Sohn in Auftrag geben, um ihm später sein Imperium vererben zu können. Das Kind soll von einer Leihmutter ausgetragen werden.
- Eine Sängerin hat ihre einzige Tochter vor zwei Jahren bei einem Autounfall verloren. Die Ehe der Künstlerin hat dieses tragische Ereignis nicht verkraftet. Inzwischen ist die Sängerin Anfang vierzig und geschieden. Sie will nicht auf einen neuen Lebenspartner und zukünftigen Vater warten und wünscht sich schnellstens eine Klon-Tochter, bevor sie in die Wechseljahre kommt und es zu spät ist für eine eigene Schwangerschaft.
- Ein Mann, dessen Frau unheilbar an Krebs erkrankt ist, will seine Frau noch vor ihrem Tod klonen und von einer Leihmutter austragen lassen, damit sie später durch die Tochter noch einmal neu lebe.
- Außerdem fragt ein Elternpaar an, ob es möglich sei, einen Klon der neugeborenen Tochter zu erzeugen und als Reserve-Embryo einzufrieren. Aus diesem Rohstoff können im Bedarfsfall Haut oder andere Organe für das Original gezüchtet werden.

1 *Im Buch von Charlotte Kerner heißt es, die „Gesellschaft" habe „sehr bald die Medi-Klone, die, wie im letzten Fall, aus rein medizinischem Kalkül erzeugt wurden, und die mehr psychologisch motivierten Ego-Klone" unterschieden. Führen Sie mit Hilfe der beschrieben Fälle eine Umfrage durch, um zu prüfen, ob auch die von Ihnen Befragten diese Unterscheidung treffen.*

Das reproduktive Klonen (Reproduktion eines Menschen) wird heute weithin abgelehnt. Manche Fachleute vertreten die Auffassung, auch die technischen Möglichkeiten dazu lägen in weiter Ferne. Anders ist dies mit dem sog. therapeutischen Klonen (Reproduktion von Zellen zu Heilungszwecken), das bereits seit einiger Zeit praktiziert wird, auch wenn es ethisch noch immer höchst umstritten ist. In diesem Falle spricht man auch von einer Embryonen verbrauchenden Therapie, weil hier Embryonen in einem frühen Stadium zunächst geklont und zur Gewinnung von therapeutisch einsetzbaren Stammzellen „verbraucht", d. h. abgetötet werden. Die dadurch ausgelöste ethische Debatte reicht bis hinein in die Parlamente, die nun entsprechende Gesetze erlassen müssen. Verstößt das therapeutische Klonen gegen die Menschenwürde?

Julian Nida-Rümelin (* 1954) ist Professor für Politische Theorie und Philosophie an der Universität München und war von 2001 bis 2002 Staatsminister für Kultur im Bundeskanzleramt. Er schrieb zum Thema Klonen einen Beitrag, der eine ganze Debatte auslöste:

M27 Grenzen der Menschenwürde

Julian Nida-Rümelin

Die Achtung der Menschenwürde ist dort angebracht, wo die Voraussetzungen erfüllt sind, dass ein menschliches Wesen entwürdigt werden, ihm seine Selbstachtung genommen werden kann. Daher lässt sich das Kriterium der Menschenwürde nicht auf Embryonen ausweiten. Die Selbstachtung eines menschlichen Embryos lässt sich nicht beschädigen.

(2001)

Robert Spaemann (* 1927), Professor für Philosophie in München, antwortete darauf:

Klonen als Verstoß gegen die Menschenwürde

M28

Robert Spaemann

Was hier mit menschlichen Embryonen geschieht, ist nicht Therapie, sondern das Gegenteil: Sie werden getötet, und zwar werden bestimmte existierende Embryonen getötet im Dienst wissenschaftlicher Verfahren, die vielleicht einmal in Zukunft einer unbestimmten Zahl von Menschen zu einem besseren Leben verhelfen werden. [...] Der ethische Einwand dagegen ist klar: Es handelt sich um einen Verstoß gegen die Menschenwürde, die es verbietet, Menschen ausschließlich als Mittel den Zwecken anderer Menschen zu unterwerfen.

(2001)

Ein weiterer Diskussionsbeitrag stammt von Reinhard Merkel (* 1950), der Professor für Rechtsphilosophie in Hamburg ist:

Keine Menschenwürde!

M29

Reinhard Merkel

Das Spezies-Argument ist sehr einfach: Der Schutz des Tötungsverbots gelte für den Embryo schon und allein deshalb, weil er biologisch der Spezies Homo sapiens angehört. Da alle geborenen Angehörigen dieser Spezies ein Grundrecht auf Leben haben, gebiete das Prinzip der Gleichbehandlung auch den Lebensschutz des Embryos.

Das Argument ist nicht haltbar, ein Musterfall dessen, was Philosophen den „naturalistischen Fehlschluss" nennen: die (unmögliche) direkte Ableitung einer Norm aus einem Faktum. Auch diesseits aller philosophischen Argumente wäre im Übrigen unerfindlich, wie und warum die molekulare Mikrostruktur unserer DNA als solche, als ein Stück Biologie, so etwas wie fundamentale Rechte sollte begründen oder genießen können.

[...]

Der Leser zweifelt? Er erwäge das folgende Szenario: In einem biotechnischen Labor bricht ein Feuer aus. In dem Labor befinden sich zehn am Vortag in vitro gezeugte, lebende Embryonen und außerdem ein durch den Rauch bereits tief bewusstloser Säugling. Ein in letzter Sekunde in das Labor eindringender Retter erkennt sofort, dass er nur noch entweder den Säugling oder die zehn Embryonen retten kann. Gattungssolidarität hin oder her: Hätte irgendjemand ernsthafte Zweifel, wie sich der Retter entscheiden sollte? Und hätte irgendjemand solche Zweifel, wenn es nicht um zehn, sondern um hundert, ja meinetwegen tausend Embryonen ginge?

[...]

Man muss ihn freilich nicht allein nach seinem aktuellen Status beurteilen. Und genau das ist der Sinn des zweiten unserer Argumente, des Kontinuumsarguments. Was damit gemeint ist, hat am besten das BVerfG [Bundesverfassungsgericht] in seinem ersten „Fristenlösungsurteil" von 1975 formuliert: Der menschliche Entwicklungsprozess sei „ein kontinuierlicher Vorgang, der keine scharfen Einschnitte aufweist". Daher sei es willkürlich, einen solchen „Einschnitt" zu markieren. Deshalb müsse der Lebens- und Würdeschutz schon mit dem Anfang der embryonalen Entwicklung einsetzen.

[...] Dass ein Vorgang ein Kontinuum darstellt, bedeutet keineswegs, dass man in ihm keine gut und willkürfrei begründeten „Einschnitte" machen könnte. Wer zweifelt, folge mir wieder in ein Beispiel der Veranschaulichung: Ein Mann von 1,50 Meter Körpergröße ist ein kleiner Mann; ein Millimeter mehr an

Größe macht ganz gewiss nicht den entscheidenden Unterschied von „klein“ zu „groß“ aus. Nun fahre man mit der Addition jeweils eines Millimeters fort (und wer Zeit und Geduld hat, kann auch mikrometerweise zählen): Jedes Mal markiert der Vorgang nicht den entscheidenden Einschnitt, vor dem der Mann „klein“ und nach dem er „groß“ genannt werden muss. Wenn ich richtig rechne, muss man die Addition genau tausendmal wiederholen, um bei dem Ergebnis zu landen, dass ein Mann von 2,50 Meter Größe ein kleiner Mann sei.

Keiner dieser Übergänge stellt einen „scharfen Einschnitt“ zwischen klein und groß dar, wie ihn das Verfassungsgericht für einen Willkürausschluss verlangt. Dennoch können wir völlig willkürfrei zwischen einem kleinen Mann von 1,50 Meter und einem großen von 2,50 Meter unterscheiden, genauso wie wir zwischen stockdunkler Nacht und sonnenhellem Tag unterscheiden können [...].

Das dritte unserer Argumente, das Potentialitätsargument, lautet so: Zwar mögen sich die aktuellen Eigenschaften menschlicher Embryonen nicht genau dafür eignen, Menschenwürde und Tötungsverbot zu begründen; aber seine erwartbaren künftigen Eigenschaften sind genau die, auf denen das allgemeine Menschenrecht auf Leben und Würde moralisch gründet. Diese Chance der Zukunft, gewissermaßen sein Status potentialis, darf ihm daher nicht genommen, sein Leben also nicht zerstört werden.

Der embryonale Status potentialis allein kann Lebensrecht und Menschenwürde nicht begründen. Er bezeichnet tatsächlich ein Kontinuum, das für sich genommen keine moralisch bedeutsamen Unterscheidungsmerkmale zu anderen Trägern eines Potentials künftiger Menschenexistenz aufweist, denen niemand ein Recht auf Leben wird einräumen wollen, nämlich zur Ei- und zur Samenzelle. [...]

Stellen wir uns einen Humangenetiker beim Vorgang einer künstlichen Befruchtung vor. Er beobachtet unter dem Mikroskop, wie sich in der Petrischale ein einzelnes Spermium soeben anschickt, in eine Eizelle einzudringen. Blitzschnell schiebt er in letzter Sekunde ein Glasblättchen zwischen beide und verhindert die Befruchtung. Ist hier irgendetwas Verwerfliches passiert? Gewiss nicht, nicht mehr jedenfalls als bei jeder anderen Empfängnisverhütung, etwa mittels eines Kondoms.

(2001)

1 *Organisieren Sie eine Kontroversdiskussion zu der Frage: Was tragen die von Merkel dargelegten Beispiele tatsächlich zur Frage der Menschenwürde bei? Lässt sich anhand dieser Beispiele über die Menschenwürde von Embryonen befinden?*

Menschen klonen

M30

DER SPIEGEL, 3. 3. 1997

1 *Deuten Sie die dreifache Vision des geklonten Menschen in dieser Abbildung.*

2 *Entwerfen Sie ein eigenes Bild zur Frage des Klonens.*

Die Frage, ob reproduktives oder therapeutisches Klonen die Menschenwürde verletze, hängt eng damit zusammen, wie man sie versteht und worin man ihre Grundlage sieht. Entsprechende Stellungnahmen und Begründungen kommen u. a. aus Theologie und Kirche, aus der Rechtswissenschaft und aus der Philosophie. Im Jahr 2002 hat die Evangelische Kirche in Deutschland (EKD) eine „Argumentationshilfe für aktuelle medizin- und bioethische Fragen" veröffentlicht. In der kontroversen Diskussion wolle die EKD nicht den Anspruch erheben, „abschließend darüber bestimmen zu können, was derzeit und künftig als evangelisch zu gelten habe". Daher werden unterschiedliche Positionen dargestellt, die sich jedoch auf die Gottebenbildlichkeit (nach Gen 1,27: Gott schuf den Menschen zu seinem Bilde) und die dadurch begründete Menschenwürde berufen (➤ s. S. 226ff.).

M31 Argumente im Streit um medizin- und bioethische Fragen

Evangelische Kirche in Deutschland

Aus christlicher Sicht kann die schöpferische Liebe Gottes, der alle Menschen sich verdanken, nicht beschränkt werden auf bestimmte Entwicklungsformen und Reifungsgrade des menschlichen Lebens, noch kann die Tatsache ignoriert werden, dass werdende Eltern (aber auch andere Angehörige wie Geschwister und Großeltern) oft schon vom ersten Anfang an eine intensive personale Beziehung zu dem sich entwickelnden Kind aufnehmen, was schon lange vor den ersten spürbaren Kindsbewegungen im Mutterleib z. B. durch Ultraschall-Aufnahmen auch sinnlich wahrnehmbare Formen annimmt.

Von daher besteht in der Kammer Einmütigkeit darüber, dass die Menschenwürde und der Lebensschutz, der dem Menschen fraglos zukommt, bis in die allerersten Anfänge des Menschseins reichen und einen ethischen Schutzanspruch begründen. Uneinigkeit besteht jedoch darüber, ob alle menschlichen Embryonen als Menschen zu verstehen sind und ihnen deshalb Würde und Lebensschutz in vollem Umfang zukommt. […]

Die entscheidende Frage ist, ob im Blick auf den menschlichen Embryo in jedem Fall unterstellt werden kann bzw. unterstellt werden muss, dass er Mensch ist.

[…]

In dieser Situation stehen sich zwei Auffassungen gegenüber. Die eine hält entschieden daran fest, dass der menschliche Embryo menschlicher Verfügung entzogen und allem Entscheiden und Handeln verbindlich vorgegeben ist. Ihr zufolge handelt es sich bei jedem Embryo um einen sich entwickelnden Menschen, unabhängig von dessen tatsächlichen Entwicklungsmöglichkeiten. Vom Zeitpunkt der Verschmelzung von Ei- und Samenzelle an ist demnach von der Entwicklung eines Menschen auszugehen. Diesem kommt, wie einem jeden Menschen, als einem Geschöpf der Liebe Gottes Gottebenbildlichkeit und Menschenwürde zu. Das entscheidende Argument für diese Auffassung ist, dass es in der Entwicklung von der Keimzellenverschmelzung bis zum Ende der irdischen Existenz eines Menschen keine andere Zäsur gibt, die sich mit guten Gründen als Beginn des Menschseins verstehen ließe. […] Aufgrund seiner Teilhabe an der Menschenwürde darf der mit der Keimzellenverschmelzung entstehende, sich entwickelnde Mensch

nie zum bloßen Objekt gemacht werden, sondern muss immer auch Selbstzweck bleiben. […]

Die andere Auffassung betont demgegenüber die konstitutive Bedeutung der Entwicklungsmöglichkeiten. Nach dieser Auffassung kann von einem sich entwickelnden Menschen nur gesprochen werden, wenn die äußeren Umstände für eine Entwicklung gegeben sind. Das vorgeburtliche Menschsein ist hiernach nicht bereits mit der Existenz des Embryos gegeben […].

Beide Auffassungen haben ersichtlich ihre Probleme und fordern zu Rückfragen heraus. Im Blick auf die erste stellt sich die Frage, ob es wirklich plausibel ist, alle Embryonen, auch jene, bei denen es niemals zur Einnistung gekommen ist oder kommen wird, als sich entwickelnde Menschen mit Gottebenbildlichkeit und Menschenwürde zu betrachten. Sie muss sich weiterhin fragen lassen, ob sie bereit ist, die praktischen Konsequenzen zu ziehen, die sich aus dieser Sicht zu ergeben scheinen: Zurückhaltung gegenüber nidationshemmenden Verhütungsmethoden sowie gegenüber der In-vitro-Fertilisation wegen derer Folgeprobleme; Lebensschutz für Embryonen von der Befruchtung an.

Die zweite Auffassung muss sich fragen lassen, ob sie nicht ungewollt einer fast unbegrenzten Verfügbarmachung und Verdinglichung menschlichen Lebens für technologische Zwecke Vorschub leistet.

[…]

Ist man der Auffassung, dass jeder Embryo ein sich entwickelnder Mensch sei, so spricht gegen das sog. therapeutische Klonen, dass es sich dabei um die Erzeugung von Embryonen handelt, die ausschließlich fremdnützigen Forschungs- und Therapiezielen dienen, d.h. um die Erzeugung von Embryonen zu Forschungszwecken, die lediglich als Mittel zum Zweck behandelt werden. Das verstößt gegen den Grundsatz der Menschenwürde […].

Anders stellt sich die Problematik des sog. therapeutischen Klonens dar, wenn man der Auffassung ist, dass nicht jeder Embryo unabhängig von seinen Entwicklungsmöglichkeiten den Status eines sich entwickelnden Menschen hat.

(2002)

1 *Auch die katholische Deutsche Bischofskonferenz hat sich zur Frage des Embryonenschutzes im Zusammenhang des Klonens geäußert. Recherchieren Sie entsprechende Stellungnahmen im Internet und vergleichen Sie diese mit der Stellungnahme der Evangelischen Kirche in Deutschland.*

Zwei Beispiele aus einer Plakatserie der „Aktion Mensch“

In den rechtlichen Begründungen für die Menschenwürde zum Beispiel im Grundgesetz spiegelt sich die christliche Lehre von der Gottebenbildlichkeit wider:

M32 Rechtliche Begründungen der Menschenwürde

Grundgesetz:
Art. 1,1 Die Würde des Menschen ist unantastbar. Sie zu achten und zu schützen ist Verpflichtung aller staatlichen Gewalt.

Konvention zum Schutze der Menschenrechte und Grundfreiheiten vom 4. November 1950:
Art. 2,1 Das Recht jedes Menschen auf das Leben wird gesetzlich geschützt.
Art. 5,1 Jeder Mensch hat ein Recht auf Freiheit und Sicherheit.

Das Bundesverfassungsgericht:
Wo menschliches Leben existiert, kommt ihm Menschenwürde zu; es ist nicht entscheidend, ob der Träger sich dieser Würde bewusst ist und sie selbst zu wahren weiß. Die von Anfang an im menschlichen Sein angelegten potentiellen Fähigkeiten genügen, um die Menschenwürde zu begründen.

Auch die philosophische Begründung der Menschenwürde bei Immanuel Kant (1724–1804) kann man in einer christlichen Tradition stehend sehen. Zugleich enthält sie eine Zuspitzung, die die besondere Würde des Menschen von seiner Vernunft abhängig macht (➤ vgl. S. 233f.).

M33 Das Kriterium der moralisch-praktischen Vernunft

Immanuel Kant

Der Mensch im System der Natur [...] ist ein Wesen von geringer Bedeutung [...].

Allein der Mensch als Person betrachtet, d. i. als Subjekt einer moralisch-praktischen Vernunft, ist über allen Preis erhaben; denn als ein solcher [...] ist er nicht bloß als Mittel zu anderer ihren, ja selbst seinen eigenen Zwecken, sondern als Zweck an sich selbst zu schätzen, d. i. er besitzt eine Würde (einen absoluten innern Wert), wodurch er allen andern vernünftigen Weltwesen Achtung für ihn abnötigt [...].

(1797)

1 *Vergleichen Sie die drei in M 31 bis 33 dargestellten Begründungen von Menschenwürde und bereiten Sie eine darauf bezogene Präsentation zur Kontroverse um das sog. therapeutische Klonen vor.*

2 *Stellen Sie die Gründe zusammen, auf die sich Befürworter und Gegner des sog. therapeutischen Klonens stützen.*

Leben in einer globalen Welt

Ethische Fragen stellen sich heute nicht nur im Blick auf die eigene Person und das eigene Leben und Handeln und auch nicht nur hinsichtlich des Lebens in der Gesellschaft. Zunehmend haben wir es mit globalen ethischen Herausforderungen zu tun, die bis in unseren Alltag hineinreichen, beispielsweise bei Ernährung und Konsum. Auf faires Handeln in der Einen Welt zielen Initiativen zum Fair Trade, die häufig mit christlichen Gruppen verbunden sind.

Gerechtigkeit in der einen Welt

Der Einfluss des Konsumenten: Fair Trade

M34

Wolfgang Kessler

Die Macht der Verbraucher

Eigentlich ist der Beitrag der deutschen Konsumenten zu einem gerechten Welthandel bedeutungslos: Rund 2500 *Milliarden* Mark geben die Deutschen jedes Jahr für den Konsum aus, nur 230 *Millionen* davon für fair gehandelte Produkte. Unabhängige Studien bestätigen aber dennoch, dass der faire Handel die Lebensbedingungen von hunderttausenden Kleinproduzenten verbessert und – trotz anders lautender Kritik – zumeist direkt bei den armen Bauern ankommt.

Fair Trade im Aufschwung

Immerhin gibt es in Europa derzeit über 3000 Weltläden und viele fair gehandelte Waren in den Supermärkten. Dafür sorgt der 1993 gegründete *Transfair e. V.* Er vergibt an Produzenten das Transfair-Siegel, wenn sie nachweisen, dass sie die Kleinbauern im Süden mit einem Mindestpreis gegen sinkende Weltmarktpreise absichern und eine ökologische Produktionsweise mit einem Zuschlag belohnen. [...]

Noch größere Vorteile genießen die Produzenten bei der kircheneigenen *Gesellschaft zur Förderung der Partnerschaft mit der Dritten Welt* (Gepa), dem größten Fairhandelshaus in Europa, und kleineren Fair-Tradern wie El Puente. Sie gewähren ihren Partnern nicht nur einen Mindestpreis, sondern grundsätzlich einen Zuschlag zum Weltmarktpreis. Außerdem achten sie bei ihren Partnern besonders auf gerechte *und* ökologische Produktionsbedingungen. Ihre Produkte werden vorzugsweise über Weltläden vertrieben.

Wenn Blumen echte Freude machen

Nach einer zehnjährigen hartnäckigen Kampagne gelang es den Dritte-Welt-Organisationen FIAN, *Brot für die Welt* und *Terre des hommes,* in rund 50 Betrieben in Entwicklungsländern international anerkannte Sozial- und Umweltstandards für den Anbau von Blumen durchzusetzen. Unabhängige Fachleute kontrollieren dort, ob die Arbeiterinnen auf den Blumenplantagen feste Arbeitsverträge und ein Recht auf Mutterschaftsurlaub haben. Außerdem dürfen Pestizide nur vorsichtig und sparsam eingesetzt und die Produktion muss umweltverträglicher gestaltet werden. Dafür werden die Rosen und Nelken dann mit dem Siegel „Aus menschen- und umweltschonender Produktion“ angeboten. Diese Rosen und Nelken sind wesentlich teurer als die konventionellen. Doch die Gegenleistung ist erheblich: Die Arbeiterinnen werden nicht mehr kompromisslos ausgebeutet und vergiftet. Die fairer gehandelten Blumen machen mehr Freude.

[...]

Die Vision

Noch kann der faire Handel den konventionellen Handel nicht beeinflussen. Doch die Qualitätssiegel zeigen Wirkung: Immer mehr Kunden sind bereit, mehr für Waren zu bezahlen, wenn ein Siegel beweist, dass sie soziale und ökologische Qualität finanzieren. Wenn diese Bereitschaft wächst, dann können sich auch die marktbeherrschenden Produzenten und Einzelhändler schon aus Imagegründen nicht mehr lange weigern, diese Siegel zu beantragen oder Produkte mit Qualitätssiegel zu verkaufen. Das ist dann ein Signal an die Politik: nämlich den gesamten Welthandel in soziale und ökologische Rahmenbedingungen einzubinden.

(2001)

1 *Recherchieren Sie vor Ort: Welche Fair-Trade-Produkte gibt es an Ihrem Heimat- oder Schulort wo zu kaufen?*

2 *Befragen Sie die in entsprechenden Verkaufsstellen Tätigen nach ihren Motiven und Zielen und bereiten Sie eine Präsentation dazu vor.*

3 *Finden Sie heraus, wo die Kleider, die Sie selbst tragen, hergestellt werden und welche Gründe dafür verantwortlich sind.*

Menschenrechte als Erbe und Auftrag der Religion

Zu den großen Errungenschaften des 20. Jahrhunderts gehören die Menschenrechte, wie sie sich u. a. aus der biblischen und christlichen Sicht des Menschen (Menschenwürde usw.) herausentwickelt haben und inzwischen von vielen Staaten anerkannt worden sind. Der evangelische Theologe Jürgen Moltmann (* 1926) sieht die entscheidende Herausforderung darin, die Anerkennung der Menschenrechte weiter auszubreiten und die Rechte selbst zugleich weiterzuentwickeln:

Menschenrechte anerkennen und weiter entwickeln

M35

Jürgen Moltmann

Die Einsicht in grundlegende Rechte und Pflichten der Menschen ist zusammen mit der Erkenntnis der Menschlichkeit der Menschen in vielen Kulturen entstanden. Wo immer der Begriff „Mensch" gebildet wurde, wurden auch Rechte der Menschen als Menschen formuliert. Es handelt sich nicht um exklusiv christliche oder europäische Ideen, obgleich ausdrücklich als solche formulierte Menschenrechte in der Zeit der westlichen „Aufklärung" in die nordamerikanischen und die europäischen Verfassungen eingegangen sind und sie gerade durch die Aufnahme in diese staatsgestaltenden Grundordnungen heute weltweite Geltung gewonnen haben. Wie andere universale Ideen auch, wie z. B. die Mathematik, haben sich die Menschenrechte aus ihrer besonderen europäischen Entstehungsgeschichte gelöst und leuchten allen Menschen unmittelbar ein, die erkennen, dass sie nicht nur Amerikaner oder Russen, Schwarze oder Weiße, Männer oder Frauen, Christen oder Juden, sondern in erster Linie „Menschen" sind. Es gibt darum keine urheberrechtlichen Ansprüche auf die Menschenrechte, weder jüdisch-christliche noch aufklärerisch-humanistische.

Je mehr heute die Völker auf der Erde in eine gemeinsame „Weltgeschichte" eintreten, weil sie durch die atomare Bedrohung gegenseitig und durch die ökologischen Krisen gemeinsam in tödlicher Gefahr sind, desto wichtiger werden die Menschenrechte für eine entstehende menschliche Weltgesellschaft, die jene Gefahren abwehren kann. Die Menschenrechte werden darum immer mehr zum universal gültigen und konsensfähigen Rahmen für die Beurteilung und Legitimation einer „menschlichen" Politik. An der Anerkennung und der Verwirklichung der Menschenrechte für alle Menschen wird es sich entscheiden, ob aus dieser „geteilten" und gefährlichen Welt eine menschliche Weltgemeinschaft in Übereinstimmung mit den kosmischen Lebensbedingungen der Erde entsteht oder ob die Menschen sich selbst und diese Erde zugrunde richten werden. Weil die Situation so extrem gefährlich ist, muss die Autorität der Menschenrechte über alle Partikularinteressen von Völkern, Gruppen, Religionen und Kulturen gestellt werden. Die religiösen Ansprüche auf partikulare Absolutheit und die rücksichtslose Durchsetzung von politischen Partikularinteressen bedrohen heute den Bestand der Menschheit selbst.

Die vorhandenen Formulierungen der Menschenrechte sind selbst unzureichend. Es muss an ihrer Erweiterung gearbeitet werden, wenn die Menschenrechte nicht selbst zum Faktor der Zerstörung unserer Welt werden sollen. Ich sehe die notwendige Erweiterung der Menschenrechte in zwei Richtungen:

1. in der Formulierung fundamentaler *Menschheitsrechte* und
2. in der Einordnung der Menschenrechte in die *Rechte der Erde* und der anderen *Lebewesen.* […]

Wir versuchen nun eine systematische Zusammenschau in Form einer auf Universalität drängenden Spirale der aufeinander verweisenden Menschenrechte:

1. keine individuellen Menschenrechte ohne soziale Menschenrechte;

2. keine Menschenrechte ohne das Recht der Menschheit auf Schutz vor Massenvernichtung und genetischer Veränderung und auf Überleben in der Folge der Generationen;
3. keine ökonomischen Menschenrechte ohne ökologische Pflichten gegenüber den Rechten der Natur;
4. keine Menschheitsrechte ohne das Recht der Erde;

(1990)

1 *Entwickeln Sie Vorschläge dafür, welche Rechte die Natur haben soll. Beziehen Sie sich dabei auch auf den Text „Was spricht gegen Plastikbäume" (M 23).*

Blick auf andere Fächer: Philosophie

Theologische und philosophische Begründungen der Menschenrechte

Die Menschenrechte, wie wir sie heute kennen, gehen sowohl auf theologische als auch auf philosophische Traditionen zurück.

- Untersuchen Sie die Allgemeine Erklärung der Menschenrechte der Vereinten Nationen und prüfen Sie, welche Menschenbilder und Traditionen in den ersten 15 Artikeln erkennbar sind.
- Informieren Sie sich mit Hilfe einer Internet-Recherche (zu Menschenrechten und human rights) darüber, welche Fragen und Probleme in diesem Bereich derzeit besonders diskutiert werden.

Theologie und Philosophie bewerten die verschiedenen Begründungen der Menschenrechte zum Teil unterschiedlich.

- Gehen Sie den unterschiedlichen Begründungen mit Hilfe von theologischen und philosophischen Nachschlagewerken (Lexika usw.) nach.
- Prüfen Sie, ob die beobachteten Unterschiede heute noch bedeutsam sind.

In der Theologie spielt die Gottebenbildlichkeit nach Gen 1,27 für die Begründung von Menschenrechten eine wichtige Rolle. Kann man auch in der Philosophie von einer solchen Gottebenbildlichkeit sprechen?

- Prüfen Sie, auf welchen Voraussetzungen des Denkens und Glaubens der Begriff Gottebenbildlichkeit beruht. Können diese Voraussetzungen von allen Menschen geteilt werden?
- In der Präambel des Grundgesetzes ist von der „Verantwortung vor Gott" die Rede. Kann das für alle Menschen in Deutschland akzeptabel sein?

Weltethos-Erklärung

Ein Beispiel für die von Jürgen Moltmann geforderte Ausbreitung der Menschenrechte ist das weithin beachtete sog. Weltethos. Das Parlament der Weltreligionen hat 1993 folgende, von dem mit Lehrverbot belegten katholischen Theologen Hans Küng (* 1928) erarbeitete Erklärung verabschiedet:

Die Prinzipien eines Weltethos

M36

Deklaration des Parlaments der Weltreligionen

I. Keine neue Weltordnung ohne ein Weltethos

II. Grundforderung:
Jeder Mensch muss menschlich behandelt werden

III. Vier unverrückbare Weisungen

1. Verpflichtung auf eine Kultur der Gewaltlosigkeit und der Ehrfurcht vor allem Leben
2. Verpflichtung auf eine Kultur der Solidarität und eine gerechte Wirtschaftsordnung
3. Verpflichtung auf eine Kultur der Toleranz und ein Leben in Wahrhaftigkeit
4. Verpflichtung auf eine Kultur der Gleichberechtigung und die Partnerschaft von Mann und Frau

IV. Wandel des Bewusstseins

Schon im Vorfeld der Tagung des Parlaments der Weltreligionen kam es zu lebhaften Diskussionen, bei denen die These „Weltfrieden durch Religionsfrieden!“ kritisch erörtert wurde. Neben der Begründung von Hans Küng sind im Folgenden die Antworten von Vertretern des Islams und des Judentums wiedergegeben. Sie problematisieren, dass Küng die Ethik von ihrer religiösen Einbindung isoliere. Aus der Sicht der Religionen, einschließlich des Christentums, könne es nicht einfach eine dem Glauben vor- oder übergeordnete Ethik geben.

Das Humanum als ökumenisches Grundkriterium

M37

Hans Küng

Mein Vorschlag […]: Sollte es nicht möglich sein, *mit Berufung auf die gemeinsame Menschlichkeit aller Menschen* ein allgemein-ethisches, ein wahrhaft *ökumenisches Grundkriterium* zu formulieren, das auf dem *Humanum*, dem *wahrhaft Menschlichen*, konkret auf der *Menschenwürde* und den ihr zugeordneten *Grundwerten*, beruht? Die kriteriologische ethische Grundfrage lautet ja: Was ist gut für den Menschen? Antwort: Was ihm hilft, das zu sein, was so gar nicht selbstverständlich ist: wahrhaft Mensch! Ethisches Grundkriterium ist demnach: Der Mensch soll nicht unmenschlich, „bestialisch“, sondern soll menschlich, wahrhaft menschlich, eben human leben! Er soll sein Menschsein in allen seinen Bezügen verwirklichen! Sittlich gut wäre also, was menschliches Leben in seiner individuellen und sozialen Dimension auf Dauer gelingen und glücken lässt, was eine optimale Entfaltung des Menschen in allen seinen Schichten (die Trieb- und Gefühlsschichten eingeschlossen) und allen seinen Dimensionen (seine Gesellschafts- und Naturbezogenheit inklusive) ermöglicht.

Sollte es nicht möglich sein, dass alle Religionen zumindest bezüglich dieser kriteriologischen Grundfrage übereinstimmen könnten: Gut ist für den Menschen, was ihm hilft, wahrhaft Mensch zu sein! Nach dieser Grundnorm echter Menschlichkeit, der Humanität, lassen sich *gut und böse*, wahr und falsch unterscheiden, lässt sich auch unterscheiden, was *in der einzelnen Religion* grundsätzlich gut und böse, was wahr und was falsch ist. Man kann dieses Kriterium in Bezug auf die Religion positiv oder – oft noch wirksamer – negativ formulieren:

- Zuerst *positiv* formuliert: Insofern eine Religion der *Menschlichkeit dient*, insofern sie in ihren Glaubens- und Sittenlehren, ihren Riten und Institutionen die Menschen in ihrer menschlichen Identität, Sinnhaftigkeit und Werthaftigkeit *fördert* und sie eine sinnvolle und fruchtbare Existenz gewinnen lässt, ist sie *wahre* und *gute* Religion. Was also human, wahrhaft menschlich, menschenwürdig ist, kann sich mit Grund auf „Göttliches" berufen.
- Jetzt *negativ* formuliert: Insofern Religion *Unmenschlichkeit verbreitet*, insofern sie in ihrer Glaubens- und Sittenlehre, ihren Riten und Institutionen die Menschen in ihrer menschlichen Identität, Sinnhaftigkeit und Werthaftigkeit *hindert* und sie so eine sinnvolle und fruchtbare Existenz *verfehlen* hilft, ist sie *falsche* und *schlechte* Religion. Was also inhuman, unmenschlich, „bestialisch" ist, kann sich nicht mit Grund auf „Göttliches" berufen.

(1993)

M38 Eine Menschenrechtserklärung des Islam

Mohammed Arkoun (1928)*

Der Westen hatte schon immer die Tendenz, den Islam von der kulturellen Sphäre, in der die Menschenrechte begründet, verkündet und in einem ganz bestimmten Sinne erhalten wurden, auszuschließen. Als Reaktion auf diese Anschauung wurde im Rahmen einer feierlichen Sitzung in der UNESCO am 19. September 1981 auf Initiative des „Islamischen Rats" und seines Generalsekretärs Salem Azzam die „Universelle islamische Erklärung der Menschenrechte" verabschiedet. Der Text dieser Erklärung war von „hervorragenden islamischen Gelehrten und Juristen" sowie von Vertretern „islamischer Bewegungen und Strömungen" vorbereitet worden. So fällt auf, dass die 23 Artikel auf Koran-Zitaten bzw. auf sunnitischen Hadiths, d. h. prophetischen Traditionen, fußen, wobei jedoch jegliche Anspielung auf den Kanon der schiitischen Hadiths fehlt.

Ich möchte nur die in der Einleitung formulierten Prinzipien in Erinnerung rufen: „Vor vierzehn Jahrhunderten hat der Islam der Menschheit einen idealen Menschenrechtskodex vermacht. Zweck dieser Rechtsordnung ist es, der Menschheit Ehrerbietung und Würde zu verleihen und Ausbeutung, Unterdrückung und Ungerechtigkeit zu eliminieren. Im Islam wurzeln die Menschenrechte in der tiefen Überzeugung, dass Gott – und zwar nur Gott allein – der Schöpfer des Gesetzes und die Quelle der Menschenrechte ist. Wegen dieses göttlichen Ursprungs dürfen weder die Staatsmänner noch die Regierung, weder die Parlamente noch die Behörden in irgendeiner Form die von Gott geschaffenen Menschenrechte beschneiden, abschaffen oder verletzen …"

[…] Die alleinige Proklamation der Menschenrechte genügt nicht; auch nicht ihre Garantie auf rein rechtswissenschaftlicher Ebene, wenn nicht gleichzeitig die Berufung des Menschen zur Transzendierung seines Seins und seiner Werke auf unwiderlegbare universelle und transgeschichtliche Lehren gegründet wird.

[…]

Mit der Methodik des muslimischen Rechts […] werden die theoretischen und „wissenschaftlichen" Verfahrensweisen definiert, die uns eine religiöse Sicht des von den Juristen erarbeiteten Rechts aufzwingt. Es geht dabei um ein theoretisches Konstrukt, das die Sakralisierung des Rechts durch das „Aufzeigen" seiner Verwurzelung in den heiligen Texten ermöglicht, d. h. dem Koran und den prophetischen Traditionen […]. Tatsächlich wird das religiöse

Gesetz des Islam (sharii'a) von den Gläubigen noch heute als ein in der Offenbarung wurzelndes göttliches Gesetz angesehen. Und eben deshalb wird die Forderung nach einem politischen Regime laut, das dieses Gesetz unter Verwerfung jeder Form der von den Menschen geschaffenen Gesetzgebung schützt und anwendet.

Die Menschenrechte in der amerikanischen Menschenrechtserklärung sind bekanntlich eng mit ihren religiösen Ursprüngen verbunden. In der englischen und der französischen Revolution erfolgt dann ein entscheidender Schritt vorwärts in Richtung auf eine laizistische philosophische Begründung, ohne dass dies gleichzeitig einen vollständigen Bruch mit der rationalistischen Spiritualität bedeutet.

(1993)

Das Humanum als „Supersystem" über den Religionen?

M39

*Eugene B. Borowitz (*1924)*

Professor Küng ist heldenhaft um den Nachweis bemüht, dass seine universelle ethische Theorie für die Weltreligionen mit der Respektierung der Integrität dieser Religionen vereinbar ist. Er argumentiert vorsichtigerweise, dass jede Religion auf der Grundlage ihrer eigenen Kriterien die Dimension beurteilen muss, derzufolge sie seiner Sicht des Humanum zustimmen kann; aber er ist zuversichtlich, dass alle die Mittel und Wege dazu finden werden. Wie ich aufgezeigt habe, besitzt das Judentum eine traditionelle religiöse Grundlage zur Formulierung einer universellen ethischen Realität. Diesbezüglich kann ich nur zustimmen. Aber seine Argumentation macht vor dieser Koinzidenz der Zustimmung seitens der Religionen zu den verschiedenen Aspekten des Menschen nicht halt. Er betrachtet die universelle Ethik als ein unabhängig von ihnen existierendes Reich, so unabhängig zumindest, dass sie von dort aus beurteilt werden kann. Sie wird nolens volens zu einem „Supersystem" in dem Sinne, dass sie den Wahrheitsgehalt der Religionen bestimmt.

Wenn folglich dasjenige, das „dem menschlichen Leben gestattet, erfolgreich und glücklich zu sein ... und eine optimale Entwicklung des Menschen ermöglicht", wenn das, was als „menschlich, wahrhaft menschlich und die menschliche Existenz vergrößernd" gilt, und wenn das, was hier „seinserfüllte und fruchtbare Existenz" heißt, mit den Geboten des Judentums unvereinbar sein sollte, dann ist das Judentum in diesem Punkt eben unwahr.

Ich habe gegen diese Argumentation zwei Einwände substanzieller und formeller Natur zu machen. Obwohl mir aufgrund meines religiösen Glaubens der Sinn des Wortes „human" vollauf bekannt ist, habe ich es in substanzieller Weise als Folge der modernen demokratischen Existenz nuanciert. Aber es ist mir völlig klar, dass für mich das Judentum die vorrangigere von diesen beiden Aussagen ist. Damit komme ich sogleich auf die zweite Schwierigkeit zu sprechen, die darin liegt, dass Professor Küngs Vorschlag impliziert, unsere Wahrheitserkenntnis sei letztgültiger als unser Glaube, und es gäbe ein höheres System als das, auf das ich mein Leben bis jetzt gegründet habe. Ich behaupte nicht, dass dies unmöglich ist; aber vor dem Hintergrund meines zyklischen Schwankens zwischen dem Zweifel am und der Wiederzuwendung zum Glauben halte ich dies für äußerst unwahrscheinlich. Auf jeden Fall aber hätte diese größere Wahrheit sich selbst mit außerordentlicher Kraft zu empfehlen, um meine ursprüngliche Glaubenstreue an mein Judentum zu erobern. Gerade weil der universelle Humanismus eine so schwache theoretische Grundlage in der heutigen Rationalität und der jüngsten historischen Erfahrung hat, kam es in den letzten Jahrzehnten zu einem so großen Aufblühen der neuen und der alten Religionen.

(1993)

1 *Vergleichen und bewerten Sie die Positionen von Küng, Arkoun und Borowitz (M 37–39) miteinander.*

Wie kann man ein ethisches Urteil bilden?

Zur Bildung eines begründeten ethischen Urteils führen folgende Schritte:

1 **Wahrnehmung, Annahme und Bestimmung eines Problems als ethische Herausforderung:**
Ein ethisches Urteil ist nur erforderlich, sofern es um eine ethisch gehaltvolle Frage geht. Ein rein technisches Problem (Wie repariere ich einen platten Reifen?) erfordert keine ethische Reflexion. Allerdings gibt es auch ein Vermeidungsverhalten gegenüber ethischen Fragen, wenn z. B. jemand etwas als technisch bedingten Sachzwang hinstellt, obwohl es durchaus als solche zu verantwortende Handlungsentscheidungen gibt.

2 **Situationsanalyse:**
Eine verantwortliche Urteilsbildung setzt weiter voraus, dass möglichst alle beteiligten Faktoren bekannt sind (Welche Folgen für die Umwelt hat beispielsweise die Reparatur eines Reifens im Vergleich zur Herstellung eines neuen und der Entsorgung des alten?). Besonders ist auch auf die Interessen aller im weitesten Sinne an der Situation Beteiligten zu achten.

3 **Sammlung von Handlungsoptionen:**
Ethisches Urteilen bezieht sich immer auf mögliche Handlungsweisen, die hypothetisch erwogen und überprüft werden. Deshalb muss man zunächst genau überlegen, welche unterschiedlichen Optionen überhaupt in Frage kommen.

4 **Prüfung von Normen und Werten:**
In der analysierten Situation sind häufig bereits bestimmte Normen und Werte angesprochen, z. B. weil sich jemand darauf beruft oder bestimmte Interessen geltend macht.
Die eigene Urteilsbildung kann sich jedoch nicht auf die von anderen genannten Normen und Werte beschränken. Zu prüfen ist vielmehr, welche anderen Normen und Werte überhaupt angesprochen sein könnten und welche für eine Entscheidung erforderlich sind. Dabei ist es hilfreich, das Gewicht und die Reichweite der entsprechenden Normen und Werte eigens zu überprüfen. Zur Urteilsbildung gehört schließlich auch die Klärung möglicher Konflikte im Blick auf alle Betroffenen. An dieser Stelle sollte man auch über eventuell einzuräumende Ermessensspielräume nachdenken.

5 **Ein Urteil fällen:**
Das Urteil sollte alle bislang erhobenen Gesichtspunkte einbeziehen. Im Idealfall geht es daraus sogar hervor. Häufig muss man ein Urteil unter Zeitdruck fällen. Auf jeden Fall ist die Formulierung eines Urteils ein kreativer Akt – ein Einfall, der sich nicht einfach erarbeiten oder ableiten lässt.

1. Was ist Bioethik?

Die Bioethik gehört zu den heute in Deutschland, aber auch in vielen anderen Ländern am stärksten beachteten Bereichen der ethischen Diskussion. Recherchieren Sie in Büchern (Suche nach Titeln in Bibliotheksverzeichnissen) oder im Internet (Bioethik, bioethics), welche Themen dabei besonders wichtig und aktuell sind.

2. Welche Werte braucht eine Gesellschaft?

Untersuchen Sie beispielsweise das Grundgesetz, die Allgemeine Menschenrechtserklärung der Vereinten Nationen und die Europäische Verfassung auf die Werte, die dort vor allem in den Eingangsteilen genannt werden. Beschreiben und beurteilen Sie diese Werte? Gibt es weitere Werte, die für das gesellschaftliche Zusammenleben oder für internationale Beziehungen wichtig sein könnten?

3. Welche Rechte hat die jüngere Generation?

Die Menschen in Deutschland werden immer älter. Zugleich werden immer weniger Kinder geboren. Dadurch entstehen Probleme, die es früher so nicht gab. Der sog. Generationenvertrag, demzufolge die jüngere Generation die ältere versorgen soll, wenn diese es aus Alters- und Gesundheitsgründen nicht mehr selbst zu tun vermag, wird nach Einschätzung mancher dadurch zu einer unerträglichen Last. Immer weniger junge Menschen sollen für immer mehr alte sorgen.

- Untersuchen Sie anhand von Bevölkerungsstatistiken (sog. Bevölkerungspyramide), wie ernst dieses Problem tatsächlich ist.
- Lesen Sie „Das Methusalemkomplott. Die Macht des Alterns“ von Frank Schirrmacher (München: C. H. Beck 2004). Diskutieren Sie die dort dargestellten Herausforderungen durch das Altern der Bevölkerung.

Medienhinweise

- **Kerner, Charlotte: Blueprint Blaupause. Roman.** Weinheim/Basel: Beltz 1999. (Dieses Buch liegt dem gleichnamigen Film zu Grunde. Es gibt in Form eines Romans Einblick in die Gefühle eines Menschen, der entdeckt, dass er der Klon seiner Mutter ist.)
- **Savater, Fernando: Tu, was du willst. Ethik für die Erwachsenen von morgen.** Weinheim/Basel: Beltz 2001. (Dieses Buch eines Philosophen ist speziell für junge Menschen geschrieben, die sich nicht sicher sind, wozu sie ethische Regeln und Normen brauchen. Unterhaltsam und zum Teil recht witzig.)
- **Zagal, Héctor/Galindo, José: Ethik für junge Menschen.** Stuttgart: Reclam 2000. (Eine preiswerte und übersichtliche Einführung in theoretische und praktische Fragen der Ethik. Das Buch ist so geschrieben, dass man es ohne allzu viel Vorkenntnisse verstehen kann.)
- **Deuser, Hermann: Die Zehn Gebote. Kleine Einführung in die theologische Ethik.** Stuttgart: Reclam 2002. (Eine preiswerte und übersichtliche Einführung in Fragen der theologischen Ethik, die sich um allgemeine Verständlichkeit bemüht.)

Erläuterungen der mit * versehenen Begriffe

a priori: (lat.: von dem Früheren her, von vornherein), z. B. Erkennen, ohne dass eine Erfahrung vorausgeht; Gegensatz: a posteriori: Erkenntnis auf der Grundlage von Erfahrungen

Allegorie: (griech.: anders reden, verkündigen), d. h. ein Wort, einen Text in einem übertragenen Sinne, sinnbildlich für etwas „anderes" verwenden oder verstehen (z. B. der „Same auf unfruchtbarem Land" als Sinnbild für die Ungläubigen oder Zweifler, u. a.)

Anagogie: (griech.: hinführen, emporheben, ausfahren), auch für das Auslaufen der Schiffe aufs offene Meer verwendet, übertragen für Hoffnungsperspektive, Eröffnung von Neuem

Anthropomorphismus: Vorstellung Gottes oder der Götter in Menschengestalt. Diese vermenschlichende (anthropomorphe) Sicht Gottes wird in Mythen besonders deutlich.

Apostolikum: das häufig auf die Apostel zurückgeführte Glaubensbekenntnis, das i. W. erst im 3. Jahrhundert entstand. Seit 1971 existiert im deutschen Sprachraum ein für Katholiken und Protestanten gemeinsamer Text.

Arnoldshainer Konferenz: Arbeitsgemeinschaft vor allem unierter und reformierter Gliedkirchen mit dem Ziel der Förderung der Einheit im kirchlichen Leben und Handeln der Evangelischen Kirche in Deutschland (EKD).

atheistisch: bezeichnet eine Haltung, die nicht notwendig ein Absolutes überhaupt leugnet. Sie wendet sich aber gegen die Identifizierung des Absoluten mit einer bestimmten Gestalt. Der neuzeitliche Atheismus ist durch die Abgrenzung gegen den christlichen Gottesglauben gekennzeichnet. Außerdem will er mit der Überwindung der Religion eine neue Stufe in der Entwicklung des menschlichen Denkens herbeiführen.

Befreiungstheologie: eine vor allem in Lateinamerika entstandene christliche, vornehmlich katholische Theologie, der es um eine Befreiung vom Kolonialismus und seinen Folgen für die Entwicklung der Menschen in der sog. Dritten Welt geht. In den „Basisgemeinden" (als Gegensatz zur Kirchenhierarchie) soll eine Verbindung zwischen den eigenen religiösen und kulturellen Wurzeln und dem letztlich von Europa bestimmten christlichen Glauben versucht werden.

Bultmann-Schule: siehe Entmythologisierung

Dekalog: (griech.: Zehnwort), wissenschaftlicher Begriff für die Zehn Gebote der Bibel in ihren beiden Fassungen Ex 20,1–17 und Dtn 5,6–18

Dogma: (griech.: Lehrsatz), lehrhafte Formulierung von Glaubenssätzen, deren Grundlagen i. d. R. wissenschaftlich nicht überprüft werden können

Empirie: (griech.), das Wissen aus Erfahrung und konkreter Untersuchung, im Gegensatz zur Theorie

Entmythologisierung: meint eine auf den evangelischen Theologen Rudolf Bultmann und den Philosophen Hans Jonas zurückgehende Überwindung der mythologischen Vorstellungen in neutestamentlichen Texten, um deren eigentlichen Gehalt für moderne Menschen verstehbar zu machen

Epigraph: (griech.: daraufschreiben, einritzen), Bezeichnung für eine antike Inschrift

Epistel: (griech. epistolae, lat. epistula), Auftrag, Gebot, Brief, Sendschreiben; neben den vier Evangelien im Neuen Testament die wichtigste Literaturform, die auf die Apostel (Jünger Jesu) und Paulus als Autoren zurückgeführt wurden (13 Briefe des Paulus, drei Briefe des Johannes, zwei Briefe des Petrus, je ein Brief von Jakobus und Judas). Von den Paulusbriefen werden sieben als zweifelsfrei „echt" – als von Paulus verfasst – angesehen, die übrigen Apostelnamen gelten vielen Forschern als Pseudonyme, deren Verfasser sich als Schüler der Apostel betrachten und deren Autorität in Anspruch nehmen.

Eschatologie: (griech.: die „letzten Dinge"), Lehre von der Endzeit des einzelnen Menschen und der Welt, der Erlösung, des Heils, des Reiches Gottes

Eucharistie: (griech.: Danksagung), besonders in der katholischen Kirche verwendeter Begriff für die Abendmahlsfeier

Eudämonismus: (griech.: von einem guten Geist beseelt), im übertragenen Sinne: die Religion gebrauchen, um das seelische Wohlbefinden zu erlangen oder zu erhöhen.

Evidenz: (lat.), einleuchtende Erkenntnis, Schlüssigkeit, Deutlichkeit

Exegese: (griech.), Wissenschaft von der Erklärung und Auslegung besonders eines biblischen Textes

feministische Theologie: eine Richtung heutiger Theologie, die über die Würde von Mann und Frau nachdenken will. Sie versteht sich als Befreiungstheologie (s. dort): Sie will von gesellschaftlichen und religiösen Zwängen befreien, denen Frauen unterworfen sind. Dazu stellt sie auch die kritische Frage: Wieweit haben Theologie und Kirche zur Abwertung, Benachteiligung und Unterdrückung von Frauen beigetragen?

Gesellschaftsvertrag: Begriff aus der Staatslehre der Aufklärung (J.-J. Rousseau), nach dem die Mitglieder einer freien Gesellschaft dem Staat die Herrschaft über sich übertragen und so Herrschaft legitimieren

Gleichnis: (griech. (im NT) parabolae: Nebeneinanderstellung, Vergleichung, Sinnbild). Die Gleichnisse möchten abstrakt erscheinende religiöse Inhalte (wie etwa „Reich Gottes“) in einem anschaulichen, alltäglichen Vergleich verdeutlichen und erfahrbar machen. In den Gleichnissen Jesu werden anscheinend alltägliche Vorgänge zu Sinnbildern des „Jenseitigen“, „Heiligen“. Da aber dieses nie ganz erfasst werden kann, sind seine Gleichnisse „Offenbarung“ und „Verhüllung“ zugleich.

Heisenbergsche Unbestimmtheitsrelation: Entdeckung (1927) des Physikers Werner Heisenberg, dass im Bereich der Quantenphysik der Messvorgang selbst die Messgenauigkeit von Messgrößen beeinflusst

hermeneutischer Zirkel: (griech. hermeneuo: auslegen, verstehen, interpretieren, und lat. circulum: Kreis; wörtl.: „Auslegungskreis“), der Begriff weist auf die Wechselwirkung von Text und Leser(in) hin und will die Bedingungen des Verstehensprozesses bewusst machen; Hermeneutik: Lehre vom Verstehen, Deuten und Auslegen

Humanismus: (lat.: Menschlichkeit), allgem. das Streben nach einer der Menschenwürde und freien Persönlichkeitsentfaltung entsprechende Gestaltung des Lebens und der Gesellschaft durch Bildung und Erziehung, in der Renaissance Orientierung an der klassischen griechisch-römischen Humanität

Idolatrie: (griech.-lat.), Verehrung Gottes oder göttlicher Kräfte in bildlichen Vorstellungen

Ikonographie: (griech. eikon: Bild, graphein: schreiben), Bildbeschreibung, Inhalt und Sinn bildlicher Darstellung in ihrem Zusammenhang mit Literatur, Religion oder Philosophie

Ikonostase: (griech.), in orthodoxen Kirchen dreitürige Holzwand, die nach vorgeschriebener Anordnung mit Ikonen besetzt ist und Altar- und Gemeinderaum voneinander trennt

Kanon: hier: von einer Religionsgemeinschaft anerkannte und festgelegte Liste der verbindlichen heiligen Schriften

Kontemplation: (lat. contemplatio: Betrachtung (v. a. des Himmels und/oder der Natur). Dem Begriff begegnet man heute vor allem im Zusammenhang mit den östlichen Religionen wie Hinduismus und Buddhismus. Es geht um die Betrachtung des Eigentlichen, das für eine tiefe, lebenswichtige Einsicht von entscheidender Bedeutung ist. Äußere, ablenkende und zerstreuende Erfahrungen weichen in der Kontemplation der Konzentration auf das Wesentliche.

Kontext: (lat.: Mit-Text), bedeutet das „Mitgelesene“, d. h. den (persönlichen wie geschichtlichen) Zusammenhang, auf dessen Hintergrund man einen Text liest und versteht

Kontingenz: (lat.: Möglichkeit), allgemein das Mögliche, Nicht-Notwendige im Gegensatz zum Notwendigen

Kopernikanische Wende: analog zur Ablösung des geozentrischen durch das heliozentrische Weltsystem des Astronomen und Mathematikers Nikolaus Kopernikus (1473–1543) meint der Begriff eine grundlegende Veränderung der Weltsicht, bei Immanuel Kant vor allem die Erkenntnis, dass Dinge und

Sachverhalte nur so sind, wie sie menschliche Erfahrung und Gegenstandserkenntnis wahrnimmt, und nicht unabhängig davon.

Martyrium: (griech.-lat.), schweres Leid und ggf. Opfertod um des Glaubens willen

mechanistische Weltbeherrschung: Deutung und Organisation der Welt nach dem Vorbild mechanischer Prozesse durch den technischen Menschen, den homo faber

Megalith-Kultur: (griech.: großer Stein), vorgeschichtliche Kultur, die Gräber und Tempel aus Großsteinen errichtete (z. B. auf Malta)

Metaphysik: (griech.: das, was jenseits der Physik/der Natur liegt), Lehre vom Seienden, das über die Erfahrungswelt hinausgeht; hier: philosophische Theorie zur Frage nach den Voraussetzungen und Möglichkeiten menschlicher Erkenntnis

Miraculum: (lat.: Geheimnis), Wunder, wunderbare Begebenheit

Monotheismus: (griech.-lat.), Anerkennung und Verehrung nur eines einzigen Gottes; aber es gibt verschiedene Arten von Monotheismus. Der inklusive (alle Götter sind im Grunde Einer) und der exklusive Monotheismus (alle Götter sind falsche Götter mit Ausnahme des eigenen Gottes) stellen die markantesten Gegensätze dar. Die Lehre von der Dreifaltigkeit besagt, dass der eine Gott in verschiedenen Erscheinungsformen begegnet.

Mystik: (griech. myein: die Augen schließen), bezeichnet das Streben nach einer unmittelbaren Erfahrung der göttlichen Existenz, die das alltägliche Bewusstsein und die verstandesmäßige Erkenntnis übersteigt. Ziel ist es, die Trennung zwischen dem menschlichen Ich und dem göttlichen Sein aufzuheben – durch Konzentration, Meditation, Askese, Ekstase, Tanz. Im Vordergrund steht das individuelle religiöse Erleben.

Mythos: (griech.: Wort, Rede, Erzählung), die überlieferte Dichtung und Sage eines Volkes, die sich mit Göttern, der Entstehung der Welt und des Menschen beschäftigt; deren systematische Erfassung nennt man Mythologie.

Neo-Paganismus: (lat. pagani: ungebildete Menschen vom Lande), eine Bezeichnung, die für alle heutigen Strömungen gebraucht wird, die nicht-christliche, „heidnische" Religionen oder Elemente daraus wieder beleben. Bei diesem Neuaufleben spielen vor allem die Kelten, aber auch die Naturreligionen eine beliebte Rolle. Allerdings sind vergleichbare Tendenzen bereits im „Dritten Reich" propagiert worden, als man das Germanentum als die „eigentliche" Religion der Deutschen oft bewusst dem Christentum entgegenstellte.

Oidipus: König der griech. Mythologie, der als Findelkind in Korinth aufgezogen wird, später unwissentlich seinen Vater erschlägt und seine ihm unbekannte Mutter, die Königin von Theben, heiratet, nachdem er Theben durch seinen Scharfsinn vor der Sphinx gerettet hat. Oidinase: moderne Abwandlung der griech. Sagengestalt (s. S. 220)

paläontologisch, Paläontologie: (griech.: Lehre vom alten, ehrwürdigen Sein), wird als Gesamtbezeichnung für den Bereich „vorgeschichtlicher", d. h. auf Funde angewiesener Forschung verwendet, die sich auf die erste Entwicklung des Menschen und der Kultur bezieht

Pantheismus: (griech. pan: alles, und theos: Gott), im 18. Jahrhundert im Zuge der Aufklärung entstandene Bezeichnung für die Vorstellung, nach der Gott mit der Welt zu identifizieren ist: „Gott" wird als unpersönliche Größe und als Prinzip der Welt aufgefasst.

Patriarchat: (griech.: Vaterherrschaft), ein umfassendes Herrschaftssystem, dass durch die Unterordnung der Frauen unter die Männer gekennzeichnet ist. Diese hängt mit Herrschaftsstrukturen außerhalb der Familie zusammen, z. B. mit der Rechtsprechung und politischer Machtausübung nur durch die Männer.

Perzeption: (lat.: das Empfangen), unbewusstes Erfassen eines Gegenstandes, ohne ihn zu identifizieren; Gegensatz: Apperzeption als bewusstes Erfassen von Sinneseindrücken

Phänomenologie: (griech. phainómenon: das Erscheinende), in der Philosophie objektive Beschreibung des Gegebenen, der Phänomene

Pietismus: (lat. pietas: Frömmigkeit), eine Bewegung innerhalb der Evangelischen Kirchen, die von Philipp Jakob Spener (1637–1705) ausging, der eine verstärkte persönliche Jesus-Beziehung, verstärktes Bibelstudium in der Gemeinde und von den Pfarrern sowie mitmenschliches Engagement der Christen forderte. Diese Bewegung wurde erst später so genannt; sie wirkt noch heute in den sog. landeskirchlichen Gemeinschaften fort.

Polytheismus: Kennzeichnend für polytheistische Religionen ist der Glauben an mehrere Götter und deren Verehrung. Die Bezeichnung Polytheismus wird erst im Gegenüber zum Monotheismus sinnvoll. Polytheistische Religionen können sich gegenseitig als vereinbar oder unvereinbar verstehen.

positivistischer Ansatz: Ausgangspunkt ist das „Gegebene", sind die durch Beobachtung gewonnenen „positiven" Tatsachen, die Phänomene.

Projektion: (lat.), in der Psychologie das Übertragen von eigenen Wünschen und Vorstellungen auf andere

Psychoanalyse: (griech.: Seele, und: Auflösung), Verfahren zur Untersuchung und Behandlung von psychischen Störungen mit Hilfe der Traumdeutung und der Erforschung des Unbewussten, geht auf Sigmund Freud zurück

Psychosomatik: (griech. psyche: Hauch, Seele, und soma: Körper), Wissenschaft von der Bedeutung seelischer Vorgänge für Entstehung und Verlauf körperlicher Krankheiten

Sakrament: (lat. sacramentum: (im weiteren Sinne) der Gottheit geweiht, heiliger Gegenstand, Opfer). Der Begriff kommt in der Bibel nicht vor, wohl aber die Umschreibungen „heilig"/„Opfer". Im frühkirchlichen Sprachgebrauch entwickelt sich die Bedeutung „Geheimnis" – damit wird sacramentum zur Übertragung des griechischen Wortes „mysterion"; in diesem Wort liegt auch die Bedeutung „Absonderung", „Trennung", d.h. die „Mysterien" sind nur besonders Eingeweihten zugänglich. Für das protestantische Verständnis ergeben sich zwei wichtige Aspekte von „Sakrament": Seine (Heils-)Bedeutung hängt stets mit dem persönlichen Glauben des Einzelnen zusammen, doch kommt noch ein sichtbares Zeichen hinzu: etwa Brot und Wein im Abendmahl, Wasser in der Taufe. Luther erkannte nur die Sakramente an, die nach seiner Auffassung zweifelsfrei auf Jesus zurückzuführen waren (Taufe und Abendmahl); in der katholischen Kirche gibt es daneben weitere fünf Sakramente (Buße, Firmung, Salbung/„letzte Ölung", Priesterweihe/Handauflegung, Ehe).

Schamanen: eine Bezeichnung aus dem Sanskrit; Schamanen sind Angehörige der Naturvölkerreligionen, denen verschiedene Fähigkeiten aufgrund eines besonderen Verhältnisses zur Geisterwelt oder den Kräften der Natur insgesamt zugeschrieben werden; z.T. spielen dabei besondere seelische Zustände (Ekstase, Einnahme drogenähnlicher Mittel) eine Rolle. Diese Fähigkeiten werden meist durch familiäre, mündliche Überlieferung weitergegeben.

Sekte: (lat. sequi: folgen; hier: befolgte Lehre), kleinere, von einer Kirche oder einer anderen Religion abgespaltene religiöse Gemeinschaft

Semiotik: (griech.: sēmeiēn: Zeichen), Lehre von den Zeichen in (sprachlichen und nichtsprachlichen) Kommunikationsprozessen

Septuaginta: (lat.: siebzig), Bezeichnung für die griechische Übersetzung des Alten Testaments (um 200 v. Chr.) nach der Legende, dass 70 Gelehrte diese Übersetzung angefertigt hätten. Sie gewann eine bedeutende Vermittlungsfunktion: Zum einen wurden damit die hebräischen Schriften im vom Hellenismus (= die griechische Leitkultur von ca. 300 v. Chr. bis 100 n. Chr.) geprägten Mittelmeerraum einer breiteren Bevölkerung zugänglich – zum anderen prägte ihre Übertragung der hebräischen Begriffe besonders stark das Griechisch des Neuen Testaments.

Sittengesetz: ein als Gebot des Guten und Verbot des Schlechten über den positiven Gesetzen und menschlichen Konventionen stehendes Gesetz, das aus der für den Menschen geltenden allgemeinen Natur- und Seinsordnung folgt. Es ist für das freie und sittliche Handeln des Individuums unbedingt verpflichtend. Vgl. dazu Immanuel Kants „kategorischen Imperativ" (s. S. 234).

Stifterreligion: eine Religion, die auf einen historisch belegten Stifter zurückgeführt werden kann (z. B. Buddhismus, Christentum, Islam)

sub specie aeternitatis: (lat.), unter dem Gesichtspunkt der Ewigkeit

Synoptiker: (griech. synopsis: Zusammenschau), im Neuen Testament Bezeichnung für die Evangelisten Matthäus, Markus und Lukas wegen der weitgehenden Übereinstimmung und Parallelität ihrer Evangelientexte

Talmud: (hebr.: Studium), ein umfangreiches Interpretationswerk vor allem zur Tora, das u. a. aus Streit- und Lehrgesprächen jüdischer Gelehrter (Rabbinnen) seit der Zeit Esras und Nehemias (um 450 v. Chr.) bis etwa ins 6. Jahrhundert n. Chr. zusammengestellt wurde. Dabei entstanden unterschiedliche Teile und Sammlungen: die Mischna (bereits um 200 v. Chr. vollendet) und deren ergänzende Kommentare, die „Gemara". Beides wurde im 5./6. Jahrhundert zum Jerusalemer und babylonischen Talmud endgültig zusammengefasst.

Theodizee: (griech. Rechtfertigung Gottes) Der Begriff geht auf den Philosophen Gottfried Wilhelm Leibniz (1646-1716) zurück. Gemeint ist die Frage, wie der Glaube an Gott angesichts des Leids in der Welt zu rechtfertigen sei. Wie kann man die Macht des Bösen ernst nehmen und trotzdem von einem gerechten, gütigen und allmächtigen Gott sprechen? Christen verweisen auf einen Gott, der das Leiden auf sich genommen hat, um einen Weg zu neuem Leben zu bahnen.

Transzendenz: (lat.: Übersteigung), das jenseits der Erfahrung und des Gegenständlichen Liegende, das Jenseitige

Utilitarismus: (lat.: Nützlichkeit), Theorie der Gerechtigkeit, nach der eine Handlung danach beurteilt wird, in welchem Maße sie zur Förderung des Glücks der meisten Menschen beiträgt. Der Utilitarismus hat sich in der anglo-amerikanischen Philosophie seit dem 17. Jahrhundert entwickelt.

Verbalinspiration: (lat.: wörtliche Eingebung), eine Vorstellung, die im NT in 2. Tim 3,16 anklingt; dort ist allerdings allgemeiner von der „Eingebung" aller (biblischer) Schriften durch Gott die Rede. Im Laufe der Kirchengeschichte wurde daraus die Lehre entwickelt, dass jedes Wort den Schreibern von Gott diktiert worden sei, so wie das von Muslimen auch vom Koran behauptet wird. Bestimmte christliche Gruppen fordern deshalb, dass die Wahrheit des Bibelwortes auch da gilt, wo Aussagen wissenschaftlicher Erkenntnis menschlicher Erkenntnis widersprechen (z. B. bei bestimmten Schöpfungsvorstellungen).

Zaddik: (hebr.: gerecht, Gerechter), in der jüdischen Tradition Bezeichnung für denjenigen, der rechtschaffen, religiös und moralisch verlässlich ist

Zeloten: (griech. zēlos: Eifer), eine antirömische, radikale jüdische Religionspartei zur Zeit Jesu

Zölibat: (lat. caelibatus: Ehelosigkeit), die aus religiösen Motiven gewählte Ehelosigkeit, vor allem die der Geistlichen in der katholischen Kirche

Zwei-Quellen-Theorie: Durch Vergleiche der Evangelien nach Matthäus, Markus und Lukas stieß man auf starke Übereinstimmungen (s. Synoptiker) einerseits fast aller Mk-Texte mit Lk und Mt, andererseits aber auch zwischen Lk- und Mt-Texten, die bei Mk fehlen. Da die bei Lk und Mt übereinstimmenden, über Mk hinausgehenden Texte weithin auch bei Lk und Mt in gleicher Reihenfolge erscheinen, schloss man auf eine weitere urchristliche Schrift (nach dem Inhalt „Spruchquelle, Logienquelle", „Q" genannt), die Mt und Lk gekannt haben und neben Mk in ihre Evangelien eingearbeitet haben. Die „Entdeckung" dieser (als Einzelschrift verloren gegangenen) Schrift gelang J. G. Eichhorn 1794.

Namen- und Sachregister

Text- und Bildquellenverzeichnis

Namentlich nicht gezeichnete Texte stammen von den Verfassern der Kapitel. Wenn nicht anders angegeben, sind die Bibeltexte aus der Luther-Ausgabe von 1984 zitiert.

Kapitel „Religion – Vertrauen in das Unverfügbare“

S. 8 M, ul, **9** o: Fotos David Rose – **8** ur: NAAS/Peter Sanders – **9** M: Magnum/Ian Berry – u: Barnaby's Picture Library;
M 2: S. 11: Fotos ol: Foto Stephan Winkler/picture alliance/KPA – or: Foto Frank P. Wartenberg/picture-alliance/PicturePress – ul: Foto Alfio Garozzo/picture-alliance/AKG – ur: B. Böttge – Text: *Einstein; Albert*: Mein Weltbild. Hrsg. v. *C. Seelig*. Berlin: Ullstein [29]2005 – S. 12: ol: Foto Karlheinz Schindler/picture-alliance/ZB – or: World Racing Images Laurent Charniaux/picture-alliance/ASA;
M 3: o: Foto H. Hinz/Artothek, Weilheim – u: Foto B. Böttge;
M 5: *Sédar Senghor, Leopold*: Chants d'ombre. Paris: Gallimard 1968;
M 6: *Lame Deer, John/Erdoes, Richard*: Tahca Ushte. Medizinmann der Sioux. Übers. v. *Claus Biegert*. München: List 1979. S. 176f.;
M 7, M 8 u, **M 9**: Fotos B. Böttge;
M 8 o: J. Göpel/AKG, Berlin;
M 10: *Eliade, Mircea*: Das Heilige und das Profane. Vom Wesen des Religiösen. Hamburg: Rowohlt 1957. S. 8;
M 11: *Veerkamp, Ton*: Die Vernichtung des Baal. Auslegung der Königsbücher. Stuttgart: alektor 1983. S. 343;
M 13: *Drewermann, Eugen*: Wozu Religion? Freiburg/Basel/Wien: Herder 2001. S. 35ff.;
S. 21: Zitat aus: Brockhaus Enzyklopädie, Bd. 15. Wiesbaden: Brockhaus 1972;
M 17: Der Koran. Arabisch/deutsch. Übers. v. *Max Henning*, bearb. u. hrsg. v. *Murad W. Hofmann*. Kreuzlingen/München: Hugendubel 2001. S. 597f.;
M 18: Aus: *Bellinger, Gerhard J.*: Knaurs großer Religionsführer. München: Droemer/Knaur 1992. S. 68;
M 19, M 20: *Szcesny Gerhard*: Die Antwort der Religionen. Reinbek: Rowohlt 1971. S. 105–112;
M 21: Der Spiegel, 21/2002. S. 190ff.;
M 22: *Schleiermacher, Friedrich*: Über die Religion. Hrsg. v. *R. Otto*. Göttingen: Vandenhoeck & Ruprecht [6]1967. S. 46f., 49, 51, 54;
M 23: *Feuerbach, Ludwig*: Ges. Werke, Bd. 5. Hrsg. v. *W. Schuffenhauer*. Berlin: Akademie [2]1984. S. 18–20, 75, 91, 231, 233, 316, 443, 450;
M 25: *Erikson, Erik H.*: Der junge Mann Luther. Übers. v. *Johanna Schiche*. Frankfurt/M.: Suhrkamp 1975. S. 291f.;
M 26: *Ebeling, Gerhard*: Dogmatik des christlichen Glaubens, Bd. 1. Tübingen: Mohr/Siebeck 1979. S. 111ff., 125, 138f.;
M 27: Foto A. Zelck, Essen;
M 28: stern, 43/2001. S. 8;
M 30: *Pfüller, Wolfgang*: Pluralismus der Religionen. Aus: forum religion, 1/1999. S. 38;
M 31: *Sundermeier, Theo*: Was ist Religion? Gütersloh: Kaiser/Gütersloher 1999. S. 195ff.;
M 32: *Rau, Johannes*: Eröffnungsrede des Rundgesprächs „Religion, Kultur, Nation und Verfassung …“, 11. 4. 2002. In: *Schultheiß, W.* (Hrsg.): Zukunft der Religionen. Frankfurt/M.: S. Fischer 2003. S. 25ff.

Kapitel „Wir und die Wirklichkeit“

S. 50/51: Foto Juliane Lehmann, Hameln;
M 1: *Colman, John*: Lockes Theorie der empirischen Erkenntnis. In: *Thiel, Udo* (Hrsg.): John Locke. Essay über den menschlichen Verstand. Berlin: Akademie 1997. S. 201f.;
S. 53, M 2: Grafik B. Schlierf, Lachendorf;
M 3: *Watzlawick, Paul*: Wie wirklich ist die Wirklichkeit? München: Piper 2002. S. 84;
M 4: *Kant, Immanuel*: Vorrede zur „Kritik der reinen Vernunft“ (1787; [1]1781). In: Werke, Bd. 3. Hrsg. v. *W. Weischedel*. Darmstadt: WBG 1983. S. 25;
M 5: *Russell, Bertrand*: Probleme der Philosophie. Frankfurt/M.: Suhrkamp 1967. S. 9ff.;
M 6: *Glasersfeld, Ernst v.*: Einführung in den radikalen Konstruktivismus. In: *Watzlawick, P.* (Hrsg.): Die erfundene Wirklichkeit. München: Piper [15]2002. S. 19ff.;

M 7: *Watzlawick, Paul*: Einleitung. In: *Ders.* (Hrsg.): Ebd. S. 14;
M 9: *Sophokles*: König Oidipus. Übers. v. *Heinrich Weinstock*. In: *Nebel, Gerhard*: Sophokles. König Oidipus. Dichtung und Wirklichkeit. Hrsg. v. *H. Schwab-Felisch* u. *W. J. Siedler*. Frankfurt/M.: Ullstein 1964. S. 16f.;
M 11: Aus: braunschweiger beiträge, 3/2003. S. 30f.;
M 12: © Konstantina Stephanaki, Kreta;
M 13: Abb. aus: *Ghaleh, Mohamed Seyed*: Kleine Geschichte der Perser-Teppiche. Celle: Cyrus 1979. Titelblatt;
M 14: *Hawking, Stephen*: Das Universum in der Nussschale. Übers. v. *Hainer Kober*. Hamburg: Hoffmann & Campe 2001. S. 39;
S. 69: Grafik v. B. Schlierf, Lachendorf, nach: *Falkenhausen, E. v.*: Unterrichtspraxis zum wissenschaftspropädeutischen Unterricht. Köln: Aulis 1989;
M 15: *Kattmann, Ulrich*: Geschichte und Gesetze. Aus: *Hedewig, Roland* et al. (Hrsg.): Evolution im Unterricht. Köln: Aulis 1998. S. 2;
M 16: *Braunbek, Werner*: Wie gewinnt die Physik ihre Erkenntnis? In: *Ulmer, Karl* (Hrsg.): Die Wissenschaften und die Wahrheit. Stuttgart: Kohlhammer 1966. S. 34ff.;
M 17: *Holzer, Boris*: Mertons Trick: Die Wahrfalschaussage. Aus: Frankfurter Allgemeine Sonntagszeitung, 25. 5. 2003. S. 66;
M 19: *Campanile, Achille*: Se la luna mi porta fortuna. Aus: *Eco, Umberto*: Lector in Fabula. Übers. v. *Heinz-Georg Held*. München: Hanser 1987. S. 254;
M 20, M 23: *Escher, M. C.*: Graphik und Zeichnungen. Köln: Taschen 2002. Nr. 51, 30 © 1989 Cordon Art, Baarn/Holland;
M 22: *Lüdemann, Gerd*: Die Auferstehung Jesu. In: *Bommarius, A.* (Hrsg.): Fand die Auferstehung wirklich statt? Eine Diskussion mit Gerd Lüdemann. Düsseldorf/Bonn: Parerga 1995. S. 16ff.;
M 24: Bartolo di Fredi: Schöpfung des Menschen, 1356. Deckenfresko. San Gimignano, Kirche der Collegiata; © Scala, Florenz;
M 25: *Kattmann, Ulrich*: Basisinformationen. In: s. M 15, S. 5ff.;
M 26: *Ouweneel, Willem J.*: Der Untergang des christlichen Abendlandes. Wetzlar: Schulte 1977. S. 49f., 58;
M 27: *Morris, Simon C.*: Aus: Die Zeit, 35/2004. S. 29;
M 28: *Cobb, John B.*: Der Preis des Fortschritts. München 1972. S. 163f.;
M 29: *Ditfurth, Hoimar v.*: Wir sind nicht nur von dieser Welt. Hamburg: Hoffmann & Campe [2]1981. S. 144ff.;
M 30: *Moltmann, Jürgen*: Gott in der Schöpfung. München: Kaiser [3]1987. S. 26ff.;
S. 90: Grafik aus: dtv-Atlas zur Philosophie. München: dtv 1991. S. 40.

Kapitel „Die Bibel verstehen“

S. 92: epd-Foto;
M 1: Beispiele aus: www.glauben-und-kaufen.de;
M 3: Novum Testamentum tetraglotton. Zürich: Diogenes 1981. S. 399f.;
M 4: o: *Schwarz, Michael/Müller, Adrian u. a.*: Die Bibel – überliefert und gelebt. Zürich: tvz 1987. Bildteil (Folie 2, 4) – *Elliger, Karl/Rudolf, Wilhelm/Aland, Barbara* u. *Kurt*: Biblia Sacra Hebraica et Graeca. Stuttgart: Deutsche Bibelgesellschaft 1994 – Evang. Kirche in Deutschland: Die Bibel nach der Übersetzung Martin Luthers. Rev. Fass. 1984. Stuttgart: Deutsche Bibelgesellschaft 1995;
M 5: *Gadamer, Hans Georg*: Wahrheit und Methode. Tübingen: Mohr/Siebeck 1960. S. 514;
M 7: Der Stürmer, 13. 3. 1934. S. 1;
S. 103/104: s. M 4 (Folien 5, 4);
M 12: *Luther, Martin*: Vorrede zum Neuen Testament (1522) Aus: *Aland, Kurt* (Hrsg.): Martin Luther. Die Hauptschriften. Berlin: Christlicher Zeitschriftenverlag o. J. S. 360;
M 14: *Spener, Philipp Jacob*: Pia desideria. Aus: *Schuster, H.* u. a. (Hrsg.): Quellenbuch zur Kirchengeschichte, I/II. Frankfurt/M.: Diesterweg 1960. S. 144f.;
M 15: *Reimarus, Hermann Samuel*: Fragwürdigkeiten der Auferstehungsgeschichte. Aus: Ebd. S. 160;
M 16: *Schmid, Joseph*: Synopse der drei ersten Evangelien. Regensburg: Pustet 1992. S. 24f.;
M 17: Grafik B. Schlierf, Lachendorf;
M 19: *Sauerbrey, Thomas*: „So haben wir (es) noch nie gesehen“. Aus: forum religion, 1/2002. S. 43;
M 20: Internationaler Rat für Biblische Irrtumslosigkeit: Erklärung. Info-Brief, ohne Autor, ohne Ort 1977;
M 21: *Schirrmacher, Th.*: Bibeltreue in der Offensive. Bonn: Verlag für Kultur und Wissenschaft 2004. S. 17f.;

M 23: *Füssel, Kuno*: Drei Tage mit Jesus im Tempel. Stuttgart: alektor 1987. S. 72;
M 24: Aus: *Stemberger, Günther*: 2000 Jahre Christentum. Erlangen: K. Müller 1990. S. 150 © Andreas Verlag, Salzburg;
M 25: Ebd. S. 688;
M 26: Katechismus der Katholischen Kirche. Leipzig: Benno 1993. S. 67 – Catéchisme pour adultes des évêques de France. Paris: Centurion 1991. S. 56;
M 27: Aus: Rat der EKD: Die Bekenntnisschriften der Ev. Kirche. Göttingen: Vandenhoeck & Ruprecht 1967. S. 767f.;
M 28: Arnoldshainer Konferenz (Hrsg.): Das Buch Gottes. 11 Zugänge zur Bibel. Neukirchen-Vluyn: Neukirchner 1992. S. 183;
M 29: *Schramm, Tim*: Die Bibel ins Leben ziehen. Stuttgart: Kohlhammer 2003. S. 31ff.;
M 30: *Theißen, Gerd*: Zur Bibel motivieren. Gütersloh: Gütersloher 2003. S. 111f.;
M 31: Der Spiegel, 9/1991. S. 188ff.;
M 32, 33: Der Koran. Arabisch/deutsch. Übers. v. *Max Henning*, bearb. u. hrsg. v. *Murad W. Hofmann*. Kreuzlingen/München: Hugendubel 2001. S. 3, 21;

Kapitel „Gott als Geheimnis“
S. 134/135: Hildegard v. Bingen: Chöre der Engel. In: *Sölle, Dorothee*: O Grün des Fingers Gottes: Die Meditationen der Hildegard von Bingen. Red. *M. Trauschke*. Wuppertal: Hammer 1989. S. 25 – Christo und Jeanne Claude: Package, 1960 © Christo und Jeanne Claude – Foto: Volker Derlath, München;
M 1: © PIB München;
M 2: Aus: *Schuster, Robert* (Hrsg.): Was sie glauben. Texte von Jugendlichen. Stuttgart: Steinkopf 1984. S. 46;
M 3: *von Wartenberg-Potter, Bärbel*: Die Reise der Pachamama. Eine theologische Erzählung. Stuttgart: Kreuz 1989. S. 12ff.;
M 4: *Luther, Martin*: Der Große Katechismus (1529). Aus: *Aland, Kurt* (Hrsg.): Luther Deutsch, Bd. 3. Göttingen: Luther ^{4}1983. S. 20ff.;
M 5: Aus: DIE ZEIT, 30. 1. 2003. S. 6;
M 6: Georg Baselitz: Die Hand Gottes, 1964/65. Öl auf Leinwand, 140 x 99 cm. Bonn, Kunstmuseum © 2006 VG Bild-Kunst, Bonn – Foto Artothek, Weilheim;
M 7: *Biermann, Wolf*: Religionsunterricht, Berlin 2003 (Manuskript). In: *Bolzenius, Theodor* u. a. (Hrsg.): Ökumenischer Kirchentag in Berlin. Gütersloh/Kevelaer: Gütersloher/Butzon & Bercker 2004;
M 8: *Feuerbach, Ludwig*: Das Wesen der Religion (1845). Hrsg. v. *A. Esser*. Stuttgart: Reclam 1969. S. 53ff;
M 9: *Ders.*: Das Wesen des Christentums (1841). In: Werke, Bd. 5. Hrsg. v. *E. Thies*. Frankfurt/M.: Suhrkamp 1976. S. 317–323 (gekürzt);
M 10: *Marx, Karl*: Einleitung zur Kritik der Hegelschen Rechtsphilosophie. In: MEW, Bd. 1. Berlin: Dietz 1957ff. S. 378f.;
M 11: *Freud, Sigmund*: Der Mann Mose und die monotheistische Religion. Frankfurt/M.: S. Fischer 1975. S. 127;
M 12: *Ders.*: Die Zukunft einer Illusion. Frankfurt/M.: S. Fischer 1993. S. 133ff;
M 13: *Bonhoeffer, Dietrich*: Widerstand und Ergebung. Gütersloh: Siebenstern TB ^{8}1974. S. 132, 135, 155, 174;
M 14: *Moltmann-Wendel, Elisabeth*: Für Frauen ist der eigene Wertmaßstab unerlässlich: Wer bin ich? In: *Cormann, Marte/Gabernig, Heike* (Hrsg.): Brauchen starke Frauen Gott? Karrierefrauen über Gottvertrauen und Gottlosigkeit. München: Piper ^{3}2002. S. 137f.;
M 15: *Hildegard von Bingen*: O Grün des Fingers Gottes. In: Die Meditationen der Hildegard von Bingen. Hrsg. v. *Dorothee Sölle*. Textred. v. *Martine Trauschke*. Wuppertal: Hammer 1989. S. 26–30 – Foto aus: *Lohmann, Michael/Eisenreich, Wilhelm*: Das farbige BLV-Hausbuch der Natur. München u. a.: BLV 1985. S. 86;
M 16: *Hildegard von Bingen*: Scivias – Wisse die Wege. Aus: *Veit, Marie*: Hildegard von Bingen. In: *Schottroff, L./Thiele, J.* (Hrsg.): Gotteslehrerinnen. Stuttgart: Kreuz 1989. S. 59ff;
M 17: *Thomas von Aquin*: Summa Theologica. Gottes Dasein und Wesen. In: Werke, Bd. 1. Übers. v. *Jürgen Eibach*. Hrsg. v. d. Albertus-Magnus-Akademie, Walberberg/Köln. Graz: Akad. Verlagsanstalt 1982. S. 44f.;
S. 149: Eric Till: Luther, 2003 © Cinetext, Frankfurt/M.;
M 18: *Luther, Martin*: Die Heidelberger Disputation (1518) In: A. a. O: (s. M 4) Bd. 1. S. 388 ff;

M 19: *Kant, Immanuel*: Kritik der reinen Vernunft (1781). In: Werke, Bd. 4. Hrsg. v. *W. Weischedel.* Frankfurt/M.: Insel 1956. S. 682, 693;
M 20: *Ders.*: Religion innerhalb der Grenzen der bloßen Vernunft. In: Ebd. Bd. 7. S. 763f., 806f.;
S. 153: Hans-Georg Rauch: Kuscheltier, 1993;
M 23: Paul Klee: Der Schöpfer, 1934. Öl, die Linien aufgestempelt, auf Leinwand, 42 x 53,5 cm. Bern, Kunstmuseum, Paul-Klee Stiftung, © 2006 VG Bild-Kunst, Bonn;
M 26: Rembrandt Harmensz. van Rijn: Die Heimkehr des verlorenen Sohnes, um 1666/1669 (Ausschnitt). Sankt Petersburg, Eremitage/Foto: Artothek, Weilheim;
S. 159: Die Heilige Dreifaltigkeit, um 1390. Fresko. Urschalling/Chiemgau, St. Jakobus; Foto Berger, Prien;
M 29: *Roth, Joseph*: Hiob. Köln: Kiepenheuer & Witsch ^{3}1992. S. 163ff.;
M 30: *Jonas, Hans*: Der Gottesbegriff nach Auschwitz. Frankfurt/M.: Suhrkamp 1987. S. 38ff.;
M 31: *Klein, Wolfgang*: Traueransprache für die Opfer von Erfurt. In: Schule und Kirche, 2/2002. S. 4ff.;
M 32: *Bonhoeffer, Dietrich*: Einige Glaubenssätze über das Walten Gottes in der Geschichte. In: A. a. O. (s. M 13) S. 18f.;
M 33: *Münch, Sarah*: Bekenntnis. Aus: *Pawlowski, Harald* (Hrsg.): Mein Credo. Persönliche Glaubensbekenntnisse. Kommentare und Informationen, Bd. 2. Oberursel: publik-forum 2000. S. 40f.;
M 34: *Ben-Chorin, Schalom*: Jüdischer Glaube. Tübingen: Mohr/Siebeck ^{2}1979. S. 59, 66, 122f., 127f.;
M 35: *Salim Abdullah, Muhammad*: Islam für das Gespräch mit Christen. Gütersloh: Gütersloher ^{2}1995. S. 33ff., 39ff.;
M 36: *Suzuki, Daisetz T.*: Wesen und Sinn des Buddhismus. Freiburg/Brsg.: Herder ^{2}1993. S. 36ff.;

Kapitel „Wer ist Jesus Christus für mich?"
S. 176/177: Guido Rocha: Der gemarterte Christus, 1975. Skulptur, Brasilien © Ökumenischer Rat der Kirchen, Genf;
M 1: Diego Velázquez: Christus am Kreuz, 1630/1632. Öl auf Leinwand, 248 x 169 cm. Madrid, Prado/Foto: Artothek, Weilheim;
M 2: Focus, 25. Mai 1996. Titelseite;
M 3: Arnulf Rainer: Christusübermalung, 1983. Öl und mixed media über Foto auf Karton, 102 x 73,5 cm. Bochum, Galerie m. © Arnulf Rainer, Wien;
M 4: Mel Gibson: Die Passion Christi, 2004. © Cinetext, Frankfurt/M.;
M 5: *Aitmatow, Tschingis*: Der Richtplatz. Übers. v. *Friedrich Hitzer.* Zürich: Union 1991. S. 243f.;
M 6: Aus: *Ziegler, Thomas*: Bilder Jugendlicher – in elementarisierender Perspektive. In: *Schweitzer, Friedrich* (Hrsg.): Elementarisierung im Religionsunterricht. Erfahrungen, Perspektiven, Beispiele. Neukirchen-Vluyn: Neukirchener 2003. S. 161–186.;
M 8: Begleitmaterial zum Film „Ernst und das Licht" (A. T. Jensen. Dänemark 1995. 12 Min.). Hrsg. in Zusammenarbeit v. FWU, Grünwald/Katholisches Filmwerk, Frankfurt/M.;
S. 186: Hugo van der Goes (ca. 1440–1482): Anbetung der Hirten, Mittelbild des Portinari-Altars, 1476/77. Holz, 249 x 300 cm. Florenz, Uffizien/Foto Artothek, Weilheim;
M 11: *Beinert, Wolfgang*: Das Christentum: Atem der Freiheit. Freiburg/Brsg.: Herder 2000. S. 21ff.;
M 12: Aus: Evangelischer Erwachsenenkatechismus. Hrsg. v. *Kiessig, Manfred/Stempin, Lothar/Echternach, Horst/Jetter, Hartmut/Herold, Gerhart.* Gütersloh: Gütersloher ^{7}2001. S. 190f.;
M 13: Tacitus und Plinius: Aus: *Bauer, Johannes B.*: Die Zeit Jesu. Herrscher, Sekten und Parteien. Stuttgart: KBW 1969. S. 41f.;
M 14: *Burchard, Christoph*: Die Anfänge des Christentums. Stuttgart/Berlin/Köln/Mainz: Kohlhammer 1987. S. 12f.;
M 16: Aus: *Müller, Peter/Büttner, Gerhard/Heiligenthal, Roman/Thierfelder, Jörg*: Die Gleichnisse Jesu. Stuttgart: Calwer 2002. S. 114;
M 17: *Erlemann, Kurt*: Gleichnisauslegung: Ein Lehr- und Arbeitsbuch. Tübingen/Basel: UTB 1999. S. 104;
M 18: *Reinmuth, Eckart*: Hermeneutik des Neuen Testaments. Göttingen: Vandenhoeck & Ruprecht 2002. S. 50;
M 19: *Theißen, Gerd*: Der Schatten des Galiläers. Historische Jesusforschung in erzählender Form. Gütersloh: Kaiser/Gütersloher ^{13}1993. S. 187f.;
M 20: *Heiligenthal, Roman*: Der Lebensweg Jesu von Nazareth. Stuttgart: Kohlhammer 1994. S. 66;
M 21: *Marti, Kurt*: Leichenreden. Zürich: Nagel & Kimche 2001. S. 7;

M 22: *Fried, Erich*: Als ich mich nach dir verzehrte. Berlin: Wagenbach 1990. S. 13;
M 23: *Haderer; Gerhard*: Das Leben des Jesus. Wien: Ueberreuter 2002. o. S.;
M 24: Claude Bonneau Humarot, Frankreich. © by A. L. I.;
M 26: *Wittgenstein, Ludwig*: Tractatus logico-philosophicus. Frankfurt/M.: Suhrkamp [11]1976. S. 114f.;
M 27: *de Pater, Wim*: Theologische Sprachlogik. München: Kösel 1971. S. 23;
M 28: *Kubitschek, Jochen*: Aus: Spiegel online, 9. 2. 2005;
M 29–31: *Berger, Klaus*: Darf man an Wunder glauben? Gütersloh: GTB 1999. S. 13f., 93, 126;
M 32: *Alkier, Stefan*: Die Wunderfrage als offene Frage. In: Schönberger Hefte, 3/2003. S. 18ff. (gekürzt);
M 33: *Sölle, Dorothee/Schottroff, Luise*: Jesus von Nazaret. München: dtv [3]2001. S. 113f.;
M 34: *Wiesel, Elie*: Wo ist Gott? In: *Ders.*: Die Nacht zu begraben, Elischa. München: Langen-Müller 2005. S. 91ff.;
M 35: Grafik von Marc Lenz und Christa Bächtle unter Verwendung je eines Bildes von Rembrandt und aus dem Film „Matrix" In: entwurf, 1/2-2001. Titelbild;
M 36: Aus: chrismon plus. Das evangelische Magazin, 4/2003. S. 9;
M 37: A. a. O. (s. M 33) S. 127ff.;
M 38: Interview mit Hans-Joachim Eckstein, Heidelberg. Aus: entwurf, 1–2/2001. S. 6ff.;
M 39: Aus: *Thiede, Carsten Peter/Lüdemann, Gerd*: Die Auferstehung Jesu – Fiktion oder Wirklichkeit? Ein Streitgespräch. Basel/Gießen: Brunnen 2001. S. 47ff.;
M 40: *Wilckens, Ulrich*: Theologie des Neuen Testaments, Bd. 1. Neukirchen-Vluyn: Neukirchner 2002. S. V, 25–28 (gekürzt).

Kapitel „Der Mensch als Frage"

S. 218 ol: H. Schwarzbach/Argus – or: S. Paustian – ul: P. Dammann – ur: P. Lindbergh – **S. 219** ol: T. Ibold – or: Th. Ernsting/Bilderberg – alle aus: Was ist der Mensch? Ein Bilderzyklus zur EKD-Synode 2002;
M 1: *Mulisch, Harry*: Selbstporträt mit Turban (1961). Übers. v. *Ira Wilhelm*. München: Hanser 1995. S. 131–133;
M 2: Abb. v. Bill Sanderson. Aus: New Scientist, 13. 5. 1976;
M 3: *Fried, Erich*: Ich. Aus: Was ist der Mensch? Ein Bilderzyklus zur EKD-Synode 2002;
M 4: *Beigbeder, Frédéric*: 39,90. Übers. v. *Brigitte Grosse*. Reinbek: Rowohlt 2001. S. 48–51;
S. 224: dpa-picture-alliance/KPA/HIP/Ann Ronan Picture Library;
M 5: *Haeckel, Ernst*: Die Welträtsel. Leipzig: Kröner 1908. S. 12, 141, 173;
M 6: *Nüsslein-Volhard, Christiane*: Von Genen und Embryonen. Stuttgart: Reclam 2004. S. 13f., 46ff., 67f.;
M 7: *Ebach; Jürgen*: Bibelarbeit zu 1. Mose 1,26–2,3. In: *Bolzenius, Theodor* u. a.: Ihr sollt ein Segen sein. Dokumentation zum Ökumenischen Kirchentag, 28. 5.–1. 6. 2003 in Berlin. Gütersloh/Kevelaer: Gütersloher/Butzon & Becker 2004. S. 178–194;
M 8: *Singer, Peter*: Praktische Ethik. Stuttgart: Reclam [2]1994. S. 232–244;
M 9: *Bach, Ulrich*: Bausteine für ein theologisches Nachdenken über Menschenbild und Menschenwürde. In: *Ders.*: „Gesunde" und „Behinderte". Gütersloh: Gütersloher 1994. S. 56f., 66–71;
M 10: René Magritte: Der Therapeut, 1937. Öl auf Leinwand, 92 x 65 cm. Paris, Privatbesitz. Bildarchiv Steffens/Bridgeman Art Library/Visual Arts Library, London; © 2006 VG Bild-Kunst, Bonn;
M 11: *Sartre, Jean-Paul*: Der Existentialismus ist ein Humanismus. Übers. v. *Vincent v. Wroblewsky*. Reinbek: Rowohlt 2000. S. 149ff., 155;
M 12: *Luther, Martin*: Von der Freiheit eines Christenmenschen. In: *Aland, Kurt* (Hrsg.): Luther Deutsch, Bd.2, Göttingen: Vandenhoeck & Ruprecht 1962. S. 251f., 254, 273f;
M 13: *Herder, Johann Gottfried:* Ideen zur Philosophie der Menschheit. In: Werke, Bd. 6. Hrsg. v. *M. v. Bollacher*. Frankfurt/M.: Deutscher Klassiker 1989. S. 145–147;
M 14: *Schiller, Friedrich*: Die Worte des Glaubens. In: Werke, Bd. 1. Hrsg. v. *G. Fricke* u. *H. G. Göpfert*. München: Hanser [4]1965. S. 214f.;
M 15: *Freud, Sigmund*: Vorlesungen zur Einführung in die Psychoanalyse. In: Werke, Bd. 1. Studienausgabe. Hrsg. v. *A. Mitscherlich*. Frankfurt/M.: S. Fischer 1969. S. 283f.;

M 17: *Wuketits, Franz M.*: Warum uns das Böse fasziniert. Stuttgart/Leipzig: Hirzel 2000. S. 118ff.;
M 18: A.: *Rousseau, Jean-Jacques*: Emile oder Über die Erziehung. Übers. v. *Eleonore Sckommodau.* Stuttgart: Reclam 1976. S. 108. – B.: *Ders.*: Diskurs über die Ungleichheit. Hrsg. u. übers. v. *H. Meier.* Paderborn: Schöningh ^{4}1997. S. 173, 189, 191, 79. – C.: *Ders.*: Der Gesellschaftsvertrag. Übers. v. *H. Denhardt.* Stuttgart: Reclam 1971. S. 17f.;
S. 239: Rembrandt Harmensz. van Rijn: Adam und Eva, 1638;
M 19: *Hobbes, Thomas*: Leviathan oder Stoff, Form und Gewalt eines bürgerlichen und kirchlichen Staates. Hrsg. v. *I. Fetscher.* Übers. v. *Walter Euchner.* Frankfurt/M.: Suhrkamp 1984. © Luchterhand, München 1966;
M 20: *Luther, Martin*: Scholien zur Römerbrief-Vorlesung. In: Werke, Bd. 56. Weimarer Ausgabe. S. 269;
M 21: Lucas Cranach: Gesetz und Evangelium, um 1530. Kupferstich, 22,3 x 32,4 cm. London, British Museum;
M 22: Aus einem Interview mit Elsa Tamez. In: Junge Kirche, 1992. S. 15f.;
M 23: *Kuhlmann, Helga*: Abschied von der Perfektion. Überlegungen zu einer „frauengerechten" Rechtfertigungstheologie. In: *Dingel, Irene* (Hrsg.): Feministische Theologie und Gender-Forschung. Leipzig: Evang. Verlagsanstalt 2003. S. 95–122;
M 24: *Dossi, Ugo*: IAO, ORGON, ABYSS. Wien 1994. S. 48 - Foto Schindler/dpa-picture-alliance;
M 25: *Voß, Almut*: Emanze klingt nicht positiv. Interviews mit Mädchen. In: rheinweiber, 11. Hrsg. v. Frauenreferat der Evangelischen Kirche im Rheinland. Düsseldorf 2003. S. 5f.;
M 26: *Nussbaum, Martha C.*: Konstruktion der Liebe, des Begehrens und der Fürsorge. Übers. v. *Joachim Schulte.* Stuttgart: Reclam 2002. S. 200–213;
M 27: *Praetorius, Ina*: Gerechtigkeit macht Sinn. In: Junge Kirche, 3/2001. S. 43ff.;
M 28: René Magritte: Die Liebenden, 1928. Öl auf Leinwand, 54 x 73 cm. New York, Richard S. Zeisler Collection – Foto Bildarchiv Steffens, Mainz/-Bridgeman Art Library. © 2006 VG Bild-Kunst, Bonn;
M 29: *Mollenkott, Virginia R.*: Gott eine Frau? Vergessene Gottesbilder der Bibel. München: Beck ^{3}1990. S. 73ff.;
M 30: Philippe de Champaigne: Vanitas-Stillleben mit Tulpe, Schädel und Stundenglas, um 1640. Öl auf Holz. Le Mans, Musée de Tesse – Foto Bildarchiv Steffens, Mainz/Bridgeman Art Library;
M 31: Joost Swarte: Lebensphasen, 1994. In: *Dekkers, Midas*: De Vergankelijkheid. Amsterdam/Antwerpen: Uitgeverij Contact 1997. S. 6;
M 32: *Schirrmacher, Frank*: Das Methusalem-Komplott. München: Blessing 2002. S. 10f.;
M 33: *Suzuki, Daisetz T.*: Wesen und Sinn des Buddhismus. Freiburg/Basel/Wien: Herder 1994. S. 94f.;
M 34: *Rida, Abu-r*: Was ist Islam? Islamische Bibliothek. Düsseldorf: IB-Verlag 1999. S. 45–47;
M 35: Mittelalterlicher Totentanz;
M 36: *Barth, Hans Martin*: Dogmatik. Gütersloh: Gütersloher 2001. S. 737f.

Kapitel „Welche Zukunft hat die Kirche?"

M 1: *de Mello, Anthony*: Geschichten, die gut tun. Freiburg/Brsg.: Herder 2001. S. 189f.;
M 2: Foto: H. Dam, Frankfurt/M.;
M 3: Zeichnung. v. Marcus;
M 5: Aus: „Demography", 1999;
M 6: Grafik B. Schlierf, Lachendorf;
M 7: Aus: *Bocaccio, Giovanni*: Decamerone (1353). Nacherz. in: *Nordhofen, Eckard*: Die Mädchen, der Lehrer und der liebe Gott. Stuttgart: Reclam 1998. S. 39ff.;
M 8: nach: *Barz, Heiner*: Postmoderne Religion. Die junge Generation in den alten Bundesländern. Jugend und Religion, 2. Opladen: Leske + Budrich 1992. S. 172–176;
M 9: *Nietzsche, Friedrich*: Der Antichrist. In: Werke, Bd. II. Hrsg. v. *K. Schlechta.* München: Hanser 1965. S. 1234f. – *Deschner, Karlheinz/Herrmann, Horst*: Der Anti-Katechismus. 200 Gründe gegen die Kirche und für die Welt. Hamburg: Rasch und Röhring 1991;
S. 286: Unbek. Meister: Mönch und Nonne in schamloser Situation, beobachtet vom Papst. Satire auf den Zölibat, um 1640. 29 x 41,5 cm. Utrecht, Catharinjeconvent;
M 10: *Berger, Klaus*: Kann man ohne Kirche glauben? Gütersloh: Gütersloher Verlagshaus ^{2}2003. S. 13ff.;
M 11: *Steffensky, Fulbert*: Das Haus, das die Träume verwaltet. Würzburg: Echter 1998. S. 10f.;
M 12: *Grün, Anselm*: Vom Schutz des Heiligen. Münsterschwarzach: Vier-Türme 2001. S. 28ff.;

M 13: Kirchengebäude;
M 14: *Huber, Wolfgang*: Kirche in der Zeitenwende. Gesellschaftlicher Wandel und Erneuerung der Kirche. Gütersloh: Bertelsmann Stiftung [3]1999. S. 10ff.;
M 16–18: *Michel-Schmidt, Doris*: Mein Weg zurück in die Kirche. Würzburg: Echter 2003. S. 39, 53, 113–127;
M 19: *Huber, Wolfgang*: Kirche. Stuttgart: Kreuz 1979. S. 62ff.;
M 20: *Lehmann, Karl*: Jesus hat die Kirche gewollt. Reihe „Antwort des Glaubens". Freiburg/Brsg.: Informationszentrum Berufe der Kirche 1996. S. 5–13;
M 23: *Melanchthon, Philipp*: Das Augsburger Bekenntnis. Artikel 7: Von der Kirche. Aus: Evangelisches Gesangbuch. Hannover/Göttingen: Lutherisches Verlagshaus/Schlütersche/Vandenhoeck & Ruprecht 1994. Nr. 808;
M 24: Die Barmer Thesen. Aus: *Denzler, Georg/Fabricius, Volker* (Hrsg.): Die Kirchen im Dritten Reich, Bd. II: Dokumente. Frankfurt/M.: Fischer [19]1986. S. 91;
M 25: Aus: Kirchen- und Theologiegeschichte in Quellen, Bd. 5. Hrsg. v. *Martin Greschat* u. *H.-W. Krumwiede*. Neukirchen-Vluyn: Neukirchener 1999. S. 253. Zit. n.: Konfessionskundliches Institut des EB (Hrsg.): Was eint? Was trennt? Bensheim 2002. S. 29;
M 26: Ebd. S. 34;
S. 286: dpa/picture alliance;
M 27: *Barth, Hans Martin*: Dogmatik. Evangelischer Glaube im Kontext der Weltreligionen. Gütersloh: Kaiser 2001. S. 714f. (Thesen; Kursive Überschriften nicht im Original) und 686 („Umma");
S. 287: Cartoon v. Len Munnik. © Löwensteiner Cartoon-Service, Tuttlingen;
M 28: Antwort des römischen Kaisers Trajan an seinen Beamten und Schriftsteller Plinius. Aus: Kirchen- und Theologiegeschichte in Quellen, Bd. 1. Hrsg. v. *Adolf Martin Ritter*. Neukirchen-Vluyn: Neukirchener 1977. S. 15;
S. 291–295: Grafiken v. B. Schlierf, Lachendorf;
M 29: *Eusebius*: Leben Konstantins, 1, 28f. In: Ebd. S. 121f.;
M 30: *Augustin*: Der Gottesstaat, XIV, 28. Nach: *Kekow, Rudolf/Daum, Manfred*: Staat und Kirche. Frankfurt/M.: Diesterweg 1971.;
M 31: Innozenz III.: Sicut universitatis conditor (1198). in: Kirchen- und Theologiegeschichte in Quellen, Bd. 2. Hrsg. v. *Reinhold Mokrosch* u. *Herbert Walz*. Neukirchen-Vluyn: Neukirchener 1980. S. 107;
M 32: *Brenz, Johannes*. Zit. n.: *Oberman, Heiko*: Die Kirche im Zeitalter der Reformation. Neukirchen-Vluyn: Neukirchener 2004. S. 130ff.;
M 33: Aus: *Denzler/Fabricius*: A. a. O. (s. M 24) S. 37ff.;
S. 296: picture alliance/dpa-Bildarchiv;
M 34: *Barth, Karl*. In: A. a. O. (s. M 24) S. 52f.;
S. 298: Foto E. Bethge © Gütersloher Verlagshaus, Gütersloh;
M 35: *Bonhoeffer, Dietrich*: Die Kirche vor der Judenfrage. In: *Wind, Renate*: Dem Rad in die Speichen fallen. Gütersloh: Gütersloher 1994. S. 63.

Kapitel „Werte und Normen für Mensch, Gesellschaft und globale Welt"

S. 302/303: *Escher, M. C.*: Graphik und Zeichnungen. Köln: Taschen 2002. Nr. 25 © 1989 Cordon Art, Baarn/Holland – Texte aus: Deutsche Shell (Hrsg.): Jugend 2002. Frankfurt/M.: Fischer TB 2002. S. 274f., 321;
M 1, M 3: *Savater, Fernando*: Tu, was du willst. Ethik für die Erwachsenen von morgen. Übers. v. *Wilfried Hof*. Weinheim/Basel: Beltz 2001. S. 57f., 62f., 61;
M 4: *Seneca*. Vom glückseligen Leben und andere Schriften. Hrsg. v. *P. Jaerisch*, übers. n. *Ludwig Rumpel*. Stuttgart: Reclam 1972. S. 67f.;
M 5: Jenny Holzer: Protect me from what I want, 1991. Holzpostkarte, Serie 153. Künstlerplakate. Altonaer Museum, Hamburg/Norddeutsches Landesmuseum;
M 6: *Schweitzer, Albert*. Aus meiner Kindheit und Jugendzeit. München: Beck 1924. S. 23f.;
M 7–8: *Ders.*: Aus meinem Leben und Denken. Hamburg: Meiner 1954. S. 71f., 132;
S. 312: © Scherer & Ouporov, 1998;
M 11: *Luther, Martin*. Der kleine Katechismus. In: Die Bekenntnisschriften der evangelisch-lutherischen Kirche. Göttingen: Vandenhoeck & Ruprecht [7]1976. S. 514;
M 12: *Kant, Immanuel*: Die Metaphysik der Sitten. In: Werke, Bd. VIII. Hrsg. v. *W. Weischedel*. Wiesbaden: Suhrkamp/Insel 1956. S. 573ff.;

M 13: *Jung, Carl Gustav*: Das Gewissen. In: Studien aus dem C. G. Jung-Institut Zürich, VII/1958. Zit. n.: *Petrilowitsch, Nikolaus* (Hrsg.): Das Gewissen als Problem. Darmstadt: WBG 1966. S. 38, 46, 50;
M 14: *Ebeling, Gerhard*: Theologische Erwägungen über das Gewissen. In: *Ders.*: Wort und Glaube. Tübingen: Mohr/Siebeck [3]1967. S. 432ff.;
M 15: *Aristoteles*. Nikomachische Ethik. Übers. v. *Franz Dirlmeier*. Stuttgart: Reclam 1969. S. 125f., 129, 131f.;
M 16: *Messner, Johannes*: Das Naturrecht. Berlin: Duncker & Humblot [7]1966. S. 33f., 41f.;
M 17: *Rawls, John*: Eine Vertragstheorie der Gerechtigkeit. In: *Hoerster, Norbert* (Hrsg.): Recht und Moral. Texte zur Rechtsphilosophie. München: dtv [2]1980, S. 167ff.;
M 19, M 20: *Nell-Breuning SJ, Oswald von*: Wirtschaftsethik. In: Staatslexikon. Recht – Wirtschaft – Gesellschaft, Bd. 8. Hrsg. v. der Görres-Gesellschaft. Freiburg/Brsg.: Herder [6]1963. Zit. n.: *Lenk, Hans/Maring, Matthias* (Hrsg.): Wirtschaft und Ethik. Stuttgart: Reclam 1992. S. 31ff., 37, 39f., 42.;
M 21: *Rich, Arthur*: Wirtschaftsethik, Bd. 2. Gütersloh: Gütersloher 1990. S. 146ff.;
M 22: Geschäftsgrundsätze der IBM. Zit. n. *Lenk/Maring* (Hrsg.): A. a. O. (s. M 19) S. 380ff.;
M 23: *Tribe, Laurence H.*: Ways Not To Think About Plastic Trees. In: *Ders./Schelling, C. S./Voss, J.* (Hrsg.): When Values Conflict. Übers. v. *Hannelore Kobbe*. Zit. n.: *Birnbacher, Dieter* (Hrsg.): Ökologie und Ethik. Stuttgart: Reclam 1980. S. 20f.;
M 24: *Honecker, Martin*: Grundriss der Sozialethik. Berlin/New York: de Gruyter 1995. S. 236ff.;
M 25, M 26: *Kerner, Charlotte*: Blueprint Blaupause. Weinheim: Beltz & Gelberg 2003. S. 18f., 48f.;
M 27: *Nida-Rümelin, Julian*: Wo die Menschenwürde beginnt. In: *Ders.*: Ethische Essays. Frankfurt/M.: Suhrkamp 2002. S. 407;
M 28: *Spaemann, Robert*. Gezeugt, nicht gemacht. In: Ebd. S. 418f.;
M 29: *Merkel, Reinhard*: Rechte für Embryonen? In: Ebd. S. 431ff.;
M 30: Der Spiegel, 3. 3. 1997. Titelbild;
M 31: Evangelische Kirche in Deutschland: Im Geist der Liebe mit dem Leben umgehen. Argumentationshilfe für aktuelle medizin- und bioethische Fragen. EKD-Texte, 71. Hannover 2002;
S. 332/333: Abb. m. frdl. Genehmigung der „Aktion Mensch";
M 32: Urteile des BVerfG, Bd. 39, 1. S. 41;
M 33: *Kant, Immanuel*: A. a. O. (s. M 12) S. 568f.;
M 34: *Kessler, Wolfgang*: Global denken und zu Hause fair handeln. In: publik-forum, 4/2001, Dossier. S. XIVf.;
S. 336: ZEFA, Düsseldorf;
M 35: *Moltmann, Jürgen*: Gott im Projekt der modernen Welt. Gütersloh: Kaiser/Gütersloher 1997. S. 111f., 114;
M 36: Internet Website der Stiftung Weltethos (weltethos.org);
M 37: *Küng, Hans*: Kein Weltfriede ohne Religionsfriede. In: *Ders./Kuschel, Karl-Josef* (Hrsg.): Weltfrieden durch Religionsfrieden. München/Zürich: Piper 1993. S. 37f.;
M 38: *Arkoun, Mohammed*: Der Ursprung der Menschenrechte aus der Sicht des Islam. In: Ebd. S. 53, 63f.;
M 39: *Borowitz, Eugene B.*: Zur Problematik des interreligiösen Dialogs aus der Sicht des Judentums. In: Ebd. S. 79ff.

Trotz vielfältiger Bemühungen ist es nicht in allen Fällen gelungen, die Inhaber der Rechte an Texten oder Bildern ausfindig zu machen. Der Verlag wird berechtigte Ansprüche im Rahmen der üblichen Vereinbarungen abgelten.